行政契約精義

碓井光明 著

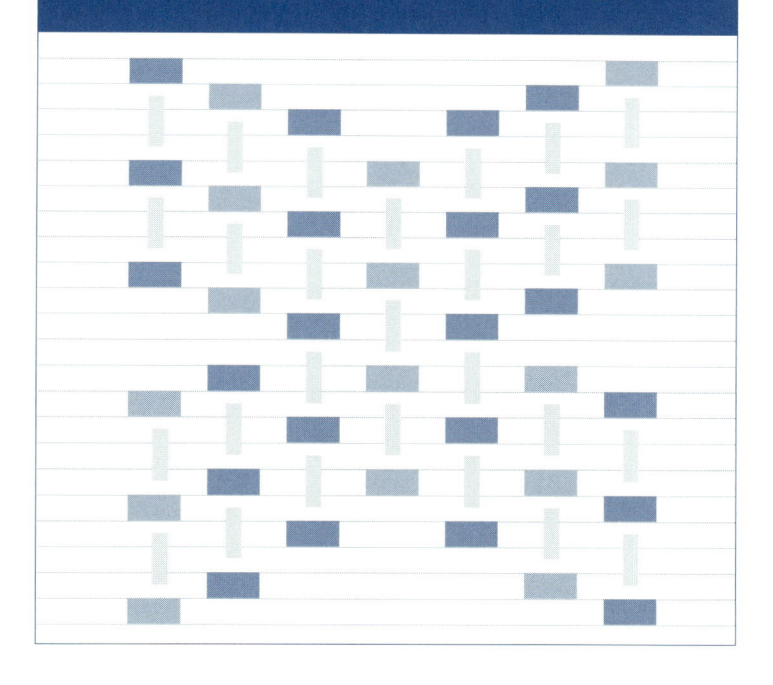

信山社

はしがき

　今日の行政法学は，行政の活動形式の一つとして行政契約を挙げている。行政契約に関しては，外国法の優れた研究も存在する。しかしながら，それらが現実に今日の行政が行なっている「合意による行政」の際に締結される契約等の実態を総合的に分析したものとはいえないのではないか，というおぼろげな不満を感じていた。とりわけ，典型的な「契約」に比べて緩やかな合意である「協定」について研究してみたいという欲求から，ある雑誌原稿として執筆を始めたところ，その分量が雑誌に相応しくない量に達してしまったために，「行政契約」全般にわたり日本の状況を研究してみたいと思い立った次第である。このような関係で，本書について，四つのお断りをしなければならない。

　第一に，前記のいきさつから，協定と呼ばれるものに相当なウエイトが置かれていることである。その中には「行政契約」と称するには効力の弱いものや合同行為というべきものもあるが，全体の状況を把握するには，広くカバーすることが有益であると考えた次第である。

　第二に，筆者の従来の書名からするならば「行政契約法精義」とすべきところかも知れないが，現段階では「行政契約法」といえるほどの法的分析に至ってはいないので，むしろ，実態を描く意味で「行政契約精義」とした。もちろん，行政契約は，それ自体，法的行動ないし，法的行動の結果であるから，法律学の研究であることはいうまでもない。因みに，「行政契約」には，「行政契約を締結する」という動名詞の使い方と，締結された契約を指す使い方とがある。

　第三に，前記のことと関係して，本書は，行政契約法研究のための素材を提供するという位置づけで執筆されている。行政契約という料理の素材を提供するものであるから，それを用いてどのように調理して食卓に載せるかは，筆者を含めて次のレベルの研究に期待している。行政契約の効力論などは，

本書においても若干触れているものの，次の段階の研究を待つというのが本書の基本的姿勢である。

　第四に，筆者のこれまでの書物と共通であるが，できる限り具体例を詳細に示すようにしている。本書を行政部門の方々の企画立案や執行にも役立ててもらうという意図によるものである。

　本書を執筆するに当たって最も苦労したのは，構成の仕方である。実務における「即実用性」を重視するならば，行政分野ごとの実態分析が有益であるかも知れない。しかしながら，行政分野を超えて行政契約の特色なり問題点を検討するには，別の構成が必要とされる。そこで，まず，「行政と私人との間の契約」（第2章～第4章）と「行政主体相互間の契約」（第5章）とを区別し，前者については，「法令・条例に基づく契約」（第2章）と「法令・条例に基づかない契約」（第3章）とを区別することにした。さらに，行政契約と連続線上にある仕組みを取り上げることにした（第6章）。行政契約の一環として論じられることの多い建築協定等は，ここに位置づけられている。なお，今日の行政において顕著な「業務委託契約・事業移管契約」は，私法上の契約であるにもかかわらず，公法・私法の区別にとらわれずに扱う本書の基本姿勢に立って，独立の章で扱うことにした（第4章）。このような構成が成功しているかどうかは，読者の方々の審判を仰ぐ外はない。先に述べた分野ごとの特色を描く作業を重ねるならば，本書の価値は一層高まると思われるが，それは将来の課題とすることとした。

　本書の執筆を進めるにつれて，協定を含む行政契約は，行政のあらゆる分野に及び，膨大なものであることを思い知らされた。それは，行政処分（ないし行政行為）のように硬い手法ではないが，行政という組織の全般に及んでいる。その手法が行政を支える，あるいは行政に必要な栄養を補給する不可欠な肉であるのか，それともメタボと批判される肥満部分にすぎないのかについては，じっくりと検討する必要がありそうである。

　本書の内容について一点だけお断りしなければならないことがある。それは，公益法人制度の改革が進行中であるために，本書において財団法人とか社団法人と表記している法人であっても，一般財団法人や一般社団法人への

移行を選択している場合もあり得るということである。

　本書の執筆を進めるに当たり，日々接している明治大学法科大学院の学生諸君との議論がきわめて有益であった。筆者は，学生諸君に対しては，「創造的な法曹」を目指してもらいたい旨を日頃強調している。新司法試験，あるいはそこへの行程にある法科大学院は，まさにそのような法曹を養成しようとするものである。学生諸君から吸収したものを本書の形で学生諸君に返礼することにより，学生諸君も，本書から多くを学び取り，思考を深めてもらいたいと思う。本書が法科大学院の学生諸君にとって宝の山をなすものであることを秘かに自負している。

　もちろん，本書は，学界に対しても幾分なりとも貢献できるであろうとの期待をもって執筆されている。行政法遅参者の筆者が初めて執筆した行政法プロパーの書物である。

　本書の刊行についても，信山社出版株式会社の皆さんには，変わらぬ応援をいただいた。御礼を申し上げたい。本書が多くの読者を得て，それが会社の収益にも貢献できることを夢見ている。

　最後に，13年余にわたり，「お散歩」により筆者の健康を支え，わが家に安らぎを与え続けてくれて，本年2月に天国に旅立った「アルス君」の安らかな眠りを祈りたい。

　　平成22年12月

　　　　　　　　　　　　　　　　　　　　　　　　　　碓　井　光　明

目　次

はしがき

第 1 章　行政契約への招待 …………………………………1

1　行政契約研究の歩み ……………………………………1
［1］　「公法上の契約」論と行政契約論（1）
［2］　現代行政法学における行政契約論（10）

2　行政契約の研究 …………………………………………16
［1］　行政契約研究の目的と必要性（16）
［2］　行政契約の分類（18）
［3］　行政活動の中の行政契約（22）

3　「協定」等の活用と行政契約の守備範囲 ………………44
［1］　多様な合意方式（44）
［2］　協定の位置づけ（51）

4　行政契約・協定をめぐる訴訟及び履行確保の方法 ……57
［1］　行政契約をめぐる契約当事者間の訴訟（57）
［2］　訴訟以外の履行確保策（59）

第 2 章　法令・条例に基づく行政主体と私人との契約・協定 …61

1　法律に基づく契約・協定 ………………………………61
［1］　予備的考察（61）
［2］　社会保障行政と契約（62）
［3］　財・サービス供給契約（100）
［4］　公私一体利用施設に係る協定（122）
［5］　景観・緑地保全等を目的とする管理協定（126）

目　次　　v

　　　　［6］　損害補償契約（134）
　　2　条例による協定 …………………………………………………136
　　　　［1］　公害防止協定・環境保全協定（136）
　　　　［2］　緑化協定・緑地保全協定・里山保全協定（155）
　　　　［3］　水源保護・水質保全協定（161）
　　　　［4］　まちづくり関係協定（164）
　　　　［5］　県外産業廃棄物の搬入についての事前協議と協定（174）
　　　　［6］　指定管理者の指定に伴う協定（177）
　　　　［7］　誘致企業との立地協定（185）

第3章　法令・条例に基づかない行政主体と私人との契約・
　　　　協定 ……………………………………………………………191
　　1　宅地開発協定・環境保全協定等 ………………………………191
　　　　［1］　宅地開発協定・ゴルフ場開発協定等（191）
　　　　［2］　環境保全協定・公害防止協定（196）
　　　　［3］　地球温暖化対策自主協定・緑地保全契約等（207）
　　2　迷惑施設等に関する協定 ………………………………………212
　　　　［1］　原子力発電所周辺地域の安全確保協定（212）
　　　　［2］　その他の迷惑施設の設置管理に関する個別協定（215）
　　3　インフラ整備・公共施設管理関係に係る協定 ………………217
　　　　［1］　道路管理者と鉄道事業者との協定（217）
　　　　［2］　住民参加による公共施設の管理（221）
　　4　災害時，遭難時等における協力に関する協定 ………………224
　　　　［1］　災害時における民間事業者の協力に関する協定（224）
　　　　［2］　遭難発生時の協力に関する協定（236）
　　5　事業者との多様な協定 …………………………………………236
　　　　［1］　企業，大学等の誘致に関する協定（236）
　　　　［2］　公学連携協定（240）

         ［３］　個別事項に関する業界団体・企業との連携協定（242）
         ［４］　企業等との包括的協定（258）
    6　公私協働による施策実施のための協定等 …………………………261
         ［１］　公私協働と契約（261）
         ［２］　ボランティアの協力員等（264）
    7　事業主体たる地方公共団体の締結する協定 …………………………278
         ［１］　事業者としての国又は地方公共団体が住民等と締結する協定（278）
         ［２］　事業の民間移管や事業の廃止の際の協定（280）

第4章　業務委託契約・事業移管契約 …………………………………283

    1　行政サービス業務の民間委託契約 ……………………………………283
         ［１］　行政サービス業務の民間委託の推進（283）
         ［２］　公共サービス改革法と民間委託（304）
         ［３］　代表的行政サービス業務委託の検討（318）
    2　国民・住民の利益侵害を生じやすい業務の委託契約 ……………333
         ［１］　規制的業務・債権回収業務の委託（333）
         ［２］　業務の委託と情報管理（339）
    3　行政内部業務の委託契約 ………………………………………………352
         ［１］　行政内部業務の外部委託（352）
         ［２］　住民団体への管理業務等の委託（366）
    4　業務委託と損害賠償 ……………………………………………………367
         ［１］　業務受託者の従業員の被った損害についての賠償（367）
         ［２］　第三者に与えた損害の賠償（369）
    5　事業移管契約 ……………………………………………………………373
         ［１］　事業移管契約（373）
         ［２］　公立病院の民間移管の場合の具体例（377）

第5章　行政主体間契約・協定 …………………………………………381

1　法定の行政主体間契約・協定 …………………………………381
　　［1］　事務の委託（381）
　　［2］　公の施設の共同設置・相互利用協定（396）
　　［3］　水道用水供給事業に係る契約（398）
　　［4］　境界周辺地における権限の行使等，兼用工作物の管理についての協定（405）
　　［5］　港湾施設をめぐる行政主体間契約（408）
　　［6］　事業についての費用負担（409）
2　法定外の行政主体間契約・協定 ………………………………411
　　［1］　包括的行政体制構築のための協定（412）
　　［2］　事業の協力のための協定（419）
　　［3］　災害時応援協定等（431）
　　［4］　防犯等に関する協定（443）
　　［5］　森林整備協定・地域の適正利用協定等（445）
　　［6］　工事委託契約（449）
　　［7］　防衛施設の設置又は使用のための協定（450）
　　［8］　国立病院・公立病院の移管等（454）
3　出資法人との契約 ………………………………………………456
　　［1］　共同設置法人（456）
　　［2］　共済事業法人等との契約（458）
　　［3］　地方公共団体金融機構（459）
　　［4］　日本下水道事業団に対する工事委託（460）
　　［5］　地方公共団体の職員派遣に関する協定（462）

第6章　行政契約と連続線上にある方式 …………………………463

1　私人間協定を認可（認定）する方式 …………………………463
　　［1］　法律に基づき所有者等の相互間において締結される協定の認可（463）
　　［2］　法律に基づき土地所有者等と団体との間において締結される

協定の認可（475）
- ［3］ 条例等に基づく私人間協定の認定等（476）
- ［4］ 認可・認定の法的性質と訴訟，協定の遵守を求める訴訟（485）

2 私人の計画等を認可（認定）又は指定する方式，私人・行政庁の協議会 …………………………………………………………489
- ［1］ 法律に基づく計画の認可（認定）（489）
- ［2］ 条例・要綱に基づく認可（認定），登録等（496）
- ［3］ 申請（同意）に基づく指定等（501）
- ［4］ 行政庁と私人の参加による協議会（507）

結　章　行政契約法研究への途 ……………………………………511
──あとがきに代えて──
- ［1］ 行政契約の研究の成果（511）
- ［2］ 行政契約法の研究へ（515）

事項索引

判例索引

凡　例
（ゴシックにより引用）

〈筆者の書物の引用〉
碓井光明『**公共契約法精義**』（信山社，平成 17 年）
碓井光明『**公的資金助成法精義**』（信山社，平成 19 年）
碓井光明『**政府経費法精義**』（信山社，平成 20 年）
碓井光明『**社会保障財政法精義**』（信山社，平成 21 年）

〈判例集の引用〉
最高裁判所**民**事判例**集**
高等**裁**判所**民**事判例**集**
高等**裁**判所**刑**事判例**集**
行政事件裁判例**集**
下級裁判所**民**事裁判例**集**

〈法令の引用〉
地方**自治法**

第1章　行政契約への招待

1　行政契約研究の歩み

[1]　「公法上の契約」論と行政契約論

明治憲法下における「公法上の契約」論　「行政契約」は，今日において行政法の体系書において必ず取り上げられる項目である。行政法における契約は，すでに明治憲法下において「公法上の契約」の下に議論されていたのであって，行政指導等に比べて，長い研究の歴史があるといってよい。

たとえば，織田萬博士は，「契約の観念は公法上に於ても変りはなく，唯当事者が其の契約の目的とする法律上の効果に差異あるに依り，私法上の契約と公法上の契約とが区別せらるるに過ぎぬ。或る行政主体と被行政者との間若くは各種の行政主体相互の間に於て，特定なる公法上の効果を惹起さんが為めにする双方の意思の合致があれば，そこに公法契約が成立する」[1]としつつ，その性質について次のように論じた。

　「公法契約は私法契約と異なって，其の内容に関して私法契約の如く自由ではない。法規の予想せざる法律関係が当事者の意思に依って新たに設定せらるることは，公法契約の性質として許すべからざる所である。更に又他の差異を挙ぐれば，公法契約の法律上の効果は一般に当事者の間に特別統治関係を発生せしむるに在って，随って当事者の一方たる個人は其の相手方たる公行政の権力に服従せねばならず，又随って公行政は其の単独意思を以て契約の履行に関する体様及び条件を決定し得のこととなるのであるが，私法契約に於ては到底斯かる効果を見ることは出来ぬ。」[2]

美濃部達吉博士は，必ずしも「公法上の契約」を正面に打ち出すことなく，

1　織田萬『日本行政法原理』（有斐閣，昭和9年）90頁。

2　織田萬・前掲書91頁。

「公法上の双方行為」という概念をもって論じた。法律的行為には行政権の意思表示のみによって成立するものと相手方との合意によって成立するものとがあるとし，単独行為たる行政行為は普通は「行政処分（Verfügung）」と称されるのに対して，双方行為たるものは，単独行為と区別するために，「公法上の契約」と称することができるとした[3]。そして，次のように述べた。

　「公法上の関係に於いても，公共団体相互の間の関係の如きは完全な対等者間の関係であるから，双方の合意に依って相互の権利義務を定め得る場合の有ることは勿論，国家と人民との関係のやうな不対等者の間でも，若し人民の任意の承諾を求むることが出来るならば，敢て相手方の意思に反して一方的にこれを拘束する必要は無いのであるから，双方の合意に依って相互の間に権利義務を定めたとしても，公法関係の性質に反するものではない。」[4]

ここにおいては，「公法関係の性質」が強く意識されていることがわかる。そして，徴兵制による強制徴集と別に志願兵の存在が認められ，後者の場合には，志願者の意思と国家の意思とが合致してその効果が生じているのであって，これを公法上の契約と称するか「服従に基づく行政行為」と称するかは，単に名称の問題で，名称がいずれであっても，公法上の双方行為であることは疑いを入れないとした[5]。「契約」という用語にこだわらない姿勢が示されているものの，便宜上「公法上の契約」という用語を用いているように見える。そして，公法上の契約には，公共団体相互間の対等関係において成立する場合と，国又は公共団体と人民との間の関係のような不対等関係においても成立することがあり，後者の場合の特色について，次のように述べている。

　「不対等関係に於ける契約に在っては，それが双方の意思の合致に依って効果を生ずるものであることに於いて契約たることを失はないが，双方の意思は対等の価値を有するものではなく，国又は公共団体の意思が

---

[3]　美濃部達吉『日本行政法　上巻』（有斐閣，昭和15年）237頁。
[4]　美濃部達吉・前掲書237頁‐238頁。
[5]　美濃部達吉・前掲書238頁。

公定力を有し，相手方はこれに依って拘束せられる。其の結果として，㈠不対等関係に於ける契約は，行政権の側に於いては一方的にこれを取消し得ることは有っても，相手方の側に於いてはこれを取消し得ない。…㈡不対等関係に於ける契約は，解除権に付いても双方対等ではなく，行政権の側に於いては一定の要件の備はって居る場合には，一方的にこれを解除することが出来るけれども，相手方の側に於いては，唯解除を出願し得るのみで，一方的に解除し得ないのを原則とする。唯学校の退学届の如き相手方を拘束すべき公益上の必要の無い場合に，一方的の解除が許さるることがあるのみである。㈢不対等関係に於ける契約は法律上の保護に於いても対等関係の契約とは著しく異なって居る。私法上の契約に在っては，契約の効力に争ある場合又は契約不履行の場合には，常に民事訴訟に依って法律上の保護を求め得べきに反して，凡て公法上の契約は公法上の関係を内容と為し，而して公法上の関係は民事訴訟の目的とはなり得ないから，公法上の契約に争が有っても，法律の特別の規定ある場合を除く外は，民事訴訟に依って其の救済を求むることを得ないのは勿論，法律が訴願又は行政訴訟の提起を許して居る場合の外は，法律上の保護は唯行政権自身に依って与えらるるのみで，相手方の側に於いてこれを争ふべき法律上の手段は存在しない。契約の効力に争が有っても行政庁の決定が公定力を以って相手方を拘束し，契約の不履行の場合も，行政庁の側に於いては強制執行又は契約解除の権能が有るが，相手方の側に於いては時として解除の権能が認めらるることあるのみである。」[6]

ここには，美濃部博士の理解による公法上の契約に関する特色が遺憾なく示されているように思われる。不対等関係の意味と訴訟による救済の可否において，公法上の契約と認識することの実益があるとされているのである。「公定力」の文言にも注目せざるを得ない。そして，協議による土地収用，協議による公法上の損失補償，公法上の補助契約，行政事務の委任，公共団体相互の間における公務の施行・課税の配当・経費の分担等に関する契約を

---

6   美濃部達吉・前掲書240頁 - 242頁。

挙げて，公法上の契約である旨を述べていた[7]。

田中二郎博士も，昭和8年に発表した論文において，公法上の契約の可能性，及び公法上の契約と私法上の契約との区別の標準を明らかにする必要があるとして，後者に関して，公法上の契約の観念に関して，次の3点を挙げた（叙述は，筆者の理解するところにより修正を施している）[8]。

1　相互に相対立する当事者の意思の合致があり，この意思の合致が法律的効果を生ずるものであり，しかも，その効果が当事者双方に対して反対の意味を有するものである点において，合同行為の観念と区別される。

2　対等者間の意思表示の合致があること。この点において受諾に基づく行政行為又は双方向的行政行為と区別される。

3　公法関係において発生する契約であること，すなわち，公法的効果の発生，変更，消滅を目的とするものであること。

そして，公法上の契約の観念を特に認めるのは，法律が自ら予め法律関係の内容を決定するのではなく，当事者の自由なる意思決定によって，その内容が定められる点に，他の概念と区別する実益がある。公法上の関係には，国家が法の規定に基づいて一方的に命令し支配する優越的支配関係の場合と，命令し支配する関係ではないが法律関係が特に公益に重大な利害関係を有するために法が特に私人相互間の関係より区別して特殊の取扱いをする場合とが区別され，公法上の契約は，後者に属するとした。そして，法律関係が公法に属するかどうかは，まず規律する法規の合理的な解釈によるべきであるが，法の規定のない場合にも，単に経済的内容を有する関係たるにとどまるか，あるいは，公共の福利に密接な関連を有する公共事務の執行にして法律制度全体の精神において特に国家的事務たらしむるの趣旨を認め得るや否やに求めて判断するほかはないとした[9]。

ところで，明治憲法下の文献にあっては，行政法学上の体系における位置

7　美濃部達吉・前掲書242頁以下。
8　田中二郎「公法契約論序説」『法学協会雑誌五十周年記念論文集　第一部』（法学協会，昭和8年）567頁，591頁-592頁（田中二郎『行政行為論』（有斐閣，昭和29年）269頁，282頁-283頁）。

づけないし用語法が，今日と異なっていることに注意する必要がある。

　たとえば，美濃部達吉博士にあっては，早い段階においては，「行政行為」の種類として，法律行為的行政行為と準法律行為的行政行為とに分けたうえ，前者をさらに，行政処分，公法上の契約，公法上の協定の三種に分けていた[10]。その後，行政行為は，単独行為（行政処分）と双方行為（公法上の契約）とに区別されるとした[11]。同じく，渡辺宗太郎博士も，「狭義の行政行為」について，その成立に必要な当事者の数の相違を標準として，一方的行政行為，公法上の契約及び公法上の合同行為に分けていた[12]。

　これらの学説は，いずれも，「行政行為」の中に「公法上の契約」を含めていたのである。

　日本国憲法下における行政契約論　　日本国憲法の下における行政法学は，どのような動きを示したのであろうか。

　明治憲法下において，行政処分等と並んで，「行政行為」の一種として「公法上の契約」を掲げた渡辺宗太郎博士は，その体系を戦後も維持した[13]。

　戦後の行政法学をリードした田中二郎博士は，「公法行為」の分類方法の一つとして，当事者の数により単独行為と双方行為を分けることができるとして，後者には，「公法上の契約」と公法上の合同行為の区別があるとした[14]。そして，公法上の契約とは，「公法的効果の発生を目的とする複数の

9　田中二郎・前掲『法学協会五十周年記念論文集　第一部』592頁-599頁（同・前掲『行政行為論』283頁-286頁）。これに対して，柳瀬良幹「公法上に於ける契約の可能及不自由」同『行政法の基礎理論(1)』（弘文堂書房，昭和15年）219頁は，表題のように契約は公法関係の本質と相容れないものではないが，法が明示に認めた場合にのみ有効に成立し得るとした。

10　美濃部達吉『行政法撮要　上巻』（有斐閣，昭和2年改訂増補）65頁。

11　美濃部達吉・前掲注3，167頁，237頁。織田萬・前掲注1，89頁以下も，双方行為たる行政行為の一類型として公法契約を位置づけていた。

12　渡辺宗太郎『日本行政法　上』（弘文堂書房，昭和10年）260頁。同書は，一方的行政行為を，さらに行政処分と観念表示行為に分けていた（261頁）。

13　渡辺宗太郎『全訂日本国行政法要論　上巻』（有斐閣，昭和31年）381頁。ほぼ同様の扱い方は，磯崎辰五郎『行政法総論』（世界思想社，昭和28年）317頁に見られる。また，園部敏『行政法論』（法律文化社，昭和32年）62頁は，「行政法上の契約」の用語により，ほぼ同様の扱いをしていた。

対等の当事者間の反対方向の意思表示の合致によって成立する公法行為」であるとした[15]。明治憲法下において唱えた「公法上の契約」という把握の仕方を，日本国憲法下においても維持しようとしたことになる。さらに，田中博士にあっては，後述する今日の行政法学の動向と異なり，体系上「行政法上の法律要件及び法律事実」のなかの「公法行為」の種別として，私人の公法行為，公法上の合同行為又は協定と並ぶ扱いであり，行政行為，行政立法等が独立の章によって扱われていたのと比較して，「その他」扱いの低いウェイトの印象を与えるものであった[16]。

これに対して，日本国憲法下において，まず，「公法上の契約」という把握の仕方についての懸念が提起され[17]，その後は，「行政契約」が行政活動の一類型であることが，広く承認されるようになった[18]。なかには，比較的短い間に，「公法上の契約」から「行政契約」に拡張した者も見られた。たとえば，和田英夫教授は，昭和43年発行の書物においては，「公法上の契約」としての扱いであったが[19]，わずか4年後の書物においては，「行政契約」の章を設けて，行政契約は，「ひろく行政目的を達成するために行政主体をばその双方，もしくは一方の当事者として締結される契約と称することができる」とし，したがって，「公法上の契約」よりも広義の内容をもつこ

---

14 田中二郎『新版行政法上巻　全訂第2版』（弘文堂，昭和49年）99頁。
15 田中二郎・前掲書，112頁。杉村章三郎『改訂増補行政法要義　上巻』（有斐閣，昭和23年）は，行政法上の双方的行為の一種として「行政契約」を掲げ，それは，特定の制限を超えない限り合意によって契約事項を定め得るとし，その目的が行政法上の権利義務の設定に存するのみでなく，その公益目的の遂行上契約の解除その他の点につき特殊の規律を考えることでできるとした（42頁-43頁）。
16 田中二郎『行政法　上巻』（有斐閣，昭和28年）136頁，同『行政法総論』（有斐閣，昭和32年）249頁。このことは，田中二郎・前掲注14, 98頁以下の扱いにおいても同様である。
17 綿貫芳源「公法上の契約」田中二郎ほか編『行政法講座第2巻　行政法の基礎理論』（有斐閣，昭和39年）95頁，成田頼明「非権力行政の法律問題」公法研究28号137頁，149頁以下（昭和41年）。
18 代表的な研究として，浜川清「行政契約」雄川一郎ほか編『現代行政法大系2　行政過程』（有斐閣，昭和59年）149頁，石井昇「行政契約」磯部力ほか編『行政法の新構想Ⅱ　行政作用・行政手続・行政情報法』（有斐閣，平成20年）93頁。
19 和田英夫『行政法講義（新訂版）』（三和書房，昭和43年）46頁。

とになるとした[20]。

　今日において，多くの研究者は，「公法上の契約」ではなく，「行政契約」ないし「行政上の契約」の文言を用いている[21]。

　かくて，近年の行政法学は，公法契約に限定する考え方から脱皮して，後述するように，次第に私法上の契約も加えて行政主体の締結する契約を広く行政契約に含めるようになっている。

　これに対して，市原昌三郎教授は，このような学説が，(ア)公法契約と私法契約の区別自体が必ずしも明確でないこと，(イ)行政目的実現の手段としての契約には，公法，私法を問わず共通の性質が認められること，(ウ)現行法上，民事訴訟と行政訴訟（公法上の当事者訴訟）の区別にはけっして重要な相違は認められないこと，を理由としていることを指摘したうえ，「公法上の契約」論の立場から次のように主張した。

　第一に，区別が困難ではあっても，完全に不可能とはいえない。

　第二に，性質を共通にする面も少なくないが，公益性の考慮の下に区別されている面もあり，契約主体の一方が行政主体であることから平等原則との関係で私人間の契約と異なる面がでてくるほか，国民の生存権の確保のために契約強制があり（水道法15条1項），解約制限の認められる場合や，逆に行政主体側の一方的解約が承認される場合もある。

　第三に，民事訴訟と異なる扱いはわずかといえばいえるが，公益とのかかわりを考えて，証拠資料を豊富にし実体的真実の発見に努め，客観的に公正妥当な裁判をする必要性も高いし，紛争の全面的な解決への要請も強くなるから，これに対応して職権主義を採用し，判決の主観的範囲を拡張することは，決して無益，無用ではない。

20　和田英夫・田中館照橘『全訂　行政法講義　上巻』（三和書房，昭和47年）150頁。同書は，2教授の共著であるが，「まえがき」によれば，該当部分は，和田教授の執筆である。

21　小早川光郎『行政法　上』（弘文堂，平成11年）258頁以下は，「行政上の合意」なる類型の行政作用として扱っているが，契約の観念を否定しているわけではない。ただし，同書は，合意が拘束力を有する場合に「契約」と称し，拘束力をもたない（立法の規定に反し，又はその趣旨に反する場合など）ものも含めて広く「合意」と呼んでいると解することができる。

かくて，市原教授は，公法上の契約を別異に論ずべき実定法上の根拠なしと断定できないとしたのである[22]。

これらの議論のうち，行政において特色のある法的規制等について検討する意味のあることは，後述の行政契約論者にも共通である。たとえば，行政主体が調達する目的の契約について，もっぱら私法の規律に委ねて，何ら特別の規制をしないのであれば，ほとんど行政契約として論ずる必要はない。実際には，会計法，「予算決算及び会計令」，自治法及び自治法施行令，さらには，各地方公共団体の規則等による規制があるが故に，特に取り出して研究する意味があろうということで，調達契約等として，単に私法学の研究に委ねることなく公法学者も取り上げているのである。筆者も，このような理由で，「公共契約法」という名称を付して研究している。もっとも，そのような分野のものを「行政契約」と位置づけることが排斥される理由はない[23]。

市原教授の指摘する第1点と第3点に関しては，行政事件訴訟法4条が「公法上の法律関係に関する訴訟」を掲げており，行政主体の締結する契約のうち，これに該当するものを画する作業が必要になることはいうまでもない。その作業の困難さの故に，その区別を断念するわけにはいかないことも事実であろう。したがって，第1点と第3点において，市原教授の見解には，一理あるといえる。もっとも，そのことの故に，行政法学の研究対象を公法上の契約に限定しなければならないということにはならないと思われる。

他方，山田幸男教授は，比較法研究を踏まえて，独特の公法契約論を唱えた。利益説及び従属説により限定を加えようとした点に特色がある。①法律の留保に属する行政（福祉国家の理念と法の前の平等原則からいって，自由・財産に対する干渉行政のみならず生活配慮行政をも包含する）に関しては，実定法に明文の規定がないときは公法契約の締結は不可能であること，②法律の留

---

22 以上，市原昌三郎『行政法講義〔改訂第2版〕』（法学書院，平成8年）175頁－176頁。
23 筆者は，碓井・公共契約法精義4頁において，「本書において扱う公共契約は，独自の規範の体系ができあがっており，行政契約ないし行政上の契約として包括して扱う必要性に乏しいといわなければならないが，このような契約類型を行政法学上認識するのに，行政契約ないし行政上の契約の範疇で説明することには特に問題はないといえよう」と述べた。

保に属しない分野，すなわち，行政組織権力・独占による特許の分野及び国庫説により私的自治に委ねられる分野にあっては，利益説によって公法契約の構成が考えられるとする。行政組織権力分野の例として公法上の負担付贈与（例：特定の講座を設置することを条件とする寄附金），独占による特許分野の例として独占的使用権の賦与を伴う契約（例：報償契約），国庫説により私的自治によっている分野の例として土地区画整理事業施行上の予備地の一時使用等を挙げた。そして，独占的使用権の賦与に伴う公法契約に関しては，「行政処分と公法契約との複合構造」と位置づけた。

さらに，実定法に明文の規定がある場合についても，前記の分類方法によったうえ分析を加えた。①法律の留保に属する行政分野では，設置者の同意を得てする都道府県の設置に代わる施設の指定（当時の精神衛生法5条）は指定という行政処分の面と国庫補助金の支払いに関する公法契約との複合構造であること，国税徴収法による徴収猶予も租税法律関係を債務関係とみるときは公法契約的構成が容易になること，②法律の留保に属しない行政分野では，行政組織権力分野の補助金交付決定は交付決定が行政処分であると同時に補助金契約の締結行為であるという複合構造を前提とする規定が置かれていること，公務員の勤務関係には部分社会における規律権・支配権という意味の身分法的関係（特別権力関係）と雇傭契約という市民法的関係との複合構造があること，国庫説分野においても国有財産法の公益を理由とする貸付契約の解除は私法契約であるものが利益説によって公法契約化していること，公営住宅に関しても賃貸借契約という私法契約を基礎としながらも公法契約化するものが含まれていること，を指摘した[24]。

公法契約論の最後に，綿貫芳源教授の見解を紹介する必要がある。教授は，それぞれの性質や効力等は，個々の具体的事例について検討しなければならないとして，公法上の契約は自由か否かというような一般論は法律的にあまり意味がないとしつつ，司法的救済手続において，当事者の不対等というものはあり得ないのであるから，公法上の契約論が公法上の契約のみを対等者間の行為として行政行為から区別することは適切でないとする。そして，公

24　以上，山田幸男『行政法の展開と市民法』（有斐閣，昭和36年）338頁以下。

法上の契約の特質は，「行政上の法律関係において当事者の一方のみが権利を有し，義務を負う関係ではなく，相互に相手方に対して司法手続上強制し得る権利義務を負う点に求むべきもの」とした。その上で，公法上の契約の効力に関して議論を進めた。まず，当事者の一方的解除・変更権に関して，行政主体のそれは，範囲及び限界，手続等について議論の余地があるにせよ，「公衆の利益を守るために認められねばならないであろう」と述べ，私人のそれについては，公務員・学生に関する法律関係を公法上の契約に含めるとすれば，公務員・学生による一方的解除は直接公衆に影響を及ぼさない限り，認められて然るべきであろう，とした。次に行政主体による一方的解除・変更権の行使がなされた場合に私人が債務不履行に基づく損害賠償請求をなし得るかについては，一定の範囲で損失補償請求権を認めるべきであるとした。そして，綿貫教授は，このような契約の効力を分析して，「一般論として敢えて公法上の契約という概念を作る必要があるだろうか」と疑問を提起したのである[25]。次に述べる「公法契約論からの脱皮」が始まったといってよい。

[2] 現代行政法学における行政契約論

行政の活動形式としての明確な位置づけ　戦後しばらくは，行政契約（それも公法上の契約）は，教科書等において，行政行為等の陰に隠れた小さな存在であった。しかし，近年は，行政の行為形式ないし活動形式の一つとして，行政行為，行政立法，行政指導等と並ぶ位置づけに置かれるようになった。たとえば，今日の代表的教科書である，塩野宏教授の教科書においても，「行政の行為形式論」のなかで，行政行為，行政指導，行政計画とともに，並列的に扱われている[26]。

公法契約論からの脱皮　行政法学の体系上の明確な位置づけのなかで，かつての公法契約論は，どのような状況にあるのか一応確認しておきたい。

学説の大勢は，公法契約に限定することに批判的である。たとえば，原田

25　以上，綿貫芳源・前掲注17。同じく，従来の公法上の契約の議論に疑問を呈しつつ，なお，公法上の契約の新たな意義づけを提唱した学説として，南博方「公法契約理論の反省と現代的意義」大阪市立大学法学雑誌9巻3・4号131頁（昭和38年）がある。同論文については，本書の「結章」において触れる。

尚彦教授は，公法契約論について，①公法契約と私法契約の区分自体が必ずしも明らかでない，②行政目的実現の手段としての契約には，公法，私法を問わず共通の配慮事項ないし性質が認められる，③民事訴訟と行政訴訟（とりわけ公法上の当事者訴訟）の区分には，さして重要な意義が認められない，の三点を挙げて，公法契約と私法契約とを区分して論ずる意味はさほどない，と論じている[27]。

同一の著者が，初版の際の考え方を改めた例もある。たとえば，成田頼明ほか著『現代行政法』は，比較的早い時期に「行政上の契約」の章を設けていた書物であるが，その初版では，「行政上の契約とは，行政法関係の設定・変更または廃止を目的とする契約をいう。行政契約・公法上の契約ともいう」[28]と述べていたが，その改訂版においては，「行政契約とは，狭義では，公法関係の設定，変更または廃止を目的とする公法契約を指すが，ここでは広く行政主体によって締結される契約の意味に使うことにする」[29]という叙述に変わっている。

もっとも，大浜啓吉教授は，公法契約という文言を用いないで，独特の定義づけをしている。「行政契約とは，①行政主体が一方当事者となって，②行政上の公共政策の実現を目的とし，③当事者間の反対方向の意思の合致によって成立するものである」というのである。この表現のみからするならば，原田教授の「行政目的実現の手段としての契約」と大差ないような印象を与える。しかし，大浜教授が，「単純な物品の納入契約や庁舎の建築請負契約

26　塩野宏『行政法Ⅰ［第5版］行政法総論』（有斐閣，平成21年）186頁，原田尚彦『行政法要論　全訂第7版』（学陽書房，平成22年）210頁，藤田宙靖『第4版行政法Ⅰ（総論）【改訂版】』（青林書院，平成17年）296頁，芝池義一『行政法総論講義　第4版補訂版』（有斐閣，平成18年）238頁，宇賀克也『行政法概説Ⅰ行政法総論【第3版】』（有斐閣，21年）348頁以下など。

27　原田尚彦・前掲書208頁。なお，原田教授は，同「行政契約論の動向と問題点（2完）」法律時報42巻3号85頁（昭和44年）において，公法契約と私法契約の区別論を批判し，個々の契約の行政機能に応じた分析に行政契約論の焦点を置くべきであると主張していた。

28　成田頼明ほか『現代行政法』（有斐閣，昭和43年）160頁。

29　成田頼明ほか『現代行政法［改訂版］』（有斐閣，平成2年）166頁。この叙述は『現代行政法〔第3版〕』（有斐閣，平成7年）173頁においても維持されている。

などは，政策目的の実現を直接的に意図するものではないので，私法上の契約にすぎず，行政契約に該当しない」[30]と述べるときには，原田教授と袂を分かつことになる。原田教授は，公共事業の受注契約や民間委託契約に関して，「これらの契約は行政目的実現の手段としての性格が強く，談合など行政腐敗の温床になりやすい」と指摘し，これらを「組織法上の行政契約と位置づけ，その特徴を考慮して厳正な法理を確立して適切な運用をはかる必要性が高い」[31]と述べているからである。大浜教授は，「公共政策の実現を目的とする契約」と，単純な私法上の契約とを区別して，後者を行政契約から排除しているのである。目的に着目した行政契約論であるから，かつての公法契約説とは区別されるべきかも知れないが，単純な私法契約を排除することにおいて，公法契約論との近接性を見せていることは疑いない。

公法契約論からの脱皮が説かれる大勢に抗して，「公法上の契約論」を展開する論者として森田寛二教授の説を挙げなければならない。教授は，"契約の対象"に着目して一定の公法上の契約概念を構成することは有用であるとし，「資格づけの問題」と「有効・無効の問題」とは区別すべきであると述べたうえ，「公法上の契約という資格づけは，一般の私人が他の一般の私人との間の契約を通してもちうる権利義務とは異質なもの，即ち，法律に根拠をもつ勝れて特殊的な行政上の権利義務というものを軸にしてなされるべきである」と論じている[32]。

特殊契約論　行政法学における行政契約の体系的位置づけが主流となっているなかで，兼子仁教授は，特異な見解を展開している。現代行政において「契約行政」が重要な手段になっていることを認めながらも，現代行政における契約は，その主たる契約内容の法的性質に即して見るならば，各個別行政ごとに違う法分野，すなわち「特殊法」の世界における「特殊契約」であると解すべきものとしている[33]。かくて教授の年来の主張である「特殊法」の規律を受ける「特殊契約」としての研究の必要性を指摘し，行政契約

30　大浜啓吉『行政法総論　新版』（岩波書店，平成18年）269頁。
31　原田尚彦・前提注26, 208頁‐209頁。
32　森田寛二「建築協定論，そして公法上の契約論——その建立的基礎についての素描（2・完）」自治研究66巻2号52頁（平成2年）。

というくくり方をする意味が少ないことを強調していることになる。本書のように雑多な内容を盛り込んで検討しようとする場合に，それぞれの法分野の特性ないし特質を十分に踏まえないならば，浅い研究成果ないし不適切な研究成果に終わるであろう。その意味で，兼子教授の特殊契約論は，独自の存在意義を有する見解といわなければならない。

契約法制の新たな展開　行政契約の研究にあたり，契約の領域における次のような立法ないし運用の動向に注目しなければならない。

第一に，公共施設の整備について民間の資金，能力を活用するPFI方式である。平成11年に「民間資金等の活用による公共施設等の整備等の促進に関する法律」が制定されている。

第二に，公共サービスを可能な限り民間の手に委ねる，しかも競争的な方法で委ねる動きである。この仕組みを定めるのが平成18年制定の「競争の導入による公共サービスの改革に関する法律」（＝公共サービス改革法）である。

第三に，これと別に，法律の定める「委託」等によりサービス提供主体を公共部門から民間部門に委ねる動きの急速な進展が見られる。たとえば，市町村が児童福祉法の規定による保育について，従前に自ら設置していた保育所を民間に移管したうえ，民間の保育所設置者に委託するような場合（公立保育所の民営化）である。

第四に，地方自治法において，公の施設の管理を民間に委ねる方式について，管理委託契約の方式から，指定管理者制度（244条の2第3項以下）に移行されたことである。この制度にあっては，公共サービスの提供を直接行なう事業者を行政処分としての「指定」にかからせることとされている。ただし，契約から無関係になったというわけではなく，指定管理者との間におい

33　兼子仁「特殊法の概念と行政法」杉村章三郎先生古稀記念『公法学研究　上』（有斐閣，昭和49年）233頁（同『行政法と特殊法の理論』（有斐閣，平成元年）266頁所収），同『行政法総論』（筑摩書房，昭和58年）35頁-36頁。ただし，「行政上の契約関係における行政当局の行為に対し，第三者住民等から行政処分として取消訴訟が起こせるという解釈がとれるならば，その限りでそこに行政上の契約の公法的性質を見る余地はありうるであろう」と述べている（同書36頁）。

て「協定」を締結する方式が定着している。

　第五に，従来，純粋な私法契約とされてきた分野に「政策」が取り込まれる場面が増えている。特定の政策目的を実現するために入札等の場面を活用する方法が広まっている。筆者は，このようなことを「付帯的政策」の遂行と呼んでいる。たとえば，高齢者や障害者を雇用している企業を入札において有利に扱うような方法がある[34]。

　法律により政策を推進する場合には，その政策目的で行政主体の経済的取引を規律することもある。その一例として，日本版バイ・ドールを挙げることができる。日本版バイ・ドール制度は，国が委託した技術に関する研究及び開発又は国が請け負わせたソフトウエアの開発の成果に係る特許権等について，一定の要件[35]に該当する場合に，特許権等を受託者又は請負者から譲り受けないこととして，100％受託者である民間企業等に帰属させることを認めるものである[36]。もともとは産業活力再生特別措置法30条において定められていたが，平成19年の法改正により，恒久的な法律である産業技術

34　碓井・公共契約法精義332頁以下。たとえば，愛知県建設部は，総合評価落札方式においてボランティア活動実績を評価することとし，その認定対象となるアダプトプログラムとして，「愛・道路パートナーシップ事業」，「河川愛護事業」，「海岸愛護事業」，「港湾・漁港海岸愛護事業」を掲げている。

35　次のいずれの要件にも該当する場合とされている（産業技術力強化法19条1項）。①特定研究開発等成果が得られた場合には，遅滞なく，国にその旨を報告することを受託者等が約すること，②国が公共の利益のために特に必要があるとしてその理由を明らかにして求める場合には，無償で当該特許権等を利用する権利を国に許諾することを受託者等が約すること，③当該特許権等を相当期間活用していないことについて正当な理由が認められない場合において，国が当該特許権等の活用を促進するために特に必要があるとしてその理由を明らかにして求めるときは，当該特許権等を利用する権利を第三者に許諾することを受託者等が約すること，④当該特許権等の移転又は当該特許権等を利用する権利であって政令で定めるものの設定若しくは移転の承諾をしようとするときは，一定の場合を除き，あらかじめ国の承認を受けることを受託者等が約すること。これらのうち，②の「公共の利益のために特に必要がある」とか，③の「正当な理由」について，紛争が生じないとはいえない。

36　特別措置法時代における解説として，通商産業省編『わかりやすい産業活動再生特別措置法』（ぎょうせい，平成12年）245頁，経済産業省産業再生課編『詳解産業活力再生法』（商事法務，平成17年）206頁を参照。

力強化法19条に移管されて，同制度は，現在も動いている。国が請け負わせたソフトウエアの開発の成果に係る特許権等の部分は，この移管の際に付加されたものである。従来は，国が事業者に発注してソフトウエアを開発する場合に，それにより発生した特許権等について，たとえ原始的に事業者に帰属する場合であっても，契約により当該開発を通じて生じたソフトウエアと一体として取引され，国に帰属することが一般的となっていたという。しかし，同改正は，国等における自由な利活用の確保と，秘密の保持ができれば，必ずしも特許権等を国等に帰属させる必要はなく，むしろ特許権等を事業者に帰属させることにより，当該知的財産の対価の分だけ発注金額が低下することも期待されるという考え方に立っているという[37]。

これらの動向をすべて「行政契約」として論ずべきかどうかについては，慎重な検討を要する。たとえば，純粋な私法契約と目されるものであっても，単に行政が関与するがゆえに行政契約であるとすることについては，異論もあろう。また，第三や第四の点については，それぞれについて，固有の視点から本格的検討を要するのであって，行政契約の一環として論ずる意味はないという見解もあろう。

しかし，行政契約の外延をあまりに厳格に画するよりも，連続線上の制度や仕組みを包括的に検討することには，それなりに意味があろう。筆者は，必ずしも行政契約の領分を広めることに賛成するものではないが，逆に厳密な定義づけをすることに興味をもっているわけでもない。本書においては，これらの動向の本格的検討をすることは避けつつも，とりあえず，「行政に特徴的な契約」をもって行政契約として検討する。

会計法上の「契約」，自治法上の「契約」に関しては，競争を優先して経済性，公正性を確保しようとしている。したがって，個別の合意が，それらの「契約」に該当するかどうかは，重要な作業である[38]。本書においても触れているように，廃棄物処理法6条の2第2項の委託契約に関して，しばしば問題にされてきた。ただし，会計法令（会計法，予算決算及び会計令，自治

---

[37] 以上，経済産業省「ソフトウエアに係る日本版バイ・ドール制度に係る運用ガイドライン」（平成19年8月）による。

[38] 碓井・公共契約法精義21頁以下。

法，自治法施行令）による「契約」に関する規律に関しては，筆者の『公共契約法精義』において扱われている。また，国有財産及び公有財産の管理としての貸付契約等については，「公財産法」として，別個にまとめて扱うことが便宜であろう。このような事情で，本書においては，それらについて詳細な検討をすることは避けることとしたい[39]。

2　行政契約の研究

[１]　行政契約研究の目的と必要性

行政契約を研究する目的　行政法学の観点からするならば，行政契約の多面的な検討が必要とされる。

第一に，他の活動と同様に，まず何よりも，行政法の一般原理との関係において行政契約の研究をする必要があるところ，とりわけ「法律による行政の原理」との関係が問題となる。その際には，二つのレベルを区別しなければならない。一つは，法律又は条例の根拠なしに，契約を締結する行政活動方式が許容されるかという問題であり，もう一つは，仮にその点の問題が解決されたとして，契約により法律又は条例の内容と異なる内容の権利義務を形成してよいのかという問題である。

第二に，行政と私人との間の契約内容が相手方である私人ごとに異なることがあるとした場合に，そのことで平等原則に違反することがないかどうかも問題になる。

第三に，多くの研究者が関心をもつと思われる論点は，行政契約をめぐる紛争についての訴訟の仕組みである。筆者も，この点に大いに関心を抱いて本書を執筆しようとしている。

行政契約の実証的研究の必要性　本書が明らかにするように，広い意味の契約の手法は，制度面においても，実際の活用面においても確実に広まっている。しかし，前述のような行政法学における「行政契約」の定着にもかか

---

[39]　国有財産，公有財産の管理等に関する法制の動向についての研究として，碓井光明「国有財産・公有財産に関する規制の緩和」江頭憲治郎・碓井光明編『法の再構築［１］国家と社会』（東京大学出版会，平成19年）117頁。

わらず，本格的外国法研究の登場を別にすれば[40]，日本法に関しては，ややもすれば，「どこまでを研究の対象とすべきか」という入口の議論が中心であって，補助金契約[41]，公害防止協定等を除いて，それほど具体的な研究が進展しない状態が続いていたように思われる[42]。今こそ，実態を踏まえて行政契約の研究を深める必要がある。

　行政契約，とりわけ後述する協定を研究するにあたり，二つの方向からの研究があり得る。

　一つは，契約・協定の締結の根拠や方針を定める法律，条例，要綱等からスタートする方法である。実定法規範から接近する方法といってよい（規範からのアプローチ）。

　もう一つは，現に存在する具体的な契約・協定から入って，その性質や法的問題を検討する方向である（実態からのアプローチ）。そのためには，まず具体的な契約・協定を収集して，実態を分析しながら研究を深める必要があ

40　綿貫芳源「英国における行政上の契約(1)～(3)」自治研究33巻8号17頁，9号61頁，10号23頁，同「アメリカ法における行政契約(1)」社会科学論集10号1頁（昭和38年），浜川清「フランスにおける行政契約一般理論の成立(1)，(2・完)」民商法雑誌69巻6号982頁，70巻1号43頁（昭和49年），滝沢正「フランス法における行政契約――行政契約の標識を中心として――(1)～(5・完)」法学協会雑誌95巻4号613頁，5号881頁，6号957頁，7号1152頁，9号1513頁（昭和53年），岸本太樹「行政契約の法理論(1)～(5・完)」北大法学論集52巻4号73頁，5号169頁，6号53頁，53巻1号87頁，2号63頁（平成13年～平成14年）。なお，山田幸男『行政契約論――行政契約のフランス型とドイツ型』（日本評論社，昭和31年）は，外国法研究にとどまらない内容を有するが，同時に，その副題が示すようにドイツの公法契約論及びフランスの行政契約論についての基本的研究であることはいうまでもない。なお，同書は，山田幸男『行政法の展開と市民法』（有斐閣，昭和36年）の第2篇「公法契約の類型的研究」の第1章ないし第5章として収録されている。

41　その代表的研究として，石井昇『行政契約の理論と手続』（弘文堂，昭和62年）がある。

42　そうした中で，大橋洋一「行政契約の比較法的考察――建設法領域を中心として――」法政研究58巻4号653頁（平成4年）（同『現代行政の行為形式論』（弘文堂，平成5年）161頁以下所収）が，建設法領域に限定してではあるが，個別の契約を取り上げて，ドイツ法と日本法との比較研究を公表されていることは，心強い限りである。

る。ただし，「実態」といいつつも，個別の契約なり協定に接することについては，制約があることも否定できない。その点に，この研究方法の大きな悩みがあるといわなければならない。

おそらく，これらの二つの方向の研究を重ね合わせることによって行政契約ないし協定に関する研究が実り豊かなものになるであろう。本書は，この両方向の検討を進めようとするものであるが，とりわけ具体例に即した検討を行なうことを志向している。しかしながら，具体的な契約・協定に関する資料の入手が実際には不十分なものであることを率直に認めなければならない。その意味において，不十分な資料に基づく散発的研究の域を出るものではない。

[2] 行政契約の分類

行政契約の分類 多様な行政契約を単純にまとめて論ずるのでは，深い研究を進めることはできない。さりとて，兼子仁教授の特殊契約としての研究に分解するわけにもいかないとすれば，一定の分類が必要となる。

そのような分類方法の一つとして，原田尚彦教授は，「組織法上の契約」と「作用法上の契約」とを区分している。前者には，地方公共団体が他の地方公共団体の区域に公の施設を設置する場合の協議（自治法244条の3），民間社会福祉施設への入所委託（老人福祉法11条1項）やごみ収集業務の委託などが含まれるとしている。作用法上の契約については，「給付行政における契約」，「取締行政における契約」とを分けて叙述している[43]。この「給付行政」及び「取締行政」は，行政の分類論によるもので，それが行政契約の性質論においても有用であるという認識によっている。取締行政は，「規制行政」といわれることが多いので，以下においては，規制行政の語を用いる

---

43 原田尚彦『行政法要論 全訂第7版』（学陽書房，平成22年）208頁以下。行政契約の分類は，本文に述べる以外にも，論者によりさまざまである。たとえば，芝池義一『行政法読本 第2版』（有斐閣，平成22年）180頁は，私行政分野での契約，給付行政のための契約，規制行政のための契約，行政主体間での契約，委託契約を挙げている。また勢一智子「政策実施の行為形式」大橋洋一編『政策実施』（ミネルヴァ書房，平成22年）167頁，181頁は，規制型行政契約，給付契約，調整型契約，調達契約を挙げている。

ことにしたい。

　歴史的には，むしろ規制行政が先行し，それ故に行政法学の体系も規制行政を念頭に置いて発展した経緯がある。その後に，次第に給付行政の比重が高まってきたのである[44]。しかし，行政契約の観点からみると，規制行政の分野においては，一般的禁止を解除する許可制度，除却などの命令的行為などの行政処分権限方式が用いられてきた後に，それらの間隙を埋める形で契約の手法を用いるようになったのに対して，給付行政に関しては，その進展と歩調を合わせて契約の手法が多用されてきた。給付行政の進展に応じて，行政契約が不可欠な行政の行為形式として認識されるようになったといってよい。

　給付行政の契約　　給付行政とは，塩野宏教授によれば，「道路，公園を設置・管理したり，社会福祉施設を設置・運営したり，生活保護を行ったりして，個人や公衆に便益を給付する」[45]行政である。もっとも，この分野においても，さまざまな手法が用いられているのであって，設置段階においては請負契約が，管理については業務委託契約が，それぞれ用いられることが多いとしても（後述の準備行政における契約），最終的な国民，住民の利用関係においては，行政処分形式が用いられていることも少なくない。しかし，規制行政に比べると，国民生活において必須の分野における契約が多いことも事実である。

　給付行政における契約に関して，原田尚彦教授は，平等原則に基づく公正な取扱い，公平かつ確実な提供の確保（契約強制。ただし，公営住宅の場合は公正な選考による提供），継続的かつ安定的な提供（解除には正当な理由を要する），事情変更に対する伸縮的対応の点において，制約が課され，その限度で民法上の契約原理は変容を受けるとする[46]。

　規制行政の契約　　規制行政とは，塩野宏教授によれば，「私人の権利・自由を制限することを通じてその目的を達成する行政活動」[47]である。規制行

---

[44]　小早川光郎「規制行政と給付行政」ジュリスト増刊『行政法の争点［第3版］』（有斐閣，平成16年）8頁。

[45]　塩野宏『行政法Ⅰ［第5版］行政法総論』（有斐閣，平成22年）8頁。

[46]　原田尚彦・前掲注43，210頁-213頁。

政分野においては，行政処分形式が用いられることが多い。したがって，契約方式が用いられることは少なかったといえる。しかし，部分的に契約方式が採用されることがある。規制代替型協定と呼ぶことができる。

規制行政における契約として扱われる代表格は，公害防止協定や原子力安全協定である。それらが最も法律問題を生じやすいともいえる。公害防止協定については紳士協定説も唱えられたが，行政サイドの主観においては，規制代替型協定である。操業等に危険を伴う施設に関しては，規制代替型規定が活用されている。今日における典型例は，原子力発電所等と締結する協定である[48]。そして，たとえば，茨城県は，原子力安全協定，協定運営要項，協定運用基準の3段階の雛型を用意している。

準備行政の契約　「準備行政」という用語は，必ずしも一般化しているわけではない。塩野宏教授は，「公の行政をするに当たって，その物的手段を整備する行為」の意味に用いている。すなわち，公共事業用地の任意取得，官庁用建物の建築，官庁の事務用物品の調達などについて，会計法，国有財産法，自治法等による規律があるとはいえ，民法と別に特別の法理を形成しているわけではないとしつつも，「契約当事者の形式的平等が必ずしも適切な結果を保障するものではなく，また，公金の支出を必然的に伴うところから，公正さの確保のため民法上の契約法理の修正など，適宜その補正が立法論および解釈論において必要となろう」[49]としている。筆者が，「公共契約法」として研究してきた契約のうちの支出原因契約すなわち調達契約が，ほぼ準備行政の契約に該当するであろう。

行政主体間契約　行政の活動が主として私人との関係に着目して論じられるなかで，こと行政契約に関するかぎり，行政主体間の契約が重要であると認識されてきた。沿革的にいえば，この種の契約には，「公法上の契約」に属するとされるものが多かったことにもよっている。事務の委託に関する

47　塩野宏・前掲注45，8頁。

48　原子力発電所のみならず，「高速増殖原型炉もんじゅ周辺環境の安全確保等に関する協定書」，「六ヶ所ウラン濃縮工場周辺地域の安全確保及び環境保全に関する協定書」など，原子力に関係する施設に広く及んでいる。

49　塩野宏・前掲注45，189頁。

協定，費用負担に関する協定などが典型である。本書においては，第5章において扱うこととする。なお，国家間における契約も，観念的には行政主体間の契約といってよい場合があるが，それは，国際法の扱う領域であるので，本書の対象にはしない。

行政主体間契約に関しては，自治法252条の14（事務の委託）のようにもっぱら行政主体間の契約を定める根拠規定に基づく場合もあるが，行政主体間契約と行政主体・私人間契約とが，共通の根拠規定になっている場合もある。たとえば，その代表格は，水道法24条の3による「第三者委託」である。水道事業の経営主体は，原則として市町村である（6条2項）。しかし，水道の管理に関する技術上の業務の全部又は一部を他の水道事業者若しくは水道用水供給事業者又は「当該業務を適正かつ確実に実施することができる者として政令で定める要件に該当するもの」に委託することができる（24条の3第1項）。この規定は，水道用水供給事業者にも準用されている（31条）。この委託において，受託者が地方公共団体たる水道事業者又は水道用水供給事業者である場合もあるが[50]，後半部分の「当該業務を適正かつ確実に実施することができる者」として受託者となるのは，通常は民間事業者である。現に，第三者委託の受託者の大部分は民間事業者である。

行政主体が当事者となる契約と行政機関が当事者となる契約　行政契約を研究するに当たり，行政側の当事者が，行政主体であるものと行政機関であるものとがあることに注意しなければならない[51]。行政が一方の当事者となる協定において，それが契約であるとするならば，権利義務の帰属主体である

50　厚生労働省の平成21・4・1現在の調査によれば，たとえば，水道事業者が行なっている第三者委託で，地方公共団体が受託者となっているものの例として，横須賀市から横浜市への委託（特定の導水施設及び浄水場），呉市から広島県への委託（取水場），前原市から福岡市への委託（導水施設，取水施設）がある。水道用水供給事業者からの委託で受託者が地方公共団体となっているものの例として，北千葉広域水道事業団から千葉県水道局へ，同じく印旛郡市広域市町村圏事務組合から千葉県企業局へ，兵庫県から加古川市へ，岡山県広域水道企業団から津山市へ，広島県から広島市へ，広島県から呉市へ，福岡地区水道企業団から福岡市へなどがある。呉市と広島県との関係をみると，呉市の戸坂取水場について県に委託，県の宮原浄水場については県から呉市が受託という相互協力の関係にある。

行政主体が契約当事者となるのが自然である（行政主体契約）。たとえば，一方当事者を「〇〇市　上記代表者〇〇市長△△」のように表記することになるはずである。しかし，なぜか行政機関自体があたかも当事者であるかのようなものが少なくない。とりわけ，「協定」なるものに，この傾向が強い。このような傾向が，表記方法に関する単なる技術的な差異にすぎないのか，協定の内容が契約といえるほどのものではないことを指すのか，分析する必要がありそうである。書面において形式的に行政機関が当事者として表記されている場合であっても，行政主体を代表する行政機関の意味と解される契約も多いと思われるが，後に述べる協議に基づく合意や協定で，行政機関が当該合意や協定の当事者となっているもの，たとえば警察署長と地元市町村長や地域の事業者団体との間の協定のような場合にあっては，協定上の当事者において，一方当事者である警察署長の協定上の義務が当該警察署長の帰属している都道府県の義務であるという認識が必ずしも存在しない可能性もある。関係者の認識レベルのみならず，協定の解釈としても，都道府県に権利義務を生じさせていないと解される場合があろう。また，規制行政における契約に関しても，同様に，機関こそが当事者であって，行政主体は当事者として認識できないものもあろう（行政機関協定）。

　おそらく，法律や条例に基づく契約（会計法令に基づくものも，これに含めてよい）に関しては，行政組織法における行政庁理論にならって，当該規範が行政機関（たとえば，契約担当官）に付与している契約締結権限を行使した場合には，その契約上の権利義務は，当該行政主体に帰属するとみてよいであろう。これに対して，法律や条例に基づかない協定等の場合には，行政庁理論に必ずしもなじまないものもあり得るように思われる。

［3］　行政活動の中の行政契約

合意形成のための協議（日本的行政慣行）　　行政法令においては，多様な場面において「協議」がなされるべき旨が定められている。契約の締結に当

51　小早川光郎『行政法　上』（弘文堂，平成11年）258頁が，このような点を意識している。ただし，そこでは，「行政作用上の行為」に着目する結果，その行為者である行政機関に着目して「行政上の合意」を論じている。

たっても，当然に協議が先行する。それは，私人間にあっては「交渉」というべきところかも知れないが，行政主体の行為には外交等の一定の場合を除いて「交渉」という文言が必ずしも適していないという発想からなのか，行政契約の場合も特に表に出されないことが多い。

契約以外の行政行為等の行為形式により終結される場合にも，それらの行為に先立つ協議の実施を法令又は条例が義務づけていることがある（「法定協議」と総称)[52]。さらに，法定協議が求められていない場合であっても，たとえば，申請に基づく許可処分の場合にも，実質的には，申請と処分権限を有する行政機関等との事前協議が先行して，事前協議が調った後に，正式な申請を行ない，それに対して許可処分がなされることもある（事実上の協議に基づく行政処分）。正式な申請と許可処分は，法令の求める形式で実質的な合意の内容を仕上げる（確定させる）ためになされるというわけである。

かくて，合意形成のために協議を行なうことは，一定の行政分野（申請に基づく行政処分，一定の計画策定）における日本の行政慣行であるといってもよい。

こうした行政慣行があるときに，いきなり正式な申請をすると，行政の担当者は，「なぜ事前に相談しなかったのですか」と不満を漏らすこともあろう。そこで，要綱等により事前協議を求める姿勢を明確にしていることも多い。要綱等により事実上の協議を求めているにもかかわらず，協議を経ずに申請がなされたときにも，行政手続法や行政手続条例の「申請に基づく行政処分」に関する規律に服する。そして，事前協議をすることを求める行為は，行政手続法や行政手続条例の行政指導に関する規律も受ける。

法定協議と事実上の協議とを含めて，仕上げとなる産物は，多様であり，それが行政処分である場合にも，その内容により許可，認可，認定などがある。そして，認可や認定の場合においても，その対象についてみると，後に

---

[52] 杉村章三郎『改訂増補行政法要義　上巻』（有斐閣，昭和23年）41頁以下は，「行政法上の双方的行為」として，行政法上の附従契約，行政契約，合同行為と並べて「協議」を挙げて「行政処分の発せられる前提としての協議は，当事者間の双方的行為であるが，協議不調の場合に処分によって処理せられるから完全な自由意思による同意といい得ない点において契約と異る」と述べていた（42頁）。

やや詳しく述べるように、行政計画である場合、私人間の契約や協定である場合などもある。

こうしてみると、「合意による行政」は、日本の行政慣行の出発点であるといってもよい[53]。しかしながら、合意の産物が行政処分である場合と契約である場合との違い等が行政法においては重要である。

行政契約と行政処分（行政行為）との区別　　行政契約は、行政行為等と並ぶ行政の活動形式であるとされている。そして、後にも述べるように、訴訟の方法を念頭に置くならば、ある法律関係における行政の行為が、行政処分であるか契約であるかを見極めようとする発想になりやすい。しかし、この点について、重要な問題指摘がなされている。

まず、小早川光郎教授は、「実定法は、法律関係の規律を目的とする行政庁のいかなる行為についても、争訟手続上の通用力を認めることによってこれに行政行為たる性質を与えることができるはずである。このような選択可能性のもとでいずれを選択するかは、したがって、その行為が実体において統治権の発動であるかどうかというような、事物の本性によってではなく、その行為を行政行為とすることの利害得失を考慮しつつ立法または解釈によって人為的に決定されるべきであろう」と述べている。そして、行政行為の概念における権力性の要素を、「実体的な意味においてではなく、人為的に与えられた通用力という意味で理解するならば、契約と行政行為とは、概念上必ずしも相互排他的な関係に立つと言うことはできないであろう」と述べている。そして、給付に係る申請拒否決定の場合について、内容的に行政庁による契約締結拒否ないし契約上の債務に係る履行拒絶と目される性質のものが多いにもかかわらず、関係法令の規定又は解釈により申請拒否決定について処分不服申立てや取消訴訟が可能とされることをとらえて、契約と行政行為の交錯の一場面であるとしている[54]。

さらに、濱西隆男氏による重要な指摘を紹介する必要がある。その要点は、

53　申告納税制度における修正申告の慫慂も、形式的には、一種の合意による行政の場面である。

54　小早川光郎「契約と行政行為」『岩波講座基本法学　4契約』（岩波書店、昭和58年）115頁、125頁－129頁。

「『行政契約』に係る行政主体の行為は、基本的には非権力的な行為であるが、個別の実定法の規定によっては権力的な行為（公権力の行使に当たる行為）に該当することがある」[55]というものである。少し長くなるが、引用しておきたい。

> 「もとより『行政契約』といえども、行政主体は実定法に従って行為をしなければならないが、例えば行政主体から『行政契約』の違法な拒否とか違法な解消とかを受けたという場合において、私人の立場としては、違法な処分を受けたのと異ならない局面があるのではないか。むしろ、違法な処分であれば、判決で当該処分が取り消されると、拒否処分の場合には当該判決の趣旨に従って改めて処分がされることになり、取消処分の場合には地位等が保全されることになる。ところが、これまでの考え方に従うと、『行政契約』に係る違法な行為であると、判決で当該行為が違法とされても、契約の拒否の場合に改めて契約が締結されたり、契約の解消の場合に契約が保全されるとは必ずしもいえない局面があるように思われる。逆に、実定法に基づき、行政主体から『行政契約』の拒否とか解消とかを行わなければならないという場合において、行政主体の立場としては、第三者効を含めて法律関係の早期かつ画一的な確定を図りたいという局面もあるのではないか。したがって、筆者は、個別の実定法で定めている『行政契約』に係る行政主体の行為についても権力性を帯びる局面があると考える方が、それによるメリット・デメリット双方があるにしても、少なくとも事案の処理としては優れているように思われる。もっとも、このような考え方に立っても、『行政契約』に係る行政主体の行為について、当該行為の本性から、権力性を帯びる局面はないと、一般的な推定が働くことまで否定するものではない。」[56]

濱西氏が、ここにおいて、「権力性」と述べていることは、救済の方法の議論と関係している。権力性のある場合は、行政事件訴訟法3条の「その他公権力の行使に当たる行為」として位置づけられるのではないか[57]、という

55　濱西隆男「『行政契約』私論(上)」自治研究77巻1号64頁、79頁（平成13年）。
56　濱西隆男・前掲論文77頁‐78頁。
57　濱西隆男・前掲論文78頁‐79頁。

問題提起である。

契約・協定締結行為自体の性質と訴訟の方法　契約・協定の締結は，厳密な意味の契約であるかどうかは別として，それ自体は行政処分ではないと解するのが自然である。このことは，法律や条例において，国又は地方公共団体に契約締結を義務づけ，あるいは，相手方が契約の締結に応ずることが義務づけられている場合においても変わりはないはずである。以下のような例で確認したい。

たとえば，七尾市公害防止条例は，「市長は，規則で定める規模以上の工場又は事業場を既に設置している者又は新設しようとする者と公害発生防止及び環境の保全の協定（「公害防止協定」という。）を結ばなければならない」（33条1項）という市長の義務条項を有している。この場合に，たとえ市長に協定締結義務が課されていても，相手方が承諾しないことには協定が締結されるものではない。したがって，市長の義務は，協定締結の申込義務ないし交渉義務と解するほかはない。

また，岐阜県公害防止条例は，「事業者は，県又は市町村から，公害の防止に関する協定の締結について申出を受けたときは，その申出に応じなければならない」（67条の2）という義務を事業者に課している。この場合の「申出に応ずる」義務は，そのままに承諾しなければならないことまで意味するのではなく，協定締結交渉に応ずる義務を意味すると解するのが自然であると思われる。

以上のような義務づけ状態にあるからといって，国又は地方公共団体の機関の行為，すなわち協定締結の申込みや交渉開始行為は，「直接国民の権利義務を形成しまたはその範囲を確定する」ものではなく，行政処分性を有しないといえる。

したがって，当事者以外の者が，当該契約締結行為の違法を主張して，取消訴訟を提起したとしても不適法であるし，地方公共団体が特定の事業者と公害防止協定を締結していない場合に，当該事業者の工場等の近隣に居住する住民が締結の義務づけを求める訴えを提起しても，抗告訴訟としては不適法となろう。

要綱等に基づく行為の性質　本来契約であっておかしくないものが，実

定法といえない要綱等の規範形式によって，公権力の行使の外観をもつこともある。たとえば，地方公共団体が民間団体の主催する催しを共催又は後援する場合を挙げることができる。とりわけ，教育委員会の場合に，共催や後援に関する定めを設けていることが多い[58]。たとえば，「岡山市教育委員会共催・後援取扱要綱」によれば，次のような手続が採用されている。まず，後援等[59]を受けようとする団体等（申請団体）は，行事開催日の20日前までに共催後援申請書を提出して，教育委員会の承認を得なければならない（6条1項）。教育委員会は，後援等を承認した場合には，申請者に文書で通知する（7条）。後援等について，積極要件（5条1項）と消極要件（5条2項）とが定められている。そして，後援等の承認後に消極要件に該当する事実が認められるとき，又はその他不適当な行為があったと認めるときは，取り消すものとしている（10条1項）。このような構造を見ると，要綱という形式でありながら，実質的に申請に基づく行政処分であるかのような感覚の運用がなされていることがわかる。しかし，この後援等は，双方にメリットがあるからこそ合意に至るものであり，申込みと承諾という契約であってもおかしくないはずである。そこで，このような後援等をめぐる法律関係を契約関係とみるべきか否かという問題が提起されることになる。

なお，国，他の地方公共団体をも含めて，「申請」と「承認」の手続を定めるものもある。たとえば，「佐伯市による後援及び共催の承認に関する規程」は，展示会，講演会，発表会等の行事についての後援又は共催の申請に対する承認基準等を定めているが（1条），主催者については，国の機関，地方公共団体若しくはその機関又はそれらの連合体，各種の研究団体，新聞

---

[58] 高知県教育委員会共催及び後援事業承認事務取扱要領，新潟市教育委員会事業共催及び後援承認基準など。

[59] 「後援等」は，共催及び後援の両者を含む意味で用いられている。定義規定によれば，「共催」とは，「団体が主催する事業に対して，教育委員会がその事業の趣旨に賛同し，教育的見地から奨励の意を表して名義の使用を承認するとともに，事業計画段階から主体となって共同で事業を行うこと」であり，「後援」とは，「団体が主催する事業に対して，教育委員会がその事業の趣旨に賛同し，教育的見地から奨励の意を表して名義の使用を承認することによって支援すること」をいうものとされている（2条）。

社・放送局等の報道機関，その他主催者の存在及び基礎が明確で行事遂行能力が十分であると判断される団体等とされている（3条1項1号）。沖縄県の文化環境施策推進上効果のある行事を想定した「行事の共催等に関する取扱要領」も，国の機関，地方公共団体及びその機関又はこれに準ずるもの並びに文化環境部関係団体等が行なう行事を対象とするとして，国，地方公共団体をも含めている。国の機関が，共催事業を実施する地方公共団体等を積極的に募集する場合もある。たとえば，環境省は，容器包装廃棄物の3R（reduce, reuse, recycle）に関する普及啓発事業を実施するために，地方公共団体，市民団体，学校等との共催事業を行なうべく，その募集を毎年度行なってきた。

以上は，地方公共団体や国の立場からの共催・後援の定めであるが，財団法人が，地方公共団体等と事業を共催する場合の定めを設けている場合がある。たとえば，財団法人「地域創造」は，「地方公共団体等が主催する地域のニーズを踏まえた質の高い音楽，演劇，伝統芸能等の公演や美術館等の巡回事業の企画・提供に関する事業について」，同財団法人が「共催することにより，より効果的な事業の運営を図り，美しく心豊かなふるさとづくりの推進に寄与することを目的」として，「芸術提供・共催事業実施要綱」を定めている[60]。対象事業は，音楽分野，演劇・ダンス分野，伝統芸能分野である。同財団法人は，共催に当たり，事業に係る総事業経費の額から入場料等収入を控除した額の2分の1の額を基本として必要と認める額を負担するとしている（ただし，上限額がある）。興味深いのは，相手方に宝くじの普及広報を義務づけることである[61]。いずれにせよ，財団法人ということもあって，前記の地方公共団体が共催・後援する場合と異なり，権力的色彩は薄れているといえる。

行政処分と行政契約の併存場面　通常は，行政処分による法律関係に契約が入り込むことはない。同様に，契約により成立している法律関係に行政処

---

[60] 平成22年度の同要綱の「趣旨」による。

[61] 事業実施会場及び事業実施に際して作成されるチラシ，ポスター，プログラム，チケット，看板，報告書等に，指定された規格で宝くじに関する表示をし，宝くじの普及広報をすることを求めている。

分が介在することも少ない。しかしながら，稀に，両者の併存状態が見られる。

　典型的には，地方公共団体が，自治法による公の施設の指定管理者制度を採用して，指定行為をする際には，当該指定管理者と協定を締結することが一般化している。第4章においてやや詳しく見るように，この協定は，一種の行政契約であることは疑いない。しかし，行政処分と行政契約の併存状況に置かれることにより，行政処分の性質を有する指定管理者の指定行為について契約的性質が入り込み，反対に，行政契約たる協議に行政処分の性質が入り込むという現象も生ずる。

　また，認可保育所の利用関係についても，利用関係の発生には，市町村長による決定行為という行政処分が介在するが，それに続く個別の保育所との法律関係には，契約関係と見るべき場面が多い。公立の保育所の利用に限れば，市町村には，選考決定をする権限を行使する立場と，保育所を設置する立場とがあって，その両者が重なり合うために，行政処分による関係のみのような外観を呈するが，実際には契約関係も併存していると見るべきであろう。他方，民間の認可保育所の場合には，選考決定は行政庁が行なうが，以後の保育所利用関係は，保育料をめぐる法律関係を除き，民間保育所設置者が当事者となるために，後者の保育所利用に係る契約関係は行政契約となるものではない[62]。

　「同意に基づく行政処分」等と行政契約　　私人の同意を経て行政処分がなされる外観のある場合が少なくない。そのような場合に，申込みと承諾の実質を有するとして契約として認識できるであろうか。

　第一に，古くから論じられてきたのは，同意に基づく行政処分の場合である。美濃部博士が公法上の双方行為の例として掲げた「公法上の特別権力関係の設定」の中には，官公吏の選任，議員の選挙及びその承諾，公法上の営造物の利用関係の設定，志願による現役兵の徴集，公企業の特許などが含められていた。その際に，「同意」は，入学願・兵役志願・公企業特許願のような願の形式のもの，承諾書の形式によるもの（当選の承諾），別段書面の形

62　これは，内田貴教授が唱えられてきた制度的契約の一種である。同『制度的契約論――民営化と契約』（羽鳥書店，平成22年）を参照。

式をもってしないものなどがあるとしていた[63]。これらについては，日本国憲法下においても，行政行為（行政処分）と行政契約の関係として論じられている。

　申請に基づく行政処分の例としては，補助金交付申請に基づく交付決定（補助金適正化法6条），開設者の申請に基づく保険医療機関又は保険薬局の指定（健康保険法65条）などがある。これらの行為，あるいは申請拒否が行政処分であることを否定する者はほとんどいないと思われるが[64]，なお契約をもって説明されることがある[65]。行政処分と契約的関係とが混在するという見方は可能なように思われる。

　第二に，申請手続ではなく，「同意を得て」という文言を用いる立法例が見られる。「感染症の予防及び感染症の患者に対する医療に関する法律」は，感染症指定医療機関の指定（38条1項・2項）に関し同意を得てなす旨を規定し，指定の辞退（38条8項），指定の取消し（38条9項）についても規定している。また，「原子爆弾被爆者に対する援護に関する法律」も医療機関の指定（12条1項），被爆者一般疾病医療機関の指定（19条1項）について，同意を得てなす旨を規定し，医療機関の辞退のほか，医療を担当させることについて著しく不適当であると認められる理由のある場合に取り消すことができるものとしている（12条2項・3項，19条2項・3項）。これらの場合には，同意と指定により契約が成立し，これらの規定による辞退や取消しは，実質的には法定の契約解除権の行使と説明することも可能であろう[66]。しかし，指定の行政処分性を否定する必要はないであろう。

63　美濃部達吉『日本行政法　上巻』（有斐閣，昭和15年）243頁。

64　成田頼明「非権力行政の法律問題」公法研究28号137頁，151頁は，相手方の申請を要する行政行為と観念すべきであり，混合的法律関係とみる見地から，私法の規定がどの程度修正されるかを個々的に検討すべきであろう，と述べた。

65　補助金についての公法契約説として，石井昇『行政契約の理論と手続』（弘文堂，昭和62年）83頁以下（行政行為と区別されるメルクマールとして，規律内容に関して交渉の余地があり，現実に交渉が行なわれたか否かを挙げている）。それに対する筆者の批判は碓井・公的資金助成法精義174頁，保険医療機関の指定を私法契約とするものとして，森田寛二「建築協定論，そして公法上の契約論――その建立的基礎についての素描（2・完）」自治研究66巻2号52頁，63頁（平成2年）がある。

第三に,「同意」が明示されていなくとも, 当然に含意されている場合がある。たとえば, 公の施設の指定管理者の指定（自治法244条の2第3項）について, 条文に定めがないからといって, 一方的な指定をすることは許されないと解される。ここにおいても, 指定という行政処分と契約的関係との混在を認めてよいように思われる。

　なお, 協定上の同意は, それが法令又は条例の根拠に基づくものである場合は別途検討の余地があるにせよ, そのような根拠を有しない場合は, 行政処分性を認めることはできない。具体例を挙げてみよう。

　公害防止協定に基づき町が電力会社に対してなした「同意」について行政処分性を否定した判決がある。名古屋地裁昭和53・1・18（行集29巻1号1頁）である。「会社は, 発電所の主要施設または公害防止施設の増設または変更を行う場合は, 事前に町と協議して同意を得るものとする」（5条）との協定の定めにおける「同意」を扱った事案である。

　判決は, 公害防止協定のうち, 少なくとも前記の条項は, 「公法上の契約」と解するのが相当であると述べている。その理由は, ①行政主体たる町を一方の当事者として, もっぱら, 地域の公害を防止し, 住民の健康保護, 地域全体の生活環境の保全という公共の福祉実現を目的として締結されたところの, 明らかに公共的性格を有するものであること, ②町と電力会社との間において, 電力会社は町の同意を得なければ発電所の主要施設又は公害防止施設の増設又は変更を行なうことはできないという具体的な不作為義務を定めていること, を挙げている（詳しくは, 本書第3章1［2］を参照）。

　規制代替型協定における行政の行為には, 実質的に見て行政処分と異ならないものが少なくないのであるが, 少なくとも, 法令又は条例の根拠を有しない協定上の行為について行政処分性を認めることはできないであろう。前記の名古屋地裁判決は, その限りで正当というべきである。これに対して,

---

66　「同意を得て」なす行為の中には, 必ずしも行政処分の外観を有しないものもある。たとえば,「特定フィブリノゲン製剤及び特定血液凝固第Ⅸ因子製剤によるＣ型肝炎感染被害者を救済するための給付金の支給に関する特別措置法」16条は,「厚生労働大臣は, 給付金支給等業務に要する費用の負担及び割合について, 製造業者等と協議の上, その同意を得て, あらかじめ基準を定めるものとする」と規定している。

条例の根拠に基づく協定上の行為については，条例自体が，協定上において行政に優越的地位に基づく判断権の行使が存在することを当然に予定していると見られる場合には，直接には協定に基づく行為であっても，行政処分性を認める余地があるように思われる。

補助金交付の規範形式と交付決定の性質　本書においては，補助金交付関係のことは極力扱わない方針であるが，行政主体と私人との間の契約の典型として補助金交付契約が取り上げられてきたことを考えると，それについて全く叙述しないことには若干の不安がある。

国の場合には，補助金適正化法により交付申請に基づく交付決定が行政処分であることは，ほぼ共通の認識となっている。その性質について，形式的行政処分と見るべきかどうかという議論に深入りする必要はない。

他方，地方公共団体の場合には，一般的規範として，補助金適正化法とほぼ同内容の「補助金等の交付に関する」などの名称の規則が制定されていることが多い。その中に登場する交付決定をどのようにみるかをめぐって議論がある。また，それと別に個別の補助金等について条例が制定されていることが多い。そのような条例において交付決定について規定されているときは，行政処分性を認めるのが国の補助金適正化法と整合性があるというべきである。

筆者は，補助金交付規則等に基づく交付決定についても行政処分性を認めるべきであるとする見解をとってきた[67]。これに対して，交付要綱のみに基づくものについては，要綱に法規性を認めることができず，したがって行政処分性も認めることはできない[68]。

行政処分性を認める場合にも，交付決定に至る過程において，事業計画等についての協議手続が介在することとされていることも多い。たとえば，甲賀市は，同市補助金等交付規則を有しているが，「甲賀市街なみ環境修景整備事業補助金交付要綱」は，補助金の交付を受けようとする者は，交付を受けようとする年度の前年度の11月末日までに，事業計画協議書を市長に提出し承認を得なければならないとし（4条1項），市長は，その協議書を提

67　碓井・公的資金助成法精義188頁。
68　碓井・公的資金助成法精義188頁。

出した者に対して，必要に応じて指導及び助言を行なうことができるとしている（5条）。そして，交付申請書は，前記の市長の承認を得た者が提出することとされている（6条1項）。したがって，行政処分性を認めるといっても，それに至るまでの間に，契約の交渉過程と似た側面もあるのであって，行政処分方式といっても契約方式と連続線上にあるといってもよい[69]。

国の補助金に関して，一つ付言しておかなければならないことがある。それは，研究開発について，従来補助金方式を利用してきた省庁が，委託契約方式に転換しつつあるということである。その場合に，そもそも競争性になじむものであるかなどの問題があり，研究開発委託契約の特性に応じた検討が必要と思われる。

行政指導と行政契約との関係　行政主体と私人との行政契約は，契約の一種として，申込と承諾により成立するのであるが，契約の締結に至る過程においては，行政指導がなされることが多い。典型的な行政契約である公害防止協定についてみると，まさに行政指導により，その締結を促すのみならず，協定の内容についても行政指導がなされる。いわば，「行政指導と一体化した合意的手法」として，行政契約が活用されているのである[70]。さらには，行政契約の条項において，私人が行政指導に誠実に対応しなければならない旨を定めている場合もある。

「協議」と称する場合も，それは，決して対等な協議ではなく，行政側の意向をもって「私人を説得する過程」となることが多い。逆にいえば，行政指導により行政が示した内容を私人が受け容れざるを得ないことが多いのである。いわゆる規制的行政指導にあっては，契約の内容も，行政指導により行政の側から示されることが多く，このような場面の行政契約は，行政指導の最終的成果物として，相手方私人が指導されている内容を遵守することを法的に確保する目的をもっているともいえる。宅地開発指導要綱に基づいて

69　高島市も，同市補助金等交付規則を制定しているが，「高島市あったかほーむづくり事業費補助金交付要綱」は，事業実施者にあらかじめ事業計画協議書の提出を求めて（5条），市長がその内容を審査して適当と認めたときは内示を行なうとしている（6条）。

70　大塚直『環境法　第3版』（有斐閣，平成22年）84頁。

私人を説得して，開発負担金協定を締結するような場合がその典型である。協定が行政指導の結果の集大成の意味をもつのである。

　行政指導の態様等によっては，協定が無効となることもあり得る。私法上の贈与契約の成立を認め，それが有効であるとした大阪地裁昭和 61・9・26（判例タイムズ 639 号 176 頁）も，一般論として，「当該行政指導の目的，必要性，方法の相当性，相手方の負担の程度，相手方に対する働きかけの態様，程度等を総合考慮し，それが法治主義を潜脱するものである等特段の事情が認められる場合において初めてその行政指導に基づく私法上の契約が無効となると解すべきである」と述べて，特段の事情がある場合には無効となることを認めた（控訴審の大阪高裁平成元・5・23 判例タイムズ 712 号 154 頁も，これを維持した）。

　行政計画と行政契約との関係　　行政契約は，種々の意味において，行政計画との関係を有している。

　まず，第一に，実質的な行政契約が行政計画として結実する場合がある（協議先行型行政計画）。早い時点の立法例としては，昭和 48 年制定の水源地域対策特別措置法を挙げることができる。同法は，水源地域整備計画とそれに基づく事業（＝整備事業）を中心にしている。同法 12 条は，整備事業がその区域内において実施される地方公共団体で当該事業に係る経費の全部又は一部を負担するものは，政令で定めるところにより，所定の利水者と協議し，その協議により，その負担する経費の一部を負担させることができるとしている。これが負担調整と呼ばれるものであるが，この協議に基づく合意の結果が同法 4 条の水源地域整備計画決定の基礎をなすことが想定されているのである[71]。

　「水道原水水質保全事業の実施の促進に関する法律」を見てみよう。同法は，都道府県は，都道府県計画（対象水道原水の水質の保全を図るため，対象水道原水に係る取水地点を対象として，対象水道原水の水質の汚濁に相当程度関係があると認められる区域における地域水道原水水質保全事業の実施の促進について定める計画）において，対象水道事業者等と並んで地域水道原水水質保

---

[71] 碓井光明「都市用水の確保と水源地域の財政」都市問題研究 35 巻 7 号 2 頁（昭和 58 年）を参照。

全事業の種類，実施主体，実施区域及び実施予定期間並びにその実施に要する費用の概算，及び対象水道事業者の負担予定額を定めることとされている（5条4項）。そして，都道府県は，都道府県計画を定めようとするときは，関係都道府県の意見を聴き，かつ，関係河川管理者，関係市町村及び当該都道府県計画に定められる地域水道原水水質保全事業を実施する者に協議するとともに，「当該水道原水水質保全事業がその区域内において実施されることとなる地方公共団体で」その実施に要する費用の全部又は一部を負担するもの（5項）の同意（負担予定額に係る部分に限る）及び対象水道事業者の同意を得なければならない（7項）。この仕組みにおいて，都道府県が計画策定主体とされているものの，費用負担に関しては，5項の地方公共団体及び対象水道事業者の同意を要することとして，実質的な合意結果を計画としてまとめる方法が採用されているのである。河川管理者事業計画についても，やはり対象水道事業者の同意が必要とされている（8項）。

同様に，「高齢者，障害者等の移動等の円滑化の促進に関する法律」31条5項は，道路管理者は，道路特定事業計画において，道路法20条1項に規定する他の工作物について実施し，又は同法23条1項の規定に基づき実施する道路特定事業について定めるときは，あらかじめ，当該道路特定事業を実施する工作物又は施設の管理者と協議しなければならないとし，その場合に，当該工作物又は施設の管理者に当該道路特定事業の費用の負担を求めるときは，当該道路事業計画にその事業の実施に要する費用の概算及び道路管理者と当該工作物又は施設の監理者の分担割合を定めるものとしている。同法34条4項は，公園管理者が都市公園特定事業計画において都市公園特定事業について定め，他の工作物の管理者に費用負担を求める場合についても，同様の定め方をしている。これらも，実質的な負担割合の契約が計画として結実することが予定されているといえる。

第二に，行政計画を策定するにあたり，あらかじめ協定をすることを求められる場合がある（協定手続経由の行政計画）。水防法7条3項は，2以上の都府県に関係する水防事務については，関係都府県知事は，あらかじめ協定して当該都府県の水防計画を定め，国土交通大臣及び消防庁長官に報告しなければならないと規定している。協定による計画の策定である。

第三に，計画を推進するために協定の締結を予定する場合がある（計画推進型協定）。たとえば，大阪湾臨海地域開発整備法15条は，同意整備計画の達成のために必要な公共施設の整備を行なう者又は地方公共団体は，土地に関する権利を有する者が当該公共施設の整備その他同意整備計画の実施により著しく利益を受けることとなる場合においては，関係者間の協議に基づいて協定を締結することにより，その者に対し，その利益に応じた適切な負担を求めることができるとしている。

　第四に，計画の達成の成果が，行政契約として結実する場合がある。たとえば，国立病院や公立病院に関して，経営の健全化あるいは再編成の計画を策定して，その計画を達成するために，病院を移譲する方式が採用されてきた。福岡県は，「県立病院（移譲及び公設民営化）に関する計画」（平成15年10月）を策定して，その中で，県立病院改革の基本方針として，4病院について，「県立病院としての役割は希薄化しており，診療機能の維持・向上や健全な経営が期待できる医療機関等に移譲する」こととし，移譲先の選定に関して，「外部有識者等で構成する委員会の意見を聴き，職員の雇用確保に十分留意しつつ，医療機関等の意向を聴取した上で移譲先を選定する」とした。また，職員処遇に関しても，「移譲先とも協議の上，医療関係職員を中心に移譲先等への出向派遣を行う」こと，及び，「退職手当の割増措置や医療関係職員の移譲先等への再就職斡旋を基本とした退職勧奨を進める」とした。さらに，資産譲渡等の特例に関して，「地域医療の確保や，職員の雇用確保の観点から，資産譲渡等の特別措置を検討する」こと，「移譲に伴う資産の譲渡等にあたっては，条例の制定等により公正に取扱う」こととした。この計画に基づいて，その後の県立病院の移譲契約が締結された。

　契約への逃避　行政法学において，しばしば「契約への逃避」ということが述べられる。それは，法令又は条例自体により規制するには抵抗がある場合や，行政処分によることに法的な問題がある場合において，相手方との合意によることで，その抵抗や法的問題の発生を避けることを指している。条例による規制が許されないのではないかという懸念のある場合が典型であった。

　条例に定めて私人に対して負担を求めることの根拠が疑われる場合であっ

ても，契約的構成により説明のつくこともある。たとえば，遭難事故が発生して，捜索活動を行なうのに多額の費用を要する場合に，地方公共団体が，その費用について遭難者又はその家族等に負担を求めるのに，最近，相次いで要綱を制定する傾向にある。「村上市行方不明者の捜索・救助活動実施要綱」（平成20年告示第209号）を見てみよう。この要綱は，「山岳遭難，海難事故，市内等において家出，自然を活用して行われる山菜取り，山歩き等の余暇活動及び病気等により道迷い等の事故に遭遇した者を捜索すること」を「行方不明者の捜索」と定義して（2条），行方不明者の発生の連絡があったときは，市長は，警察署及び消防本部と連携して調査活動を行ない（6条1項），なお発見されないときは，捜索対策会議を開き，本庁内に捜索対策本部を設置するとともに，捜索隊を出動させるものとし，捜索隊を出動させるときは，あらかじめ行方不明者の捜索を要請した者から捜索依頼書を提出させることを原則としている（6条2項）[72]。同要綱の別紙「捜索依頼書」には，「捜索隊による捜索を依頼します」という文言に加えて，「この捜索にかかった費用（手当て・食費・車代等）は，村上市行方不明者の捜索・救助活動実施要綱及び費用基準に従い私共で確実にお支払いいたします」との文章が付されている。そして，要綱は，捜索救助活動に要する費用（捜索費用）について，次のとおりとし，原則として遭難した者又は捜索救助を要請した者の負担としている（7条1項）。

① 山先案内人，一般捜索隊員（市職員及び消防職員等をいう）及び消防団員の人件費

② 食糧費及び諸雑費（燃料費，車代，その他必要物品等をいう）

③ 警察犬等，海難協力者費用（船，網代）等

そして，別表において，費用基準を定めている[73]。免除規定の中には，市

72　ただし，捜索依頼書が提出されない場合においても，捜索依頼者からの電話等による要請を受け，後日，捜索依頼書の提出の約束を得られた場合，並びに関係機関及び他の市町村から要請された場合は，捜索依頼書が提出されたものとみなすとしている。

73　①市民でないものが消防団に捜索を依頼する場合の団員等の出動手当，炊き出し等の捜索に要した費用は依頼者の負担とする。②消防団員，山先案内人の出動手当1回分（4時間以内とし，4時間を超えたごとに請求）は，各6,000円，7,500円とし，遭難者が市民の場合は消防団員の出動手当は市の負担とする。

民の行方不明者の捜索隊員となった場合，市職員，消防職員，消防団員の人件費分の捜索費用（3日分まで）は請求しないとしている（8条3項）。

このような要綱により費用負担を求める方式は，そこに捜索依頼書を介在させて契約的構成とすることによって，たとえば条例の定めにより直接負担を発生させる方式の場合に予想される法的問題（自治法等に定められていない負担を条例で求めることができるかという問題）を回避できるのである。したがって，ここには，一種の「契約への逃避」現象が見られる。

保証契約の禁止と損失補償契約の許否　国又は地方公共団体が行政上の目的のために私法上の契約を締結することについて法が規制を加えている場合がある。その代表は，いうまでもなく，会計法や自治法が「契約」の締結について，一般競争優先主義により契約締結手続に関して加えている規制である（会計法29条の3，29条の6，自治法234条）。その内容について，筆者は，『公共契約法精義』において詳しく検討した。それ以外にも，個別の法律が重要な規制を加えている場合がある。

そのような中で，最近注目されているのは，「法人に対する政府の財政援助の制限に関する法律」（＝財政援助制限法）3条の「政府又は地方公共団体は，会社その他の法人の債務については，保証契約を締結することができない」との規定である。地方公共団体の出資するいわゆる第三セクターが金融機関から資金を借り入れるに際して，地方公共団体は，金融機関との間において，金融機関が当該貸付けにより損失を被った場合にはその損失を補塡する旨の契約，いわゆる損失補償をなすことを約する契約（＝損失補償契約）を締結することが多い。最近は指定管理者を指定して公立病院の運営を委ねる場合に指定管理者の必要資金の借入れに当たって損失補償契約が締結される例もある[74]。そして，このような損失補償契約が前記規定により禁止されているのか否かという問題が訴訟において争われている。第三セクターの破綻に伴い，地方公共団体において損失補償契約に基づく履行を迫られることが多いだけに，問題が顕在化している状況にある。

まず，注意しなければならないのは，損失補償をする事態が到来するか否

---

[74] 郡山市は，平成18年1月に郡山市医療介護病院を社団法人郡山医師会に管理させるに当たり，東邦銀行と損失補償契約を締結した。

かが不確実な段階でなす偶発債務を負う契約を問題にしているのであって，すでに生じた損失を補塡する契約は，一種の寄附金等としての贈与契約であって，同条に抵触するものではなく，補助金同様に公益上の必要性（自治法232条の2）があるならば適法に締結できることである。そのような契約は，以下に述べる損失補償契約から除外してよいであろう。

　地方公共団体が偶発債務を背負う損失補償契約に関しては，それが債務保証とは法的性質が異なることを理由に財政援助制限法に抵触しないとする裁判例が優勢であった。その際に，「損失補償」の文言が自治法に登場していることも，引き合いに出された。同法199条7項は，監査の対象とする財政援助団体を示すに当たり，「当該普通地方公共団体が補助金，交付金，負担金，貸付金，損失補償，利子補給その他の財政的援助を与えているもの」を挙げているし，予算執行に関する長の調査権を定める221条3項においても登場している。自治法は，損失補償契約が適法であるという前提に立っているとする理解である。しかしながら，自治法221条3項は，「普通地方公共団体が借入金の元金若しくは利子の支払を保証し，又は損失補償を行う等その者のために債務を負担している法人」と表現しており，この規定のみを重視するならば，地方公共団体が法人の借入金の元金若しくは利子の支払いを保証する契約を締結することも適法であるということになってしまう。そうなると，自治法221条3項が財政援助制限法3条の保証契約禁止を完全に解除していることになるが，誰もそのような条項であるとは考えないであろう。結局，同項は，債務保証が現実になされている場合の調査権を定めるにとどまり，債務保証契約の締結についての規制を左右する意味までもつとは解されない。したがって，損失補償契約についても，これらの自治法の規定の存在によって適法かどうかが決まるわけではない。

　たしかに，損失補償契約は，借入れをした法人の債務を保証するものではない。そこで，自治庁は，損失補償契約は，財政援助制限法に抵触しないとする見解（いわゆる行政実例）を昭和20年代に示した（昭和28・9・30自行行発第281号，昭和29・5・12自丁行発第65号）。こうした行政実例を前提に，多くの地方公共団体が第三セクターの資金借入れについて，金融機関との間において損失補償契約を締結してきた。

適法説の裁判例　　前記のような状況において，損失補償契約は財政援助制限法3条に違反しないとする裁判例がいくつか見られた。

たとえば，福岡地裁平成14・3・25（判例地方自治233号12頁）は，損失補償契約が私法上当然に無効となるか否かは，①違法事由の明白性，②契約の相手方による当該事由の認識ないし認識可能性の有無及び程度，③法令上当然に要求されている議会の議決等契約の締結に必要な手続の履践の有無，を主たる要素として判断すべきであるとし，その第一関門に関して，損失補償契約と債務保証契約とはその内容及び効果の点において異なるものであり，また，会社その他の法人のために地方公共団体が損失補償契約を締結し債務を負担することは法の予定するところであるといえるとして，自治法221条3項を参照して，財政援助制限法等の法令に違反するものではないとした。熊本地裁平成16・10・8（金融法務事情1830号51頁）も，まったく同趣旨を述べた[75]。これらの判決が自治法221条3項を引き合いに出すことについて問題があることは前述したとおりである。

同様に無効の主張を排斥した大分地裁平成19・12・27（判例地方自治307号50頁）は，自治法221条3項が借入金債務の保証と損失補償を行なうことを区別していること，財政援助制限法3条は，文言上，禁止対象として保証契約のみを挙げていることに加えて，「損失補償は，同条に違反しないとの自治省行政課長による昭和29年5月12日付の回答もあって，多数の地方公共団体で，保証契約と類似する損失補償がなされてきたことが窺われる一方で，これに対する立法措置も講じられていないことも考慮すれば，元々同条において損失補償を含めて禁止する趣旨と解することもできない」と述べて，無効の主張を排斥した。この判決の趣旨は，無効でないことはもとより，違法でもないということである。自治法221条が保証と損失補償とを明確に区別していることを大きな手がかりとして，保証契約と性質を異にする損失

---

[75] 控訴審の福岡高裁平成19・2・19判例タイムズ1255号232頁は，財政援助制限法との関係については，特に述べていないように見える。この事件は，最高裁において上告不受理とされた（平成19・9・21）。以下の裁判例も含めて，裁判例については，椿久美子「地方公共団体による損失補償契約と損害担保契約」椿寿夫ほか編『法人保証・法人根保証の法理』（商事法務，平成22年）379頁を参照。

補償契約は財政援助制限法に違反しないとして，金融機関からの支払請求を認容した2件の東京地裁平成21年9月10日判決もある（判例時報2061号55頁，60頁）。

無効説にたつ判決　他方，損失補償契約を無効とする二つの裁判例がある。

一つは，川崎市のコンテナターミナル会社事件で，市が損失補償の履行後に，住民が無効を理由として支払った分の不当利得の返還を求めた住民訴訟である。横浜地裁平成18・11・15（判例タイムズ1239号177頁）は，損失補償契約が民法上の保証契約と同様の機能，実質を有するものであるとして，財政援助制限法3条の規制を潜脱するもので無効であるとしつつ，不当利得返還を求めることは信義則違反になるので請求を棄却すべきものとした。この判決は，初めて「無効」と明言した判決として，各方面に衝撃を与えたものと思われる。

その後，長野県内の旧三郷村のなした損失補償契約について合併後の安曇野市に対して損失補償契約に基づく公金の支出の差止めを求める住民訴訟について，1審の長野地裁平成21・8・7（金融法務事情1907号32頁）は，従来の裁判例同様に財政援助制限法3条に違反しないとしたが，控訴審の東京高裁平成22・8・30（判例時報2089号28頁）は，立法の趣旨について，戦前に特殊会社のために債務保証がなされて国庫の膨大な負担を招いたことの反省から国庫負担の累積を防止するために不確定な債務を制限するとともに，企業の自主的活動を促すという観点から立法されたもので，地方公共団体等の財政の健全化のため債務保証により不確定な債務を負うことを防止する規定であるとしつつ，当該損失補償契約は無効であるとして公金の支出を差し止めた。その理由として，損失補償契約は，保証契約の場合のような付従性や補充性がないばかりか，当然には求償や代位ができないのであるから，保証債務よりも責任が過重になるにもかかわらず，財政援助制限法3条の規制が及ばないとするならば，財政援助制限法3条の趣旨が失われることは明らかであるとし，「損失補償契約の中でも，その契約の内容が，主債務者に対する執行不能等，現実に回収を望めないことを要件とすることなく，一定期間の履行遅滞が発生したときには損失が発生したとして責任を負うという

内容の場合には，同条が類推適用され，その規制が及ぶと解するのが相当である」として，類推適用説を展開して，財政援助制限法3条の趣旨を没却しないという特段の事情が認められない限り無効であるとした[76]。これまでの筆者の見解[77]とは，「無効」の点を除いて，ほぼ同趣旨である。判決は，無効とする理由について，財政援助制限法3条は，同条違反の場合にも損失補償契約の効力が認められ，当該地方公共団体の責任が免れないとするならば，同条の趣旨が失われることに求めている。同条は，「単なる手続規定ないし訓示規定ではなく，地方公共団体の外部行為を規制した効力規定であると解するのが相当である」と述べている。

　筆者は，損失補償契約は違法ではあるが無効ではないとする見解をとっているが，それは，決して判決のいうように訓示規定であるとするものではない。違法であるから，住民は損失補償契約の締結の差止めを求める住民訴訟により差止めの目的を達する可能性があるし，損失補償契約を締結したことにより地方公共団体に損害を与えた長に過失がある場合には，損害賠償責任を生ずる。筆者としては，この程度の規範的意味は，相当に重いものであると考えている。そして，法解釈の固まっていない段階の契約締結について過失ありといえないにしても，解釈が固まるならば，過失が認定されやすくなるであろう。そのような積み重ねにより，場合によっては，随意契約の制限違反について特段の事情による無効の余地を認めた最高裁昭和62・5・

76　特段の事情の認められる場合については，「地方公共団体が当該損失補償契約を締結する公益上の必要性が高く，その契約の相手方である金融機関も当該地方公共団体の公益上の必要性に協力するために当該損失補償契約締結に至った場合で，かつ，その契約の内容が明らかに保証契約と同様の機能を果たすものではなく，金融機関側においても，それが財政援助制限法に違反するとの認識がなかったといえるようなときは，財政援助制限法3条の趣旨を没却しない特段の事情が認められるものと解される」と述べている。しかし，多くの場合は，金融機関は地方公共団体の公益上の必要性に協力して融資に応ずるであろうし，保証契約と同様の機能を果たすものを問題にしているのに，果たさないものを論ずること自体無意味のようにも思われる。

77　碓井光明「地方公共団体による『損失補償の保証』について」自治研究74巻6号3頁（平成10年），碓井・公的資金助成法精義342頁以下。なお，安曇野市事件控訴審判決について筆者も参加した座談会の記録が金融法務事情1913号36頁（平成23年）に収録されている。

19（民集 41 巻 4 号 687 頁）の延長上において，損失補償契約の相手方が同契約の締結が許されないことを知りつつ敢えて契約の締結を迫ったような事案に関しては，損失補償契約自体を無効とすることもできよう。

地方債許容規定との関係　ところで，平成 21 年法律第 10 号による改正後の地方財政法 33 条の 5 の 7 第 1 項 4 号に注目する必要がある。平成 21 年度から 25 年度までの間に限り，次のＡの行為が当該地方公共団体の将来における財政の健全な運営に資すると認められる場合に地方債を充てることのできる経費として，次のＢの経費を掲げているからである（地方道路公社及び土地開発公社の借入金に係る損失補償に関しては，別に 3 号に規定がある）。

Ａ＝「当該地方公共団体がその借入金について損失補償を行っている法人（公社及び地方独立行政法人を除く。以下この号において同じ。）及び当該地方公共団体が貸付金の貸付けを行っている法人の解散（破産手続その他の総務省令で定める手続によりこれらの法人が清算をする場合に限る。以下，この号において同じ。）又はこれらの法人の事業の再生（再生手続その他の総務省令で定める手続によるものに限る。以下，この号において同じ。）」

Ｂ＝「当該地方公共団体がその借入金について損失補償を行っている法人の借入金について当該解散又は事業の再生に伴い当該地方公共団体と当該法人の債権者との損失補償に係る契約に基づき負担する必要がある損失補償に要する経費及び当該解散又は事業の再生に伴い当該地方公共団体が貸付金の貸付けを行っている法人に対する当該地方公共団体の貸付金であって総務省令で定めるものが償還されないこととなったため必要となる経費」

この複雑な条文を正確に読むことは必ずしも容易ではないが，Ｂの中に「当該地方公共団体と当該法人の債権者との損失補償に係る契約に基づき負担する必要がある損失補償に要する経費」と表現されているところから見て，損失補償契約に基づいて負担する損失補償の経費に充てるための地方債の発行が認められていることは明らかであろう[78]。手続としては，あらかじめ議決を経てから許可申請をすることが必要とされている（2 項，3 項）。

この立法措置は，少なくとも有効な損失補償契約が存在し得ることを前提

にしていると見ることができる。さらに，従来の行政解釈に従って適法説に依拠していると見るのが自然であろう[79]。

では，この立法措置が財政援助制限法 3 条の解釈をも左右することになるのであろうか。財政援助制限法の規範までも改めたと見ることは困難であり，無効説に従えば，例外的に特段の事情があって有効とされるものを除けば，多くの場合は空振りの起債規定ということになろう。筆者のように違法であるが有効であるという見解によれば，起債対象と認めることに支障はないということになる。この規定と前述の東京高裁平成 22 年 8 月判決との関係は，なお一層検討する必要がある。

3 「協定」等の活用と行政契約の守備範囲

[1] 多様な合意方式

契約の意味との関係　行政契約という「契約」を取り上げる以上，契約の意味を明らかにしなければならない。しかし，広狭の意味があって，簡単に確定することはできない。梅謙次郎博士は，民法は「契約」の文言により，一切の意思の合致を意味する立法技術が採用されたと述べている。すなわち，「合意」は，「真の熟語」といえるか疑わしいのみならず二人の意思が偶然符合することも合意といえるし，また，「約束」，「約定」という文字は極めて穏当な文字であるといえるものの俗語として用いられることが多く法律上の

78　この地方債は，「第三セクター等改革推進債」と呼ばれている。「平成 22 年度地方債同意等基準」（平成 22 年総務省告示第 133 号），「平成 22 年度地方債同意等基準運用要綱等について」（平成 22・4・1 総務副大臣通知）の別紙「平成 22 年度地方債同意等基準運用要綱」別紙 1 − 1 「一般事業（第三セクター等改革推進債）」を参照。いずれも，地方債制度研究会編『平成 22 年度地方債の手引』（地方財務協会，平成 22 年）に収録されている。川崎穂高「第三セクター等改革推進債について」地方財政 48 巻 5 号 134 頁（平成 21 年）をも参照。許可状況等について，中野祐介「第三セクター等の債務の状況と自治体財政運営上の課題」金融法務事情 1913 号 18 頁（平成 23 年）を参照。大阪市の大阪トレードセンタービルディングなどの場合に許可されている。

79　橋本勇「公社・第三セクターの整理・再生と実務上の留意点」地方財政 49 巻 1 号 158 頁，168 頁（平成 22 年）。

効力を生じないものにも使用されるので,「法律上ノ効力ヲ生セシムルヲ目的トスル二人以上ノ意思ノ合致」という厳格な意味を有する「契約」の文言を用いたというのである[80]。

そして,契約の成立には,前述のように二人以上の意思の合致,すなわち合意を要する。その際に,相対立する,あるいは反対方向の意思の合致であるといわれている。たとえば,我妻栄博士は,「契約の要件たる合意とは,相対立する(当事者にとって異なる社会的・経済的意義を有する)二つ以上の意思表示が,客観的にも主観的にも合致することである」と述べた[81]。

契約は反対方向の意思の合致により成立する,という理解を前提にして行政契約を定義するならば,行政主体が合意する場面には,厳密には,反対方向とはいえないもの,したがって行政契約に当てはまらないものが多数存在する。しかし,完全に同一方向の行為,すなわち合同行為といえるかというと,そういうわけでもない。反対方向,同一方向といっても,その強弱があって,実際の合意は,連続線上にあるという方が正確かも知れない。一つの契約書なり協定書のなかにも,性質の異なる条項が置かれていることもあることに注意したい。

また,当該合意の内容が,どの程度の法律上の効力ないし拘束力を生じさせるかも,多様である。すなわち「硬い合意」から「柔らかい合意」まで多様である。こうした認識から,本書においては,厳密な意味の契約に当たらないものも,行政契約の大きなくくりとして扱うこととしたい。

協議に基づく同意・不同意　契約にあっては,通常は,その締結に至るプロセスがある。その過程は私人間においては「交渉」と呼ばれることが多いのに対して,行政が一方当事者となるときは「協議」と呼ばれることが多い。しかし,逆に協議の結果が必ずしも「契約」として結実することになるものではない。その中には,協議の結果たる行為が,行政庁の「同意」とされるものがあり,契約に近似するが,必ずしも,それにより法律上の効力を生ずるものであるとは限らない。

第一に,行政法関係においては,主として,行政庁相互間における「協

80　梅謙次郎『民法要義　巻之三債権編』(有斐閣書房,大正元年版) 376頁－377頁。
81　我妻栄『債権各論　上巻(民法講義V1)』(岩波書店,昭和29年) 43頁。

議」に基づく「同意」なるものが存在する。たとえば，都道府県が大都市及びその周辺の都市に係る都市計画区域その他の政令で定める都市計画区域に係る都市計画又は国の利害に重大な関係がある政令で定める都市計画を決定しようとする場合は，あらかじめ国土交通大臣に協議し，その同意を得なければならない（都市計画法18条3項）。この協議は，国の利害との調整を目的としているとはいえ（同条4項），必ずしも反対方向とはいえないであろう。市町村の都市計画決定の場合における，知事との協議・同意も同様である（19条3項，4項）。この場合に，同意により何らかの法律上の効力を生ずるわけではなく，法律上の効力自体は，あくまで都市計画決定により生ずるというほかはない[82]。この点は，同じ都市計画法であっても，34条の2による「協議の成立」は，それにより開発許可があったものとみなされる効果を生ずるのであるから，法律上の効力を生じさせるものであり，この協議の成立は，契約であるといってもよい。私人の場合には，開発許可（34条）の手続をとるべきところ，国又は地方公共団体等の行なう開発行為に関しては，協議手続による合意形成の手法が採用されているのである。

　第二に，行政庁と私人との「協議」に基づく「同意」制度も存在する。たとえば，開発許可の申請をしようとする者は，あらかじめ公共施設の管理者と協議して，その同意を得なければならないとされている（都市計画法32条1項）。この場合に，公共施設の管理者は，公共施設の適切な管理を確保する観点から協議を行なうこととされている（同条3項）。この場合の「同意」は，申請に基づく行政処分と見ることができないわけではない。都市計画法30条2項が「同意を得たことを証する書面」の添付を定めていることの理解によっては，同意が開発行為の許可の要件とされていると解する余地がないわけではない。そして，公共施設管理者としての判断行為の権力性を見出して，同意をもって行政処分と見ることも可能なように見える。とくに，真摯な協議を行なったにもかかわらず，同意しない場合に，不同意処分と見て，あるいは不作為と見て，抗告訴訟の対象とする意味は十分にありそうである。

---

[82] 大橋洋一教授のいう計画間調整手続である。大橋洋一「まちづくりにおける法定計画と協定・協議」ジュリスト増刊『行政法の争点［第3版］』（有斐閣，平成16年）228頁（同『都市空間制御の法理論』（有斐閣，平成20年）112頁所収）。

そのような裁判例として，仙台高裁平成 5・9・13（行集 44 巻 8・9 号 771 頁）がある。同判決は，次のように述べている。

> 「32 条に基づく公共施設管理者の同意，不同意について，都市計画法は申請手続，同意不同意の要件，通知，不服申立の規定を設けてはいないが，公共施設の管理者が同意を拒否すると，開発行為者の開発許可申請は不適法となり（30 条 2 項），開発行為者は開発対象地に対する開発をすることができなくなる立場に置かれることとなり，開発行為者が本来有する開発をするという権利を侵害されることになる。したがって，公共施設管理者の不同意の意思表示は，国民の権利義務又は法律上の利益に影響を及ぼす性質を有する行政庁の処分に該当すると解するのが相当である。」

しかし，この事件の上告審・最高裁平成 7・3・23（民集 49 巻 3 号 1006 頁）は，次のように述べて行政処分性を否定した。

> 「国若しくは地方公共団体又はその機関（以下「行政機関等」という。）が公共施設の管理権限を有する場合には，行政機関等が法 32 条の同意を求める相手方となり，行政機関等が右の同意を拒否する行為は，公共施設の適正な管理上当該開発行為を行うことは相当でない旨の公法上の判断を表示する行為ということができる。この同意が得られなければ，公共施設に影響を与える開発行為を適法に行うことはできないが，これは，法が前記のような要件を満たす場合に限ってこのような開発行為を行うことを認めた結果にほかならないのであって，右の同意を拒否する行為それ自体は，開発行為を禁止又は制限する効果をもつものとはいえない。したがって，開発行為を行おうとする者が，右の同意を得ることができず，開発行為を行うことができなくなったとしても，その権利ないし法的地位が侵害されたものとはいえないから，右の同意を拒否する行為が，国民の権利ないし法律上の地位に直接影響を及ぼすものであると解することはできない。もとより，このような公法上の判断について，立法政策上，一定の者に右判断を求める権利を付与し，これに係る行為を抗告訴訟の対象とすることも可能ではあるが，その場合には，それに相応する法令の定めが整備されるべきところ，法及びその関係法令には，法

32条の同意に関し，手続，基準ないし要件，通知等に関する規定が置かれていないのみならず，法の定める各種処分に対する不服申立て及び争訟について規定する法50条，51条も，右の同意やこれを拒否する行為については何ら規定するところがないのである。

そうしてみると，公共施設の管理者である行政機関等が法32条所定の同意を拒否する行為は，抗告訴訟の対象となる処分には当たらない」。

この最高裁判決には，根本的な疑問がある。それは，同意の拒否がなされた場合に開発行為を適法に行なうことができないこと（この点の解釈も深める必要があるが，それには立ち入らない[83]）は，同意の拒否が開発行為を禁止・制限する効果をもたらすのではなく，法律がそのような効果をもたらしているとする説明である。確かに，法律の規定なしには，開発行為ができないという効果を生じないといえるが，同意の拒否と相俟って，そのような効果を生ずるのであり，同意の拒否が法の規定によりもたらされる効果に着目して行政処分性を肯定することは十分に可能なはずである。このことは，医療法に基づく病院の開設許可における中止勧告について，健康保険法の規定により，ほぼ確実に指定医療機関の指定を受けられなくなることに着目して行政処分性を認めた最高裁平成17・7・15（民集59巻6号1661頁）にも示されていることである。筆者は，この最高裁判決は，立法政策の当否の問題にしている結果，裁判を受ける権利を実質的に奪っているのではないかという感想を抱いていた。しかし，行政事件訴訟法における当事者訴訟の活用次第で，たとえば，公共施設管理者の同意義務確認，さらには，不同意の違法確認などの訴訟形態なども考えられる[84]。

不同意が行政処分でないとするならば，同意も行政処分ではないといえよう。そして，調った協議の内容については，契約的効力を認めることができ

---

[83] 三橋壯吉『改訂　都市計画法』（第一法規，昭和54年）194頁は，協議は，できる限り事前に調うことが望ましいが，協議が調うことを法律上必須の要件としたものではないと述べている。これは，協議が調うことと同意とが連動関係にない，とする理解に立っているとも推測される（参照，建設省都市局都市計画課監修『逐条問答都市計画法の運用［増補改訂版］』（ぎょうせい，昭和51年）323頁）。しかし，公共施設の管理者が，協議が調わないにもかかわらず同意をすることは，通常は想定しにくいところである。

る。すなわち，協議を経て調った内容に即して申込みを行ない，「同意」という形式で承諾がなされていると見ることができる。都市計画法は，協議と同意というプロセスのみを示して，契約内容について全く触れるところがないので，その点は，個々の内容を吟味するほかはない。一般に，協議を行なう趣旨は，開発行為により設置される公共施設の管理の適正を期するためであるとして，協議の内容は，公共施設の配置，規模，構造等に関する事項，公共施設の管理の方法及びその期間，土地の帰属及び帰属に伴う費用の負担に関する事項等が主たるものであるとされている[85]。そして，この協議により，公共施設の管理者について別段の定めをすることができ（39条ただし書），また，幹線道路その他の公共施設に関して公共施設を管理すべき者に帰属するとされる場合の費用負担についても別段の定めをすることができる（40条3項）。

それら以外の内容で特に問題となるのは，協議において，公共施設の管理者が，特別の金銭負担を求める場合である。この点については，この協議制度は，開発行為を行なう者に特別の負担を課する趣旨のものではないとする解釈[86]があるものの，実際には，宅地開発指導要綱等により負担を求めてきたという実態がある。

ところで，最近は，開発行為等に関して，条例による一定の手続を求める地方公共団体が増加している。たとえば，「川崎市建築行為及び開発行為に関する総合調整条例」を見ておこう。同条例は，面積が500平方メートル以上の事業区域において行なわれる建築行為又は開発行為を「対象事業」と位置づけて（2条4号），対象事業者に市長への事前届出書・事業概要書の提出，近隣関係住民に対する通知・標識設置などを義務づけたうえ（10条，12条，13条），公共施設の管理者等と，公益施設用地に関する事項，防犯対策に関する事項，公園及び緑地に関する事項，駐車施設に関する事項，道路及

---

84 金子正史「都市計画法32条に係る『公共施設の管理者の不同意』を争う行政訴訟の可能性（試論）」『まちづくり行政訴訟』（第一法規，平成20年）30頁（原論文は平成17年）は，開発許可申請拒否処分取消請求訴訟で争う可能性を肯定している。

85 建設省都市局都市計画課監修・前掲注83，322頁。

86 三橋壮吉・前掲注83，195頁。

び水路に関する事項，河川及び下水道その他排水施設に関する事項，水道施設に関する事項，消防に関する事項，教育施設に関する事項，その他規則で定める事項，について協議しなければならないとしている（19条1項）。この協議を行なった公共施設の管理者等は，その内容及び結果について，市長に報告するものとされている（19条3項）。そして，対象事業者は，対象事業を行なおうとするときは，市長の承認を受けなければならないとするとともに（20条），市長は，所定の手続及び前記協議が終了したと認めるときは，当該対象事業を承認しなければならないとしている（22条）。さらに，対象事業者がこの承認を受けた日以後でなければ，対象事業者及び対象事業に係る工事の請負人（下請人を含む）は，対象事業に着手することを禁じられている（27条1項）。市長は，この禁止に違反した対象事業者又は対象事業に係る工事の請負人に対して，対象工事に係る工事を停止し又は相当の期限を定めて必要な措置を講ずるよう勧告することができ（32条），勧告に従わないときは，工事の停止又は相当の期限を定めて必要な措置を講ずるよう命ずることができるとしている（33条）。さらに，この市長の命令に違反した者は，6月以下の懲役又は50万円以下の罰金に処することとされている（35条）。このような条例において，市長の承認拒否について行政処分性を肯定するならば，協議に対する公共施設管理者の対応の違法は，「協議が終了した」ことの意味と認定の難しさがあるにせよ，市長の承認拒否処分の違法として争うことができると解すべきであろう。

川崎市よりやや遅れて，横浜市も，「横浜市開発事業の調整等に関する条例」を制定し，特定大規模開発事業を行なおうとする開発事業者は，市長と協議しなければならないとしている（16条）。開発事業者は，開発事業の計画について同意を得なければならないのであるが（17条1項），特定大規模開発事業については前述の開発協議が終了するまでの間は，同意をしないものとしている（18条3項）。そして，開発事業計画の遵守義務を定めている（24条）。開発協議が調わない場合が「開発協議の終了」に該当しないのかどうか明らかではないが，川崎市と同様に，不同意を行政処分として争うことができると解される。

［2］　協定の位置づけ

協定活用の理由　行政契約をめぐる最近の動向として「協定」という名称の付されるものの増加に注目したい。それは，英語でいえば，"agreement"である。

では，なぜ「契約」ではなく「協定」と呼ばれるのであろうか。この点について，決定的とはいえないまでも，「協定」と呼ばれるものの内容には，典型的な契約に比べて，次のような傾向が見られることが理由になっていると思われる[87]。

第一に，典型的契約に比べて，その拘束内容が緩やかなことである。拘束の内容を緩やかにして，かつ相手方の合意を取り付ける方式によって，摩擦を避けながら行政目的を実現することができることもある。あるいは，相手方の事情に応じて，内容的な変化をもたせた，きめ細かな内容にすることもできる。最も緩やかな協定は，行政と私人とが協力し合う意思確認の程度のものである。そのような弱い協定であっても，円滑な施策の実施の出発点としての意義を無視することはできない。これらの中には，紳士協定といわざるを得ないものが多いといえよう。

第二に，典型的契約のような反対方向の意思の合致というよりも，同一方向の意思の合致によるものが見られる。協定の締結は，多くの場合，実質的には合同行為に近いといってもよい。このような傾向のある協定であるので，うまくいっているときは，当事者が「契約」と意識することは少ないものの，いったん当事者の義務不履行があるときは，反対方向の利害対立が表面化して，「契約」としての効力を主張したくなることが多い。

以上をまとめるならば，協定は，「柔らかな契約」，「緩やかな契約」，「控えめな契約」ともいえよう。

---

[87]　中井検裕「まちづくり協定の法制度的考察」都市問題90巻6号35頁（平成11年）は，「まちづくり協定」のうち，協定に関わる者全員の同意が署名捺印という形で明確に存在するものを「契約型」，まちづくり協議会など一定地区のまちづくりを推進する組織がその地区の住民の総意として地区のルールを定めたものに「協定」，「憲章」，「申し合わせ」などの名称を冠している場合のものを「憲章型」と呼び，自治体関与の形式により類型化して検討している。筆者は，そもそも「憲章型」は，本書の対象外としている。

しかし，法律や条例による直接的規制に代えて，協定の締結に委ねる場合があることも否定できない（規制代替型協定）。その場合には，次のような効用がある。

第一に，行政指導の内容に従うことを最終的に確定させる意味の協定の締結が少なくない（行政指導完結型協定）。行政は，その協定の効力を主張して行政指導に従うよう主張し，また，相手方が行政指導の違法を主張して国家賠償請求をする場合には（それが認容された典型的判決は，最高裁平成5・2・18民集47巻2号574頁である），協定の効力をもって対抗しようとする。行政指導を完成させる協定は，具体的場面に応じて内容を弾力的にすることが可能となる。すなわち，法律や条例において許可制を採用して，許可権者の広い裁量権を認めるとか，許可に負担等の附款を付すことも考えられるが，それらの場合に比べて，一層弾力的に仕組むことができよう。

第二に，行政処分により完成される措置であっても，その処分要件として協定の締結又は協定上の義務の履行を掲げることによって，相手方に応じた良好な状態を実現することができる。

第三に，行政の施策に私人が協力するタイプの協定にあっては，私人，とりわけ企業は，協定の締結による社会貢献を世間にアピールするメリットを発揮できることがある。近年は，行政の各分野において，このタイプの協定（協働型協定）が増加している。公私協働による行政目的の達成の手法の一つである（本書第3章6［1］を参照）。

協定の種類と行政契約論　これまで「協定」と呼ばれてきたものには，三種類のものがあったといえよう。

第一は，行政主体と私人との間において締結されるものである。公害防止協定が典型的なものである。これは，大橋洋一教授の用語法によれば，「公－民型協定（縦型協定）」である[88]。第二は，私人間において締結される協定（私人間協定）である。これに属する協定の典型は，建築協定（建築基準法69条以下），緑地協定（都市緑地法45条以下），景観協定（81条以下）などである。この方式は，避難経路協定（密集市街地における防災街区の整備の促進に

---

[88]　大橋洋一『行政法①　現代行政過程論』（有斐閣，平成21年）354頁。

関する法律 289 条以下），都市再生歩行者経路協定（都市再生特別措置法 45 条の 2 以下），都市再生整備歩行者経路協定（同法 72 条の 2 以下），移動等円滑化経路協定（高齢者，障害者等の移動等の円滑化の促進に関する法律 41 条），農振法 18 条の 2 の協定，集落地域整備法による集落地域における農用地の保全等に関する協定（8 条）など，増加傾向にある[89]。第三は，行政主体間協定である。

　これらのうち，第一のものと第三のものの多くが，講学上の行政契約とされることについては争いがないと推測される。

　これに対して，第二の協定を行政契約に入れるかどうかについては，議論の余地があろう。行政契約というには行政主体が契約の当事者になっていなければならないとするならば，これらの協定の当事者はもっぱら私人であって行政主体が含まれていないのであるから，行政契約から除外すべきであるということになろう。

　しかし，二つの意味において，行政主体の締結する契約と連続する側面がある。第一に，これらの協定の目的が，単なる個人の利益のためではなく，公共の利益の実現にある点である。たとえば，建築協定についてみると，市町村の区域の一部について，「住宅地としての環境又は商店街としての利便を高度に維持増進する等建築物の利用を増進し，かつ，土地の環境を改善する」ことを目的としている（建築基準法 69 条）。第二に，これらの協定には，行政庁が関与していることである。たとえば，建築協定にあっては，建築協定を締結しようとする土地の所有者等が建築協定書を作成して，その代表者によって特定行政庁に提出し，その「認可」を受けなければならないこととされている（同法 70 条 1 項）。

　さらに，事柄によっては，いずれも，ほぼ同一の目的を達成するための協

89　公害防止条例において，事業者と周辺住民等の間における協定を定める例がある。甲州市公害防止条例 10 条は，「市長は，公害防止のため必要があると認めるときは，当該事業者に対し，関係者との間にその防止に係る協定を締結するよう勧奨するものとする。」と定めている。条例の規定なしに締結された事業者と周辺住民等との間の協定の効力が争点とされる訴訟が散見される（高知地裁昭和 56・12・23 判例時報 1056 号 233 頁，奈良地裁五條支部平成 10・10・20 判例時報 1701 号 128 頁）。

定であって，単に協定締結の当事者を異にすることもある。公害防止目的の協定やまちづくり目的の協定に関して，第一類型の協定方式を採用する場合と第二類型の協定方式を採用する場合とが見られることにも注目しておかなければならない。

　このような点に注意しなければならないが，筆者としては，第二類型のものを正面から行政契約に入れることには，依然として躊躇を感じざるを得ない。それは，二つの理由によっている。一つは，先に述べたように，協定締結の主体が行政主体ないし行政機関ではないことである。もう一つは，「契約」を認識する基準としての「反対方向の意思の合致」があるとはいえないことである。すなわち，行政契約も「契約」という以上は，契約当事者の反対方向の意思の合致がその要素になるものと思われるが，第二類型の協定において協定参加者の間にあっては，同一方向に向けられた意思の合致なのであって，むしろ合同行為として位置づけるのが自然であろう[90]。また，協定参加者と認可等をする行政庁あるいはその帰属する行政主体との関係も，反対方向の意思の合致とみることは困難である。

　そこで，本書においては，第二類型の協定は，行政契約の範疇に直接入れることはせずに[91]，その延長上の仕組みとして位置づけて，その観点からの

---

[90] 建築協定について，荒秀『建築基準法論（Ⅰ）』（ぎょうせい，昭和51年）164頁以下。なお，荒教授は，準条例的性格を有することも指摘している（同書162頁-164頁）。同様の趣旨の見解は，荒秀ほか編『改訂　建築基準法（特別法コンメンタール）』（第一法規，平成2年）558頁以下（執筆＝荒秀），亀田健二「建築協定の法的問題——私人間合意と行政との関係についての一考察」産大法学17巻1・2号1頁（昭和58年）においても見られる。

[91] ただし，第二の類型を広義の行政契約として論じることに反対するつもりはない。たとえば，櫻井敬子＝橋本博之『行政法［第2版］』（弘文堂，平成21年）130頁は，「第三者効のある協定」の見出しの下に，建築協定等について触れている。また，大橋洋一・前掲注87は，この種の協定を「民-民型協定（横型協定）」と名付けて（354頁），それは，行政は契約当事者ではなく，行政の関与は認可という行政行為であり，分析的には，市民相互の民事契約プラス行政行為と捉えることも可能であるとしつつ，行政法規により，また行政の関与により，市民相互の契約にいかなる要請がなされるのか，を考慮することが有用であるとして，「広義の行政契約」に含めている（350頁）。そして，建築協定を例にとって，要件，手続，効果と特色，利用状況，法的性格，全員合意要件について検討している（354頁以下）。

若干の検討を付加することにしたい（第6章1）。なお，第一類型の行政契約ないし協定という範疇から離れるものの，機能的に見た場合に，その連続線上にある手法がある。それは，私人の計画について行政庁が認可ないし認証する方式である。そのような位置づけによって，これらの手法についても若干の分析をすることとする。

前述の三類型のうち，第一及び第二のものは，行政目的の実現に私人の協力を求めるものであって，広い意味の「公私協働」の手法であるといってよい[92]。また，第二の類型は，遠藤博也教授にならって，「行政」とは「社会管理機能」であるととらえるならば[93]，私人が社会管理機能を発揮することに期待した一つの法システムとして位置づけることもできる。

なお，実質的に第二類型と思われる協定でありながら，形式的には行政が登場しないタイプのものもある。横浜市の「みなとみらい21街づくり基本協定」が，その例である。協定区域内の土地所有者及び建築物の所有を目的とする地上権又は賃借権を有する者及び「株式会社みなとみらい21」の合意によって締結された協定であるが，「みなとみらい21地区」の街づくり全体の基本的ルールを定めようとするもので，前記株式会社を経由して，実質的には横浜市の意向を反映するものとなっている。その内容は，街づくりの基本方針，建物用途，建築物等の基準，都市管理項目，住宅の場合の特例，協定の運営などからなっている[94]。このように，行政が背後に控えながらも，私人が社会管理を行なう場面が増大しているといわなければならない。その際に，社会管理を確実に行なうためのルールが協定という約束事にまとめられるのである。

協定重視型と協議重視型　　協定が締結される場合に，協議が先行するの

92　環境法分野における協働原則との関係において，協定も位置づけられている。大塚直『環境法　第3版』（有斐閣，平成22年）70頁。

93　遠藤博也『行政法II（各論）』（青林書院新社，昭和52年）8頁以下。

94　そのうち，「建築物等の基準」についてみると，最小敷地規模，スカイライン，ペデストリアンネットワーク，外壁後退，駐車場，広告物について定め（7条），「都市管理項目」についてみると，都市システムの利用，高度情報化への対応，都市防災等への配慮，バリアフリー社会への配慮，環境への配慮，周辺市街地への配慮，リサイクル社会への対応，交通円滑化への対応，その他について定めている（8条）。

が普通である。法律や条例に協定に関する定めのみがある場合も，協議がなされるであろう。これに対して，条例が協議を主要な手続として定め，その結果，協定の締結が必要なときは協定を締結するというような協議重視型のものもある[95]。

協定締結の効果　協定は，一定の行政目的を達成するためのインセンティブとして活用されることが多い。インセンティブを与えるには，協定を締結することのメリットがなければならない。許認可の要件として協定の締結を求めるのは，許認可の付与というメリットがあるからである。

そのほかに，協定締結者に対して補助金を交付するとか，租税を軽減する措置が講じられることもある。

国レベルの一例として，森林整備地域活動支援交付金を挙げることができる。これは，森林法11条4項の規定に基づき認定された森林施業計画の対象とされていない森林においての「森林情報の収集活動」に対する支援と「施業実施区域の明確化作業等に対する支援のための交付金であるが，いずれも協定の締結が要件とされている。前者は，森林情報の収集活動を行なう者が市町村長と締結する協定，後者は森林施業計画の認定を受けた森林所有者等の全員と市町村長との協定が，それぞれ要件とされている（農林水産事務次官依命通知「森林整備活動支援交付金実施要領」による）。

地方公共団体の場合には，いくつかのレベルのものがある。国が地方税法において，明示的に負担軽減措置を用意する場合もあり得る。また，地方公共団体が地方税法の既存の軽減規定を活用する場合，さらに，独自の軽減措置を講ずる場合がある。既存の地方税法の制度を活用するものとして，地方税法が固定資産税に関して，「国並びに都道府県，市町村，特別区，これらの組合及び財産区が公用又は公共の用に供する固定資産」を非課税としている（348条2項1号）のを利用して，土地所有者から土地の無償貸与を受けて市民に開放する施策[96]などがある。また，地方税法の減免規定及び既存の税条例の減免規定を活用して減免する例もある[97]。さらに，地方税法6条の公益上の理由による課税免除や不均一課税を行なう場合もある。この場合に

95　たとえば，敦賀市土地利用調整条例12条による開発事業事前協議の場合。

は，条例の定めが必要である。

　また，より緩やかなものとしては，協定締結企業が，社会貢献企業であることを役所のホームページに載せるとか企業自らがその旨を表示できるようにすることも多い（本書第3章5［3］等を参照）。

4　行政契約・協定をめぐる訴訟及び履行確保の方法

［1］　行政契約をめぐる契約当事者間の訴訟
　行政契約・協定の効力　　行政契約は，一般論としては，その中に権利義務関係の内容が含まれている限りにおいて，私法上の契約と同様に契約としての法的効力を有するはずである。その権利義務の内容が行政特有の内容であるからといって，法的効力自体を否定することにはならない。しかしながら，「協定」の名称を有するものの中には，必ずしも権利義務関係に高められているとは言い切れない内容のものも少なくない。したがって，個別の協定について，それがいかなる効力を有すると見るべきかを検討する必要がある。そのことは，行政と私人との間の協定であれ，行政主体間の協定であれ，異なるものではない。

　私人が原告となる訴訟　　契約や協定をめぐり私人が原告となって争う訴訟には，契約・協定の当事者である私人が原告となるものと，契約・協定の当事者以外の第三者が原告となる訴訟とが考えられる。

　前者は，相手方である行政主体が契約・協定に定められた義務等を履行しない場合や行政主体が私人の義務が履行されていないとして一定の行動に及んでいる場合（たとえば，指導若しくは勧告又は公表）に，訴訟に発展する事例

96　埼玉県の市民管理協定について，同協定に関して定める「ふるさと埼玉の緑を育てる条例」においては特に触れられていないが，市民管理協定制度のPRにおいては，固定資産税，都市計画税の非課税と貸付期間20年以上などの要件を満たす場合の相続税2割評価減が大きく取り上げられている。本書第2章2［2］を参照。

97　たとえば，横浜市の建築物緑化保全契約制度は，一定の基準を満たして保全契約を締結した場合に，建築物の敷地に対する固定資産税・都市計画税の一部を軽減しているが，これは，横浜市税条例62条1項3号の「公益上その他の事由により特に減免を必要とする固定資産」に該当するとする扱いのようである。

である。その延長上には、契約・協定の締結や契約・協定の遵守が行政処分に連動する仕組みが採用されている場合に、行政処分の違法性の有無の判断における前提問題として、契約・協定に関する争点が登場することも考えられる。

　後者は、行政主体による契約・協定の締結又は契約・協定の不履行により、契約当事者以外の私人（第三者）が不利益を受けるとして、契約当事者である行政主体又はその相手方を被告として提起する訴訟があり得よう。

　もちろん、後者の連続線上には、主観的不利益を受けないにもかかわらず法律により訴訟の提起が認められる場合もある（客観訴訟）。現在は、そのような訴訟として、地方公共団体に限った住民訴訟が存在する。自治法242条の2第1項1号の差止めの請求の対象となる「当該行為」には、契約の締結も入るし、また、4号請求においても、契約の締結に起因して損害賠償請求又は不当利得返還請求をすべき旨を求める請求、賠償命令をすべき旨を求める請求も含まれる。ただし、財務会計行為としての契約であるから、財務会計行為と評価できないようなものは、住民訴訟として扱うことができない。

　以上のことをフランス流の公役務に係るものについていえば、前者は契約方式により公役務を受ける私人が行政主体を相手に争う場面が典型であるし、後者は、行政主体が公役務の提供に関する業務を私人に全部又は一部を委ねている場合に、公役務の提供を受けようとする者が争う場面が典型である。

　行政主体が原告となる訴訟　　行政主体と私人との間の協定をめぐり、行政主体が協定違反等の事態が生じているとして争うとした場合に、どのようなことが問題になるのであろうか。行政主体が国民、住民の利益を実現しようとして締結する通常の協定と前記の事業者としての国又は地方公共団体と住民等との間の協定とは、分けて考える必要がある。

　行政主体が原告となって、相手方に協定の遵守を求める訴訟を提起しようとする場合には、宝塚市パチンコ店事件最高裁判決（最高裁平成14・7・9民集56巻6号1134頁）との関係が問題となる。同判決は、「国又は地方公共団体が専ら行政権の主体として国民に対して行政上の義務の履行を求める訴訟は、法規の適用の適正ないし一般公益の保護を目的とするものであって、自己の権利利益の保護救済を目的とするものということはできないから、法律上の争訟として当然に裁判所の審判の対象となるものではなく、法律に特

別の規定がある場合に限り，提起することが許されるものと解される」と述べている。行政主体が相手方に協定の遵守を求める訴訟が，この判決にいう「専ら行政権の主体として国民に対して行政上の義務の履行を求める訴訟」とされる可能性があることを否定できない。

　もちろん，この点については，二つの方法でクリアーすることができる。第一に，最高裁判決の論理そのものが不当であるとして，「法律上の争訟」に当たるとすることが考えられる。第二に，当該協定の遵守を求める訴訟は，「専ら行政権の主体として国民に対して行政上の義務の履行を求める訴訟」に当たらないとすることである。筆者は，どちらかといえば，前者により法律上の争訟性を認めたいが，個別の協定について，第二の処理の可能性も探っておく必要があろう。最高裁判決の論理が，この種の協定のすべてに及ぶ場合には，協定上の義務の履行を求める訴訟ができなくなるという意味において，結果的には紳士協定説と同様になろう。協定内容に関する紳士協定説（実体法上の紳士協定説）に対して，「手続法上の紳士協定説」ともいうべきものである。

　公害防止協定に関する最高裁平成21・7・10（判例タイムズ1308号106頁）は，この宝塚市パチンコ店事件判決との関係に言及することなく，差戻しの判決を下している（詳しくは，本書第3章1[2]を参照）。これが，黙示的ないし実質的に判例変更をしていると評価すべきかが問題となろう。宝塚市判決に反対する筆者としては，とにかく事を荒立てることなく，平成21年判決のような処理が定着することを願うものである。

[2]　訴訟以外の履行確保策

履行確保の重要性　　紳士協定の性質をもつ場合は別として，契約や協定に定められている内容をいかにして履行させるかは大きな課題である。とりわけ規制代替型の行政契約・協定における履行確保策は，その実効性を確保する上で重要であるといわなければならない。最終的には，訴訟の問題になるが，それ以外の履行確保策について検討しよう。

　履行確保策との関係において，間接的ながら最も重要なことは，協定内容が住民等に公表されていることである。住民が協定内容に照らして違反があ

ることを知って，その旨を行政機関に通報するなどのきっかけとなるからである。協定を締結した場合には，その旨又は協定の内容を公表することとしている条例があるのは，その意味において意義深いことである。

規制代替型協定等の場合　公害防止協定のような規制代替型協定においては，通常，次のような手法が採用されている。

①立入検査　違反を防止するための方策としては，違反事実が明らかになるような仕組みが必要とされる。立入検査は最も一般的なものである。そのほか報告の義務づけ，情報の開示も重要であろう。

②勧告・公表・違約金　違反が判明した場合の履行確保策ないし制裁である。多様なものがあり得る。

第一に，違反に対する勧告，警告，是正指導といった措置が考えられる。これらは，行政指導の性質を有している。最も一般的な措置であり，このような措置は，たとえ協定書の条項に盛られていないとしても，可能であると解される。

第二に，違反事実の公表である。公表については，協定書において定めておく方法と，協定の根拠となる条例等がある場合に当該条例等に定める方法もあろう。公表に先だって，指導又は勧告を介在させて，それにもかかわらず履行しない場合に，その旨を公表できるとする立法例が多い。

第三に，金銭的な制裁である。金銭的制裁には，協定書において違約金を定める方法が考えられる。また，根拠となる条例において罰則を置くことも検討されてよい。しかし，罰則を適用する実体的義務内容を協定に委ねることは許されないという考え方が強いものと思われる。すなわち，たとえば，公害防止条例において，「事業者は，第○条により締結された公害防止協定を遵守しなければならない。」，「事業者が前条の規定に違反した場合は，その者を50万円以下の罰金に処する。」旨を定めたと仮定する。これが自治法14条3項の「条例に違反した者に対し」という要件を充たすかどうかであるが，犯罪構成要件を公害防止協定に委ねていると見られるので，許されないように思われる。

協働型協定等の場合　こちらは，あらかじめ行政部門のインターネットに掲げていた企業名，団体名の削除などの柔らかな対応にとどまる。もちろん，経費の援助をしていた場合の経費援助は停止される。

第2章　法令・条例に基づく行政主体と私人との契約・協定

1　法律に基づく契約・協定

［1］　予備的考察

法律に基づく契約・協定の範囲　行政主体と私人との間の契約ないし協定の根拠規定としては，法律によるもの，条例によるもの，指導要綱等によるものが見られる。以下においては，法律に基づく契約又は協定について考察する。もっとも，「どの程度の定めがあるときに，当該法律の根拠があるといえるのか」という根拠の有無の判断基準が必ずしも明らかではない。この点は，個別の検討をする際に，必要に応じて確認したい。

法律による強制措置を背景とした契約　行政活動の中には，相手方の意思如何にかかわりなく目的を達する制度を背景にしながら，実際には契約の締結が優先される場合がある。その典型は，土地収用法による土地等の強制収用の可能性を前提にしてなす，土地等の任意取得契約（任意買収）である。それは，形式的には，筆者の研究してきた公共契約の範疇になる。しかし，その対価に関しては，強制収用の際に用いられる「公共用地の取得に伴う損失補償基準要綱」（昭和37・6・29閣議決定）は，任意買収の場合についても基礎とされている。強制収用の場合との公平性，その延長としての過大損失補償の禁止の考え方によっている。

なお，土地収用法は，起業者と土地所有者及び関係人との間に権利を取得し，又は消滅させるための協議が成立したときは，起業者は，事業認定の告示があった日以後収用又は使用の裁決の申請前に限り，当該土地所有者及び関係人の同意を得て，当該土地の所在する都道府県の収用委員会に協議の確認を申請することができるとしている（116条1項）。そして，所定の手続を経て収用委員会により確認（118条）がなされたときは，権利取得裁決と明渡裁決があったものとみなされ，起業者，土地所有者及び関係人は，協議の

成立及び内容を争うことができないとされている（121条）。

[2] 社会保障行政と契約

施設入所委託等　社会保障行政においては，委託を定める法律の規定ないし委託を前提にした法律の条文が少なくない。

　第一に，生活保護法による保護施設への入所の委託，私人の家庭への養護の委託がある。すなわち，生活扶助に関して，被保護者の居宅において行なうのが原則ではあるが（30条1項本文），被保護者の居宅において行なうことができないとき，これによって保護の目的を達しがたいとき又は被保護者が希望したときは，施設入所等によることができるとされ，その中に，保護施設への入所の委託又は私人の家庭への養護の委託も含まれているのである（30条1項ただし書）。そして，保護施設は，保護の実施機関から保護のための委託を受けたときは，正当な理由なくして，これを拒んではならないとされている（47条1項）（受託義務）。保護施設は，要保護者の入所又は処遇に当たり，人種，信条，社会的身分又は門地により，差別的又は優先的な取扱いをしてはならないこと（47条2項），これを利用する者に対して，宗教上の行為，祝典，儀式又は行事に参加することを強制してはならないこと（47条3項）が求められ，また，当該職員による立入検査を拒んではならないとされている（47条4項）。「委託」という契約的文言にもかかわらず，保護施設の場合には，きわめて行政処分に近い実質を備えているように思われる。その他にも，住宅扶助のうちの住居の現物給付についての宿所提供施設への委託（33条2項），医療扶助としての医療の給付に関する医療保護施設又は指定医療機関への委託（34条2項），介護扶助に関する介護機関への委託（34条の2第2項），出産扶助のうちの助産の給付に関する助産師への委託（35条2項），生業扶助のうちの一定のものに関する委託（36条2項）などの多数の委託がある。これらのうち，医療保護施設及び宿泊提供施設は，保護施設であるので（38条1項），委託を拒否することはできない。また，指定医療機関も拒否することはできないと解されている[1]。他方，私人の家庭へ

---

[1] 小山進次郎『改訂増補　生活保護法の解釈と運用』（中央社会福祉協議会，昭和26年）453頁。

の養護委託保護施設のような受入義務の定めがないので，同意が必要とされる[2]。

　第二に，児童福祉法は，さまざまな契約場面を用意している。その典型は，児童福祉施設への保育の実施等の委託である。市町村による保育の実施（24条1項）を前提にしたうえで，児童福祉施設の長は，保育の実施等の委託を受けたときは，正当な理由がない限り，これを拒んではならないとされている（46条の2）。相談支援事業又は児童自立生活援助事業者に対する委託（26条1項2号，27条1項2号，27条7項）についても，同様に委託を受けたときは，正当な理由がない限り，拒絶できないこととされている（34条の6）（受託義務）。なお，同法は，法形式として，委託も「措置」の一つとして定め（指導の委託につき27条1項2号），委託によらない施設入所措置も用意している（27条1項3号）。保育の実施については，項を改めて検討する。

　第三に，身体障害者福祉法も，市町村は，障害福祉サービスの提供につき当該市町村以外の者に委託することができること（18条1項），障害者自立支援施設等への入所・入院を委託できること（2項）を定めたうえ，この委託を受けた障害者自立支援法5条1項に規定する障害福祉サービス事業を行なう者又は障害者支援施設等若しくは指定医療機関の設置者は，正当な理由がない限り，これを拒んではならないとしている（18条の2）（受託義務）。この条文見出しにおいて，18条による委託を「措置」と見ていることがわかる。したがって，委託も措置の一態様であるということになる。

　第四に，老人福祉法も，養護老人ホーム及び特別養護老人ホームの設置者は，11条の規定により入所の委託を受けた場合に，正当な理由がない限り，これを拒んではならないとしている（20条2項）。11条1項における委託には，養護老人ホーム及び特別養護老人ホームに対してのみならず，養護受託者（3号）も含まれているが，養護受託者には，受託義務が課されていない。また，老人居宅生活支援事業を行なう者並びに老人デイサービス及び老人短期入所施設の設置者は，10条の4第1項の規定による委託を受けたときは，正当な理由がない限り，これを拒んではならない（20条1項）。この場合も，

---

[2]　小山進次郎・前掲書437頁。

老人居宅生活支援事業を行なう者並びに老人デイサービス及び老人短期入所施設の設置者以外の者については受託義務を課していない。要するに，委託できる相手方のうち受託義務を負う者は限定されていることになる。

以上述べたような社会保障給付において，①行政主体（及びその行政庁），②受託者で直接に給付を行なう者，③給付の受給者という三つの主体がある。これらのうち，②と③との間の関係は，通常は行政契約という必要はない。それに対して，①と②との関係，①と③との関係は注意深く考察する必要がある。

これらの仕組みにおいて注意を要するのは，「措置」という行為による場合であっても，受託者との関係においては「委託」という用語が使用されていることである。「措置」は，サービスの提供を受ける者との間における位置づけであるのに対して，サービスを提供する施設の設置者ないし事業者との関係においては「委託」なのである。ここにおいて，「委託」という契約の性質を連想させる言葉が用いられていても，委託者である行政庁によるその受託者に対する行政処分が存在すると考えるべきか，あるいは，あくまでも契約の申込みであって，施設の設置者ないし事業者が承諾義務を負うにすぎないと解すべきかが問題になる。

保育の実施の性質　児童福祉法24条1項本文は，市町村は，保護者の労働又は疾病その他の政令で定める基準に従い条例で定める事由により，その監護すべき乳児，幼児又は同法39条2項に規定する児童の保育に欠けるところがある場合において，保護者からの申込みがあったときは，それらの児童を保育所において保育しなければならない，と定めている。ここにおいて，「保護者からの申込み」という文言が用いられているのは，同項による保育の実施が，保護者の申込みと市町村の同意による契約関係であることを示すものと一般に解されている。しかも，権利の設定・内容が児童福祉法という公法によって規定され，サービス水準も最低基準により担保されていることを根拠に，一種の附合契約であり，公法上の契約であるとする解釈がなされている[3]。平成9年の改正前の同法24条は，「児童の保育に欠けるところが

3　以上，児童福祉法規研究会編『最新　児童福祉法　母子及び寡婦福祉法　母子保健法の解説』（時事通信社，平成11年）168頁。

あると認めるときは，それらの児童を保育所に入所させて保育する措置をとらなければならない」と定めて，「措置」制度であったので，平成9年改正は，「措置から契約へ」の改正であったと理解されている。しかし，「措置から契約へ」のスローガンともいえる用語によって，保育所の利用関係がもっぱら契約関係であるといってよいのかどうかは検討する必要がある。

　保育所の利用関係をどのように見るかに関して，筆者は迷っている状況にあるが，一応現段階においては，次のように整理してみたい。

　第一に，保育所の利用関係において，基本的保育義務を負う市町村と保護者との関係と，保育所設置者と保護者との関係とを区別しなければならないことである。民間の認可保育所の場合には，このことが明確に区別されるが，当該市町村の設置する保育所の場合において，市町村は，基本的保育義務を負う立場と保育所設置者の立場とを併有していることを見落としてはならない。保育所設置者の立場における市町村について問題となるのは，主として，その設置の態様を変更する場合である（本書第4章1［1］を参照）。

　第二に，基本的保育義務を負う市町村と保護者との関係において，保育の開始決定（入所決定）については申込みに対する承諾と解して差し支えないように見えるが，そのように断定できるかどうかは慎重に考察する必要がある。行政運営上は，あくまでも行政処分ではないという前提に立って，保育所入所契約の拒否や解除，希望する保育所に対する入所拒否は，行政不服審査法上の「処分その他公権力の行使」とみなして不服申立ての対象にしているという[4]。しかし，不承諾について単に契約の申込みに対する不承諾と見たのでは，不公正な選考がなされた場合や申込みに対して応答がない場合に，申込みをした保護者が争うことがほとんど不可能になることを考えると，入所決定，入所不承諾の両方を含めて行政処分と見ることが相当であると思われる[5]。厚生労働省雇用均等・児童家庭局保育課長通知「行政事件訴訟法の

---

[4] 児童福祉法規研究会編・前掲書181頁。保育の実施の解除等について，行政手続法の適用除外とし（33条の5），独自の意見聴取手続を定めていること（33条の4）も，本来的な行政処分ではないという理解に基づいているようである（同書181頁）。

[5] 碓井・社会保障財政法精義546頁以下。行政処分性を肯定する学説については，同書548頁注68に掲げられている。

一部改正等に伴う保育所入所不承諾通知書及び保育実施解除通知書の様式の変更について」（平成17・6・3雇児保発第0603003号）も，「保育所の入所については，保護者の意思表示を前提とした申込みを受け，市町村が保育サービスを提供し，当該サービスの提供を受けた利用者が市町村の定める保育料を支払うという双務関係に基づく利用契約と位置づけられている」としながら，「保育所入所の不承諾又は保育の実施の解除は，行政事件訴訟法上の取消訴訟の対象となる」と述べている。裁判例においても，東京地裁決定平成18・1・25（判例時報1931号10頁），東京地裁平成18・10・25（判例時報1956号62頁），東京地裁平成19・11・19（判例タイムズ1279号132頁）などが，行政処分性を前提にして，判断を進めている。

　第三に，保育の実施が開始された後の関係については，前述の附合契約的な契約関係と見ることが可能である。前記の厚生労働省雇用均等・児童家庭局保育課長通知が述べるように，「市町村が保育サービスを提供し，当該サービスの提供を受けた利用者が市町村の定める保育料を支払うという双務関係に基づく利用契約」関係の存在を完全に否定することはできないというべきであろう。

　保育料は，保育サービスの対価である。もっとも，契約関係であるにもかかわらず，保育料の納付がなされないときには滞納処分の例により処分することが許容されている（56条10項）。契約関係であっても行政上の強制徴収の手段を採用する立法政策をとることは差し支えないのであるから，特に問題にすることではないと言われるかも知れないが，一応確認しておかなければならない。

　延長保育は，付加的な保育サービスであって，もっぱら個別保育所と保護者との契約関係による。民間の認可保育所の場合は，その対価たる保育料も個別の保育所に納付される。なお，夜間保育は，通常の基本保育と同じものとみたうえ，夜間保育の保育時間を延長する場合は，同様に延長保育とされる。また，一時保育（就労形態により家庭における保育が断続的に困難となる児童，保護者の傷病，入院等により一時的に保育を必要とする児童及び保護者の私的事由により一時的に保育を必要とする児童の保育）に関しても，申込みと承諾により成立する契約関係と解される（たとえば，八王子市保育園一時保育実

施要綱を参照）。

　以上は，保育所入所児童又はその保護者に着目した議論であるが，民間の認可保育所に関しては，その設置者と市町村との関係は，「委託」関係とされている。このことは，児童福祉法46条の2が市町村長から「保育所における保育を行うことの委託を受けたときは，正当な理由がない限り，これを拒んではならない」として，児童福祉施設の長に対して受託義務を課していることから明らかである。この規定が，いわば法定委託の趣旨であって個別の委託契約を要しないと解すべきか，それとも個別的委託契約を要するのかについては，法律の条文のみからでは明らかでない。厚生労働省は，委託契約の締結を想定した通知を発している[6]。しかし，要綱等に委託契約に関する特別の定めを置かない例[7]がある。

　他方，いわゆる広域入所の場合は異なる扱いをする例が見られる。広域入所は，児童福祉法56条の6第1項が「地方公共団体は，児童の福祉を増進するため，…保育の実施等並びにその他の福祉の保障が適切に行われるように，相互に連絡及び調整を図らなければならない」と定めているのを受けた措置と受け止められているようである。通勤の関係で住所地以外の地域所在の保育所において保育を受けることが便宜であることも多く，そのための施策として，要綱等の策定などにより形式的には積極的に推進されている（本書第5章1［1］を参照）。要綱の中には，管外入所を受け入れる民間保育所の設置者と委託元の市町村長との契約締結を定めるものがある[8]。逆に，委託元の市町村が，委託先の所在地の市町村の入所承諾書を基に当該保育所の設置者と委託契約を締結する旨を定める例もある[9]。どちらの側に立って要綱等の定めを置くかという違いであって，実質的には同じことである。

　家庭的保育事業の場合　　平成20年法律第15号による児童福祉法の一部改正により，「家庭的保育事業」が制度化された。従来から存在していた保育ママの制度を児童福祉法自体に取り込んだものである。同法の定義規定に

---

[6]　「保育所の設置認可等について」（平成12・3・30児発第295号）。
[7]　栗東市私立認可保育所保育事業実施要綱。
[8]　安来市保育所広域入所実施要綱11条，安芸高田市広域入所実施要綱5条。
[9]　興部町保育所広域入所実施要綱8条。

よれば，家庭的保育事業とは，乳児又は幼児であって，市町村が同法24条1項に規定する児童に該当すると認めるものについて，家庭的保育者（市町村長が行なう研修を修了した保育士その他の厚生労働省令で定める者であって，これらの乳児又は幼児の保育を行なう者として市町村長が適当と認めるもの）の居宅その他の場所において，家庭的保育者による保育を行なう事業である（6条の2第9項）。この定義規定からも明らかなように，家庭的保育事業は，市町村の行なう事業であり，同法は，市町村に対して，あらかじめ都道府県知事に届け出ること等の届出義務を課し（34条の14），かつ，その事業を実施するために必要なものとして厚生労働省令で定める基準を遵守しなければならないとしている（34条の15）。

　この事業に関しては，複数の局面がありそうである。まず，大きく分けて，家庭的保育事業を市町村（特別区を含む）自体が行なう場合（後述のように事業全体を委託していない場合）を想定すると，市町村と家庭的保育者との関係，市町村と保護者との関係の二つの局面を検討する必要がある。

　家庭的保育者について，同法6条の2第9項の委任を受けた児童福祉法施行規則1条の32は，「保育士又は保育士と同等以上の知識及び経験を有すると市町村長が認める者」としている。その結果，市町村長は，この省令による保育士と同等以上の知識経験を有する旨の認定権及び法律により「適当と認める」か否かの判断権を付与されていることになる。前者の認定権も，最終的には「適当と認める」か否かの判断権として行使されるともいえる。これを「認定」と呼ぶ場合に，法律の規定が行政処分としての認定を想定しているのか，次に述べる委託の手続の一環であるのか必ずしも明らかではない。

　「家庭的保育事業の実施について」（平成21・10・30都道府県知事・指定都市市長・中核市市長宛厚生労働省雇用均等・児童家庭局長通知）の別添「家庭的保育事業ガイドライン」は，家庭的保育事業を行なおうとする者による申請，その申請書を受理した場合における市町村長の認定を掲げている。認定の項目の表現は，「市町村長は，申請書を受理したときは，当該家庭的保育者等が適当であるかどうかを調査して，認定をし，又はしないことの決定を行わなければならない」というものである。このガイドラインは，あくまでガイドラインであるから行政処分なのか契約なのかを判断する決め手にはならな

い。ちなみに,「当該家庭的保育者等」という表現の意味するのは,同ガイドラインには,家庭的保育者のほか家庭的保育補助者（市町村長の認定を受け,家庭的保育者の下で家庭的保育を行う者）及び家庭的保育支援者（市町村長の認定を受け,家庭的保育者又は家庭的保育補助者に対し指導・支援を行う者）を掲げて,これらの者を「家庭的保育者等」と総称して申請書記載事項にも「家庭的保育者等の氏名,住所,年齢,資格及び健康状態」が含まれていることによっている。ただし,家庭的保育者等としての適当であるとしてなす認定には,単に人的要件のみならず,申請書記載事項に含まれる「家庭的保育者が保育を行う居宅等の位置及び平面図」に示される実施場所,同じく「家庭的保育者が保育を行うことができる曜日及び時間」に示される保育時間が適当であるかどうかも含まれているといえよう。

　市町村は,実際には要綱を定めて認定についての手続を定めていることが多い。しかし,その内容は,必ずしも一様ではない。たとえば,大田市家庭的保育事業実施要綱によれば,家庭的保育者の認定を受けようとする者は,認定申請書を市長に提出し（6条1項）,市長は,その申請に係る書類の審査及び実地調査を行ない,要件に適合すると認めるときは,家庭的保育者として認定するとしている（2項）。そして,家庭的保育者として認定したときは,登録簿に登録するとともに,申請者に通知するとしている（3項）。さらに,認定の辞退に関する規定（7条）のほか,認定の取消しに関する規定が置かれている（8条）。それは,家庭的保育者が,この要綱に違反したとき,又は家庭的保育者として不適当であると認められるときは,認定を取り消して,登録簿から抹消できるという定めである。このような要綱の場合に,法律の予定する「認定」手続を具体化したものであるから,やや法律の規律の密度が希薄であっても,認定や認定の取消しは,行政処分であると論ずることが可能であろう[10]。しかし,同要綱は,「事業は,家庭的保育者に委託して行うものとする」との定め（3条）に続いて家庭的保育者の資格要

10　このような行政処分性肯定説は,最高裁平成15・9・4判例時報1841号89頁の延長上において成り立つように思われるが,同判決は,労働福祉事業としての労災就学支援費についても,保険給付と同様の手続が要求されていると見ているのであるが,家庭的保育者については,必ずしもそれに対比できるとはいえない。

件（4条）及び事業実施場所の要件（5条）の各定めを置いて，それらを前提に前述の家庭的保育者の認定及び登録に関する定めを置いているのであって，他に，委託契約に関する規定は置かれていない。とするならば，認定及びその通知は，委託契約の申込みに対する承諾であると理解することができないわけではない。因みに，同要綱は，市長は，事業の実施に必要な経費を委託料として家庭的保育者に支払うとしている（16条）。なお，これと別に，事業を利用する保護者は，保育料として毎月20,000円を家庭的保育者に直接支払うものとしている（16条）。保護者の保育料の支払先が市ではないことに注目しておきたい。保護者と市との間の契約ではないことを窺わせる。

次に，市町村と保護者との関係が問題になる。前記大田市の要綱は，対象児童に関する定めを置いたうえ，事業を利用しようとする保護者は利用申込書を市長に提出し（14条1項），市長は，申込みがあった者につき，「当該申込みに係る児童の保育に欠ける事項の調査を行い，利用の適否を決定する」ものとしている（2項）。そして，市長は，利用の決定をしたときは，その児童に係る事業を行なわせる家庭的保育者を決定するとともに，当該家庭的保育者及び当該申込者に通知するものとしている（3項）。この申込みと利用決定とをもって，契約の入所申込みと承諾と見ることができるのか，それとも申請に基づく行政処分と見るのかという論点が登場する。保育所入所の申込みに対する入所決定と同様に見ることができるかという問題であるが，いずれの考え方も成立する可能性がある。

次に西宮市の「家庭的保育事業（保育ルーム）の運営・助成要綱」について見ておこう。まず，保育ルームの定義において，「児童の保育に熱意のある人が，自宅等を開放し，保育に欠ける児童（以下「児童」という。）を家庭的な雰囲気の中で保育することを目的とする施設で西宮市が認定したもの」をいうとしている（2条1項）。そして，保育者及び保育補助者の資格，定員・施設基準，対象児童，運営，保育日・保育時間，保育費用について定めたうえ，「保育ルームを運営しようとする者は，保育ルーム認定申請書に健康診断書を添付して市長に提出し，保育ルームとしての認定を経た後，市長と保育の実施に関する契約を締結しなければならない」とし（4条1項），申請に基づき家庭的保育に必要な条件並びに地域性を考慮し適当と認めたと

きは保育ルームに認定すること（認定期間は１年）（２項(1)），児童の健全かつ適正な保育を行なうことができないと認めたときは認定を取り消すこと（３項）などを定めている。ここにおいては，保育ルームの認定と契約との二つの段階があるように見える。そして，認定が主たる行為で，それに契約が従たる位置に置かれているように思われる。認定が取り消されたときの契約の解除に関する定めがないが，契約の前提が失われ当然に解除されると見ているのであろう。保育費用について見ると，保護者は市が決定した保育料を保育者に支払うこととされている（第３条６項(1)）。なお，別に保育者に対する助成として，運営基本助成費，保育補助者助成費，調理員助成費等が助成される（７条）[11]。

次に家庭的保育者の利用を望む保護者の側から考察してみよう。

「島田市家庭的保育事業実施要綱」においては，申請に基づく家庭的保育者の認定手続があることは共通である（15条，16条）。事業を利用しようとする者は福祉事業所長に申し込み（６条），所長が利用の可否を決定するが，その際には当該家庭的保育者の意見を聴くこととしている点に特色がある（７条１項）。そして，利用の承認・不承認は保護者に通知するとともに（同条３項），承認したときは，保育委託通知書により保育を委託する（同条４項）。保育料については，市保育所保育料徴収規則の別表に定める額の70％であり（11条２項），徴収について同規則の規定を準用するとしているので（同条３項），市に納付することになる。ただし，時間超過の保育費及び食事代等は家庭的保育者に支払う扱いである（同条６項）。市からは，委託料として児童一人につき月額66,700円を支払う（12条）。

このように利用者の申込みを受けて市が保育の対象たる児童を決定し，市が家庭的保育者に委託する考え方の扱い方も相当広まっている[12]。保育料も市に納付するのであるから，限りなく認可保育所の仕組みに似ているといえよう。保護者から市に対して利用申込みをして，市が保護者に利用承諾をす

---

[11] 光熱水費，保健対策費，安全対策費，児童賠償責任保険加入費用，施設開設時の備品購入及び退職による施設閉所時の撤収等の費用，施設整備の費用，施設の賃借費用，施設維持の費用についても助成措置が用意されている。

[12] たとえば，市原市。

る保護者と市との契約関係であることを明示している場合もある[13]。

　これに対して家庭的保育者に対して市町村が委託するのではなく，市町村が行なうのは紹介にすぎないという運用も見られる[14]。

　「横浜市家庭的保育事業実施要綱」は，以上と異なる仕組みを採用している。まず，家庭的保育事業の実施主体は，市であるとしつつ（3条），家庭的保育事業の実施については，法人に委託することができるとしている（4条1項）。なお，従事者は，法人と雇用契約関係にある。委託を受けようとする法人（事業実施者となろうとする法人）は，あらかじめ事前協議書を市長に提出し（4条2項），市長は，その内容が適当であると認められるときは，予算の範囲内で委託契約を締結することができる（4条3項）。保育者（8条），補助者（9条）の各要件を定め，事業実施者は，これらの従事者について保育に従事する前までに市長に報告することとされている。この報告義務はあるものの，市長が従事者について認定をする手続は用意されていない。

　重要な点は，利用に関する保護者の手続の仕組みである。家庭的保育事業の利用を希望する保護者は，事業実施者と保護者で調整の上，「横浜市家庭保育事業　保育委託申込書」に保育所入所不承諾通知書の写しを添えて，事業実施者に申し込み（15条1項），事業実施者は，その申込みについて，対象児童の要件を満たしているか等を審査し，定員の範囲内で公平に利用の可否を決定するものとしている（15条2項）。そして，事業実施者は，利用の決定をしたときは，保護者との間で契約を締結しなければならない（15条3項）。そして，保護者負担額は，別表の「保護者負担区分表」によることとされている（27条1項）。保育所の保育料の仕組みと似た階層区分に応じた負担額が定められている。保護者負担額は，保護者が事業実施者に直接納付するものとされている（3項）。これと別に，市は，家庭的保育事業を実施するために要する費用として，基本運営費，児童保育費（児童一人当たり月額），時間外保育費，開設準備費からなる委託料を支払うものとしている

---

[13]　船橋市のホームページ。
[14]　福岡市の場合は，利用決定を区が行ない，その後で，家庭的保育者と保護者とが利用契約を締結する仕組みである。保育料は，市の定める額を家庭的保育者に直接支払うこととされている。

（29条に基づく別表7）。

　横浜市の以上の仕組みは，市と法人（事業実施者）との間の業務委託契約，保護者と法人との間の保育実施契約からなっており，保護者と市との間に特別な手続があるわけではない。児童の保育要件を満たしているか否かは市の認定によるべきところ，保育所入所不承諾通知書によっているのであって，家庭的保育事業のために特別の認定手続が用意されているわけではない。法人は保育の申込みを受けて利用及び利用料の決定をすることになっているが，法人たる事業実施者の行為が要綱に基づくものである場合に行政処分ということは困難である。要綱により私人に行政処分権限を付与することはできないからである。結局，保育実施契約の準備行為と見るほかはない。

　以上の例からもわかるように，市町村は，家庭的保育者との関係及び保育利用希望者との関係の両面において，行政処分の介在する関係なのか契約関係なのかが問われることになる。前者について，家庭的保育者の認定は行政処分であるとしても，市町村の要綱がまちまちな状況においては，たとえ児童福祉法に基づく事業であるとしても，それ以外の局面において，同法が行政処分を予定しているとまで断定することには躊躇を覚える。そして，不安を抱きつつも，市町村の制度の組立てによって，行政処分方式となり又は委託契約方式となると考えざるを得ない。（家庭的保育事業が児童福祉法に明示される前の時点において，新座市が要綱により家庭保育室委託事業を実施し，要綱が家庭保育室の指定申請に基づく指定の手続を置いたうえで，指定をしたときは設置者と委託契約を締結すると定めていた場合における指定取消しについての裁判例である，さいたま地裁平成21・6・24判例集未登載及びその控訴審・東京高裁平成22・1・21判例集未登載については，本書第6章2［2］を参照）。同様に，保育利用事業者との関係においても，行政処分に基づく関係，契約に基づく関係，単なる紹介の関係など多様といわざるを得ない。そのような多様さは，家庭的保育者の下において児童が事故に遭った場合の損害賠償責任についても微妙な影響を与える可能性がある。

　公営住宅への入居　　公営住宅の利用関係については，私法上の賃貸借関係であるという見方が定着している。公営住宅法が，「家賃」（1条，16条），「賃貸」（1条，2条2号）などの文言を用いているのであるから，この理解

は自然であるように見える。最高裁昭和59・12・13（民集38巻12号1411頁）も，次のように述べている。

「公営住宅法は，国及び地方公共団体が協力して，健康で文化的な生活を営むに足りる住宅を建設し，これを住宅に困窮する低額所得者に対して低廉な家賃で賃貸することにより，国民生活の安定と社会福祉の増進に寄与することを目的とするものであって（1条），この法律によって建設された公営住宅の使用関係については，管理に関する規定を設け，家賃の決定，家賃の変更，家賃の徴収猶予，修繕義務，入居者の募集方法，入居者資格，入居者の選考，家賃の報告，家賃の変更命令，入居者の保管義務，明渡等について規定し（第3章），また，法の委任（25条）に基づいて制定された条例も，使用許可，使用申込，申込者の資格，使用者選考，使用手続，使用料の決定，使用料の変更，使用料の徴収，明渡等について具体的な定めをしているところである（3条ないし22条）。右法及び条例の規定によれば，公営住宅の使用関係には，公の営造物の利用関係として公法的な一面があることは否定しえないところであって，入居者の募集は公募の方法によるべきこと（法16条），入居者は一定の条件を具備した者でなければならないこと（法17条），事業主体の長は入居者を一定の基準に従い公正な方法で選考すべきこと（法18条）などが定められており，また，特定の者が公営住宅に入居するためには，事業主体の長から使用許可を受けなければならない旨定められているのであるが（条例3条），他方，入居者が右使用許可を受けて事業主体と入居者との間に公営住宅の使用関係が設定されたのちにおいては，前示のような法及び条例による規制はあっても，事業主体と入居者との間の法律関係は，基本的には私人間の家屋賃貸借関係と異なるところはなく，このことは，法が賃貸（1条，2条），家賃（1条，2条，12条，13条，14条）等私法上の賃貸借関係に通常用いられる用語を使用して公営住宅の使用関係を律していることからも明らかであるといわなければならない。したがって，公営住宅の使用関係については，公営住宅法及びこれに基づく条例が特別法として民法及び借家法に優先して適用されるが，法及び条例に特別の定めがない限り，原則として一般法である民法及び

借家法の適用があり，その契約関係を規律するについては，信頼関係の法理の適用があるものと解すべきである。ところで，右法及び条例の規定によれば，事業主体は，公営住宅の入居者を決定するについては入居者を選択する自由を有しないものと解されるが，事業主体と入居者との間に公営住宅の使用関係が設定されたのちにおいては，両者の間には信頼関係を基礎とする法律関係が存するものというべきであるから，公営住宅の使用者が法の定める公営住宅の明渡請求事由に該当する行為をした場合であっても，賃貸人である事業主体との間の信頼関係を破壊するとは認め難い特段の事情があるときには，事業主体の長は，当該使用者に対し，その住宅の使用関係を取り消し，その明渡を請求することはできないものと解するのが相当である。」

判決は，このように述べて，具体の事案において，明渡請求に信頼関係を破壊するとは認め難い特段の事情があるとはいえないとした。

しかしながら，その法律関係の開始行為の性質をどのように見るかについては，検討の余地がある。なぜならば，入居者の決定について，公募方式によること（22条），厳格な入居者資格（23条），公正な方法による選考（25条）など，公営住宅の設置目的による特別な仕組みを用意しているからである。

それだけではない。前記の最高裁判決も掲げているように，地方公共団体の条例の規定にも，「入居の許可」などの文言が登場することがある。したがって，単純に入居申込みに対する承諾であるとしてよいかは，問題である。

たとえば，横浜市営住宅条例によれば，入居の申込み（9条），入居者の選考（10条），入居者の決定（12条）の手続を先行させた後に，連帯保証人1名の連署する請書の提出（15条1項）及び保証金の納付（15条2項）がなされた場合に入居の許可（15条4項）を行なうこととされている。また，入居の申込み又は15条1項の手続に虚偽の事実のあることが判明したとき，所定の期日までに入居手続をしないとき，入居指定日から10日以内に入居しないときは，入居の許可を取り消すことができるとされている（16条）。「入居者決定」，「入居の許可」などの文言のみによって判断することはできないが，行政処分を連想させる用語が用いられていることは疑いない。

他方，平塚市営住宅条例は，市営住宅に入居しようとする者は，市長の承認を受けなければならないとし（9条），入居承認の取消しの規定も用意している（13条）。「承認」は，「承諾」に近い用語であるとして，契約の申込みに対する承諾を「承認」と呼んでいると解することも可能である。

　このように条例による定め方が異なるときに，基礎とされている公営住宅法が公営住宅の利用関係の設定に関する事業主体の意思決定方式を明示していない以上，その意思決定につき，私法契約の成立に必要な「承諾」方式にするか，又は，「入居者決定」，「入居許可」という行政処分方式にするかは，最終的には事業主体の条例の定め及びその解釈に委ねていると解することも可能と思われる。そして，行政処分方式のメリットは，不公正な入居者決定について，「法律上の利益を有する者」（行政事件訴訟法9条1項）は，取消訴訟を提起して争うことができる点にある。入居の申込みをして選考の結果落選した者は，競願関係にある者として原告適格を肯定される可能性がある。入居後の利用関係については，公営住宅法の用いる「賃貸」，「家賃」などの文言からしても，賃貸借関係と見ることに問題はない[15]。前記の最高裁判決も，公営住宅法及び条例による規制はあっても，「事業主体と入居者との間の法律関係は，基本的には私人間の家屋賃貸借関係と異なるところ」はない，

15　公営住宅法21条の2第2項に基づく割増賃料の徴収について私法上の家賃増額の意思表示であるとした金沢地裁昭和40・11・12行集16巻11号1874頁，釧路地裁昭和40・12・28行集16巻12号2076頁，名古屋地裁昭和41・6・18判例時報471号23頁及び名古屋地裁昭和42・3・15判例時報479号19頁，割増賃料も家賃であるとした大阪地裁昭和43・12・25行集19巻12号1979頁，その控訴審・大阪高裁昭和45・1・29行集21巻1号102頁，無断増改築を理由とする賃貸借契約の解除を認めた松江地裁昭和45・2・9下民集21巻1・2号275頁がある。古く，大阪地裁昭和34・9・8下民集10巻9号1916頁は，公営住宅の賃貸居住の関係は，営造物の利用関係として，制度的，技術的には公法的側面を帯有することを否定しえないが，それは，いわゆる公法上の管理関係であって，権力の行使を本質とするものではなく，公営住宅利用の法律関係は私法上の賃貸借関係にほかならないと述べていた。これが，田中二郎博士のとられた管理関係の理論に対応するものである。同教授によれば，管理関係については，特別の取扱いをすべき趣旨が明らかでない限り私法規定が適用又は類推適用されるとしていた（『新版行政法上巻　全訂第2版』（弘文堂，昭和49年）82頁）。

と述べて，信頼関係の法理の適用が認められるとしている[16]。

入居者決定，入居許可を行政処分と見て，それにより成立した関係は賃貸借関係であると見る説は，いわゆる二段階説ということになる。いずれにせよ，公営住宅も自治法上の公の施設であるから，公の施設の利用関係に賃貸借関係が含まれること自体は肯定されるのである。

入居に関する裁判例を見ると，二つのものがある。

まず，大阪地裁決定昭和49・12・10（判例時報770号76頁）は，公営住宅への入居者の入居手続を申請人らと協議せずに一方的に進めてはならないとする仮処分申請事件に関して，「公営住宅の入居者決定後事業主体と入居決定者との間で設定される公営住宅利用の法律関係は私法上の賃貸借関係であるけれども，右利用関係の発生原因である公営住宅法18条に定める入居者の決定は事業主体の長が法令の規定に従って行なう行政行為とみることができ，行政事件訴訟法44条にいう『行政庁の処分』に該当するものと解せられる」と述べて，行政事件訴訟法44条により仮処分をなすことはできないとした。この決定は，いわゆる二段階説を採用している。

次に徳島地裁平成7・1・27（判例時報1548号57頁）は，条例が入居の「許可」という文言を使用している事案において，「公営住宅の利用関係は基本的には対等な法主体間における契約上の権利義務関係にほかならないのであって，利用関係発生の原因である入居の許否関係も，法律が当該行政庁の優越的な意思の発動として行わせ，私人に対してその結果を受忍すべき一般的拘束を課すという『公権力の行使』には本来該当しないものと解するのが相当である」と述べて，不服申立てに関する規定がないことなどにも触れて，行政処分性を否定した。この判決は，取消訴訟が「行政庁の行為に公定力がある場合にそれを消滅させるための特別な訴訟制度」であることを強調して

---

[16] 1審の東京地裁昭和54・5・30判例時報929号19頁が居住者による無断増築について信頼関係を破壊しない特段の事情があるとして明渡請求を認容しなかった（割増賃料の支払請求は認容）のに対して，控訴審の東京高裁昭和57・6・28判例時報1046号7頁は，公営住宅の事業主体には「もともといわゆる信頼関係の相手方にふさわしい者を賃借人（入居者）として選択する自由はないのであるから，公営住宅の使用関係に，私人間の賃貸借関係に用いられる信頼関係理論を持ち込むことは相当ではないと考えられる」と述べていた。

いる。

　おそらく，地方公共団体の住宅行政の現場においては，限りなく行政処分の感覚で運用されているが，法解釈論としては，このような行政処分性を否定する考え方が通用していると推測される。しかしながら，法律関係の発生原因たる行為に着目する限り，行政処分性を肯定する余地も十分にあると思われる[17]。

　なお，大阪地裁平成11・9・7（判例タイムズ1032号147頁）は，公営住宅法27条6項の名義変更申請に対する不承認に関して，同項による事業主体と当該住宅につき使用許可を受けて使用権を有している同居者との間の法律関係に関わる事柄にすぎないので，使用権を有している同居者以外の者が事業主体に対し承認を求める申請権を有しないことは明らかであり，使用権を有している同居者以外の者に対して入居者の地位承継（名義変更）を承認しない旨の通知がなされたとしても，その者の権利ないし法律上の利益に何ら影響を及ぼすものではないとして，無効確認の訴えの対象となる行政処分に当たらないとした。その控訴審・大阪高裁平成12・2・29（判例集未登載）も，この判決を全面的に引用した。これらの判決は，従前に使用権を有していた同居者からの申請であるならば，申請に対する地位承継不承認が行政処分性を有することを当然の前提にしているようにも見えるが，直接に判示しているわけではない。

　同居の承認・不承認以外にも，収入の認定，使用料減免の承認・不承認，収入超過者の認定，高額所得者の認定など，行政処分として扱うべきかどうか論ずべき事柄は多い。

　入居資格に関して，公営住宅法23条に定めがある。その柱書が，「少なくとも次の各号（…）の条件を具備する者でなければならない」として，最小限の資格を定めているのであるから，事業主体が，条例によりこの要件を加重することは可能と解されている。しかし，法の趣旨目的に照らして適切な

---

[17] 原田尚彦『行政法要論　全訂第7版』（学陽書房，平成22年）356頁は，公営住宅の入居決定について，実態的には私法的基盤に根ざすものであることを認めつつ，実定法により行政行為の形式がとられているとして，抗告訴訟によって争わなければならないとしている。

範囲内でのみ可能とされる[18]。具体例として，税金や公営住宅の家賃を滞納していないこと，当該地方公共団体内に住所又は勤務先を有する者であること，独立の生計を営むこと，暴力団員でないこと[19]，などが許容される加重的要件とされる[20]。

公営住宅法と旧借家法との関係が問題となった訴訟がある。公営住宅建替事業のために明渡請求をする場合に関して，最高裁昭和62・2・13（判例時報1238号76頁）は，法が入居者に対して仮住居の提供，新たに建設される公営住宅への入居の保障及び移転料の支払い等の措置を講ずべきものとしているのであるから，旧借家法1条の2の要件たる「正当の事由」を具備することを要しないとした。また，最高裁平成2・10・18（民集44巻7号1021頁）は，公営住宅の入居者が死亡した場合における使用権の承継に関して，公営住宅の規定を掲げて，当然に承継すると解する余地はないとした。

公営住宅の毎月の家賃に関して，公営住宅法16条は，毎年度，入居者からの収入の申告に基づき，当該入居者の収入，当該公営住宅の立地条件，規模，建設時からの経過年数その他の事項に応じ，かつ，近傍同種の住宅の家賃以下で，政令で定めるところにより，事業主体が定めることとしている（1項）。これは，「応能応益家賃制度」と呼ばれている[21]。また，家賃に関する事項は，条例で定めなければならないこと（5項）を規定している。条例による家賃の定めは，いうまでもなく法律に違反するものであってはならない[22]。

この「条例で定める」ことの意味について，使用料額自体を条例で定める

18　住本靖ほか『逐条解説公営住宅法』（ぎょうせい，平成20年）102頁。
19　実際には，「その者及び現に同居し，又は同居しようとする親族が暴力団員による不当な行為の防止等に関する法律第2条第6号に規定する暴力団員でないこと」のように定める条例が多い。
20　住本靖ほか・前掲注18, 102頁‐103頁。
21　住本靖ほか・前掲注18, 57頁。
22　住宅地区改良法17条に基づく改良住宅に関して，同法29条3項が公営住宅法16条の準用を排除して，応能家賃制度の導入を許さない趣旨であるとして，改良住宅につき応能家賃制度を定める市営住宅条例に基づく家賃の増額を無効とした裁判例（神戸地裁平成16・3・31判例時報1876号120頁）がある。

ことまでは要求されていないという解釈が通用しているようである。

　まず，旧法下において，法定限度額方式が採用され，かつ，条例で家賃を変更することができるとされていた当時に，条例が具体的な使用料額の決定を知事に委任していた都条例に関して，東京地裁昭和62・10・26（判例時報1302号108頁）は，法が「家賃の変更を条例に委任した趣旨は，法令の定めに反しない限度で，当該地方公共団体の実情に即した公営住宅の家賃変更の要件の付加ないし，その変更の限度の設定等を条例によりすることを許容した趣旨と解すべきものであり，公営住宅の家賃の算出が，技術的かつ個別的であり，しかも実際の家賃の額まで条例で規定することは，その運用の円滑を欠くことにもなるので，被告らの主張のように個々の公営住宅の具体的な使用料の変更自体を条例で定めなければならないことをも要求する趣旨と解すべき合理的理由はない」とし，都が，家賃の変更の要件及びその額の限度について法と同一の規定を重ねて条例に置き，個々の使用料の変更を知事に委任したとしても不合理ではないとした。それに先だって，東京地裁昭和62・3・9（判例タイムズ645号187頁）も，知事に対する「再委任」を適法としていた。

　現行法の応能応益家賃制度の下において，たとえば，東京都営住宅条例は，一般都営住宅の使用料は，毎年度，同条例27条の規定により認定された収入に基づき，近傍同種の家賃以下で令2条及び令15条1項に定める算定方法により算定した額としている（12条1項）。この方法により，算定式に当てはめて，ほぼ自動的に使用料の額が定まるのであればよいが，必ずしもそのような構造にはなっていない。公営住宅法施行令2条1項によれば，毎月の家賃は，家賃算定基礎額（同条2項により，入居者の収入のブラケットに応じて定額で定まっている）に，次の数値（当該額が近傍同種の住宅の家賃の額を超える場合にあっては，近傍同種の住宅の家賃の額）を乗じた額とされている。乗ずる数値は，①公営住宅の存する市町村の立地条件の偏差を表すものとして地価公示法8条に規定する公示価格その他の土地の価格を勘案して0.7以上1.6以下で国土交通大臣が市町村ごとに定める数値のうち，当該公営住宅の存する市町村に係るもの（1号），②当該公営住宅の床面積の合計を65m²で除した数値（2号），③公営住宅の構造ごとに建設時からの経過年数に応

じて1以下で国土交通大臣が定める数値のうち当該公営住宅に係るもの（3号），④事業主体が公営住宅の存する区域及びその周辺の地域の状況，公営住宅の設備その他の当該公営住宅の有する利便性の要素となる事項を勘案して0.5以上A以下で定める数値（Aは，1.6を1号の数値で除した数値又は1.3のうち，いずれか小さい数値である）（4号）である。これらのうち④は，「勘案」に伴う事業主体の裁量が働く仕組みとなっている。東京都営住宅条例は，この事業主体の定める数値の決定を知事に委任している（12条2項）。

東京都の条例の定め方は，従前の方式を踏襲していると見られる。しかし，果たして，これが条例主義を満たしているのか疑問なしとしない。各事業主体の問題というよりは，条例による具体的な定めを要しないとする国土交通省の姿勢が問題なのかも知れない。

近年は，公営住宅に関しても外部委託等が活用されている。その場合に，募集業務の委託の場合は，特に問題にすることはないが，入居者の決定ないし入居許可が行政処分であるとするならば，単純な業務委託により権限を委ねることはできない。これに対して，指定管理者制度を採用するならば，すべて募集から始まって管理権限を委ねることができるかのように見える。しかしながら，国土交通省関係者は，公営住宅法が管理権限の行使を事業主体たる地方公共団体に限定している趣旨を踏まえて，指定管理者が行ない得る業務の範囲は，管理委託制度と同様，家賃の徴収事務や清掃，修繕等の維持管理業務など，「いわゆる事実行為に限られるものと整理している」という[23]。そうした状況下で，平成17年の公営住宅法の改正により，いわゆる管理代行制度が導入された。それは，事業主体以外の地方公共団体又は地方住宅供給公社が，事業主体の同意を得て，公営住宅又は共同施設の管理を行なう制度であって（47条1項），行政主体間契約ともいうべきものである。家賃の決定並びに家賃，敷金その他の金銭の請求，徴収及び減免に関することを除く管理を代行することができる（詳しくは本書第5章1［1］を参照）。この結果，公営住宅に関しては，直接管理のほか，代行者による管理，指定管理者による管理，個別業務の委託が混在している状況にある[24]。

---

[23] 住本靖ほか・前掲注18，221頁－222頁。このような「整理」について，筆者は必ずしも納得できない。

最後に，公営住宅を本来の目的以外の目的に使用させることは，自治法238条の4第7項にいう使用許可に当たるといえよう。たとえば，公営住宅法45条1項は，「事業主体は，公営住宅を社会福祉法第2条第1項に規定する社会福祉事業その他の社会福祉を目的とする事業のうち厚生労働省令・国土交通省令で定める事業を運営する同法第22条に規定する社会福祉法人その他厚生労働省令・国土交通省令で定める者」に「住宅として使用させることが必要であると認める場合において国土交通大臣の承認を得たときは，公営住宅の適正かつ合理的な管理に著しい支障のない範囲内で，当該公営住宅を社会福祉法人等に使用させることができる」，としている（1項）。省令で定める事業は，老人福祉法による認知症対応型老人共同生活援助事業及び障害者自立支援法による共同生活介護又は共同生活援助を行なう事業（これらは，グループホーム事業と呼ばれる）並びに「ホームレスの自立の支援等に関する特別措置法」によるホームレス自立支援事業とされている（公営住宅法第45条第1項の事業等を定める省令）。

この規定による公営住宅の使用に関する事項は，条例で定めなければならない（3項）。これを受けて，横浜市営住宅条例48条は，市長は，社会福祉事業を運営する社会福祉法第22条に規定する社会福祉法人又は同省令第2条に定める者（「社会福祉法人等」）が，市営住宅を使用して当該社会福祉事業を行なうことが必要であると認める場合においては，「当該社会福祉法人等に対して，市営住宅の適正かつ合理的な管理に著しい支障のない範囲内で，

24　横浜市は，募集業務は横浜市住宅供給公社に委託し，その他の入居事務（募集等は除く），入居者管理事務（その中には同居承認事務，入居承認事務，連帯保証人変更事務等を含む），使用料収納事務，建物管理事務等については，ブロックに分けて指定管理者を指定して管理させている（平成21年度から25年度までについては，8ブロックのうち2ブロックが市住宅供給公社）。そして，使用料収納に関して，過去3年間の同時期の使用料収納率の最高値と比較して1ポイント以上の上昇が認められる場合には，収納率上昇分に見合う使用料収入額の10％に相当する額を報奨費として付与する扱いをしている。

　また，宮城県は，指定管理者制度適用住宅については，修繕関係事務のみを指定管理者である民間会社に，それ以外の業務は管理代行者である宮城県住宅供給公社に代行させ，指定管理制度適用外の住宅については，全業務を管理代行者である宮城県住宅供給公社に代行させている。

市営住宅の使用を許可することができる」としている。

公営住宅に付置されている駐車場の利用　公営住宅入居者にも自家用車を利用したい者が増加して，その需要に応えるべく公営住宅に駐車場を付置するようになってきている。駐車場も公営住宅の居住部分と同様に賃貸借関係と見るのか否かが問題になる。

平成8年の公営住宅法施行規則改正前は，行政財産の目的外使用許可（当時は，自治法238条の4第4項。現行の場合は自治法238条の4第7項）の方法によるというのが旧建設省の見解であった。すなわち，「公営住宅の敷地内における駐車場の設置及び管理について」（平成3・4・1住総発第15号住宅局長通達）は，「第一　駐車場の法的位置付け」と題する項目において，次のように述べていた。

　「公営住宅の敷地を公営住宅入居者の保有する自動車の駐車場として使用させる場合は，駐車場を整備・管理する主体に対する，当該敷地の地方自治法第238条の4第4項に基づく目的外使用許可により行うこととし，その設置は公営住宅の管理上支障のない場合に行うものとすること。
　なお，公営住宅の敷地を直接入居者に自動車駐車場として使用させる場合に，その使用者に対する目的外使用許可によること。」

平成8年の施行規則の改正により，駐車場が「共同施設」に加えられた。国土交通省関係者は，駐車場が公営住宅法2条9号の「共同施設」，すなわち「児童遊園，共同浴場，集会所その他公営住宅の入居者の共同の福祉のために必要な施設で国土交通省令で定めるもの」の委任による同法施行規則が共同施設の種類の中に「駐車場」を掲げていること（1条6号）を理由に，公営住宅に付置されている駐車場で区画して居住者に使用させているものも，共同施設であると解して，次のように述べている。

　「共同施設は入居者の共同の福祉のための施設であるから，特定の入居者のみに利益があるようなものは共同施設ではない。この特定の入居者のみへの利益とは，入居者に利用についての公平な機会が与えられていないことを意味するものであり，例えば，駐車場の使用を希望する入居者数が駐車台数を上回ってしまうような場合であっても，その駐車場の使用者の選定方法が公平である限り，特定の入居者のみへの利益を与え

るものとはいえない。」[25]

　筆者は，用意されている駐車区画数を上回る使用希望者がいる場合には，合理的な期間内に再び応募できる機会が与えられる必要があり，いったん選定された者が更新を繰り返して長期の利用を認められるような仕組みの駐車場は共同施設ということができないと考えている。その点において，この見解に賛成することはできない。

　公営住宅に付置されている駐車場を一定の期間にわたり使用できる関係は，一方において，1住宅（住戸部分）の賃貸借制度の延長上において，賃貸借関係と考えて制度設計することもできるし，他方において，住宅（住戸部分）とは別であると位置づけて，通常の行政財産の使用関係と位置づけることも可能であると考える。公営住宅法48条が「事業主体は，この法律で定めるもののほか，公営住宅及び共同施設の管理について必要な事項を条例で定めなければならない」と規定しているので，この「条例」の定めにより行政処分性を有する「使用許可」によることもできるし，「使用申込み」に対する「使用承諾」として賃貸借関係として構成することもできるという解釈が可能なように思われる。たとえば，寝屋川市営住宅条例は，駐車場の使用の申込み（51条の3），使用者の決定（51条の4）の規定を置いたうえ，明渡し請求（51条の8）の規定を設けている。使用許可の取消しの規定を欠いているところから，後述の標準条例と異なり，賃貸借関係の構成の条例と見ることが十分に可能である。

　そもそも，公営住宅の敷地に区画を設けて駐車場として利用する場合に，唯一の法形式のみが認められると解する必要はない。さしあたり，三つの法的形態が考えられる。

　第一は，行政財産の使用許可によるものである。その場合も，各区画を個別の入居者ないしそれ以外の者に使用許可をする方法と，全区画を特定の法人等に使用許可したうえ，当該法人等が各利用者に貸し付ける方法とがある。後者にあっては，公営住宅の事業主体と個別の区画の利用者とが直接の法律関係にあるものではない。

25　住本靖ほか・前掲注18，24頁。

第二の法的形態として，公営住宅の敷地に余裕がある場合には，平成18年改正後の自治法238条の4第2項4号を活用した行政財産の貸付けの方法を考えることもできる。平成18年改正により，行政財産のうち庁舎その他の建物及びその附帯施設並びにこれらの敷地についてその床面積又は敷地に余裕がある場合として政令で定める場合においては，当該普通地方公共団体以外の者に貸し付けることができることとされた（改正後の自治法238条の4第2項4号）。これは，庁舎や学校等の空きスペースの有効活用を図ることができるようにするための改正であった[26]。

　第三に，当該部分につき行政財産の用途を廃止したうえで，普通財産として貸し付ける方法も考えられる[27]。

　平成8年の施行規則改正に併せて旧建設省が平成8年に発した「公営住宅管理標準条例（案）について」（平成8・10・14建設省住総発第153号）の中の駐車場部分の主要な条項を見ておこう。それは，前述のように公営住宅法の「共同施設」としての位置づけによる条例案である。

　①まず，「駐車場を使用しようとする者は，知事（市長）の許可を受けなければならない」（55条）として，公営住宅とは別個の施設として許可を受けなければならないこととしている[28]。

　②駐車場を使用する者の資格には，県（市）営住宅の入居者又は同居者であることなどが要件とされている（56条）。「共同施設」である以上，入居者又は同居者のみが使用資格を有することは当然というわけである[29]。

　③使用の申込み（57条）及び使用者の決定（58条）の手続規定が用意されている。このうち，後者に関して，「知事（市長）は，前条第1項の規定に

26　松本英昭『新版　逐条地方自治法　第5次改訂版』（学陽書房，平成21年）905頁。庁舎や公立社会福祉施設の敷地について，この方式を利用して有料化が進められている。

27　甲府市市営住宅貸付規則は，今日の法44条1項及び3項に該当する住宅の敷地及びそれ以外の住宅で管理上譲渡処分を適当と認める住宅の敷地について，貸し付ける際のルールを定めている。これは，1項により譲渡可能な敷地，3項により用途を廃止した敷地を，処分せずに普通財産として貸し付ける趣旨と思われる。

28　同条例案の説明を参照。

29　同条例案の説明を参照。

よる申込みをした者の数が，使用させるべき駐車場の設置台数を超える場合においては，知事（市長）の定めるところにより，公正な方法で選考して，当該駐車場の使用者を決定しなければならない。ただし，入居者又は同居者が身体障害者である場合その他特別な事由がある場合で，知事（市長）が駐車場の使用が必要であると認めるときは，知事（市長）は特定の者に当該駐車場を使用させることができる」としている。これは，公正な方法により使用者の決定がなされるならば，共同施設性に反するものではない旨の旧建設省の見解によるものであり，現在の国土交通省関係者の見解にも引き継がれている。

④駐車場の使用料に関しては，近傍同種の駐車場の使用料を限度として，知事（市長）が定めるとしている（60条1項）。条例案の解説は，法は，使用料について低廉性を保障しているものではないとしつつ，共同施設という公共施設としての性格を有する以上，近傍同種の駐車場の使用料を超えることは不適当であると述べている。なお，特別の事情がある場合において必要があると認めるときは，使用料の減免又は徴収の猶予をすることができる旨の規定（60条2項）を置いて，身体障害のために自動車を使用する必要がある一方，収入が著しく低いなど特別の事情がある場合に配慮することとしている[30]。

⑤使用許可の取消し条項（63条1項）には，不正の行為により使用許可を受けたとき（1号），使用料を3月以上滞納したとき（2号），正当な理由によらないで15日以上駐車場を使用しないとき（4号）などが含まれている。4号が特に注目されるであろう。

筆者は，駐車区画ごとに長期間使用させる場合の駐車区画を公営住宅法の「共同施設」に含めることには疑問をもっている。しかし，当初から公営住宅の入居者にほぼ必須の施設として付置されている区画ごとの駐車場を入居者が利用するのは，公営住宅の本来の利用に付随するものであるから，「目的外使用」ではなく，「目的内使用」というべきものである。目的内使用についても，許可の形式が用いられるのが通常であり，その意味において，前

---

30 同条例案の説明を参照。

記の標準条例案について大筋において問題はない。

　実際の条例は，標準条例案に従い，「使用許可」，「使用許可の取消し」の文言を用いることが多く[31]，その他に賃貸借関係を示す条項がないとすれば，行政処分と解することができると思われる。この場合の使用料は，公の施設の使用料であるといわなければならないから，条例で定める必要がある（自治法225条，228条1項）。公営住宅条例において定額を定める例もあるが[32]，たとえば，札幌市営住宅条例は，ほぼ標準条例案にならいつつ，やや具体化して，駐車場の使用料は，市長が別に定める区分ごとの駐車場（区分駐車場）の近傍同種の駐車場（公営のものを除く）の料金以下で，区分駐車場の償却費，修繕費，管理事務費及び地代相当額の合計額を勘案し，区分駐車場ごとに市長が定める額とする，と規定している（53条の8第1項）。筆者は，散発的に生ずる行政財産の目的外使用にあっては，使用料を決定する一定の基準を条例に定めるにとどめて長に委任することも許されると考えている[33]。しかし，いま検討している区分駐車場は，公営住宅居住者に最初から使用させる目的のために整備されているものである。このような施設について，標準条例案のような簡潔な条例の定めに留める理由を見出すことができない。なお，かりに条例が賃貸借関係の位置づけによっている場合であっても，公の施設の使用であることに変わりはないから，条例主義の適用があるというべきである。

　社会保険償還払いに代える受領委任と協定　　介護保険にあっては，事業者から介護サービスを受けて対価を支払った後に，介護保険者に請求して現金給付を受ける償還払いが原則である。しかし，一定の介護サービスについては，保険者が被保険者に代わり事業者に支払い，それにより被保険者に支給があったものとみなすことを法律自体が認めている（介護保険法41条6項・7項，48条4項・5項，51条の3第4項・5項，54条の2第6項・7項）。このような法律自体が定める場合のほか，運用上，事業者に対して被保険者に代

31　たとえば，札幌市営住宅条例53条の3第1項・53条の9，秋田市営住宅条例24条1項・30条。

32　秋田市営住宅条例29条による別表第4。

33　碓井光明『要説自治体財政・財務法』（学陽書房，平成11年）150頁‒151頁。

わり介護サービス費の支給を受けることを被保険者が委任して，その代理受領額を事業者に対する対価の支払に充てる方式が存在する。「代理受領」と呼ばれている方式である。被保険者の事務負担及び一時的な資金の用意を軽減する意味がある。この代理受領を行なう際に，事業者と保険者との間に協定を締結する場合がある。たとえば，東京港区は，介護保険法44条に規定する居宅介護福祉用具購入費及び同法56条に規定する介護予防福祉用具購入費に係る特定福祉用具を販売する事業者と区とが，当該福祉用具に係る代金の授受等に関する協定を締結することによる「受領委任支払い制度」を設けている。その概要は，次のとおりである。

区長は，協定締結事業者の名称，住所，電話番号等を記載した名簿（＝事業者名簿）を作成し，区の窓口に備え置き，受給者からの求めに応じて閲覧に供するとともに，必要な場合はこれを提供する。この制度を利用して福祉用具を購入しようとする受給者は，事業者名簿から選択した協定締結事業者に被保険者証を提示し，受領委任支払い制度を利用して福祉用具を購入する旨を告知した上で，自らの責任において当該協定事業者と購入契約を締結するものとしている。協定締結事業者と購入契約を締結した受給者が支払う代金は，当該福祉用具に係る費用から「福祉用具購入費」の支給予定額に相当する額を控除した額，すなわち「受給者負担額」とする。受給者は，協定締結事業者から受給者負担額領収証の交付を受けて，福祉用具購入費の請求の際に受領委任届を区長に提出する。区長は，その内容を審査して支給額を決定し，協定締結事業者に介護保険給付費支払通知書により通知する。そして，受領委任支払い制度により，協定締結事業者の預金口座に福祉用具購入費の振込みがあったときは，受給者に対し福祉用具購入費の支給があったものとみなす[34]。

このような場面において，協定の締結のみが唯一の方式というわけではない。申請に基づく登録制度を採用している保険者も存在する[35]。

柔道整復師から健康保険等の被保険者が保険の対象となる施術を受けた場合に，当該柔道整復師に受領を委任する扱いを可能にするために，厚生労働

---

34 以上，港区介護保険福祉用具購入費の受領委任支払い制度に関する事務処理要綱。
35 岡崎市介護保険福祉用具購入費の支給に係る受領委任払いに関する要綱。

省の支分部局たる厚生（支）局長，都道府県知事及び社団法人組織の都道府県柔道整復師会長の三者協定が活用されている。これは，厚生労働省保険局長通知「柔道整復師の施術に係る療養費について」（平成20・9・22保発0922002号）に従ったものである。なお，同協定書の条項には，受領委任の取扱いを希望する施術管理者である会員は，同協定に定める事項を遵守することについて，協定の締結者たる三者に確約し，確約を行なってから，所属の都道府県柔道整復師会を経由して厚生（支）局長及び知事に受領委任の届出を行ない，登録を受けることとされている。個々の会員が，協定の遵守と合わせて，一定の手続を要することになる点が特色である。この仕組みについては，一種の「契約による行政」がなされているわけであって，「法律による行政」の原理からする検討も必要とされよう。また，柔道整復師と他の同様の施術をする者との間の平等も問題とされよう[36]。

　受領委任の取扱いの申出に対する不承諾が行政処分に当たるかどうかについて，札幌地裁平成21・1・19（判例集未登載）は，受領委任の取扱いは，

---

[36] 柔道整復師と異なり，鍼灸マッサージ師については，国等による受領委任取扱いの制度がなく，そのことが国家賠償請求事件として争われたが，請求棄却で確定している（千葉地裁平成16・1・16判例集未登載，その控訴審・東京高裁平成18・4・27判例集未登載）。この1審判決は，受領委任払いは，後払い方式の例外であるとともに，療養費の支給を現物給付化するものであること，保険者において施術の内容や額等につき被保険者から確認することができないまま施術者より請求がなされることから不正請求や業務範囲を逸脱した施術を見逃す危険性が大きいといわざるを得ないことを指摘して，健康保険法上，積極的に容認されているとはいえ，受領委任払いの取扱いが認められるのはあくまでも特例的な措置といわなければならないと述べた。このような特例的な措置が厚生労働省局長通知や協定で許容されるのかどうか検討を要するであろう。なお，同判決は，受領委任払いは特例的措置であるから拡大しない方向で実施ないし運用するのが相当であるうえ，柔道整復師については，正当な理由があって受領委任払いが認められ，それが長年にわたって継続されてきたという事実があり，限定的とはいえ医師の代替的な機能を果たしていること等を考慮すると，合理性がないとまではいえない，とした。さらに，健康保険法87条1項は，「療養費を支給することができる」として支給方法について何ら規定していないから，具体的にいかなる方法で療養費を支給するかについては，行政庁の合理的な裁量に委ねていると解するのが相当であるとして，鍼灸マッサージ師の場合の扱いに関し裁量権の逸脱濫用はないとした。

保険者と柔道整復師との間の契約・協定という形式を採っているものの，「受領委任の取扱いを受けられないことは，柔道整復師にとってその施術所を維持することが困難になるおそれすら生じ得るものということができるのであるから，仮に，その除外事由がないにもかかわらず，恣意的に受領委任の取扱いが拒絶されたような場合においては，そのような行為が違法であるとして単に金銭的な賠償を認めるだけではこれを実質的に救済することは困難であり，受領委任の取扱いの拒絶（不承諾）自体の取消しといったより適切な救済手段が認められてしかるべきである」と述べた。そして，「受領委任の取扱いは，局長通知等の通達によってその具体的な要件が定められたことにより，健康保険法及び国民健康保険法上の制度を補充する具体的な仕組み，すなわち法令に基づく制度として構築されたものである」として，受領委任の申出に対する不承諾は，抗告訴訟の対象となる行政処分であるとした。「法令に基づく制度として構築された」とする認識に判決のポイントがあろう。この判決に反対するものではないが，行政処分性が否定されても，当事者訴訟の途が残されていると思われる。

　ちなみに，新潟市は，医療保険の柔道整復師施術療養費の受領委任の取扱いの承諾を得ている施術者について，市の制度としての幼児医療費助成に関しても，一定の手続により受領委任を認めている。すなわち，受領委任の取扱いをする施術者は，市長に受領委任の取扱い開始の申出をして，所定事項の遵守を確約し，それに対して市長が受領委任の取扱いを承諾する方式によっている。この申出・確約と承諾は，一種の行政契約といってよいであろう。さらに，社団法人新潟県接骨師会の会員は，県接骨師会と市長との間の受領委任の取扱いについての協定に基づき受領委任を行なうものとしている。この協定により，会員が受領委任の取扱いをすることができるのである。なお，受領委任の取扱いをする施術者には，申請により協力事務費も支払われる[37]。

　診療報酬の審査・支払いの委託　　健康保険，国民健康保険等による給付について，診療報酬（療養の給付に要する費用の請求）については，審査のうえ支払いがなされる（健康保険法76条4項，国民健康保険法45条4項）。この審

37　以上，新潟市幼児医療費助成受領委任取扱要領による。

査は，迅速かつ適正に行なわなければならない。審査が適正を欠くときは，不正請求が見逃がされて，そのことが医療保険財政を悪化させることになりやすい。法は，この審査及び支払いの事務を社会保険診療報酬支払基金又は国民健康保険団体連合会に委託することができるものとしている（健康保険法76条5項，国民健康保険法45条5項）。このほかにも，多数の法律が，社会保険診療報酬支払基金への委託を定めている。たとえば，生活保護法53条4項は，「都道府県，市及び福祉事務所を設置する町村は，指定医療機関に対する診療報酬の支払に関する事務を，社会保険診療報酬支払基金又は厚生労働省令で定める者に委託することができる」としている[38]。

社会保険診療報酬支払基金[39]は，社会保険診療報酬支払基金法により設立されている一種の法人である（同法1条）。同法によれば，前述の診療報酬の審査・支払事務の委託を受けるほか，それらの業務に支障のない範囲内で，国，都道府県，市町村又は独立行政法人の委託を受けて，それらが行なう医療に関する給付であって厚生労働大臣が定めるものについて，報酬の審査及び支払に関する事務を行なうことができる（15条1項～3項）。「社会保険診療報酬支払基金法第15条第3項の規定に基づき厚生労働大臣の定める医療に関する給付」（厚生労働省告示）により，多数の給付が対象とされている。個別の通知による給付として，たとえば，平成4・4・30環保業第227号環境事務次官通知「水俣病総合対策費の国庫補助について」による療養費及び研究治療費の支給（6号），平成17・5・24環保企発第050524001号環境事務次官通知「メチル水銀の健康影響に係る調査研究事業について」による研究治療費の支給（8号），平成20・3・31健発第0331001号厚生労働省健康局長通知「感染症対策特別促進事業について」による肝炎治療特別促進事業に係る医療の給付（10号）などが含まれている。さらに注目したいのは，

---

[38] 同趣旨の規定は，次の各法律の条項にも見られる。「原子爆弾被爆者に対する援護に関する法律」15条4項・20条2項，戦傷病者特別援護法15条4項，児童福祉法21条の3第4項，「感染症の予防及び感染症の患者に対する医療に関する法律」40条6項，「心神喪失等の状態で重大な他害行為を行った者の医療及び観察等に関する法律」84条4項，「石綿による健康被害の救済に関する法律」14条2項，障害者自立支援法73条4項。

[39] 詳しくは，碓井・社会保障財政法精義326頁以下を参照。

都道府県又は市町村が行なう医療に関する給付であって,「前各号に掲げる医療に関する給付に準ずるもの」(11号) も含まれていることである。

基金が委託を受けてこれらの業務を行なう場合には,「定款の定めるところにより,保険者,国,都道府県,市町村若しくは独立行政法人又は厚生労働大臣若しくは都道府県知事とそれぞれ契約を締結するものとする」旨を規定している (15条4項)。一方的に委託されるわけではなく,このように契約が締結されることに注目しておきたい。

他方,国民健康保険団体連合会[40]は,国民健康保険の保険者 (市町村及び国民健康保険組合) が設立者となって,都道府県知事の設立認可により成立する法人である (国民健康保険法83条,84条)。国民健康保険法45条5項による委託を受けて診療報酬請求書の審査を行なうため,都道府県の区域を区域とする連合会 (加入している保険者の数がその区域内の保険者の総数の3分の2に達しないものを除く) に,国民健康保険診療報酬審査委員会が置かれる (国保法87条1項)。連合会は,この事務の遂行に支障のない範囲内で,健康保険法76条5項の規定による委託を受けて行なう診療報酬請求書の審査を審査委員会に行なわせることができる (87条2項)。興味深いのは,審査委員会は,連合会に置かれるにもかかわらず,その委員を委嘱するのは,連合会ではなく知事とされている点である (88条1項・2項)。

そして,通知等を発する際には,「契約書例」及び「覚書」も示されているようである。契約書や覚書が,実質的には国の「通知」により行なわれていると推測され,個別の保険者の裁量が発揮されていることを確認できない。たとえば,肝炎医療に関する費用の審査及び支払事務については,都道府県知事は,当該都道府県の社会保険診療報酬支払基金及び国民健康保険団体連合会に委託することとし,基金の幹事長,連合会の理事長と,それぞれ通知に示されている例により契約書及び覚書を交換することとしている。契約書の内容を見ると,受託者 (乙) は保険医療機関等から所定の期日までに提出された診療報酬請求書又は調剤報酬の支払を完了するものとすること,乙は審査を終了したときは終了日の属する翌月の10日までに審査結果について

---

[40] 詳しくは,碓井・社会保障財政法精義330頁を参照。

報告すること，委託者（甲）は報告のあった審査結果を検討して診療報酬等の額をその月の17日までに乙に通知すること，甲は保険医療機関等に支払う診療報酬等のおおむね1か月半分に相当すると認められる額を審査終了日の属する月の末日までに乙に対して概算交付すること，乙は支払を完了したときは精算書を甲に送付し精算を完了すること，などが含まれている。

委託先が国民健康保険団体連合会であるか基金であるかにより異なるのは，審査・支払事務費に関する定めである。国民健康保険団体連合会との契約書においては，「甲は審査・支払事務の執行に要する費用に充てるため審査診療報酬明細書・調剤報酬明細書1件につき○○円を審査終了日の属する月の翌月○日までに支払うこと」とされているのに対して，基金との契約書においては，「甲は，社会保険診療報酬支払基金法第26条の規定による事務費として，別に定める事務費算定の基礎となる1件当りの金額に毎月診療報酬等の精算の基礎となった診療件数を乗じて得た金額を乙に支払うものとする」とされている。

以上のように，現在は，社会保険診療報酬支払基金と国民健康保険団体連合会（これらを「私人」と呼ぶことには問題もあろう）とが相互乗入れのような法律状態になっている。平成18年の健康保険法改正前は，相互乗入れがなかったものが同年改正により可能とされたものである。

では委託契約は，どのように締結されているのであろうか。組合管掌健康保険の場合の実態は，集団的契約締結方式であるという。すなわち，健康保険組合が基金と締結する委託契約については，健康保険組合団体連合会が一括して契約を締結しているという[41]。また，相互乗入れも，実態としては活用されていないという[42]。逆に，障害者自立支援法に基づく厚生医療，療養介護医療，生活保護法による医療，児童福祉法による医療については，各保険者との個別的契約方式が採用されている。これは，保険者の連合体たる法人が制度化されていないことによるといえよう。

---

[41] 石田道彦「医療保険制度と契約」季刊社会保障研究45巻1号46頁，48頁（平成21年）。平成20年11月1日時点においては，組合管掌健康保険の契約保険者の数は1,497であった。

[42] 石田道彦・前掲論文50頁。

さて，最高裁昭和48・12・20（民集27巻11号1594頁）は，保険者と社会保険診療報酬支払基金との間の委託契約，保険者と国民健康保険団体連合会との間の委託契約は，いずれも「公法上の契約」であるとする。しかし，公法上の契約と述べることにより何を示そうとしているのかは明らかでない。おそらく，当該事件の原審の東京高裁昭和43・4・30（判例時報540号42頁）が当事者間の自由な委託契約としたことに対し，実際は法令の規定による規律があるため自由度がないことに鑑みて，そのような考え方を打ち消すために用いたものと推測することはできる。なお，この判決に対しては，現在において，国民健康保険団体連合会が介護保険の保険者から委託を受けて介護サービス費等の請求に関する審査及び支払を行なう点（介護保険法41条10項，176条1項1号）に現代的意義がある旨の指摘がなされている[43]。

社会保険診療報酬支払基金等の審査行為の性質　社会保険診療報酬等の審査において減点査定がなされた場合に，保険医療機関等は，減点査定を行政処分として取消訴訟により争う方法と，直接に報酬支払請求訴訟を提起する方法とが考えられる。医療保険制度との関係において基金のなす審査に関して，最高裁昭和53・4・4（判例時報887号58頁）は，減点措置は，保険医療機関の診療報酬請求権その他の権利義務に何ら不利益な効果を及ぼすものではないという理由で行政処分性を否定した。この訴訟の原審・名古屋高裁昭和52・3・28（行集28巻3号265頁）は，審査が支払いに至る段階の内部的判断作用であること，一般の取引上の債権の点検確認と異なるところがなく監督的，優越的地位に基づくものではなく対等な立場でなされる過剰，過少請求の有無の検討であり診療報酬請求権が増減確定されるものではない，としていた。国民健康保険診療報酬審査委員会のなす減点査定についても，同趣旨の裁判例がある（甲府地裁昭和57・2・8行集33巻1・2号21頁，その控訴審・東京高裁昭和57・9・16行集33巻9号1791頁）。

他方，生活保護実施機関が審査及び支払いの事務を基金に委託している場合において，基金がなした減点に基づく支払拒否に関して，市長の診療報酬額決定の行政処分性を肯定した裁判例がある。

43　脇田滋・（判例解説）ジュリスト『社会保障判例百選［第4版］』（平成20年）52頁。

京都地裁平成7・2・3（判例タイムズ884号145頁）は，生活保護法は，適正な医療扶助に係る費用の支払いを実行するため，市長に診療報酬請求を随時審査し，指定医療機関に支払う額を決定する権限を付与しているのであり（53条1項），指定医療機関は，その市長の決定に従わなければならない（53条2項）。そして，この決定については行政不服審査法に基づく不服申立てが認められておらず（53条5項），抗告訴訟によらざるを得ないとした。この判断をなすに当たり，判決は，医療扶助に係る診療報酬の審査・支払いは，基金の主要業務とされておらず，生活保護法53条3項により「生活保護指定医療機関に支払うべき額の決定について意見を求められたときは，意見を述べ」，同条4項に関し「医療機関に対する診療報酬の支払いに関する事務を委託されたときは，その支払いに必要な事務を行うことができる」という基金法13条2項を重視して，基金が生活保護実施機関から支払事務等の委託を受けた場合においても，基金は生活保護実施機関の行なう診療報酬の額の決定についてまで委託を受けているものではなく，診療報酬の最終的な審査権及び金額の決定権限は生活保護実施機関に留保されているという考え方を採用した。控訴審の大阪高裁平成9・5・9（判例タイムズ969号181頁）も，生活保護法53条1項，84条の2第1項に基づく都道府県知事ないし指定都市の長の行なう診療報酬の額の決定は，指定医療機関による診療報酬の請求に対して審査し指定医療機関が請求することができる診療報酬額を具体的に確定するもので，指定医療機関はこの決定に従わなければならないとされているから（53条2項），同決定は，指定医療機関の権利義務を公権的に確定する行政処分であるとした。これによれば，原則として診療報酬額決定の取消争訟の方法によらなければならない。

社会保険給付に係る損害賠償請求権に係る損害賠償金の徴収・収納の事務の委託　法は，社会保険に係る給付事由が第三者の行為によって生じた場合に，保険者が保険給付を行なったときにおいて，被保険者の第三者に対して有する損害賠償請求権を保険者が取得するものとし，その取得した請求権に係る損害賠償金の徴収及び収納の事務を委託することができるとしていることがある。たとえば，国民健康保険法64条は，このような趣旨の規定を置いて，国民健康保険団体連合会であって厚生労働省令で定めるものに委託すること

ができるとしている。介護保険法21条にも同趣旨の規定が置かれている。

なお，同じ医療保険でありながら，健康保険法は，第三者に対する損害賠償請求権の取得に関する規定を置くものの（57条），委託に関する規定を用意していない。健康保険協会に関しては，その組織体制から見て特に委託する必要性があるとは思われないが，健康保険組合の場合は，委託する必要性が認められる。そこで，明文の規定を欠く状態において，健康保険組合が社会保険診療報酬支払基金又は他の法人に対して，損害賠償金の徴収及び収納の事務を委託することができるかどうかが問題になる。この委託は健康保険組合の「契約の自由」の領域にあると考えるならば，受託者側に禁止される理由がなければ委託が可能とされるであろう。社会保険診療報酬支払基金についていえば，基金の業務に「前各号に掲げるもののほか，第1条の目的を達成するために必要な業務」（基金法15条1項6号）が含まれており，厚生労働大臣の認可により可能である（同条5項）。平成21年10月よりスタートした出産育児一時金等の医療機関等への直接支払制度は，法令の直接の根拠なしに，厚生労働省の要綱により国民健康保険団体連合会又は支払基金との業務委託契約によっている。

保険医療機関等の指定　　前後してしまったが，社会保険診療を担当する医療機関及び薬局に関しては，開設者の申請に基づく指定制度が採用されている（健康保険法65条1項）。これが，保険医療機関及び保険薬局の指定である。この申請に基づく指定について，申込みと承諾により成立する「公法上の契約」説と同意（申請）に基づく行政処分説との対立がある。行政解釈は，公法上の契約であるとしてきた。「この公法上の契約は病院，診療所または薬局は，一定の療養の給付の担当方針に従い，政府および健康保険組合のいずれの保険者に属する被保険者に対しても，療養の給付を行い，一方，その対価として診療報酬を請求してその支払いを受けるという双務契約である」とし，附合契約の一種であるとしている[44]。下級審の裁判例も，行政解釈に追随して，公法上の契約説によっている[45]。学説にも，契約説に従うものが見られる[46]。しかし，指定申請の拒否については，最高裁平成17・

44　厚生省保険局・社会保険庁運営部『健康保険法の解釈と運用』（法研，平成5年8版）694頁，『健康保険法の解釈と運用』（法研，平成15年第11版）482頁。

9・8（判例時報1920号29頁）が行政処分性を前提にして判断をしており[47]，さらに，指定の取消しが行政処分であることについては争いがない[48]。

　指定について契約としながら指定の取消しは行政処分であるとすることについて不自然であるとする指摘がある。また，健康保険法83条が保険医療機関の指定拒否等について弁明の機会を付与しなければならないと定めていることは，指定拒否等が行政処分であることを意味するとの指摘もある[49]。たしかに不自然さは否めないが，指定申請を受け入れる指定行為と申請を拒絶する行為を区別する考え方はあるかも知れない。また，弁明の機会についていえば，指定拒否等は，行政手続法上の不利益処分に当たらないが，健康保険法が特に弁明手続を設けていると解することができないわけではない。したがって，これらは，決定的な理由になるとは思われない。

　思うに，保険診療に関する権利義務関係は一種の契約関係であるといってよいが，その発生は指定という行政処分にかからしめ，その消滅に関しては，指定辞退（79条1項）という私人の一方的行為による方法と指定取消し（80条）という行政処分方法との二つが用意されていると見ることができる。したがって，ある種の二段階説により説明できると思われる。

　保険医療機関・保険薬局の指定以外にも，指定行為が見られる。

　第一に，介護保険法による事業者の指定である。たとえば，居宅介護を受ける者が居宅介護サービス費の支給を受けることができるのは，知事により指定された居宅サービス事業者による居宅サービスであるが（41条1項本

45　大阪地裁昭和56・3・23判例時報998号11頁，大阪高裁昭和58・5・27判例時報1084号25頁，浦和地裁昭和62・3・25判例時報1250号96頁。なお，碓井・社会保障財政法精義209頁－210頁を参照。

46　私法上の契約説として森田寛二「建築協定論，そして公法上の契約論——その建立的基礎についての素描（2・完）」自治研究66巻2号52頁，63頁（平成2年）。

47　この最高裁判決前において，西村健一郎『社会保障法』（有斐閣，平成15年）203頁は，指定申請等の拒否について，契約締結義務の不履行の問題として構成するよりも行政処分として争えるようにする方が合理的であるとしていた。

48　碓井・社会保障財政法精義211頁注23に掲げたもののほか，福島地裁平成21・3・24判例集未登載。

49　いずれも，田村和之・（判例解説）ジュリスト『社会保障判例百選［第4版］』（平成20年）50頁。

文），その指定は，居宅サービス事業を行なう者の申請により，居宅サービスの種類及びその居宅サービスの種類に係る居宅サービスを行なう事業所ごとに行なうこととされている（70条1項）。一定の事由のある場合は，知事は，指定の取消し，期間を定めた指定の全部又は一部の効力の停止をすることができる（77条）。このような申請に基づく指定は，42条の2第1項本文についての地域密着サービス事業者（78条の2），46条1項についての居宅介護支援事業者（79条），48条1項1号についての介護老人福祉施設（86条），53条1項本文についての介護予防サービス事業者（115条の2）に関しても採用されている。また，申請に基づいて市町村長が指定する仕組みも，地域密着型介護予防サービス事業者（115条の12），介護予防支援事業者（115条の22）について採用されている。

　第二に，生活保護法にも，同法による医療扶助のための医療を担当させるための指定医療機関制度がある（49条）。国の開設した病院若しくは診療所又は薬局については主務大臣の同意を得て，厚生労働大臣が指定する。その他の病院，診療所若しくは薬局又は医師若しくは歯科医師については開設者又は本人の同意を得て，都道府県知事が指定する。指定医療機関は，厚生労働大臣の定めるところにより懇切丁寧に被保護者の医療を担当しなければならないほか（50条1項），被保護者の医療について，知事の行なう指導に従わなければならない（同条2項）。指定医療機関の側からの指定の辞退（51条1項）と指定権限を行使した行政庁による指定取消し（同条2項）という二つの関係解消手続がある。介護機関及び助産機関等についても同様の仕組みとされている（54条の2, 55条）。なお，老人福祉法20条の5に規定する特別養護老人ホームについて，介護保険法42条の2第1項本文の指定があったときは，その地域密着型介護老人福祉施設は，その指定の時に，生活保護法上の指定もあったものとみなされる（54条の2第2項）。別個の指定行為を要しないという趣旨である。

　第三に，障害者自立支援法にも，指定制度が設けられている。まず，29条1項の規定による指定障害者福祉サービス事業者の指定は，同事業を行なう者の申請により，生涯福祉サービスの種類及び事業所ごとに行なうものとされ（36条1項），指定の辞退（47条），指定の取消し又は期間を定めてなす

全部又は一部の効力停止（50条）の定めも置かれている。また，54条2項による指定自立支援医療機関の指定についても同様の仕組みが採用されている（59条，65条，68条）。

　これらの指定についても，契約であるのか，申請又は同意に基づく行政処分であるのかが問題になる。長い歴史を有する生活保護法の指定については，立法関与者は公法上の契約説を述べて，「指定の申請は契約の申込であり，指定の同意は契約の申込の承諾であるので，同意を契約の締結によって行うことも考えられる」として，契約書の様式例（「指定契約書」）も示した[50]。51条1項による指定辞退に関して，理由の如何を問わず自由意思で辞退できることが指定行為の契約性を有することの一つの大きな根拠であることも指摘されている[51]。

　これらについても，前述した健康保険法による保険医療機関の指定に関する議論が当てはまると思われる。なお，契約説によった場合に，公法上の契約であるか私法上の契約であるかによって，たとえば，生活保護法50条2項に定める「指導」に対する争い方が異なる可能性がある。この指導については「従わなければならない」とされているばかりでなく，それに従わなかった場合は，指定を取り消すことができることとされている（51条）。したがって，指導の内容が違法であると考える指定医療機関が指導に従う義務の不存在確認の訴えを提起するとして，その訴えが公法上の当事者訴訟であるのか民事訴訟であるのかが問題とされよう。指定を行政処分であるとする説においても，指導に対する争い方としては，二つの方法が考えられる。一つは，指導に従う義務の不存在確認を求める公法上の当事者訴訟である。もう一つは，「指導」は行政指導の外観を有しているが，それに従わない場合には，ほぼ確実に指定の取消しにつながるとして，「指導」は行政処分である

50　小山進次郎『改訂　増補生活保護法の解釈と運用』（中央社会福祉協議会，昭和26年）530頁。

51　小山進次郎・前掲書543頁。なお，そこにおいては，指定契約に，指定の辞退を制限又は禁止する内容の事項を含めても，その部分に関する限り，その契約は無効であり，その契約条項にかかわらず指定医療機関は一方的に辞退することができる，としている。なお，指定の取消しについては，「事情の変更に即応するための所謂行政行為の撤回又は廃止に相当する」と述べている。

として取消訴訟を提起する方法である。医療法による病院開設の中止勧告について健康保険法の仕組みと連動させて行政処分性を肯定した最高裁平成17・7・15（民集59巻6号1661頁）に従えば，このような扱いも十分に可能性があろう。

[3] 財・サービス供給契約

行政契約として扱うべき財・サービス供給契約　国又は地方公共団体の活動には，国民，住民に対して財・サービスの供給を行なう契約が多数存在する。それらは，行政法学における給付行政の分野に含まれるといってよい。しかし，財・サービスの供給契約の中には，行政主体が，私人たる事業者と全く同じ立場で供給する内容のものも多い。バス事業，ガス供給事業等である。これらについては，各事業を規制する法令の内容を遵守しなければならない点において，民間事業者と異なるものではない。唯一異なるのは，地方公共団体が経営する事業にあっては，地方公営企業法等の規律を受けることである。料金について，地方公営企業法21条2項は，「公正妥当なものでなければならず，かつ，能率的な経営の下における適正な原価を基礎とし，地方公営企業の健全な運営を確保することができるものでなければならない」としている。しかし，この点は，公益事業を規律する法律においても，それほど異なるものではない（道路運送法9条2項・9条の3第2項1号，ガス事業法17条2項1号）。

水道利用の法律関係　水道利用の法律関係は，古くは，営造物利用関係たる公法関係とする学説及び公法関係とする裁判例も見られたが[52]，昭和40年代以降の裁判例においては私法上の法律関係であるとされている[53]。したがって，水道料金は，私法上の債権であるとされる[54]。その根拠について，

52　学説及び裁判例の展開については，成田頼明「地方公営水道事業利用の法律関係(1)──現代給付行政における『公法と私法』の一断面──」エコノミア18号379頁（昭和36年），荒秀『上水道・下水道の利用関係』ジュリスト増刊『行政法の争点』（昭和55年）36頁を参照。裁判例として，福岡地裁昭和30・4・25行集6巻4号1027頁，京都地裁昭和32・3・7行集8巻3号432頁は，滞納されている使用料について，水道の使用関係が公法関係であることを理由に滞納処分を肯定したが，それは，現在のように滞納処分法律列挙主義の採用されていなかった段階の裁判例である。

水道法が普通契約約款の性質をもつ供給規定を定めることを水道事業者に義務づけ（15条），給水契約を前提にした規定を置いていることに求められている[55]。水道法が，市町村以外の者も，市町村の同意を得て，水道事業を経営できるとして（6条2項），そのような事業者にも，共通に水道法を適用している以上，同法を基礎にする限り，市町村が経営主体となる場合も含めて，私法関係として構成されると考えるほかはない。

　このように基本的な法律関係が私法上のものであるとしても，個別に処分性が肯定される場面がないわけではない。横浜地裁昭和54・4・23（判例時報941号27頁）は，傍論ながら，「公営水道事業の設置及び管理は，いわゆる非権力的な管理作用にぞくし，私人の経営する事業と本質的に異ならないとしても，社会公共の福祉を実現するという公共的目的をもち，公益と密接な関係を有するため，水道法や条例等によって特別の規制が加えられている。かような規制の法的性質については，典型的な私法上の当事者関係と相

---

[53] 大阪地裁昭和42・11・30判例時報514号70頁，その控訴審・大阪高裁昭和44・9・29判例時報599号35頁，岡山地裁昭和44・5・29行集20巻5・6号704頁，東京地裁八王子支部昭和50・12・8判例時報803号18頁，鹿児島地裁平成17・7・19判例時報1927号113頁。

[54] 大阪地裁昭和42・11・30判例時報514号70頁は，水道料金債権は私法上の債権であるから民法が適用されるとし，先取特権との関係において，民法310条所定の日用品の供給によって生じた債権と認め得る限り，民法306条4号を適用すべきであるとした。そして，「特段の事由のない限り，法律上法人を使用者とする水道も現実にはその機関，従業員たる自然人の日常生活の必要のために使用せられるものというべきであるから」その適用が認められるとした。これに対して，その控訴審・大阪高裁昭和44・9・29判例時報599号35頁は，営利を目的とする法人を給水申込者とする水道料金債務の債務者がその法人自身である場合には，たとえ水道水がその法人の機関やその家族あるいは法人の従業員の日常生活のために使用され，個人の飲食品の一部となりえても，これらの個人は民法310条の「債務者」に該当せず，また債務者の「扶養スヘキ同居ノ親族」にも該当しないとし，本件水道水は同社の機関である代表取締役とその家族や同社従業員の飲食事その他日常生活などのため使用されたが，これらの者は本件水道料金債務の債務者自身ではなく，またその僕婢にも含まれないというべきであり，民法310条の供給対象としての「債務者又ハ其扶養スヘキ同居ノ親族及ヒ其僕婢」に関する要件を欠くから，同条の先取特権に該当しないとした。

[55] 司法研修所編『改訂　行政事件訴訟の一般的問題に関する実務的研究』（法曹会，平成12年）11頁。

当異質ではあるがなお私法関係とみるのが相当な場合と，一般行政的見地をも加味してなされた規制であって，その規制による効果が特定の個人に分割して帰属するものではなく，不特定多数の住民福祉の増進に向けられているなど公法関係とみるのが相当な場合とがあり，そのいずれであるかは，規制の目的，効果等を検討のうえ個別的に決すべき事柄であるとした。その控訴審・東京高裁昭和 56・10・27（判例時報 1027 号 31 頁）も，行政処分性を肯定した。

奈良県水道事業給水条例 34 条が，「管理者は，特別の理由がある者については，この条例によって納付しなければならない料金，分担金，加算分担金，手数料，その他の費用を減免することができる」と定めている場合に，減免しない旨の決定には，行政手続条例による理由の提示が必要であり，理由の提示義務に違反するとした裁判例がある（大阪高裁平成 16・5・27 判例地方自治 271 号 53 頁）。料金の減免に関しては，後に再度述べる。

水道供給契約　水道の供給に関しては，水道法が制定されている。水道事業の経営について，一般的な認可制の体裁がとられているにもかかわらず（6 条 1 項），「原則として市町村が経営するものとし，市町村以外の者は，給水しようとする区域をその区域に含む市町村の同意を得た場合に限り，水道事業を経営することができる」ものとされている（同条 2 項）。その結果，実際には，ほとんどの場合に，市町村又はその組合が水道事業を経営している。なお，市町村以外の者も，給水しようとする区域をその区域に含む市町村の同意を得た場合に限り，水道事業を経営することができ，このなかには，都道府県も含まれる。実際に，東京都は，「東京都給水条例」に定められているように，特別区の存する区域のほか，多摩地域の市町のほとんどの区域をカバーして給水区域とする水道事業を営んでいる（3 条）。また，長野県は，その企業局において，長野市（篠ノ井地区・川中島地区・更北地区及び信更地区の一部），上田市（塩田及び川西地区の一部），千曲市（桑原及び八幡地区を除く），坂城町の 3 市 1 町を給水区域とする水道事業を経営している[56]。

水道事業者は，料金，給水装置工事費用の負担区分その他の供給条件について，供給規程を定めなければならない（14 条 1 項）。供給規程に定める供給条件は，普通取引約款に当たり，給水契約は附合契約ないし付従契約であ

る[57]。

供給規程は，次の要件に適合するものでなければならない（同条 2 項）。

① 料金が，能率的な経営の下における適正な原価に照らし公正妥当なものであること。
② 料金が，定率又は定額をもって明確に定められていること。
③ 水道事業者及び水道の需要者の責任に関する事項並びに給水工事の費用の負担区分及びその額の算出方法が，適正かつ明確に定められていること。
④ 特定の者に対して不当な差別的取扱いをするものでないこと。
⑤ 貯水槽水道が設置されている場合においては，貯水槽水道に関し，水道事業者及び当該貯水槽水道の設置者の責任に関する事項が，適正かつ明確に定められていること。

供給規程は，水道条例，給水条例等の名称の条例中において定められていることが多い。そのような場合に，それらの条例自体が一種の普通契約約款たる性質をもつと説明されることがある[58]。そして，水道条例が約款である以上，民事訴訟により条例の効力を争うことができるとする裁判例が見られた（高根町事件の 1 審・甲府地裁平成 13・11・27 判例時報 1768 号 38 頁）。高根町事件の控訴審・東京高裁平成 14・10・22（判例時報 1806 号 3 頁）も，条例の形式で定められた供給規程も，実質は約款の性質を有するとしつつ，条例改正により変更された水道料金の争い方については，個々の水道料金について債務不存在確認を求めるなどにより供給規程の効力を争うこともできるが，より抜本的な紛争解決のためには，約款的性質を有する供給規程自体の無効確認を求めることも許され，条例形式の場合には，条例自体に行政処分性が

---

56 県営水道条例別表第 1 及びその委任に基づく県営水道規程 1 条の 2 の別表第 1 による。長野県企業局は，この県営水道を地元の市町に移管する検討を始めているが，思惑が交錯して実現に至らないという（信濃毎日新聞平成 21・11・30）。なお，企業局は，水道事業とは別に，奈良井川総合開発事業により建設された奈良井ダムを水源として，松本市，塩尻市及び山形村の 2 市 1 村に対する水道用水供給事業を行なっている。
57 水道法制研究会『新訂　水道法逐条解説』（日本水道協会，平成 15 年）239 頁。
58 岡山地裁昭和 44・5・29 行集 20 巻 5・6 号 704 頁。

あるものとして行政訴訟として無効確認請求の対象になし得るとした。これに対して、上告審・最高裁平成18・7・14（民集60巻6号2369頁）は、行政処分性を否定した。

また、条例のみならず、条例施行規程[59]、要綱も供給規程であるとされることがある。具体的には、神戸地裁平成11・1・28（判例タイムズ1061号76頁）は、条例において、原因者から工事負担金を徴収することができるとされている場合に、要綱の形式で、工事負担金の対象者、算定方法等の細目を定めている場合に、要綱も供給規程に当たるとした。そして、要綱において、個別に要する費用に関して、需用者と管理者との協定によっているからといって、要綱の供給規程性を左右するものではないとした。

給水義務　水道法15条は、水道事業者の給水義務について規定している。すなわち、「事業計画に定める給水区域内の需用者から給水契約の申込みを受けたときは、正当の理由がなければ、これを拒んではならない」（1項）。そして、料金の不払いのとき、正当な理由なしに給水装置の検査を拒んだとき、その他正当な理由があるときは、その理由が継続する間、供給規程の定めるところにより、給水を停止することができる（3項）。

土地の不法占拠者や違反建築建物の所有者からの給水申込みであっても拒否できないとする裁判例（大阪地裁昭和42・2・28判例時報475号28頁）と、指導要綱に基づいて事実上拒否しても、市は損害賠償責任を負わないとする裁判例（大阪高裁昭和53・9・26判例時報915号33頁、その上告審・最高裁昭和56・7・16民集35巻5号930頁）とがある。ただし、後者は、申込書の返戻は、申込みの受理を最終的に拒否する旨の意思表示をしたものではないという認定に基づくものである。

また、指導要綱に従わない事業主に給水制限措置をとることができる旨の条項に該当することは、「正当の理由」に該当しないとされた（東京地裁八王子支部昭和50・12・8判例時報803号18頁、東京地裁八王子支部昭和59・2・24判例時報1114号10頁、その控訴審・東京高裁昭和60・8・30高裁刑集38巻2号136頁、その上告審・最高裁平成元・11・8判例時報1328号16頁）[60]。東京

---

[59] 地方公営企業の場合に、企業管理規程（地方公営企業法10条）の形式で定められることが多い。

地裁八王子支部昭和 59・2・24（前掲）は，「正当の理由」とは，「水道事業者に給水義務を課することが，水道事業の右目的[61]にそぐわない結果をもたらすような特段の事情が認められる場合」であるとし，その控訴審・東京高裁昭和 60・8・30（前掲）は，「水の供給」という水道事業の固有目的のみに基づいて限定的に判断されるべきであり，たとえば，「物理的，技術的に水道布設ないし給水が困難であるとき，申込者の地域が配水管の布設計画のうえで後年次地区であるとき，また，布設費用が料金収入に比して著しく過大であるとき，給水量が著しく不足しているとき等を指すと解すべきである」とし，「水道事業の固有目的以外の要素を安易に混入させるべきではない」とした。

　水道事業固有の目的の要素といえそうな事案が，志免町の事件である。町の給水規則において，開発行為又は建築で 20 戸（20 世帯）を超えるものに給水しないと定めて，これに該当するとして給水を拒否したことの適法性が争われた事件である。福岡高裁平成 7・7・19（高裁民集 48 巻 2 号 183 頁）は，水道水の源となる水は地域属性が強いことから気候，地形，河川の有無等の自然的条件からの制約を免れないこと，需給の量も当該市町村の文化的，社会的，経済的諸条件に影響されることから，「『正当の理由』の有無を判断するに当たっては，当該市町村の水を巡る自然的，社会的諸条件やこれに対応する水道行政の実際，給水申込者の事情等，双方の事情を対比，総合的に勘案して，給水の申込みを拒むのも止むを得ないと認められるときには，『正当の理由』があるというのが相当である」とした。具体の事案についても「正当の理由」があるとした。

　上告審の最高裁平成 11・1・21（民集 53 巻 1 号 13 頁）は，「正当の理由」とは，「水道事業者の正常な企業努力にもかかわらず給水契約の締結を拒まざるを得ない理由を指す」としたうえ，次のように述べた。

　「水道が国民にとって欠くことのできないものであることからすると，

60　東京地裁八王子支部平成 4・12・9 判例時報 1465 号 106 頁も，マンション建設事業者からの新設水道工事申込書を受理しなかった行為について，給水契約の締結拒否に当たり違法とした。
61　水道法 1 条の掲げる目的を指している。

市町村は，水道事業を経営するに当たり，当該地域の自然的社会的諸条件に応じて，可能な限り水道水の需要を賄うことができるように，中長期的視点に立って適正かつ合理的な水の供給に関する計画を立て，これを実施しなければならず，当該供給計画によって対応することができる限り，給水契約の申込みに対して応ずべき義務があり，みだりにこれを拒否することは許されないものというべきである。しかしながら，他方，水が限られた資源であることを考慮すれば，市町村が正常な企業努力を尽くしてもなお水の供給に一定の限界があり得ることも否定することはできないのであって，給水義務は絶対的なものということはできず，給水契約の申込みが右のような適正かつ合理的な供給計画によっては対応することができないものである場合には，法15条1項にいう『正当の理由』があるものとして，これを拒むことが許されると解すべきである。

　以上の見地に立って考えると，水の供給量が既にひっ迫しているにもかかわらず，自然的条件においては取水源が貧困で現在の取水量を増加させることが困難である一方で，社会的条件としては著しい給水人口の増加が見込まれるため，近い将来において需要量が給水量を上回り水不足が生ずることが確実に予見されるという地域にあっては，水道事業者である市町村としては，そのような事態を招かないよう適正かつ合理的な施策を講じなければならず，その方策としては，困難な自然的条件を克服して給水量をできる限り増やすことが第一に執られるべきであるが，それによってもなお深刻な水不足が避けられない場合には，専ら水の需給の均衡を保つという観点から水道水の需要の著しい増加を抑制するための施策を執ることも，やむを得ない措置として許されるものというべきである。そうすると，右のような状況の下における需要の抑制施策の一つとして，新たな給水申込みのうち，需要量が特に大きく，現に居住している住民の生活用水を得るためではなく住宅を供給する事業を営む者が住宅分譲目的でしたものについて，給水契約の締結を拒むことにより，急激な需要の増加を抑制することには，法15条1項にいう『正当の理由』があるということができるものと解される。」

そして，具体的事実関係に基づいて，次のように述べて「正当の理由」が

あるとした。

「被上告人は全国有数の人口過密都市であり，今後も人口集積が見込まれるところ，被上告人の経営する水道事業は，固有の認可水源の取水能力が低下している一方，福岡地区水道企業団からの浄水受水も渇水期には必ずしも万全とはいえない上，その受水量を増大させるためのダムは計画どおりに完成しておらず，受水量の増大が実現するのは将来のことであって，これら認可水源のみでは現在必要とされる給水量を賄うことができず，これを補うために須恵町から浄水を受水していたが，平成3年4月以降はこれも中止されており，やむなく，認可外であり，かつ，河川法上の手続を経て水利権を取得していないにもかかわらず，農業水利権者との契約に基づいて宇美川から取水して給水量を補っているが，法的見地からみても契約条項からみても右取水は不安定といわざるを得ず，被上告人においてこれらの状況を改善するために多額の財政的負担をして種々の施策を執ってきているが，容易に右状況が改善されることは見込めないため，このまま漫然と新規の給水申込みに応じていると，近い将来需要に応じきれなくなり深刻な水不足を生ずることが予測される状態にあるということができる。このようにひっ迫した状況の下においては，被上告人が，新たな給水申込みのうち，需要量が特に大きく，住宅を供給する事業を営む者が住宅を分譲する目的であらかじめしたものについて契約の締結を拒むことにより，急激な水道水の需要の増加を抑制する施策を講ずることも，やむを得ない措置として許されるものというべきである。そして，上告人の給水契約の申込みは，マンション420戸を分譲するという目的のためにされたものであるから，所論のように，建築計画を数年度に分け，井戸水を併用することにより水道水の使用量を押さえる計画であることなどを考慮しても，被上告人がこれを拒んだことには法15条1項にいう『正当の理由』があるものと認めるのが相当である。」

給水停止の適法性が争われた事件もある。岡山地裁昭和44・5・29（行集20巻5・6号704頁）は，給水装置工事費用の精算額を納付しないため，量水器を撤去して給水を停止したことを適法とした。

水道法15条3項以外に，同法16条の2は，供給規程の定めるところにより，需用者の給水装置が当該水道事業者又は指定給水工事事業者[62]の施行した給水装置工事に係るものであることを供給条件とすることができること（2項），その場合に，需用者の給水装置が当該水道事業者又は指定給水工事事業者の施行した給水工事に係るものでないときは，供給規程の定めるところにより，その者の給水契約の申込みを拒み，又はその者に対する給水を停止することができる旨を定めている（3項）。横浜市を例にとると，横浜市水道条例により，給水装置工事は，市又は市が指定した給水装置工事事業者が施行するものとし（10条），その工事の費用は，給水工事申込者の負担としている（13条）。工事費は，材料費，運搬費，労力費，路面復旧費，設計監督費，諸係費とし（15条1項），工事費概算額の前納を求める仕組みである（16条1項）。そして，給水装置が，市又は指定給水工事事業者の施行した給水装置工事に係るものでないときは，給水の申込みを拒み，又は給水を停止することができる旨を定めている（38条2項）。同条例施行規程10条には，工事費の算出方法が定められているが，指定給水工事事業者の利益分を含めて，それが合理的であるのか，需用者たる市民が確認する手立てはない。なお，「地域に根ざした指定給水装置工事事業者の育成」についての検討も

---

[62] 水道法16条の2第1項は，水道事業者は，「当該水道事業者の給水区域において給水装置工事を適正に施行することができると認められる者の指定をすることができる」と定めている。たとえば，横浜市水道条例は，給水装置工事は，市又は市が法16条の2第1項の規定に基づき指定した者が施行するとしている（10条）。指定給水工事事業者について，水道法は，指定は申請により行なうこと（25条の2），所定の基準のいずれにも適合していると認められるときは指定しなければならないこと（25条の3），所定の事由に該当する場合には指定を取り消すことができること（25条の11）などを定めている。なお，横浜市水道局指定給水工事事業者規程は，取消事由に該当する場合において，「指定事業者にしん酌すべき特段の事情があると認めるときは」，指定の取消しに替えて，6月を超えない期間を定めて業務の全部又は一部の停止を命ずることができるとしている（6条1項）。これらは行政処分というべきである。工事代行店制度の下において，指定の行政処分性を肯定した裁判例として，横浜地裁昭和54・4・23判例時報941号27頁，その控訴審・東京高裁昭和56・10・27判例時報1027号31頁，給水工事公認業者の公認申請の却下について行政処分であることを前提に違法とした裁判例として大阪地裁昭和54・12・20行集30巻12号2056頁，その控訴審・大阪高裁昭和56・4・21行集32巻4号587頁がある。

進められている[63]。

水道工事の受託　給水装置に関して水道事業者が受託工事をする場合があるが、これとは別に、水道工事に関して水道事業者が工事の受託者となる場合があることを想定して規程を用意していることがある[64]。たとえば、茨木市水道事業受託工事取扱規程によれば、委託者が受託工事依頼書に必要な図書を添えて管理者に申し込むこと（2条）、管理者は、必要な調査等を行ない、工事を承認したときは概算工事費を積算し「受託工事承認通知書」により委託者に通知すること（3条1項）、委託者は、この通知を受けたときは速やかに承諾書を提出し、当該工事に関する負担金協定を締結しなければならないこと（同条2項）、委託者は、工事着工前に概算工事費を管理者が定める期限までに納入しなければならないこと（4条）を定めている。

水道料金　地方公共団体の水道事業用施設は自治法の「公の施設」であるとされ、したがって水道料金は、公の施設の「使用料」（自治法225条）であるという見解が通用している[65]。この説によるときは、水道料金については条例で定めなければならないことになる（自治法228条1項）。筆者も、この見解に反対するものではないが、「公の施設」の使用料というよりは、「公の施設を利用した水の購入」である。物的な財の購入も「使用料」に当たるというのは、いささか言葉の自然な意味をはみ出しているように思われる。

他方、地方公営企業法との関係においては、「地方公営企業の給付」としての「料金」であり（21条1項）、「公正妥当なものでなければならず、かつ、能率的な経営の下における適正な原価を基礎とし、地方公営企業の健全な運営を確保することができるものでなければならない」（同条2項）。

さらに、水道法は、すでに述べたように、供給規程のなかで「料金」を定めるものとし（14条1項）、かつ、料金に関して、「能率的な経営の下における適正な原価に照らし公正妥当なものであること」（同条2項1号）、「定率又

63　財団法人給水工事技術振興財団「指定給水装置工事事業者の評価制度及び関係者間の情報交換の仕組み導入の提案」（平成20年3月）。
64　神戸市水道局配水管移設等受託工事事務処理規程。
65　松本英昭『新版　逐条地方自治法　第5次改訂版』（学陽書房、平成21年）743頁、水道法制研究会・前掲注57、241頁。

は定額をもって明確に定められていること」(同項2号)を求めている。さらに，他の供給条件と共通に，「特定の者に対して不当な差別的取扱いをするものでないこと」(同項4号)が求められる。

地方公共団体の経営する水道事業の料金は，以上のような複合的な規律の下に置かれている。

かくて，地方公共団体が水道事業者である場合は，条例主義により，当該地方公共団体の条例で料金が定められる。一般には，基本料金と従量料金又は超過料金の組合せ方式によっている。

その際に，用途別料金体系及び口径別料金体系が採用されていることが多い。たとえば，東京都給水条例は，基本料金について，口径別料金を定めたうえ，公衆浴場営業用で口径が40㎜を超えるものについては一律の基本料金(一般の場合の口径40㎜についての基本料金)としている(23条の2)。また，従量料金に関しても，口径別の定めに続いて，公衆浴場営業については，軽減した料金を定めている(23条の3)。

これに対して，横浜市水道条例は，口径別料金制度を採用することなく，かつ，基本料金を共通にしたうえ，家事用，業務用，公衆浴場用に分けて，超過料金を定めている。1㎥当たりの超過料金が，家事用及び業務用にあっては，使用水量に応じて段階的に逓増するのに対して，公衆浴場用は逓増しない比例方式が採用されている(26条1項)。

このような方式は，水道法14条2項4号の「不当な差別的取扱い」に当たらないと解されている[66]。後に紹介する高根町事件の控訴審・東京高裁平成14・10・22(判例時報1806号3頁)は，次のように述べて，その合理性を肯定している。

「一般的に，水道事業における料金体系には，大別して，口径別料金体系に代表されるような個々のサービスに対応する原価をもとに料金を設定する個別原価主義と，用途別料金体系に代表されるような需用者の負担能力又は需用者がそのサービスについて認める価値をもとに料金を設定する負担力主義又は価値基準に基づく料金設定とがあるとされている。

---

[66] 水道法制研究会・前掲注57，243頁，大阪地裁昭和45・3・30判例時報609号29頁。

このうち，用途別料金体系は，需用者の負担力や水道のサービスについて認める価値の差とその用途を基準に価格を設定するもので，非必需的，副次的用水に高額の料金を課すとともに，生活用水の低額化を図るという水道事業の公共性を重視した政策的要素を含んだ料金体系である。水道料金の客観的公平性を重視すれば，口径別料金体系のみを採用することが望ましいともいえるが，当該水道事業の置かれた自然的・社会的状況等の特殊事情に応じて，政策的に用途別料金体系を口径別料金体系に適宜組み合わせて採用することも合理性を逸脱しない範囲内では許されるものと解され，実際にほとんどの水道事業者は，前記のとおり用途別料金体系を口径別料金体系に適宜組み合わせた料金体系を採っている。

このような用途別料金体系を口径別料金体系に適宜組み合わせた料金体系は，需用者間に料金負担において差別的取扱いを生じ得るが，組み合わせた各料金体系を採用したことに合理的な理由があり，かつ組み合わせた結果としての料金体系による差異が合理的な範囲内にある限り，憲法14条1項，旧水道法14条4項4号又は水道法14条2項4号，地方公営企業法21条2項に反するものではないというべきである。」

松戸市が「一般公衆浴場」用について「その他の公衆浴場」よりも低い従量料金を設定していることが平等原則違反となるか否かについて，千葉地裁平成19・3・26（判例集未登載）は，「一般公衆浴場に対して定額の水道料金しか課されないのは，一般公衆浴場においては入浴料金の統制額の指定がなされているからであり，統制額の指定を受けないその他の公衆浴場に対しては優遇措置を施す必要がないのであるから，その他の公衆浴場としての営業許可が与えられている本件公衆浴場に対して，一般用の水道料金を適用することは，そもそも不合理な差別的扱いに当たらない」とした[67]。この事件の原告は，「銭湯」と異ならないことを理由に一般用としての扱いを主張したが，営業許可の形式に着目して判断されたものである。一般公衆浴場以外の浴場として許可を受けている場合は入浴料金の統制も距離制限もないというのであるから，この判決を正当とするほかあるまい。

67　この事件において，原告は，水道料金に関する保健所職員の説明義務違反の主張をしたが，この主張は排斥された。

高根町事件　一般の需用者と別荘利用者との間において基本料金に大きな差異のあるような基本料金の引上げについて争われたのが，有名な高根町事件である。そこでは，条例の処分性という抗告訴訟固有の問題も争点とされた。1審の甲府地裁平成13・11・27（判例時報1768号38頁）は，処分性を肯定したうえで，簡易水道事業の特殊性，別荘の水道使用の特殊性に照らして，合理的な範囲内にあるとして，無効確認請求，債務不存在確認請求，不当利得返還請求等を棄却した。

控訴審の東京高裁平成14・10・22（判例時報1806号3頁）は，やはり条例の行政処分性を肯定したうえで，結論は逆に請求認容であった。まず，水道事業者の政策的料金体系について，一般論としては合理的な理由があるとした。

> 「被控訴人の簡易水道事業においては，契約者全体に対して別荘の比率が際立って高いうえ，別荘の使用は夏期等に集中することが容易に推認でき，この時期には別荘も一般住民と同程度の水道を使用するが，別荘が被控訴人の簡易水道事業における夏期等の一時的な水道使用量の増加の一因となっていることは疑いない。そうすると，別荘全体の年間を通した水道の使用量は契約者全体の5パーセント前後であるものの，その使用量を基に水道料金を算出するならば，別荘が一時的に使用する水量及びそれに見合った給水施設等の費用のかなりの割合を別荘以外の住民が年間を通して実質的に負担することとなり，かえって別荘と別荘以外の住民との公平が図られないこととなる。そして，別荘の水道使用量は年間を通しておおむね基本水量内に収まっているのであるから，別荘に年間を通じて平均して相応な水道料金を負担させる方法として，基本料金を別荘以外の住民に比べて高額にして調整すること自体は，水道事業者の政策的料金体系として合理的な理由があり許されないものではない。」

しかし，13ミリ契約者について，次のように述べて不当な差別に当たるとした。

> 「本件別表に基づく13ミリ契約者である別荘の年間水道料金は，一応は別荘以外の水道需用者全体の年間水道料金の平均と同程度に収まるが，

別荘以外の 13 ミリ契約者と比較すると基本料金は 3.57 倍（5000 円と 1400 円），その値上げ幅も 20 倍（2000 円と 100 円）であり，年間水道料金の差もおよそ 2 万円前後となって約 5 割高いのである。このような基本料金の差別は，従前の別紙料金表 3 の基本料金の差別でもかろうじて合理性がないとまでいえないぎりぎりの線であって，それ以上に大きな差異を生じる本件別表の 13 ミリ契約者である別荘の基本料金の変更は，被控訴人の簡易水道事業の統合の歴史，別荘の水道使用の特殊性に照らしても，到底合理的な範囲内にあるとは認められない。

したがって，本件別表が 13 ミリ契約者について別荘の基本料金をそれ以外と比べて高額に設定していることは，憲法 14 条 1 項，旧水道法 14 条 4 項 4 号又は水道法 14 条 2 項 4 号，地方公営企業法 21 条 2 項に違反する不当な差別に当たるというべきである。」

そして，20 ミリ契約者，25 ミリ契約者についての基本料金の設定についても同様であるとして，その限度で，無効確認請求を認容し，債務不存在確認請求，不当利得返還請求，未払水道料金のある者による給水停止禁止請求は，いずれも認容すべきものとした。

最高裁平成 18・7・14（民集 60 巻 6 号 2369 頁）は，条例の行政処分性を否定して無効確認請求を却下すべきものとしつつ，それ以外について認容すべきものとした。長くなるが，以下に，引用しておきたい。

「1　普通地方公共団体が経営する簡易水道事業の施設は地方自治法 244 条 1 項所定の公の施設に該当するところ，同条 3 項は，普通地方公共団体は住民が公の施設を利用することについて不当な差別的取扱いをしてはならない旨規定している。ところで，普通地方公共団体が設置する公の施設を利用する者の中には，当該普通地方公共団体の住民ではないが，その区域内に事務所，事業所，家屋敷，寮等を有し，その普通地方公共団体に対し地方税を納付する義務を負う者など住民に準ずる地位にある者が存在することは当然に想定されるところである。そして，同項が憲法 14 条 1 項が保障する法の下の平等の原則を公の施設の利用関係につき具体的に規定したものであることを考えれば，上記のような住民に準ずる地位にある者による公の施設の利用関係に地方自治法 244 条

3項の規律が及ばないと解するのは相当でなく，これらの者が公の施設を利用することについて，当該公の施設の性質やこれらの者と当該普通地方公共団体との結び付きの程度等に照らし合理的な理由なく差別的取扱いをすることは，同項に違反するものというべきである。

2　別荘給水契約者は，旧高根町の区域内に生活の本拠を有しないという点では同町の住民とは異なるが，同町の区域内に別荘を有し別荘を使用する間は同町の住民と異ならない生活をするものであることなどからすれば，同町の住民に準ずる地位にある者ということができるから，本件改正条例による別荘給水契約者の基本料金の改定が地方自治法244条3項にいう不当な差別的取扱いに当たるかどうかについて，以下検討する。

上告人の主張によれば，旧高根町は，本件改正条例による水道料金の改定において，別荘以外の給水契約者（これにはホテル等の大規模施設に係る給水契約者も含まれる。）の1件当たりの年間水道料金の平均額と別荘給水契約者の1件当たりの年間水道料金の負担額がほぼ同一水準になるようにするとの考え方に立った上，別荘給水契約者においてはおおむねその水道料金が基本料金の範囲内に収まっているため基本料金の額により負担額の調整をすることとし，本件別表のとおり別荘給水契約者の基本料金を定めたというのである。

一般的に，水道事業においては，様々な要因により水道使用量が変動し得る中で最大使用量に耐え得る水源と施設を確保する必要があるのであるから，夏季等の一時期に水道使用が集中する別荘給水契約者に対し年間を通じて平均して相応な水道料金を負担させるために，別荘給水契約者の基本料金を別荘以外の給水契約者の基本料金よりも高額に設定すること自体は，水道事業者の裁量として許されないものではない。しかしながら，前記事実関係等によれば，旧高根町の簡易水道事業においては，平成8年度において，水道料金を年間50万円以上支払っている大口需用者が29件あり（記録によれば，これらの大口需用者はいずれも別荘以外の給水契約者であることがうかがわれる。），その年間水道使用量は同町の簡易水道事業における総水道使用量の約20.3％に当たり，一方，

別荘給水契約者の件数は1324件であり，その年間水道使用量は同町の簡易水道事業における総水道使用量の約4.7％を占めるにすぎないというのである。このように給水契約者の水道使用量に大きな格差があるにもかかわらず，上告人の主張によれば，本件改正条例による水道料金の改定においては，ホテル等の大規模施設に係る給水契約者を含む別荘以外の給水契約者の1件当たりの年間水道料金の平均額と別荘給水契約者の1件当たりの年間水道料金の負担額がほぼ同一水準になるようにするとの考え方に基づいて別荘給水契約者の基本料金が定められたというのである。公営企業として営まれる水道事業において水道使用の対価である水道料金は原則として当該給水に要する個別原価に基づいて設定されるべきものであり，このような原則に照らせば，上告人の主張に係る本件改正条例における水道料金の設定方法は，本件別表における別荘給水契約者と別荘以外の給水契約者との間の基本料金の大きな格差を正当化するに足りる合理性を有するものではない。また，同町において簡易水道事業のため一般会計から毎年多額の繰入れをしていたことなど論旨が指摘する諸事情は，上記の基本料金の大きな格差を正当化するに足りるものではない。

　そうすると，本件改正条例による別荘給水契約者の基本料金の改定は，地方自治法244条3項にいう不当な差別的取扱いに当たるというほかはない。

　3　以上によれば，本件改正条例のうち別荘給水契約者の基本料金を改定した部分は，地方自治法244条3項に違反するものとして無効というべきである。そうすると，憲法14条1項違反等の点について判断するまでもなく，被上告人らは別荘給水契約者に係る本件別表所定の基本料金と本件改正条例による改定前の基本料金との差額分について支払義務を負うものではないから，同差額分に関する未払水道料金の債務不存在確認及び支払済みの水道料金相当額の不当利得返還並びに被上告人らのうち未払水道料金がある者に対する簡易水道の給水停止の禁止を求める被上告人らの請求を認容した原審の判断は，結論において是認することができる。」

水道料金の減免（助成）　　水道に関する条例において，水道料金の減免について定めている例がある。料金の減免と料金の「助成」とは，実質的に同じことのように見えるが，料金の減免は，水道事業の枠内の措置であるのに対して，助成は，一般会計からの助成措置と位置づけることができる。したがって，規範の形式としても，減免の場合は，給水条例等自体又はその委任を受けた水道事業者管理規程によって定めるのが一般的であるのに対して，助成の場合は，一般の補助金と同様に，一般に規則[68]や要綱[69]で定められている。

水道事業者管理規程による定めの例として，「印西市生活保護世帯等に対する水道料金の軽減及び免除取扱規程」の内容を概観しておきたい。印西市水道事業給水条例35条が「市長は，公益上その他特別の理由があると認めたときは，この条例によって納付しなければならない料金，手数料その他の費用を軽減又は免除することができる」と定めているのを受けた管理規程である。

減免の対象者は，①生活保護法の生活扶助，教育扶助，住宅扶助及び医療扶助のいずれかの保護を受けている世帯，②児童扶養手当を受けている世帯，③特別児童扶養手当を受けている世帯，④身体障害者手帳の交付を受け，かつ，1級又は2級の障害を有する者がいる世帯のうち，申請をした年度（ただし，4月1日から6月末日までに申請をした者については前年度）において市民税を賦課された者がいない世帯（同居の世帯を含む。以下，同じ），⑤児童相談所又は知的障害者更生相談所において重度以上の知的障害者と判定された者がいる世帯のうち，申請をした年度（ただし，4月1日から6月末日までに申請をした者については前年度）において市民税を賦課された者がいない世帯，⑥精神障害者保健福祉手帳の交付を受け，かつ，1級の障害を有する者がいる世帯のうち，申請をした年度（ただし，4月1日から6月末日までに申

---

[68] 広島県府中町水道料金助成規則。府中町が助成金方式を採用しているのは，府中町は，広島市の水道事業の給水区域とされていることによっている。

[69] 北海道幕別町は，水道料金助成金交付要綱による助成を行なっている。しかし，減免制度（幕別町水道事業給水条例27条の2，施行規程25条）との関係は明らかでない。

請をした者については前年度）において，市民税を賦課された者がいない世帯，⑦介護保険で要介護度4又は5と認定された者がいる世帯のうち，申請をした年度（ただし，4月1日から6月末日までに申請をした者については前年度）において，市民税を賦課された者がいない世帯，とされている（2条）。減免額についても定められている（3条）。

減免申請は減免申請書の提出によること（4条），減免の決定及び却下は，減免申請書の内容を審査のうえ行なうものとし（5条1項），減免の決定及び却下をした場合は，減免申請者に対し速やかに水道料金減免決定・却下通知書を送付すること（同条2項）とされている。

このような仕組みにおいて，減免申請者が，減免の決定・却下を行政処分として抗告訴訟の対象になし得るかどうかが問題になる。

印西市の例のように，条例の規定の委任に基づいて管理規程に手続として減免の決定又は却下の定めがあるときは，それらが行政処分であることは疑いない。水道事業給水条例に「管理者は，特別の理由がある者については，この条例によって納付しなければならない料金，分担金，加算分担金，手数料，その他の費用を減免することができる」という規定がある場合における減免しない旨の決定を行政処分として扱った裁判例がある（大阪高裁平成16・5・27判例地方自治271号53頁）。

条例に「町長は，公益上その他特別の理由があると認めたときは，この条例によって納付しなければならない料金，手数料，給水申込負担金，その他の費用を軽減，免除，分納又は延納することができる」旨の定めがあるときに，要綱において減免申請，減免の可否の決定の手続を定めている場合[70]の減免拒否決定も，行政処分性を有するといってよい。したがって，申請に対して応答のない場合は不作為の違法確認の訴えを，拒否の決定に対しては，取消しの訴えを，さらに，これらを併合提起することによる申請型義務づけの訴えの可能性もある。

これに対して，申請書の提出のみを定め，決定に関する定めがない場合に[71]，行政処分を見出すことができるかどうかは，微妙である。内部的に審

---

[70] 千葉県神崎町の水道事業給水条例31条，「高齢者世帯等に対する水道料金減免措置取扱要綱」3条，4条。

査して，料金算定そのものを軽減して行なうことも考えられるからである。

次に，助成金方式の場合については，申請とそれに対する決定の手続が条例又は規則に定められている場合には，行政処分性を肯定できる[72]。これに対して，もっぱら要綱に基づくものについては，行政処分性を認めることはできない。しかし，そのことは争う方法がないことを意味するものではない。水道料金の減免は，平等原則が強く支配する分野であるから，一般の補助金の場合のような広い裁量性を認めるべきではない。要綱を適用すれば当然に減免要件を充足しているといえる場合には，申請者は，減免を受ける地位にあることの確認を求める訴えを提起して争うことを認めるべきであろう。

水道料金と時効　水道料金に関して，時効の扱いがどのようになるのであろうか。古い時点において，公法上の金銭債権であるとする裁判例も見られたが，東京高裁平成13・5・22（判例集未登載）は，自治法236条1項の「他の法律」には民法も含まれるとし，水道供給事業者としての地位は，一般私企業のそれと異なるものではないから，水道供給契約は私法上の契約であり，したがって，水道料金債権は私法上の金銭債権であると解されると述べ，水道供給契約によって供給される水は，民法173条所定の「生産者，卸売商人及び小売商人が売却したる産物及び商品」に含まれるので，消滅時効期間は同条所定の2年間と解すべきであるとした。そして，最高裁が上告を不受理としたため（平成15・10・10決定），前記高裁判決が確定を見ている。

このようにして，現在の通用している判例によれば，私法上の金銭債権，すなわち民法173条1号の債権として，2年の短期消滅時効が適用される。この場合に，民法上の時効にあっては，時効の利益の放棄が可能であること（146条）から，債務者が時効の利益を放棄しない限り，水道料金債権が存続することになる。給水停止の手段があるにしても，それを行なうことを躊躇せざるを得ない事態もある。他方，債務の免除に関して，自治法240条3項

71　横浜市水道条例36条の「軽減し，または免除することができる」旨の規定を受けて，横浜市水道条例施行規程は，その減免額を定め（22条1項），同時に申請書の提出のみを定めている（同条2項）。

72　地方公共団体の規則に基づく場合も行政処分性を認める理由については，碓井・公的資金助成法精義181頁以下を参照。

の委任に基づく，自治法施行令171条の6，171条の7の規定のほかは，議会の議決に基づく権利放棄（96条1項10号）のみというのでは身動きがとれないことになる。そこで，条例において，「管理者は，料金に係る債権で消滅時効が完成したものについては，これを放棄することができる」旨の規定を設けている例がある[73]。

工事負担金・開発負担金等　水道の供給について定める条例において，加入者負担金[74]や工事負担金について定める場合が多い。まず，その合理性が問われるが，神戸地裁平成11・1・28（判例タイムズ1061号76頁）は，新規の需要に応ずるための新たな施設の整備に要する費用を，これまでの施設について費用を負担してきた従来の利用者に負担させることは不合理であって，新規の需用者，ことに大口の需用者から徴収することは，新旧の水道利用者間の公平を図る方法として合理性があり，水道法14条4項4号を潜脱する不当な差別的取扱いとはいえないとした。なお，同判決は，供給規定に定められている工事負担金は，水道法14条1項の「その他の供給条件」に該当するとした。

これに先立って，甲府地裁平成9・2・25（判例タイムズ946号127頁），及び，その控訴審・東京高裁平成9・10・23（高裁民集50巻3号371頁）も，水道加入金の事項が供給条件に該当するとしつつ，供給規程に定める水道加入金の納入を拒絶することを明示して給水申込みがなされた場合には，水道法15条1項の「正当の理由」に該当するとして，拒絶したことが不法行為にならないとした。

---

[73] 伊東市水道事業給水条例37条の2。なお，消滅時効の完成した料金等債権について，債務者がその援用をしたものと，していないものとに分けて，後者に関して債権の発生日から5年を経過したときは債権を放棄できる旨を定める条例がある（出水市水道事業給水条例34条，35条1号）。この条例は，「援用」の言葉を裁判上のものに限定しない使い方をしているようである。長野県内では，平成22年時点で債務放棄に関する条例を設けているのは4市のみで，県企業局を含む他の事業者は条例を設けていないために，時効の2年を経過した滞納金額は5億円余に達しているという（信濃毎日新聞平成23・1・7）。

[74] 加入金に関する詳細な研究として，金子昇平「水道利用の法律関係と加入金」駒澤大学法学部研究紀要51号27頁（平成5年）がある。

給水条例が大口需要者（特定事業者）に対する特定事業者開発負担金を定めている場合に、その賦課徴収を怠ることが違法であるとされた事例がある（神戸地裁平成6・12・21判例タイムズ881号128頁、その控訴審・大阪高裁平成7・12・20判例タイムズ914号151頁）。

水道の利用関係が私法関係であることを理由に、開発負担金等について、契約によるものであると見ることができるのであろうか。

たとえば、千葉県神崎町の水道事業給水条例30条は、「開発負担金」について規定している。「給水区域内において給水を受けることとなる宅地（公共用地を除く面積が1000平方メートル以上（1事業主が継続して造成する場合又は複数の事業主が行う共同事業と認められ、その合計が1000平方メートル以上）の宅地をいう。）の造成をしようとする者」に対して開発負担金の納付を求めている（1項）。開発負担金の額は、計画1日最大給水量に1立方メートル当たり117,400円を乗じて得た額である（4項に基づく別表第4）。「開発事業を行い給水を受けようとする事業主は、事前に町長と協議しなければならない」旨の定め（2項）があるからといって、開発負担金契約と位置づけることはできない。

また、伊東市水道事業給水条例36条は、「市の給水を受けることとなる建築物又は宅地（別に定める計画1日最大給水量が5立法メートル以上の建築物又は宅地をいう。）を建築又は造成する者から開発負担金を徴収する」（1項）とし、開発負担金の額を定め（2項）、かつ、開発負担金は、市の給水に関する協議成立又は給水申込みの際に徴収することを原則とすること（3項）を定めている。ここに「協議成立」の文言があり、伊東市水道事業開発負担金取扱規程が負担金対象者に管理者との事前協議を求めているので（3条1項、2項）、契約的構成のように見えるが、「事前協議を承認」したときは、管理者は負担金対象者に給水事前協議承認通知書を交付するとしている（同条3項）。この承認は、契約とはいえないであろう。これらは、すべて給水契約申込みの承諾に至る事前手続、すなわち、契約締結前の行為であると理解することはできるにしても、開発負担契約の成立と見ることはできないように思われる。

ただし、事前協議が調わなかったときに、給水希望者がいかなる法的手段

により争うことができるのかというと，端的に開発負担金の納付義務不存在確認の訴えによるのか，給水を拒絶されてから，「給水をせよ」という給付訴訟あるいは「給水を受ける地位の確認」を求める確認訴訟になるのかは，なお，検討の必要があろう。

工事負担金に関する条例等の要件に反する負担金の納付についての合意　給水条例等の定める要件を充足しない工事負担金を徴収した場合には，不当利得として返還しなければならないとされた裁判例がある。鹿児島地裁平成17・7・19（判例時報 1927 号 113 頁）である。

事実関係は，以下のとおりである。鹿児島市給水条例に，管理者は，住宅団地の造成その他による新たな給水の申込みに応ずるため，配水管その他の水道施設の設置されていない場合（配水管等が設置されていても，その能力が限界に達している場合を含む）に新たな配水管等の設置を必要とするときは，工事申込者から工事負担金を徴収するとの定めが置かれていた（26 条 1 項）。その額は，管理者が別に定めるところにより，当該配水管等の設置及び能力の増強に要する費用とこれらに付随する費用との合計額に 100 分の 105 を乗じて得た額とする旨の定めも置かれていた。A 社が，計画給水戸数 24 戸の宅地造成開発許可申請に関連して，水道局との間で都市計画法 32 条による公共施設管理者との協議を行ない，給水条例 26 条に基づいて概算で 410 万円の工事負担金を納付することに同意した。その後，A 社の開発行為の承継について X が承認を得て，X 社が水道局に連結（通水）の申請をしたところ，工事負担金 404 万円余を支払うよう請求されて，それを納付した。この開発工事において，開発区域内における給水装置及び既存配水管までの連絡管は別として，給水を開始するに当たって，新たな配水管等の設置を必要としないものであった。X 社は，新たな配水管等の設置を必要としない場合には，工事負担金を徴収する法的根拠がないとして，不当利得返還請求訴訟を提起した。

判決は，給水条例 26 条の文言によれば，配水管等の設置されていない場合又は既設配水管等の能力が限界に達している場合に新たな配水管等の設置を必要とするときに限り，当該配水管等の設置及び給水能力増強工事に要する費用等を内容とする工事負担金を徴収し得ると解するのが自然であり，新

たな配水管等の設置を必要としないにもかかわらず，工事負担金を徴収することはできないとした。

　判決は，さらに，明らかに供給規程の文言に反するような個別合意によって工事負担金を徴収することは許されないことも述べている。「これを許すとすると，供給規程に定めがない事項についても両者の合意で給水契約の内容を定め得ることになるが，これでは水道法14条1項が水道事業者に供給規程を定めることを義務づけた趣旨（給水契約の内容を供給規程により一律に明確化する。）を没却しかねない。これに給水契約は，多数の取引を迅速かつ公平に処理すべき附合契約であって，特に水道事業は，公共性，公益性を有するものであることをも併せ考慮すると」，工事負担金納付の合意は，水道法14条1項及び給水条例等に違反し，無効というべきであるというのである。ここには，個別合意と供給規程等との関係についての基本的考え方が示されている。

　なお，この事件において，被告の市は，すべての開発者に広く増強費の負担を求めることの合理性（潜在的な能力増強の必要性）を主張し，判決も，その合理性を認めて，前述の個別合意の許容性の検討をしたものである。判決の考え方によれば，そのような合理性のある負担金は，個別合意によってではなく，供給規程等の改正によって実現すべきものであるということになる。正当な考え方といえよう。

[４]　公私一体利用施設に係る協定

　公物について，公私の一体利用を可能にし，その際に協定の締結を求める立法例が存在する。

　道路一体建物　　第一に，道路法による「道路一体建物に関する協定」がある。道路一体建物とは，建物により道路を支持させる構造の建物であって，たとえば，典型的には建物の屋上を道路の用に供するような場合である。このような利用を可能にするために，道路管理者は，道路の区域を立体的区域とした道路と当該道路の区域外に新築される建物とが一体的な構造となることについて，当該建物を新築してその所有者になろうとする者との協議が成立したときは，協定を締結して，当該道路の新築，改築，維持，修繕，災害

復旧その他の管理を行なうことができる。この場合に，道路管理者は，道路の管理上必要があると認めるときは，協定に従って，当該建物の管理を行なうことができる（47条の6第1項）[75]。道路管理者は，この協定を締結した場合には，遅滞なくその旨を公示し，かつ，協定又はその写しを道路管理者の事務所に備えて一般の閲覧に供するとともに，協定において定めるところにより，道路一体建物又はその敷地内の見やすい場所に，道路管理者の事務所において閲覧に供している旨を掲示しなければならない（2項）。この公示のあった協定は，その公示のあった後において当該協定の目的となっている道路一体建物の所有者となった者に対しても，その効力があるとされている（47条の7）。効力の承継規定である。

協定に定める事項は，次のとおりである（47条の7第1項）。

① 協定の目的となる建物（＝道路一体建物）
② 道路一体建物の新築及びこれに要する費用の負担
③ 次に掲げる事項及びこれらに要する費用の負担
　イ 道路一体建物に関する道路の管理上必要な行為の制限
　ロ 道路の管理上必要な道路一体建物への立入り
　ハ 道路に関する工事又は道路一体建物に関する工事が行われる場合の調整
　ニ 道路又は道路一体建物に損害が生じた場合の措置
④ 協定の有効期間
⑤ 協定に違反した場合の措置
⑥ 協定の掲示方法
⑦ その他道路一体建物の管理に必要な事項

これらのうち，協定に違反した場合の措置として定め得る内容について限界があるのか，それを超えた場合の効力が問題となろう。これは，以下に述べる協定に共通の問題点である。

なお，道路一体建物の所有者以外の者であってその道路一体建物の敷地に関する所有権又は地上権その他の使用若しくは収益を目的とする権利を有す

---

[75] 道路一体建物に係る敷地についても，共有持分権を取得しておく必要があるとされる（道路法令研究会編『改訂4版　道路法解説』（大成出版，平成19年）356頁）。

る者は、その権利の行使が協定の目的たる道路を支持する道路一体建物としての効用を失わせることとなる場合においては、権利を行使することができない（47条の8第1項）。これとの関係において、宅地建物取引業法35条1項に基づき、取引の際の重要事項説明事項として、道路一体建物に関する協定の概要が加えられている（宅地建物取引業法35条1項2号、同法施行令3条1項25号）。また、道路一体建物の所有者がその道路一体建物を所有するためのその敷地に関する地上権その他の使用又は収益を目的とする権利を有しないときは、その道路一体建物の収去を請求する権利を有する敷地所有者等は、その道路一体建物の所有者に対し、その道路一体建物を時価で売り渡すべきことを請求することができる（47条の8第2項）。敷地所有者の権利の重大な侵害として憲法違反となるとされることを避けるために売渡請求権を認めたものとされる[76]。

道路一体建物に関する協定と同様に、都市公園法22条は、立体都市公園における公園一体建物に関する協定について定めている[77]。協定の効力の承継が認められることは、道路一体建物の場合と共通である。

道路利便施設協定　第二に、道路法による利便施設協定を挙げることができる。

道路法は、道路管理者と道路外利便施設所有者等との間の協定制度を用意している（道路法48条の17）。道路の区域外にある工作物や施設で道路の通行者等の利便となるものについて、当該工作物等の所有者等との協議により、道路管理者が当該工作物等を管理できるようにする制度である[78]。「道路外利便施設」とは、道路管理者の道路に並木、街灯その他道路の通行者又は利用者の利便の確保に資するものとして政令で定める工作物又は施設[79]を設けることが当該道路の構造又は周辺の土地利用の状況により困難である場合において、当該道路の通行者又は利用者の利便の確保のため必要があると認めるときにおける、当該道路の区域外にあるそれらの工作物又は施設のことを

---

[76] 道路法令研究会編・前掲書363頁。

[77] 河川法による河川立体区域（58条の2）、河川保全立体区域（58条の3）、河川予定立体区域（58条の5）に関しては、協定の制度は明示されていない。

[78] 道路法令研究会編『改正道路法の解説Q&A』（ぎょうせい、平成20年）99頁。

いう。また,「道路外利便施設所有者等」とは,道路外利便施設の所有者又は当該道路外利便施設の敷地である土地（建築物その他の工作物に道路外利便施設が設けられている場合にあっては,当該建築物その他の工作物のうち当該道路外利便施設に係る部分）の所有者若しくは使用及び収益を目的とする権利（臨時設備その他一時使用のため設定されたことが明らかなものを除く）を有する者をいう。

利便施設協定に定める事項は,①協定の目的となる道路外利便施設（協定利便施設）,②協定利便施設の管理の方法,③利便施設協定の有効期間,④利便施設協定に違反した場合の措置,⑤利便施設協定の掲示方法,⑥その他協定利便施設の管理に関し必要な事項である。これらのうち,②が最も重要である。そのなかには,管理に要する費用の負担割合も含まれる。利便施設は,道路の管理上必要な道路の附属物等と同様の効果を発揮するものであることから,道路管理者が全額負担することも可能と解されている[80]。

道路管理者は,利便施設協定を締結しようとするときは,その旨を公告し,2週間利害関係人の縦覧に供する（48条の18第1項）。公告があったときは,利害関係人は道路管理者に意見を提出することができる（第2項）。そして,道路管理者は,利便施設協定を締結したときは,その旨を公示するなどの手続をとる（第3項）。この公示があった利便施設協定は,その公示のあった後において協定利便施設の道路外利便施設所有者等となった者に対しても,その効力があるとされている（48条の19）。やはり,効力の承継規定である。

この協定は,それに道路法上の特別の位置づけが与えられるので,「公法上の契約」としての性格を有するとされる[81]。実際にも活用されつつある[82]。

---

79 施行令35条の3により,次のものが掲げられている。①道路に沿って設けられた道路で,専ら歩行者又は自転車の一般交通の用に供するもの（当該道路に設けられた工作物又は施設のうち,アーケード,雪よけその他これらに類するものとして国土交通省令で定めるものを含む）,②道路の通行者又は利用者の一般交通に関し案内を表示する標識,③自動車駐車場（いずれも道路に接して設けられたものに限る）,④道路の歩行者の休憩の用に供するベンチ又はその上屋,⑤花壇その他道路の緑化のための施設,⑥道路に接して設けられた公衆便所。

80 道路法令研究会編・前掲注78, 121頁。

81 道路法令研究会編・前掲注78, 100頁。

なお，行政主体が利便施設協定の締結の相手方となる場合もある[83]。

保全調整池管理協定　第三に，厳密には公私一体利用といえないかも知れないが，特定都市河川浸水被害対策法による管理協定がある（27条）。これは，公共団体と保全調整池所有者等との協定である。協定に定める事項は，①協定の目的となる保全調整池，②管理協定調整池の管理の方法に関する事項，③管理協定の有効期間，④管理協定に違反した場合の措置とされている。手続について見ると，事前の公告，利害関係人の縦覧，意見書提出と続く（28条）。さらに事後の公告，公衆の縦覧がなされる（29条）。承継人への効力が認められる（31条）。すわわち，効力の承継規定である。

[5]　景観・緑地保全等を目的とする管理協定

景観や緑地保全等を目的とする管理協定制度が増加している。

景観法による管理協定　第一に，景観法による管理協定がある。すなわち，景観行政団体又は景観整備機構が景観重要建造物又は景観重要樹木の所有者との協定を締結して，景観重要建造物又は景観重要樹木の管理を行なう（36条1項）。協定に定める事項は，①協定建造物，②協定樹木，③協定の有効期間，④違反した場合の措置である（同条1項）。

適合しなければならない基準として，①協定建造物又は協定樹木の利用を不当に制限するものでないこと，②前記の②〜④に掲げる事項について国土交通省令で定める基準に適合するものであること，が求められている（同条

---

[82] 「一般国道1号における道路外利便施設に関する協定」について，関東地方整備局道路部路政課「道路外利便施設の協定について」道路行政セミナー（電子版。以下同じ）2009年5月号を参照。

[83] たとえば，北海道開発局は，一般国道274号夕張市楓のチェーン着脱場に隣接して設置されていた夕張市所管の公衆便所について，夕張市が財政再建団体に陥ったという財政上の理由により廃止する旨の連絡を受けたために，公衆便所が引き続き必要であるという判断から，「道路に接して設けられた公衆便所」に該当するものとして夕張市と利便施設協定を締結した。夕張市にとっても，市の維持管理費の負担なしに従来どおりの機能が維持されるという大きなメリットがあり，両者にとってメリットがあるといえる。この経緯については，国土交通省北海道開発局建設部建設行政課「公衆便所の道路外利便施設協定について」道路行政セミナー2010年7月号を参照。

2項)。なお，景観整備機構が協定を締結しようとするときは，あらかじめ景観行政団体の長の認可を受けなければならない（同条3項）。

事前の公告，関係人の縦覧，意見書の提出（37条），事後の公告，公衆の縦覧（39条），承継人への効力（41条）は，前記の道路利便施設協定と同様である。

都市緑地法・首都圏近郊緑地保全法等による管理協定　第二に，都市緑地法による管理協定がある。地方公共団体又は緑地管理機構は，緑地保全地域又は特別緑地保全地区内の緑地の保全のため必要があると認めるときに，その地域・地区内の土地所有者等と管理協定を締結することができる（24条1項）。緑地管理機構の場合は知事の認可を受けなければならない（5項）。事前の公告，関係人の縦覧，意見書の提出（25条），事後の公告，公衆の縦覧，管理協定区域である旨を当該区域内に明示すること（27条）などは，共通の仕組みである。国土交通省のホームページによれば，土地所有者のメリットは，次の通りである。①地方公共団体又は緑地管理機構が緑地の管理を行なうことにより管理の負担が軽減される。②特別緑地保全地区においては，相続税は，特別緑地保全地区としての評価減に加え，貸付期間20年以上等の要件に該当する場合は，さらに2割の評価減となる。③緑地保全地域内で協定を締結した場合は，緑地保全環境整備総合支援事業において緑地の公開に必要な施設の整備が国の補助対象となる。

首都圏近郊緑地保全法による管理協定もある。地方公共団体又は緑地管理機構は，保全区域内の土地又は竹木の所有者等と管理協定を締結して近郊緑地を管理することができる（8条1項）。緑地管理機構の締結するものについては，あらかじめ知事の認可を受けなければならない（5項）。事前の公告，関係人の縦覧，関係人の意見書提出（9条），事後の公告，公衆の縦覧，管理協定区域である旨の明示（11条）は，共通の仕組みである。近畿圏の保全区域の整備に関する法律9条以下の管理協定も，前記の管理協定と，ほぼ同様の仕組みである[84]。

以上の法定の協定は，いずれも私人の協力を得て行政目的を達成しようとするものである。その意味において「公私協働」の性質を有するといえる。これらの協定に共通の論点として，管理協定に定める「管理協定に違反した

場合の措置」（都市緑地法24条1項5号，景観法36条1項4号等）として，どの程度の措置を定めることが許されるかという点である。合意に基づく協定である以上は制約がないと論ずることも考えられるが，やはり一定の限界があるといえよう。

自然公園法による風景地保護協定　　第三に，自然公園法による国立公園又は国定公園に関する風景地保護協定がある。環境大臣若しくは地方公共団体又は同法49条1項の規定により公園管理団体として指定された法人で協定に基づく自然の風景地の管理に関する業務を行なうものは，国立公園又は国定公園内の自然の風景地の保護のため必要があると認めるときは，当該公園の区域（海域を除く）内の土地又は木竹に所有者又は使用及び収益を目的とする権利を有する者と，風景地保護協定を締結して，当該土地の区域内の自然の風景地の管理を行なうことができる。管理の方法，協定の有効期間，違反した場合の措置等を内容とする協定である（43条1項）。土地の所有者等の全員の合意を要する（同条2項）。協定の内容の基準は，①自然の風景地の保護を図るために有効かつ適切なものであること，②土地及び木竹の利用を不当に制限するものでないこと，③省令で定める基準に適合するものであること，である（同条3項）。

この協定の特色は，協定締結主体に前記の公園管理団体が含まれている点にある。NPO等が公園管理団体の指定を受けて，土地所有者等と協定を締

84　必ずしも行政主体あるいは行政庁と私人との間の協定の範疇に入れることは適当でないが，河川及び道路に関して，法律に「協定」の文言がないにもかかわらず，兼用工作物につき「協議」により管理の方法を定めるとしており，そのようにして定められた管理協定も，私人との間に締結されることがある。道路法についていえば，道路と堤防，護岸，ダム，鉄道又は軌道用の橋，踏切道，駅前広場その他公共の用に供する工作物又は施設とが相互に効用を兼ねる場合において，当該道路の道路管理者及び他の工作物の管理者は，当該道路及び他の工作物の管理について，協議して別に管理方法を定めることができる（道路法20条1項）。この場合の「公共の用に供する工作物又は施設」には，私人において公の目的をもって公衆の共同使用に供するために設置した工作物又は施設も含まれ，「他の工作物の管理者」には，たとえば民間鉄道会社も含まれる。この協定の特色は，費用負担も定めることとされている点である（道路法55条1項）。河川法も，同様の仕組みを採用している（河川法17条1項，66条）。

結して良好な維持管理を可能にする点に，この協定制度の眼目がある。荒れるがままの状態を少しでも改善したいという政策課題を背負った制度である。そして，国や地方公共団体が国立公園内又は国定公園内に土地を所有している場合には，「土地所有者」として公園管理団体の協定締結の相手方となることもあり得る。

協定の締結には，次のような手続が必要となる。一つは，地方公共団体が締結する場合における事前協議と同意の手続である。すなわち，地方公共団体が締結しようとするときは，あらかじめ，国立公園にあっては環境大臣に，国定公園にあっては都道府県知事に協議し，同意を得なければならない（同条4項）。もう一つは，公園管理団体が締結しようとする場合における事前の認可手続である。すなわち，公園管理団体が協定を締結しようとするときは，あらかじめ，国立公園にあっては環境大臣の，国定公園にあっては都道府県知事の認可を受けなければならない（同条5項）。これらの手続の考え方は，地方公共団体との関係にあっては，事前協議・同意という関与として柔らかなニュアンスの手続とし，公園管理団体の場合は認可という行政処分形式をという使い分けがなされていると思われる。筆者には，このような使い分けにはあまり意味がないように思われるが，地方分権改革の流れの延長上においてやむを得ない立法上のテクニックといえよう。協定の締結をしようとするとき又は認可の申請があったときは，公告して，2週間の縦覧がなされ（44条1項），関係者は，縦覧期間の満了の日までに，当該風景地協定について，環境大臣，地方公共団体又は都道府県知事に意見書を提出することができる（同条2項）。事後の公告・縦覧手続も必要とされる（46条）。この公告のあった風景地保護協定は，公告の後に土地の所有者等になった者に対しても効力がある（48条）。

都道府県立自然公園については，以上の例により条例で同種の協定を締結することができる旨を定めることができる（61条）（具体例については，本章2［4］を参照）。

市民緑地契約　都市緑地法は，前述の管理協定とは別に，「市民緑地契約」の制度を用意している。地方公共団体又は緑地管理機構[85]が，良好な都市環境の形成を図るため，都市計画区域又は準都市計画区域内における政令

で定める規模（施行令15条により300平方メートル）[86]以上の土地等の所有者の申出に基づき，所定の事項を定めた市民緑地契約を締結して，当該土地に住民の利用に供する緑地又は緑化施設（植栽，花壇その他緑化のための施設及びこれに附属して設けられる園路，土留その他の施設）を設置し，これらの緑地又は緑化施設（＝市民緑地）を管理することができる制度である（55条1項）。この制度は，緑の確保の手法であると同時に，住民に対する公園的機能の提供でもある[87]。公園的機能の故に，私人の土地等でありながら公開性を要する。ただし，公園的機能の点に関しては，都市公園が永続的な公園機能を予定しているのに対して，市民緑地は，一定の期間に限り担保されるにすぎない。なお，土地所有者等にとっては，維持管理費用の負担が軽減されるほか[88]，相続税法による財産評価において，評価減を行なうこととされている。

　市民緑地契約は，賃貸借契約のものと使用貸借契約のものとがあり[89]，自治法上の「公の施設」として管理することも可能であるとされる[90]。かつて私人との協定により「市民の森」として設置されてきたものの中には，都市緑地法に基づく市民緑地とすることのできるものがある。管理の方法は，契約次第である。すべてを地方公共団体が管理することも可能であるし，土地所有者も一定の管理をする旨を定めることも可能である。たとえば，所沢市市民緑地設置要綱は，土地所有者と市が，管理を協働して行なうこととし（6条1項），市長が，樹木の保全管理，下草刈り，清掃，施設等の管理を行

---

[85] 都市における緑地の保全及び緑化の推進を図ることを目的とする一般社団法人若しくは一般財団法人又は特定非営利活動法人で知事により指定されたものである。たとえば，財団法人「世田谷トラストまちづくり」がある。

[86] 地方公共団体が，300平方メートルの基準を高めて，たとえば，市街化区域について3,000平方メートル，市街化調整区域について10,000平方メートル以上（所沢市市民緑地設置要綱3条4号）とすることは，差し支えないと解される。

[87] 建設省公園緑地行政研究会編『都市緑地保全法の解説と運用Q&A』（ぎょうせい，平成9年）118頁以下。

[88] 建設省公園緑地行政研究会編・前掲書121頁。

[89] 建設省公園緑地行政研究会編・前掲書128頁。

[90] 建設省公園緑地行政研究会編・前掲書135頁。条例の例として，豊明市市民緑地条例。公の施設の場合に，指定管理者を指定して管理させることが可能となる。

ない（3項），土地所有者が下草刈等の管理作業を行なうとしている（4項）。

　住民団体による維持管理も可能である[91]。これに関連して，埼玉県は，「市民管理協定制度」を設けている。それは，土地所有者が市民緑地として市町村と契約を締結し，市町村はその緑地を緑地保全活動を行なう市民団体等に管理委託し，市民団体等が緑地を計画的に管理することを内容とするもので，三者協定を知事が認定する仕組みである（条例によるものの項を参照）。

　市民農園開設者との協定　市民農園整備促進法により市民農園の整備が進められている。同法は，「主として都市の住民のレクレーション等の用に供するための市民農園の整備を適正かつ円滑に推進するための措置を講ずることにより，健康的でゆとりのある国民生活の確保を図るとともに，良好な都市環境の形成と農村地域の振興に資すること」を目的としている（1条）。市民農園とは，この目的のために，主として都市の住民のレクレーション等の用に供するための農地である。市民農園を開設しようとする者は，農林水産・国土交通省令で定めるところにより，市民農園整備運営計画を定め，市町村長に申請して，市民農園開設が適当である旨の認定を受けることができる（7条1項）。市町村長は，この認定をしようとするときは，あらかじめ都道府県知事の同意を得なければならない（同条4項）。この法律は，開設者と市町村との関係において，開設者は市町村長による認定を受けることができる旨を定めるにとどまり，それ以外は，国の行政機関の長及び地方公共団体の長が市民農園の整備について適切な配慮をすること（13条），国及び地方公共団体は，必要な資金の確保及び融通のあっせんに努めること（14条），同じく，必要な助言，指導その他の援助を行なうよう努めること（15条）が，それぞれ求められているにすぎない。

　しかし，実際には，開設者と市町村とは，協定を締結する。この点については，若干の説明を要する。市民農園には，(イ)「特定農地貸付けに関する農地法等の特例に関する法律」（＝特定農地貸付特例法）2条2項に規定する特定農地貸付けの用に供される農地と，(ロ)相当数の者を対象として定型的な条件で，レクレーションその他の営利以外の目的で継続して行なわれる農作業

91　たとえば，千葉市の「小倉自然の森」，「おゆみの森」。

の用に供される農地（賃借権その他の使用及び収益を目的とする権利の設定又は移転を伴わないで当該農作業の用に供されるものに限る）の二種類の農地があるところ（市民農園整備促進法2条2項），(イ)について，特定農地貸付特例法が，地方公共団体及び農業協同組合以外の者が行なう農地の貸付けにあっては，市町村との貸付協定の締結を要件としていることによっている（2条2項5号）。そして，特定農地貸付けを行なおうとする者のうち地方公共団体及び農業協同組合以外の者にあっては，貸付規程及び貸付協定を添えて農業委員会（農業委員会を置かない市町村にあっては市町村長）に承認を求めることができるとされている（3条1項）。貸付規程の記載事項には，特定農地貸付けを受ける者の募集及び選考の方法，農地の適切な利用を確保するための方法，などが含まれている（同条2項）。しかし，前述の(イ)の農地について市民農園整備促進法に基づき認定を受けた場合には，特定農地貸付特例法3条3項の承認を受けたものとみなすこととされている（市民農園整備促進法11条1項）。「みなし」が可能なのは，認定申請に対して，市町村は，農業委員会の決定を経て認定すべきものとされ，かつ，その要件の中に，「利用者の募集及び選考の方法が公平かつ適正なものであること」，「市民農園の確実な整備及び適正かつ円滑な利用を確保するために有効かつ適切なものであること」などが含まれていること（7条3項）による。

　以上述べたように，市民農園整備法による認定方式と特定農地貸付特例法による承認方式とがあるが，いずれの場合も貸付協定が締結されている。前者にあっては，法律に明示されていないが，結局，特定農地貸付特例法の貸付協定部分の適用を受けるので，結果的には同じである。

　そして，両者共通に，自らが所有する農地で市民農園を開設する場合と，借り受けた農地で市民農園を開設する場合とに分けて，貸付協定の例が示されている。いずれの場合についても，貸付農地の適切な管理及び運営の確保に関する事項があって，以下のような条項となっている。

　　1　開設者は，特定農地貸付を受けた者（以下「借受者」という。）に対して行う農作物等の栽培に関する指導体制を整備するものとする。
　　2　開設者は，借受者が，契約期間中において正当な理由がなく特定農地貸付を受けた農地（以下「借受農地」という。）の耕作の放棄又は管

理の放棄を行ったときには，借受者が借受農地の耕作又は管理の再開を行うよう指導しなければならない。
3　開設者は，借受者から返還を受けた農地又は貸し付けていない農地について適切な管理を行わなければならない。
4　開設者は，借受者が，他の借受者の利用の妨げにならないよう指導を行うとともに，借受者間に紛争が生じた場合には適切に仲裁しなければならない。なお，市町村は，開設者から仲裁に関して協力の要請を受けた場合は，誠意をもって対応するものとする。

　では，前記の(ロ)の場合は，どのようになるのであろうか。賃借権その他の使用及び収益を目的とする権利の設定又は移転を伴わない点において(イ)と区別されている。農林水産省は，この方式を「農園利用方式」と呼んでいるようである。そして，農地所有者と利用者との間に「農園利用契約」が締結される。この場合には，市町村との貸付協定を要しない。

　市民農園の用に供されている農園について，無償給付の場合は非課税であり（地方税法348条2項1号），有償の場合は課税される原則であるが（同条2項ただし書。そこにいう「有料」の意味について最高裁平成6・12・20民集48巻8号1676頁を参照），相続税に関しては，通達により評価減の措置が講じられている。平成6年に農林水産省構造改善局長・建設省都市局長からなされた照会に対してなされた国税庁長官の回答により，特定市民農園の用地として貸し付けられている土地については，3割の評価減をすることとされた。特定市民農園とは，次の基準を満たす借地方式の市民農園であって，都道府県及び政令指定都市が設置するものは農林水産大臣及び建設大臣（現在は，国土交通大臣）から，その他の市町村が設置するものは都道府県知事から，その旨の認定書の交付を受けたものである。

①　地方公共団体が設置する市民農園整備促進法第2条第2項の市民農園であること。
②　地方自治法第244条の2第1項に規定する条例で設置される市民農園であること。
③　当該市民農園の区域内に設けられる施設が，市民農園整備促進法第2条第2項第2号に規定する市民農園施設のみであること。

④　当該市民農園の区域内に建築物の建築面積の総計が，当該市民農園の敷地面積の100分の12を超えないこと。
⑤　当該市民農園の開設面積が500㎡以上であること。
⑥　市民農園の開設者である地方公共団体が当該市民農園を公益上特別の必要がある場合その他正当な事由なく廃止（特定市民農園の要件に該当しなくなるような変更を含む。）しないこと。
　　なお，この要件については「特定市民農園の基準に該当する旨の認定申請書」への記載事項とする。
⑦　土地所有者と地方公共団体との土地貸借契約に次の事項の定めがあること。
　イ　貸付期間が20年以上であること。
　ロ　正当な事由がない限り貸付けを更新すること。
　ハ　土地所有者は，貸付けの期間の中途において正当な事由がない限り土地の返還を求めることはできないこと。

　市町村は，市民農園の開設や運営に対して補助金・奨励金を交付していることが多い。そのための要綱等において，貸付協定の遵守を掲げるものもある[92]。特に貸付協定に言及しない補助金交付要綱であっても，「農地法等関係法令上支障がないこと」を要件とするもの[93]は，農園利用方式を除き，貸付協定の締結を要するといえようか。有償貸付のときは，固定資産税・都市計画税額の一定割合とされることが多い。

［6］ 損害補償契約

原子力損害賠償補償契約　「原子力損害賠償補償契約に関する法律」[94]は，その名のとおり，原子力損害賠償補償契約について規定している。政府は，原子力事業者を相手として，原子力事業者の原子力損害（原子力損害の賠償に関する法律2条2項に規定する原子力損害をいう）の賠償の責任が発生した

92　たとえば，坂戸市市民農園開設補助金交付要綱，豊中市市民農園運営助成要綱。
93　青梅市農家開設型市民農園整備費補助金交付要綱，小金井市体験型市民農園推進事業補助金交付要綱。
94　この法律は，原子力損害の賠償に関する法律10条2項の予定している法律である。

場合において，責任保険契約その他の原子力損害を賠償するための措置によっては埋めることができない原子力損害を原子力事業者が賠償することにより生ずる損失を政府が補償することを約し，原子力事業者が補償料を納付することを約する契約を締結することができる（2条）。

この契約により補償する損失は，地震又は噴火によって生じた原子力損害，正常運転によって生じた原子力損害などである（3条）。民間保険会社との原子力損害賠償責任保険契約によっては担保されない損害を対象とする趣旨である。なお，社会的動乱，異常に巨大な天災地変は，政府の措置に委ねられる。補償料の額は，1年当たり補償契約金額に補償損失の発生の見込み，国の事務取扱費等を勘案して政令で定める料率を乗じて得た金額に相当する金額である（6条）。補償契約は，1会計年度内に締結する契約に係る補償契約金額の合計額が会計年度ごとに国会の議決を経た金額を超えない範囲内で締結される（8条）。政府の法定解除権の規定も用意されている（15条）。過怠金の徴収に関しては，大幅に政令に委任されている（16条）。契約と称するものの，原子力事業者にとっては自由度のないものである。

なお，政府は，補償契約に基づく業務の一部を保険業法2条4項に規定する損害保険会社又は同条9項に規定する外国損害保険会社等に委託することができる（18条1項）。この委託は，JCO臨界事故における政府の事務状況を教訓として立法化されたものである[95]。

特例承認新型インフルエンザワクチン製造販売業者との補償契約　「新型インフルエンザ予防接種による健康被害の救済措置に関する特別措置法」によれば，政府は，厚生労働大臣が新型インフルエンザワクチンの購入契約を締結する特例承認新型インフルエンザワクチン製造販売業者を相手方として，当該購入契約に係る新型インフルエンザワクチンの国内における使用による健康被害に係る損害を賠償することその他当該購入契約に係る新型インフルエンザワクチンに関して行なわれる請求に応ずることにより，当該相手方及びその関係者に生ずる損失を政府が補償することを約する契約を締結することができる（11条）。

95　文部科学省『原子力損害賠償制度の在り方に関する検討会　第1次報告書』（平成20・12・15）22頁以下を参照。

2　条例による協定

[１]　公害防止協定・環境保全協定

公害防止協定の授権　地方公共団体が，独自の条例に基づいて私人と協定や契約を締結するもののうち，個別の住民，土地所有者等，事業者等と締結するものと住民団体と締結するものとがある。前者の典型は，公害防止協定であった[96]。もっとも，最初から条例に基づく協定であったわけではなく，指導要綱等に基づくものが多かったことは周知のとおりである。その場合には，法律又は条例の根拠を要するか，さらには，法律の授権なしに条例に根拠を定めることが許されるかなどの議論があった[97]。

学説を網羅的にフォローすることはできないので，それらのうち，二つの論文のみを紹介しておきたい。いずれも，昭和45年に発表されたものであるが，それから40年以上を経た現在においても，依然として公害防止協定の問題点を衝くものとしての価値を保ち続けていると思われる。

一つは，日本公法学界の総会報告を基にした成田頼明教授の論文「公害行政の法理」において示した議論である[98]。

成田教授は，まず，規制目的の協定が公害規制法令と別に生まれる理由について，①公害規制法規の不備を補完するためであること，②地域社会の特殊な自然的・社会的条件の下において当該地域にふさわしいキメの細かい対策を個別的に実施するのに便利であること，③住民自治を本旨とする地方公共団体としては，住民の切実な要求に対応するためには，法令による画一的・形式的な規制権の発動だけで済ませることができなくなり，より積極的

96　日本最初の公害防止協定を締結した横浜方式について，鳴海正泰「企業との公害防止協定――横浜方式」ジュリスト臨時増刊『特集　公害　実態・対策・法的課題』（昭和45年）279頁，猿田勝美「公害防止協定の沿革と横浜方式について」環境法研究14号241頁（昭和56年）を参照。

97　代表的なものとして，近藤昭三「行政契約」ジュリスト増刊『行政法の争点』（有斐閣，昭和55年）104頁，芝池義一「行政法における要綱および協定」『岩波講座基本法学4　契約』（岩波書店，昭和58年）277頁など。

98　成田頼明「公害行政の法理」公法研究32号77頁（昭和45年）。

な姿勢を示す方法として協定が最も相応しいという地域政治的理由があること，④企業にとっても協定締結が有利と考えられること，の諸点を挙げている。そして，紳士協定説，私法契約説，行政契約（公法契約）説という三つの説を紹介したうえ，ある公害防止協定を全体として一律にこれらのいずれかの説で割り切ることは問題であって，協定の条項ごとに考察する必要があるとしている。そして，協定中の具体的な義務に関する定めに法的拘束力を認めようとする場合の問題点として，次の諸点を指摘した。

①「相手方との合意という形式をとるにせよ，公害発生源の規制という行政目的の下に，立法府の定めているところよりも厳しい規制を加え，または規制法が未だ行政上の高権的規制対象にとりこんでいない事項について一定の作為・不作為を内容とする法律上の義務を行政客体に課することが『法律による行政』の原理と十分に両立しうるか否か」。「規制行政の契約への逃避が一般化し拡大する場合には，『法律による行政』の原理は自己崩壊し，行政の相手方を合意による協定の名の下に事実上の特別権力関係にひきずり込む結果を招くことになりはしない」か。

②義務の不履行がある場合の履行強制手段との関係において，「明確な約定もない場合に，義務違反に対して代替執行，間接強制等の方法で直ちに裁判所に履行を求めることが認められるかどうかは疑問である。民事訴訟法上のこのような強制執行の方法は当事者間の私的自治を基礎とする民事上の財産契約を前提として設けられているものであるから，行政上の規制目的の下に合意されたこの種の義務の履行手段に適しないのみならず，裁判所が法律による規制の範囲をこえて契約上の義務履行の形式で規制的行政処分，または行政強制に代わる強制措置を命ずることは，立法，司法，行政の権限分配の基本的な姿にふれる根本的な問題さえ含むものといえよう。」

成田教授は，このような分析・問題提起を踏まえて，「公害防止協定の大部分は，法的に効力のない条項をも含めて，地方公共団体が，企業に対して，地域社会の生活環境を汚染することなく地域住民と共存することができるように公害防止のために必要と思われる条件を一括して提示し，企業側がこれを受諾することを文書で約束するという形式の包括的行政指導の性格を有するものとみるのが妥当であると考えている」と結論づけた。

今日において，このような考え方が妥当するかどうかは別にして，たとえ契約であるというとしても，筆者が本書において述べている表現に合わせるならば，「緩やかな契約」というべき性格を有していることを示唆するものである。ただし，前記の②は，条例に基づかない公害防止協定に関して最高裁平成 21・7・10（判例タイムズ 1308 号 106 頁）により，民事訴訟による義務の履行を肯定する可能性があることが認められるに至った（本書第 3 章 1 [2] を参照）。

もう一つは，成田教授と対照的な原田尚彦教授の論文「公害防止協定とその法律上の問題点」である[99]。原田教授は，公害防止協定の性質に関する説を挙げたうえ，公害防止協定中の具体的な取決めについては行政契約としてその効力を承認すべきであるとした。また，個別的論点の検討において，「公害規制立法は，公共の秩序のために人身の自由を直接侵害するというよりも，住民の生存を守るために企業の経済的自由に制約を課する，いわば階層間の利益調整規範ないし生活保護規範の性質を帯びるものである」とする認識から，「生活環境保全のために企業がその経済活動の自由を任意の同意により譲歩することは，福祉国家の公序に反するものではない」とし「企業側の同意のもとに規制を強化する公害防止協定は，公害行政の特殊性よりみて，法目的を一層確実に実現するための手段でこそあれ，決して法に抵触する違法なものではありえない」と論じた。さらに，公害防止協定上の義務の不履行のある場合における履行の強制に関して，公法上の当事者訴訟で契約上の義務の履行を命ずる給付判決を得て民事訴訟上の強制執行に訴えることを妨げるべき特段の論拠は見出し難いように思われる，と論じた。もちろん，現在の法律状態に引き直すならば，民事訴訟法上の強制執行は，民事執行法上の強制執行ということになろう。

99　原田尚彦「公害防止協定とその法律上の問題点」ジュリスト臨時増刊『特集　公害実態・対策・法的課題』（昭和 45 年）274 頁（同『環境権と裁判』（弘文堂，昭和 52 年）212 頁所収）。なお，原田尚彦編『公害防止条例（条例研究叢書 3 ）』（学陽書房，昭和 53 年）28 頁以下（執筆＝原田尚彦）においては，公害行政のように科学的対応を必要とする分野においては，新しい規制方式を開発し先取りしていく必要性から，協定や要綱による試行錯誤的実験が不可欠であるとして，協定や要綱の積極的意義づけを行なった。

以下においては，条例に基づくと見られる公害防止協定について考察することとする。

公害防止協定について規定する条例の定め方には，「事業者は，公害の防止に関する協定を締結するように努めなければならない」（沖縄県公害防止条例7条）とか，「事業者は，県または市町村から公害の防止に関する協定の締結について申出を受けたときは，誠意をもってこれに応じなければならない」（福井県公害防止条例53条)[100] とするなどの事業者の努力義務規定も見られる。もう少し強く，「事業者は，県又は市町村から，公害の防止に関する協定の締結について申出を受けたときは，その申出に応じなければならない」（岐阜県公害防止条例67条の2）とするものもある。また，「市長は，公害防止のため必要があると認めるときは，工場等を設置しようとする者又は設置している者との間に公害防止協定を締結することにより，生活環境の改善を図らなければならない」（枚方市公害防止条例15条）として，長の義務として規定するものもある。さらに，「知事は，必要があると認めるときは，事業者と公害の防止に関する協定を締結するものとする」（茨城県公害防止条例6条)[101] とか，「知事は，公害を防止するため必要があるときは，事業者との間において，公害の防止に関する協定を締結するよう努めなければならない」（和歌山県公害防止条例9条)[102] という弱い定め方もある。長の義務ではなく長の権限の体裁で規定する条例もある（立山町公害防止条例19条）。

また，長及び事業者の両方の義務として規定する例もある。能美市公害防止条例8条は，まず，市長の義務として「市長は，公害の発生のおそれのある工場等を既に設置している事業者又は新設若しくは増設しようとする事業者と公害の未然防止に関する協定を締結するものとする」とし（1項），これに対応して，「事業者は，前項の協定に関し市長から協議の申出があったときは，速やかにこれに応じなければならない」（2項）として事業者の義務をも定めている[103]。

---

[100] ほぼ同様の条例として，熊本市公害防止条例5条2項，新潟市生活環境の保全等に関する条例11条2項。

[101] 同様の条例の定めとして，郡上市公害防止条例6条，高岡市公害防止条例7条。

[102] 同様の条例の定めとして，北海道公害防止条例10条2項。

なお，一般的に「公害防止のために必要があると認めるとき」に工場等設置者に公害防止協定の締結を求めることを定めつつ，工場等設置の用に供するために市有地を売却するに当たっては，公害防止協定を締結しなければならないとして，市有地の売却と連動させた特別の定め方をする条例もある（丸亀市公害防止条例23条）。

これらの規定からいえることは，授権規定として見た場合に，条例は，きわめて包括的なものであることがわかる。このことを，法的にどのように評価すべきであろうか。

第一に，授権自体には意味があるが，どのような内容の協定締結を求めるかは，地方公共団体の執行機関の意思決定に委ねられていることになる。執行機関の裁量を広く認める法状態である。地方公共団体としての意思決定が，挙げて執行機関に委ねられていることに注目しないわけにはいかない。

第二に，そのことは，条例に規定がある場合であっても，単に「公害防止に関し協定を締結することができる」程度の授権規定のみの場合は，もっぱら要綱等の内部的定めによる場合との差異がほとんどないことを意味する。もちろん，条例において，公害防止協定の締結手続について定めるとか，公害防止協定を締結していることをもって一定の行為を許容する前提要件とするなどによって，条例に基づく協定であることに一定の効果を許容することは考えられよう。

第三に，条例自体に「協定」の文言が登場していない場合であっても，文脈からみて，協定の締結に至ることを想定させる条例も存在する。たとえば，愛媛県公害防止条例3条4項は，「事業者は，その事業活動に伴って生ずるばい煙，汚水，廃棄物等の処理等公害を防止するために必要な措置を講ずるとともに，県又は関係市町村と公害の未然防止について協議し，必要な措置を講ずるように努めなければならない」と定めているので，この協議の調った場合には，その内容が協定にまとめられると解するならば，この条項は公害防止協定の授権規定であると見ることもできる。

公害防止条例は，公害防止協定の対象を「工場等」としていることが多い。

103　両者の義務を定める条例として，他に仙台市公害防止条例33条。

それぞれの条例の定義次第であるが，農場をも含めていることがある[104]。

公害防止協定が締結された場合に，その扱いに関しては，事業者に誠実に遵守することを求める条例が多い（たとえば熊本市公害防止条例5条2項）。他方において，遵守しなかった場合の措置について定めるものは，ほとんど見られない。遵守しない事態を想定できないほどに，遵守の徹底が予定されていると見ることもできる。

協定の締結に当たって，当事者以外の者の意見を聴くことなどの手続を求める条例もある。県の締結する公害防止条例に関して，相手方の工場又は事業場所在市町村の長の意見を聴くこととするものがある（宮城県公害防止条例11条3項）。

公害防止協定には，二者協定のほかに三者協定もある。代表的には，地方公共団体，事業者のみならず周辺地区の住民の代表者を当事者に加える三者協定がある。条例で三者協定を定めるものとして，たとえば，大郷町は，町と事業者及び指定施設の設置地区等の代表者との三者間で公害防止協定を締結することとしている（同町公害防止条例7条）。なお，私人間において公害防止協定が締結されることもあるが[105]，それは，原則として本書の対象外である。ただし，地域の社会管理機能を発揮している地区の団体の代表者が締結するものは，実質的に行政主体が当事者となるものと連続線上にあるといってよい。

また，千葉県は，同県環境基本条例において，「県は，環境の保全上の支障を防止するため，事業者等と環境の保全に関する必要な協定を締結するよ

104　条例に基づくものではないが，白石市は，畜産事業者との間で，悪臭防止対策，水質汚濁防止対策，騒音防止対策，産業廃棄物対策，公害発生時等の措置・報告・立入調査等を内容とする公害防止協定を締結している。ちなみに，市及び畜産事業者以外に，保健所，土地改良区，自治会も協定締結者として加わっている。

105　住民をもって構成される権利能力なき社団たる区の区長ら地域住民代表が産業廃棄物最終処分場を設置している事業者を相手に，両者間の公害防止協定違反を理由としてなした廃棄物撤去請求が認容された例として，奈良地裁五條支部平成10・10・20判例時報1701号128頁がある。さらに，純粋な私人間の公害防止協定もある。裁判例として，たとえば，住民と養鶏等を目的とする農事組合法人との協定を根拠に違約金支払請求を認容した高知地裁昭和56・12・23判例時報1056号233頁。

う努めるものとする」(13条)との規定を置いたうえ，公害防止条例の具体化に当たって，県，地元市，企業の三者間で締結することとしている。基本協定の「ひな形」によれば，「甲　千葉県知事，関係市長」，「乙　企業の代表者」という当事者の表示がなされている。公害防止協定における県と市との協調関係が制度化されていることを意味する。後述する宮城県も含めて，三者協定でありながら，県と市町村とをまとめて「甲」とする甲乙協定の形式を採用するものである。

さらに，ごく例外的に，個別の事業者ではなく，複数の事業者と一括した協定を締結する例もある[106]。

協定締結に関する基準設定の必要性　条例の規定のみでは，どのような場合に，どのような内容の協定を締結するかが，まちまちになってしまうおそれがあり，その結果，行政の首尾一貫性を問われることになりやすい。そこで，多くの地方公共団体は，基準を設定している。

たとえば，いわき市は，次のような公害防止協定基準を設けている。

　　いわき市公害防止条例（昭和46年いわき市条例第41号）第12条に規定する公害防止協定について，工場・事業場（以下「工場等」という。）の規模が次の1から3までに掲げるいずれかの要件に該当する場合には，当該工場等の設置者に対し，締結の申入れを行なうものとする。また，工場等の規模が次の4に掲げるいずれかの要件に該当する場合は，立地地域，周辺地域における工場等の集積度及び環境基準の達成状況等を考慮し，適時適切に協定締結の検討を行ない，締結が必要と判断された場合も同様とする。

　1　大気関係
　　①　同一敷地内に設置されるばい煙発生施設の排出口から大気中に排出される排出ガス量の合計が，1時間当たり4万立方メートル以上である。
　　②　ばい煙発生施設において発生し，排出口から大気中に排出される硫黄酸化物の量が，零℃1気圧の状態に換算して，1時間当たり

---

[106]　北九州市は，昭和47年に47社54工場と，一括して「硫黄酸化物に係る公害の防止に関する協定」を締結したという。

10立方メートル以上である。
2　水質関係
　　1日当たりの平均的な排出水（ただし，工場等に起因する水質汚濁物質を含まない水であって，単独の排出口から排出される水は除く。以下同じ。）の量が，1万立方メートル以上である。
3　有害物質関係
　　次に掲げるいずれかの物質の排出濃度が法令規制値の8割以上であり，かつ同一敷地内に設置されるばい煙発生施設の排出口から大気中に排出される排出ガス量の合計が1時間当たり1万立方メートル以上又は1日当たりの平均的な排出水の量が1千立方メートル以上である。
　①　大気汚染防止法施行令第1条及び水質汚濁防止法施行令第2条に規定する有害物質
　②　ダイオキシン類対策特別措置法第2条第1項に規定するダイオキシン類
　③　福島県生活環境の保全等に関する条例施行規則第2条に規定する指定有害物質
4　検討を行なう基準
　(1)　大気関係
　①　同一敷地内に設置されるばい煙発生施設の排出口から大気中に排出される排出ガス量の合計が，1時間当たり1万立方メートル以上である。
　②　燃料としてプラスチック又は廃棄物固形化燃料（原料の全部又は一部として廃棄物を使用し，圧縮成形，押出成形等により当該廃棄物等を固形化したものをいう。）で廃棄物でないものを使用するばい煙発生施設の規模が，火床面積が0.5平方メートル以上であるか，又は燃焼能力が1時間当たり50キログラム以上である。
　③　廃棄物の中間処理業において，廃棄物焼却炉の燃焼能力が1時間当たり1,000キログラム以上である。
　(2)　水質関係
　①　1日当たりの平均的な排出水の量が，1千立方メートル以上であ

②　放流水中のBOD負荷量が，放流水の放流先河川の放流地点下流に位置する環境基準点における同負荷量（年間平均値）の10分の1以上である。

(3)　有害物質関係

3に掲げる物質の排出濃度が法令規制値の8割以上であり，かつ同一敷地内に設置されるばい煙発生施設の排出口から大気中に排出される排出ガス量の合計が1時間当たり1万立方メートル未満又は1日当たりの平均的な排出水の量が1千立方メートル未満である。

(4)　その他

現行の法令等では規制対象とならないことから十分な環境保全対策がとれない分野であること，環境への影響に関し市民が不安を抱いていることなどに対し，市民の安全・安心を確保するため，市長が特に必要と認めた場合。

宮城県は，昭和46年の仙台港開港以来，公害防止協定や覚書を締結してきて，平成7年に公害防止条例の中に協定に関する規定を置いたが，協定締結基準等を定めたものがなく，新たな協定の締結や進行管理に困難を生じていたことから，平成15年に至って，「公害防止協定の締結及び運用に関する指針」を策定した。その特色は，次のとおりである。

第一に，「協定締結自治体」をもって，「原則として県と事業所の立地市町村をいう。ただし，仙台港湾公害防止対策地域に立地する事業所の場合は，七者協を構成する自治体をいう」と定義して，協定締結自治体の協定締結基準，協定対象施設等について定めている。もっとも，協定締結基準に関して，基準にかかわらず，協定締結自治体の長は，事業所の立地市町村の長と協定の締結について協議のうえ，知事が特に必要と認める事業所を有する事業者と協定を締結することができるとして，弾力性をもたせている。

第二に，標準協定書及び標準協定細目を用意している。前記のことと関係して，宮城県及び市町村をもって「甲」とし，事業者を「乙」とする，甲乙形式の標準協定書及び協定細目となっている。

第三に，協定締結の協議，協定締結事業者の協定対象施設の新設・増設・

変更に関する協議など，手続についても定めている。

　第四に，協定締結基準によらない事業所であっても，公害防止の観点から必要があると認める場合であって，宮城県企業立地促進奨励金交付要綱の規定による奨励工場等の事業者又は仙台港湾公害防止対策地域に立地する事業者であって所定の施設等を有する事業者であるときは，協定の締結に代え，確認書を取り交わすものとし，標準確認書をも用意している。

　公害防止協定の具体例　　公害防止協定の具体例として，愛媛県（甲）と住友重機械工業株式会社（乙）との間の同社東予工場に関する協定を見ておこう。

　まず，「乙は，地域住民の健康と生活環境の保全を図るため，公害関係諸法規を遵守し，最新かつ最良の技術および機器の採用につとめ，工場の建設および操業等により公害が生じないよう万全の防止対策を講ずるものとする」（1条1項），「乙は，甲が行う公害防止に関する行政指導，調査，および資料の提出要請について積極的に協力するものとする」（同条2項）との基本対策規定を置いている。このうち，「甲が行う公害防止に関する行政指導」に協力するという部分については，いかなる行政指導であっても協力するような外観を呈している点が気になるところである。「乙は，当該工場の建設および操業により，他に被害を与えたときは，すみやかに防止措置を講ずるとともに，その損害を賠償するものとする」（同条3項）という条項は，ある意味において当然のことを定めるものである。

　次いで，公害防止施設の整備等に関する第2条は，公害防止施設につき，適切かつ十分に施工し，生産関係設備の運転を開始する時点において，その機能を発揮しうるようにすること（1号）と，公害関係施設および生産関係設備を設置するにあたっては，あらかじめ公害防止計画書を甲に提出するものとし，甲の改善要請があったときは，これを尊重し，改善すること（2号）とを掲げている。

　その後には，大気汚染防止対策，水質汚濁防止対策などの個別の対策が掲げられ，たとえば，大気汚染防止対策に関しては，①燃料に使用する重油については，硫黄含有率1.5％以下のものを使用すること，②はいじんの排出基準は，別表第1のとおりとし，施設の故障その他の原因により，排出基準

に適合しなくなったときは、正常に復するまで、当該施設の操業を制限又は停止するものとすること、③はいじんの処理にあたっては、最も高性能の集塵装置を設置すること、④当該工場の必要地区に緑地帯を確保し、植樹を行なうものとすること、を列挙している（3条）。

この例からもわかるように、公害防止協定は、双務契約とはいえず、ほとんど片務契約の実態を有するといえよう。したがって、「協定書」の体裁であるにもかかわらず、事業者による「確約書」ないし「誓約書」の実態を有するといってもよい[107]。

次に、釧路市が王子製紙株式会社と同社の釧路工場に関して締結した「公害防止に関する協定書」は、同協定に必要な具体的な事項を補完するため、「公害防止に関する協定細目書」を別に定めている点に特色がある。すなわち、硫黄酸化物防止対策、ばいじん防止対策、窒素酸化物防止対策、水質汚濁防止対策、悪臭防止対策、騒音防止対策については、協定書においては基本事項を定め、排出基準や騒音基準は協定細目書において定める方式を採用している。汚染物質の測定、報告についても同様である。

公害防止協定の名称によらないものでも、実質的に公害防止協定といえるものがある。たとえば、「加古川市清流保全と水辺のまちづくり条例」15条1項は、「市長は、河川等の清流の保全に特に必要があると認めた場合、特定の事業活動に伴う排出水を排出する事業者と周辺環境及び水質の保全に必要な事項を内容とする清流保全協定を締結することができる」としている[108]。

環境保全協定・自然環境保全協定　　以上、公害防止協定について検討してきたが、最近は、公害防止協定に替えて環境保全協定等の名称の協定を定める条例が増加している。これは、平成5年に公害対策基本法が廃止されて、環境基本法が制定されたことと無関係ではないといえよう。

107　北九州市は、公害発生のおそれの少ない工場については、公害防止協定に代えて公害防止についての誓約書の提出を求めているという。
108　同様の清流保全協定は、山口市の佐波川清流保全条例・椹野川水系等の清流の保全に関する条例、防府市佐波川清流保全条例等においても定められている。これらは、次の環境保全協定に入れることもできる。

公害防止協定が，どちらかといえば個別事業者の実態に応じて個別性が強いのに対して，環境保全協定の方が，より一般性が強いように思われる。その結果，協定の雛型を定めておいて，それに沿った協定の締結を求める場合が多いようである[109]。雛型を見た場合の印象は，条例による規制の代替であるということに尽きる。条例による直接規制に比べて，相手方との合意の体裁をとることによって摩擦を回避できるメリットがあることはいうまでもない。他方，相手方に応じて，個別の協定の内容を変えることができるという点は，メリットであると同時に，できるだけ雛型の協定書の内容に従うよう求めないと収拾がつかなくなるとか，公平な行政といえるかについて疑問が提起されるなどの問題も生じさせる。このようなことから，地方公共団体は，「協定書」の名称にもかかわらず，通常は，その雛型が条例や規則と同じであるかのように，それに従うことを相手方に強く迫るものと推測される。

自然環境保全のための協定[110]は，前述の環境保全協定とは別に先行していたようである。それは，自然環境保全法が環境基本法に先だって制定されていたことによると思われる。

最も単純な条例のスタイルとして，たとえば，「熊本市緑地の保全及び緑化の推進に関する条例」は，市長は，環境保護地区の土地所有者等と自然環境の保全に関する協定（＝保護協定）を締結することに努めなければならないとし（8条1項），環境保護地区の土地の所有者等は，保護協定の締結に誠意をもって協力しなければならないとしている（同条2項）。もっとも，この条例の柱は，環境保護地区の指定とその地区内における行為についての規制にあるので，必ずしも協定にウエイトを置いていないと見ることもできる。

市長が環境保護地区として指定できるのは，①野生生物の生息地及びその生育環境を保全する必要がある地域又は歴史的及び文化的遺産と一体となった地域で緑又は森その他の自然が残存するもの，②河川，湖沼，湧水池その他の水辺景観が優れている地域，③美観風致が優れている緑地を形成している地域，及び④その他自然環境を保護する必要がある地域である（3条1

---

109 木更津市，大津市など。
110 たとえば，新潟県自然環境保全条例5条。

項)。指定の手続は，環境保護地区に係る利害関係人に対し指定の趣旨及び内容を通知するとともに，公告・縦覧をして，利害関係人の意見書提出を許容している（4条）。指定したときは告示され（5条），土地の所有者等は，環境保護地区の良好な自然環境が保たれるよう自ら努めなければならない（7条1項）。また，何人も，環境保護地区内で，ゴミ等を捨て，又はみだりに動植物を採取し，若しくは損傷する等の良好な自然環境を損なう行為を行なってはならない（同条2項）。さらに，環境保護地区内において所定の行為[111]をしようとする者は，その旨を市長に届け出る義務を負っている（9条）。ただし，非常災害のための必要な応急措置及び通常の管理行為その他の行為で規則で定めるものは，この限りでない（同条ただし書）。この届出をした者に対して，市長は，必要な措置をとるよう指導又は勧告をすることができる（10条）。さらに，市長は，届出をせず，若しくは虚偽の届出をして前記の所定の行為をした者に対して，その行為の中止を命じ，又は相当の期限を定めて原状回復を命じ，若しくは原状回復が著しく困難である場合にこれに代わるべき必要な措置をとるべき旨を命ずることができる（12条）。

　このような構造からすれば，保護協定は，この環境保護地区制度を補充する協定であると理解される。

　千葉県は，自然環境保全条例に基づいて，2種類の協定締結を予定している。自然環境保全協定（25条）と緑化協定（26条）である。前者は，同条例9条4項1号から5号までに掲げる行為（①建築物その他の工作物を新築し，改築し，又は増築すること，②宅地を造成し，土地を開墾し，その他土地の形質を変更すること，③鉱物を掘採し，又は土石を採取すること，④水面を埋め立て，又は干拓すること，⑤河川，湖沼等の水位又は水量に増減を及ぼさせること），木竹を伐採し又は損傷すること，家畜を放牧すること，及びその他規則で定める行為[112]をしようとする者との間の協定である。後者は，公害又は災害の防止その他の生活環境を維持するために必要があると認めるときに，規則で

---

[111] ①建築物その他の工作物の新築，改築又は増築，②宅地の造成，土地の開墾，土石の採取，鉱物の掘採その他の土地の形質の変更，③木竹の伐採又は移植，④水面の埋立て又は干拓，⑤これらのほか，当該環境保護地区の保全に影響を及ぼすおそれのある行為で規則で定めるもの，である。

定める面積[113]以上の土地を所有し，又は管理する者との間において，その所有し又は管理する土地の緑化に関し締結する協定である。これらの協定締結の申入れを受けた者は，これに応ずるよう努めなければならない（27条1項）。また，これらの協定を締結したときは，知事は，その履行について助言又は勧告をし，その他必要な措置を講ずるものとしている（同条2項）。この「必要な措置」について，この条例を直接の根拠にして，知事の裁量により行使できるのか，それとも協定に盛り込まれた措置のみが可能であるのかが問題になろう。

市川市の環境保全条例17条は，同条例の規制によるもののほか，環境の保全を推進するために必要があると認めるときは，市と事業者との間に公害の防止の方法，事故時の措置その他の生活環境の保全等に係る事項について協定を締結することができる，と定めている[114]。これに基づく環境保全協定書の雛型は，比較的総論的な内容からなり，具体的な意味をもつのは，建築物の新築等の場合に市と事前協議をしなければならない（11条）としている点，環境行動計画の提出（同雛型10条），及び報告の徴収・立入調査（同雛型16条）ぐらいである。実質的内容は，協定の締結後に締結される環境保全細目協定（同雛型9条）に委ねられている。

細目協定書においては，地球環境保全対策の推進（1章）として，温室効果ガスの排出の抑制，オゾン層破壊物質の排出の抑制，窒素酸化物等の排出の抑制などが，資源の循環利用の促進（2章）として，廃棄物の減量化・再資源化，包装資材の削減等，グリーン購入の推進など8箇条が，自動車交通公害の防止（3章）として，低公害車等の使用等の促進，アイドリング・ストップの促進，自動車使用の抑制等が，化学物質の適正管理（4章）として，化学物質の管理の方針の決定，化学物質の排出量等の削減が，大気環境保全対策（5章）として，廃棄物焼却炉の使用中止が，水環境保全対策（6章）

---

112 施行規則により，雑草の除去のための大量の薬剤散布その他自然環境の保全に著しい影響を及ぼすおそれがあると知事が認める行為とされている（41条）。
113 施行規則により，工場用地については1ヘクタール，住宅用地に関しては10ヘクタール，その他の土地に関しては1ヘクタールとされている（42条）。
114 同条例は，緑化協定についても定めている。

として，富栄養化対策，排水の化学物質に係る水質基準，油流出防止対策，温排水等の対策などが，地質環境保全対策（7章）として，地下水保全対策，土壌汚染防止対策が，それぞれ掲げられ，そのほか，騒音及び振動の防止対策（8章），悪臭防止対策（9章）と続いて，環境保全のあらゆる事項に及ぶ内容となっている。

公害防止協定等の性質　以上，条例の定めを手がかりにして考察してきた。これまで，公害防止協定の性質をめぐる議論が，必らずといってよいほど取り上げられてきた。その法的効力を認めない「紳士協定説」と契約としての効力を認める「契約説」とがあり，契約説のなかにも，私法契約説，公法契約説，行政契約説，特殊契約説があるとされる[115]。しかし，この契約説に関する諸説は，そのネーミングのみの違いであれば議論する実益がない。どのような違いを認識するためにネーミングを変えるのかを確認しなければならない。私法契約説と公法契約説とは，その効力等を争う訴訟が民事訴訟であるのか公法上の当事者訴訟であるのかという違いを意識しているように見える。行政契約説は，そのような区別の無意味であるという認識を表明するものであるかも知れない。他方，私法契約説は，内容を自由に決めることができるのに対して，行政契約説は，行政契約としての原則，たとえば平等原則の支配を受けるというような実益を意識することがあるようである。

　性質を把握する際に，最も重視されるのは，具体の協定の条項であることはいうまでもない。次いで，条例に基づくもので条例の定めが相当程度詳細なものは，条例の定め方を分析してその性質を探るのが順当な方法であろう。それに対して，条例に基づかないもののみならず，条例のきわめて簡単な授権規定に基づくものに関しては，当事者が具体の契約締結に至った事情を探求して性質を判断する必要があるように思われる。その際に，一方当事者である行政主体が一貫した協定締結基準（要綱等）を設けている場合には，その内容も重要な手がかりである。しかし，それが決め手になるわけではない。単に例文に従って締結された協定と，粘り強い交渉により合意にこぎつけた

---

[115] 安達和志「行政上の契約・協定の法的性質」ジュリスト増刊『行政法の争点［第3版］』（有斐閣，平成16年）36頁，大塚直『環境法　第3版』（有斐閣，平成22年）85頁以下など。

ような場合の協定とは，区別されるべきであって，後者については契約的効力を認めてよい場合が多いと思われる。要するに，協定の条項を出発点として，詳細な条例の規定に基づくものは条例の内容を分析し，条例が存在しないか，あっても頼りにならない場合には，要綱等を含めて当事者の意思を探求するということである。

さらに，一つの協定のなかにも，性質の異なる条項があり得る。その意味において，協定中の個別の条項の意味を問うことが必要であろう[116]。そして，法的拘束力は，個別条文ごとに，合意の任意性，協定目的と手段の合理性，義務内容の特定性，履行可能性，強行法規・比例原則及び平等原則適合性が満たされているならば，認められるとする見解が有力である[117]。

条例が存在する場合には，条例を前提にして，具体の協定の内容をどのようにするかという政策問題がある。北村喜宣教授は，公害防止協定・環境管理協定について，全体として行政契約と位置づけるべきであるとされ，その理由を，「公共目的実現の手法であることのほか，一方当事者としての行政が，私法契約のように，自由に締結を決めることができない場合があることに求められよう」とされる。とりわけ，「同種企業に対しては同様の内容に」という平等原則がはたらくという点に特色があるとされる[118]。しかし，二つのレベルを区別すべきであろう。

第一は，どのような場合に協定の締結を求めるべきかという入口の問題である。この点については，一定の基準を用意して臨むことが必要とされよう。それが，北村教授のいわれる平等原則に違反しない協定締結を担保することになろう。この点は，前述した。ただし，協定締結の必要性が単発的に認識される場合においてまで基準を設定することは必ずしも現実的ではない。

第二に，入口をくぐったとして，その内容をどうするかという問題である。内容的な均質性を要求するならば，業種ごとの協定の内容は固定される傾向

116　近藤昭三「行政契約」ジュリスト増刊『行政法の争点』（有斐閣，昭和55年）104頁，南博方・大久保規子『要説環境法［第3版］』（有斐閣，平成18年）148頁，北村喜宣『自治体環境行政法　第5版』（第一法規，平成21年）67頁など。
117　北村喜宣・前掲書67頁，大塚直・前掲注115，85頁。
118　北村喜宣・前掲書68頁。

をもたざるを得ず，多くの場合は，予め用意された雛型に従って相手方企業に締結を迫ることになろう。相手方は，その内容の協定を締結するか否かの自由のみを有して，内容についての交渉の自由をもたないということになりかねない。また，行政の側においても，協定内容の改善を図ることに事実上の制約が働くことにもなりかねない。筆者も，平等原則や公平を尊重すべきであると考えるものであるが，それを極端に強調するときは，条例による規制ではなく協定による秩序の形成に委ねることの妙味が薄れることになるようにも思われる。

実際に，多くの地方公共団体は，標準協定書を用意している[119]。これが，あくまで「標準」にすぎないとして交渉の余地を広く認める運用がなされるのか，特別の事情のある例外的場合のみ標準から外れることを認める運用であるのか，実態調査を要するところである。

公害防止協定は，法律に違反することは許されない。しかし，問題は，当該法律が当該公害防止協定の条項の効力を否定する趣旨であるかという点にあるので，個別条項の解釈をせずに論ずることはできない。

公害防止協定と訴訟　公害防止協定をめぐる訴訟は，多面的に起こり得る。以下においては，便宜上，条例の根拠を有しない公害防止協定も含めて検討したい。

第一に，協定の相手方が公害防止協定上の義務に違反した場合に，行政主体が原告となってその履行を求める訴訟である。この場合には，そもそも，行政主体の提起する訴訟が認められるかという問題がある。宝塚市パチンコ店事件は，市が条例に基づいて建築工事中止命令を出したにもかかわらず，業者が工事を続行したために，市が原告となって工事続行の禁止を求めた訴訟であるが，最高裁平成14・7・9（民集56巻6号1134頁）は，「国又は地方公共団体が提起した訴訟であって，財産権の主体として自己の財産上の権利利益の保護救済を求めるような場合には，法律上の争訟に当たるというべきであるが，国又は地方公共団体が専ら行政権の主体として国民に対して行

119　たとえば，宮城県の公害防止に関する標準協定書，釧路市公害防止に関する協定書，市川市県境保全協定書，旭川市の環境保全に関する基準協定書，同市のゴルフ場開発に関する環境保全基準協定書など。

政上の義務の履行を求める訴訟は，法規の適用の適正ないし一般公益の保護を目的とするものであって，自己の権利利益の保護救済を目的とするものということはできないから，法律上の争訟として当然に裁判所の審判の対象となるものではなく，法律に特別の規定がある場合に限り，提起することが許されるものと解される」と判示した。この事案は，条例上の権限行使を前提に，相手方に対して訴訟の提起によって権限行使の結果を実現しようとする一種の執行目的の訴訟であったといってもよい。

公害防止協定に定めた義務を履行しない場合において，一方当事者の行政主体は，通常は，自己の財産上の権利利益の保護救済を求めるものではなく，公害防止協定により環境利益を享受する住民の利益の保護救済を目的として訴訟を提起するものといえよう。しかし，公害防止協定に基づく事業者の義務の履行を求める訴訟について，本案判断をして請求を認容する裁判例が以前に存在していた。新潟地裁平成10・11・27（判例集未登載）及びその控訴審・東京高裁平成11・4・21（判例集未登載）である（本書第3章1［2］を参照）。

最高裁平成21・7・10（判例タイムズ1308号106頁）（この事案は，正確には当該地方公共団体の条例に基づく公害防止協定とはいえない）も，町が，公害防止協定において定められた産業廃棄物最終処分場の使用期限を経過して使用していた協定の相手方である業者に対して提起した使用禁止請求に対して，訴えを却下することなく本案判断を行なっている（詳しくは，本書第3章1［2］を参照）。すなわち，宝塚市パチンコ店事件判決の射程範囲外であると見ているようである。このように解する一つの考え方は，町も公共施設の設置者等として，住民と等しく公害防止協定により利益を享受する立場に置かれているので，自己の権利利益の保護救済を求める訴訟と解することができるというものであろう。

第二に，第三者が，公害防止協定の一方当事者である地方公共団体が協定上の手段を適切に行使していないことを問う訴訟が考えられる。規制権限不行使による国家賠償請求事件として，山口地裁平成13・3・8（判例タイムズ1123号182頁）がある。地方公共団体の「権利」を肯定した判決は，前記の問題に対する解答をも用意するものである。

「被告市と被告会社は，公害防止協定を締結したところ，これによって，被告会社は，前記覚書にある数値を超えた悪臭物質を伴う煙を排出しない義務を負い，被告会社がこれに違反し，被告市からその是正の勧告を受けても，これをしなかった場合，被告市は，被告会社に対し，操業の短縮又は一時停止，その他必要な措置を求めることができる権利を取得したものといえる。この権利義務関係の発生原因たる契約は，その公共的性格から，公法上の契約といえるが，法令上の根拠がない以上，被告市は，被告会社に義務不履行があったとしても，行政上の強制執行や行政罰によって履行を強制することはできず，公法上の当事者訴訟を提起して義務履行を命じる給付判決を得，民事執行法上の執行によって履行を強制するほかないと解せられる。

そして，被告市の代表者である被告市市長が右のような法的手段をとるかどうかは，その自由な裁量に委ねられていることからすると，右権限の不行使が（当初原告Ｘ）にとって違法な行為であるといえるためには，右権限不行使が著しく不合理であったことを要すると解するのが相当である。」

この判決が「自由な裁量」という文言を用いているのは，やや裁量性を強めすぎているように思われなくもない。しかし，「権限の不行使が違法とされるのは，権限不行使が著しく不合理である場合に限られる」という考え方自体には，おおむね賛成することができる。問題は，どのような目線で「著しく不合理」といえるかを判断すべきかにある。その違反状態の放置により生ずる被害の態様・程度，損害回復の可能性，他の方法による是正の可能性[120]等の諸事情を考慮に入れる必要がある。

第三に，公害防止協定上の義務の不履行がある場合に，住民が地方公共団

---

[120] この事件において，判決は，本件工場からの排煙によってＸの養鶏業に被害が発生し，その養鶏業に相当程度の支障が生じた場合には，Ｘは，養鶏業者と被告会社との間で締結した協定に基づいて被告会社に操業の短縮や停止を求める法的手段を講じることも可能であったことも重視して，権限不行使が著しく不合理であったとまではいえない，とした。私人間協定が存在しなかったときに，どのような判断になるであろうか。ちなみに，判決は，被告会社に対する損害賠償請求は認容している。

体に代位して義務の履行を求める訴訟も存在する。しかし，札幌地裁昭和55・10・14（判例時報988号37頁）は，「公害防止協定に基づいて地方公共団体が取得する権利は，当該地方公共団体に専属し，他に譲渡することもできないし，行政主体でない他の法主体が代って行使することもできない」として，代位行使を認めなかった。

　第四に，第三者が，行政主体が公害防止協定上の一定の行為をしたことが違法であるとして争うことがあり得る。国家賠償請求があり得ることは当然である。そのほか，その一定の行為が行政処分であるとして，地域住民が取消訴訟を提起した事案も存在する。名古屋地裁昭和53・1・18（行集29巻1号1頁）は，公害防止協定中の「会社は，発電所の主要施設または公害防止施設の増設または変更を行う場合は，事前に町と協議してその同意を得るものとする」という条項に基づきなされた発電所増設についての同意をもって行政処分であるとして提起された事件である。判決は，この条項は，公法上の契約であるとし，契約に基づく同意権の行使にすぎないので，同意は，公権力の行使とはいえない，とした。原告が，権力的行政手段と同様の構造と機能をもつから「許可」に準ずると主張したが，判決は，「許可権は法令に根拠をもつ行政庁の優越的権限であるのに対し，本件の同意は相手方との合意すなわち契約に根拠をもつ対等当事者間の非権力的行為であって，両者の間には本質的な差異があるから，これを同視することはできない」とした（詳しくは，本書第3章1［2］を参照）。対等当事者間の合意に基づく協定に根拠を有する行為は，行政処分とはいえない，契約の条項は行政処分の根拠規定になり得ないというのである。このことには同調せざるを得ない。

［2］　緑化協定・緑地保全協定・里山保全協定

私人と地方公共団体との二者協定　　条例に緑化や緑地保全に関する協定を定めている地方公共団体も多い[121]。

　それには，まず，協定締結が任意の建前の条例がある。

　たとえば，足立区は，「足立区緑の保護育成条例」に基づき，「緑の協定」を締結している。地域（町会等）や地域の事業所が区と協定を締結して，地域の緑化活動を行なうとともに，区は情報提供や3年ごとの更新時に，苗や

土，肥料，園芸道具などの物品を交付することとしている。協定の当事者に応じて，地域協定と事業所協定とに分類されている。

　新宿区も，「新宿区みどりの条例」により，区民が，区域を定めて，その区域内に所有し又は管理する土地等に関して，樹木若しくは草花等の植栽，生垣の造成又は接道部の緑化等の推進及び管理について合意したときは，区長とのみどりの育成に関する「みどりの協定」を締結することができるとしている（22条1項）。この条文のみからするならば，個人も含むように見えるが，事業実績によれば，事実上グループ又は団体によるものばかりのようである[122]。共同住宅の居住者等の所有し又は管理する敷地若しくは壁面若しくは屋上若しくはベランダ等にして，樹木，草花等の植栽の推進及び管理をするときも同様である（2項）。これらの協定を締結した者は，その協定の定めるところに従って，緑化を行なわなければならない（3項）。また，区長は協定締結者に対して，緑化の相談，技術指導，苗木のあっせん及び供給等，みどりの保護と育成に必要な措置を講じるものとしている（4項）。さらに，区長は，規則で定める面積以上の敷地を有する工場，事業所等の緑化について，事業者又は管理者と，みどりの協定を締結することができる（23条1項）。

　協定締結に先だって，地区指定の手続がなされることを定める条例もある。「大分市緑の保全及び創造に関する条例」は，緑の目的に応じた「緑保全地区」として指定する手続を先行させている[123]。緑保全地区が指定されて告

---

[121] 本文において取り上げないが，日野市緑地信託等に関する条例は，「緑地所有者が委託者となって別に市長が指定する公益的法人を受託者とする信託法による不動産信託契約」の締結方式と，「市長が緑地所有者との間で緑地につき地上権の設定，賃貸借，使用貸借若しくは土地管理の委任等の契約」を締結する方式とを並列的に掲げている（5条）。この契約を締結した緑地所有者に対し，地代を支払う場合を除き，固定資産税及び都市計画税を減免することができるとしている（9条）。

[122] 新宿区監査委員『平成20年度行政監査結果報告書（緑化の推進について）』6頁によれば，平成17年度は47グループ・18団体，平成18年度は30グループ・25団体，平成20年度は15グループ・30団体であった。

[123] 緑の保全地区の指定方針は，条例6条に基づく緑の基本計画において定められている。

示されると，その地区内において一定の行為をしようとする者は届出を義務づけられる（11条）。そして，市長は，緑保全地区内の土地所有者等との間において，郷土の緑保全協定を締結することができる（19条1項）。保全協定には，協定区域のほか，行為の制限その他協定区域内の緑の保全に関する事項，協定の有効期間，協定に違反した場合の措置，その他必要と認められる事項を定めなければならないとされている（同条2項）。この条例のみでは，どのような緑の保全に関する事項が定められているのか，また，違反した場合の措置についても，明らかではない。当然，市が協定の締結を求める相手方の選択の基準等も含めた市の方針は定まっているはずである。

「取手市緑の保全と緑化の推進に関する条例」28条は，事業所等に限定した緑地協定について定めている。すなわち，市長は，特に必要があると認める場合は，事業所等を設置し，又は管理している者と協議し，その事業所等に係る当該土地について，緑地の保全又は緑化に関する事項を協定することができるとしている。この条項は，都市緑地保全法45条1項による緑地協定の締結に関する条文の次に置かれているので，「特に必要があると認める場合」の意義も，緑地協定が締結されていないとか，締結されていても，当該土地の重要性に鑑みて不十分であるなど，特別に必要性のある場合を想定していると考えられる。

次に，一定の者に協定締結義務を負わせている条例がある。「藤沢市緑の保全及び緑化の推進に関する条例」は，工場等の建築主たる事業者に一定面積以上の緑地の確保（28条1項，2項）及び一定割合の屋上又は壁面緑化（29条）を義務づけたうえ，緑地を確保すべき義務を負っている事業者は，工場等の工事に着手する前に緑化協定申出書を市長に提出して緑化に関する協定（緑化協定）を締結しなければならないとしている（31条1項）。この場合は，協定の締結が義務づけられていることに注意する必要がある。そして，緑化協定に係る緑化工事が完了したときは，緑化完了届出を市長に提出し，その確認を受けなければならない（同条4項）。協定の締結をせずに工事に着手した者に対しては，協定を締結するまでの間，工事の中止を勧告できる（32条4項）。その勧告を受けた者がその勧告に従わないときは，その者に工事を停止するよう命ずることができる（33条1項）。工事中止命令に違反し

た者に対しては，20万円以下の罰金も用意されている（40条）。

　なお，条例の規定が包括的であることにより，個別の協定が要綱に基づいている場合には，当該協定が条例に基づくものといえるのか明らかでないこともある。たとえば，「川崎市緑の保全及び緑化の推進に関する条例」は，「多様な保全手法」という条文見出しの下に「市長は，この条例又は法その他の緑の保全を目的とする法令の規定により緑の保全を図る施策を実施するほか，保全を図るべき緑を有する土地の借上げ，緑の保全に関する協定の締結その他保全を図るべき緑の態様に応じて可能な保全手法を検討し，その保全に努めるものとする」と定め（22条），かつ，「緑化及び管理の協定」の条文見出しの下に，「市長は，市街地の緑化を推進し，地域における良好な環境を創出するため，市と市民及び事業者との間における緑化及び緑化した土地等の管理について，協定を締結することができる」と定めている（24条1項）。これらは，保全と緑化とに分けて協定の締結を定めているといえる。しかし，要綱には，条例の前記規定を根拠にする旨は示されていない[124]。

　さらに，条例自体には，契約や協定のことが直接に登場しておらず，単に緑化の推進に努める旨などの抽象的規定が置かれているにとどまり，その施策を具体化する要綱等において，緑化協定等について初めて定められる例がある。このような場合の契約ないし協定については，直接の根拠条例がないことに着目して，後に扱うことにしたい（本書第3章1［3］）。いずれにせよ，条例に基づくものと要綱に基づくものとは，連続していて明確に区別することはできないといわなければならない。

　三者協定　これらと異なる仕組みを採用しているのが，埼玉県の「ふるさと埼玉の緑を守り育てる条例」である。「緑の保全及び創出に関する活動を行う市民団体等」が，規則で定める一団の緑地の管理について，土地所有者等及び「当該緑地の存する市町村の長」と所定の事項を定めた協定（＝市

124　里山保全管理活動に関する要綱4条の保全管理活動に関する協定，緑地保全事業要綱3条の緑地の管理等に関する協定，川崎市みどりの事業所の推進に関する要綱5条の「みどりの事業所の推進に関する協定」。なお，同条例17条1項の保存樹木・保存樹林の指定，同条2項の「まちの樹」の指定をした場合にも，要綱により管理等に関する協定を締結するものとしている。

民管理協定）を締結したときは，当該市民団体等は，当該市民管理協定の認定について知事に申請できるものと定めている（18 条 1 項）。市民管理協定に定める事項は，協定区域に関する事項，協定区域内の緑地の管理の方法に関する事項，施設の整備が必要な場合にあっては当該施設の整備に関する事項，有効期間，認定申請に関する事項，その他規則で定める事項（施行規則 18 条により，協定区域内の緑地の管理費用の負担に関する事項及び協定に違反した場合の措置に関する事項）である（18 条 1 項）。

　知事は，申請に係る市民管理協定が緑地の保全に資するものとして規則で定める基準に適合するときは，その旨を認定することができるとしている（19 条 1 項）。施行規則によれば，認定基準として，①協定の目的となる緑地が地域の状況から保全の必要性が高い緑地であること，②協定の目的となる緑地の管理が継続して行なわれるものであること，③協定の内容が協定の目的となる土地の利用を不当に制限するものでないこと，④有効期間が 5 年以上であること，⑤申請手続及び協定内容が法令に違反しないこと，が掲げられている。

　土地所有者等のみならず，市町村及び市民団体等を含む三者協定を，申請に基づき知事が認定する仕組みである。埼玉県のホームページは，「3 者協働の管理」と称しているが，その中身は，①土地所有者等は，市民に公開される「市民緑地」として市町村と契約を結ぶ，②市町村は，緑地を緑地保全活動を行なう市民団体等に管理委託する，と説明されている。この「市民団体等」は，NPO を中心に想定されている。

　この条例自体からは明らかでないが，「市民緑地市民管理協定書」のサンプルには，土地所有者は，市町村に，その所有する土地を都市緑地法 55 条の市民緑地として無償貸与し，市町村は，市民団体に管理を委託する旨の条項が置かれている。したがって，この市民管理協定は，都市緑地法 55 条の市民緑地契約の締結を基礎にしていることがわかる。しかし，条例の条文のみからするならば，無償貸与に限定される必要はないとも思われる。土地所有者が後述の固定資産税・都市計画税の非課税措置を受けられなくなること（地方税法 348 条 2 項ただし書，702 条の 2 第 2 項）を覚悟で市町村に対して有償貸付けをすること，また，当該緑地内において土地所有者が一定の収益活

動をして市民団体等には管理行為のうちの一定部分のみを委託する方式を採用することも，現実の可能性についての問題があるにせよ，排除されないというべきであろう。

　市民管理協定の締結に当たっては，市民管理協定区域内の土地所有者等の全員の合意がなければならない（18条2項）。

　この条例において，知事が市町村を巻き込んだ協定を「認定」するにもかかわらず，県が何をするかについては，市民団体等の活動に対する支援（23条1項）及び当該市民団体等と緑の保全及び創出に関する活動をしようとする事業者等に対する必要な情報の提供及び仲介（同条2項）という抽象的な定めに終わっている。埼玉県のホームページによれば，土地所有者のメリットとして，市民団体が管理するので管理の負担が軽減されること，市民緑地として市町村に無償貸与すると固定資産税，都市計画税が非課税になること，貸与期間が20年以上であるなど一定の要件を満たす場合，相続税が2割評価減になること，が挙げられている。しかし，これらは，県の懐によるメリットではない。県の支援は，「里の山守活動支援事業」として，「彩の国みどりの基金」を活用して，市民管理協定を締結した市民団体に対して，協定に基づき緑地を保全・管理していくための経費について，補助対象経費の2分の1（1団体50万円を上限とする）を補助するにすぎない。このように少額の支援であっても，それが大きな輪となるときには，その政策効果は大である。輪の広がりが期待されるところである。

　このような三者協定も広まりつつあるように見える。

　里山保全協定　　以上の協定方式は，ソフトな手法による緑化の推進策と評価することができる。これに対して，高知市里山保全条例の定める里山保全協定は，やや強い内容をもっている。同条例は，まず，市長による里山保全地区の指定が先行する（6条1項）。里山保全地区内で一定の行為をしようとする者は，届出義務を負い（9条1項），届出が受理された日から30日を経過した後でなければ当該届出に係る行為に着手できないこととされ（同条3項），その行為が規則で定める基準に適合しないものであると認めるときは，届出者等に対し原状回復，行為の変更又は中止その他必要な措置を講ずるよう指導することができる（10条1項）。そして，この指導が行なわれ

ている間は，届出者等は，当該指導の対象となっている行為をしてはならないとされている（同条2項）。このような仕組みを前提に，さらに里山保全協定制度が用意されている。市長は，里山保全地区内の土地所有者等との間において，里山の保全に関する協定を締結することができる（13条1項）。里山保全協定に定める事項には，「協定区域における行為の制限その他協定区域の保全に関する事項」や「里山保全協定に違反した場合の措置」が含まれている（同条2項）。「行為の制限」等は，里山保全地区一般の規制内容に比べて厳しいものになることは疑いがない。いわば上乗せ的な行為制限や保全措置が想定されているといえよう。

[3] 水源保護・水質保全協定

水源保護・水質保全協定　　水源を保護するための条例を制定し，その条例に基づいて水源保護条例が制定される場合がある[125]。水道法2条1項が「国及び地方公共団体は，水道が国民の日常生活に直結し，その健康を守るために欠くことのできないものであり，かつ，水が貴重な資源であることにかんがみ，水源及び水道施設並びにこれらの周辺の清潔保持並びに水の適正かつ合理的な使用に関し必要な施策を講じなければならない」としているのを受けた施策実現のための条例である。水源保護のための規制には，立地規制方式[126]と排水規制方式とがあるが，実際には併用されていると見るべきかも知れない。協定については，規制対象事業は禁止されるとしたうえで，規制対象事業に該当しない特定の事業について協定の締結を求める条例（立地規制併用型）[127]と規制対象事業と認定されたときに協定の締結を求める条例とがある。

後者の最も単純な例を挙げるならば，河内長野市水道水源保護条例15条

125　水源保護条例について言及する文献は多いが，さしあたり岩本浩史「産業廃棄物処理施設に対する自治体による規制」芝池義一ほか編『まちづくり・環境行政の法的課題』（日本評論社，平成19年）275頁を挙げておく。

126　立地規制を定める水源保護条例に関する訴訟については，紀伊長島町事件についての最高裁平成16・12・24民集58巻9号2536頁，その差戻審・名古屋高裁平成18・2・24判例タイムズ1242号131頁，阿南市事件に関する高松高裁平成18・1・30判例時報1937号74頁がある。

は，管理者は，水道水源の水質保全のために必要があると認める場合は，対象事業を行なおうとする者と水質の保全のために必要な事項について協定を締結するものとする，と定めるのみである。「必要があると認める」場合に限られるのであるから，そもそも協定を締結するかどうかについて管理者の広範な裁量が認められていることがわかる。この協定は，実質的に水質保全協定である。

比較的単純な例として，山梨県中央市水道水源保護条例を見てみよう。まず，市長は，水源の水質を保全するため水源保護地域を指定することができる（5条1項）。そして，水源保護地域内において対象事業（別表に掲げる「産業廃棄物処理業」及び「水質汚濁を招くおそれのある事業」）を行なおうとする事業者に，市長への協議の申出，住民に対する説明会の開催その他の周知措置をとることを義務づけて（6条1項），市長により規制対象事業場と認定された場合には，「将来にわたって水質の保全を図るため，市長と水質保全協定を締結するものとする」旨の規定を置いている（10条）。もっとも，「何人も，水源保護地域内において，規制対象事業場を設置し，又は操業してはならない」（7条）とされているので，前記の協定は，規制対象事業場に該当しないことを担保するための協定と解さざるを得ない。この条例の解釈として，水源保護地域の指定が行政処分といえるかどうか，「水質汚濁を招くおそれのある事業」に該当して規制対象事業場と認定するについてどの程度の裁量が認められるのかという問題がある。協定違反に対する特別の規定は用意されていない。

一関市水道水源保護条例は，やや詳細な仕組みを採用している。まず，市長は，水道水源保護区域を指定することができる（5条1項）。この行政処分性の有無は中央市と同様に問題になろう。その区域内において水源の水質汚濁の原因となる物質に汚染された水を排出するおそれがある施設（＝特定

127　天理市水道水源保護条例17条，香川県まんのう町水道水源保護条例21条，いなべ市水道水源保護条例16条等は，規制対象事業場に該当しない旨の通知を受けた者に，管理者と水源保護協定を締結することを義務づけている。いずれも，規制対象事業場の要件は「水質の保全若しくは水量の確保ができず，又はできなくなるおそれがある」というように包括的で判定や認定に委ねられている。

施設)を設置し又は「水源の水質を汚濁するおそれがある行為又は水源の水量への影響をおよぼすおそれがある行為」(＝対象行為)を行なう者(＝特定事業者)は，市と水源の保護を図るために必要な事項を内容とする協定，すなわち水道水源保護協定を締結するものとしている(8条1項)。ここにいう「特定施設」に関しては，9業種に分けて細かに施設を列挙する方式を採用している(別表第1)。たとえば，畜産農業の場合は，豚房施設(その総面積が50 ㎡未満の事業場に係るものを除く)，牛房施設(その総面積が200 ㎡未満のものを除く)及び馬房(その総面積が500 ㎡未満のものを除く)とされ，旅館業の場合は，厨房施設，洗濯施設及び入浴施設とされている。また，「対象行為」は，宅地造成，さく井，地下工作物の築造・地下室の築造・特殊基礎工で，それぞれ内容が定められている(別表第2)。かくて，一関市の条例は，中央市の条例に比べて明確な内容といえる。相続人，合併等による一般承継人は，被承継人が有していた協定に基づく地位を承継するほか(12条1項)，協定締結者から協定に係る特定施設を譲り受けた者も，地位を承継する(同条2項)。協定違反に対する特別の規定は用意されていない。

盛岡市も，盛岡市水道水源保護条例を制定して，同様に，水道水源保護区域内において特定事業に供する施設から排出水を排出する事業者(＝特定事業者)は，市と，将来にわたる水道水源の保護を図るために必要な事項を内容とする水道水源保護協定を締結するものとしている(10条1項)。地位の承継がある点も，同様である。そして，市長は，協定締結者が協定に違反していると認めたときは，指導又は勧告をすることができ(12条1項)，その指導又は勧告に従わないときは，当該指導又は勧告の内容を公表することができる(13条)。協定の内容を遵守させる担保措置として，指導又は勧告という行政指導を介在させた公表制度を採用している点に特色がある[128]。

もっとも，これらの条例が，「協定を締結するものとする」として，協定締結を義務づけているとしても，それを強制する仕組みがあるようには思われない。水道水源保護区域の指定により，水質指針を遵守する義務，特定施設の設置届出義務などは，直接条例により生ずる義務であるが，協定により

---

128 紫波町水道水源保護条例も，同様の仕組みを採用している。

求めようとする義務は，協定が締結されない限り生じない。

　水源保護条例は，産業廃棄物処理施設設置の許可権限が都道府県にある中で，それが設置されようとしている地元市町村の対応策の意味をもつ場合も少なくない。都道府県の産業廃棄物処理施設行政との関係を重視する必要があろう。

[4] まちづくり関係協定

　公害防止協定等の環境保全型協定以外の協定についても検討しよう。それらのうち代表的なものは，まちづくり関係の協定である。まちづくり条例[129]による協定には，①地方公共団体が特定の土地所有者，事業者等と締結するもの[130]，②地方公共団体が住民等の団体と締結するもの，③土地所有者等の締結した協定を地方公共団体の長が認定等の行政処分により認めるもの，が見られる。③については，第6章において改めて検討する。

土地所有者や事業者等との協定　　まず，土地所有者や事業者等との協定の例を見よう。

　第一に，最も包括的なものの例として，仙台市の「杜の都の風土を守る土地利用調整条例」による開発事業に係る協定を挙げることができる。事業者は，開発事業計画書を市長に提出し，さまざま手続を経たうえ，市長は，開発事業に係る土地利用が適正かつ合理的に行なわれるよう，事業者に対して，協定の締結について協議を求める（19条1項）。事業者は，その協議に応じなければならない（同条2項）。市長は，事業者が協定に違反したと認めるときは，当該事業者に対し，協定の趣旨を実現するために必要な措置を講ずることができる（31条1項）。これがいかなる措置を指すのか，条例の規定のみからは明らかでない。なお，この措置を講じたときは，その旨及び当該

---

[129] まちづくり条例に関する包括的な研究として，小林重敬ほか『地方分権時代のまちづくり』（学芸出版社，平成11年），小林重敬編『条例による総合的まちづくり』（学芸出版社，平成14年），内海麻利『まちづくり条例の実態と理論』（第一法規，平成22年）などがある。

[130] 内海麻利・前掲書138頁以下は，申請に基づく承認・確認という方式を「審査方式」と呼び，それに対して協定の締結による方式を「協定方式」と呼んでいる。

措置を講ずることとなった理由を公表することができる，とされている（同条3項）。この公表は，単なる情報提供とみることは困難で，制裁的効果を狙ったものといえよう。

　第二に，「金沢市こまちなみ保存条例」は，保存建造物の所有者と「保存建造物の保存について必要な事項を定めた契約」を締結する権限を市長に付与している。

　第三に，石川県の「ふるさと石川の環境を守り育てる条例」は，風景地保護協定について規定している。それは，自然公園法61条が，「都道府県は，条例で，都道府県立自然公園に関し自然の風景地の保護のため必要がある場合に，地方公共団体又は次条の規定に基づく条例の規定により指定された公園管理団体が前章第4節の規定の例により土地の所有者等と風景地保護協定を締結することができる」と定めているのを受けたものである。

　県若しくは市町又は指定公園管理団体[131]は，自然公園内の自然の風景地の保護のため必要があると認めるときは，当該公園（海面を除く）内の土地所有者等と，次に掲げる事項を定めた風景地保護協定を締結して自然風景地の管理を行なうことができるとしている（183条1項）。①協定の目的となる土地の区域，②協定区域内の自然の風景地の管理の方法に関する事項，③協定区域内の自然の風景地の保護に関連して必要とされる施設の整備が必要な場合にあっては当該施設の整備に関する事項，④協定の有効期間，⑤協定に違反した場合の措置。

　手続に関する重要な点は，風景地保護協定については，協定区域内の土地所有者等の全員の合意を得なければならないことである（同条2項）。また，市町の場合は，あらかじめ知事に協議し知事の同意を得なければならない（同条4項）。さらに，公園管理団体の場合は，あらかじめ知事の認可を受け

131　風景地保護協定を締結できる公園管理団体に関しては，指定制度が採用されている。すなわち，自然公園内の自然の景勝地の保護とその適正な利用を図ることを目的とする一般社団法人又は一般財団法人，特定非営利活動促進法2条2項の特定非営利活動法人その他知事が定める法人であって，所定の業務を適正かつ確実に行なうことができると認められるものを知事が公園管理団体として指定することができ（189条1項，190条），そのうち風景地保護協定を締結できるのは，自然の風景地の管理に関する業務を行なう者に限られている（183条1項）。

なければならない。いずれの場合も，公告して関係者の縦覧に供しなければならず（184条1項），関係者は意見書を提出することができる（同条2項）。事後における公告，公衆の縦覧，協定区域である旨の明示など，国の各種法律と同様の仕組みが採用されている（186条）。

以上の仕組みは，まさに自然公園法31条以下の国立公園又は国定公園に関する規定の「例に」よった内容となっている（国立公園・国定公園の場合については，本章1［5］を参照）。

第四に，「合意」という文言であるが，協定と実質的には同じ効果をもつと思われる例がある。「横浜市魅力ある都市景観の創造に関する条例」は，都市景観協議地区内において都市景観形成行為をしようとする者は，あらかじめ，都市景観形成行為に関する設計について市長と協議しなければならないとし（9条1項）（都市景観協議），その行為者及び都市景観形成行為に関する工事の請負人（請負工事の下請人を含む）は，協議結果通知書に記載された市長との合意事項に従い当該都市景観形成行為に関する工事を行なわなければならない（11条）。この規定に違反したと認めるときは，違反是正のために必要な措置をとるよう勧告することができ（19条1項），その勧告を受けた者が正当な理由なく当該勧告に従わないときは，その旨を公表することができる（同条2項）。「都市景観形成行為」とは，景観法16条1項各号に掲げる行為その他の行為のうち，魅力ある都市景観の形成に影響を与えると認められるもの，という極めて包括的な定義づけによっている（5条4号）。いずれにせよ，都市景観協議に基づく合意が一種の行政契約であることは疑いない。

兵庫県の「景観の形成等に関する条例」は，知事は，地域の景観に及ぼす影響が大きい事業活動を行なう事業者との間で，その事業活動を行なう区域及びその周辺地域に係る景観の形成等に関する協定を締結することができるとし（29条の4第1項），知事から協定の締結を求められた事業者は，これに応ずるよう努めなければならないとしている（第2項）。

住民団体等との協定　次に，まちづくりのための条例を制定して，その中で住民団体等と土地利用等に関する協定を締結する地方公共団体がある。

たとえば，金沢市は，複数の条例による協定制度を設けている。

第一に、「金沢市における土地利用の適正化に関する条例」による土地利用協定がある。同条例は、市街化区域以外の区域における土地利用について、市民の参画による土地利用の適正化、地域にふさわしい市民全体の秩序ある土地利用を図ろうとするものであり（1条）、「住民等」も、「市街化区域以外の区域内に住所を有する者又は市街化区域以外の区域内に存する土地若しくは建築物の所有者（これらについて使用することができる権利を有する者を含む。）」と定義されている（2条4号）。

同条例は、住民等が、「土地利用の適正化を図るため、当該地区における土地利用に関する基準」（＝土地利用基準）を策定することができるとし（3条1項）、土地利用基準を策定したときは、市長と土地利用に関する協定（＝土地利用協定）を締結することができるとしている（4条1項）。土地利用基準には、その名称、対象区域、目標・方針、その他必要な事項が定められる（3条2項）。協定を締結しようとする住民等は、締結申出書に土地利用基準書及び住民等の3分の2以上の者が合意した旨の書面（＝合意書）を添付して市長に申し出ることとされている（施行規則3条）。市長は、土地利用協定を締結しようとするときは、「金沢市まちづくり審議会」の意見を聴くことができる（条例4条2項）。土地利用協定は、市が土地利用に関して定めた基準等を緩和するものであってはならないとされている（4条3項）。

この協定の特色は、住民の3分の2以上の合意に基づいて市長と住民等とが締結する点にある。

平成17年3月に締結された「金沢外環状道路海側幹線道路地区土地利用協定」を見ておきたい。土地利用基準は、「土地利用の目標」として、「海側幹線沿道での土地利用において、田園地区としての美しい沿道景観を誘導するとともに、背後地の土地利用に支障がないように配慮し、快適で秩序ある沿道環境の実現を図ることを目標とする」とし、「土地利用の方針」は、「海側幹線、本市の広域交通を担う地域高規格道路として、秩序ある都市景観の誘導・形成を図るとともに、背後地の現状及び将来の土地利用に支障がないように考慮するものとする」というものである。

次に、土地利用基準の核心をなす「土地利用の適正化を図るために必要な事項」の内容を、長さを厭わずに掲げておこう。

用途の制限
    関係法令等の建築制限による。
敷地面積の最低限度
    原則として200㎡以上とする。
壁面の位置の制限
    各境界線等から建築物の壁面又はこれに代わる柱の面までの最低距離は，軽微な設備機器を除き次のとおりとする。なお，農道や用水の幅員については各町の生産組合に確認するものとする。
    ①都市計画道路の道路境界線から1.5ｍ。ただし沿道サービス施設については，3.0ｍ。
    ②市道や農道（以下「農道等」という。）の中心から4.0ｍ。ただし，次の例外規定を設けるものとする。
        ・当該幅員の現況が6ｍ以上の場合は，道路境界線から1.0ｍ。
        ・農道等の反対側が用水路である場合は，農道等と用水路の境界線から7ｍ。
    ③用水路境界線から1ｍ。
    ④隣地境界線から1ｍ。
高さの制限
    20ｍとする。ただし，敷地面積が1,000㎡以上あり，周辺への影響を緩和することができる空地等を設け，かつ，土地景観形成上支障がない場合は，31ｍとすることができる。また，隣接地が農用地である場合は，当該農用地に建築物等の日影により著しい影響を生じさせないものとする。
建築物等の形態又は意匠の制限
    （建築物）
    建築物の屋根の色は黒，茶，グレーを基調とし，また，外壁の色は茶，グレー等を基調とした落ち着きのある色調とする。
    （広告物等）
    広告物は自家広告及び金沢市屋外広告物条例に定める室内誘導サインに限るものとし，かつ，次の各項目に適合するものとする。

①形態，色彩及び意匠は周辺環境との調和を図る。
②ネオン点滅，電光表示装置は設置しない。
③広告物は道路境界線，隣地，農道，用水路の境界線から0.5ｍ以上後退する。
④屋上（屋根面を含む），軒高以上（ビル名称は除く）には設置しない。
⑤突出広告は外壁面からの張り出しを1ｍ以内とする。
⑥独立広告は高さ6ｍ以下とする。

垣又はさくの構造の制限
①都市計画道路に面する垣又はさくは，次に該当するものとする。
・生け垣，又は植栽とし，可能な限り緑化に努めるものとする。
・コンクリートブロック，レンガ，石積み等を設ける場合の高さは，0.6ｍ以下とする。
②農道等に面する塀及び土留め擁壁等は，壁面の位置の制限に定める後退距離から1ｍを減じた数値以上後退する。

　以上のような内容の土地利用協定を締結したときは，その旨及びその内容を公告しなければならない（4条4項）。事業者は，協定区域内で開発事業を行なおうとするときは，土地利用協定の内容を十分に理解し，これを遵守しなければならない（5条1項）。また，事業者は，協定区域内において開発事業を行なおうとするときは，開発事業に着手する日の30日前までに，規則で定める事項を市長に届け出なければならない（同条2項）。この届出に係る開発事業の内容が土地利用協定に適合しないと認めるときは，当該届出をした者と協議のうえ，必要な措置を講ずるための助言又は指導を行なうものとしている（同条4項）。「助言」や「指導」という柔らかな働きかけにとどまっている点が注目される。なお，この助言又は指導を行なう場合は，必要に応じて，審議会又は協定区域内の住民等の意見を聴くことができる（同条5項）。

　第二に，「金沢市における市民参画によるまちづくりの推進に関する条例」による「まちづくり協定」がある。同条例は，住民等が，自ら住みよいまちづくりを推進するため，当該地区における建築物の規模，土地利用等に係る

まちづくりに関する計画（＝まちづくり計画）を策定することができるものとし（10条），住民等は，この計画を策定したときは，市長とまちづくりに関する協定（＝まちづくり協定）を締結することができるものとしている（11条1項）。そして，まちづくり協定の内容は，金沢市がまちづくりに関して定めた基準等を緩和するものであってはならないとしている（同条3項）。協定区域内において事業者が開発事業を行なおうとするときは，開発事業に着手する日の30日前までに規則で定める事項を市長に届け出て（12条2項），その届出に係る開発事業の内容がまちづくり協定に適合しないと認めるときは，当該届出をした者と協議のうえ，必要な措置を講ずるための助言又は指導を行なうものとしている（同条4項）。また，協定区域内の住民等は，まちづくり協定に係るまちづくり計画を地区計画等として都市計画に定めるよう市長に要請することができる（13条1項）。

　第三に，「金沢市における災害に強い都市整備の推進に関する条例」による「防災まちづくり協定」の制度も用意されている。市民又は土地権利者等（＝市民等）は，自ら災害に強い都市整備を推進するため，当該地区における災害に強い都市整備の推進に関する計画（＝地区施設整備計画）[132]を策定できるとしつつ（19条1項），地区施設整備計画を策定したときは，市長と災害に強い都市整備の推進に関する協定（＝防災まちづくり協定）を締結することができる（20条1項）。市民等は，協定を締結しようとするときは，協定締結申出書に地区施設整備計画書及び当該市民等の3分の2以上の者が合意した旨の書面を添付して市長に申し出なければならない（同条例施行規則3条）。防災まちづくり協定書においては，協定地区の区域，区域の面積，協定に係る地区施設整備計画の目標年次，などが記載される（同施行規則4条による様式第3号）。市長は，防災まちづくり協定を締結したときは，その旨及びその内容を公告しなければならない（条例20条2項）。この協定は，条例上において二つの効果をもっている。一つは，防災まちづくり協定を締結した市民等に対する財政的な援助である（同条4項）。もう一つは，防災まちづくり協定区域内の住民等は，協定の締結に係る地区施設整備計画を地

---

[132] 地区施設整備計画に定める事項は，名称，対象となる区域，目標年次，目標・方針，その他必要な事項である（条例19条2項）。

区計画等として都市計画に定めるよう市長に要請することができるとされている（21条1項）。前記の第二のものも含めて，計画を先行させたうえ協定が締結される点に特色がある[133]。

第四に，「金沢市における緑のまちづくりの推進に関する条例」による「緑のまちづくり協定」がある。同条例は，「一定の区域内において緑のまちづくりの推進をしようとする団体と緑のまちづくりに関する協定」（＝緑のまちづくり協定）を締結する権限を市長に与えている（11条1項）。ただし，条例の上においては，単に緑のまちづくり協定の締結に係る団体に対し，必要な助言又は援助をする権限を市長に付与しているのみである（同条2項）。しかも，協定に定める事項の定めは条例にはない。同条例施行規則2条による様式第1号による「緑のまちづくり協定書」第5項の「協定に係る緑のまちづくりの推進に関する内容」によって，実効性が左右されるのであろう（協定書においては，他に，協定番号，協定の名称，協定地区の区域，協定地区の区域の面積又は延長及び協定の有効期間を定めるものとしている）[134]。

第五に，「金沢市における歩けるまちづくりの推進に関する条例」による「歩けるまちづくり協定」もある。同条例は，住民による自主的な歩けるまちづくりの推進の方策として，一定の区域内において歩けるまちづくりの推進をしようとする団体（＝歩けるまちづくり団体）が，「歩けるまちづくり構想」を策定できること（8条1項）を前提に，この構想を策定した歩けるまちづくり団体は，市長と「歩けるまちづくり協定」を締結することができるとしている（9条1項）。

このような方式は，他の地方公共団体にも見られる。

神戸市は，「神戸市地区計画及びまちづくり協定等に関する条例」を制定して，その中に「まちづくり協定」の定めを置いている。その当事者は，市

---

133 同様の仕組みは，掛川市生涯学習まちづくり土地条例におけるまちづくり計画案の策定（7条）とまちづくり計画協定（8条）についても採用されている。

134 江東区みどりの条例9条1項も，区内の一定地域の区民が，その合意に基づき，当該地域内のみどりの育成と保全を行なうことを決定したときは，代表者の申請により，区民とみどりの育成と保全に関する協定を結び，予算の範囲内で必要な援助を行なう権限を区長に付与している。

長と「まちづくり協議会」である。当事者となる「まちづくり協議会」は，「まちづくり提案の策定，まちづくり協定の締結等により，専ら，地区の住み良いまちづくりを推進することを目的として住民等が設置した協議会」で，「地区の住民等の大多数により設置されていると認められるもの」，「その構成員が，住民等，まちづくりについて学識経験を有する者その他これらに準ずる者であるもの」，「その活動が，地区の住民等の大多数の支持を得ていると認められるもの」を，市長が申請により認定した協議会である（4条，5条）。

同じく，逗子市は，「逗子市まちづくり条例」を制定し，「地区まちづくり協議会」が，所定の要件を満たす地区まちづくり計画を内容とする協定（地区まちづくり協定）を締結するように市長に求めることができるとしている（12条）。地区まちづくり協定の内容となる計画の要件の中には，面積要件のほか，①地区まちづくり区域内に住所を有する20歳以上の者，事業を営む者及び当該区域内の権利者のうち，3分の2以上の者が，当該地区まちづくり計画に同意していること，②地区まちづくり区域内において，①により同意した者の所有土地の地積と借地権の目的となっている土地の地積との合計が，これらの権利の対象となっている土地の総地積の3分の2以上であること，③土地利用の制限にかかわらない事項については，①及び②にかかわらず，地区まちづくり区域内に住所を有する20歳以上の者及び事業を営む者のうち，3分の2以上の者が当該地区まちづくり協定に同意していること，が含まれている。

以上のような方法は，住民団体等の要件を満たしている場合に，その住民団体等の意思形成がなされていることを前提にして，地方公共団体（実際は，その長）と住民団体等との間において協定を締結するものである。形式上のイニシアティブが住民団体等にあるかのように見える場合であっても，実際は地方公共団体からの働きかけによる場合も多いと推測される[135]。

公共施設管理者の同意を補完する協定　都市計画法32条に基づく公共施

---

[135] まちづくり協議会等について，木藤伸一朗「都市環境をめぐる行政プロセスと住民団体の位置づけ」山下健次編『都市の環境管理と財産権』（法律文化社，平成5年）124頁を参照。

設の管理者との協議の結果は，必ずしも協定等の形式でまとめられるとは限らない[136]。しかし，条例により，開発行為の計画等について届出を求めて事前協議を義務づけて，一定の事項について協定の締結を求める地方公共団体が登場している。

その一例として，「越谷市まちの整備に関する条例」は，開発行為等を行なおうとする者に計画の届出を求め（17条），届出を行なった開発者は，道路整備，水路整備，雨水流出抑制施設設置，下水道設置，公園等整備について，市長と事前協議をすることを求めている（19条）。この事前協議書を提出するときは，あらかじめ，開発行為等に関係する公共施設管理者との協議を経なければならない（20条）。そして，市長は，事前協議の際に，開発者に対して，条例の定める基準に従い開発行為等を行なうことを書面で要請し，開発行為等により条例所定の公共施設等の整備が行なわれる場合は，開発者は市長と協定を締結するものとしている（21条）。柏市開発行為事前協議等手続条例も，事業者に届出と事前協議を義務づけたうえ（4条1項，3条），協定願の提出を受けて協定を締結することとしている（7条）。これらは，実質的には，都市計画法による公共施設管理者の同意に至る手続を具体化したもの，ないし補完するものと見ることができる。なお，協定を遵守しなかった場合の措置が問題となるが，越谷市の条例は，協定を遵守しないことにより，開発地周辺の住環境若しくは公共施設等に悪影響を及ぼし，又は及ぼすおそれがあると客観的に認められる開発行為等を施行し，又は施行しようとする場合は，勧告を行ない（60条4号），開発者が勧告に従わない場合は，工事の停止又は中止等を命ずることができ（61条），さらに，それに従わない場合は公表することができるとしている（62条）。

以上のまちづくり協定においては，多くの場合に計画（土地利用基準や構想を含む）の策定が先行しているし，先行していない場合も，実質的には計画を内容とするものである。その意味において，「計画型協定」と呼ぶことができよう。

---

[136] もちろん，協定が締結されることもある。たとえば，長野県建築管理課「都市計画法に基づく公共施設管理者の同意等の取り扱いに関する指針」には，「管理協定書案」が添付されている。

［5］　県外産業廃棄物の搬入についての事前協議と協定

県外産業廃棄物の搬入に係る協定　条例に基づき県外産業廃棄物の搬入[137]について事前協議を求めて協定を締結している県がある[138]。条例により環境保全協力金の納付を求める方式を採用している県もある（他の地方公共団体からの一般廃棄物の受入れに関する協定について，本書第5章2［2］を参照）。

まず，秋田，青森，岩手の東北3県は，法定外目的税の産業廃棄物税とは別に，条例により，県外産業廃棄物の搬入について，協力金納付を求めることにしている。3県とも，「県外産業廃棄物の搬入に係る事前協議等に関する条例」という名称の条例である。協定の締結（秋田県，青森県），環境保全協力金契約（岩手県）という表現の違いはあるものの，実質は同じであるといってよい。

秋田県の条例についてみると，まず，県外排出事業者は，県外産業廃棄物を県内で処分するために搬入しようとするときは，あらかじめ，県外産業廃棄物の種類，数量及び搬入期間その他規則で定める事項について，知事に協議しなければならないとしている（3条1項）。知事は，この協議があった場合において，その内容を審査し，生活環境の保全に支障があると認めるときは，搬入しようとする県外産業廃棄物の数量又は搬入期間の変更その他の生活環境の保全に必要な措置を講ずべきことを指導し，及び助言することができる，としている（同条2項）。そして，この事前協議が成立した県外排出事業者と，規則で定めるところにより，当該協議の内容の遵守，環境保全協力金の納入その他必要な事項について協定を締結するとし（4条1項），環境保全協力金は，産業廃棄物の適正な処理の促進に関する施策に要する費用に充てるとしている（同条2項）。環境保全協力金の額について，同条例施行規則3条2項は，最終処分を行なうための搬入については1トンにつき

137　協定の締結を求めないまでも，要綱により事前協議を求めている県市はきわめて多い。富山県，富山市，福井県，山形県など。

138　茨城県は，条例には処理に関する計画についての事前協議の定めのみを置いているが（茨城県廃棄物の処理の適正化に関する条例7条），「茨城県外から搬入する産業廃棄物の処理に係る事前協議実施要項」は，搬入事前協議承認基準を定め（5条），かつ，承認したときは，「産業廃棄物県内搬入処分協定書」を締結するものとしている（6条1項）。

500円，中間処理を行なうための搬入については1トンにつき200円，再生利用を行なうための搬入については1トンにつき50円としている。

　大分県も，「大分県産業廃棄物の適正な処理に関する条例」に，県外産業廃棄物の搬入に係る協定の締結に関する条項を置いている。まず，県外排出事業者は，県外産業廃棄物を県内で処分するために搬入しようとするときは，あらかじめ，知事に協議しなければならない（12条1項）。知事は，この協議があった場合において，その内容を審査し，生活環境の保全上支障が生ずるおそれがあると認めるときは，県外排出事業者に対し，搬入の中止又は搬入をしようとする県外産業廃棄物の数量若しくは搬入期間の変更その他必要な措置を講ずべきことを指導することができる（同条2項）。協定に関して，条例自体は，前記の事前協議が成立した県外排出事業者と，規則で定めるところにより，当該協議の内容の遵守，環境保全協力金の納入その他について協定を締結できること（13条1項），環境保全協力金は，産業廃棄物の適正な処理の推進に関する施策に要する費用に充てること（同条2項）を定めるにとどまっている。同条例施行規則17条2項において，環境保全協力金の額の「目安」を定めている。負担自体は，直接に条例に基づくものではなく，契約ないし協定に基づくものであるので，特に条例において金額を定める必要はないという考え方によっていると思われる。

　その「目安」は，次のとおりである。

　　　最終処分を行なうための搬入　搬入量1トンにつき　　　　　　　500円
　　　中間処理を行なうための搬入　搬入量1トンにつき
　　　　　　　　　　　　　　　　減量リサイクル率80％以上　　0円
　　　　　　　　　　　　　　　　減量リサイクル率50％以上80％未満
　　　　　　　　　　　　　　　　　　　　　　　　　　　　　100円
　　　　　　　　　　　　　　　　減量リサイクル率20％以上50％未満
　　　　　　　　　　　　　　　　　　　　　　　　　　　　　250円
　　　　　　　　　　　　　　　　減量リサイクル率20％未満　500円

　施行規則17条1項による別紙様式「県外産業廃棄物搬入協定書」によれば，搬入者は，4月から9月までの間における搬入状況にあっては10月末日までに，10月から翌年3月までの間における搬入状況にあっては4月末

日までに，条例15条の県外産業廃棄物の搬入状況の報告規定に基づく「県外産業廃棄物搬入実績報告書」の提出により行なうものとしている（3条1項）。そして，環境保全協力金の納入規定（4条1項）に続いて，その納入は，大分県が送付する納入通知書により行なうものとしている（5条1項）。納入通知書に定める納入期限内に環境保全協力金の納付をしない場合には，大分県は，それを納入するまでの間，県外産業廃棄物の搬入を停止させることができるという条項（同条2項）も置かれている。

前述したように，これらの県は，産業廃棄物税条例により，法定外目的税を課しており，それと別個に環境保全協力金の納付を求めていることに注意しておきたい。運用実態としては，限りなく法定外税に近くなる可能性があるにもかかわらず，協定を介在させることにより，契約に基づく協力金であるという位置づけになっている。「協力金」は，単純な寄附でもないようで，その性質は定かでない。

協定をとりまく仕組みの状況　協定をとりまく状況を再度考察しておく必要があろう。

まず，以上の仕組みにおいて，協定書は，それに先立つ事前協議の成立を前提にしていることがわかる。そして，事前協議の成立自体が行政契約の一種といえるのかが問題になるが，事前協議は，契約締結の準備行為と位置づけるのが相当であろう。しかし，事前協議の成立した事項は，協定に取り込まれていることに注意する必要がある。また，協定の締結の形式をとらない場合において，事前協議に基づいて当該協議に係る搬入を知事が承認する「承認通知書」等を事業者に交付するなどの方式にあっては，承認通知により一種の協定が成立したものと見ることができよう[139]。

次に，協議や協定を実効あらしめるための仕組みは，どのようになってい

---

[139] 要綱の例として，宮崎県県外産業廃棄物の県内搬入処理に関する指導要綱6条・7条，埼玉県県外産業廃棄物の適正処理に関する指導要綱4条・6条，広島県県外産業廃棄物の県内搬入処理に係る事前協議に関する要綱4条・5条，浜松市の県外産業廃棄物の処理に関する指導要綱3条・4条など。なお，承認の文字を用いてない通知であっても，実質的に承認と解すべき場合があるが，条例に基づくものについては，行政処分と見るべきかも知れない，そのような例として，静岡県産業廃棄物の適正な処理に関する条例12条，静岡市産業廃棄物の適正な処理に関する条例12条がある。

るのであろうか。
　秋田県の条例は，知事による勧告を主体としている。すなわち，①事前協議をすることなく県外産業廃棄物を県内で処分をするために搬入したときは，当該協議をすべきことその他必要な措置をすべきこと，②条例3条2項の規定による指導及び助言を受けた者が当該指導及び助言に従わないときは，当該指導及び助言に従うべきことその他必要な措置を講ずべきこと，③協議が成立した県外排出事業者が当該協議の内容を遵守せず県外産業廃棄物を処理したときは，当該協議の内容を遵守させるために必要な措置を講ずべきこと，④条例3条4項の規定により協議成立の通知を受けた当該県外排出事業者から委託を受けて県外産業廃棄物の収集若しくは運搬又は処分を行なう産業廃棄物処理業者等が当該通知の内容に従わず県外産業廃棄物の収集若しくは運搬又は処分をしたときは，当該通知の内容に従わせるために必要な措置を講ずべきこと，⑤協議が成立した県外排出事業者が条例6条の規定による報告をせず，又は虚偽の報告をしたときは，報告をすべきことその他の必要な措置を講ずべきこと，をそれぞれ勧告することができるとされている（8条）。そして，これらの勧告を受けた者が，正当な理由なく，当該勧告に従わないときは，その旨及び当該勧告の内容を公表することができる（9条1項）。ただし，この公表をしようとするときは，あらかじめ意見を述べる機会を与えなければならない（同条2項）。この公表は，単なる情報提供のための公表ではなく，義務履行を促進させるためのものであることは明らかである。
　大分県の条例も，ほぼ同様の場合に知事が勧告できる旨を定めている（18条）。かくて，勧告により実効性の確保を図ることが予定されているのであるが，おそらく勧告しなければならない事態に至らしめたときは，行政としては，もはや失敗であって，勧告に至らないようにすることが腕の見せどころといえよう。

[6]　指定管理者の指定に伴う協定
　条例における協定に関する定め　　自治法に基づく公の施設について指定管理者制度を活用して指定管理者を指定する場合には，指定管理者の指定の手続，指定管理者が行なう管理の基準及び業務の範囲その他必要な事項は，条

例に定めることとされている（自治法244条の2第3項，第4項）。そして，指定管理者制度を採用している地方公共団体で，通則的条例を制定している場合においては，その条例において指定管理者（ないし被選定者）と当該地方公共団体との間で管理の対象とする施設の管理に関する協定を締結するものと定めていることが多い。このような扱いは，指定管理者制度創設時に，全国市長会や全国町村会が公表した条例案に「協定の締結」に関する条項が含まれていたことにもよると思われる。

そして，公の施設の管理が，通常は，複数年に及ぶことから，協定も，基本協定及び年度協定の2種類が締結されることが多い。また，指定管理者の指定について議会の議決を要することとの関係において，指定管理者候補者を選定した段階で，まず仮協定を締結し，議会の議決後に本協定（正式協定）を締結するという2段階方式が多いようである[140]。

まず，この協定は，指定に付随するものであって，それ自体において相手方の選定が問題となるものではないので，自治法の規定する「契約」ではなく，それ自体について議会の議決を要するものではないと解される。しかしながら，協定において重要事項が定められることを考慮するならば，後述のように，候補者の募集時に協定書案を示すとともに指定管理者の議決を提案する際に，その参考資料として協定書案を議会にも示すことが望ましいといえよう。

協定書の内容は，公の施設の種類に応じて多様なものがあり得る。一定の種類の公の施設に関して全国的団体が基本協定書の内容について参考例を示すこともある[141]。一般には，協定の目的，協定期間，信義誠実の原則，基本的な業務の範囲（施設の修繕等を含む），守秘義務，個人情報の保護，第三者への委託，指定管理料又は利用料金，会計，事業報告書の提出，情報の公開，損害賠償，保険，目的外使用などの規定が置かれる。施設によって，あるいは指定管理者の態様に応じて，一定範囲の自主事業を認めることも多い[142]。

具体的な条例の定め方を見ると，「福島県公の施設の指定管理者の指定の

---

[140] 調布市市長決定「指定管理者制度に係る事務処理方針」。
[141] たとえば，社団法人全国公立文化施設協会。

手続等に関する条例」4条は,「知事等は,指定管理者を指定したときは,当該指定管理者と公の施設の管理の業務に関する協定を締結するものとする」(1項)とし,その協定に定める事項として,①事業計画に関する事項,②事業報告に関する事項,③県が支払うべき管理の業務に係る費用に関する事項,④指定の取消し及び管理の業務の停止に関する事項,⑤個人情報等の管理に関する事項,⑥その他知事等の定める事項を掲げている(2項)。また,「札幌市公の施設に係る指定管理者の指定手続に関する条例」8条は,被選定者は,指定管理者の指定を受けるときは,市長等と施設の管理に関する協定を締結しなければならないとし(1項),福島県の前記①～⑥に相当する事項のほか,利用料金に関する事項を掲げている(2項)。

この二つの条例を手がかりに,若干の検討をしておこう[143]。

協定締結の時期　第一に,協定締結の時期の問題である。両条例を比較して,協定の締結が,指定後であるのか(福島県),指定前であるのか(札幌市)という違いがある。指定後の協定締結であるならば,協定締結について合意に達することが困難な場合にも,容易に指定の取消しをするわけにはいかないであろう。したがって,実際には,被選定者には事前に協定内容が提示されていて,その内容を了解している者が指定されることが望ましい。指定前の協定締結であれば,理論上は,協定の締結に至らなかったが故に指定をしないということもあり得るわけである。協定の締結が議会の議決後であるとしても,実際上,再度議決を求めることの政治的問題を考慮するならば,同様に,被選定者には予定される協定内容を事前に十分に理解しておいてもらって,協定の締結に至らない事態は極力回避する必要がある。結局,仮協定の締結と呼ぶかどうかはともかくとして,協定の骨格部分については議会の議決を求める前に実質的な合意に達していることが必要と思われる。

協定の性質　第二に,多くの条例に共通の協定事項のうち,特に注目し

142　たとえば,横浜市は,みなと赤十字病院の指定管理者に対して,健康保険法等による訪問看護事業,介護保険法に基づく居宅介護支援事業を認めて,そのために施設等を使用するときは目的外使用許可の申請をしなければならないとしている。

143　地方公共団体によっては,協定の締結に関する規定を,条例の委任に基づく規則で定めていることがある(たとえば,みどり市)。

たいのは、「指定の取消し」が協定に定められることである。たとえば、①業務に際し不正行為があったとき、②当該地方公共団体に対し虚偽の報告をし又は正当な理由なく報告等を拒んだとき、③指定管理者が協定内容を履行せず、これらに違反したとき、④自らの責めに帰すべき事由により指定管理者から協定締結の解除の申出があったときに、指定を取り消し、又は期間を定めて業務の全部若しくは一部の停止を命ずることができる、とする例[144]がある。これらの内容はもっともなものであるが、指定取消しという行政処分権限の発動が、協定という一種の契約により左右される点に違和感を覚えざるを得ない。おそらく、指定管理者の指定及びその取消しは、行政処分の形式を有しつつも、契約の締結及び契約の解除と連続線上にあるので、純粋な行政処分を前提にして理解しようとすることに無理があるのかも知れない。

　この条項が存在することに着目するならば、協定は、指定という行政行為の附款であると見るのが自然である[145]。このこと等を理由にして、協定の全体が、指定という行政行為の附款であるとする見解も成り立つ。しかし、「協定」の文言が当事者の合意を前提にする以上、事柄によっては、附款以外の性質、すなわち契約の性質を有する部分もあり得るというべきであろう。その場合の契約説[146]について、行政契約説と私法契約説とがあり得るであろう。いずれにせよ、契約との区別に関しては、個別の協定あるいは個別の条項ごとに、指定の従たる定めの性質を有するかどうかを判断する必要があろう[147]。そして、附款と契約の両方の性質を併有する複合的性質のものと

144　津山市指定管理者協定書39条、戸田市指定管理者基本協定書25条（いずれも雛型）。

145　戸田市は、通則的な条例をもたないで個別の公の施設に関する条例において、指定管理者が市長の指示に従わないとき、その他指定管理者の責めに帰すべき事由により当該指定管理者の管理を継続することができないと認めるときは、その指定を取り消し、又は期間を定めて管理業務の全部若しくは一部の停止を命ずることができる（戸田市スポーツセンター条例22条1項）というような規定を置きつつ、基本協定書（雛形）において、指定の取消事由をより詳細に定めている。

146　三野靖『指定管理者制度　自治体施設を条例で変える』（公人社、平成17年）98頁－99頁。

147　市橋克也「公の施設の指定管理者」三橋良士明＝榊原秀訓編『行政民間化の公共分析』（日本評論社、平成18年）156頁、168頁以下。

見ることのできる場合も考えられる。

　この点は，協定の締結が自治法242条1項の「契約の締結」に該当するか否かという問題との関係において裁判例に登場している。

　箕面市駅前自転車駐車場事件に関する1審の大阪地裁平成18・9・14（判例タイムズ1236号201頁）は，協定の締結を自治法上の「契約」の締結と見たうえで，利用料金の収受は条例の規定によるものであって，協定によるものではないから，市に損害が発生したとしても，その損害と協定の締結との間には因果関係がないとして，市長個人と指定管理者たる会社に損害賠償請求をせよとの住民訴訟4号請求には理由がないとした。これに対して，控訴審の大阪高裁平成19・9・28（判例集未登載）は，本件協定は，行政処分の附款の要素をもつとともに，行政契約の要素をも有するとして，複合的性質説によりながら，自治法上の「契約」の締結に該当するとした。

　複合的性質は，指定の取消しの場合にさえ見られる。「津山市指定管理者協定書」39条は，指定取消事由を掲げつつ（1項），指定の取消しを行なおうとする際には，事前に指定管理者に通知したうえで，①指定取消の理由，②指定取消の要否，③改善策の提示と指定取消までの猶予期間の設定，④その他必要な事項，について指定管理者と協議を行なわなければならないとしている（2項）。これは，実態としてはともかく，正式な手続としての指定取消という行政処分には考えられないことである。限りなく契約的な感覚が示されているといえよう。

条例事項と協定事項との振分け　第三に，条例事項と協定事項との振分けの問題がある。両方の条例とも，個人情報の管理に関する事項を協定で定めるものとしているところ，むしろ個人情報の管理に関する最低限の事項は条例において定めることが検討されてよい。実際にも，そのような条例が多い。たとえば，「松戸市指定管理者の指定手続等に関する条例」13条が，「指定管理者又は管理の業務に従事している者（以下「従事者」という。）は，松戸市個人情報の保護に関する条例（昭和63年松戸市条例第10号）に従い，個人情報を適切に管理するとともに，管理の業務を行うに当たり知り得た秘密を他に漏らし，又は自己の利益若しくは不当な目的に利用してはならない。指定期間が満了し，若しくは指定を取り消され，又は従事者がその職務を退い

た後も同様とする」と定めている例[148]が参考となる。条例方式によるときには，義務違反に対して罰則を付すことも可能となる（自治法14条3項）。

　第四に，第三者に対する損害の賠償に関して，次のような定めを置く例が見られる（四日市市の「なやプラザの管理に関する基本協定書」43条）。

　　① 管理業務の実施にあたり，乙の責めに帰すべき事由により第三者に損害が生じた場合は，乙はその損害を賠償しなければならない。ただし，その損害が甲の責めに帰すべき事由又は甲乙双方の責めに帰すべきことができない事由による場合は，この限りでない。

　　② 甲は，乙の責めに帰すべき事由により発生した損害について第三者に対して賠償するために経費を負担した場合，乙に対して賠償した金額及びその他賠償に伴い発生した費用を求償することができる。

　純粋に私人間における損害賠償の負担に関する事柄であるならば，このような合意の効力を認めることに問題はない。ところが，国家賠償法1条は，公権力の行使に当たる公務員の行為による損害賠償責任を国又は公共団体に負わせるとともに，当該公務員に対する求償権の行使は，当該公務員に故意又は重大な過失があった場合に限定している。指定管理者の従業員の過失により違法に公の施設の利用者に損害を与えたと認められる場合に，前記のような協定を根拠に故意又は重大な過失の有無を問うことなく，指定管理者に損害賠償の負担を負わせることは，国家賠償法1条に関する代表的判例（最高裁平成19・1・25民集61巻1号1頁）に従う限り，許されないように見える。

　しかし，この点については，指定管理者であるということで自動的に結論が出されるべきものではない。最高裁平成19年判決は，「措置」に基づく監護権の行使という強力な公権力の行使の場合に児童福祉施設の職員の責任を否定したものである。一般の広義説の妥当するすべての行為を対象としていると解すべきではないと思われる。したがって，指定管理者（あるいは，その担当者）の加害行為が，自治法以外の個別の法令や条例により付与されていて当該地方公共団体に帰属すべき「強い公権力の行使」である場合には，

---

[148] 同様の条例の定めは，京都市，米原市，安芸市，下関市，八幡浜市，伊勢崎市などにも見られる。

最高裁平成19年判決に従う限り，指定管理者が私人（利用者）に対して直接に損害賠償責任を負うことはなく，故意又は重大な過失がある場合に限り求償権の行使を受けるということになろう。これに対して，損害を生じさせた指定管理者（あるいは，その担当者）の行為がそのような強力な公権力の行使を伴わない「弱い公権力の行使」場合には，地方公共団体の国家賠償責任と指定管理者の担当者の損害賠償責任が併存し，その担当者の使用者たる指定管理者が使用者責任を問われることがあるというべきである[149]。さらに，公の施設が通常有すべき安全性を欠いて，公の営造物の設置管理の瑕疵があったと認められる場合には，設置者である地方公共団体は，国家賠償法2条の国家賠償責任を免れないことはいうまでもない[150]。

多段階協定　指定管理者の指定に伴う協定は，多段階協定となることが多い。最も一般的な方法は，基本協定と年度協定との二段階方式である。このほか，指定管理者の管理に移行するまでの準備期間を考慮して，三段階方式が採用されることもある。

三段階方式が採用されるのは，病院に多いようである。すなわち，「指定管理者による管理の準備に関する協定書」を締結して，準備期間における準備行為の内容とその費用負担等を定め，その後の基本協定及び年度協定との関係も定めているものがある。そして，基本協定及び年度協定の締結に至らなかったときは，すでに支出した費用は各自の負担とし，相互に債権債務は

---

[149] 平成19年最高裁判決前の時点において，稲葉馨「公の施設法制と指定管理者制度」法学67巻5号685頁，705頁以下（平成15年）は，設置地方公共団体の責任を基礎としつつも，指定管理者の使用者責任を問う余地があるとした。すなわち，指定管理者は，設置地方公共団体との関係では行政機関（行政庁の場合を含む）ないし国家賠償法上の「公務員」の立場にあると同時に，利用者等との関係においては，一個の賠償責任主体となり得るという二面性を有するというのである。なお，室井力ほか編『行政事件訴訟法・国家賠償法　第2版』（日本評論社，平成18年）518頁（執筆＝芝池義一）は，「公務員でない者をも公務員とみるのは公務員の観念を著しく拡張するものである」として指定管理者を「公務員」と見ることに疑問を提起し，今村与一「『民営化』後の民事責任」山田卓生先生古稀記念論文集『損害賠償法の軌跡と展望』（日本評論社，平成20年）107頁，124頁も，これに同調している。

[150] 小幡純子「公の営造物概念に関する試論」原田尚彦先生古稀記念『法治国家と行政訴訟』（有斐閣，平成16年）487頁，509頁注65を参照。

生じないとする例がある[151]。

　指定管理者と基本協定を締結するに当たり債務負担行為の議決を要するのかが一つの論点となり得る[152]。協定書において複数年度にわたる指定管理料の支払いを定める場合[153]は，債務負担行為を要することはいうまでもない。これに対して，指定管理者に交付金等を交付する旨を基本協定に定める場合であっても，その内容が「予算の範囲内で交付する」とか，「年度協定に定める」のような定め方の場合[154]は，自治法214条にいう「債務を負担する行為」には該当しないと解される。要するに，協定が，確定的に債務を負う趣旨である場合は債務負担行為の手続を要するが，後の手続により債務を確定させる趣旨の場合は債務負担行為手続を要しないとみるべきである。

　協定違反の場合の訴訟　　最後に，協定違反の場合の訴訟の方法について検討しておこう。もちろん，指定管理者が違反する場合のほか，地方公共団体が違反する場合もある。

　指定管理者が協定上の義務に違反している場合には，地方公共団体としては，指定取消処分をすることが多いと思われる。この場合には，相手方が協定違反はないとして，指定取消処分を争っていくことがあり得る。また，地方公共団体が指定管理者に対して協定上の義務の履行を求める訴訟については，宝塚市パチンコ店事件判決（最高裁平成14・7・9民集56巻6号1134

151　基本協定及び年度協定の文言を使用する「精華町国民健康保険病院の指定管理者による管理の準備に関する協定」。横浜市は，当初は，基本契約及び年度契約の文言を使用していたが（「横浜市港湾病院の指定管理者による管理の準備に関する協定書」），その後，基本協定及び年度協定の用語を用いるに至っている（「横浜市立みなと赤十字病院の指定管理者による管理に関する基本協定」及び「横浜市立みなと赤十字病院の指定管理者による管理に関する年度協定」）。

152　成田頼明監修『指定管理者制度のすべて　改訂版』（第一法規，平成21年）103頁を参照。

153　基本協定書ではないが，津山市の様式第6号「津山市指定管理者協定書」25条。

154　たとえば，「横浜市立みなと赤十字病院の指定管理者による管理に関する基本協定」29条は，市は，政策的医療の提供に要する費用として，政策的医療交付金を予算の範囲内で交付するとし（1項），その対象経費及び交付額の算定方法その他必要な事項は，指定管理年度協定及び政策的医療交付金交付要綱に定めるとしている（2項）。

頁）が直ちに妥当するとはいえないので，給付請求訴訟等が可能であると思われる。

[7] 誘致企業との立地協定

企業誘致条例と立地協定　　地方公共団体が企業を誘致するに当たっては，協定や覚書きを締結するのが普通である。その場合に，条例に基づくものと要綱等によるもの[155]とがある。さらに，きわめて散発的に締結される協定もあろう。例外的に企業誘致を促進する場合には，あらかじめ基準等を設定することができないからである。条例に基づくかどうかは，決定的な差異として認識されていないといえよう[156]。その名称は，一様ではないが，「立地協定」と呼ばれることも多い。しかも，協定の締結に前後して，地方公共団体による「指定」とか「認定」がなされることも多い。以下においては，便宜上，条例に基づくものを素材にして検討する（企業立地関係情報提供報奨金については，本書第3章5 [1]を参照）。

条例において，工場等を指定して，奨励措置を講ずるに当たって，当該地方公共団体の「誘致企業として工場等における立地協定を締結し，当該協定に定める義務等が履行されていること」を要件とし（菊陽町工場等設置条例3条2号，同町工場等立地促進に関する条例4条4号，加治木町企業立地促進条例4条5号）[157]，あるいは，誘致工場を指定するに際して「立地協定の締結」を条件とすることができるとする（伊賀市工場誘致条例3条2項1号）などの条例がある。これらの立地協定の内容は明らかではない。実質的に公害防止協定[158]に近いものもあるのかも知れない。

立地協定の具体例　　具体例を見ておこう。

155　たとえば，枕崎市企業誘致促進補助金交付要綱3条1項1号。
156　地方公共団体が，企業誘致を促進するなどの目的で金融機関と協定を締結すること（たとえば佐世保市と親和銀行，福岡銀行及びふくおかフィナンシャルグループとの協定）もある。
157　福島県平田村は，指定を受けた場合に奨励金を交付することを原則にしつつ，指定を受けることが確実と認められる工場等を誘致するため，指定前においても「誘致に関する仮協定」を締結し，予算の範囲内で所定の奨励措置を行なうことができるとしている（平田村工場等誘致条例5条2項）。

小野町企業立地促進条例は，「奨励金の交付，援助及び便宜の供与等を受けようとする企業は，規則で定めるところにより，町長と協定を締結し，企業立地促進指定企業（以下「指定企業」という。）の指定を受けなければならない」（5条）と定めて，奨励金交付等の前提要件として協定の締結を求めている。そして，同条例施行規則は，協定締結の求めがあったときは，指定申請書，事業実施計画書，法人登記事項証明書又は住民票抄本，印鑑（登録）証明書，定款又は規約，直近一事業年度の貸借対照表・損益計算書・剰余金処分計算書（欠損金処理計算書），土地の登記事項証明書及び申請位置図，配置図及び設計図，見積書・契約書の写し，町税の納税証明書，建築確認済証の写し，その他町長が必要と認める書類を掲げている（ただし，必要がないと認めるときは，その書類の一部について省略することができる）（4条1項）。これらの審査をして適当と認めたときは，①指定企業が行なう工事の内容並びに工事着工の時期及び工事完成の時期，②町の行なう奨励措置の内容，方法及び実施の時期，③その他必要な事項を記載した協定書により協定を締結し（同施行規則4条2項），この協定を締結したときに，指定書を交付することとしている（同条3項）。

次に，「八戸市優良事業の誘致の促進に関する条例」を見てみよう。この条例は，適格事業の指定と奨励金の交付を柱としている。まず，同条例による優遇措置を受けようとする者は，市長に申請して適格事業の指定を受けなければならないとし（3条1項），その指定の要件として，次のように定めている（4条）。

① 市又は南郷村が誘致した事業であって，市又は南郷村との間に立地協定の締結をしたものであること。

② 事業の用に供する敷地が南郷区の区域にあり，かつ，その面積が

---

158 三沢市企業立地促進条例3条3項は，企業を認定するに際して，公害防止協定の締結その他の条件を付すことができるとしている。また，大和町企業立地促進条例施行規則3条4号は，指定申請に必要な書類として「環境保全協定書の写し」を掲げている。さらに，田子町工場誘致条例施行規則7条は，指定誘致工場経営者に対して，町との間に公害防止に関する協定を締結し，これを遵守するとともに，これに違反した場合は町の措置命令に従うことを求めている。

2000 平方メートルを超えるものであること。

③ 南郷区の区域に新設する建物，構築物及び設備の固定資産総額が 3000 万円を超えるもので，かつ，常時雇用される人員が 15 人以上であること。

④ 立地協定の日から 3 年以内に事業活動を開始するものであること。

この条例が，「南郷区の区域」という限定をしているのは，条例が，旧南郷村域（南郷区の区域）における立地適格事業を営む者に必要な優遇措置を講ずることにより，優良事業を誘致し，南郷区の区域の産業の振興等に寄与することを目的としていること（1条）による。なお，指定をするときは，公害防止に関する協定の締結その他必要な条件を付することができるとされている（3条3項）。この条例のみでは，「立地協定」がいかなる内容のものであるのか判然としない。同条例は，適格事業として指定された事業について，立地奨励金，税軽減奨励金及び雇用奨励金を交付するものとしている（5条1項）。なお，本条例と別の八戸市企業立地促進条例も，立地奨励金，操業奨励金及び雇用奨励金の交付を定めているが（3条），協定方式は採用していない。

熊本県菊陽町も町内に工場等を新設又は増設する者に町税の不均一課税措置を講ずるに当たり，次の要件を満たす工場等を適用工場等として指定することができるとしている（3条）。

① 工場等の新設又は増設に係る地方税法 341 条に規定する固定資産（土地に係るものを除く）の取得額が 5000 万円以上であること。

② 本町の誘致企業として工場等における立地協定を締結し，当該協定に定める義務等が履行されていること。

③ 当該工場等の工事及び操業において，公害防止に関する法令その他関係法令等に違反していないこと。

④ 当該工場等の操業開始時において，その事業の用に従事する雇用者の数が 10 人以上（開発等研究施設にあっては，5 人以上）であること。

指定は，申請に基づいてなされる（4条）。町長は，適用工場等の指定を受けた者に対して，不均一課税，工場等新設又は増設のための便宜供与（5条），町税特別措置条例による固定資産税の不均一課税（6条）を行なうこ

とができる。立地協定とそれを前提にした「指定申請と指定」という実質的行政契約との二つの契約ないし協定が存在するといえよう。立地協定は，「菊陽町誘致企業立地協定に関する要領」により，工場等立地申出書により申出を行ない，誘致企業にふさわしいと認める場合に，当該企業との間に締結できるとされている[159]。立地協定の締結が要件でありながら，それを締結するか否かについて町の自由裁量が認められているのであるから，条例3条の指定要件及び他の要件を充足していても指定されないことも起こり得る。立地協定の締結は，実質的に町の行政指導に応ずる旨の確約の意味をもつのかも知れない[160]。

このことは，協定の締結に当たり企業が提出する書類についての詳細な定めがあり，かつ協定書の内容についての定めがある場合であっても，提出書類について「その他町長が必要と認める書類」が，協定書に記載する事項に「その他必要な事項」が，それぞれ含まれているような場合も，同様といえよう[161]。これらと別に，環境保全等に関する協定の締結を指定等の要件とする例もある[162]。また，寄居町は，企業誘致環境整備事業に関する協定の締結を要件としている（寄居町企業誘致条例7条1項5号）。助成を受けた場合に，公害防止協定を締結し，遵守することを求める条例もある[163]。

市町村の立地協定について，県の立会いを要件とする条例，又は選択的に立会いを認める条例[164]もある。「佐賀県は，佐賀県企業立地の促進に関する

---

[159] この立地協定に関する要領は，同町工場等立地促進に関する条例に定める立地協定についても適用される。

[160] 日光市工場立地条例は，奨励金の交付を受けて工場の新設をしようとする者は，実施計画についてあらかじめ市長の認定を受けなければならないとし（5条1項），当該実施計画に係る工場が賃貸借されるものであるときは，併せて市長の定めるところにより，市，実施計画の認定を受ける者及び当該工場を賃借する者とによる協定を締結すること（6条1項），この協定には，従業員の雇用，公害防止のための措置，必要な報告の徴収，当該職員の立入調査及びこれらに関する市長の指示その他工場の操業に関する事項について協定すること，を定めている（6条2項）。

[161] 小野町企業立地促進条例施行規則4条1項12号，2項3号。

[162] 山口市企業立地促進条例5条2項，守山市企業立地促進条例7条2号，嬉野市企業等誘致条例15条。

[163] 呉市企業立地条例6条。

条例」を制定して，佐賀県企業立地促進特区内における県税の特例措置，補助事業等の実施をしているが（1条参照），特例対象者の要件として，県との立地協定のみならず，市町との協定を締結した場合も対象にすることとしつつ，その場合は県の立会いの下に締結されたものに限ることとしている（同条例施行規則5条）。県の措置でありながら，市町との連携を考えて，市町との立地協定も対象にしつつ，立会いにより県の措置を講ずることの裏づけにしようとするものである。このような県の制度を反映して，逆に，市町村が奨励措置を講ずるに当たっても，県の立会いの下に立地協定を締結することを要件とすることも行なわれている[165]。

それらの協定には違約金条項が含まれることもある。条例に基づくものではないが，東京地裁平成16・5・26（判例時報1884号63頁）（大王製紙の秋田進出取りやめをめぐる事件）においては，地方公共団体が企業を誘致するに当たって締結された基本協定書に付随する覚書における違約金条項（天災地変以外の事由（被告県らの責めに帰すべき場合を除く）により約定の期限までに工場用地の売買契約及び工業用水の給水契約が締結されない場合には，原告企業が一定額の違約金を支払う旨の条項）の適用が争われた。判決は，違約金条項が，天災地変及び被告らに帰責事由がある場合を除くすべての場合に適用されそれ以外にも適用を除外される場合があることを全く予定していなかったと解することはできないとし，住民訴訟に起因して用水単価の適法性が確認されないことにより売買契約等が締結されるに至らなかった場合は違約金の支払義務の発生障害事由に当たるとの前提で締結されたものと解するのが相当であるとした。ただし，判決は，住民訴訟に起因して用水単価を確定することができない場合であっても，直ちに違約金条項に基づく支払義務の不発生が確定するものではなく，売買契約等が締結されるに至らなかった理由によっては，原告に支払義務が発生する場合もあり得るとして，売買契約等の締結に至らなかった事情を考察すべきであるという考え方を採用した。そして，原告が進出を中止し売買契約等が締結されるに至らなかったのは，住民訴訟の解決の見通しが立たず被告らと合意していた用水単価の適法性が確定

164　加治木町企業立地促進条例4条5号。
165　神埼市企業誘致条例施行規則8条1項1号。

しないことを決定的要因としていたものというべきであり、違約金条項における原告の違約金支払義務の発生障害事由があったと判断するのが相当であるとした。

この事件は、純粋の民事訴訟であり、その内容も私法上の問題であり、行政契約とみるべきではないとする見方もあろうが、企業誘致に伴う協定及び覚書という特性、さらに住民訴訟との関わりという特性に着目するならば、行政契約の一断面ということも可能であると思われる[166]。

地方公共団体が直接の当事者でないが、その出資する法人が企業誘致目的の分譲をした場合に、一定の事由により売買契約に関する取消権が認められるか、あるいは錯誤無効を主張できるかなどが問題となることがある。それらは、純粋に私法上の問題である。しかし、前記のような問題の延長上にあることは疑いない。

---

[166] 住民訴訟に関する秋田地裁平成9・3・21判例時報1667号23頁も含めて、碓井・公的資金助成法精義489頁以下を参照。

第3章　法令・条例に基づかない行政主体と私人との契約・協定

1　宅地開発協定・環境保全協定等

　行政主体と事業者との間の協定には，法令，条例に基づくもののほか，指導要綱等による協定も見られる。あらかじめ指導要綱を用意しておくことなしに，個別の行政指導により協定の締結を求めることもあるが，指導要綱の効用は，「行政の首尾一貫性」を担保できること，その結果，相手方事業者に対して一貫して行政上の方針であるとして指導の力を強めることができること，などにあると思われる。ある地方公共団体において条例に基づく協定が締結されているのに，他の地方公共団体においては実質的に同内容の協定が指導要綱により締結されることも少なくない[1]。要綱に基づく指導によって協定の締結が促されているのである。以下においては，そのような協定の代表格である宅地開発協定や環境保全協定等について観察してみよう。

[1]　宅地開発協定・ゴルフ場開発協定等

宅地開発協定　宅地開発に伴う協定には，条例に基づくものもある。しかし，従来は，圧倒的に指導要綱による協定が多かったといえる。開発協定等の名称の協定である。一例として，福生市宅地開発指導要綱を見てみよう。

　まず，事業主は，宅地開発を行なう場合は，法令で定められた手続を行なう前に，事業内容について市の審査を受け，協定を締結するものとしている（5条）。協定の締結に至る手続は，事業計画概略図等による担当部署との相談（8条1項），協議書による担当部署との協議（同条2項），この協議による承認を得た場合の開発審査願の提出（同条3項），開発行為該当の場合は消防水利確認申請書の提出（同条4項），宅地開発等審査会への付議と審査

---

[1]　水源保護協定を指導要綱に基づいて締結する例として，青森市水道水源保護指導要綱12条。条例に基づく水源保護協定については，本書第2章2［3］を参照。

結果の通知（9条），審査結果通知により計画変更をする場合の担当部署との協議と計画変更（10条），宅地開発協定申請書の提出（11条1項），開発行為，「東京における自然の保護と回復に関する条例」47条に該当するものにあっては同意・協議申請書の提出（同条2項）と続いている。協定申請書の提出を受けて，協定書の取り交わしがなされる（12条）。この手続だけでも相当な長さである。8条2項の協議書を見ると，所管部署の担当ごとの協議印及び承認印を要することになっており，多数の所管部署[2]との協議を求められている。

　福生市の宅地開発協定書自体は，締結に至るまでの手続の長さに比べて簡単なものになっている。

宅地開発協定書

　福生市（以下「甲」という。）と〇〇〇（以下「乙」という。）は，福生市宅地開発指導要綱（以下「要綱」という。）に基づき，次のとおり協定する。

第1条　事業の名称

第2条　事業の場所

第3条　乙が行う事業は，宅地開発審査願のとおりとする。なお，宅地開発審査願提出後に変更があった場合は，関係部署が承認した事業内容とする。

第4条　乙は，要綱及び指示事項を遵守し，当該事業を忠実に施工しなければならないものとする。

第5条　乙は，工事の施工上やむを得ず計画を変更しなければならない場合には，あらかじめ甲の指示を受けなければならないものとする。

第6条　乙は，市に帰属した公共施設について，引渡し日から起算して

---

[2] まちづくり計画課計画担当（総括・電波障害・緑地・駐車場），施設工事課土木担当・営繕担当（道路・交通安全施設・雨水処理・下水道），施設管理課管理担当（道路用地・境界確定），施設管理課庶務担当（屋外広告物），安全安心まちづくり課防災係（消防水利），環境課ごみ対策係（廃棄物），安全安心まちづくり地域安全係（駐輪場），環境課環境係（騒音・振動・生垣・工場等），社会福祉課庶務・福祉計画担当（東京都福祉のまちづくり条例関係）が列挙されている。

2年を経過するまでの間に，工事に伴う「瑕疵(かし)」が生じた場合は，事業主が補修すること。
　第7条　この協議について疑義が生じたときは，甲，乙協議するものとする。

　この協定において，第3条の定める「宅地開発審査願のとおりとする」，及び第4条の定める「要綱及び指示事項を遵守し」という文言に，協定締結までの協議等の内容のすべてが集約されているともいえる。あるいは，行政指導の集大成が協定書の締結であると見ることもできる。指導要綱は，法的拘束力を有しないにもかかわらず，そこに含まれる事業者の「義務」の外観を有する条項[3]が協定中の「要綱の遵守」の文言により，法的義務に高められるのである。また，「宅地開発審査願」や「事前協議書」の記載内容も，協定の締結により相手方に対する義務に高められるのである。

　石川県土地対策指導要綱は，「開発協定」と「環境保全協定」の2種類の協定を用意している。まず，「協議」と「了承」の手続が先行する。開発区域が1ヘクタール以上の土地について開発行為をしようとする者は，事業計画を定めて知事又は市町村長に協議し，その了承を得なければならないとし（4条），これを受けて，知事に協議があったときは知事は所定の基準に従い審査して了承の可否を決定するものとし（6条1項），市町村長に協議があった場合も同様としている（同条2項）。これらの了承がなされると，開発をしようとする者は，市町村長と「開発協定」を書面により締結しなければならない。この場合において，知事が特に必要と認めたときは，知事は，これに立ち会い又は当事者として参加することができる（9条1項）。協定の当事者は，原則的に市町村で，県が参加するのは「知事が特に必要と認めた」場合に限られることになる。開発協定に規定する事項のなかで注目されるのは，「公共施設の設置計画並びにこれらの施設の帰属及び維持管理に関すること」（同条2項6号），「公益的施設の整備に関すること」（7号）及び「開発協定の履行の保証及び不履行の場合の制裁に関すること」（8号）である。「環境保全協定」は，ゴルフ場建設を目的とする開発行為を行なおうと

---

[3]　たとえば，袖ヶ浦市宅地開発事業指導要綱は，53か条の膨大な条項により構成され，そのほとんどが事業者の義務の体裁をもつ条項である。

する者が，開発協定の締結と併せて締結を求められる協定である（9条の2）。開発協定に対する上乗せ協定の性質をもっている。

　この指導要綱は，要綱の規定により知事に提出する協議書又は届出書は，当該開発区域が所在する市町村の長を経由して提出するものとしている（18条1項）。単なる経由ではなく，市町村長は，協議書の提出があったときは，当該開発行為に係る意見を付して知事に進達することとしている（同条2項）。地域における開発行為に関して第一次的に関心をもつ市町村の長の意見を重視しようとするもので，当然のことというべきであるが，このような手続が指導要綱によっている点が，やや気になるところである。地域における開発行為に最も深い関心を有する市町村長にとって意味のある経由であるので，差し支えないということなのであろうか。あるいは，都市計画法32条による公共施設管理者の同意制度とのリンクが考えられているのかも知れない。

　石川県の指導要綱にも示されているように，県は大規模な開発行為を対象とし，その規模に達しない開発行為は市町村が対象にするという役割分担がなされていることが多い[4]。

　ゴルフ場開発協定　　今日典型的に見られるのは，ゴルフ場の開発に際して開発事業者に市町村長との協定の締結を求める県レベルの指導要綱である。たとえば，広島県「ゴルフ場の開発事業に関する指導要綱」は，開発事業者は，市町長から事業の施工，開発事業完了後の施設の管理運営等について協定の締結を求められたときは，誠意をもってこれに応じるとともに，締結した協定はこれを誠実に遵守しなければならないとしている（13条1項）。これは，最も弱い定め方であるといってよい。「山形県ゴルフ場開発指導要綱」は，知事と事前協議をして知事の回答を受けた事業者は当該開発事業に係る工事に着手するまでに市町村長と当該開発事業に関する協定及び防災工事等に関する協定を締結するものとする旨を規定しているが（10条1項），前者に関しては特別の担保措置の定めはない。後者に関しては，市町村長は，防

　4　たとえば，袖ヶ浦市宅開発事業指導要綱は，宅地開発事業事前申請書の提出を求めつつ，「県指導要綱に基づく大規模宅地開発にあっては，この限りでない」としている（4条1項）。

災工事の確実な履行を確保するため，原則として事業者に対し工事施工者を防災協定の連帯保証人とする等必要な担保を求めるものとしている（同条2項）。もちろん，前者に関して，協定中に協定不履行の場合の措置を定めることは可能である。

次に，市町村が，開発事業者に対して自らと協定を締結することを求める要綱も存在する。「平群町ゴルフ場開発事業に関する指導要綱」は，「『奈良県ゴルフ場開発事業の規制に関する要綱（昭和60年7月20日）及びその運用指針』によるほか本町におけるゴルフ場開発事業（以下「開発事業」という。）に関して，無秩序な開発を防止し，公害防止等良好な地域環境の保全を図るため，ゴルフ場開発事業を行うものに対して一定の基準により規制し，必要なる指導を行うことを目的とする」（1条）と述べて，ゴルフ場を開発しようとする事業者は，町長に協議を申し出なければならないとし（2条1項），町長は，前条の規定により申し出た事業者に対し，町の計画に合致するようその計画を指導し，関連事項について協議するものとしている（3条）。この協議が実質的に最も重要といえよう。災害の防止及び自然環境の保全のため環境影響評価の実施と環境影響評価書の提出（4条）に加えて，事業者は，ゴルフ場開発事業の規模により，同要綱22条に定める協定書交換時に，別表1に掲げる金額の特別負担金を納付しなければならないとしている（5条）。特別負担金の算定面積はゴルフ場開発区域の全面積とされている（6条）。指導要綱によることには問題がある。造成・設計，道路関係，防災工事，排水関係，農薬関係，汚水処理関係，ゴミ処理，上水道，簡易水道，農業用施設，文化財の保護などについて詳しく定めた後に，無農薬協定の締結と遵守の規定（11条）を置き，さらに，協議の申し出に対し，町長は本要綱に基づき適当と認めたときは協定書を取り交わすものとしている（22条）。これに加えて，「別に事業者と開発協定書を締結するものとする」（26条）と定める趣旨が判然としないが，要綱に適合する内容の開発であることを認めて事業者との開発協定が締結されることは明らかである。

「一関市ゴルフ場等大規模開発行為指導要綱」も，開発行為を指導する際の指導指針を掲げたうえ（第4），開発予定者に事前協議を求め，関係法令の規定による許認可等を受けた開発予定者は，開発行為に着手する前に市長

と開発協定を締結するものとしている（第10）。その中に，自然環境の保全，災害の防止等を図るための措置に関する事項，協定の履行の確保及び不履行の場合における措置に関する事項などが定められる（第10）。

なお，ゴルフ場の開発は，自然保護目的の規制[5]の下に置かれていることに注意しなければならない。

[2]　環境保全協定・公害防止協定

環境保全協定　環境保全関係の協定は，通常は条例に基づくものが多いが（本書第2章2[1]を参照），直接に条例に基づくものとはいえないものも見られる。

千葉市の場合は，千葉市環境保全条例に協定締結の規定があるが[6]，それと別に，「千葉市地球環境保全協定に関する要綱」を定めて，「千葉市環境基本条例の理念にのっとり事業者が行う事業活動に伴う環境への負荷低減等のための自主的な活動を促進」しようとしている（1条）。地球環境保全協定は，市内の事業者及び事業所（当該事業所において，物の製造及び加工並びに電気，熱等の供給が行われるものを除く）との合意により，締結される（2条）。協定の内容に関する要綱の定めは，「地球環境保全のために事業活動において達成すべき目標及び計画に関する事項」，「地球環境保全のための措置に関する事項」及び，これらのほか「環境への負荷低減等のための活動に関する事項」とされ（3条），きわめて簡潔なものになっている。協定の有効期間も，締結した日から5年間で（5条1項），5年ごとの延長が可能であるとしている（同条2項）。これは，協定の締結により少しでも地球環境の保全に貢献できるならばよいという，「地球環境の保全は第1歩から」という考

5　たとえば，東京における自然の保護と回復に関する条例。

6　同市の環境保全条例106条は，市長は，事業者との間に環境保全に関する協定を締結することができるとし（1項），次の事項のうち必要と認めるものについて定めるとしている（2項）。①原燃料に関する事項，②ばい煙・粉じん・汚水・廃液・土壌の汚染・騒音・振動・悪臭・化学物質等に関する事項，③廃棄物に関する事項，④防災及び保安に関する事項，⑤緊急時の措置に関する事項，⑥事故発生時の措置に関する事項，⑦報告及び調査に関する事項，⑧計画変更時の措置に関する事項，⑨緩衝地帯等の整備に関する事項，⑩地球環境保全に関する事項，⑪その他必要と認める事項。

え方によるものであろう。

　この要綱の対象外の事業者及び事業所に係る環境保全に関する協定については，千葉市環境保全条例の規定により推進するとしている（7条1項）。同要綱による協定は，条例に基づく協定のうちの地球環境保全に関する事項に係るものと位置づけられているといえよう。「地球環境保全協定書（例）」には，法令の遵守，市との協議による環境保全計画の策定，地球環境保全対策，低公害車の導入，エコドライブの推進，省エネルギー対策の推進，水資源の保全及び節減，紙類の使用の減量及び再資源化，グリーン購入，緑化の推進等の条項が置かれている。

　事業者に相当な金銭等の負担を求めるような開発協定については，条例に基づくことが望まれる[7]。長野県は，長野県自然環境保全条例23条において，所定の区域内において大規模開発行為をしようとする者は，「あらかじめ知事と自然環境の保全上の支障の防止，植物の回復その他の自然環境の保全のために必要な事項を内容とする自然保護協定を締結するものとする」と定めるにすぎないが，同条例の取扱要領において，植物回復工事保証金について詳細に定めている。少なくとも，この保証金のことを協定において定める旨は条例に定めることが望ましいと思われる。

　関係市町村と事業者との環境保全協定を求める県の要綱　　通常は，要綱等を定めている行政主体が，私人に対して自らと協定を締結することを求めるものであるが，中には，県が，私人に対して関係市町村との環境保全協定を締結するよう求めることがある[8]。

　たとえば，「石川県廃棄物適正処理指導要綱」13条は，処理業者は，関係市町村長と処理施設の設置等についての生活環境の保全に関する協定を締結しなければならないとし（1項），また，関係地域の住民の代表者から協定

---

[7] たとえば，東京中央区は，中央区市街地開発事業指導要綱23条4項の規定に基づき，「開発協力金の負担に関する協定書」の締結を求めている。開発協力金使途は同条1項に掲げられている。

[8] 県の条例が定める例として，愛知県の「廃棄物の適正な処理の促進に関する条例」10条は，産業廃棄物処理施設の設置等に伴い生活環境に影響を及ぼし，又は及ぼすおそれがある地域を管轄する市町村長から生活環境の保全に関する協定の締結を求められたときは，これに応ずるよう努めなければならないと定めている。

の締結を求められたときは、これに応じて当該代表者と協定を締結しなければならないとしている（2項）。また、「山形県産業廃棄物の処理に関する指導要綱」21条は、「関係市町村長及び産業廃棄物処理施設等の設置等により生活環境に影響の生ずるおそれがあると認められる住民等から産業廃棄物施設等の設置等について生活環境保全上に関する協定の締結を求められたときは、これを締結しなければならない」と定めている。ここにおいては、関係市町村長のみならず住民等も加えられていることに注目したい。

　市町村が、周辺市町村との協定の締結を求める要綱を定めていることもある。

　県の要綱が、産業廃棄物の排出事業者及び処理業者に対して市町村の長と環境保全協定を締結するよう努めるべきことを求めている場合の市町村の対応を見てみよう。三重県産業廃棄物処理指導要綱は、三重県環境基本条例が、一般的に、「事業者は、市町長等と環境の保全に関する協定を締結するように努めなければならない」（5条5項）と定めているのを受けた要綱の条文であるから、条例に基づく協定というべきかも知れないが、産業廃棄物に限定した要綱である。

　そして、これと対応した市の要綱が存在する。たとえば、「伊賀市産業廃棄物処理施設の設置に関する指導要綱」は、産業廃棄物処理業者に対して、産業廃棄物処理施設の設置を行なおうとするとき及び構造・規模の変更のときは、環境保全対策等について、市長に届け出なければならない（2条、3条）と定めたうえ、事業者は、これらの産業廃棄物処理施設の設置又は規模等の変更を行なおうとするときは、市長及び事業場の所在地の境界からおおむね500メートル以内の地区の自治会長と環境の保全のために必要な事項を内容とする協定を三重県指導要綱に規定する産業廃棄物処理事業計画書の提出の日の前日までに締結しなければならないとしている（6条1項）。そして、その日までに事業者が正当な理由なく当該協定を締結しないときは、当該協定を締結するよう指導又は勧告することができるとしている（同条2項）。

　この環境保全協定の締結に応じなかった事業者については、事業者の氏名を公表することができるとしている（10条1号）。ちなみに、締結された環

境保全協定に違反している場合には，事業者に対して操業方法の是正を勧告することができる（8条）。さらに，この勧告に従わなかった事業者については，事業者の氏名と違反事実とを公表することができるとしている（10条2項）。環境保全協定の締結が行政指導によるものであるのに公表をすることが許されるのかという問題があることはいうまでもない。この公表をもって，情報提供のための公表ということは難しいからである。これに対して，環境保全協定違反の場合の公表は，協定締結により違反の場合の公表に同意しているということで適法性に問題はないと考えることが可能であろう。

長崎市産業廃棄物適正処理指導要綱15条1項も，産業廃棄物処理施設の設置予定者は，協議に係る処理施設の設置等について，関係市町の長から生活環境の保全に関する協定の締結要請があったときは，関係市町の長と当該協定を締結しなければならないとしている[9]。この「関係市町の長」とは，当該処理施設の設置等について周知を図る必要があると認める市町の長である（同要綱9条1項）。処理施設の設置により影響を受ける周辺の市町があり得ることを前提にしたものである。

三者協定　以上に例示したように，環境保全協定に関しては，県と市町村との連携が見られることに注目したい。そして，連携の一つの方法として，都道府県と市町村とがともに当事者になって，事業者との環境保全協定を締結するものが見られる。三者協定である。ただし，都道府県と市町村とは，住民の利益を守る点において利害は一致している。

このような例の一つとして，北海道と室蘭市とが，日本環境安全事業株式会社と締結した「北海道ポリ塩化ビフェニール廃棄物処理事業に係る安全確保及び環境保全に関する協定書」がある。北海道は，「北海道循環型社会形成の推進に関する条例」により，特定施設（産業廃棄物の最終処分場，産業廃棄物の焼却施設その他の廃棄物の処理施設で規則で定める者。ただし，国，道，市町村その他規則で定める者を除く）の設置等予定者に対して，その設置等に関し，周辺住民又は関係市町村長から，生活環境の保全のために必要な事項を内容とする協定を締結することについて要請があったときは，これに応ず

---

[9] 佐世保市廃棄物適正処理指導要綱14条1項も，まったく同趣旨を定めている。

るよう努めなければならないとしているが（38条1項），前記協定は，この条例に基づくものではないようである。

このような三者協定において，都道府県と市町村との利害は一致しているので，都道府県（甲）と市町村（乙）とが一体の当事者となり，他方の当事者として事業者（丙）が位置づけられている。前記の北海道（甲）と室蘭市（乙）が加わっている協定も同様である。そして，その内容を見ると，日本環境安全事業株式会社（丙）の義務ばかりが登場している。

公害防止協定　公害防止協定には，条例の根拠を有するものが増加しているが（本書第2章2［1］），もともとは条例の根拠なしに締結されていた。現在においても条例の根拠をもたないものも存続している。環境保全協定にも，実質的に公害防止を内容とするものがある。一般的要綱に基づくもののほか，個別の施設設置についての公害防止協定を定める要綱も見られる。

たとえば，北海道大空町の「大空町産業廃棄物処理施設の設置に関する指導要綱」は，施設設置予定者に対し，町長と協議を行ない，施設に係る公害防止協定等を町長と締結することを求めている（5条1号）。その場合に，町長が必要と認めるときは，設置予定地周辺の自治会等を当事者に加えることができるとしている（同号）。周辺自治会あるいは周辺住民を当事者に加えるときは，それらの者の要望内容を協定に取り込むことが期待されるほか，違反行為の場合に，それらの者が訴訟当事者となって協定上の権利（又は相手方の義務）を主張することができる点に意味がある。

同要綱による公害防止協定の項目は，条例に基づく協定と大差があるわけではない。①施設の操業に関する管理方法，騒音，悪臭防止方法等の指示事項，②立入権限の承認，③産業廃棄物の量，成分，施設からの排水又は周辺の地下水の水質，ばい煙濃度等の報告（検査）義務及び公表，④作業時間帯の設定，⑤搬入経路及び道路周辺の影響対策，⑥公害，災害，事故等の発生時の連絡及び報告体制，⑦公害，災害，事故等の発生に伴う被害補償及びその他の措置，⑧処理施設廃止後の環境保全及び景観の整備，⑨その他必要と認める項目，が掲げられている（10条）。

さらに，より個別的な協定も見られる。たとえば，豊田市の「豊田市ポリ塩化ビフェニル廃棄物の収集運搬に係る安全性と環境保全の確保に関する協

定書」（例）は，その表題のように，PCB 廃棄物の収集運搬と環境保全を確保しようとする協定である。収集運搬者は，関係法令を遵守するとともに，「PCB 廃棄物収集・運搬ガイドライン」（平成 16 年 3 月環境省）及び「豊田市 PCB 適正処理ガイドライン」（平成 14 年 9 月豊田市）に基づいて，自らの責任において安全かつ適正に収集運搬を実施する責務を有すること，豊田市の行なう PCB の処理に関する施策に積極的に協力すること，という基本的責務のほか，処理施設設置者が定める受入条件の遵守（豊田ポリ塩化ビフェニル廃棄物処理施設に搬入する場合は，日本環境安全株式会社が定める「豊田ポリ塩化ビフェニル廃棄物処理施設への入門を許可する収集運搬事業者に係る認定要綱」の認定要件を満たすとともに，「豊田ポリ塩化ビフェニル廃棄物処理施設に係る受入基準」を遵守），市内における積替え保管の禁止，液抜きの禁止，安全管理体制，運搬経路などの多様な条項が置かれている。

公害防止協定に基づく義務と訴訟　地方公共団体が，公害防止協定の条項に基づき，事業者が排ガス測定を実施することを妨害してはならないこと，排ガス測定に要する費用につき事業者に支払義務があることの確認を求めた訴訟の判決がある。新潟地裁平成 10・11・27（判例集未登載）である。判決は，いずれについても請求を認容して確認判決を出した。原告である町，被告である事業者及び訴外揚水機組合が，被告の産業廃棄物処理施設に関する公害防止協定を締結した。その協定には，「別に三者間で定める『公害防止計画』により公害防止対策を行うものとする」（2 条 1 項）という条項があり，これに基づく公害防止計画書において排ガス測定を年 2 回実施し，結果を 5 年間保存しておくものとする旨が記載されていた。また，条例には，町及び揚水機組合は，必要に応じて事業者から報告を求め，又は事業者の敷地内において必要な調査をすることができるものとし，これに要する費用は事業者の負担とする旨の規定（3 条）が存在した。この規定に基づいて平成 4 年から 5 年にかけて 3 回にわたり煤煙等の検査の実施に協力するよう文書で求め，口頭でも再三再四協力を求めたにもかかわらず拒否しているために提起された訴訟である。被告の事業者は，県ないし被告の実施した排ガス測定の結果を被告に求めることで，住民の健康の保護と生活環境の保全のために必要な具体的措置をとるべきか否かの判断の資料を得るという協定 3 条の目

的を達することができるから原告自身による検査の必要性はないこと,「必要な調査」と見るか否かの判断を原告に委ねたものではないこと,「必要な調査」という漠然たる文言から,「排ガス測定を実施することを妨害してはならない」という義務を導くことはできないことなどを主張して争った。しかし,判決は,協定3条は,町がその必要性を認めた場合に,被告の敷地内において必要な調査を実施することを定めたものと解するのが相当であるとし,具体的場面において原告が調査を実施することが著しく不当であるとは認められないなどとして,請求を認容した。控訴審の東京高裁平成11・4・21（判例集未登載）も,この判断を是認した。公害防止協定の規定を根拠にした請求認容事例として注目に値する[10]。

公害防止協定をめぐる紳士協定説と法的効力説　行政主体と私人とが締結した協定の効力をめぐっては,いわゆる紳士協定説と法的効力説との対立を軸にして,必ず論じられる問題である。しかし,抽象的に論ずることは無意味であって,個別の協定の内容,さらには,それが制定された背景や事情に立ち入って考察しなければ結論を出すことはできない。その上で,類型的に紳士協定と見てよいものと法的効力を認めるべきものとを区分することは可能かも知れない。

平成21年には,具体的な公害防止協定についてその効力をめぐり争われた事件に関して,最高裁の判断が示された。すなわち,旧福間町事件である。町と事業者との間の公害防止協定において産業廃棄物の最終処分場の使用期限を定めている場合において,その使用期限を経過したことを理由にして,当該協定の一方当事者である町が事業者を被告として最終処分場の使用差止めを求める訴訟を提起した事件である。「福岡県産業廃棄物処理施設の設置に係る紛争の予防及び調整に関する条例」が,住民又は市町村長が処理施設設置者と協定を締結する際に知事が助言する旨を定めていたものの,直接の

---

[10] 地域住民等と事業者との間において締結された公害防止協定について法的効力を認める裁判例は,いくつか見られる。たとえば,公害防止協定の違約金条項が有効とされた事例（高知地裁昭和56・12・23判例時報1056号233頁）,地域住民代表が当事者となって締結された公害防止協定に基づいて,廃棄物撤去請求が認容された事例（奈良地裁五條支部平成10・10・20判例時報1701号128頁）がある。

1　宅地開発協定・環境保全協定等　　　203

根拠規定というわけではなかった。

　1審において，被告の事業者は，公害防止協定は紳士協定であって法的拘束力がないこと，使用差止請求は権利濫用であることなどを主張したが，福岡地裁平成18・5・31（判例地方自治304号45頁）は，本件公害防止協定は町と被告との間の合意として法的拘束力を有するものであり，その中の施設使用期限に関する条項も法的拘束力を有するとし，本件各土地の中に現に産業廃棄物最終処分場として使用していない土地があったとしても，使用期限を超えて産業廃棄物の処分をしないとの合意に基づく債権的請求（債務の履行請求）として，本件各土地の使用禁止を求めることの妨げとはならないと述べて，請求を認容した。

　これに対して，控訴審の福岡高裁平成19・3・22（判例地方自治304号35頁）は，次のような理由により請求を棄却すべきであるとした。

　第一に，判決は，この協定を行政契約と位置づけたうえで判断を進めている。すなわち，協定締結の重要な契機が，当時の「福岡県産業廃棄物処理施設の設置に関する紛争の予防及び調整に関する条例」に，「知事は，関係住民又は関係市町村の長が事業計画の実施に関し，設置者との間において，生活環境の保全のために必要な事項を内容とする協定を締結しようとするときは，その内容について必要な助言を行うものとする」（15条）との条項が置かれていた点にあったこと，協定締結の当事者の一方が地方公共団体であること，協定締結の目的は本件処分場周辺住民の健康の保持と生活環境の保全という公共の利益の実現にあること，などの特色があるので，行政契約としての性格を有するものであると述べた。

　第二に，事業者が本件訴えは，「地域の公害の防止，住民の健康保護及び地域全体の生活環境の保全という一般公益の保護を目的として行政上の義務の履行を求める訴えにほかならない」として，宝塚市パチンコ店事件に関する最高裁平成14・7・9（民集56巻6号1134頁）の趣旨は，国又は地方公共団体において公害防止協定等の行政契約を端緒とする場合を含め，行政権の主体として提起する訴訟全般にも妥当すると主張したのに対して，前記最高裁判決の事例は，条例に基づいて市長が発した建築工事の中止命令に基づく行政上の義務の履行を求めたもので，契約に基づいて使用期限の到来を主

張して処分場の使用禁止を請求している本件とは事案を異にすると述べ，条例15条の協定には関係住民との間で締結される場合もあることに照らせば，本件請求をもって直ちに行政上の義務の履行を求めるものであると解することはできず，「契約に基づく権利義務ないし法律関係の存否をめぐる紛争にほかならず，かつ，法令の適用により終局的に解決することができるものというべく」，「法律上の争訟」に当たることは明らかであるとした。

　第三に，協定の施設使用期限条項は，許可の期限を付すか，許可の取消時期を予定するに等しいものであって，前記条例15条の予定する協定の内容として相応しくないものであるから，協定の本来的効力を認めることはできないとした。本件処分場の存続そのものに関わるような事項は，知事において諸般の事情を勘案した上で判断すべきものであり，町及び処分場の関係住民としては廃棄物処理法15条の3に該当する事由があることを主張して，知事に本件処分場に係る許可の取消しを求めるべきであるとした。許可の取消しを求める義務づけの訴えによるべきであるというのである。要するに，廃棄物処理法が知事の権限発動方式を採用しているので，その方式を活用すべきであるという考え方である。

　上告審の最高裁平成21・7・10（判例タイムズ1308号106頁）は，廃棄物処理法の許可に関する規定等は，知事が処分業者としての適格性や処理施設の要件適合性を判断し，処分事業が同法の目的に沿うものとなるように適切に規制するために設けられたものであり，同法による知事の許可が，処分業者に対し，許可が効力を有する限り事業や処理施設の使用を継続すべき義務を課すものでないことは明らかであるとしたうえで，次のように述べた。

　　「処分業者が，公害防止協定において，協定の相手方に対し，その事業や処理施設を将来廃止する旨を約束することは，処分業者自身の自由な判断で行えることであり，その結果，許可が効力を有する期間内に事業や処理施設が廃止されることがあったとしても，同法に何ら抵触するものではない。したがって，旧期限条項が同法の趣旨に反するということはできないし，同法の上記のような趣旨，内容は，その後の改正によっても，変更されていないので，本件期限条項が本件協定が締結された当時の廃棄物処理法の趣旨に反するということもできない。」

判決は、このように述べて、本件期限条項が公序良俗に違反するものであるか否か等につきさらに審理をつくさせるために、原審に差し戻すとした。

最高裁が抵触するものと認めていない宝塚市パチンコ店事件との関係について考察する必要があろう。同事件が、もっぱら条例上の市の規制権限行使の目的を達成するための訴訟であったのに対し、本件は、もっぱら相手方の協定上の義務の履行を求める訴訟であったという違いが見られる。逆に、その義務に対応する町の固有の権利ないし法的地位が認められる可能性があるということであろう。そして、実際に認められるか否かは、本案の問題と考えればよいという理解かも知れない。

行政サイドの強力な権限を定める条項の効力　紳士協定説をとる場合は別として、契約としての効力を認める場合に、その効力が問題になりそうな条項は、前述の施設使用期限条項以外にも、多数存在しそうである。

たとえば、危険性をもつ施設に関しては、施設の運転等の停止について行政サイドに強力な権限を認めている。北海道（甲）及び室蘭市（乙）が日本環境安全事業株式会社（丙）と締結した「北海道ポリ塩化ビフェニル産業廃棄物処理事業に係る安全確保及び環境保全に関する協定書」において、「甲及び乙は、処理施設の運転管理等について、環境保全上支障があると認めるときは、丙に対して処理施設の全部又は一部の運転を停止し、その原因究明を行うよう指示することができる」（16条1項）という条項を置き、「丙は、前項の規定による指示を受けたときは、直ちに、処理施設の全部又は一部の運転を停止するとともに、その原因究明を行い、必要な対策を講じた後、その結果を甲及び乙に報告しなければならない」（16条2項）こと、及び、「丙は、前項の規定により処理施設の運転を停止した後、運転を再開するときは、あらかじめ甲及び乙の承諾を得なければならない」（16条3項）としている[11]。これらの条項において、指示がなされた後は、もっぱら甲及び乙の承諾なしには運転を再開できないことになってしまうのかどうかが問題になる。このようなバランスを欠く外観の条項であるからといって、当該条項を無効のものということはできない。しかし、運転再開が、完全に甲及び乙の自由な意

11　同協定は、事故発生により運転を停止した後の運転再開についても、あらかじめ甲及び乙の承諾を得なければならないとしている（17条3項）。

思決定に委ねられていると見ることもできないであろう。個別の場合に，甲及び乙の不承諾が権利濫用となる場合があり得ると思われる。

公害防止協定に基づく行為の行政処分性の有無　公害防止協定に基づき町が電力会社に対してなした「同意」について，名古屋地裁昭和53・1・18（行集29巻1号1頁）は，行政処分性を否定した。協定中の，「会社は，発電所の主要施設または公害防止施設の増設または変更を行う場合は，事前に町と協議して同意を得るものとする」旨の定めにおける同意を扱った事案である。処分性否定の判断を示すに当たり，判決は，公害防止協定のうち，少なくとも前記の条項は，「公法上の契約」と解するのが相当であると述べている。その理由は，①行政主体たる町を一方の当事者として，もっぱら，地域の公害を防止し，住民の健康保護，地域全体の生活環境の保全という公共の福祉実現を目的として締結されたところの，明らかに公共的性格を有するものであること，②町と電力会社との間において，電力会社は町の同意を得なければ発電所の主要施設又は公害防止施設の増設又は変更を行なうことはできないという具体的な不作為義務を定めているものであること，を挙げている。

そのうえで，本件協定は，「特に法令上の根拠を有する訳ではなく，当事者が対等な立場において任意に締結した契約に止まるのであって，公権力の行使と目すべきところは全く介在しないのである」とし，本件同意は，「協定に根拠を有するのみで，契約に基づく同意権の行使に過ぎない」ことを理由に公権力の行使には当たらないとした。判決は，この箇所に続いて，本件同意が許可に準ずるとの原告の主張に対して，「本来，許可権は法令に根拠をもつ行政庁の優越的権限であるのに対し，本件の同意は相手方との合意すなわち契約に根拠をもつ対等当事者間の非権力的行為であって，両者の間には本質的な差異があるから，これを同視することはできない」と述べた。この判決が，条例に基づく協定の条項によってなされた同意であるならば結論が異なることを意味しているのか，条例に基づく場合でも，同意条項が任意に締結されたものである場合には，やはり同じ結論になるのかは，この理由のみでは明らかでない。もっとも，この判決が，条例と区別して，「法令上の根拠」をもつ協定の条項において「同意」が定められているときは行政処

分性を認める余地があると考えているのかも明らかではない。

[3] 地球温暖化対策自主協定・緑地保全契約等

環境保全協定との関係　環境保全協定の内容は，多様になる可能性があるが，規制的な内容のものは公害防止協定と連続線上にある。そのような協定は，どちらかといえば，「消極目的の協定」の範疇に入れられるであろう。これに対して，同じく，環境保全を目的とする協定のなかには，地方公共団体が，企業等の地球環境維持への自発的な社会貢献に期待を寄せて，地球温暖化対策を目的として締結するものがある[12]。この場合の協定は，「積極目的の協定」というべきであろう。地球温暖化対策のための，いわば「公私協働」の一態様ということができる。企業等の自主性を基本とする協定である。こうした協定の目的ないし性質を反映して，協定の内容も，緩やかなものが多い。

なお，地球温暖化対策の条例において，協定に関して定めるものが登場していることに注目したい。長野県は，平成18年制定の長野県地球温暖化対策条例において，24時間営業等事業者の店舗又は自動販売機について，店舗の営業時間又は自動販売機の稼働時間の短縮等のための協定を締結することに努めることとし（13条1項），市町村長にその申出権を付与している（同条2項）。また，平成19年制定の草津市の「愛する地球のために約束する草津市条例」[13]も，地球温暖化防止のための協定の締結を呼びかけている（3条，4条）。

具体的な協定例　地方公共団体が実際に締結している地球温暖化対策協

12　市川市環境保全条例17条は，「市と事業者との間に公害の防止の方法，事故時の措置その他の生活環境の保全等に係る事項について協定を締結することができる」という包括的条項であるが，同条を実施するための「環境保全協定書」には，事業者には，「その事業活動において，地球温暖化の原因となる二酸化炭素，オゾン層破壊の原因となるフロン類及び酸性雨の原因となる窒素酸化物等の大気中への排出の抑制その他地球環境保全のために必要な措置を講ずるものとする」との条項（3条）が含まれている。

13　子どもにも理解できるように漢字に読みがなが付された条例であるが，引用に際しては省略した。

定の例を見てみよう。

　山形県は，社団法人日本自動車販売協会連合会山形県支部との間，及び，山形県電機商業組合との間において，それぞれ「地球温暖化防止行動普及促進に関する協定」を締結している。両協定ともに，「山形県地球温暖化対策地域推進計画」に定める目標（2010年度における温室効果ガス総排出量を1990年度比7％削減）を達成するために，協働して取り組むこととしている。そして，自販連山形県支部の場合は，重点取組の内容として，①会員企業とその社員に対し，地球温暖化防止の重要性，エコカー導入及びエコドライブの効果について教育を行ない，環境マイスターの育成に努めること，②エコカーやエコドライブの普及促進のため，環境マイスターが顧客に対し，地球温暖化防止の重要性，エコカーの導入及びエコドライブの効果について適切に情報を提供すること，③省エネ行動を率先して実行すること，④県が実施する地球温暖化防止施策に協力すること，を掲げている。これを受けて，山形県は，自販連山形県支部が前記の取組みを行なうために必要な地球温暖化防止に関する情報を提供するとともに，その取組みを県のホームページ等で広報することを謳っている。山形県電機商業組合との協定も，自販支部との協定のエコカー及びエコドライブの部分を，ほぼ「省エネ家電」と置き換えた内容になっている。

　堺市も，金融機関により構成される「SAKAIエコ・ファイナンス　サポーターズ倶楽部」との間で，堺市の目指す低炭素都市「クールシティ・堺」の実現に向けた連携・協力のための相互協力に関する協定を締結している。相互協力の内容は，協定書上は，①「クールシティ・堺」に係る情報提供に関すること，②「クールシティ・堺」の実現に寄与する金融商品・サービス等の提供に関すること，③「クールシティ・堺」に関する啓発・広報活動に関すること，④その他，両者の間において取り決めた事項に関すること，とされている。同倶楽部は，堺市に営業拠点を置く金融機関として，低炭素都市「クールシティ・堺」に賛同し，金融面での商品・サービスの提供や啓発活動などによるサポートを通じて，地球温暖化問題への役割を果たすことを目的に設立された団体であり，そのことから，前記②は，太陽光発電などの設備導入ローンや住宅のエコリフォームローン，事業者が省エネ設備などを

導入する際の融資制度など，環境関連金融商品を提供することのようである[14]。

　広島市も，「ひろしまエコパートナー協定」を締結している。市と事業者とが，緊密なパートナーシップを形成し，広島市域における温室効果ガス排出量の削減やごみの減量に向けた取組みを推進するとし，事業者は，①事業活動における電気などのエネルギーの効率的な利用等，②事業活動におけるごみの減量，③地域社会の環境保全意識の高揚を図るための取組み，④社員への環境教育や啓発活動の実施，を行なうものとし，このほかに，環境月間，3R推進月間及び地球温暖化防止月間などにおける市の取組みに協力して啓発イベント等をできる限り実施するとしている。これらの取組みは，事業者自らの創意工夫により推進するものとし，原則として，自主的な目標と目標達成に向けた具体的な取組内容を定め，市に報告することとしている。年度ごとの報告，ホームページ等による公表も求めている。これに対して，市は，①市の広報媒体等を利用した事業者の自主的目標，取組内容及び実績の市民へのPR，②協定締結事業者の共通表示ステッカー等の作成配布，③その他事業者が行なう取組みに対する支援・協力，を行なうとしている[15]。取組内容の決定が事業者の自主性に委ねられている点に特色がある。

　緑地保全契約・緑化保全契約等　環境関係において，緑地保全契約や緑化保全契約も締結されている。以下に紹介するような契約が締結されているが，これらは都市緑地法に規定されている「緑地協定」（本書第6章1［1］）と異なることはもとより，「住民の利用に供する緑地又は緑化施設」を設置するわけではないので「市民緑地契約」（本書第2章1［5］）とも異なる。

　鎌倉市は，市街化区域のおおむね1,000 m²以上の緑地（樹林地）について，緑地保全契約を締結して（期間は原則として10年間），奨励金を交付することとしている。奨励金の額は，当該年度の固定資産税，都市計画税及び特別土地保有税相当額と1 m²当たり20円の合計額とされている。横浜市は，500 m²以上の建築物の敷地で，一定の基準以上の緑化を行なって，建築物緑化認定証の交付を受けた者が「建築物緑化保全契約」を締結したときは，固定資

14　以上，堺市のホームページによる。
15　以上，協定書（例）による。

産税及び都市計画税に関し，契約締結の翌年度から10年間，基準を超えて緑化していると認められる部分（上乗せ緑化部分）の4分の1の額を減額することとしている。これは，市税条例の定める減免規定を活用したものと思われるが，このような政策的減免が「公益上その他の事由により特に減免を必要とする固定資産」（市税条例62条1項3号）に該当するとして，同号の運用レベルの事柄として処理されているとするならば，減免の在り方として賛成できない。政策的減免は，条例自体において主要な要件を定めることが要求されると考えている[16]。

横浜市は，「緑の環境をつくり育てる条例」5条が，事業者に対して，「工場その他の事務所事業所の敷地内において，樹林の造成等緑化の推進を図らなければならない」ことを求め，また，6条3項が，建築物の所有者及び管理者に対して，建築物の敷地内において緑化に努めるべきことを求めていることを受けて，「横浜市建築物緑化保全契約手続要綱」により，緑化保全契約の締結について定めている。建築物の所有者等が建築物緑化保全契約申出書により市長に申出を行ない（3条1項）[17]，市長が同契約を締結することが適当と認めるときは，建築物緑化保全契約書により契約を締結する（4条1項）。この要綱は，①所定の場合に契約者が市長と協議して市長がやむをえないと認めたとき，②契約を締結した緑化部分について10年間特に良好に保つよう管理する義務（4条3項）に違反した場合及び所定の場合に協議すべき義務（6条）に違反した場合，においては，市長は，緑化保全契約を解除し又はその内容を変更することができる，としている（7条）。そして，前記②の場合は，契約者は，遡って，減額となった当該土地に係る固定資産税及び都市計画税相当額の合計額を違約金として市に支払わなければならない（9条1項）。その場合の遡る限度は，解除年度を含む7年度分とされている（同条2項）。

要綱に定めるのみでは契約上の効力を有しないが，「建築物緑化保全契約書」において，契約期間が契約締結日から10年間であること（2条1項），

---

16 碓井光明『要説地方税のしくみと法』（学陽書房，平成13年）65頁。

17 契約の申出をする建築物の所有者等は，契約申出書に記載された土地の部分について，特定緑化部分の認定を受けておかなければならない（3条2項）。

契約者（乙）は当該土地の緑化部分を良好に保つように管理しなければならないこと（3条），市（甲）は当該土地に係る固定資産税及び都市計画税の減額措置の手続を行なうこと（4条），乙は所定の場合に事前協議義務を負うこと（5条），甲は所定の場合に契約の解除又は変更を行なうこと（6条），乙は所定の場合に違約金を市に支払わなければならないこと（7条）などの条項が置かれているので，契約上の効力が付与されているのである。

これらの中で，減額された税金相当額を違約金として支払う方式が注目される。違約金の扱いに関しては，二つほどの問題がある。

第一に，乙は，管理義務違反等により途中解除された場合に緑化保全契約締結日まで遡り，減額となった固定資産税及び都市計画税相当額の合計額を違約金として市に支払わなければならないとし（7条1項），その遡る限度は解除年度を含む7年度分としているが（同条2項），このような違約金の合理性である。金額の問題にすぎないといえばそれまでであるが，たとえば，10年契約の9年目まで誠実に管理してきた者が，10年目に違反をして途中解除されたときに，第4年度以降の分を支払わなければならないことが不合理であると主張されるかも知れない。

第二に，契約上の違約金条項にかかわらず，市ないし市長が違約金の全部又は一部を免除できるかどうかである。税金の減免については地方公共団体の自由な裁量を認めることはできない。しかし，違約金が契約上のものであることを理由に，市の意思の自由を認めることができるであろうか。この点は，問題提起にとどめたい。

地球温暖化対策自主協定推進の課題　地球温暖化対策自主協定の課題は，何と言っても，協定締結の輪を広げることと，温暖化対策の実効性を確保することとの，双方を両立させなければならないところ，実効性を確保するために協定の内容の水準（義務の内容とその実現方法）を高めるならば，企業等が協定に参加することを躊躇するであろうという矛盾を抱えていることである。この点について，イギリスの例を参考に，高い水準の目標設定の見返りに税制上の優遇措置，補助金，低利融資などの方法が考えられるとともに，自主協定が締結されないままに推移するならば，新たな規制措置や環境税導入の政策を講じる旨を政府の方針として示して，自主協定の締結を促進する方策

が考えられるとする指摘がある[18]。要するに，高い水準の目標設定による自主協定締結へのインセンティブを仕組むことが考えられるというわけである。優遇措置は，確かに有効な方法となり得るが，自主協定締結に至る分岐点の判断がポイントになろう。また，将来講ずる措置を予告する方法に関しては，温暖化対策が進展しない場合に実際に当該措置が講じられることをどれだけの企業や国民が確信するかが問題であり，さらに，個別の企業や国民の努力が全体の温暖化対策の実現にどれだけ貢献できるかについての確実なデータが示されない場合に，現在の時点において一定の自主的負担をするインセンティブになり得るかという問題もある。

2 迷惑施設等に関する協定

[1] 原子力発電所周辺地域の安全確保協定

原子力発電所等の安全確保協定　発電所のうち，火力発電所については，公害防止協定によるのが普通である。公害防止協定が主として条例に基づく協定であるのに対して，性質上は公害防止協定でありながら，「公害」の枠を超える危険性を備えた原子力発電所等に関しては，住民の安全・安心を確保する必要性がきわめて高いために，公害防止協定と別個に独自の協定が締結されている。それは，きわめて個別的協定であることから，条例に基づかないことはもちろん，要綱に基づくものでもない。昭和44年に福島県と東京電力との間において締結された協定を皮切りに，全国の原子力発電所に広がり[19]，発電所以外の原子力関係施設についても締結されている。

県及び地元市町村と電力会社との三者協定が一般化しているようである。もっとも，県及び地元市町村を一体と扱って，二者協定の体裁のものもある。

18　大塚直編『地球温暖化をめぐる法政策』（昭和堂，平成16年）103頁（執筆担当＝角倉一郎）。

19　原子力発電所の安全確保協定の変遷，それぞれの時代の特色等については，菅原慎悦ほか「安全協定にみる自治体と事業者との関係の変遷」日本原子力学会和文論文誌8巻2号154頁（平成21年）が詳しい。同論文によれば，安全協定の変遷を見ると，1970年代前半の黎明期，1980年代から90年代にかけての情報要求期，1990年代末以降の情報信頼要求期に分けることができるという。

たとえば，平成19年10月に締結された「浜岡原子力発電所の安全確保等に関する協定書」は，静岡県並びに御前崎市，牧之原市，掛川市及び菊川市を「甲」とし，中部電力を「乙」としている。

平成20年4月締結の「東京電力株式会社柏崎刈羽原子力発電所周辺地域の安全確保に関する協定書」は，新潟県（＝甲）・柏崎市・刈羽村（＝乙）と東京電力（＝丙）の三者協定である。

前記刈羽原子力発電所に係る協定書の条項の概要は，次のとおりである。

発電所の運転，保守及び管理等の状況についての積極的情報公開（2条），発電施設等の新増設・変更についての事前了解（3条），安全確保対策等のため必要な事項の通報連絡（4条1項），安全確保対策の取組状況等についての報告徴取（5条），環境放射線の測定等（6条），原子力発電所周辺環境監視評価会議の設置（7条），測定結果の公表（8条），技術連絡会議の設置（9条），立入調査等（10条），状況確認等（11条），安全管理に関する技術委員会の設置（12条），適切な措置の要求（14条），発電所トラブル等内部情報受付窓口の設置（15条），損害の補償（16条），協力の要請（17条）など。

以上のうち，若干の条項についてコメントしておこう。

第一に，通報連絡に関しては，その事項及び方法は，三者が協議して別に定めるものとしている（4条2項）。地方公共団体が住民の安全確保のために迅速に行動する必要から，詳細なルールを定める必要があるという考え方に基づくものであろう。実際には，「原子力発電所に関する通報連絡要綱」により，極めて詳細に定められている。

第二に，公害防止協定について論じられる立入調査に関しては，①発電所周辺の環境放射線及び温排水等に関し，異常な事態が生じた場合又は必要を認めた場合，②発電所の運転，保守及び管理の状況等について，特に必要と認めた場合，において立ち入ることができる（10条1項）。立入調査をするときは，あらかじめ丙に対し，立入調査をする者の氏名，立入りの日時及び場所を通知し，丙はこれに立ち会うものとされている（同条2項）。このことは，予告なしの立入調査を認めない趣旨であると解さざるを得ない。しかし，調査の必要性に応じて，事前通知と立入時点との時間的間隔は，短縮できると解するのが自然であろう。その場合に，調査の必要性の判断について，

一定範囲の裁量を肯定せざるを得ないが，それにも限界があろう。

　第三に，適切な措置の要求条項は，立入調査等の結果，特別の措置を講ずる必要があると認めたときは，国を通じ，丙に対し原子炉の運転停止を含む適切な措置を講ずることを求めるものとする旨のみならず，特に必要と認めたときは，直接丙にこれを求めることができるものとし，この措置要求にあたっては，甲及び乙は十分に協議し，甲の名において行なうものとしている（14条1項）。ただし，この措置の要求があったからといって，運転停止などの措置を講じなければならない義務が生ずるものではない。「誠意をもってこれに応ずるとともに，その結果を甲及び乙に報告する」という定めにとどまっている（同条2項）。

　これに対して，原子炉の運転停止後の運転再開に関しては，甲との事前協議の義務づけがある（同条3項）。この趣旨が単に協議を実施しなければならないという趣旨なのか，再開についての同意を得なければならないのか，について条文からは明らかでない。第3項には，「なお，当該協議を受けた場合において，甲及び乙は十分協議し，甲の名においてその結果を丙に通知するものとする」旨の規定がある。この定めは，甲と乙との内部的協議を定めると同時に，協議結果の丙に対する通知であって，同意（条件付きを含む），不同意を予定しているようにも解される。「核原料物質，核燃料物質及び原子炉の規制に関する法律」が，一定の場合には，主務大臣に対して原子炉設置許可の取消し又は1年以内の期間を定めて原子炉の運転の停止を命ずることができる権限を付与していることとの関係で，この停止命令にも相当するような不同意権を甲及び乙に認める協定が有効といえるか否かという問題があるが，法律に正面から衝突するとはいえないので，直ちに無効とするわけにはいかない。しかし，甲及び乙が同意するか否かが完全に自由であるというわけではなく，甲及び乙が合理的理由なしに不同意を継続するときは，権利濫用とされることもあり得よう。

　協定等の運用に関する合意書　ところで，協定書の締結のみならず，協定の覚書や運用についても合意書を作成するのが一般化している。前記の柏崎刈羽原子力発電所についても，協定の運用について平成20年に合意文書が作成されている。愛媛県，伊方町及び四国電力の三者も，三者による「伊方

原子力発電所周辺の安全確保及び環境保全に関する協定書」を受けて，協定書の各条ごとの確認事項をまとめて「伊方原子力発電所周辺の安全確保及び環境保全に関する確認書」を作成した。

[2] その他の迷惑施設の設置管理に関する個別協定
　原子力関係施設以外にも，迷惑施設の設置管理についての協定が締結されることが多い。

　火薬類災害防止協定　　工場の爆発事故のおそれのある場合に，爆発を防止するための協定が締結されることもある。平成12年8月に発生した日本油脂武豊工場の爆発事故を教訓に，武豊町，半田市，常滑市，美浜町と日本油脂株式会社は，「火薬類災害防止協定」を締結した。①別に定める火薬類等事故防止計画書に基づき施設の維持管理その他必要な措置を積極的に講ずるものとすること（同計画書の内容については，毎年度当初に市町と協議すること），②火薬類危害予防規程等の定めるところにより定期自主検査又は定期点検を実施するほか協議会で定める検査を行ない，その結果を記録し保管すること，③事故が発生し又は発生するおそれが生じたときは直ちに応急の措置を講ずるとともに火災通報装置により管轄消防本部に迅速に通報すること，④市町は職員を事業所に立ち入らせて必要な調査をさせることができること，⑤会社がこの協定に違反したと認められるときは事業所の火薬類等関係施設の改善，操業の一時停止その他必要な措置を勧告すると同時にその旨を公表すること，⑥この協定の履行を確保するために，関係機関及び地域住民を含めた協議会を設置すること，などを内容としている。公害防止協定の場合もそうであるが，このような協定を意味あるものにするには，地方公共団体において，火薬類に関する知識を有する職員を配置するか，助言・協力を得られる専門家を常時確保しておく必要がある。

　公営競技の場外発売場設置に関する協定　　公営競技に関して，車券や投票券の場外発売場を設置する場合には，一定の協定が締結されるようである。モーターボート競走の場外発売場「（仮称）ボートピア習志野」の設置に際して，習志野市と場外発売場設置予定会社との間に締結された協定書によれば，施設会社は，次の事項について市の要望を最大限に取り入れ，万全を期

すものとした。①青少年対策（児童，生徒，学生及び未成年者の入場規制及び勝舟投票券の購入防止に関すること），②防犯対策（場外発売場周辺地域及び場内における万全の防犯警備に関すること），③交通対策（場外発売場周辺の交通安全に関すること，警備員による歩行者及び車両の誘導に関すること），④環境対策（場外発売場周辺の環境保全に関すること）。さらに，従業員の雇用に当たって，住民を優先して採用するものとすること，住民が多目的に利用できる施設の整備に努めるものとすること，周辺地域の住民団体等の要望に誠実に対応することなどが掲げられている。この協定書に併せて，細目に関して「覚書」が交わされている。その中には，会社は地元企業の活用に最大限努力すること，多目的施設の運営等の詳細については市と協議のうえ定めるとともに，運営に当たって習志野市民の優先利用に努め利用料金は市と協議のうえ決定するものとすること，などが盛り込まれている。

　石狩市も，競輪の場外車券売場の設置予定者との間において，設置予定者が駐車場対策，教育，青少年非行防止対策，防犯対策，交通対策，環境美化対策について誠実に履行するように努めること，関係町内会が参画する運営組織や教育関係者との協議機関を設置すること，地元雇用を優先すること，などを内容とする協定を締結したという。

　設置場所の地方公共団体が，このような協定の締結により設置を了承して，場外発売場が設置された後に，設置会社が協定を遵守しなかった場合に，協定の当事者たる地方公共団体がいかなる法的手段をとり得るであろうか。設置自体について別途行政庁の許可がなされているが，協定の内容次第であるとはいえ，協定違反を理由に発売の差止め等の請求をなし得る場合があろう。この点に関しては，廃棄物処理法と公害防止協定との関係について判示した最高裁平成21・7・10（判例タイムズ1308号106頁）（本章1［2］を参照）が参考とされるであろう。

県外産業廃棄物の搬入についての事前協議と協定の締結　　迷惑施設そのものとは別に，迷惑施設への物の搬入等について不安を抱く地方公共団体が協定の締結を求めることが少なくない。

　県外産業廃棄物の搬入について環境保全協力金の納付を求める場合には，条例に基づく事前協議を経て協定又は契約を締結する方式が採用されている

ことはすでに述べた（第2章2［5］）。他方，環境保全協力金の納付を求めない場合においても，要綱等に基づいて協定を締結することとしている地方公共団体は無数に存在する（たとえば，「茨城県県外から搬入する産業廃棄物の処理に係る事前協議実施要項」，「石川県廃棄物適正処理指導要綱」，「富山市産業廃棄物適正処理指導要綱」）。搬入協議書に基づく搬入承認の手続による方式（「富山県産業廃棄物適正処理指導要綱」「福井県産業廃棄物等適正処理指導要綱）も，実質は同じである。いずれも，住民が安心できる状況を確保するために，地方公共団体が事業者に対して協定の締結を求めるものである。

3　インフラ整備・公共施設管理関係に係る協定

［1］　道路管理者と鉄道事業者との協定
　自由通路管理に関する協定　インフラ整備に関する要綱等において，協定締結を主眼にしていないものの，協定の締結を前提にしているものがある。
　たとえば，国土交通省の「自由通路の整備及び管理に関する要綱」は，自由通路，すなわち「既存の停車場内で鉄道と交差し，専ら歩行者，自転車の交通の用に供する道路又は通路等」の整備と管理について，都市基盤事業者（自由通路の整備及び管理又は費用負担を行う国又は都道府県，市区町村）と鉄道事業者との間の調整を定める要綱である。自由通路を，その管理者及び管理形態により，①道路の場合，②通路の場合，③鉄道事業者の施設の場合に分けて，そのうち③の場合は，鉄道事業者が鉄道あるいは駅の整備の一環として整備管理する自由通路のうち，不特定多数の利用を前提とし，周辺のまちづくりに貢献するものについては，その整備費の一部を都市基盤事業者が負担する自由通路としている。この場合に，自由通路としての機能を損なう一定の営業行為等の制限など管理のあり方について協定等に定めるものとしている（3条3号）。③の場合の費用負担に関して，自由通路についての都市基盤事業者の費用負担は，一般通行の用に供する部分の自由通路整備費の3分の2とし，維持管理費については，原則鉄道事業者が全額負担するものとしている（5条4号）。なお，大規模ターミナル駅において鉄道事業者が関連する駅周辺整備の一環としてさまざまな事業と一体で自由通路整備を行な

う場合など，前記の負担の考え方を適用することが不適切であると都市基盤事業者と鉄道事業者の双方が判断した場合は，これによらず両者の協議により費用負担を決定できるものとしている（同条4号）。人々の日々の生活に関わる駅の自由通路に関しても，都市基盤事業者と鉄道事業者との協定が活用されていることがわかる[20]。

連続立体交差事業の費用負担協定　ここにも登場する道路と鉄道事業者との関係で，連続立体交差事業に係る費用負担協定に触れる必要がある。連続立体交差事業について，平成4年3月31日付けで運輸省と建設省との間で「都市における道路と鉄道との連続立体交差化に関する協定」（いわゆる建運協定）が締結されている（昭和44年9月1日付けの協定は同日付で廃止）[21]。この協定自体は，両省の合意内容をまとめたものであって，本章の対象とする私人との協定ではない。連続立体化事業の費用負担について，鉄道事業者は受益相当額（現在は，高架下を店舗等として貸し付けることなどによる受益相当額を考慮して，高架化に要した費用の5％から14％とされている）を負担し，都市計画事業施行者である事業主体がその残額を負担することとされている。また，「都市における道路と鉄道との連続立体交差化に関する細目協定」が締結されている。これらの協定に基づいて，個々の立体交差化事業に当たって，個々の事業箇所に応じて全体的な事業の施行方法，費用の負担額及びそ

20　協定の締結例として，新宿駅東西自由通路についての協定には，新宿区と東日本旅客鉄道株式会社との間のもの，新宿区と小田急電鉄株式会社との間のものがある。

21　建運協定が訴訟において間接的に扱われた事件として小田急訴訟がある。とりわけ控訴審の東京高裁平成15・12・18訟務月報50巻8号2332頁は，原告適格との関係において1審原告らが鉄道事業と付属街路事業とは，法規範たる建運協定及び要綱に基づいて施行される「連続立体交差事業」という法的に単一の事業のそれぞれ一部分を構成するものであるから，両事業は法的に一体であり，また両事業は不可分であるから，付属街路事業の事業地内の不動産に権利を有する者は，付属街路事業の認可だけでなく，鉄道事業認可及び他の付属街路事業認可についても取消しを求める原告適格があると主張したのに対し，建運協定及び要綱のいずれも法規範性を有しないから前提を欠く主張であるとした。その理由につき，建運協定は，行政組織間の協定であり法律の委任に基づくものではなく，要綱は，連続立体交差事業調査を実施する調査主体（都道府県等）に対し，調査の進め方，調査内容の項目等を内部的に示したもので，法規範性，法的拘束力を有するとは認められないと述べた。

の支払方法などについての協定（＝基本協定）を締結する方式が採用されている。さらに，これを各年度ごとに区分した協定も締結される。道路は，行政主体の管理下にあるので，これらの協定は，本章の対象とする協定に該当するわけである。

鉄道事業者の関与するまちづくり協定等　まちづくり協定は，一般には要綱等の基準に基づいて締結されるのが普通であるが，そのような一般的な基準を介在させないで締結される協定も存在する。

たとえば，高知県，高知市，四国旅客鉄道株式会社及び日本貨物鉄道株式会社四国支社は，「よさこい咲都まちづくり協定書」により，まちづくりの基本方針についての合意をしている。魅力的中心市街地づくりの一翼を担うこと，便利で機能的な駅前都市空間をつくること，陸の玄関口としてのシンボル性を高めること，職・住・防災等多様な機能を使いやすくまとめること，自然が実感できるまちを演出すること，色彩・意匠・形態に配慮すること，などを基本方針として掲げている。また，大阪府は，バリアフリー法により鉄道駅に関するバリアフリー基準が定められ，基準への適合が義務化されたことに伴ない，「福祉のまちづくり」条例の鉄道駅に関する基準がそれと重複することになるため，条例中の鉄道駅に関する基準を廃止する代わりに，条例中にあった基準のうちでバリアフリー法に基づく義務基準に含まれない項目[22]について，平成21年1月に複数の鉄道事業者との間に「福祉のまちづくりの推進に関する協定」を締結して，引き続き促進を図ることとした。

まちづくりのために鉄道駅の改良が大きな役割を期待されることがある。そこで，たとえば，JR東日本の東海道線辻堂駅について，関東特殊製鋼㈱の工場全面撤退を受けて，平成17年11月24日には，藤沢市，茅ヶ崎市，JR東日本の三者間で，「辻堂駅改良事業に関する基本協定」が締結された（同年11月28日には，藤沢市及び茅ヶ崎市の基本協定も締結された）。その基本協定によれば，本屋口南北自由通路拡幅及び駅舎改築に関しては藤沢市の負担，既存ホーム拡幅改良及び西口駅舎改良に関しては三者の負担，西口跨線

22　その項目は，エレベーターにおける聴覚障害者対応，エレベーターの操作盤におけるインターホーン機能，車いす使用者用便房における衣服を掛けるための金具の設置である。

橋拡幅改良に関しては両市の負担，西口広場の整備は藤沢市の負担とされた。藤沢市に所在している辻堂駅の改良事業について茅ヶ崎市が負担者となっているのは，茅ヶ崎市民の中にも辻堂駅の利用者が多いことに鑑みたものである。

さらに，地方公共団体が住民の利便のために鉄道の新駅設置を要望し，その新駅設置の費用を当該地方公共団体が負担することが広く行なわれてきた。いわゆる「請願駅」である。いくつかの例がある[23]。

たとえば，平成18年10月に締結された「JR横須賀線西大井駅・新川崎駅間武蔵小杉駅設置工事等の施行に関する協定書」においては，川崎市，武蔵小杉駅周辺地区における住宅事業4プロジェクトの各民間会社代表，及びJR東日本が協定の当事者となっている。協定においては，費用負担が最も重要な事項である。総額約168億円のうち，川崎市が約86億円[24]，住宅事業者が約60億円（うち40億円は，川崎市住宅市街地総合整備事業補助要綱に基づき，川崎市が住宅事業者に補助），JR東日本が約22億円である。

新駅設置をめぐる訴訟として有名になったのは，栗東市が東海道新幹線の新駅（仮称・びわこ栗東駅）設置に要する費用に充てるための起債について住民が差止めを求めた住民訴訟（大津地裁平成18・9・25判例タイムズ1228号164頁，その控訴審・大阪高裁平成19・3・1判例タイムズ1236号190頁）であった。平成14年4月に滋賀県，栗東市，関係各市長などで構成される新駅設置促進協議会及びJR東海が締結した基本協定書において，仮線工法により施工すること，工事費は滋賀県，栗東市及び促進協議会の各市町が負担するものとされた。駅舎等工事費132億円余については滋賀県が2分の1の66億円余，栗東市が3分の1の34億円余，寄附10億円，関係5市及び大津市が22億円余とされ，仮線建設を要するという特殊要因による事業費分101億5,800万円については，関係市との負担分から切り離して，滋賀県と栗東市が各2分の1を負担することとされた。さらに，栗東駅前線跨線橋構

---

23 早い段階の裁判で，間接的に取り上げられたのが，国鉄西大井駅の駅舎建設費用について地元品川区が負担しようとして基金を設置して期成同盟に公金を支出しようとすることを差し止めた東京地裁昭和55・6・10行集31巻6号1291頁である。
24 川崎市の財源計画は，国のまちづくり交付金約46億円，一般財源約80億円である。

造物事業費6億円余については全額栗東市の負担とされた。

事件の争点そのものは，原告らが主張するように，「新幹線新駅周辺都市計画道路等整備事業」の事業名で起債の許可を得ているものの，実質的には道路建設事業ではなく仮線工事費のためのものであり，当時の地方財政法5条に違反するか，というものであった。1審は，栗東市が仮線工事の費用を「道路」建設事業のための起債として負担することは，地方債を限定的に許容した地方財政法5条の趣旨に違反し，起債は違法であるとして，請求を認容した。控訴審も，同様に，地方財政法5条に違反するとした。

この訴訟は，最高裁が上告を受理しなかったため，控訴審判決が確定した。それに伴い，新駅設置を中止することとなり，栗東市はもとより，それまで新駅設置を推進してきた滋賀県は事後処理策を模索し，県が，多額の財政支援をする見通しである[25]。

[2] 住民参加による公共施設の管理

住民参加による公園等の管理協定　　住民参加による公共施設の管理についての協定に関して定める要綱も見られる。いわゆる「公私協働」の一場面である。

たとえば，「狛江市公園等の住民参加による管理協定に関する要綱」は，同市の都市公園及び児童遊園の日常管理について，地域の住民で組織する団体（＝地域団体）と協定し，住民意識の高揚と地域連帯の醸成を図ることを

25　平成21年2月の記者発表資料「新幹線新駅中止に係る滋賀県から栗東市への財政上の対応」によれば，協定類の終了に伴い，平成19年度までの支出にかかる負担・支援として約16億円（工事費負担金，概略設計委託料，文化財発掘調査に要した経費等の新駅設置事業清算のための負担6億円余，それらを除く新駅関連事業・土地区画整理事業関連の支援10億円）を平成20年度，21年度の各補正予算で対応し，市の平成20年度以後の支出（栗東新都心土地区画整理事業の中止に起因する経費等）についても支援を予定している。さらに，栗東市土地開発公社が栗東新都心地区に保有している土地の利用目的が失われたことで，金融機関からの借入れが困難となっていることから，公社に対して県が40億円を貸し付けることも盛り込まれた（栗東市が債務保証）。ちなみに，土地開発公社の債務についての保証契約は，公有地の拡大の推進に関する法律25条により許容されている。

目的としている（1条）。協定を締結できる地域団体の要件は、「公園等の維持管理に意欲を示し、コミュニティ活動に理解と意欲を持った地域団体であること」、会員が原則として10名以上であること、所定の管理運営を遂行できる地域団体であること、とされている（2条）。管理運営の内容は、日常の軽度のものにとどめられている[26]。協定団体に対しては、所定の管理運営費[27]が支払われる（6条）。「蕨市公園・歩道緑地帯自主管理実施要綱」も、公園又は歩道緑地帯を管理し又は管理しようとする団体からの申出書の提出があったときは、協議して適当であると認めたときは、管理団体と管理協定を締結するものとしている（4条）。助成金の交付についても定めている[28]。

このような方式がどの程度普及しているのか、筆者は把握していないが[29]、退職者等の生き甲斐にもつながることであるので、今後次第に増加していくものと思われる。もっとも、地域団体が存続できるという保証があるわけではない。市長が協定を解約できる事由の一つに「地域団体がその管理運営を遂行できなくなったとき」が掲げられているが（5条1項2号）、これは、地域団体側からも解約できる事由であるというべきであろう。「富里市公園の住民参加による管理に関する協定要綱」は、「協定団体から申し出があり、その内容がやむを得ないと認められるとき」（同項3号）を、協定の解約事由としている。同種の協定を定める豊中市の「地域住民団体による公園等の自主管理協定に関する要綱」が、「協定の内容を履行することが不可能となった場合は、双方協議の上、協定を解除することができる」（9条）としているのが、自然な定め方といえよう。

ちなみに、豊中市の要綱は、協定を締結した住民団体は、公園等が常に美しい状態となるように、原則として毎月2回以上の清掃を実施するものとし、

---

[26] 具体的には、①公園等の除草及び清掃、②植栽樹木の灌水及び簡易なせん定・整枝、③施設が破損・損傷されないようにする利用者に対する指導及び助言、④施設の破損、樹木の損傷、利用者の事故等が起きたときの所管課への連絡である（4条）。

[27] 月額で、5,000 m²まで1 m²当たり10円、5,000 m²以上の場合は1 m²当たり5円とされている。

[28] 予算の範囲内で助成金を交付するとし、交付の基準は、1団体について年額81,000円以内とされている（5条）。

[29] 蕨市、松戸市、葛飾区、足立区など。

さらに、ごみの散乱などにより公園内が汚れた場合は団体が清掃を実施すること、公園等の施設の故障、不具合箇所等を発見した場合は、速やかに市へ連絡することも、団体の役割に含めている（4条）[30]。なお、自主管理活動に対し、毎年度、協定に基づく活動交付金を支払うことができる（ただし、交付金の額は予算の範囲内で定める）とされている（7条1項）。

　以上の例は、団体を想定するものであるが、団体であることを要件としないで、私人に管理を委ねる方式を採用している地方公共団体もある。嬉野市公共施設等里親制度実施要綱は、身近な公共空間である道路、公園、公衆トイレ及び河川（「公共施設等」）を「養子」とみなして、市民等がその「里親」となり、その美化及び清掃についてのボランティア活動を行なう場合の里親届、委託契約書の取り交わし、委託料等について定めているが、一人であってもかまわないことを前提にしている。

河川の廃川敷地管理協定・道路管理活用協定　次に、滋賀県は、「要領」により、草津川廃川敷地について、廃川敷地管理協定を締結して管理をしている。これは、草津川放水路事業により廃川敷地となり普通財産とされた区間について、管理のあり方について協議会を設置して検討を重ねて、暫定的に管理協定方式を採用することとしたものである。管理実施要領によれば、同廃川敷地の具体的な土地利用が実施されるまでの間、「地域住民等と行政が協働し、適切かつ良好な廃川敷地の管理を行う」ことを目的としている。実施団体の資格について、①活用を伴う管理をする団体としては、自治会・学校、各種団体・NPO等の団体、企業（社会貢献活動に限る）、②活用を伴わない管理をする団体としては、前記①のほか、団体の代表者（18歳以上）が決められていること、5人以上のメンバーにより組織し、メンバーは小学生以上であること、継続して活動できる団体であること、を定めていた。①の団体は、管理実施計画書を県の担当課に提出し、運営委員会で活用の内容を審査し、適正と認められたものについて管理協定を締結するものとし、②の団体については、同様に管理実施計画書を提出し、団体要件等を確認次第、

30　さらに、自主的選択の活動として、公園等の除草、樹木へのかん水、花だん活動、危険な遊び・他の利用者への迷惑行為を行なう者への注意・指導なども掲げている（4条）。

随時に管理協定を締結するものとされた。管理の内容は，管理区域内の散在性ゴミの収集・清掃，除草，その他環境美化に必要な活動とされている。そして，平成17年12月に地域の自治連合会と第1号の管理協定を締結するに至ったものである。

また，神戸市の「道路管理・活用協定」は，道路管理者である神戸市が，地域団体等と締結する協定で，地域団体等が一定の維持管理（道路の美化清掃，駐輪対策など）を行なうとともに，オープンカフェ，休憩ベンチの設置など特別の地域活動などに活用することができるようにするものである。

4　災害時，遭難時等における協力に関する協定

［1］　災害時における民間事業者の協力に関する協定

応急的事務に関する協定　　多くの地方公共団体において，地方公共団体と民間建設事業者等との間で，民間事業者が災害復旧等の緊急事態における応急的事務に協力する旨の協定が締結されている。

たとえば，長野県は，災害発生時に迅速な応急活動が行なえるように，①食料・生活必需品に関して，災害時における物資の調達，災害救助法が適用された場合の応急米穀の取扱い，災害救助に必要な物資の調達，②救助・救急・医療に関して，災害時の医療救護等，③緊急輸送に関して，緊急交通路の確保等業務，応急対策業務，緊急・救護輸送，食料・生活必需品等保管協力，④避難収容に関して，応急復旧仮設住宅の建設，民間賃貸住宅の媒介等，帰宅困難者支援，災害応急資機材のリース，災害廃棄物の処理[31]，し尿等の収集運搬，テント等物資の調達など，⑤情報の収集・連絡に関して，アマチュア無線による災害時応援など，⑥災害広報に関して，報道要請，⑦設備等応急措置に関して，電気設備等の応急対策業務，土砂災害時等における緊急応援，といった内容の協定を締結している。他の地方公共団体も，同様に多数の活動を想定していることが多い。

協定の具体例は，後に述べるとおりであるが，この種の協定に関しては，

31　島岡隆行＝山本耕平編『災害廃棄物』（中央法規，平成21年）を参照。

協定締結時のみならず，協定締結者の間，及び各協定締結者の内部において，常に手順等について再確認することが不可欠である。災害時に要請を受けたにもかかわらず，「担当者がいないのでわからない」などといった対応が許されないからである。

業界団体との協定　これらの項目のうち，応急米穀の取扱，コンビニエンスストアからの物資調達，帰宅困難者支援，報道要請のように個別の会社と締結する協定もあるが，それらも含めて，全体としては，業界団体（たとえば，協同組合，医師会，歯科医師会，薬剤師会，建設業協会，産業廃棄物協会等）と締結するものも多い[32]。

災害発生時には，道路の復旧等が必要となる。たとえば，名古屋市は，名古屋建設業協会及び愛知県建設業協会との間で，災害発生時における道路・河川施設の復旧業務に関する協定を締結し，道路・橋梁・河川・ため池等における被害状況の調査，損壊箇所の応急措置及び障害物の除去作業などを定めている。市からの出動要請によるのが基本であるが，市内に震度6弱以上の地震が発生した場合，または東海地震注意報が発表された場合は，あらかじめ決められた路線（第一次緊急輸送道路等）へ自動出動することとしている。同市は，同じく，愛知県測量設計業協会及び建設コンサルタント協会中部支部との間において，災害時における橋梁の緊急点検，道路・橋梁・河川・ため池等の災害復旧工事にかかる測量及び設計支援についての協定を締結している。

災害時においては，交通の確保等が重要である。愛知県警察と社団法人愛知県警備業協会は，大規模災害が発生した場合において，交通の確保等に関する警備業務を警備業協会に要請する手続等を定める「災害時における交通の確保等の業務に関する協定」を締結している。要請業務は，緊急交通路の確保等に関する交通誘導警備業務，被災地・避難場所等における警戒警備業務などである（2条）。

---

[32] 団体との協定において，いわばブリッジ条項，すなわち，当該地方公共団体が他の被災した地方公共団体に対して応援を行なう場合にも，協定の精神にのっとりできる限り協力する旨の条項が置かれている例もある（たとえば，北海道と北海道生活協同組合連合会との「災害時における応急生活物資供給等に関する基本協定書」8条）。

市原市の具体的協定例（雛型）を掲げよう。
「災害時における燃料等の供給に関する協定（雛型）」

　市原市（以下「甲」という。）と千葉県石油商業協同組合市原北支部（以下「乙」という。）とは，災害対策基本法（昭和36年法律第223号）第2条第1号に規定する災害（以下「災害」という。）が発生した場合に，「市原市地域防災計画」に基づく応急措置のために燃料等が必要となった場合に，その供給について次のとおり協定を締結する。
（目的）
第1条　この協定は，災害が発生した場合に，速やかに燃料等の供給を実施し，市民の日常生活の安定及び確保を図ることを目的とする。
（供給の要請）
第2条　甲は，前条の目的を達成するため，燃料等の供給を受けようとするときは，乙に供給を要請するものとする。また，甲は，乙の会員に直接要請できるものとする。
（供給の実施）
第3条　乙又は乙の会員は，前条の規定により供給の要請を請けたときは，甲に対し優先的に燃料等を供給するものとする。
（引き渡し）
第4条　甲は，乙又は乙の会員の指定する場所で，燃料等の引き渡しを受けるものとし，それに伴い輸送が必要となった場合は，原則として甲が行う。ただし，甲において輸送が著しく困難な場合は，乙又は乙の会員は輸送に協力するものとする。
（経費の負担）
第5条　甲の要請により乙又は乙の会員から引き渡しを受けた燃料等の代金及び前条ただし書の規定により乙又は乙の会員が輸送を行った場合に要する経費は，甲が負担するものとする。
（価格の決定）
第6条　乙又は乙の会員から供給を受ける燃料等の価格は，災害の発生する直前時における燃料単価契約書の単価を基準とし，甲，乙協議して決定する。また，第4条ただし書に規定する乙又は乙の会員が燃料

等の運搬を行った場合の経費も，甲，乙協議して決定する。
（支払い）
第７条　甲は，乙又は乙の会員から引き渡しを受けた燃料等の代金及び第５条ただし書きの規定により乙又は乙の会員が燃料等の運搬を行った場合の経費を，乙の請求に基づき支払うものとする。
（協定の有効期間及び更新）
第８条　この協定の有効期間は，協定締結の日から１年間とする。
　２　前項の規定にかかわらず，期間満了の日１ヵ月前までに甲又は乙のいずれからも別段の申し出がなされないときは，前項の期間が満了した後においても，この協定を同一条件で更新したものとし，その後においても同様とする。
（協議）
第９条　この協定に関する疑義が生じた場合及びこの協定に定めのない事項については，その都度，甲，乙協議して決定する。

以上の例にも見られるように，業界団体との協定の内容は，業界団体がその会員等の協力を確約するものである。

日本獣医師会が，平成19年に，獣医師会に対して地方公共団体と災害時のペット救援協定を締結するよう呼びかけたのに呼応して，災害時における動物救護活動に関する協定を締結する動きも広まっている[33]。

青森県は，「青森県動物救護本部設置要綱」によっている。その内容は次のとおりである。

（目的）
第１条　青森県動物救護本部（以下「救護本部」という。）は，青森県域で地震等の災害が発生した場合において，避難所等へ避難した被災動物及びその飼養者等に対して，動物愛護の観点から必要な動物救護活動を行うことを目的として設置する。
（定義）

33　朝日新聞平成23・2・17によれば，8府県48市区町村が締結しているという。

第2条　本要綱において，被災動物とは被災した犬，ねこ等の家庭動物をいう。

（構成）

第3条　救護本部は，青森県（以下「県」という。），社団法人青森県獣医師会（以下「獣医師会」という。）で構成する。

（組織）

第4条　救護本部は，本部長，副本部長，本部員，監事をもって組織する。

2　本部長は県健康福祉部長をもって充て，副本部長は獣医師会会長をもって充てる。

3　本部員は，本部長及び副本部長がそれぞれ指名する者をもって充て，指名する人数は，県健康福祉部から4名以内，獣医師会から4名以内とする。

4　監事は本部長が委嘱する。

（職務）

第5条　本部長は，救護本部の事業を総理する。

2　副本部長は，本部長を補佐し，本部長に事故等があり職務を遂行できないときにはその職務を代行する。

3　本部員は，本部長の命により本部の事務等に参画する。

4　監事は，救護本部の会計を監理する。

（事業）

第6条　救護本部は，第1条に掲げる目的を達成するため，以下の事業を行う。

　(1)　ペットフード及び衛生処理用品等の飼養支援物資の提供に関する事業

　(2)　被災動物の健康管理支援に関する事業

　(3)　被災動物の一時保管に関する事業

　(4)　飼養者等による飼養が困難となった被災動物の譲渡に関する事業

　(5)　被災動物救護に係る相談窓口の開設に関する事業

　(6)　ボランティアの受入れ，活動調整等に関する事業

(7) 救護本部の運営経費の執行及び物資の管理事業
(救済基金)
第7条　救護本部は，前条に掲げる事業を行うため，青森県緊急災害時動物救済基金（以下「救済基金」という。）を運営する。
2　救済基金は寄附金をもって充てる。
3　救済基金は活動の終了をもって精算し，残余が生じた場合には，今後の災害への備えに資するため，財団法人日本動物愛護協会，社団法人日本動物福祉協会，社団法人日本愛玩動物協会，社団法人日本動物保護管理協会及び社団法人日本獣医師会で組織する緊急災害時動物救援本部に寄附するものとする。
(救護本部会議)
第8条　本部長は，第6条に掲げる事業を円滑に行うため，救護本部会議を開催することができる。
2　本部長は，必要があると認めるときは，救護本部会議に救護本部以外の者の出席を求め，意見又は説明を聞くことができる。
(事務局)
第9条　救護本部の事務局は，県健康福祉部保健衛生課に置く。
(関係機関との連携)
第10条　救護本部は，第6条に掲げる事業を行うに当たって必要と認めた場合には，環境省，市町村その他の団体と連携し，又は緊急災害時動物救援本部に支援を要請する。
(救護本部の設置及び活動の期間)
第11条　救護本部は，県と獣医師会が協議の上設置する。
2　救護本部の活動の期間は，設置された日から救護本部会議で定められた日までとする。
(活動内容の公表)
第12条　本部長は，救護本部の活動状況及び救済基金の運営に関する事項について，積極的に公表するものとする。
(協定)
第13条　県は，第1条に掲げる目的を達成するため，獣医師会と別途

協定を締結するものとする。
（協議）
　第14条　この要綱に定めるもののほか，救護本部の運営に関し必要な事項については，県と獣医師会が協議の上，別にこれを定める。
　この第13条の規定を受けて，県と獣医師会との間に協定が締結されている。

　個別事業者等との協定　　次に，地方公共団体が個別事業者等と締結する例について見ておこう。
　災害時における避難場所として広い敷地を有する企業や大学と協定を結ぶ方法は長い歴史をもっている。避難場所として指定されている旨を公表し周知に努めていることはいうまでもない。
　そのような避難に際して仮設トイレの設置が不可欠である。愛媛県は，個別の事業者と「災害時における仮設トイレの供給に関する協定」の締結を進めている。被災害市町村から仮設トイレ供給の要請を受けた県は，締結事業者に仮設トイレ供給についての要請をし，その協力要請を受けた事業者は，仮設トイレの優先的供給，運搬，設置等に積極的に協力すること，事業者が供給した仮設トイレの賃借料及び運搬・設置に要した費用については，災害発生直前における適正な価格を基準とし，原則として市町村が負担するものとすること，などを定めている。この協定の当事者は県と事業者でありながら，県は市町村と事業者との仲介役ないし連絡役の立場に立っていると見られる。川崎市，横浜市，市原市なども個別事業者と協定を締結している。
　さらに，最近は，災害時の高齢者等の避難所として社会福祉施設等と協定を締結する例が増えている。災害対策基本法8条2項14号が「高齢者，障害者，乳幼児等特に配慮を要する者に対する防災上必要な措置に関する事項」を国及び地方公共団体の災害対策として掲げているのを受けたものといえるが，直接に法律に基づく協定というわけではない。国の「災害時要援護者避難支援ガイドライン」を受けて，県レベル，市町村レベルにおいても，避難支援ガイドライン等が作成されている。その場合に，避難支援の受け皿となる施設を確保することが課題となる。福祉避難所として社会福祉施設等を指定する場合も，他の避難施設も含めて社会福祉施設等と予め協定を締結

しておくことが一つの施策として重視されている。このようにして，市町村における協定の締結が進められている[34]。

社会福祉施設との協定の例として四日市市の雛型を掲げておこう。

　四日市市（以下「甲」という。）と社会福祉法人○○○（以下「乙」という。）とは，災害時に寝たきり等の高齢者や重度身体障害者等（以下「被災者」という。）を収容するために，四日市市地域防災計画に定める二次避難所として，○○○特別養護老人ホーム，○○○在宅介護サービスセンター，○○ケアハウス及び○○○老人保健施設を利用するに当たり，次のとおり協定を締結する。
（趣旨）
第1条　この協定書は，四日市市地域防災計画等に基づき，甲が行う二次避難所の開設に対する乙の協力に関し，必要な事項を定めるものとする。
（施設の利用）
第2条　甲は，四日市市地域防災計画等に基づき，二次避難所を開設する必要性が生じた場合は，乙に対し，当該施設の利用を要請することができる。
（任務）
第3条　乙は，甲から二次避難所開設の要請を受けた場合は，直ちに受け入れ体制を整えるとともに，入所施設のうち特別養護老人ホーム及び身体障害者療護施設については，概ね短期入所定員枠の範囲において，ケアハウス及び老人保健施設については，空きベッドの範囲において，また通所施設については，甲と協議して決定した入所受け入れ枠の範囲において，被災者の収容を行うものとする。
　2　緊急やむを得ない事情により，甲から要請を受けるいとまのない場

---

[34] 福祉避難所とは，一次避難所において生活を続けることが困難である人を対象に，受入体制を整えてから開設される第二次避難所である。宇部市は，雛型の「災害時の福祉避難所の運営に関する協定書」を用意している。別に，浜松市は，旅館組合と，姫路市，豊岡市などは，個別のホテルと協定を締結している。

合には，乙は自らの判断で被災者の収容を行うものとする。被災者を収容後，乙は直ちに状況を甲に報告するものとする。

（必要物品の配備）

第4条　乙が通所施設において被災者等（介護者を同伴した場合はその者を含む）を収容するために必要な備品等の物品は，甲の責任において配備する。

（費用の支払い）

第5条　乙が二次避難所を開設して被災者を収容した場合は，甲は，次に掲げる基準により費用を乙に支払うものとする。

(1) 特別養護老人ホームの場合，介護保険法による短期入所生活介護単価

(2) 障害者施設の場合，障害者自立支援法による短期入所日額単価

(3) 在宅介護サービスセンターの場合，介護保険法による短期入所生活介護単価とし，介護要員としてホームヘルパーやボランティアを受け入れた場合は，その業務内容に応じて調整した単価

(4) ケアハウスの場合，介護保険法による短期入所生活介護単価とし，介護要員としてホームヘルパーやボランティアを受け入れた場合は，その業務内容に応じて調整した単価

(5) 老人保健施設の場合，介護保険法による短期入所療養介護単価

（啓発等）

第6条　乙は，本協定に基づき災害時に二次避難所としての任務を円滑に果たすため，甲から要請があった場合は，日常から寝たきり等の高齢者や重度身体障害者等に対して防災のための啓発を行うとともに，甲が実施する防災訓練に参加するものとする。

（協定の解除）

第7条　甲又は乙は，この協定を解除しようとするときは，3カ月前に文書で相手方に通知しなければならない。

（以下，省略）

この協定において，第3条第1項の定める「概ね短期入所定員枠の範囲」，「空きベッドの範囲」などは，福祉施設の健全性確保の観点からは当然の制

約であるが，非常時において，このような枠を超えてはならないとする政策を貫徹すべきものであるのか，法律との関係においても，また，実際の施設の能力との関係においても検討を要する点である。常時満杯になっている福祉施設にあっては，災害時であるからといって受け入れるゆとりがなく，結果的に避難施設の協定が空振りになってしまうおそれがあると危惧されるが，いかがなものであろうか。

災害時における徒歩帰宅者支援に関する協定も締結されている。大規模地震等の発生により交通機関が途絶し，徒歩で帰宅を余儀なくされた場合に，徒歩帰宅者に対して道路沿いのコンビニエンスストア等で水道水，トイレ，道路情報等の支援を提供してもらう協定である[35]。協定に賛同する店舗等には，利用者の便宜のためにステッカーを掲出する方法が一般化している。東京都，埼玉県，千葉県，神奈川県，横浜市，川崎市，千葉市，さいたま市の8都県市は，共同で，このような協定を締結している。また，神奈川県，横浜市及び川崎市の3県市は，これと別に「災害時における帰宅困難者支援に関する協定」を締結している[36]。

熊本県の協定書の雛型を掲げておく。

災害時における徒歩帰宅者支援に関する協定書

熊本県（以下「甲」という。）と○○○○（以下「乙」という。）とは，大規模災害が発生した場合における徒歩帰宅者の支援に関し，次のとおり協定を締結する。

（趣旨）

第1条　この協定は，熊本県内での地震等の大規模災害の発生時（以下「災害時」という。）に，交通が途絶したため徒歩で帰宅する者（以下「徒歩帰宅者」という。）を支援するための徒歩帰宅支援ステーション（以下「支援ステーション」という。）の設置及び徒歩帰宅者への支援の内容について，必要な事項を定めるものとする。

35　平成22年1月の熊本県の発表によれば，全国で25都道府県8市が締結しているという。

36　平成22年4月に相模原市が政令指定都市となったことに伴い，同市も，これらの協定に加わっている。

（支援ステーションの設置）
第2条　甲は，災害時に駅，事業所，学校等に通勤者，通学者，観光客等が多数滞留した場合，又は滞留するおそれがある場合は，乙の直営店及び乙のフランチャイズチェーン契約により加盟している店舗（以下「店舗」という。）に対し，この協定に基づき支援ステーションの設置を依頼するものとする。

2　乙は，フランチャイズチェーン本部として，店舗にこの協定の履行を求めるものとする。ただし，甲は，乙のフランチャイズチェーン契約の制限から店舗に協定の履行を強制することが困難な事情があることを承諾する。

（支援の内容）
第3条　甲は，災害時に，乙に対し，次の事項について，支援ステーションとしての支援を要請することができるものとする。
   (1)　乙の店舗において，徒歩帰宅者に対し，水道水，トイレ等を提供すること。
   (2)　乙の店舗において，徒歩帰宅者に対し，地図等による道路情報，ラジオ等で知った通行可能な道路に関する情報等を提供すること。

2　支援ステーションの設置に賛同する店舗（以下「支援ステーション店舗」という。）は，前項に掲げる事項の全部又は一部について支援するものとする。

3　甲及び乙は，第1項に定めのない事項について，相互に協力を求めることができる。

（支援の実施）
第4条　乙は，前条の規定により甲から支援の要請を受けたときは，その緊急性を考慮し，可能な範囲内において，徒歩帰宅者に対し，支援を実施するものとする。ただし，甲が，乙に対し，通信の途絶等の事由により要請を行うことができないときは，乙は，甲の要請を待たずに可能な範囲で支援を行うものとする。

（支援ステーション・ステッカーの掲出）
第5条　乙は，支援ステーションの取組みを広く県民に周知するととも

に，防災に関する意識啓発を図るため，支援ステーション店舗に甲が提供する「支援ステーション・ステッカー」（以下「ステッカー」という。）を掲出するものとする。

2　甲は，前項のステッカーの劣化を考慮し，毎年2月1日までに，乙に次年度の必要数を確認し，これを提供するものとする。

（経費の負担）

第6条　第3条第1項各号に規定する支援の実施に要した経費は，当該支援を実施した者が負担するものとする。

2　ステッカーを作成する費用は，甲が負担するものとする。

（情報の交換）

第7条　甲及び乙は，この協定が円滑に運用されるよう，平素から必要に応じて情報の交換を行うものとする。

（適用）

第8条　この協定の効力は，この協定の締結日から1年間とし，終了の1ヶ月前までに甲又は乙から特段の意思表示がない場合は，さらに1年間更新されたものとし，以後も同様とする。

（協議）

第9条　この協定に関して疑義が生じたとき，又はこの協定に定めのない事項については，甲，乙協議のうえ，解決するものとする。

なお，個別事業者との間に災害時協力に関する協定が締結されているときに，そのことを競争参加資格の認定における加算点として扱うとか指名競争における優先指名の基準として扱う動きが広まっている[37]。

業務従事者の事故等に対する補償　災害対策業務に従事した者に，その責に帰することができない理由により死亡その他の事故が生じたときの補償が問題となる。協定において「災害補償」に関する条項を置く例が見られる。たとえば，多摩市が多摩市建設協力会と締結した「災害時における緊急対策業務協力に関する協定書」は，そのような者に対して，災害対策基本法84条1項の規定による東京都市町村消防団員等公務災害補償条例の例によりそ

37　碓井・公共契約法精義357頁。

の損害を補償する旨（ただし，当該従事者が他の法令により療養その他の給付若しくは補償を受けたとき，又は事故の原因となった第三者から損害賠償を受けたときは，同一の事故については，これらの価格の限度において損害賠償の責を免れる）を定めている。他方，前述の愛知県の交通の確保等の業務に関して，出動した警備員が要請業務の実施により災害を受けた場合の補償は，当該警備員の使用者たる警備業者の責任において行なうものとしている（7条）。

また，単に，災害補償については協議するものとする例もある[38]。

[2] 遭難発生時の協力に関する協定

遭難に際しては，出動，救護のための施設提供など，協力を求めたい場面が少なくない。そこで，事実上のみならず協定が締結されていることもある。

5 事業者との多様な協定

[1] 企業，大学等の誘致に関する協定

企業立地関係情報提供報奨金　企業の誘致に関しては，条例に基づく契約・協定として述べている箇所を参照されたい（本章第2章2［7］）。条例に基づく場合には，地方公共団体の長による決定行為等が行政処分であると見られやすいのに対して，要綱に基づく同様の行為に関しては，要綱に行政処分創出力が否定される可能性が高いので，行政処分性を肯定することは困難である[39]。

企業誘致との関係において，立地企業に関する情報を提供した者に対して，成功報酬ないし報償金を支払うことを要綱等により制度化している地方公共団体が急増している。

「山梨県産業立地成功報酬制度実施要綱」を見てみよう。企業の新規立地・投資計画を早期の段階で収集し，誘致活動につなげることにより，県への産業立地の促進を図るため，立地企業に関する情報を提供した者に対し，

38　愛媛県が社団法人愛媛県産業廃棄物協会と締結している「災害時における廃棄物処理の協力に関する協定」は，同協会と市町村で協議するものとしている。

39　碓井・公的資金助成法精義187頁-188頁。

当該情報の提供に対する成功報酬を支払う制度である（1条参照）。情報の提供は，立地計画企業の同意を得たうえで，立地計画企業に関する情報提供書を事務所に直接持参する方法により行なうものとされている（5条1項）。知事は，情報提供書が提出されたときは，県産業立地成功報酬制度審査会の意見を聴いて情報提供書を受領したことを証する書面を交付するかどうかの判定を行ない，交付する旨を決定した場合は，立地計画企業に関する情報提供書受領書の交付を行なう（6条1項）。この判定に当たっては，事業用地が所在する市町村長に対し，企業立地情報についての意見聴取書により，当該用地に係る土地利用計画との整合性等についての意見を聴かなければならない（同条2項）。受領書の有効期間は，受領書を交付した日から起算して3年間を原則とし，やむを得ない事情があると認めたときは延長することができる（9条）。売買の場合の成功報酬の額は，事業用地に係る売買契約書に記載された土地売買価額の総額の100分の3で，1億円を上限とし，賃借の場合の成功報酬の額は，賃貸借契約に基づく1か月分の賃料に相当する額としている（11条1項，2項）。成功報酬の支払いに関する要件も定められている（12条）。

　情報提供者は，誰でもよいわけではない。立地しようとする企業の内部の者が提供者になれるわけではない。要綱は，建設業法3条1項の免許を受けて建設業を営む者，建築士法23条1項の登録を受けて設計等を業とする者，宅地建物取引業法3条1項の免許を受けて宅地建物取引業を営む者，銀行法4条1項に規定する免許を受けて銀行業を営む者を列挙し，さらに，それらのほか，職務上，立地計画企業に関する情報を知ることができる者であって，知事が別に定めるものも可能である（3条）。

　以上のような仕組みを採用して，情報提供書受領書の交付を行なった場合には，成功報酬支払要件の充足を条件とする契約が成立していると解されよう[40]。

　あらかじめ企業立地推進員を委嘱して成約に至ったときに，成功報酬を支

40　同様の仕組みは，茨城県TX沿線開発用地に係る立地希望企業等紹介制度実施要項，潮来市企業立地成功報奨制度実施要綱，白老町企業立地報償金交付要綱などに見られる。

払う方法を採用する地方公共団体もある[41]。また，企業誘致情報提供報奨金と企業誘致成功報酬との2段階に分けている例もある[42]。

　地方公共団体が所有する工業団地への進出を促進するために同様の仕組みを採用している地方公共団体がある。「会津美里町企業立地成功報奨金制度実施要綱」（平成21年告示第27号）は，あらかじめ企業立地推進員を委嘱しておいて（任期は3年），推進員による情報提供書の提出を受けて，町と立地計画企業との間において土地売買契約又は貸付特約付売買契約を締結した場合に成功報奨金を支払うこととしている[43]。また，「庄原市企業誘致報奨金交付要綱」は，市営工業団地への企業誘致のために企業誘致情報提供報奨金と企業誘致成功報奨金の2種類の報奨金制度を設けている。「長野県営産業団地分譲成約報酬制度実施要綱」は，成功報酬の額に関して，分譲価額の100分の2（消費税及び地方消費税を含む）としつつ，限度額について，法人の場合は1,000万円，宅建業法3条1項の免許を受けて宅地建物取引業を営む個人及び長野県産業立地推進委員の場合は100万円，それら以外の場合は50万円，と差を設けている。このような差を設けることについて合理性があるのか，検討を要するように思われる。

　「相模原市企業立地マッチング促進事業実施要綱」による企業立地コーディネーター制度も，似た機能を発揮する。ただし，仕組みは異なっている。相模原市産業集積促進条例[44]の趣旨を理解し，市が進める企業立地等に協力する意思がある者が市長に登録申請書を提出して企業立地コーディネーターの登録を受ける（5条）。企業立地コーディネーターは，宅地建物取引業法による宅地建物取引業者又は同等の資格を有すると市長が認める者（かつ，納期限の到来した国税，都道府県税及び市町村税を完納している者）に限定されている（4条）。他方，企業立地コーディネーターにより事業用地の情報提

41　南魚沼市企業立地推進事業実施要綱（平成17年告示第78号）。ただし，書式によれば，委嘱は「企業立地推進員登録申請書」（そのなかには，「企業立地促進員として登録していただきたく…」の文言がある）の提出を待って行なわれる。

42　三木市企業誘致報奨金制度実施要綱。

43　同様の仕組みは，米子市企業立地成功報奨金制度実施要綱等に見られる。

44　同条例の概要については，碓井・公的資金助成法精義505頁を参照。

供を受けようとする立地希望企業は，事業用地情報提供申請書を市長に提出する（12条）。この提出を受けて，その内容が要綱3条に定める情報の範囲に適合すると認める場合は，立地希望企業の名称は秘匿した上で，事業用地情報提供依頼書により，求められている物件の概要を企業立地コーディネーターに対して送付する（13条）。この依頼書の送付を受けた企業立地コーディネーター（事業用地の売却を予定している者と媒介契約を締結している者に限る）は，市長に対し，事業用地情報提供書により情報提供する（14条1項）。市長は，提供を受けた事業用地の情報について事業用地概要通知書により立地希望企業に提供する（15条1項）。

このような経過をたどって，立地希望企業が関心のある物件について，概要通知書に掲載されている企業立地コーディネーターに連絡し，以後は，立地希望企業と企業立地コーディネーターとの間で連絡調整が行なわれる（17条）。そして，立地希望企業が当該物件の売買契約を締結し，所有権を移転したときは，企業立地コーディネーターは，企業立地コーディネーター実績報告書に，当該物件に係る登記事項証明書の写しを添付して市長に報告し（19条），市長は，提出された同実績報告書の内容を審査し，適当と判断した場合には，当該物件の情報を提供した企業立地コーディネーターに謝礼を支払うものとされている（20条）。謝礼の額は，売買契約を締結した物件の敷地面積に1平方メートル当たり100を乗じて得た額とし，一の立地に係る売買契約につき100万円が限度とされている（21条）。

さらに，立地希望企業からの申請書の提出をもってスタートするマッチング制度も見られる[45]。

これらのような成功報酬ないし謝礼まで用意しなければならないほどに，地方公共団体が企業誘致を促進する必要性に追い込まれていることに驚かざるを得ない[46]。そして，これらの仕組みについて，契約的構成と行政処分的構成との二つが考えられる。企業立地情報受付無効通知書兼返還命令書（三

---

45 茨木市企業立地マッチング促進事業実施要綱。福井市企業立地マッチング支援事業実施要綱。

46 鳥取県企業誘致貢献者表彰制度実施要綱は，表彰状と副賞10万円の授与という穏やかな内容である。

木市）のように，要綱でありながら行政処分的発想に立つ書式が用意されていることも多い。また，立地希望情報無効通知書に「無効の理由」欄を設けていることもある（米子市）。そして，行政処分的構成の場合は，争うことが容易かも知れない。しかし，やはり，要綱のみを根拠に行政処分が創出されていると見ることは困難なように思われる。そこで，成功を条件とする契約と構成するのが自然なように思われる。

大学の誘致　　大学は，かつての学生紛争の頃は一種の迷惑施設であったかも知れないが，学生が集まることによって町を活性化させるので，現在は，その誘致を図ろうとする地方公共団体は多い[47]。誘致にあたり，一般的な要綱を制定する場合もある。たとえば，名張市は，「名張市大学誘致事業補助金交付要綱」（平成8年告示第60号）を制定した。市と大学誘致に関する協定を締結し，市内において私立学校法1条に規定する大学の新設又は学部の新設を補助対象としている（2条）。対象経費は，建設費，図書費，備品費，そのほかの新設関係経費で（3条1項），補助金の額は市長が定めるとしている（同条2項）。実際には，市との協議が重要であろう。

大学附属の病院等の医療機能に着目した誘致協定が締結されることも多い。千葉地裁平成18・8・4（判例タイムズ1249号79頁）は，八千代市が民設民営方式で医療センターを設置することとして，株式会社に委託して複数の医療機関等に意向を打診し，私立大学との間に覚書を交わし，さらに基本協定を結んで，補助金を交付した事案である。誘致対象機関の選定について一般公募をしなかったことの違法性も争われたが，判決は，同協定は自治法234条1項の契約に該当せず，違法ではないとした。

[2]　公学連携協定

大学と地方公共団体との協定　　近年は，大学が，外部と多様な協定を締結している。それらの中には，「公学連携」とも称すべき協定が含まれている。大学は，「〇〇連携推進室」のような部署を設けて推進している場合も多い。逆に，地方公共団体[48]の側が大学との連携を求めてきた結果でもある。

47　補助金交付等による助成措置をめぐる住民訴訟の裁判例については，碓井・公的資金助成法精義434頁以下を参照。

たとえば，所沢市は，地元の秋草学園短期大学，早稲田大学人間科学部・スポーツ科学部，日本大学芸術学部との協定を締結している。その内容は，いずれも，一定の事項[49]について相互に必要な支援と協力を行なうとするもので，協力の内容や方法及びその成果の利用条件等については，市と大学との間で協議すると定めるのみであるから，協定は，協議に応ずべきことを相互に義務づけているにすぎない。

　地方公共団体は，必ずしも地元の大学のみを連携先としているわけではない。たとえば，奈良県は，早稲田大学との間で，両者の包括連携協定（基本協定）を締結している。奈良県のホームページにおいて，「早稲田大学が有する高度で幅広い知的資源と，奈良県のもつ豊かな歴史，文化財など，双方の資源と特性を結びつけ，様々な分野において，多彩な連携事業を展開することにより，早稲田大学の『教旨』に謳われている『学問の活用』の場，人材育成の場が提供されるとともに，奈良の特性を活かした新たな施策の展開が期待できます」と述べられている。そして，連携を行なう事項として，①人材育成に関する事項，②学術研究及び教育に関する事項，③文化芸術に関する事項，④地域づくりに関する事項，⑤公共経営に関する事項，⑥その他本協定の目的に資する事項が掲げられている。

　これらの協定は，基本協定であって，協力関係のスタートを相互に確認する程度の意味をもつにすぎないが，地方公共団体は，大学のもつ資源を活用することができる。地方公共団体の政策形成に大学の人的資源である教員や学生が参画してもらうことができるし，逆に，大学の教員や学生が研究・教

48　地方公共団体側の協定の締結主体は，通常は行政主体としての地方公共団体であるが，なかには，議会が締結主体となっているものもある。茨木市議会は，「龍谷大学と茨木市議会との地域人材育成に係る相互協力に関する協定」を締結している。大学教員による議会改革に関する講演・研究支援の提供，市議会によるインターンシップ生の受入れ，大学院の「NPO・地方行政研究コース」への入学などにより，知識・人材の相互交流を図ることが想定されている。

49　その内容は，①社会福祉の充実に関する事項，②都市環境の保全・創出に関する事項，③教育・文化・スポーツの発展と振興に関する事項，④産業振興に関する事項，⑤地域コミュニティの発展に関する事項，⑥人材育成に関する事項，⑦その他，大学と市が必要と認める事項，である。

育の場として地方公共団体の実際の課題，実際の活動に触れることができる。学生の場合は，地方公共団体がインターンシップ生として受け入れることもあろう。大学の図書館を地元の住民に開放することも考えられよう。

　地方公共団体が設置している公立大学又は公立大学法人が他の大学との「大学間連携協定」を締結する場合もある。

　この種の連携と異なるものとして，松本市と信州大学法科大学院との連携事業がある。国立大学法人を行政主体であると位置づけるならば，行政主体間の契約というべきであるが，松本市は，信州大学法科大学院の開設に伴い，毎年度，中小企業をめぐる法的課題や地域社会において市民が直結する法的課題，地域活性化をめぐる法的措置についての調査研究を同法科大学院に事業委託している。それ自体は委託契約であるが，その基礎には，両者の基本合意がなされているものと思われる。さらに委託の形式により，実質的には市が一定程度の財政的支援をする意味も込められているように感じられる。

[3]　個別事項に関する業界団体・企業との連携協定

　地方公共団体は，すでに述べた災害時の協定を業界団体と締結していることが多いが，それ以外の業界団体との協定も見られる。「企業の社会的責任」とか「企業の地域貢献」として，浸透しつつある。それらを網羅的に探し出すことは不可能であるので，目についたものだけを紹介しておきたい。拾い上げたものは，いずれも広い意味の公私協働の手法であるといってよい。

　防犯協定　　第一に，防犯協定が広く見られる。

　三郷市は，「三郷市防犯のまちづくり推進条例」を制定し，そのなかで，事業者の責務についても定め，「市が実施する防犯のまちづくりに関する施策に協力するように努めなければならない」（6条）としているのに呼応して，複数の事業者と防犯協定を締結している。宅配事業者や飲料用商品の配送事業者との間で，不審者の通報などの防犯パトロールを中心にする内容のようである。熊谷市も同様の条例を制定し，農協，管工事業協同組合，電気工事工業組合などと協定を締結している。埼玉県内には，同様の協定を締結している市が多い。そして，それらを包括する埼玉県及び同県警も，飲料業

者など多数の事業者と防犯協定を締結している。電力会社等との間で検針員等による防犯パトロール，新聞販売業者との間で配達員・集金員による防犯パトロールを推進している地方公共団体も多い（兵庫県，島根県，狭山市，入間市，練馬区など）。横須賀市は，防犯パトロールを行なう「よこすか安全・安心パトロール協定」と高齢者や子どもが犯罪被害に遭遇した場合などに安全な場所を提供し，警察や家庭，学校に通報を行なうことを内容とする「よこすか安全・安心ステーション協定」を多数の事業者と締結している[50]。

複合的協定で，防犯を含めている例もある。横浜市の「地域防犯及び道路・河川施設の損傷等に関する協定書」は，同市道路局が複数の業界団体[51]との間で，同市管理地における犯罪と道路・河川施設の損傷等による事故の未然防止を図る目的で締結されている。

子育て応援協定　第二に，子育て応援協定も広がりつつある。

たとえば，兵庫県は，「兵庫県子育て応援協定要綱」により，同県内に主たる事業所又は支店等を有し事業活動を行なう者，県内に店舗を有する者，及び県内で事業活動を行なう者で構成する事業者団体で，次のいずれかの取組みを行なうものと，知事が子育て応援協定を締結することを推進しようとしている。①子育てと仕事が両立できる職場環境の整備，②女性等の再雇用の支援，③地域における子育ての応援，④若者の職業的自立の支援，⑤独身男女の出会いの場づくり，⑥その他子育て支援の積極的取組みである。協定を締結した企業等は，商品パッケージ，広告等に，子育て応援協定締結企業等である旨を表示できる。協定を締結した企業等は，毎年度，翌年度の4月末日までに，子育て応援取組状況報告書により知事に報告しなければならない。

大阪府も，企業や団体と大阪府教育委員会とが「大阪『こころの再生』パ

---

50 犯罪防止のために事業者間の協定を締結する際に警察機関その他の行政機関が立ち会う例もある。大分県タクシー協会とローソン九州支社との間の協定（コンビニエンスストアの駐車場に客待ちタクシーを待機させてコンビニエンスストアの防犯を強化する）の締結には，大分県警察本部長と大分県生活環境部長が立会人となっている。
51 神奈川県測量設計業協会横浜支部，横浜市建設コンサルタント協会，横浜市地質調査業協会，横浜市コンサルタント協会である。

ートナー協定」を締結することにより，子どもたちをはぐくむ職場づくりを推進しようとしている。次の五つの取組みから二つ以上を選んで実践することとされている。①職場の子育て環境づくり（ポスターの掲示やパンフレットの設置など），②ふれあいの場の提供（子どもファーストディへの参加や親子イベントの実施など），③子どもをみんなではぐくみ見守る（職場体験活動などへの協力，企業の技術力を活かした出前授業の実施など），④従業員が学校へ行ける職場づくり（参観日や保護者会，学校行事などへの出席の働きかけ，学校行事休暇制度など），⑤オリジナルな取組み。

滋賀県も，「滋賀県家庭教育協力企業協定制度実施要綱」により，企業と滋賀県教育委員会とが協定を結び，企業における子どもたちの健やかな育ちのための取組みを推進しようとしている。協定締結企業は，大阪府の場合と同じように，五つの取組項目のうちから2項目以上取り組むことが必要とされ，毎年度，取組状況報告書及び翌年度の計画を提出しなければならない。

これらの似た仕組みにおいて，兵庫県は，協定締結の機関が知事であるのに対して，大阪府及び滋賀県の場合は，教育委員会である点に違いが見られる。

仙台市は，「市民協働子育て広場」の設置のために，施設の無償提供の申出を受けた事業者と協定（市民協働による子育て支援広場の設置に関する協定）を締結している。育児サークルや子育てサロン，託児ボランティアを行なう子育て支援団体の多くが活動場所の確保に苦慮していることに鑑みて，無料で利用できる場所を確保するための協定である。

地方公共団体が大学と子育て支援に関する協定を締結する例も登場している[52]。先に述べた公学連携協定の一種である。

家庭教育サポート協定　　子育て応援協定と連続線上にあるのが，家庭教育サポート協定である。北海道や愛媛県が，要綱に基づいて，このような施策を推進しようとしている。

北海道は，「北海道家庭教育サポート企業等制度実施要綱」により，企業等からの申込みを受けて，教育長と企業等との間で家庭教育の推進に関する

---

[52] 高萩市と常磐大学，兵庫県と大学コンソーシアムひょうご神戸，三条市と新潟青陵大学などの例がある。

協定を締結する制度を設けている。企業等は，次の①から④までの項目から1項目以上，⑤及び⑥のうち1項目以上に取り組まなければならない（要綱第2）。

① 職場の子育て環境づくり　従業員を対象に家庭教育の職場研修等を開催したり，家庭教育に関する資料等を掲示したりするなど，企業等が家庭教育の推進や子育てを支援するための環境づくりの取組みを進める。

② 職場見学や職場体験の実施　子どもたちを対象とした職場見学や職場体験を実施するなど，働くことの意義について考えたり，話し合う機会をつくるための取組みを進める。

③ 地域行事への協力・支援　子どもたちが参加する地域行事の企画・運営を行なったり，物的・人的な協力を行なうなど，企業等が地域住民の一員として地域行事への協力・支援を行なうための取組みを進める。

④ 学校行事への参加促進　従業員が参観日等の学校行事へ参加することができるように，企業等が従業員に対して働きかけを行なったり，休暇を取りやすくするための職場環境づくりの取組みを進める。

⑤ 生活リズム向上の取組み　従業員の家庭において，子どもが早寝，早起きをし，親子で朝ごはんをとるように働きかけを行なうなど，子どもの生活リズムを向上させるための取組みを進める。

⑥ 「道民家庭の日」等の普及　従業員に対して毎月第3日曜日の「道民家庭の日」や毎年11月1日の「北海道教育の日」を普及・啓発するとともに，「道民家庭の日」には家族団らんの日として，職場の行事等を実施しない取組みを進める。

取組項目を複数掲げて，かつ，選択できる仕組みに特色がある[53]。

53　愛媛県も「えひめ家庭教育サポート企業連携事業実施要綱」に基づき，企業と行政が一体となった家庭教育支援の充実と拡がりを目指しており（同要綱1条），「支援プログラム」として8プログラムを掲げて，それぞれの「具体例」も掲げて，具体例のような取組のうち3事例以上を実施しているか，これから取り組もうとしている企業をもって，対象企業としている。

協定が締結された場合には，北海道家庭教育サポート企業等登録簿に該当企業等を登録し，その旨を公表することとされている（第4第2項）。協定は，締結企業等が，申出により解除できる（第9第1項）。また，取組みを履行していない又は怠っていると教育長が認めたとき，そのほか協定に違反し協定の目的を達しがたいと認めたとき，信用失墜行為があったときは，教育長は，協定を解除し，その旨を公表することができる（第9第2項）。申出による場合との違いは，この公表にある。もっとも，この第2項解除を察知した締結企業等が，解除の公表による汚名を避けるために，解除の申出をした場合に，教育長が第1項解除を認めないで第2項解除を行なうことができるのか，という問題が起こり得る[54]。この公表による汚名の可能性を除くと，この協定制度は，限りなく締結企業等の自発性を重視していると見られる。教育長の支援としては，締結企業等の取組みを教育委員会所管のホームページ等に掲載すること，家庭教育に関する啓発資料を締結企業等に配布すること，締結企業等が従業員のために開催する職場研修等に講師を派遣すること，である（第6）。

エコ協定・企業の森づくり協定　　第三に，エコ協定とも称すべき協定も締結されつつある。

たとえば，東京荒川区は，事業者が区に対して「あらかわエコ協定」を申し込むと，次のような手続が進行する仕組みを導入している。①申込みをした事業者に対して，区が取組メニューを提案して，相談して取組みを決定する。②事業者は，決定した取組みを実行し，月ごとに記録する。③事業者は，行動の成果を自己点検，自己評価し，区に報告する。④区は，報告された内容を確認し，新たな取組みを事業者に提案する。その後は，同様の手続が繰り返される。この仕組みの特徴は，区によるメニュー提案と両者の相談によ

54　「えひめ家庭教育サポート企業連携事業実施要綱」は，協定の「解約」と「破棄」とを区別して，協定締結企業の申出による解約が可能であるとしつつ，破棄の場合は，「この限りでない」として，申出による解約を拒絶できることを示唆している。協定の破棄の事由は，締結企業が協定締結の要件を満たすことができなくなった場合，協定事項を履行していないか又は取組みが不十分であると認めた場合，信用失墜行為があった場合とされ（8条），北海道の教育長による解約事由とほぼ共通している。

る取組みの決定方式にある。なお、協定を申し込んだ事業者には、ステッカーが渡され、区報において、事業者名や取組みなどが紹介される。

　金沢市は、企業と「エコ通勤促進協定」を締結している。これは、企業が従業員等の通勤手段をマイカーから公共交通等に転換するなど、公共交通利用促進の具体的な取組みを「エコ通勤促進アクション・プラン」として策定し、当該企業と市とが協定を締結して、相互協力により取組みを推進するものである。企業の策定するプランと協定とのセットによる施策である点に特色がある。具体的な協定書によれば、企業は、適宜、エコ通勤プランの実施状況を市に報告し、市は、エコ通勤プランの実施状況に応じ、企業に必要な助言等を行なうものとしている。さらに、ノーマイカーデー及びパーク・アンド・ライド等公共交通の利用を促進する取組みについて協力すること等が盛り込まれている。

　さらに、森林整備のための協定も締結されている。

　横浜市水道局は、「水源エコプロジェクト」を設けている。これによる協定は、山梨県道志村内に水道局が所有する水源涵養林の整備（植栽、下草刈り、枝打ち、間伐など）に係る費用を企業、団体に寄附してもらう協定である。寄附をした企業等は、山梨県による「CO_2吸収認証証書」[55]の交付を受け、整備した森林には「〇〇〇の森」などの名称を設定することが可能とされる。さらに、森林整備活動を通じた社員の研修や環境教育などの場として利用するなどのメリットもある。

　近年は、企業の社会的責任（Corporate Social Responsibility＝CSR）として、行政との協働による企業の社会貢献活動が進められている。その代表的なものが「企業の森づくり」である[56]。その中には、多様なものがある。

　まず、行政主体が、森林の所有者として、企業に森づくりへの参加を呼びかけて協定の締結に至る場合（行政主体森林所有型）と、民有林を含む森林づくりへの協力を呼びかけて協定の締結に至る場合（民有林包含型）とがある。

55　山梨県地球温暖化対策条例に基づく認証制度によるものである。
56　各都道府県の例について包括的にまとめたものとして、『「企業の森づくり」サポート制度　事例集』（国土緑化推進機構、平成21年）がある。

行政主体森林所有型の例として，愛知県は，県有林をもつ愛知県と企業とが協定を締結することにより，企業が県有林で社会貢献を目的とした森林整備・保全活動を行なうことを認め，社員などによる直接的な森林の整備だけでなく，活動に携わる人々の情報交換や人的交流を通して，県と県民・企業が協働して行なう森づくりを目指す事業を「企業の森づくり」事業と呼んでいる。活動内容は，間伐・枝打ちなどの森林整備活動や環境美化活動であり，その方法は，社員・家族，県民（企業が募集）のボランティア活動や他の団体への委託（森林組合等への作業の委託が想定されている）などである。参加する県民も企業が募集する点が興味深い。県は，企業のメリットとして，次の4点を挙げている。

① 環境に貢献する企業として，自らの活動を自由に広報することが可能である。ただし，県有林に企業名を冠して呼称する命名権は認めない。
② 県は，その取組みをホームページ等の媒体を活用して紹介する。
③ 県民や環境団体などとのコミュニケーションを通じ，企業活動を通じ，企業活動への理解を深めることができる。
④ 社員や県民を対象に，森林環境に関する学習会を行う。

この森づくりにかかる経費は企業の負担となるので，企業負担による県有林の整備という側面があることを否定できない[57]。

民有林包含型の例として，「みやぎ森林保全推進活動実施要綱」による森林保全推進協定を挙げることができる。この協定は，森林及びその周辺で活動を行なう団体及び事業者との森林被害の通報に関する協定である（要綱第2(2)）。森林被害の発見・通報が森林を守る第一歩である，という考え方に立つものであろう。

このような方式が，公私協働といわれることがあるが，むしろボランティア活動に近いものを支える協定といえよう。さらに例を挙げてみたい。

長野県の「『県民の森』森林整備に係る協定書」（雛型）は，同県の「県民の森における企業等による森林整備推進要領」に基づく森林整備のための協

---

[57] 以上，愛知県のホームページに依拠した。

定である。企業等による森林整備を促進するために知事と企業との間で締結されるものであるが，協定の内容は，企業等の行なうべきことがほとんどである。しかも，活動の実施に要する経費も企業等が負担するというものである。県の機関[58]のなすべきことは，「活動が円滑に実施されるよう，活動の開始にあたっての現地案内・説明，活動計画の策定にあたっての助言等の協力を行うとともに，活動区域を適切に管理する」こと（第12）ぐらいである。公私協働にあっては，同一方向に向けられた公と私との積極的な協働であるところ，この協定に示される県の姿勢は，きわめて受身のものといわざるを得ない。企業等の社会的活動を引き出す役割をもっていることは確かであるが，実態としては，「誓約書」の役割を果たすにすぎないように思われる。片務的な内容のものであっても，贈与契約のように「契約」に含まれるものもあるにしても，「協働」の実態を伴なうものと評価することはできない[59]。同様の協定は，国有林内又は公有林内の森林整備等についても締結されており，協定書の内容は，ほぼ似かよったものである[60]。

　なお，森林整備協定において，多数当事者による協定が締結されることが多いことにも注目する必要がある。たとえば，岩手県において，企業の森づくりのために，まず，県と企業とが包括的な協定を締結したうえ，森づくり活動を行なう企業，活動場所を提供する地元市町村，活動の指導・助言を行なう県の三者による協定（三者協定）が締結されている[61]。

　企業の森づくりにおいて，命名権（ネーミングライト）を認めるか否かに

58　協定書に県の機関として登場しているのは，知事及び当該県民の森を管轄する地方事務所長である。

59　もちろん，協働的なものとボランティア的なものとの区別は相対的であって，必ずしも峻別することは容易ではない。たとえば，「みやぎ森林保全推進活動実施要綱」に基づく森林保全協定には，県の役割を示す条項が相当程度含まれており，協働の側面を有するとみられるが，同時に，同要綱の定める「森林保全協力員」と並ぶボランティア活動と見ることもできる。

60　たとえば，後志森林管理署長と黒松内岳ブナ林再生プロジェクト実行委員会との間に締結された「『黒松内岳ブナ林再生プロジェクト』」の活動に関する協定書」，石川県の「県有林における企業の森づくり活動実施方針」及びそれに基づく協定書。

61　岐阜県森林づくりに関する協定も，企業等，県，市町村の三者間で締結される。

ついては，一致していない。愛知県の県有林を対象とする企業の森づくりにあっては，環境に貢献する企業として協定企業が自らの活動を自由に広報することは可能であるが，命名権は認めないとしている。これに対して，宮城県は，県有林の「わたしたちの森づくり事業」において，希望があれば100万円で命名権を譲るとしている。民有林を対象とする森づくりにおいて，対価を徴しないで命名権を認める地方公共団体もある[62]。

　以上のように「協働」とみるか「ボランティア」とみるかはともかく，「企業の社会的責任」を果たすための活動という視点が強いといえる[63]。

　林野庁の進める「施業の共同化」は，以上のような協働やボランティアとは異なり，むしろ「共同」というべきものである[64]。「民国連携」と呼ばれている。

　「森づくり」のみならず，都市における緑の保全についても，企業や住民との協働が進められている。たとえば，東京都は，区市町村と合同で「緑確保の総合的な方針」を策定し，その一環として，「セブンイレブンみどりの基金」（平成22年3月からは一般財団法人セブンイレブン記念財団）と協定を締結して，平成22年度から「東京の緑を守ろうプロジェクト」をスタートさせた。この方針を実現する民間団体として前記基金が創設され，同基金がその活動費を助成するとともに，同基金は，前記方針の趣旨に沿った活動を行なう地域の団体が地域の緑の保全活動を行なう場合に活動費の一部を複数年にわたり助成することとしている[65]。前記の基金は，セブンイレブンの店頭

---

[62] 東京都，北海道，神奈川県など。

[63] 石川県の「県有林における企業の森づくり活動実施方針」は，「企業が社会貢献活動として県有林の一部において森林整備等を実施する場合の手続き，実施方法等を定め，県有林が果たしている公益的機能の向上を図りつつ，森林・林業に対する理解を深めることを目的とする」としている。

[64] たとえば，広島北部森林管理署，神石高原町，森林所有者（代表）及び神石郡森林組合の4者により締結された『藤野呂地区森林整備推進協定』は，同地区における国有林及び民有林の連携した共同施業団地のモデル事業として，作業道の作設と利用並びに森林整備を実施し，団地化によるロットの拡大を通じて森林整備の効率化を図ろうとする協定である。

[65] 東京都のホームページによる。

に客から寄せられた募金，加盟店の協力，セブンイレブン本部の寄附によって形成されたものである。企業を媒介として市民ないし消費者の協力が見られる点に，この仕組みの特色がある。

森林環境教育のための協定　ここに掲げるのが適切であるかどうかは別として，森林に関係のある公私の協定は，林野庁が推進している森林環境教育の過程においても登場する。森林環境教育は，平成13年施行の森林・林業基本法11条に基づく「森林・林業基本計画」（平成13年10月）において，都市と山村との交流等の一環として，「森林と人との共生林を中心に，児童，高齢者，障害者等を含む幅広い利用に配慮しつつ交流環境を整えるとともに，教育，福祉，保健等の分野の施策や森林ボランティア活動と連携を図りつつ，森林環境教育や山村生活体験など，様々な体験活動の推進に必要な人材育成，プログラム開発，情報提供，子どもたちが体験活動を行う機会の提供等を推進する」としているのを受けてスタートした施策である。平成18年9月の新基本計画においても，「森林環境教育等の充実」が掲げられている。林野庁のホームページにおいて，森林環境教育とは，「森林内での様々な体験活動等を通じて，人々の生活や環境と森林との関係について理解と関心を深めることにより，森林と人とが共生する社会の実現に向けた取組を推進すること」と定義されている。協定は，NPO，企業，ボランティア団体等との連携の場面に登場する。

実際に，林野庁が協定の締結を進めつつある。平成20年12月に，広島北部森林管理署とアサヒビール㈱アサヒの森環境保全事務所とが，「甲野村山地域美しい森林（もり）推進協定」を締結した。この協定は，国有林と社有林が共同施業団地を設定して，森林の整備，路網の整備，森林資源の循環利用に加えて，森林環境教育の推進等の幅広い分野で連携して取り組むことを明文化し確認したものである。したがって，協定には，路網整備，森林整備，間伐の実施，林地残材のバイオマス利用促進などと並んで，国有林とアサヒの森の協定区域を一体的に活用した森林環境教育を連携して実施していくことが盛り込まれている。

森林環境教育に特化した協定として，平成14年に創設された「悠々の森」の仕組みがある。そこでは，「悠々の森における森林環境教育活動に関する

協定書」が締結される。

　たとえば，東京神奈川森林管理署長（甲）と「特定非営利活動法人　森づくりフォーラム」（乙）との間に締結されている協定において，乙は，全体活動計画書の提出，年間活動計画書の提出，活動実績の報告，入林の際の連絡・調整，活動参加者名簿の携行，活動経費の負担などの義務を負っている。とりわけ，安全確保に関する定めが注目される。乙には，活動実施の都度，実施場所ごとに責任者を配置するとともに，事故の未然防止に必要な措置，事故発生時等の連絡等の緊急体制を確保すること，事後措置について万全を期すること，活動参加者の安全を責任をもって確保することとし，万一，活動に伴い事故等が発生し，活動参加者が負傷等した場合の補償等責任の所在について，あらかじめ明確にしておくこととする旨が義務づけられている。補償責任は，特定非営利活動法人であるから可能かも知れないが，通常のボランティア団体の場合には，困難なことであろうか。

　近畿中国森林管理局と京都女子大学との間に締結された協定は，国有林に設定された「京女　鳥部の森」で同大学の複数の授業科目に関して自然観察を行なうことが予定されている。

　県のレベルにおいても，同様の協定が締結されている。岐阜県は，「岐阜県森林づくり基本計画」（平成18年12月策定）に基づき，「企業との協働による森林環境教育」を推進する施策を積極的に進めている。たとえば，岐阜県，岐阜県教育委員会，株式会社INAXの三者は，平成21年2月，「企業との協働による森林環境教育推進のための協定」を締結した。同様に，平成21年4月には，岐阜県，岐阜県教育委員会，アサヒビール㈱[66]の三者による協定が締結された。岐阜県教育委員会も，権利義務の帰属主体は岐阜県であるにもかかわらず，協定締結の主体として，岐阜県と並んで当事者とされている点が興味深い。ここにおいては，行政主体契約と行政機関協定が混在しているといえよう。

　過剰な容器包装削減のための協定　　第四に，レジ袋削減や過剰な容器包装の削減などのために，地方公共団体が事業者と協定を締結する例も増加して

---

[66] アサヒビール㈱は，岐阜県の「緑と水の子ども会議」や「木育」の森林環境推進事業に充てるための寄附もしている。

いる。環境法学においても，協定手法の活用されている分野として注目されている[67]。

　たとえば，東郷町は，レジ袋の有料化に向けて，事業者，レジ袋削減推進協議会参加住民団体及び町の三者で，「レジ袋削減に関する協定」を締結して，レジ袋の有料化を促進することとしている。事業者は，協定により次のことを約するものとされている。①町内の店舗において客にマイバッグ等の持参を呼びかけるとともに，レジ袋の無料配布を行なわず，レジ袋の削減を推進する。②レジ袋辞退率の目標を70％以上とする。③レジ袋収益金が出た場合は，環境保全活動や社会貢献活動等に活用する。④レジ袋削減の活動状況やレジ袋辞退率等を定期的に町へ報告するとともに，その内容を公表する。レジ袋有料化を推進するための方式として注目される。

　横浜市は，「G30エコパートナー協定」を多数の事業者と締結している。レジ袋などの容器包装の削減，環境負荷の少ない容器包装使用への取組み，店舗から発生するごみの減量等を進めるための協定であり，「環境にやさしい消費・販売行動」（協定書1条参照）を推進する目的のものである。すでに多数の主要スーパー，地域生協，百貨店，コンビニエンスストア，家電専門店，飲食店，食品小売店との協定が締結されている。

　事業者が行なう取組みとして，①レジ袋などの容器包装の削減に向けた仕組みづくり，②環境負荷の少ない容器包装使用への取組み，③店頭回収による自主回収・リサイクルの推進，④環境・リサイクルを考慮した商品の積極的な販売，⑤店舗や事業所でのごみの減量化，適正な分別及びリサイクルの実施，⑥社員への環境教育や啓発活動の実施を掲げ（協定書3条1項），さらに，「ヨコハマはGO 30」の普及啓発，環境月間，3R推進月間，中元・歳暮時期等における啓発イベント等の実施も掲げている（3条2項）。事業者は，3条1項の取組みを自らの創意工夫により推進するものとし自主的な目標の設定と目標達成に向けた取組みを定めて市に報告するとともに，その定めた目標，取組内容及び取組結果を記した書類等を市民からの問合わせに応じることができるよう店舗内に常備することが求められている（4条）。こ

67　大塚直『環境法　第3版』（有斐閣，平成22年）513頁。

れに対して，市の取組みの中には，協定締結店の共通表示ステッカーを作成すること，協定締結者の定める自主目標，取組内容を市の広報媒体を利用し市民にわかりやすくPRすること，協定締結者の取組内容を紹介する冊子等を作成・配布することなどが含まれている（5条1項）。協定を締結した事業者の自主的取組みに期待しつつも，いくつものレベルにおいて，その取組内容が市民に知らされることにより，協定を実効性のあるものにするように仕組まれているといえる。これを受けて，レジ袋削減に向けて，レジ袋の有料化，オリジナルエコバッグの販売強化を取組内容に掲げる事業者も見られる。

同様の内容でありながら，「協定」の文言を使用せずに，事業者の指定願に基づく指定という文言によっている例もある。逗子市は，「逗子市ごみ減量化・資源化協力店制度実施要綱」に基づいて，市内の小売店及び卸売店で，次のうちの2以上を実施する店舗をもって，協力店の対象としている（2条）。①簡易包装の推進，②トレーの使用削減，③買物袋持参の推進，④牛乳パック・トレー・紙類・缶類等の資源物の回収，⑤再生紙・再生品・エコマーク商品等の環境保全型商品の販売，⑥再生紙の利用，⑦消費者へのごみの減量化・資源化推進の呼びかけ，⑧その他ごみの減量化・資源化の推進に向けた取組みの実施が掲げられている。被指定者には，指定書及びシールが交付され（4条），被指定者は，店舗の店頭その他市民の見やすい場所にシールを貼付しなければならない（5条）。被指定者は，シールの意匠を使用して，ごみ減量化・資源化の推進に努めていることを市民等にPRすることができる（7条）。

多数当事者による協定の例もある。イオンリテール株式会社が事業者として当事者となっている「山口県における容器包装廃棄物の削減への取組に関する協定書」は，事業者，消費者団体（6団体）の各代表者，20市町の各長，山口県知事が締結した協定書である。①事業者の所定の店舗において，レジ袋辞退率80％以上を目標に平成21年4月1日から無料配布を中止することとし，消費者にマイバッグの持参等を呼びかけること，②レジ袋収益金が生じた場合には，リサイクルの推進や地球温暖化対策等の環境保全活動及び地域・社会貢献活動のために活用すること，③レジ袋以外の容器包装廃棄物に

ついては，ばら売り，簡易包装などによる削減や食品トレー等の店頭回収などを推進し，発生抑制，リサイクルの推進に努めること，などを内容としている。同様の協定書は，複数の事業者と締結されている。

　同様に，福島県は，事業者，複数の消費者団体，「もったいないネットワーク福島」，市長会，町村会とともに，「福島県におけるレジ袋の削減に関する協定書」を締結している[68]。株式会社イトーヨーカ堂の加わっている協定書においては，会社は，郡山店（食品売場）において平成21年6月からレジ袋の無料配布を取り止めてレジ袋の削減の取組みをすること，及び，マイバッグ等の持参率及びレジ袋削減を図る活動状況等について定期的に県に報告すること，を約している。関係消費者団体及び「もったいないネットワーク福島」は，マイバッグ等の持参によるレジ袋の削減を消費者に呼びかけ，レジ袋削減，無料配布の取り止めの取組みを拡大することなどを約している。また，県内市町村及び県は，会社のレジ袋削減の取組みを積極的に支援するとともに，積極的な広報及び啓発を約している。なお，県内市町村が同様の趣旨の協定を締結し，本協定と重複若しくは競合がある場合は，市町村との協定内容が優先するものとしている。

　このようにして，多数当事者協定は，ますます増加するものと予測される。

産業廃棄物の減量化等の協定　　第五に，産業廃棄物の減量化等を目的として，事業者と協定を締結する動きもある。たとえば，東京都は，「エコトライ協定」の名称の協定締結を進めてきた。同協定は，協定締結事業者が他の事業者の模範となるように産業廃棄物の減量・資源化・適正処理について法令に定める以上の取組みを推進し，その取組みを都民に公表するものと位置づけている。平成10年度に建設業者を対象にして開始し，産業廃棄物処分業者については平成11年度から，産業廃棄物収集運搬事業者については平成15年度から，それぞれ開始した。その後，建設業者については，報告公表制度の内容と重複するものが多いために，平成18年度以降は協定を締結していないという。産業廃棄物収集運搬業及び処分業共通の協定内容として，管理規程の作成，従業員教育の充実，地域住民との協調，ホームページ等に

68　本文に掲げる会社との協定のほか，株式会社ベイシア，株式会社いちい，株式会社ブイシージー，イオンリテール株式会社等とも協定を締結している。

よる自社情報の公開が含まれているほか，それぞれに固有の協定項目もある。

次に，長野県は，「産業廃棄物減量化・適正処理実践協定実施要領」により，産業廃棄物の減量化等を図ろうとしている。この協定の目的は，次の三点にある（第1）。①産業廃棄物（特定管理産業廃棄物を含む）を排出する事業者及び産業廃棄物の処理を受託する処理業者の産業廃棄物の排出抑制，再使用，再生利用及び適正処理に関する自主的な取組みにより，産業廃棄物の減量化，適正処理の一層の推進を図る。②排出事業者及び廃棄物処理業者の適正処理等の取組みを広く県民に公表することにより，産業廃棄物処理に対する県民の理解を深めるとともに，一層の信頼を確保する。③協定事項に関する取組みを通じ，排出事業者及び産業廃棄物処理業者の産業廃棄物処理水準及び意識の向上を図る。この三点のうち，何と言っても，出発点は，第一点に登場する「自主的取組み」にある。

協定締結の対象者は，排出事業者，産業廃棄物処理事業者ごとに，要件が定められている。それらの中には，①申込日の1年前の日以降に廃棄物処理法その他生活環境の保全を目的とする法律に基づく所長名指示書以上の行政指導又は行政処分を受けていないこと，②申込日の1年以上前に，所長名指示書以上の交付を受けたことのある者は，申込日までに指示事項についての改善が完了していること，などの要件が含まれている。要するに優良事業者であることが要件とされているのである。協定の締結は，その締結を希望する者による知事宛の申込書の提出を受けて，知事が書類を審査し，必要に応じて現地確認を行ない，審査の結果，適当と認めた者に通知して，協定書を取り交わすという手続によっている（第9）。実質的には，協定項目である実践計画の認定と異ならないといってもよい。実践計画の基本方針は，前述の協定の目的に対応して，産業廃棄物の排出抑制，再使用，再生利用及び適正処理について，法令や基準等を超えた部分にまでわたる自主的な目標を定めることとし，その達成に向けた取組みを行なうことなど3項目が掲げられている（第7第1項）。実践計画に原則として定めるべき事項が要領に掲げられている（同第4項）。実践計画は，計画期間を1年間として協定期間（3年間）中の年度ごとに策定することを要し（同第2項），計画期間が終了するごとに，実施結果報告書の提出を求められる（第8）。

以上のような自主的取組みをする協定締結事業者の特典は，ロゴマークの使用が認められるのみである。ロゴマークの使用が当該業界においていかなる重みをもつのか筆者の知るところではない。

さっぽろ食の安全・安心推進協定　第六に，前述の長野県の産業廃棄物減量化・適正処理実践協定の特色であった自主的取組みを，食の安全・安心の推進分野で進めているのが，札幌市の「さっぽろ食の安全・安心推進協定」である。同制度実施要綱によれば，この要綱に基づく協定は，「事業者等と市長が食の安全確保と消費者への信頼性の向上に向けた取組を協働・連携し推進することについて約すもの」であるという（2条1項）。

基本的な仕組みは，市長が協定締結に係る基本項目をガイドラインとして示しておき，事業者等が，ガイドラインに従い，基本項目のうち，特に詳細かつ重点的に取り組む事項（＝マイルール）を定めるものとし（市と協議のうえ基本項目の中に独自の必要な項目を盛り込んでマイルールを定めることもできる）（3条2項・3項），事業者等が市長に協定の締結を申し出る（4条1項）。そして，市長は，その申出のマイルール等が食の安全確保等に係る取組みを推進する内容であることを確認したうえで，協定書を取り交わす（同条2項）。協定締結者に求められるのは，次のような努力義務である（5条）。①マイルールの積極的公開（ホームページ，店頭表示等，パンフレット等，商品等への記載，その他消費者が安全な食品を選択する目安となる方法），②マイルールの遵守と取組状況についての公表，③消費者から要請があった場合における誠実な対応，マイルールに係る取組状況についての公開。そして，協定締結者は，協定締結年度の取組状況について翌年度の4月30日までに，市長に報告する（9条）。要綱に基づいて，市は，マイルール設定の参考のための基本項目として，①施設等の衛生管理，②商品の品質管理，③従業者等の衛生管理，④問題発生時の危機管理，⑤それら以外の独自の重要事項を掲げて，①から④については，さらに細目を掲げている。②の「商品の品質管理」の細目としては，原材料等の仕入れ時の確認（期限・保存表示・鮮度等），保存温度・保存方法管理，消費期限・賞味期限管理，自主検査，製造・加工時の管理，添加物の使用状況管理，関係法令に基づく適正表示の確認を掲げている。さらに，マイルールの設定例も掲げている。たとえば，③の「従業

者等の衛生管理及び教育」について見ると、「毎週ミーティングを行い、ルールの確認と意識向上に努めています」、「当社では、職員は『作業前チェック表』によるチェックを行った上で作業に従事しています」、「生鮮部門の職員を対象に、定期的に手指のふき取り検査（黄色ブドウ状球菌）を実施しています」などが例示されている。⑤の「独自の重要事項」についても参考例が掲げられている。

このような札幌市の施策は、自発性をあくまで重視しつつ、それを促進するために協定を締結するという試みとして評価することができる。

違反行為の通報等　第七に、違法状態を通報ないし除去するために協力を求める協定も見られる。地方公共団体の広域連携組織である「産業廃棄物不適正処理防止広域連絡協議会」（通称「産廃スクラム」）は、一般社団法人東京路線トラック協会との間で、協会加盟各社のトラックドライバーが、業務中に廃棄物の不法投棄を発見した場合に産廃スクラムに加盟する28の自治体へ情報提供を行なうこと、産廃スクラムの区域を走行する集配トラックにステッカーを貼付し不法投棄撲滅のPRに協力することを内容とする協定を締結している。また、路上の違反広告物を除去するのに電柱や信号を施設管理する企業などと協定する地方公共団体も登場している[69]。

[４]　企業等との包括的協定

協定の包括性の程度　以上のような個別事項に関する協定と異なり、企業との連携に関する包括的協定の締結も見られる。その場合も、包括性の程度には広狭の差がある。

やや狭いものの例として、神奈川県の「県央・湘南都市環境共生都市モデル都市づくり推進要綱」による環境共生協定を挙げることができる。まず、知事は、都市環境共生計画に定められた環境共生型都市整備推進地区において実施が予定されているものであって環境共生技術指針に基づく事業と認められるものについて、その区域を管轄する市町村長及び当該事業を実施しようとする者と協議して「対象事業」として指定する（8条1項）。そして、

69　薩摩川内市とNTT西日本鹿児島支店、薩摩川内署、九州電力川内営業所との協定。

事業者は，環境共生技術指針に基づき，対象事業に係る環境共生の取組みの方向等について事業協議届出書を作成する（9条1項）。事業者は，環境共生技術指針に基づき，対象事業に係る環境共生の取組みの内容について，環境共生指標により評価を実施し（12条），企画評価書を作成しなければならない（13条1項）。そして，事業者は，企画評価書を作成したときは，知事に送付して，対象事業に係る環境共生の取組みの内容等について，協議しなければならない（14条1項）。最後に，事業者は，環境共生技術指針に基づき，対象事業に係る環境共生の取組みの内容等について知事及び関係市町村長と協定（＝環境共生協定）を締結しなければならない（16条）。したがって，三者協定である。この協定は，それまでの協議内容等を最終的に確認し確定させる意味があると解される。

包括的協定　これに対して，企業とのきわめて包括的な連携協定の締結も徐々に広まっている。目下は，多数の店舗を展開するコンビニエンスストアなどとの協定が見られる。この動きには，地方公共団体側からのものと事業者側からのものとがあって，たとえば，日本チェーンストア協会の定めた「地域商業者等との連携・協働のためのガイドライン」などが大きな影響を与えているものと推測される。

神奈川県と株式会社サークルKサンクスとは，緊密な相互連携と，協働による活動を推進し，地域のニーズに迅速かつ適切に対応し，県民サービスの向上，地域の活性化を図ることを目的として，平成21年1月に，両者の「連携と協力に関する包括協定」を締結している。連携事項として，以下のものが掲げられている。

①神奈川の地産地消，②神奈川のオリジナル商品の販売・キャンペーン，③神奈川の農林水産物，加工物，工芸品の販売，活用，④観光振興，⑤少子化対策・子育て支援，⑥健康増進・食育，⑦高齢者・障害者支援，⑧くらしの安全・安心，⑨青少年の健全育成や職業意識の醸成，⑩災害対策，⑪環境保全，⑫その他，県民サービスの向上・地域社会の活性化。

前記①に関して「かながわブランド」など神奈川の農林水産物，畜産物のオリジナル商品への活用を通じた地産地消の推進，②に関して平成21年2月には「関東うまいもんフェア神奈川編」を実施，③に関して「かながわの

名産100選」や「かながわ屋」取扱商品などの神奈川の特産物をお中元・お歳暮などのギフト商材として販売，④に関して店舗への観光ポスター，パンフレットの設置や，近隣観光施設や交通機関の案内をするなど，具体的な連携事業が協定書とは別に公表された。このような包括協定が次第に増加しつつある[70]。

いったい特定企業とのこのような包括協定が，地方公共団体の行政のあり方として適切であるのか，あるいは，あまりに包括的であるために意味があるのか，実態を含めた検討が必要とされるように思われる。

千葉県も，「商業者の地域貢献に関するガイドライン」に基づいて，多数の商業者と「地域振興・地域貢献に関する包括協定」の締結を進めている。「千葉県中小企業の振興に関する条例」7条が，「大企業者は，基本理念にのっとり，地域づくりに取り組むことにより，地域の活性化に資するように努める」と定めているのを受けて，大型店やチェーン店の社会貢献を期待し，県と「大手小売業者」との間において企業単位で包括協定を締結することとしている。包括協定は，企業の地域貢献に関して，企業の基本方針，姿勢を確認することにより，各地域における店舗の地域貢献を促進することを期待しているという。きわめて包括的で具体性のない協定も見られ，地域貢献に対する意思確認にとどまるものも見られる。包括協定書に盛り込む内容は，同ガイドラインの別紙一覧表に掲げられている「具体的な貢献策の例」が参考にされているようである。包括協定に基づく取組みの一環として，具体的な協定と併せて締結する場合もある（たとえば，㈱ローソンとの「千葉県アンテナショップの設置等に関する協定」）。

これと別に，中小企業も含めて，それを具体化した地域貢献計画書又は取組実績報告書が提出され，さらに，それに基づく協議の場の設定が重視されている。この協議の場には，住民，地域団体（自治会），NPO等，商工会，商工会議所が参加する。そして，大型店については，包括協定の締結と並行して，県と大手小売業者との懇談会を設置して，年に1，2回程度，意見交換を行なう方針が採用されている。

---

[70] 埼玉県も，すでに平成20年10月に，サークルKサンクスと同様の協定を締結している。

6　公私協働による施策実施のための協定等

[1]　公私協働と契約

公私協働の契約　　地方公共団体は，公私協働による施策ないし事業を実施しようとする際に，住民の団体等と協定を締結することが多い。公共施設の管理に関する協定なども，その類型に属するといえるが，公私協働による施策・事業の場合には，施策・事業の内容自体が公私協働により固まるものが多い（内容形成における協働）。協働の推進に関する条例において「市民との協定による施策の実施」を掲げるものもある[71]。

しかし，従来型の業務委託契約によっていることも多く，協働の実質に相応しいパートナーシップ協定，協働契約の必要性が指摘されている[72]。たとえば，今瀬政司氏は，「事業のベースとなる『委託契約書』とその運用形態は従来からのままであり，『NPOと行政の協働』の意義・あり方を必ずしも反映するものになっていない」とし，次のように述べている。

> 「従来の委託契約書では，事業主体は行政であり，NPOは事業を実施する権利や主体性は限られ，下請けの立場である。NPOへの委託料に対する財・サービスの受益者は委託者としての行政であり，市民は行政を通じて間接的にそのメリットを享受するような契約形態となっている。そのため，事業の成果を十分に発揮できないことが少なくない。例えば，従来型の委託契約書が『協働』のネックとなっている例としては，①NPOと行政が権利・権限等の面などから『対等』な関係になれない。②事業を進める際に受託者のNPOが意思決定権を持たない（委託者の行政が中心に持つ）ことから，NPO自身の持ち味を十分に発揮できない。③成果物等の権利（著作権等）が行政のみに帰属するようになっている

71　金沢市における市民参加及び協働の推進に関する条例。
72　ドイツにおける動向について，岸本太樹「公的任務の共同遂行（公私協働）と行政上の契約(1)～（4・完）」自治研究81巻3号91頁，6号132頁，12号111頁，82巻4号126頁（平成17年～18年），同「公私協働促進法の制定とドイツ協働契約論の新展開(1)，（2・完）」自治研究86巻3号88頁，4号60頁（平成22年）を参照。

ため，その成果をNPOとして今後の事業に十分に生かせない，などがある。」

　今瀬氏は，このような問題意識に基づいて，NPOと行政との協働の意義・あり方を反映した「協働契約」の必要性を提唱し，「協働契約書」の雛型を提案している。そのポイントは，NPO等と行政は，ともに共同の「事業主体」であって，協働契約において，NPO等が労力・知識等を拠出し，それに対して行政が税金を原資にして資金を拠出することとし，両者は権利と義務・責任を折半するというのである。両者が同等の立場において市民に対して財・サービスの供給者として位置づけられ，情報の公開が原則とされる（個人情報の保護は別）というのである[73]。このように，対等なパートナーシップを反映した「協働契約」の必要性は，各方面から指摘されている[74]。

　筆者も，「協働」に関して会計法令の適用を受ける契約と性質の異なる面があることを意識してきた。第一に，会計法令の想定する私法上の契約は，相対立する当事者の意思の合致により成立するとされるが，典型的な協働にあっては，共通の目的に向けられた協力関係であって，「対立」と矛盾する関係にある。第二に，会計法令の目指す経済性と公正性のうち，協働にあっては，プロセスが重視されることが多く，その結果，必ずしも経済性を目指すとは言い切れない。第三に，通常の入札制度になじまないかわりに，プロセス重視の観点から，透明性の確保が強く要請される。筆者は，このような性質に鑑みて，「協働事業法制」を樹立する必要性があると考えている[75]。

横浜市の共創事業としての協定の締結　　横浜市は，これまでの公民連携事

73　以上，今瀬政司「NPOと行政の『協働契約書』の開発普及に向けて」東京ボランティア・市民活動センター『NPOと行政のパートナーシップは成り立つか!?』（平成18年）40頁。多摩市の「協働委託事業契約・市民団体等登録申請書」には，「この申請により提出した書類の各項目に関しては，市民団体等相互の透明性を確保する観点から全て公表することを承諾します」との文言が置かれている。また，平成22年度江東協働事業提案制度募集要項は，公開プレゼンテーションの来場者には，発表団体の事業提案一式を資料として配布するとしている。

74　土屋真美子「対等なパートナーシップに基づく『協働契約』のあり方」世古一穂編『参加と協働のデザイン』（学芸出版社，平成21年）172頁。同論文187頁には，森田明弁護士の作成に係る「協働契約書のモデル様式」も収録されている。

業が，行政主導の連携であったのを，民間のより主体的な参画や発意を求めて，行政と民間とによる積極的相互作用によって新たな価値を創出する「共創」[76]の考え方を基礎にして，そのような事業のために協定を締結する動きを見せている[77]。

協定の締結と委託契約のセット方式　協働事業にあっては，一般に，協働事業の提案とその審査を経て，その審査[78]により選考された提案者と担当部局等との詳細な協議がなされたうえ，協議がまとまった段階で協働事業団体を確定し，その団体と協働事業に関する協定を締結し，かつ，契約を締結する方式が採用されている。このように，「協定の締結」と「委託契約」の二つがセットになっていることが多いのである[79]。

たとえば，具体例として，平成21年4月に締結された横浜市の「コミュニティ支援事業における協働協定書」は，特定非営利法人甲と横浜市乙とは，コミュニティ支援事業の実施に当たって，「横浜市協働推進の基本方針」の理念に則り，次のように協定を締結するとして，第1条において，「甲と乙双方が互いに理解・尊重し，対等な関係のもとに協働を進めていくために必要な事項を定めるものとする」と宣言したうえ，「この協定書に則り，甲及

75　以上，碓井光明「協働と契約」自治体学研究95号32頁（平成19年）。
76　「共創」とは，「社会的課題の解決を目指し，民間事業者と行政の対話により連携を進め，相互の知恵とノウハウを結集して新たな価値を創出すること」であるという（横浜市「共創推進の指針～共創による新たな公共づくりに向けて～」（平成21年3月）3頁）。
77　具体例として，「国際的に活躍できる理系人材の育成」に取り組む横浜サイエンスフロンティア高校におけるマイクロソフト社との協定は，同社の最高技術責任者が科学技術顧問に就任し，ITによる先進的な教育環境づくりをすることなどを内容としている。また，旭区が，エーザイ株式会社と協定を締結して，同社のノウハウを活用して，認知症を支えるまちづくりを進めようとしている。
78　新宿区の協働事業提案制度の第一次審査（書類選考）と第二次審査（公開プレゼンテーション）のように，二段階審査が行なわれることが多い。もちろん，審査の基準が必要とされる。同区は，審査項目と審査の視点を設定している。
79　総務省自治行政局地域振興課『住民等と行政との協働に関する調査（最終報告）』（平成17年）20頁は，契約書と別に，「関係するNPO等と行政の間で自主性の尊重や適切な役割・責任分担を取り決めた協定を締結し，協働の実効性を担保する」としている。

び乙は委託契約を締結する」としている。第2条は，「事業目的の共有」という条文見出しの下に，総論的に次のような条項となっている。

「甲及び乙は，横浜市内のコミュニティビジネスに関心を持つ人，コミュニティビジネスを始める人及びコミュニティビジネス事業者が必要な情報を得て想いを実現し，地域にとって必要なサービスを生み出すとともに，身近な地域での雇用の場を創出し，市民の生きがいを生み出すことにより，地域経済の活性化を図るという事業目的を共有する。」

そして，事業の概要を掲げたうえ（3条），甲及び乙の役割分担を示し，その役割について，それぞれの責任で行なうものとしている（4条1項）。「具体的な事業の企画及び実施について，協議の上決定することとする」（同条2項）とされている点が，協働に係る協定書の特色といえようか。また，「横浜市協働推進の基本指針」に基づき，事業に関する事項は公開を原則としている（9条）。

この協働協定書は，委託契約との関係においては，親協定の位置づけがなされていることが注目される。従来型の会計法令に基づく委託契約の外観を有するとしても，その内容については，対等な立場に立った十分な協議を踏まえて，協働に相応しいものにする必要がある[80]。

問題は，協定の締結をする相手方を選定するプロセスをいかに公正なものにするかという点である。会計法令の適用を受ける契約にあっては，一般競争入札の原則によって公正性を確保しようとするのに対して，協働の場面においては，そのような方法によることができない。提案内容を公正な手続で審査する方法によることになる。

[2] ボランティアの協力員等

協力員・推進員等の存在　　国家公務員や地方公務員と別に，公の行政に

80　総務省自治行政局地域振興課・前掲報告書20頁は，「仕様書・契約書の作成にあたり，行政側の雛形を一方的に押し付けるのではなく，委託先のNPO等と十分協議し，義務や裁量の範囲を考慮した上で仕様書・契約書の内容を確定する。また，業務を全て洗出し，委託の範囲の内外を明記したり，契約者双方に損害賠償責任，委託契約の解除権を持たせたりするなどの工夫をする」としている。

私人がボランティアとして協力する場面が見られる（ボランティア協力員）。これらの者の協力に対しては，無報酬の場合もあるし，若干の謝礼が支給される場合もある。協力員や推進員の名称が用いられることが多い。現代行政，ことに地方行政においては，協力員や推進員のようなボランティアに期待して一定の施策が遂行されていることが少なくない。このような協力員，推進員は，歴史も古く「公私協働」が語られる以前から存在した。しかし，現代版の協力員，推進員等も登場する可能性を秘めている。たとえば，山梨県は，河川監視協力員をスタートさせている。散歩や通勤，農作業等に向かう折などに，近辺の川を監視し，異常な事態（無断で畑などの耕作をしている，堤防や護岸に異常がある，ゴミが投棄されているなどの事態）を発見した場合に，県の担当者に通報する仕事を無償で行なうものである。総じて，限りある公務員のみでは目の届きにくいところを補う役割を期待されている。

　以下に述べるように，法律や条例に定めのある場合もあるが，便宜上，以下においては併せて扱うこととしたい[81]。その場合に，法律に無償の協力員・推進員等の根拠規定を置く趣旨が，地方公共団体が同種の分野において，ごく低額ながらも報酬を伴う協力員・推進員を置くことを禁止する趣旨であるのか否かが問題になる。そのような報酬を支払った場合に，住民訴訟において，違法支出であるとして争われることも予想される。地方分権の一環として論じられている「上書き権」を認めるべき事例のように思われる。

　非常勤職員との区別　　契約による無償のボランティアと報酬を支給する非常勤職員制度との使い分けをどのようにするかについて，一定の線引きが

---

[81] 本文で扱うもの以外に，「看護師等の人材確保の促進に関する法律」11条による看護師等就業協力員（都道府県から委嘱されて，都道府県の看護師等の就業の促進その他看護師等の確保に関する施策及び看護に対する住民の関心と理解の増進に関する施策への協力その他の活動を行なう），持続的養殖生産確保法13条による魚類防疫協力員（都道府県知事から委嘱されて，養殖水産動植物の伝染性疾病の予防に関する事項につき，都道府県の施策に協力して，養殖をする者からの相談に応じ，及びこれらの者に対する助言その他の民間の活動を行なう），食品衛生推進員（都道府県等から委嘱を受けて，飲食店営業の施設の衛生管理の方法その他の食品衛生に関する事項につき，都道府県等の施策に協力して，食品等事業者からの相談に応じ，及びこれらの者に対する助言その他の活動を行なう）などがある。

可能なのであろうか。

　たとえば，長野県において，長野県自然環境保全条例25条に基づく自然保護指導員制度があって，特別職の非常勤職員とされているところ（同条例施行規則37条），「長野県自然保護レンジャー設置要綱」によるレンジャーは，無給であり（8条），委嘱は契約によっていると思われる。レンジャーは，自然公園等を巡視して，利用者に対する動植物の保護，施設利用等についての適切な指導などの業務を行なうこととされている（3条）。ほぼ似た業務内容でありながら，非常勤職員方式と契約方式とが混在しているのである（非常勤職員たる鳥獣保護員について，本書第4章1［1］を参照）。しかし，この区別に神経質になる必要はないと思われる[82]。

　筑紫野市は，次に述べるように，防犯パトロール協力員というボランティア制度を活用する一方で，「筑紫野市環境衛生推進員設置規則」による推進員は，地方公務員法上の非常勤特別職であって（2条），同市特別職の職員の給与等に関する条例の定めるところによる報酬の支給及び費用弁償がなされる（9条1項）[83]。したがって，行政契約の範疇には入らない。

　推進員の職務は，①地域住民に対する環境衛生行政の推進にかかる計画・方針の伝達及びその普及徹底に関すること，②地域住民の環境衛生行政に対する意見・要望等の処理及び市との連絡調整に関すること，③ごみ分別の徹底，搬出期日の励行，その他「ごみのだし方」のマナー向上等について，地元行政区での実践指導に関すること，④地元行政区において，資源ごみ集団回収などごみの減量化・資源化運動の実践，指導及び推進に関すること，⑤ごみゼロ運動の実践指導に関すること，⑥ごみ不法投棄者に対する注意，指導及び市との連携，警察への通報に関すること，⑦河川浄化の推進，近隣公害の予防，地球環境問題等の取組みの啓発・普及・推進に関すること，⑧環

82　橋本勇『新版逐条地方公務員法　第2次改訂版』（学陽書房，平成21年）35頁は，ボランティアとしての防犯協力員等について，地方公務員とする明確な意思をもって任命した場合はともかく，地方公務員とする必要はないとしている。

83　ただし，特別職の職員の給与等に関する条例においては，「他の条例，規則又は予算の範囲内」とされているので（同条例3条による別表第1），環境衛生推進員設置規則9条2項により，当該年度の2月1日現在の住民基本台帳に登録された世帯数を算出基礎とすることになるが，それ以上のルールは明らかではない。

境事業に関するアンケート調査等の回収，集約及び市に対する提言に関すること，⑨その他環境事業の普及・啓発・指導・推進に関すること，と多岐にわたっている（5条1項)[84]。推進員は，市長が招集する会議等に出席するものとされている（同条2項）。筑紫野市には，同じく，特別職非常勤職員の位置づけによる青少年指導員制度も存在する（筑紫野市青少年指導員に関する規則）。

　私人が個人として民間の団体に加入し，その団体が行政からの委託を受けることもなく自発的に地域の安全確保等のために活動する場合も，行政主体と当該個人との間には何らかの契約関係があるわけではない[85]。もっとも，形式で判断するのか，実質で判断するのかという問題は残される。実質的に行政からの委嘱に近い働きかけに基づく場合もあるからである。

　防犯協力員　　住宅の門の付近に防犯協力員等の札を見かけることが多いが，その根拠をたどることは必ずしも容易ではない。防犯協会などの活動の一環として防犯協力員を引き受けている場合も多いからである。

　そのようななかで，特色ある協力員制度も存在する。たとえば，筑紫野市は，「筑紫野市防犯パトロール協力員に関する規則」を制定して，市が所有する防犯パトロール車を使用し，自らの意思に基づき，無償で防犯パトロールを実施する防犯パトロール協力員（2条1項）を委嘱している。委嘱は，筑紫野市地域防犯活動推進団体の構成員，防犯指導員，青少年指導員，少年補導員，その他市長が必要と認める者のうちから，市長が委嘱する（4条）。

84　推進員は，その職務を遂行するために環境衛生推進員協力員を置くことができるとされ（6条），協力員には，事務処理に必要な経費として予算の範囲内において事務費が支給される（9条2項）。

85　室蘭市の「高齢者たすけ隊」及び「高齢者見守り隊」は，そのようなものとみられる。京都府が補助金交付の対象としている「見守り隊」も，同様のもののように見えるが，市町村が見守り隊の隊員を委嘱する方式をとっているならば別である。団体に対して委託ないし委嘱する場合には，その側面で公私協働であることはいうまでもない。たとえば，横浜市立港北小学校の安全見守り隊は，児童の安全確保のために校地内での不審者の発見及び侵入者の防止を目的にして，「地域，保護者ボランティア」から構成される団体に校長が委嘱するとし，その具体的な活動は，児童の登下校時門を見守ること，授業中や休憩時間は校地内を見守ることなどである。

防犯パトロール車による防犯パトロールは，小学校・中学校・保育園及び幼稚園の通学路等の巡回，広報啓発活動，犯罪多発地域又は通学路危険箇所の点検，防犯指導，不法投棄・落書き等の巡視，子どもの保護及び誘導，その他目的達成のための活動，である（2条2項）。協力員には，協力員証が交付される（5条）。なお，防犯パトロール車は，協力員の所属する団体に貸し付けられ，「財産の交換，譲与，無償貸付等に関する条例」の規定による無償貸付の対象とし，防犯パトロール車の使用に係る燃料費は，市が負担する（筑紫野市防犯パトロール車運用要領）。

地域まちづくり推進員　兵庫県は，地域安全まちづくり条例14条に基づいて，知事の委嘱による地域安全まちづくり推進員制度を設けている。推進員の役割は，「県民等による地域安全まちづくり活動の推進を図るため，率先して地域安全まちづくり活動に取り組むほか，県民等，県及び関係機関の連携及び協働に関する調整を行う」こと（14条2項）にある。県の公表している説明資料によれば，「コミュニティにおける防犯や環境浄化などの活動を先導し，防犯に関係する各種組織・グループの活動を調整するリーダー役」を想定している。具体的には，①地域安全まちづくり活動の先導（活動への参加の呼びかけや助言・指導），②活動グループの連携・協働の調整（近隣の複数グループによる協働事業の調整），③活動グループの地域間交流（自治会，婦人会，老人会，PTA等の防犯グループから概ね1名の推薦を受けて委嘱する方式が採用されている）を担うこととされている。

不法投棄防止協力員・不法投棄監視員　廃棄物の不法投棄に頭を痛めている地方公共団体は，不法投棄に対する目を光らせるために協力員等を活用することがある。たとえば，韮崎市は，「韮崎市不法投棄防止監視協力員設置及び対策要綱」（訓令）を定めている。協力員の活動内容は，日常生活の中で，市内における廃棄物の不法投棄を発見したときは市役所市民課に通報すること，不法投棄の防止に関する普及啓発を行なうこと，とされている（7条1項）。他方，協力員は，投棄箇所の巡視や不法行為に対する注意等を行なう責務や権限を有するものではないとされ，活動に際しては，トラブルを避けるため細心の注意を払うとともに，直接，不法投棄を行なっている者又はその関係者に接してはならないとされている（同条2項）。通報後は，現

場確認，指導，勧告，命令等，すべて市長の権限でなされる（8条）。そして，無報酬で，報酬，費用弁償，補償費等は一切支払わないとされている（6条）。このような仕組みは，協力員の仕事は，純粋に通報に徹底することにあるといえる。しかし，何らかのきっかけで，不法投棄者又は不法投棄の通報対象者とのトラブルを生ずることは避けがたいように思われる。その際に，この要綱を楯に，市が何ら協力員を援護しないとするならば，それは信義に反するといえよう。

このように無報酬の例もあるが，予算の範囲内とか一定金額内の報酬を支給することとしている例もある[86]。

違反広告物除却協力員　鎌倉市は，「鎌倉市違反屋外広告物除却協力員実施要綱」により，同協力員制度を設けている。協力員の職務は，市内の美観風致の向上を図るために，①屋外広告物法7条4項に定める簡易除却，②市が実施する啓発活動への参加，③良好な広告景観の形成のために必要な調査，④良好な広告景観の形成のために必要な提言，⑤その他広告景観の向上を図るために必要な活動，を行なうものとしている（8条）。このうちで，最も重要な職務は，簡易除却である。屋外広告物法7条4項は，都道府県知事に対して，条例に違反した広告物又は掲出物件が，はり紙，はり札等（容易に取り外すことができる状態で工作物等に取り付けられているはり札その他これに類する広告物），広告旗（容易に移動させることができる状態で立てられ，又は容易に取り外すことができる状態で工作物等に取り付けられている広告の用に供する旗）又は立看板等（容易に移動させることができる状態で立てられ，又は工作物等に立て掛けられている立看板その他これに類する広告物又は掲出物件）であるときは，その違反に係るはり紙，はり札等，広告旗又は立看板等を自ら除却し，又はその命じた者若しくは委任した者に除却させることを授権している。同法における都道府県の事務は，中核市以上の市の処理すべき事務とされているので（27条），鎌倉市は，7条4項の「委任」規定を根拠に，違反

---

[86] 南房総市不法投棄監視員設置要綱9条は，監視員の報償は月額5,000円以内とし，10月及び3月に支給するとしている。また，東近江市廃棄物不法投棄監視員要綱10条は，予算の範囲内で支出するとしている。佐渡市不法投棄監視員設置要綱8条も，予算の定める範囲内で年度末に委託料を支払うとしている。

広告物除却協力員制度を設けているのである。委任の授権規定の存在に着目して，法律に基づく契約のなかに含めることも可能であるが，協力員形式まで法律が定めているわけではないので，やはり要綱に基づく契約として位置づけることができよう。協力員には，身分証明書，腕章のほか，軍手，スクレッパー，ニッパ，その他協力員の活動に必要な道具が貸与される（要綱7条）。

簡易除却に関しては，トラブルを避けるために，次のような慎重な活動方法が採用されている。

まず，原則として，都市景観課の職員とともに行なうこととし，職員が同行できない場合は，効率向上及びトラブル回避のため2名以上で行なうものとしている。活動時間は市役所開庁時とし，土曜日，日曜日，祝祭日及び夜間は，原則として活動しない。協力員のみで活動するとき及び閉庁時に活動するときは，事前に都市景観課と活動内容について協議する。除却活動時にトラブルがあったときは，速やかに所轄警察署に連絡するとともに，都市景観課に連絡する（以上，9条1項）。

次に，簡易除却の対象は，道路（公道）上又は禁止物件（条例3条2項及び4項）に設置された違反広告物で表示内容が金融，不動産，風俗等営利目的のものとし，かつ，管理されずに放置されていることが明らかなもの（張り紙を除く）としている（9条2項）。この扱いは，屋外広告物法7条4項ただし書の延長上にあるといえよう。「管理されずに放置されていることが明らかなとき」（屋外広告物法の前記ただし書2号）は，はり紙を除く広告物の簡易除却に求められている要件である。また，同ただし書の第1号には，はり紙を含む広告物の簡易除却に共通の要件として，「条例で定める都道府県知事の許可を受けなければならない場合に明らかに該当すると認められるにもかかわらずその許可を受けないで表示され又は設置されているとき，条例に適用を除外する規定が定められている場合にあっては当該規定に明らかに該当しないと認められるにもかかわらず禁止された場所に表示され又は設置されているとき，その他条例に明らかに違反して表示され又は設置されていると認められるとき」が掲げられている。

この協力員は，無報酬のボランティアとされている（5条）。委嘱（2条）

及び解嘱（11条）の用語が用いられているが，市と協力員との関係は一種の契約関係であるといえよう。

労働者派遣事業適正運営協力員　「労働者派遣事業の適正な運営の確保及び派遣労働者の就業条件の整備等に関する法律」53条による労働者派遣事業適正運営協力員の制度がある。厚生労働大臣は，社会的信望があり，かつ，労働者派遣事業の運営及び派遣事業について専門的な知識経験を有する者のうちから，同協力員を委嘱することができる（1項）。同協力員は，労働者派遣事業の適正な運営及び適正な派遣就業の確保に関する施策に協力して，労働者派遣をする事業主，労働者派遣の役務の提供を受ける者，労働者等の相談に応じ，及びこれらの者に対する専門的な助言を行なう（2項）。同協力員には，正当な理由がある場合でなければ，その職務に関して知り得た秘密を他に漏らしてはならないという守秘義務が課せられている（3項）。その職務に関して無報酬であるが（4項），予算の範囲内において，その職務を遂行するために要する費用の支給を受けることができる（5項）。

動物愛護推進員　「動物の愛護及び管理に関する法律」は，都道府県知事に対して，地域における犬，ねこ等の動物の愛護の推進に熱意と識見を有する者のうちから，動物愛護推進員を委嘱する権限を付与している（38条1項）。動物愛護推進員の活動は，次のとおりである。①犬，ねこ等の動物の愛護と適正な飼養の重要性について住民の理解を深めること，②住民に対し，その求めに応じて，犬，ねこ等の動物がみだりに繁殖することを防止するための生殖を不能にする手術その他の措置に関する必要な助言をすること，③犬，ねこ等の動物の所有者等に対し，その求めに応じて，これらの動物に適正な飼養を受ける機会を与えるために譲渡のあっせんその他の必要な支援をすること，④犬，ねこ等の動物の愛護と適正な飼養の推進のために国又は都道府県等が行なう施策に必要な協力をすること。この法律の場合，無報酬規定は置かれていない。

希少野生動植物種保存推進員　「絶滅のおそれのある野生動植物の種の保存に関する法律」は，希少野生動植物種保存推進員の定めを置いている。すなわち，環境大臣は，絶滅のおそれのある野生動植物の種の保存に熱意と識見を有する者のうちから，希少野生動植物種保存推進員を委嘱することがで

きる（51条1項）。保存推進員の活動は，次のとおりである（同条2項）。①絶滅のおそれのある野生動植物の種が置かれている状況及びその保存の重要性について啓発すること，②絶滅のおそれのある野生動植物の種の個体の生息若しくは生育の状況又はその生息地若しくは生育地の状況について調査すること，③希少野生動植物種の個体等の所有者若しくは占有者又はその生息地若しくは生育地の土地の所有者若しくは占有者に対し，その求めに応じ希少野生動植物種の保存のため必要な助言をすること，④絶滅のおそれのある野生動植物の種の保存のために国又は地方公共団体が行なう施策に必要な協力をすること。保存推進員は，名誉職とし，その任期は3年とする（同条3項）。この法律も，保存推進員について，「委嘱」及び「解嘱」の用語を用いている。解嘱事由として，職務の遂行に支障があるとき，その職務を怠ったとき，又は同法の規定に違反し，その他保存推進員たるにふさわしくない非行があったとき，が掲げられている（同条5項）。

廃棄物減量等推進員・容器包装廃棄物排出抑制推進員　「廃棄物の処理及び清掃に関する法律」は，市町村の委嘱を受けて，一般廃棄物の減量のための市町村の施策への協力その他の活動を行なう廃棄物減量等推進員について定めている（5条の8）。仙台市は，「クリーン仙台推進員」を廃棄物減量等推進員として位置づけている。同市の「クリーン仙台推進員設置要綱」によれば，推進員は，町内会，マンション管理組合及びその他の自治組織（＝町内会等）の推薦により，市長が適当と認める者に委嘱することとされている（2条1項）。給与は支給しないが，活動を行なうための費用について，予算の範囲内で，別に市長が定める額の弁償を受けることができる（3条2項）。推進員の活動は，次のような内容とされている（5条）。①生活環境の清潔の保持に努めるとともに，地域住民による一般廃棄物の適正な分別・排出及び再生利用の促進に関する助言及び指導を行なうこと，②一般廃棄物の適正な分別・排出及び再生利用に関し，本市と地域住民との間及び地域住民相互間の連絡及び調整を行なうこと，③一般廃棄物の自己処理に関する助言及び指導に努めること，④地域住民の環境意識の普及啓発に努めるとともに，地域住民による集団清掃その他の生活環境の向上のための活動を促進すること，⑤市の行なう環境事業につき，調査並びに情報の収集及び提供を行なうこと，

⑥不法投棄されやすい場所等を定期的に巡視し，不法投棄の事実を認めた場合には，速やかに，発見した区域を担当する環境事業所又は市長が別に指定する機関に通報すること，⑦その他一般廃棄物の減量及び再生利用，生活環境の保全に努めること。なお，推進員のほかに，推進員が地域での活動を遂行するために必要と認めたときは，町内会等の推薦により推進員の活動に協力する者（＝クリーンメイト）を委嘱することができる，とされている（9条）。

次に，「容器包装に係る分別収集及び再商品化の促進等に関する法律」7条の2は，容器包装廃棄物排出抑制推進員について規定している。環境大臣の委嘱によるもので，その活動は，①容器包装廃棄物の排出の状況及び事業者と消費者との連携による容器包装廃棄物の排出を抑制するための取組みの重要性について啓発すること，②容器包装廃棄物の排出の状況及び排出を抑制するための取組みに関する調査を行ない，消費者に対し，その求めに応じ当該調査に基づく指導及び助言をすること，③容器包装廃棄物の排出の抑制を促進するために国又は地方公共団体が行なう施策に必要な協力をすること，である。

海岸漂着物対策活動推進員等　「美しく豊かな自然を保護するための海岸における良好な景観及び環境の保全に係る海岸漂着物等の処理等の推進に関する法律」16条は，都道府県知事に対して，海岸漂着物対策活動推進員の委嘱（1項）及び海岸漂着物対策活動推進団体の指定（2項）を授権している。これらが行なう活動は，①海岸漂着物対策の重要性について住民の理解を深めること，②住民又は民間の団体に対し，その求めに応じて海岸漂着物等の処理等のため必要な助言を行なうこと，③海岸漂着物対策の推進を図るための活動を行なう住民又は民間の団体に対し，当該活動に対し，当該活動に関する情報の提供その他の協力をすること，④国又は地方公共団体が行なう海岸漂着物対策に必要な協力をすること，である。

地球温暖化防止活動推進員　地球温暖化対策推進法23条は，地球温暖化防止活動推進員について規定している。都道府県知事及び指定都市等の長の委嘱によるもので，地域における地球温暖化の現状及び地球温暖化対策に関する知識の普及並びに地球温暖化対策の推進を図るための活動の推進に熱意

と識見を有する者のうちから委嘱される（1項）。その活動は，①地球温暖化の現状及び地球温暖化対策の重要性について住民の理解を深めること，②住民に対し，その求めに応じ日常生活に関する温室効果ガスの排出の抑制等のための措置について調査を行ない，当該調査に基づく指導及び助言をすること，③地球温暖化対策の推進を図るための活動を行なう住民に対し，当該活動に関する情報の提供その他の協力をすること，④温室効果ガスの排出の抑制等のために国又は地方公共団体が行なう施策に必要な協力をすること，である（2項）。

自然保護推進員・自然環境保全協力員・自然公園指導員　地方公共団体のなかには，自然保護等のための人材としてボランティアを募っているところがある。たとえば，岡山県は，「岡山県自然保護推進員設置要綱」に基づいて，「都市化の進展と自然志向が高まるなかで，適正な自然の保護と正しい自然観など，自然保護思想の普及及び美しい郷土の保全を図るため」，自然保護推進員を置くこととしている（1）。推進員は，市町村長の推薦により知事が委嘱する（3）。その活動内容は，次のとおりである（2）。①地域の人に身近な自然の観察を勧めること，②自然公園や自然環境保全地域等の指定地域などを中心に，貴重な動植物や岩石などの採取，鳥獣の殺傷や捕獲などを行なわないよう助言すること，③自然公園や自然環境保全地域等の指定地域内で，案内板や解説板など各種標識の管理状況を把握するとともに，破損しないように助言すること，④自然公園などの観賞地点，特徴ある動植物，地形，地質などについての情報の提供に努めるとともに，自然との親しみ方などの助言をすること，⑤登山道，休憩所，山小屋，園地などの施設の利用に際し，他人に迷惑をかけることのないよう助言すること，⑥ごみを持ち帰るよう呼びかけること，⑦植樹活動や美化活動を実施し，又は参加すること，⑧その他自然保護の推進のために活動すること。推進員は，自己が行なった活動について，概ね3か月に1回程度別に定める活動報告書を県自然環境課長又は県民局長（支局長）に提出することとされている（5）。ボランティアであること，県の負担で一括してボランティア保険に加入すること，が明示されている（7）。

神奈川県も，平成22年度から，自然環境保全協力員をスタートさせた。

同協力員の活動内容は，①自然環境保全地域内における開発行為等の通報，②山崩れや火災，不法投棄等の情報の通報，③自然環境保全地域の標識の保全，④県が主催する研修会への参加，⑤県が行なう自然環境の保全のための調査への協力，である。県は，少なくとも年6回以上の活動を期待している。活動を行なった翌月には，「自然環境協力員活動結果」なる報告書の提出が求められる。県の負担でボランティア保険に加入するなど，岡山県と似た仕組みとなっている。県は，協力員が違反の現場に出くわした場合でも，違反者等への直接の指導は避け，可能な場合のみ情報の聞き取りを行ない，また，過度な言葉による聞き取り等を行なわないようにと呼びかけている。

　三重県は，同県の自然環境保全条例により，自然環境保全指導員を置くこととし（28条1項），同指導員は，自然とのふれあいの確保その他の自然環境の保全に必要な指導又は助言等を行なうものとしている（同条3項）。自然環境保全指導員設置要綱によれば，指導員は，その受持区域内を毎月1回以上巡視し，①自然環境保全区域，希少野生動植物監視地区その他野生生物の重要生息地等における自然環境の保全状況に関する情報収集を行なうこと，②自然公園等の自然とのふれあいの場において，適正な利用を促進するとともに，自然保護の精神に反する行為を行なわないよう指導助言すること，③自然環境保全地域における保全施設及び自然公園における利用施設の安全確認のための点検を行なうこと，④その他自然環境の保全に関する情報収集，指導助言等を行なうこと，を業務としている（6条）。指導員は，急を要する事項については，その都度所長に報告するものの，通常は，月1回当該月の業務状況報告書及び自然環境重要地等保全状況報告書を翌月5日までに所長に報告しなければならないとされているにとどまる（8条）[87]。したがって，指導員が，どの程度の業務を実施するかは，広く指導員自身の裁量に委ねられていることがわかる。

　環境省も，「自然公園指導員設置要綱」により，国立公園及び国定公園の利用者に対し公園利用の際の遵守事項，マナー，事故防止等の必要な助言及

---

[87] ただし，平成22年4月の募集案内によれば，勤務日数は，年間42日以上で，3月から10月までは月2日以上，2月及び11月は月5日以上，1月及び12月は月8日以上とし，平成22年度の報酬額は，年間84,000円以内である。

び指導を行なうとともに，必要な情報の収集及び提供を行なう自然公園指導員を置くこととしている（1項）。ただし，指導員は，無給とされている（5項）。

地域見守り協力員・協力機関　高齢者の見守りや声かけなどを担当する地域見守り協力員制度が広まりつつある[88]。東京都下の特別区，市にあっては，それぞれの高齢者見守りネットワーク事業などの名称で推進される事業において，協力員及び民間協力機関が位置づけられている。

たとえば，中野区の高齢者見守り支援ネットワーク（元気でねっと）事業実施要綱によれば，協力員の業務は，地域包括支援センターが作成する見守りプランに基づく見守りや声かけ等，地域包括支援センターへの情報提供，支援センターが開催する協力員情報交換会への参加，とされている（5条）。この協力員及び民間協力機関ともに，登録制度が採用されている（4条1項，8条1項）。

「八王子市高齢者見守りネットワーク事業実施要綱」によれば，協力員は，事業の趣旨に賛同する町会・自治会，老人クラブ，ボランティア団体の構成員などの地域住民で，地域包括支援センターに登録された者である（2条3号）。協力員は，地域包括支援センターから依頼された高齢者の身近な相談窓口となるとともに，見守りや声かけ等を行なうことにより，在宅生活の不安や孤立感等の解消に努めることとされ，要援護高齢者等を発見した場合には，地域包括支援センターに連絡するものとされている（6条）。協力機関は，事業の趣旨に賛同する商店，新聞販売店，牛乳販売店，郵便局，薬局，かかりつけ医等で，地域包括支援センターに登録した機関である（2条4号）。協力機関は，要援護高齢者等の異変に気づいたときや相談を受けたときには，地域包括支援センターに連絡するものとされている（7条）[89]。

県レベルにおいても，たとえば，和歌山県は，見守り協力員制度をもっている。

高齢者虐待対応協力者　「高齢者虐待の防止，高齢者の養護者に対する支

---

[88]　団体を介する方式については，前掲注85を参照。
[89]　武蔵村山市も，ほぼ同趣旨の地域見守り協力員と地域見守り協力機関の制度をスタートさせている。

援等に関する法律」は，市町村に対して，養護者による高齢者虐待の防止，養護者による高齢者虐待を受けた高齢者の保護及び養護者に対する支援を適切に実施するため，老人福祉法 20 条の 7 の 2 第 1 項に規定する老人介護支援センター，介護保険法 115 条の 45 第 3 項の規定により設置された地域包括支援センターその他関係機関，民間団体等との連携協力体制を整備しなければならないとしている（16 条）。そして，この規定により市町村と連携協力する者を「高齢者虐待対応協力者」と呼んで（9 条 1 項），市町村は，高齢者虐待対応協力者のうち適当と認められるものに，相談・指導・助言（6 条），通報（7 条 1 項・2 項），届出の受理（9 条 1 項），高齢者の安全の確認その他通報又は届出に係る事実の確認のための措置（同条 1 項），養護者の負担軽減のための措置（14 条）に関する事務の全部又は一部を委託することができるとしている（17 条 1 項）。ここにおいては，「委託」の文言が用いられているが，これは，人に着目した定め方ではなく事務に着目した定め方によるものであろう。したがって，委託であっても，無償としても問題になるわけではない。

電波適正利用推進員・電子政府推進員　総務省は，無報酬のボランティアである電波利用推進員及び電子政府推進員を委嘱している。前者は，総合通信局長から委嘱されて，電波の適正な利用についての周知啓発活動，混信その他の無線局の運用を阻害する事象に関し電波利用者からの相談を受けて行なう相談窓口紹介等，総合通信局長への協力を活動内容としている。後者は，総務省行政管理局長から委嘱を受けて，①オンライン申請に関する利用説明会・研修会・講演会等の開催，②自らのホームページ・プログラムを通じたオンライン利用勧奨，③市町村広報紙や職場内機関誌等への投稿，④職場等におけるオンライン申請の利用勧奨（パンフレット，ポスター等の配布を含む），⑤独自のオンライン申請マニュアルの作成・配布・利用者へのアドバイス等，⑥企業訪問等を通じたオンライン利用勧奨，を活動内容としている。

その他の協力員　以上のほかにも，無数のボランティアの性質を有する協力員が活動している。たとえば，米沢市は，同市教育委員会が実施する「マナビスト養成塾」の修了者のうちから同市生涯学習ボランティアマナビストを教育長が認定して生涯学習活動を支援する役割を担ってもらうことと

している。この制度について定める「米沢市生涯学習ボランティアマナビストの認定に関する規程」（平成13年教委告示第18号）は，一方的な認定の形式で定められているが，相手方の承諾なしに認定がなされるとは考えられない。事前に合意が成立して，最終の行為が認定としてなされるものと解される。

災害補償　ボランティア協力員等が，その職務を遂行中に災害等に遭遇した場合に備えて，業務の委託主である地方公共団体が保険に加入しておいて，その補償をする体制の整備が広がりつつある。

7　事業主体たる地方公共団体の締結する協定

［1］　事業者としての国又は地方公共団体が住民等と締結する協定

廃棄物処理施設設置者としての地方公共団体　行政契約として通常念頭に置かれるのは，国又は地方公共団体が，行政主体として公共の利益を実現しようとして締結される協定である。しかし，「協定」と呼ばれるものの中には，むしろ事業者としての国又は地方公共団体が住民等に対して損害等を及ぼさないように事前の安心を確保するために締結されるものもある。たとえば，地方公共団体が廃棄物処理施設を設置するに当たり施設周辺の住民団体との間において協定が締結されることがある。通常の公害防止協定の当事者たる地方公共団体は，事業所周辺住民の利益代弁者であるのに対して，この協定場面における地方公共団体は，周辺住民の利益と対立するおそれがあるわけである。

盛岡市は，この種の協定を二つ締結している[90]。いずれも，盛岡市クリーンセンターの操業に伴う公害の防止に関して締結されたもので，「公害防止協定書」の名称を付されている。内容を見ると，二つに共通であって，市の遵守事項として，稼働する焼却炉の数の制限，排出ガスに含まれるばいじん等の除去，ごみピットからの臭気の無臭化，排水の再利用焼却灰及び集じん飛灰の適正な処理などを掲げている（3条1項）。さらに，公害防止措置と

---

[90]　上米内地区との協定及び松園地区との協定である。

して，ダイオキシン類発生防止措置，大気汚染防止措置，水質汚濁防止措置，騒音防止措置，振動防止措置，及び悪臭防止措置を列挙するほか，ごみ焼却に伴う公害の発生を防止するため最善の手段を尽くすものとしている（4条）。また，市の所有する廃棄物の収集又は運搬の用に供する車両の適正な管理についても定めている（5条）。

注目されるのは，クリーンセンター公害監視委員会の設置である。協定に基づく「盛岡市クリーンセンター公害監視委員会規程」によれば，同委員会の所掌事務は，①公害防止協定に基づく環境の監視に関すること，②排出ガス，排水等が公害防止協定に定める基準値を超えた場合等における公害防止対策協議会への指導助言に関することである（2条）。この委員会の特色は，その委員の構成であって，地域住民を代表する者及び知識経験を有する者のうちから公害防止対策協議会が委嘱する8人以内の者をもって組織する（3条1項）。

ここに登場する公害防止対策協議会は，協定の適正な運用のため市と住民との連絡協議機関として設置されるものである（協定書12条）。公害防止対策協議会規程によれば，同協議会の所掌事務は，①公害防止協定の内容の変更に関すること，②排出ガス，排水等が公害防止協定に定める基準値を超えた場合等における措置に関すること，③その他公害防止協定の運用のため必要があると認める事項に関することである（規程2条）。地域住民を代表する者15名以内，市職員5名以内で組織される（3条1項）。

出資法人が事業者の場合　形式的には，この類型に入らないものの，実質的には似た場面の公害防止協定が存在する。それは，地方公共団体が出資している法人が事業者として廃棄物最終処分場を設置するような場合である。また，住民を代表する趣旨で地方公共団体が協定の当事者になる場合もある。この両者の複合した公害防止協定の例が，山梨県の「明野廃棄物最終処分場に係る公害防止協定書」である。この協定の当事者は，山梨県知事（甲），財団法人山梨県環境整備事業団（乙）及び北杜市長（丙）である。その内容を見ると，ほとんどが乙の義務等であって，甲は条文に登場しない。丙に関しては，処分場を原因とする生活環境の保全上の支障が発生するおそれがあると認められるときは，乙に対し，その支障発生の防止のために必要な措置

を求めることができるものとする旨（6条），地域住民の生活環境の保全を図るため乙に対し必要な報告をさせることができる旨（8条1項），乙がこの協定に違反したときは，乙から事情を聴取したうえで，改善措置が講ぜられ又は違反状態が解消されるまでの間の操業停止を指示することができる旨（13条）などの条項が置かれている。これらを見ると，行政主体として市が事業者に公害の発生を防止させるために締結している協定と同様の外観を有していることは否定できないが，実質は行政主体間の協定の性質も併有していると思われる。

空港設置に伴う騒音対策事業に係る協定　空港の設置に際しては，住民は，航空機騒音に悩まされる。そこで開港に備えて，空港の設置を推進する地方公共団体が，空港周辺の住民団体等と騒音対策事業に関する協定を締結することがある。たとえば，静岡空港の場合には，住宅防音工事，学校等防音工事，共同利用施設（当該地域の住民の学習，保育，休養又は集会の用に供するための施設に限る）の整備，電波障害防止対策及び畜産物等影響対策を実施する協定書を，県知事，該当区域の市長，該当地区の町内会長（又は地区の区長及び空港対策協議会長）の間で締結している。

［2］　事業の民間移管や事業の廃止の際の協定

事業の民間移管と協定　地方公共団体が行なってきた事業を民間に移管する際には，一般に協定が締結される。住民の生活になるべく支障を生じさせないようにという配慮によるものである。保育所，公立病院などの公の施設についての事業，公営バス事業など多岐にわたる。これらについては，第4章5において述べることとする。

事業廃止の際の協定　やや局面が異なるが，公営競技廃止[91]の際の協定についても触れておきたい。施行団体が公営競技の実施をやめるときには，施設会社，競技実施法人等との協議を行ない，最終的には協定を締結することになるが，協定の内容を直接に知ることは容易ではない。協定書が議会の議決を要する「契約」に該当する場合ではないために，協定書の全体が議案と

91　部分的には，碓井光明「地方公共団体の競輪事業撤退をめぐる紛争」明治大学法科大学院論集7号507頁（平成22年）を参照。

されることはなく，協定書中の歳出額が予算に計上されるにすぎない。

　東京都は，東京都競馬株式会社から，その所有する大井競馬場及び大井オートレース場を賃借して大井競馬及びオートレースを施行していたところ，昭和48年3月の廃止に先だって，東京都競馬株式会社と協定を締結した。オートレースの廃止に関する協定書の主要な内容は，次のようなものである[92]。①都が都営オートレースを廃止し会社はこれに同意する。②小型自動車競走場賃貸借契約が同年3月31日をもって終了し，以後，この協定以外，何らの関係がないことを確認する。③会社は，今後当該地において，施行者の如何を問わず小型自動車競走事業を行なわないものとする。④都は，都営オートレースの使用に供している施設について昭和49年3月31日までに撤去を完了しなければならない。⑤都営オートレースの廃止に伴い都が会社に措置する額（＝廃止措置費）は，金22億5100万円とし，別に施設の撤去及びその整地に要する費用として措置する額（＝施設撤去費）は，金3億1800万円を限度とする実費相当額とする。⑥この協定は，廃止措置費及び施設撤去費に要する予算が，東京都議会において議決されたときに効力を生ずるものとする。これらのうち，金額から見ても，⑤が重要であることはいうまでもない。

　同じく，東京都は，昭和48年3月をもって，後楽園競輪も廃止した。その際に，施設会社である株式会社後楽園スタジアムとの間において協定を締結した[93]。その中には，前記の③に相当する条項として，会社は，「昭和48年4月1日以降施行者の如何を問わず，後楽園競輪場を自転車競技事業の用に供してはならないものとする」との条項が置かれている。平成15年6月に都議会において知事が後楽園競輪の再開に言及したことについて，再開反対の文京区あるいは住民団体等は，この条項を必ずといってよいほどにもち出している。しかし，契約の相手方が再開に反対しないときに，東京都が，この条項によって自己拘束を受けるとはいえないように思われる。単に，東京都の政策の一貫性が問われるにすぎない。このほか，この協定において，

---

[92] 東京都財務局『東京都競走事業廃止対策報告書——ギャンブル廃止の歩み——』（東京都，昭和49年）318頁‒319頁。

[93] 東京都財務局・前掲書329頁‒330頁。

東京都が後楽園スタジアムに対して，事業転換のための資金として，金97億円を貸付期間12年で貸し付けることとされた。

さらに，東京都と，競走会，すなわち競技実施法人との協議もなされて，それぞれ協定が締結された[94]。

以上に紹介した公営競技廃止の際の協定は，私法上の契約であって，行政契約というほどのものではないと見ることも可能である。

---

[94] 東京都財務局・前掲書355頁（東京都小型自転車競走会との協定書），360頁‐361頁（関東自転車競技会との協定書），362頁‐363頁（東京都モーターボート競走会との協定書）。

第 4 章　業務委託契約・事業移管契約

1　行政サービス業務の民間委託契約

[1]　行政サービス業務の民間委託の推進
行政サービス業務の民間委託契約を取り上げる理由　行政主体が締結する契約には，さまざまなものがあることは，本書の冒頭において述べたとおりである。そのうち行政主体が業務を民間に委託する契約のウエイトが高まっている[1]。かつては，庁舎の小規模な修繕等は行政自らの人的資源によって処理していたであろうが，今日においては，修繕工事として外注することが一般化している。庁舎の清掃業務も，外注による傾向が強い。近年は，警備，受付，電話交換など，庁舎の日常業務を支える部分の多くが民間に委託されている。

等しく業務委託契約といっても，国民との関係は多様である。そのうちで，国民に対する行政サービスに直接関係する業務が民間に委託されることについては，国民は重大な関心をもっている。このような国民の受ける影響に着目して，業務委託契約のうち「行政サービス業務」の委託に関する契約を取り出して「行政契約」の一環として考察することとしたい。ただし，PFI方式の契約には運営業務が含まれるものが少なくないが，同方式に特有の論点が多すぎるので，本書の対象からは除外しておく。なお，平成15年の自治法改正により公の施設の管理委託制度は指定管理者制度に移行されたので，もはや形式上「契約」ではなくなっている。指定管理者の指定に伴う協定については第2章において検討している。

なお，法律が指定法人制度を採用している場合には，行政サービスを民間

1　碓井・公共契約法精義283頁以下，碓井光明「政府業務の民間開放と法制度の変革」江頭憲治郎＝碓井光明編『法の再構築［Ⅰ］国家と社会』（東京大学出版会，平成19年）3頁を参照。

事業者が行なっている点において民間委託の場合と同じ実態を有するが，指定されている場合は，個別業務について委託契約を締結することなく，指定法人が法律上当然に当該業務を行なうことが認められていることがある。たとえば，建築基準法において，指定確認検査機関は，特定行政庁との契約なしに，建築主事と同様に建築確認の業務を遂行することができるのである。したがって，指定法人制度の活用を行政契約として説明することはできない。この場合において，建築確認の申請者と指定確認検査機関との間に業務委託契約があると解されている[2]。しかしながら，実態において，行政サービス業務の民間委託に似ていることも否定できない。それは，法定委託といってもよい。そこで，本章においては，この類型についても考察を加えることにしたい。

公共サービス基本法　公共サービス基本法（平成21年法律第40号）は，国（独立行政法人を含む）又は地方公共団体（地方独立行政法人を含む）の事務又は事業であって，特定の者に対して行なわれる金銭その他の物の給付又は役務の提供，そのほか国又は地方公共団体が行なう規制，監督，助成，広報，公共施設の整備その他の公共の利益の増進に資する行為を「公共サービス」と定義して（2条），その基本となる事項を定めるものであるが，その中には，「国及び地方公共団体は，公共サービスの実施に関する業務を委託した場合には，当該公共サービスの実施に関し，当該委託を受けた者との間で，それぞれの役割の分担及び責任の所在を明確化するものとする」との規定を置いている（8条）。

行政サービス業務の民間委託についての制約の排除　行政サービス業務の民間委託に関しては，そもそも民間委託が法的に可能なことかどうかが問題となる。そのことの吟味は，簡単なことではない。行政事務の民間委託について法令による阻害要因があることは，しばしば問題とされてきた。それは地方分権の推進のなかで，一定の職の必置制の問題と密接な関係にあることが意識された。

その一例は，公立図書館の館長である。図書館法は，公立図書館に館長を

---

[2]　東京地裁平成21・5・27判例タイムズ1304号206頁。

置くものとし，図書館法施行規則により，国庫補助を受ける場合の館長は専任でなければならないとされている（その場合の館長は司書の資格を有していなければならないとされている）。このような仕組みにおいて，館長はあくまで当該公立図書館を設置する地方公共団体の職員でなければならないかどうかという問題が生ずることになる。

　後述するように，「競争の導入による公共サービスの改革に関する法律」（＝公共サービス改革法）は，法律上の制約を排除するために，「特定公共サービス」について，各種法律の特例を定めている。

　業務委託の適法性を問題にした訴訟も若干見られる。

　名古屋地裁決定平成 2・5・10（判例時報 1374 号 39 頁）は，市が締結した下水道終末処理場の運転管理業務に関する業務委託契約に基づく業務委託料その他の対価の支出について，自治法 242 条の 2 第 1 項 1 号に基づく差止請求権を被保全権利としてなされた，支出差止めの仮処分申請の事案である。申請人は，下水道法には民間事業者等第三者に業務を委託することを認める規定が存在せず，下水道法 3 条は民間業者に業務を委託することを禁止する趣旨であると主張した。これに対して，決定は，本件業務委託について，市は，現業的業務の遂行を受託者に委託したものの，直営で行なうべき業務は従前のとおり下水道課においてこれを遂行するとともに，受託者の毎日の業務実施状況の確認及び運転操作計画，点検整備計画，作業計画等の事前協議を介して受託者の運転操作管理事務の監督指示を行なうことになっており，下水終末処理場管理事務所に，市職員でかつ電気技師，化学技師あるいは機械技師としての資格を有する所長，次長及び所員 3 名を，技術部門の行政責任を果たす中枢部門として配置していると認定した。そして，次のように述べた。

> 「なるほど下水道法第 3 条は，公共下水道の維持管理業務はすべて公共下水道管理者たる市町村の責任のもとにおいてなされなければならないとしているが，右規定の趣旨は具体的業務を遂行するに際し，現業部分についてまですべて当該市町村が直営で行われねばならないとするものではなく，下水道管理の責任主体たる市町村が維持管理業務につき意思決定と指導監督をなし，右決定と監督のもとに，現業的事務を第三者に委

託して行わせることについては，当該市町村，委託を受ける第三者の人的能力及び当該市町村の財政状況等諸般の事情を考慮した上での，その当該自治体の裁量的判断に委ねられているものと解すべきものであって，下水道事業の公共性，公益性の点から一切を直営で行うべきもので民間に委託することをすべて禁止しているものと解するのは相当でない。

しかして，先に認定した本件業務委託契約の内容をみれば，委託される業務の内容は公権力の行使とは直接かかわりのない現業的部分に限定されており，かつ被申請人市の行政上の監督責任体制は明確であるから，右法条に違反するものとはいえない。」

なお，この申立て事件において，申請人は，業務委託契約が条例に基づいていないことは，「この法律又はこの法律に基く命令で定めるもののほか，公共下水道の設置その他の管理に関し必要な事項は，公共下水道管理者である地方公共団体の条例で定める」と定める下水道法25条に違反すると主張したが，決定は，25条が条例によることを求めているのは，公共下水道の設置に関する事項のほか，たとえば，公共下水道の供用の開始又は終末処理場による下水の処理開始の際の必要事項の公示手続，排水設備を設置した場合の届出義務及びその手続といった管理権限の行使に関する事項についてであり，本件のごとき業務委託の関係まで当然に条例によることを求めているものとは解しがたい，として主張を排斥した。

この仮処分申請事件決定を手がかりに，三つの点を検討する必要がある。

第一に，公権力の行使に直接かかわりのある業務は委託の対象になし得ないのかどうかである。

第二に，業務委託の対象になし得る業務について，委託者である行政主体は，どれだけの監督責任体制をとらなければならないのかという問題がある。

第三に，公の施設に関しては，私人に管理を委ねるには指定管理者としての指定手続を要するところ，この指定手続にすべき場合と，指定手続によらないで業務委託の対象となし得る場合との区別の基準設定の問題がある。

下水道施設の運転，維持管理に関する「性能発注の考え方に基づく民間委託のためのガイドライン」　　国土交通省は，「都市計画中央審議会基本政策部会下水道小委員会報告」（平成12・12・14）が，下水道施設管理業務の民間委

託を効率化するために性能発注方式によることが有効であり，その円滑な導入のためのガイドラインを示すべきであるとしたのを受けて，検討委員会を設けて，「性能発注の考え方に基づく民間委託のためのガイドライン」をまとめた。同ガイドラインは，民間事業者の技術力を含めた総合能力を的確に評価する発注方法の導入のあり方，既存施設の機能に関する情報の提供方法，委託者による受託者の適切な監視・評価の方法，両当事者間の明確な責任分担のあり方等について，具体的な方向性，委託をする際の留意事項等を示したものである。その内容の主たる事項は，次のとおりである。

第一に，包括的民間委託とは，一般的には民間事業者が施設を適切に運転し一定の性能（パフォーマンス）を発揮できれば，施設の運転方法の詳細等については，民間事業者の裁量に任せるという考え方であるとし，下水道施設にあっては，「下水道施設に流入すると想定される下水の水質（以下，「想定水質」という。）及び想定される下水の水量（以下，「想定水量」という。）をあらかじめ設定し，流入水が設定された範囲内である場合に，これをあらかじめ定められた水質その他の要件に適合させ，放流することを受託者が保証することを前提としたうえで，施設の運転・維持管理方法の詳細については，受託者の裁量に任せるという考え方」であるとしている。

第二に，委託者は，包括的民間委託の対象となる下水道施設を具体的かつ明確に示すこととし，対象施設の設定に当たっては，終末処理場とポンプ場等，民間事業者の発揮すべき性能を確認しやすい下水道施設を選定することとしている。

第三に，民間事業者に委ねる業務範囲を具体的かつ明確に示すこととし，委託に当たっては可能な限り各業務を一括委託することが委託の効果を上げるためには望ましいとしている。

第四に，委託者には，委託者と受託者の責任分担を具体的かつ明確に示すことを求めている。

下水道管路施設の包括的民間委託に関する報告書　　従来，下水道管路施設の維持管理については，技術上の理由などから民間委託が行なわれてこなかったところ，後述の公共サービス改革の動きにも合わせて，社団法人日本下水道協会内に「管路施設維持管理業務委託等調査検討会」が設置され，「下

水道管路施設の包括的民間委託に関する報告書」(平成21年3月)が公表された。同報告書は,「包括的民間委託とは,民間事業者が施設を適切に管理し,一定の性能(パフォーマンス)を発揮することができるのであれば,施設の管理方法の詳細については民間事業者の自由裁量に任せるという考え方である」としたうえ,基本的考え方として,以下の6点を挙げている。当然のことながら,複数業務を一括して委託する「包括的委託」を前提とするものである。

① 民間事業者の有する技術的能力等を活用することにより,効率的かつ効果的に下水道施設の維持管理を行なうことが可能な場合,民間事業者に行なわせることが適当なものについては,できる限りその実施を民間事業者に委ねることを基本的考え方とする。ただし,下水道法に基づく下水道管理者としての責任は,委託者である地方公共団体に存するものであること。

② 性能発注の考え方に基づく民間委託は,下水道施設の維持管理に関する一定の責任を民間事業者に委ねるものであり,民間事業者に委ねる業務範囲を明確にすることに留意する。

③ 民間事業者の創意工夫の発揮のためには,提供されるべき下水処理サービスの水準を数値等で示すことを基本とし,維持管理業務の個別具体的な業務仕様の特定については,必要最小限に留めるという考え方を採用する。

④ リスク分担については,受託者が自由裁量で実施する維持管理業務に関わるリスクは受託者が負担し,天災や人災等の外部要因的なリスクは委託者が負担することを基本とする[3]。

⑤ 民間事業者の選定にあたっては,公平性,透明性に配慮した上で,委託料だけでなく民間事業者の有する技術能力も評価するよう配慮する。また,業務の継続性にも配慮する必要がある。

⑥ 委託者は,民間事業者により提供される下水処理サービスの水準を監視することで,サービスの質を確保することを基本とする。

以上のような基本的な考え方に立って,今後の維持管理業務は,従来の不具合が生じてから対応する「発生対応型」の維持管理ではなく,維持管理を

計画的に行なって損傷や異常事態の発生を未然に防止する「予防保全型」の維持管理であって，委託期間については，委託者にとっては委託事務量の軽減等のメリットが，受託者にとっては維持管理のノウハウ構築のインセンティブ，要員の確保，安定的な業務の遂行等のメリットが，それぞれあることから，原則として複数年であることが望ましいとしている。同報告書によれば，従来型の委託にあっては，民間事業者は，地方公共団体の補助者であったが，包括的民間委託にあっては，維持管理業務主体者であるという。

そして，発注方式に関しては，複数の方式が考えられるとして，次の4方式を例示している。

① プロポーザルを反映させた一般競争入札方式　正式な入札前に提案（プロポーザル）を求めて最終仕様書に技術レベルを反映させたうえで，委託料による評価を行なう方式

② 技術提案型競争入札　提案（プロポーザル）に基づき技術審査を行ない，これを通過した民間事業者の中で，委託料による評価を行なう方式

③ 総合評価一般競争入札　技術能力と委託料を統合した指標を用いて評価を行なう方式

④ プロポーザル随意契約方式　技術能力による評価を行なったうえで民間事業者を選定し，契約する方式

水道法の改正による第三者委託　水道事業に関して，検針業務，料金の計算業務，修繕工事，漏水修繕などの委託が徐々に導入されてきた[4]。しかし，水道事業者の場合，従来は，浄水施設の運営・維持管理を行なうに際して，

3　リスク分担例として，第三者賠償リスク（受託者の行なう業務に起因する事故，受託者の業務の不備に起因する事故などにより第三者に与えた損害）及び環境保全リスク（受託者の過失に起因する周辺環境悪化等の環境問題）については受託者責任，不可抗力リスク（天災や人災等による委託業務変更・中止・延期）及び物価・金利変動リスク（委託期間のインフレ・デフレ）については委託者責任とし，施設損傷リスクについては，いずれの責めに帰すかにより分配するとしている。なお，当然のことながら，リスク分担の定めがあっても，公の施設の設置管理の瑕疵により損害を被った者は，国家賠償法2条1項により委託者である地方公共団体に対して国家賠償を求めることができることには変わりない。

施設基準に適合しているかどうかの検査，業務に従事している者に対する健康診断等の義務が水道法により水道事業者である地方公共団体に課せられており，これらの法的義務を伴う委託を水道法が想定していないと解されていたため，包括的な民間委託の障害となっていた。そこで，平成13年法律第100号による水道法改正により，水道事業等の管理業務の委託に関する規定が設けられた。24条の3の規定である。包括的な業務委託[5]である点に特色があり，一般に「第三者委託」と呼ばれている。

　第一に，水道事業者は，政令で定めるところにより，水道の管理に関する技術上の業務の全部又は一部を他の水道事業者若しくは水道用水供給事業者又は当該業務を適正かつ確実に実施することができる者として政令で定める要件に該当するものに委託することができる（1項）。

　ここにいう「政令で定めるところ」として，施行令7条は，次のように定めている。

　　1　水道施設の全部又は一部の管理に関する技術上の業務を委託する場合にあっては，技術上の観点から一体として行わなければならない業務の全部を一の者に委託するものであること。
　　2　給水装置の管理に関する技術上の業務を委託する場合にあっては，当該水道事業者の給水区域内に存する給水装置の管理に関する技術上の業務の全部を委託するものであること。
　　3　次に掲げる事項についての条項を含む委託契約書を作成すること。
　　　イ　委託に係る業務の内容に関する事項
　　　ロ　委託契約の期間及びその解除に関する事項
　　　ハ　その他厚生労働省令で定める事項

　前記の1及び2により，それらの業務委託に当たって，業務全般を包括的に委託すべきであって，分割して，たとえば浄水場における水質検査のみを

---

[4] 日本水道協会「水道事業における民間的経営手法の導入に関する調査研究報告書」14頁以下（平成18年3月）は，「従来型業務委託」として，その実施状況等を分析している。
[5] 正木宏長「水道事業の民間化の法律問題――行政契約の現代的展開――」立命館法学317号1頁，25頁以下（平成20年）。

委託することは許されないとされる[6]。しかし，従来型の業務委託としては有効である。なお，従来型委託と第三者委託との区別が常に明らかであるとは限らない。たとえば，宮崎県日向市は，「日向市水道事業浄水場維持管理等業務委託規程」という企業管理規程を有し，「浄水場構内に所在する建物及びその附帯設備等一切の施設につき不法行為を予防し，かつ，配水の安全維持を確保するため，浄水場の維持管理等に関する業務（以下，「維持管理等業務」という。）を私人に委託するものとする」としている（2条）。この文言のみによれば，第三者委託のように見えるが，受託者の要件等につき，個人を想定した定め方がなされていること[7]，市長に対する報告事項[8]との関係で，維持管理業務は，個人でできる最低限の維持管理業務であって，受託者の手に負えない内容までは含んでいないように解することもできる。水道事業者の事務所所在地から離れたところに所在する浄水場について，近隣に居住する人に対して日常的な管理業務を委託する趣旨かも知れない[9]。とするならば，この委託は，実質的には従来型委託にほかならないことになる。

また，「政令で定める要件」について，施行令8条は，「委託を受けて行う業務を適正かつ確実に遂行するに足りる経理的及び技術的基礎を有するものであること」としている。

「水道の管理に関する技術上の業務」に限定されるのであるから，料金設定等の水道事業の経営そのものは委託の対象とならない[10]。

第二に，水道事業者は，この業務委託をしたときは，遅滞なく厚生労働省

6 　水道法制研究会『新訂　水道法逐条解説』（日本水道協会，平成15年）397頁。
7 　市内に住所を有すること（ただし，市長が適当と認めたときはこの限りでない），心身が健全であること，その他市長が必要と認める要件を満たすこととされ（5条），かつ，契約の締結にあたり，身元保証人2人をたてることとされている（6条）。
8 　浄水場内の施設に不法行為があったとき，配水の安全維持を確保することが困難であると予想されるとき，浄水場構内の施設が破損及び故障したとき，市民から事故の通報があったときは，報告するとされている（8条3項）。
9 　受託者には，委託料（予算で定める額の月額），報償金（6月と12月に委託料と併せて支給），加算金（12月29日から翌年1月3日までの間の業務従事に支給）の支給があり，さらに，委託期間の長さに応じて，委託関係終了時に特別報償金も支給される。
10 　水道法制研究会・前掲注6，396頁。

令で定める事項を厚生労働大臣に届け出なければならない。委託契約が効力を失ったときも同様とされている（24条の3第2項）。

　第三に，業務受託者は，水道の管理について技術上の業務を担当させるため，受託水道業務技術管理者1人を置かなければならない（3項）。受託水道業務技術管理者は，その受託業務の範囲内において19条2項が定める水道技術管理者の事務に従事し，及びこれらの事務に従事する他の職員を監督しなければならない（4項）。これは，受託水道業務技術管理者に対して，水道事業者に置かれる水道技術管理者と同様の任務を課すことを意味する。

　第四に，水道の管理に関する技術上の業務の委託がなされる場合は，委託された業務の範囲内において，水道管理業務受託者を水道事業者と，受託水道業務技術管理者を水道技術管理者と，それぞれみなして，次の規定が適用される（24条の3第6項）。すなわち，水道法13条1項のうちの給水開始前の水質検査・施設検査の実施に関する部分，その記録作成・保存（同条2項），給水装置の検査（17条），定期及び臨時の水質検査，その記録作成・保存，登録検査機関に関する条項（20条の2〜20条の16），水道の取水場，浄水場又は配水池において業務に従事している者及びこれらの施設の設置場所の構内において居住している者に対する定期及び臨時の健康診断とその記録作成と保存（21条），消毒その他衛生上必要な措置（22条），給水の緊急停止（23条1項），厚生労働大臣の権限行使（36条1項，39条）の各規定である。この委託した業務の範囲内においては，委託者である水道事業者は，水道法上の責務についての規定の適用が除外されて（24条の3第6項後段），水道管理業務受託者がその責務を負うことになる。そして，これらの規定に係る罰則を含めて受託者に適用される点，すなわち「刑事責任の移管」が重要である。このような仕組みは，従来型の「手足の業務委託」と明確に異なること

11　平成14・3・27厚生労働省健康局水道課長通知「水道法の施行について」による。札幌地裁平成15・11・21判例集未登載において，浄水場運転管理業務及び送水施設保守点検業務に係る業務委託契約が水道法24条の3に規定する業務委託に該当するか否かが争点とされたが，判決は，受託者は平日の午前8時30分から午後5時までの間は町の職員とともに業務に従事し，町に対し，日ごと又は月ごとに業務内容を報告すること，緊急を要する場合に随時口頭で報告することが義務づけられており，水道事業受託者として独立の水道業務を行なうものではないから，該当しないとした。

が強調される[11]。この業務委託の相手方とは，性質上，複数年に及ぶ契約を締結することが必要とされる。そのために債務負担行為（自治法214条）の手続を要する。しかし，業務委託の内容そのものは年度により変動を生ずることが予想される。そこで，複数年にわたる「本契約」と年度ごとの業務委託契約との二本立てとする工夫を講じている例もある[12]。契約の方式は，一般的に企画提案を募る公募型プロポーザル方式によっているようである。

なお，この委託は，水道の管理に関する技術上の業務であるので，公共の消防のために水道事業者に求められる消火栓の設置及び管理（24条1項）に関しては対象とならないとされる[13]。

以上の「第三者委託」と呼ばれる業務委託は，次第に活用が広まっている[14]。地方公共団体が受託者となることもある[15]。

第三者委託は，「水道法上の責任を伴う包括的な委託であり，各水道事業者の責任のもとで行なわれている一部の業務委託（私法上の委託）とは性格が異なる」[16]とされる。ただし，包括的委託といっても，委託元の水道事業者が給水契約に基づいて需要者に対して負っている責任が受託者に転嫁され

12　群馬県太田市の例。年度契約により委託の範囲も拡大し，平成21年度には下水道の財務系業務も追加された。同市は，業務内容の引継ぎを円滑に行なうための「リレーゾーン」を設けているという。

13　前掲注11，平成14・3・27通知。

14　日本水道協会・前掲注4，41頁以下が，第三者委託の現状等を分析している。先頭を切ったと思われる群馬県太田市は，同市水道事業の業務のうち，「政策形成及びその決定」，「許認可や処分」，「公平性の確保」に関する業務以外を委託の対象とし，平成19年度から23年度までの債務負担行為によっている。ちなみに，同市は，それ以前から浄水場維持管理業務委託，徴収業務委託などを実施していた。

15　たとえば，呉市は，戸板取水場の維持管理業務について，同取水場が広島県の戸板取水場に隣接しているため，広島県に第三者委託をして，広島県が双方の取水場の一括管理を行ない，緊急時にも迅速な対応が可能なようにしているという。また，横浜市と横須賀市とは，共同で建設した小雀浄水場を中心とする導水・浄水・排水施設である馬入川系統共用施設について，両者が水利権比に基づいて持分を所有しつつ，施設の維持管理については，稼動当初から横須賀市の所有する施設も横浜市が一体で管理し，事務の効率化を図ってきたため，水道法の改正に伴い第三者委託制度として存続させているものである。

16　水道法制研究会・前掲注6，395頁。

るわけでもない[17]。このように見ると，包括的といっても，「制限的包括性」というべきものであろう。

水道事業に関しては，この第三者委託に加えて，公金の徴収又は収納（地方公営企業法33条の2），配水管等漏水修繕，メーターの一斉取替え等の多数の業務を包括的に委託する動きも出ている（包括業務委託)[18]。

保育所運営業務の委託　保育の実施の責任を負う市町村が認可保育所を設置する社会福祉法人等に保育の実施を委託することは，広く行なわれている。民間保育所による保育の実施である。一方，市町村が設置する公立保育所に関しては，市町村が自ら管理運営することなく，指定管理者に委ねる方式も活用されている。

ところが，運営業務委託も活用されており，その中には，運営業務の包括的委託に近いものがある。そのような委託が始まったきっかけは明らかでないが，厚生労働省雇用均等・児童家庭局保育課長通知「地方公共団体が設置する保育所に係る委託について」（平成13・3・30雇児保第10号）は，次のように述べている。

「地方公共団体が設置する保育所の運営業務（施設の維持・保存，利用者へのサービス提供等）については，『規制緩和推進3か年計画』（平成13年3月30日閣議決定）のとおり，事実上の行為として，地方自治法（昭和22年法律第67号）第244条の2第3項の適用はなく，同項に規定する公の施設の管理受託者の要件を満たさない民間事業者にも当該業務を委託することは可能である。即ち，保育所の運営業務の委託先主体は，公共団体（一部事務組合等），公共的団体（社会福祉法人，農業協同組合，生活協同組合等）又は普通地方公共団体が出資している法人で政令で定めるもの（地方自治法施行令第173条の3，地方自治法施行規則第17条）に限られず，これら以外の民間主体（NPO，株式会社等）への委託も可能である。」

17　水道法制研究会・前掲注6，395頁-396頁。
18　神奈川県南足柄市は，水源・浄水場・配水池の運転維持管理業務，保守点検，施設修繕，清掃業務委託，薬品調達，水質検査，消耗品調達を包括する業務委託を実施している。

この通知は，公の施設に関して管理委託の制度があって，委託先について株式会社等が除外されていた当時において，保育所の運営業務は，管理委託の対象外たる一般の業務委託契約の対象として，株式会社等にも委託することが可能であることを述べたものである。しかし，この通知は，「利用者へのサービス提供」の文言にもかかわらず，保育所におけるサービスの根幹たる保育の実施自体を株式会社等に委託できる趣旨を述べているとは解されない。

　しかしながら，今日において，保育の実施業務自体を含めた包括的な業務について，指定管理者の指定ではなく，運営業務委託契約により進められつつある。保育に関しては，保育料は保育所設置者としての市町村ではなく，本来的に保育の実施義務を負う実施義務者としての市町村が徴収するのであって，「公の施設」の利用料金制度の適用の余地はないし，入所決定も民間保育所を含めて市町村長が行なうので，通常の指定管理者が行なう施設の使用許可等の行為も必要とされない。したがって，保育所にあっては，指定管理者制度において特色のある部分が適用される余地がないことは事実である。

　大阪市の市立保育所運営業務委託は，その委託予定者募集要項[19]によれば，平成18年3月策定の「公立保育所の再編整備計画について」に基づき，市が設置主体としての責任を担いつつ，その運営業務を社会福祉法人に委託するものである。委託内容は，保育業務，調理業務，建物等の維持保全業務，備品及び消耗品の管理業務等に及んでいる。運営業務委託期間は平成23年4月からの4年間である。業務委託予定者の選定は，「大阪市立保育所運営業務委託予定者選定会議」において，公平かつ客観的に審査を行ない，選定することとし，選定会議においては，応募法人の運営している保育所の実地調査，応募法人から提出された応募書類の審査，応募法人の代表者等に対する面接を行ない，総合的に審査するものとしている。同様の運営業務委託は，他にも見られる[20]。

19　大阪市こども青少年局「大阪市立保育所運営業務委託予定者募集要項」（平成22年4月）。
20　松山市立保育所運営業務委託募集要領，京丹後市立保育所運営業務受託者募集要項，練馬区平和台保育園運営業務委託プロポーザル募集要領など。

公立保育所は，当該地方公共団体の公の施設である。したがって，筆者は，公立保育所のまま民間に委ねる方式は，指定管理者方式によるほかはないと考えてきた[21]。しかるに，このような包括的な運営業務委託がなぜ許されるのであろうか。それは，言葉の自然な意味において，「公の施設の管理」ではなく，施設の目的とする「業務自体の実施」である点に求めるほかはないように思われる。しかし，そのように見るならば，指定管理者制度への移行をめぐり議論されている図書館業務，美術館業務なども指定管理者制度による必要がないことになってしまう。指定管理者方式の場合に必要な条例の定め（自治法244条の2第3項・4項），指定に関する議会の議決（6項）を要しないことになるが，実体的に異なるところがないにもかかわらず，このような違いを認めてよいのかという問題があるように思われる。

　保育所運営業務の委託をめぐる訴訟　　大阪市が，それまで市が設置・運営してきた特定の保育所の運営を社会福祉法人に委託したことについて，それまで当該保育所に入所し保育を受けてきた児童の保護者が原告となって，国家賠償法上の違法行為又は契約上の債務不履行に該当するとして提起した訴訟がある。大阪地裁平成22・4・15（判例集未登載）の事案である。訴訟において，原告らは，まず，保育所選択権を主張した。

> 「法の定める保育所入所に係る申込み及び承諾の仕組みからすると，法24条は，保護者に対し，その監護する乳幼児にどの保育所で保育の実施を受けさせるかを選択する機会を与え，市町村はその選択を可能な限り尊重すべきものとしていると解される。また，法について平成9年にされた改正は，保護者に対して保育所の選択権を認めるために行われたものであった。さらに，児童が保護者の選択した特定の保育所で現に保育の実施を受け，将来も保育期間中にわたって保育の実施を受け得るという利益は，子どもに固有に保障された法的権利であるということができる。これらのことからすると，保護者にはどの保育所で保育の実施を受けるかを選択する法的権利が認められる。そして，入所時における保

---

[21] 公立病院内の一部の室を利用して設置する保育所（認可外保育施設）は，それ自体が独立の公の施設ではないから，その運営を委託すること（たとえば，福井県立病院内保育所）は，指定管理者制度による影響を受けるものではない。

育所の選択はその後一定期間にわたる継続的な保育の実施を当然に予定するものであるところ，市町村が入所後に転所や退所を自由に求めることができるとすれば，入所時の保育所選択は無意味なものとなるから，保護者には，選択し入所した保育所で継続的に保育の実施を受けることを求める法的権利も認められる。そうすると，市町村が承諾した『保育の実施期間』中に保護者の選択に係る保育所を廃止したり，保育の運営主体を変更したりすることは，前述の保護者の保育所選択権を侵害するものであるというべきである。」

そのうえで，原告らは，「保育の質を考える上で最も重視すべき点は，日常，保育の実施に当たる保育士の活動であるから，物的設備が大阪市設置のままであったとしても，実際に運営に当たる主体が他の民間団体に変わってしまった場合には，従前の公設公営の保育所と同じであるとは到底いえない」のであって，本件運営委託によって本件保育所は実質的に廃止されたもので，保育の実施期間中に保育の運営主体を変更する点において，原告らの保育所選択権を侵害すると主張した。さらに，運営を民間に委託することについての説明義務，意見聴取義務及び配慮義務にも違反すると主張した。

大阪地裁は，最高裁平成21・11・26（民集63巻9号2124頁）を引用して，特定の保育所で現に保育を受けている児童及びその保護者は，保育の実施期間が満了するまでの間は当該保育所における保育を受けることを期待し得る法的地位を有するものということができる，と述べて，本件原告らも，そのような法的地位を有していたものということができるとした。そして，次のように述べて，民間法人等への運営委託について裁量違反により国家賠償法上の違法をもたらす場合があり得ることを認めている。

「法によって保育に係る責務を負っている市町村が具体的な保育所の設置や運営をどのように行うかについては，その運営を自ら行うか，民間法人等に委託するかの選択も含めて，保育に対するニーズのほか財政的制約その他諸般の事情を考慮した上での政策的な裁量判断にゆだねられているというべきであるが，民間法人等に運営を委託することの目的やそこから得られるメリットとそれによって生じる保育内容の変更，児童及び保護者に与えた影響とを対比して，その判断が合理性を欠くような

場合には，児童及びその保護者の保育を受けることを期待し得る法的地位が違法に侵害されたものとして裁量違反となり，国家賠償法上も違法と評価すべきである。また，民間法人等への運営委託が裁量違反に当たるか否かを判断するに当たっては，児童の保育を受けることを期待し得る法的地位という被侵害利益の性質にかんがみ，運営委託の実施過程における手続・方法の妥当性もしんしゃくする必要があるというべきである。」

そして，保育内容の変更の理由についての説明や意見聴取に関しても，次のように述べて，保護に値するとした。

「保護者が保育の実施期間が満了するまでの間は当該保育所における保育を期待し得る法的地位を有することからすれば，法33条の4が規定する保育の実施を解除する場合のみならず，当該保育所の保育内容において重要な変更がされる場合にも，当該変更の適否の問題とは別に，あらかじめ，変更の理由について説明を受け，その意見を述べることが，上記法的地位の一内容として法的保護に値するものと解される。」

しかし，「保育内容に係る変更の理由についての説明や意見聴取をどのような形で行うかについても，結局は市町村の裁量判断にゆだねられるべき事柄であり，それが国家賠償法上違法と評価されるのは，虚偽の事実を述べ又は重要な事実を隠ぺいした場合や，意見を述べる機会を一切与えない場合又はこれと同視すべき場合等，保護者の法的地位に対する配慮を著しく欠いた，明らかに不合理な措置がとられた場合に限られるというべきである」とした。

判決は，具体的事案に関して，運営委託の目的（公立保育所の再編整備の一環として一部の保育所の運営を民間に委託し，その際入所定員の拡大を図るとともに，保育所の運営を委託することによって生まれる人的資源を新たな保育サービスを実施する保育所において活用すること）が不合理なものといえないこと，運営委託が目的を達成するための手段として合理性を欠くとはいえないこと，委託先の選定過程が不合理とはいえないこと，保育士の配置を含めた引継ぎの手続において，児童の保育環境に急激な変化が生じないよう相当な配慮がされており，保育サービスの質が低下したと認めることはできないことなどから，運営委託の実施に裁量違反はなく，保育実施期間満了までに当該保育

所における保育を受けることを期待し得る原告らの法的地位を違法に侵害したと評価することもできない，とした。また，運営委託に際して行なった説明や意見聴取を違法なものと評価することはできないとした。

以上，詳しく紹介した保育所の運営委託をめぐる国家賠償請求事件判決は，保育所選択権を基礎に，保育の実施期間が満了するまでの当該保育所における保育を期待し得る法的地位を法的保護に値するものとして，裁量違反の有無の観点から，国家賠償法上の違法性の有無を判断する考え方を採用したものである。今後の同種の事案においても参照されるべき判決といえよう。

ところで，この判決も重視した選定手続との関係で，保育所の運営委託に係る受託事業者を決定するにあたり，公募方式が採用されることが多い。その審査委員に当該保育所に入所している児童の保護者を委員に加える工夫もなされているようである[22]。

指定管理者制度への移行の場合　前記裁判例の紹介に関連して，指定管理者制度への移行についても，若干触れておきたい。この判決は，市町村が指定管理者制度を採用して，直営方式から指定管理者による運営方式に移行した場合に，国家賠償請求により争い得る可能性を示唆するもののように思われる。では，国家賠償請求以外にどのような法的手段が考えられるであろうか。指定管理者に管理させることを許容する条例の制定行為については，保育所廃止条例の場合と異なり，条例制定のみでは，移行の見込みがあるにとどまり，原告たる保護者や児童の法的地位を具体的に変動させているとはいえないので，行政処分性を肯定することはできない。

そこで，指定管理者の指定の差止めを求める訴えと仮の差止めの申立て，指定がなされた後における指定の取消しを求める訴えと執行停止の申立てなどが考えられよう。

取消訴訟の事例として，横浜地裁平成21・7・15（判例地方自治327号47頁）を挙げることができる。

判決は，児童福祉法24条は，保育所を選択し得るという地位を保護者における法的な利益として保障していると解するのが相当であり，入所時にお

---

[22] たとえば，我孫子市緑保育園受託事業者選考委員には，9名の委員のうち，3名が保護者代表であった。

ける保育所の選択を認めていることは，必然的に入所後における継続的な保育の実施を要請するとして，「現に児童が保護者の選択した特定の保育所での保育の実施を受け，また，将来保育期間中にわたって受け得るという利益は，法的に保護された利益と解することができる」と述べた。

　そして，保育所入所後の利用関係を純然たる契約関係とは解し難いとしたうえ，まず，原告適格に関して，「保育所としての性質上，現に保育の実施を受けている児童及びその保護者と当該保育所との関係は，保護者の選択に基づく，長ければ6年間にも及ぶ継続的関係であって，時として保育サービスないし保育内容に対する信頼関係が構成されるものである。指定管理者の指定に伴う保育内容の変化は，このような児童及びその保護者との継続的関係に相応の影響を与え得るものであって，上記の法及び児童福祉施設最低基準の規定を踏まえると，法もそのような変化に無関心であると解することはできない」とした。そして自治法244条の2第3項及び条例の定める指定要件等の規定は，保育所の利用者の利益について配慮するところ，「その要件の判断は，児童福祉法24条が，現に児童が保護者の選択した特定の保育所で保育の実施を受け，また，将来保育期間中にわたって受け得るという利益を保護している趣旨を踏まえて行われることが求められるというべきである」から，「指定管理者の指定は，当該保育所に現に入所している児童及びその保護者の利益との関係で，指定権限者にゆだねられた裁量の逸脱があると判断され，当該指定が違法となる場合があり得るものと解される」とした。以上を前提に，原告適格に関する結論を次のように述べた。

　　「指定管理者の指定に関する地方自治法及び本件条例等の規定は，公の施設を利用する住民の利益を一般的公益として保護しようとするにとどまらず，現に当該保育所において保育の実施を受けている児童及びその保護者に対して，その保護環境に対する利益を個別的利益としても保護すべきものとする趣旨を含むものであって，上記児童及び保護者は，当該保育所についての指定管理者の指定の取消しを求めるにつき法律上の利益を有するものとして，その取消訴訟における原告適格を有すると解するのが相当である。」

　なお，判決は，原告適格に関する判断に続けて，すでに保育期間を満了し

た児童については，指定を取り消しても，民営化前の当該保育園において保育の実施を受ける地位を回復することにはならないし，その他指定の取消しを求める法的利益があるとも認められないので，訴えの利益が失われたものといわなければならないとした。訴えの利益を失っていない原告との関係において，本案の判断を進めて，指定管理者制度の採用による民営化は一つの合理的な手法であること，利用者の多い駅周辺型保育を選定して対象としたのは一応合理的な判断といえること，早期の民営化計画の公表・保育所説明会の開催により保育所選択の機会の保障の観点からの保護者への影響はそれほど大きくないこと，指定を受けた法人の保育の内容は，保育環境として相応であって，子どもの発育の何らかの影響が危惧される状況であったと認めることはできないこと，共同保育などの引継態勢がとられて入所児童及び保護者への影響を低減するために必要な方策が相応に講じられていること，などからすれば，市長に与えられた裁量権の範囲を逸脱，濫用した違法があるとは認められないとした。なお，この事件において，国家賠償請求も提起されていたが，判決は，本件指定は，前記の判断によれば，国家賠償法上違法であるということはできないとした。

次に，指定管理者指定処分の執行停止申立て事件について，横浜地裁決定平成19・3・9（判例地方自治297号58頁）は，行政事件訴訟法25条2項の「重大な損害」を生じると認めることができないとして申立てを却下した。抗告審の東京高裁決定平成19・3・29（判例集未登載）も，この判断を是認した。

以上のように，請求や申立てが認容されるかどうかは別として，指定管理者指定処分をとらえた争い方があることは，これらの事例によって確認できるであろう。

その他の施設の業務委託　この判決が扱った保育所に関しては，市町村の保育の実施義務が前提となっている。これに対して，保育所以外の施設の運営委託の場合に，同様の問題が生ずるのかどうかが問題になる。

東京練馬区は，敬老館条例による敬老館（満60歳以上の者に施設を提供し，その福祉を増進するための施設）を複数設置しているが，一つの敬老館について指定管理者制度によりつつ，他の敬老館について管理運営業務委託方式に

よることとした。委託業務の内容は，①施設利用に係る業務として，個人・団体利用登録受付，施設利用受付・案内，利用者間の利用調整，利用者の安全管理，苦情処理，緊急時対応等，②施設・備品等に係る業務，施設設備の清掃，物品の購入，物品管理，カラオケ・囲碁将棋盤等の管理，浴室水質管理，ボイラー運転操作，機器の修繕，施設設備の軽易な修繕，防火管理業務等，③事業実施に係る業務として，高齢者の健康増進・介護予防に関する事業実施に関すること，高齢者の福祉の向上に関する事業に関すること，高齢者の交流及び場の提供に関する事業，情報の提供に関すること，敬老の日記念事業の実施に関すること，寿大学通信講座の協力に関すること，その他区長が必要と認めた事業等，④その他として，利用状況報告書作成，区が実施する利用者アンケート等の実施，関係機関との連絡調整，備品管理等，を含んでいる[23]。このような広範な業務委託が，なぜ指定管理者制度でなく，業務委託によりできるのか判然としないところがある。

なお，公立病院における医事業務の委託も見られる。たとえば，市立宇和島病院新病院の医事業務の委託について見ると，医療業務，施設管理業務以外の業務の多数の業務を対象にしている[24]。しかし，施設管理や医療業務，給食業務などは対象とされていないので，一部の業務委託の範疇に属しているといえる。したがって，この場合は，指定管理者制度との抵触を生じないと解される。

業務委託と連続線上の仕組み　行政の業務委託と連続線上の仕組みとしては多様なものがある。指定法人制度，地方公共団体の公の施設の指定管理者制度などは，連続線上にある。そのような中で，とりわけ注目しておきたいのは，特定の業務について非常勤職員を任命して行なう制度である。

たとえば，鳥獣保護法78条は，鳥獣保護事業の実施に関する事務を補助

---

23 「大泉北敬老館管理運営業務委託事業者募集要項」による。
24 具体的には，医事課受付業務，諸法・公費負担医療制度処理業務，文書受付・処理業務，外来会計業務，入院会計業務，収納業務，レセプト処理業務，医事会計システム等マスタ管理・DPC調査業務，外来受付業務，画像診断受付業務，検査受付業務，リハビリ部門受付業務，健康管理請求・処理業務，時間外・救急外来受付業務，入退院受付業務，病歴管理室業務，地域連携室業務，業務管理契約，開院準備業務，その他付帯業務であり，病院の受付業務を中心にしていると解することができる。

させるため，都道府県に鳥獣保護員を置くことができるとし（1項），鳥獣保護員を非常勤としている。都道府県は，この規定に基づいて，訓令等による鳥獣保護員に関する規程を設けていることが多い。その内容は，必ずしも一様ではない。福島県鳥獣保護員規程は，訓令の形式で，保護員は，その住所地を管轄する県地方振興局所属とし（1条2項），鳥獣の保護繁殖及び狩猟に関する知識及び経験を有する者のうちから知事が委嘱することができるとしている（2条1項）。保護員は，所属の地方振興局長の指揮監督を受けて，①鳥獣保護区等の維持管理に関する業務，②鳥獣の生息状況等の調査に関する業務，③狩猟者に対する指導に関する業務，④鳥獣保護法75条2項の規定による立入調査及び同条3項の規定による立入調査に関する業務並びに許可証，従事者証，指定猟法許可証，登録票，狩猟免状及び狩猟者登録証の検査に関する業務，⑤鳥獣保護事業に関する啓もう宣伝に関する業務，⑥その他鳥獣の保護繁殖及び狩猟の適正化のために必要と認められる業務，に従事する（3条）。保護員は，その業務に従事したときは，巡視状況報告書に当日の業務内容を記録するとともに，速やかにこれを所属の地方振興局長に提出し，その指示を受けなければならない（4条）。

　他の都道府県の規程等を調べないと断定することはできないが，一般に，保護員に対する所属長の指揮監督は，通常は包括的なものであって，相当程度保護員自身の専門的判断に委ねられていると推測される。もちろん，何か事が起こったときは，所属長の個別的指揮監督がなされるであろう。

　また，保護員は，その業務のみでは却って非効率になることもありうる。そこで，他の自然環境等に関連する他の指導員との併任も考えられてきた[25]。現に，三重県は，平成22年4月の募集において，「鳥獣保護員と三重県自然環境保全指導員を兼任で」公募した。

　これらは，実質においては，ボランティア協力員等（本書第3章4［2］）の延長上にあるというべきであろうか。

PFI方式と業務委託　平成11年に「民間資金等の活用による公共施設等の整備等の促進に関する法律」が制定されて，いわゆるPFI方式による公

25　鳥獣保護管理研究会編『鳥獣保護法の解説　改訂4版』（大成出版社，平成20年）230頁。

共施設等の整備が図られてきた[26]。「公共施設等の整備」という文言により施設整備のための手法と誤解されやすいが，同法の対象とする「特定事業」の定義において，公共施設の建設，改修，維持管理若しくは運営又はこれらに関する企画をさす「公共施設等の整備等」の中に「国民に対するサービスの提供を含む」旨が明示されている。特定事業とは，このような意味の公共施設等の整備等に関する事業であって，民間の資金，経営能力及び技術的能力を活用することにより効率的かつ効果的に実施されるものをいう（2条2項）。こうした仕組みにおいて，「民間資金」の活用を重視する限り，PFIは，公共施設等の建設又は改修を出発点とするのであって，維持管理・運営のみの業務委託契約は，PFI方式の範疇に入らないとされるかも知れないが，民間の経営能力及び技術的能力の活用を期待してなす包括的な委託については，この法律の方式を適用してよいと思われる。清掃工場の長期責任型運営維持管理の委託は，「PFI的考え方」によるとされている。

業務委託との関係において強調できるのは，包括的業務委託は，公共施設等の企画・建設段階からスタートするPFI方式において，最もよく民間の創意工夫を活かすことができるということである。

[2] 公共サービス改革法と民間委託

公共サービス改革法　政府は，「規制改革・民間開放推進3か年計画」（平成16年3月）において，市場化テストの導入について調査・研究を行なうべきであるとし，これが「経済財政運営と構造改革に関する基本方針2004」（平成16年6月閣議決定の「骨太の方針」）にも盛り込まれるなど，平成10年代の後半は，公共サービスの民間開放に向かって改革の速度を急激に上げた時期である。規制改革・民間開放推進会議の精力的な作業を経て，平成18年に「競争の導入による公共サービスの改革に関する法律」（＝公共サービス改革法）が成立した[27]。同法は，「国の行政機関等又は地方公共団体が自ら実施する公共サービスに関し，その実施を民間が担うことができるもの

26　PFI方式は，行政契約の重要な領域と考えるべきかも知れないが，その全体像は，碓井・公共契約法精義303頁以下で扱っているので，本書において，重複を避けてその詳細に立ち入ることはしない。

は民間にゆだねる観点から，これを見直し，民間事業者の創意と工夫が反映されることが期待される一体の業務を選定して官民競争入札又は民間競争入札に付することにより，公共サービスの質の維持向上及び経費の削減を図る」ことを目的としている（1条参照）。競争の導入による公共サービスの改革の基本理念は，公共サービスの実施について，透明かつ公正な競争の下で民間事業者の創意と工夫を適切に反映させることにより，国民のため，より良質かつ低廉な公共サービスを実現することを旨として，行なうことにある（3条1項）。

公共サービス改革法において，「公共サービス」とは，後述の特定公共サービス及び国の行政機関等の事務又は事業として行なわれる国民に対するサービスの提供その他の公共の利益の増進に資する業務（行政処分を除く。）のうち，次に掲げるものが含まれる（2条4項）。国の行政機関等に限定されていることに注目したい。

 (イ)施設の設置，運営又は管理の業務，(ロ)研修の業務，(ハ)相談の業務，(ニ)調査又は研究の業務，(ホ)(イ)から(ニ)までに掲げるもののほか，その内容及び性質に照らして，必ずしも国の行政機関等が自ら実施する必要がない業務。

他方，公共サービス改革法において，「特定公共サービス」とは，国の行政機関等又は地方公共団体の事務又は事業として行なわれる国民に対するサービスの提供その他の公共の利益の増進に資する業務であって，法第5章第2節の規定により，法律の特例が適用されるものとして，その範囲が定められているものをいう（2条5項）。こちらには，地方公共団体が含まれていることに注意しておきたい。特定公共サービスとして，職業安定法，国民年金法等，不動産登記法等，刑事収容施設及び被収容者等の処遇に関する法律等，戸籍法等の各特例が定められている（32条～34条）。

公共サービス改革基本方針　国にあっては，閣議決定により，所定の事項を定める「公共サービス改革基本方針」が決められる（7条1項～6項）。毎年度の見直しを義務づけられている点に特色がある（7条7項・8項）。ま

27　碓井光明「政府業務の民間開放と法制度の変革」江頭憲治郎＝碓井光明編『法の再構築［Ⅰ］国家と社会』（東京大学出版会，平成19年）3頁，14頁以下を参照。

た，地方公共団体の長は，官民競争入札又は民間競争入札を実施する場合には，官民競争入札又は民間競争入札の実施に関する方針を定めるものとされている（8条）。

見直し改定を経た平成21年7月閣議決定の「公共サービス改革基本方針」は，次のような内容となっている。

政府が実施すべき施策に関する基本的な方針に関して，「1　基本的な考え方」として，(1)公共サービスに関する不断の見直し，(2)公共サービスの質の維持向上及び経費の削減，(3)公共サービスの適正かつ確実な実施を確保するための措置，(4)透明性・中立性・公正性の確保，(5)地方公共団体が実施する官民競争入札又は民間競争入札に関する国の役割を掲げている。これらのうち，(3)において，民間事業者に実施が委託された対象公共サービスに関し，国民への提供について最終的に責任を負うのは委託を行なった国の行政機関等であることを認識し，法4条の規定も踏まえ，民間事業者が対象公共サービスを適正かつ確実に実施するよう，契約及び法に基づき，監督等必要な措置を講ずるとしている。また，(5)において，地方公共団体が官民競争入札又は民間競争入札を実施するかについては，当該地方公共団体の判断に委ねられているが，国は，法4条2項を踏まえ，自発的に実施しようとする地方公共団体等が円滑にその実施を図ることができるよう，実施を阻害している法令の見直しなど，環境整備を積極的に進める，としている。これらの内容は，法4条を確認する趣旨の域を出るものではない。

「2　国の行政機関等が実施する公共サービスの改革」においては，(1)対象公共サービスの選定，(2)官民競争入札又は民間競争入札の実施等，(3)対象公共サービスの実施等，の項目ごとに詳細な記述がなされている。これらのうち，(1)について，対象業務に関する要望及び必要な情報の要請は，民間事業者及び地方公共団体のみならず，広く国民一般も行なうことができるようにするとして，「国民一般」の要望等を重視する姿勢を示しているほか，要請のあった業務を所管する国の行政機関等は，当該業務に係る具体的な業務の内容，実施体制，実施方法及び従来の実施における目的の達成の程度を把握するために参考となる指標等を積極的に公表するとしている。これは，法7条4項と重なり合うもののように見える。同項にも示され，また基本方針

も言及するように，インターネットの活用，ホームページの活用による「広場」の存在が重視されている．対象公共サービスの選定に関して，次の①～⑤を踏まえ，個別具体的に業務の特性に配慮し，選定することとしている．

① 業務の内容及び性質に照らして，必ずしも国の行政機関等が自ら実施する必要のない業務であるか否か

② 業務の質の維持向上及び経費の削減を図る上で，実施主体の創意と工夫を適切に反映させる必要性が高い業務であるか否か

③ 会計法令（会計規程等を含む）に基づき従来から実施されてきた入札手続に比し，より厳格な透明性・公正性を担保する入札手続（具体的には，実施要項における情報開示，実施要項の策定に当たっての監理委員会の関与等）により，透明・公正な競争を実施することが必要な業務であるか否か

④ 民間事業者が当該業務を実施することとなった場合，その業務の公共性にかんがみ，従来から外部委託の対象とされてきた業務に比し，より厳格な監督等を行なうことが必要であるか否か

⑤ 国の行政機関等が入札に参加する意向を有しているか否か

前記の(2)において，初回の入札で落札者等が決定しなかった場合は，入札条件の見直し，再度公告入札に付することを原則とし，国の行政機関等が自ら対象公共サービスを実施すること等の対応は，やむを得ない場合に限定し，その理由を公表するとともに，監理委員会に報告するものとしている．また，「再委託の禁止等」の見出しの下に，全部を一括して再委託することは，法全体の趣旨・目的に照らし認められないことを前提に，一部について再委託を行なう場合には，実施要項において，二つの措置（①あらかじめ国の行政機関等の承認を受けることを義務づけるものとし，承認を行なうに当たっては，再委託を行なうことの合理性及び必要性のほか，再委託先が再委託契約の履行能力を有するかなどについて確認する．②再委託を承認した場合には，委託者に対し，再委託を受けた者から必要な報告を徴収させる）を講じることとするなど当該サービスの適正かつ確実な実施を確保するものとしている．おそらく，再委託の合理性及び必要性の判断は，必ずしも容易とはいえないであろう．

「3　地方公共団体が実施する官民競争入札又は民間競争入札」において

は，法は，地方公共団体に対し，官民競争入札又は民間競争入札の実施を義務づけていないことを確認したうえ，法7条5項に基づく意見聴取手続において，官民競争入札又は民間競争入札の実施を阻害している法令がある場合に地方公共団体が積極的な提案等を行なうことが期待されると述べている。また，地方公共団体の自主的・主体的な取組に資するよう，国は，地方公共団体における官民競争入札又は民間競争入札の実施状況に関し，その情報をインターネットの活用等により広く公表するものとしている。

「6　公務員の処遇」は，官民競争入札又は民間競争入札の結果，民間事業者が落札した場合の国家公務員の処遇についての方針を述べる項目である。基本は，配置転換と新規採用の抑制に置かれている。国家公務員を退職して落札事業者の下で業務に従事した者が，再び職員に採用されることを希望する場合には，任命権者は，その者の退職前の職員としての勤務経験と落札事業者における勤務経験とを勘案し，本人の希望について十分配慮する，と述べているが，民間競争入札ばかりで官民競争入札の経験を有しない現状においては，この方針の実効性について確認することは困難である。

基本方針には，法7条2項により，官民競争入札又は民間競争入札の対象として選定した国の行政機関の公共サービスの内容及びこれに伴い政府が講ずべき措置に関する事項も含まれる（5号，6号）。実際には，基本方針の別表として掲げられている。これらを「基本方針」とするのは，日本語の問題として抵抗を覚える。むしろ基本方針，具体的には法7条2項2号にいう「競争の導入による公共サービスの改革のために政府が実施すべき施策に関する基本的な方針」に基づいてなされる具体的な選定結果である。この部分は，技術的に基本方針と分離する方が自然である。

民主党政権下の最初の公共サービス改革基本方針の改定は平成22年7月に行なわれた。体裁としては，全面的改定である。公共サービスの基本原則として，以下の7項目を掲げている。

①　国民にとって真に必要な公共サービスを提供する。
②　公共サービスに関する情報公開を行なう。
③　サービス利用者であり，かつコスト負担者でもある国民の視点を，公共サービスの内容に反映させる。

④　効率的,効果的に公共サービスを提供するため,担い手の間の適切な役割分担を行なう。
⑤　民間に委ねる場合,事業者の選定に透明性,公正性及び競争性を確保しつつ,事業者を選定する。
⑥　民間に委ねたその後のフォローアップを着実に行なう。
⑦　民間に委ねずに提供する場合には,上記①～④の基本原則が遵守されているか第三者による評価を受ける。

現状の課題に対する具体的方針として,次の6項目を掲げている。
①　一定以上のコスト削減が見込まれる規模の大きな対象公共サービスを選定する。規模の目安等については,内閣府公共サービス改革推進室から各府省に提示する。
②　一定数以上の官民競争入札の対象公共サービスを選定する。選定数の目安等については,内閣府公共サービス改革推進室から各府省に提示する。
③　法に基づく入札による公共サービス改革に伴って生ずる余剰人員に対応するため,府省の枠を超えた配置転換や,国の行政機関等から民間への出向・移籍を推進するとともに,必要な場合は新規採用を抑制する。
④　安値落札による対象公共サービスの質の低下といった弊害を解消するため,国の行政機関等における従来の実施方法や体制について,入札参加者に対して詳細に情報提供した上で提案を求め,公共サービスの質を重視して提供者を選定する。また,実施前に引き継ぎや研修を通じて,ノウハウや経験の新たな提供者への移転を図る。さらに,契約に定められた達成目標を著しく下回った事業者に対しては,入札参加資格等に反映させることで,安値落札の弊害を抑止する。
⑤　内閣府公共サービス改革推進室は,各府省に対して,常日頃から民間委託が可能と考えられる公共サービスについて業務フローや費用の分析を行い,当該情報を広く国民に提供できる体制を整えることを求めるとともに,対応指針(ガイドライン)を作成し,各府省に提示する。

⑥ 政治のコミットメントを強化するため，各府省において政務三役を長とした公共サービス改革の体制を整備する。内閣総理大臣及び内閣府匿名担当大臣（行政刷新）は各府省の取組みを促すため，推進体制を整える。

そして，具体的な実施項目のうちの公物関連業務として，警察通信関係業務（広域交通管制システムの更新設備及び維持管理業務について民間競争入札を実施）のほか，国有林の間伐事業（複数年契約），都市公園の維持管理業務，道路，河川・ダムにおける発注者支援業務（地方整備局における積算技術業務，工事監督支援業務，技術審査業務，河川巡視支援業務，河川許認可審査支援業務，ダム・排水機場管理支援業務，道路巡回業務，道路許認可審査・適正化指導業務，用地補償総合技術業務）についても，平成23年度から民間競争入札を行なうとしている。

国における官民競争入札の実施　　国の行政機関の長等は，公共サービス改革基本方針において官民競争入札の対象として選定された公共サービスごとに，遅滞なく，同基本方針に従って，官民競争入札実施要項を定めなければならない（9条1項）。そこに定めるべき事項は，法9条2項に列挙されている。その中には，当該公共サービスの詳細な内容及びその実施に当たり確保されるべきサービスの質に関する事項，当該公共サービスを実施する者を決定するための評価の基準その他の公共サービスを実施する者の決定に関する事項などのほか，特に注目すべき事項として次のものがある。

① 入札の実施に関する事務を担当する職員と官民競争入札に参加する事務を担当する職員との間で官民競争入札の公正性を阻害するおそれがある情報の交換を遮断するための措置に関する事項（6号）。

　　官民競争入札等監理委員会の「官民競争入札及び民間競争入札の実施要項に関する指針」（平成22・3・31）は，情報交換により公正性を阻害するおそれのある情報及び情報交換の遮断措置に関して，次のような指針を示している。

(1) 官民競争入札の実施に関する事務を担当する職員と官民競争入札に参加する事務を担当する職員との間で，以下のような情報が交換されると，官民競争入札の公正性を阻害するおそれがある。

- 本件官民競争入札の予定価格に関する情報
- 民間事業者の応札状況に関する情報
- 民間事業者の提出書類（入札書及び企画書）に関する情報
- その他本件官民競争入札に関係する情報であって民間事業者に公表されない情報等官民競争入札の公正性を阻害するおそれがある情報

このような情報の交換を官内部において遮断するため，以下のような措置等を講じること。

① 「官民競争入札の実施に関する事務を担当する職員」と，これとは別の職員である「官民競争入札に参加する事務を担当する職員」を特定すること。

② 「官民競争入札実施要項」の決定以降は，上記職員のそれぞれの間で上記の情報の交換を禁止する旨の措置を大臣からの職務命令として定めること。

③ 官民競争入札の実施に関する事務を担当する職員において，以下のような措置を講じること。

　イ　上記情報の開示・漏洩を生じないような執務場所の配置。

　ロ　情報管理（電子媒体）に関し，アクセス権の制限等による保全措置の実施。

　ハ　情報管理（紙媒体）に関し，施錠のできる書庫その他これと同程度の情報保全を行なうことができる場所への保管，施錠等必要な措置の実施。

(2) 上記情報の交換があった場合には，国の行政機関等は，これに関与した職員に対し職務命令違反や守秘義務違反による懲戒処分を行なう等の必要な対応をとるものとする。

　　また，これらの措置の遵守を担保するため，入札結果に影響を与え得る上記情報の交換があった場合には，国の行政機関等の長等の参加を認めない新たな民間競争入札を実施すること等をあらかじめ定めること。

② 民間事業者に使用させることができる国有財産に関する事項（8

③　国の行政機関等の職員のうち，任命権者又はその委任を受けた者の要請に応じ，当該対象公共サービスを実施する民間事業者に使用されて従事者となることを希望する者に関する事項（9号）。これは，引続き円滑な公共サービスが実施されるための措置である。

④　民間事業者が対象公共サービスを実施する場合において適用される法令の特例に関する事項（10号）。実際には，特定公共サービスに関する特例が主たるものとなろう。

⑤　公共サービス実施民間事業者が対象公共サービスを実施するに当たり第三者に損害を加えた場合において，その損害の賠償に関し，契約により当該民間事業者が負うべき責任（国家賠償法の規定により国の行政機関等が当該損害の賠償の責めに任ずる場合における求償に応ずる責任を含む）に関する事項（12号）である。

実施要項に定める事項には，当該公共サービスに関する従来の実施状況に関する情報の開示に関する事項（7号）も含まれ，そこで明らかにすべき内容として，従来の実施に要した経費，従来の実施に要した人員，従来の実施に要した施設及び設備，従来の実施における目的の達成の程度，が列挙されている（9条4項）。これは，官民競争入札に参加しようとする民間事業者が法11条により申込みをする判断を容易にするための措置である。

官民競争入札は，文字どおりに民間事業者と国の行政機関等とが競争する方式である。民間事業者は，入札金額のみならず，対象公共サービスの質の維持向上に関する措置を含む対象公共サービスの具体的な実施体制及び実施方法に関する事項について記載した書面又は電磁的記録により申込みを行なう（11条1項）。競争に参加する国の行政機関等の長等も，前記の具体的な実施体制及び実施方法に関する事項と，前記の入札金額に代えて「人件費，物件費その他の官民競争入札対象公共サービスの実施に要する経費の金額」を記載した書類を作成する（同条2項）。これらについて，評価の基準に従って評価を行ない（12条），対象公共サービスを実施する者を決定する（13条1項，2項）。民間事業者の入札金額には利益部分が含まれる可能性が高いが，競争に参加する国の行政機関等の場合は，経費基準であるので利益分は

含まれないことになる。

国における民間競争入札の実施　公共サービス改革基本方針において民間競争入札の対象として選定された公共サービスについても，それぞれの公共サービスごとに民間競争入札実施要項が定められる（14条1項）。その内容は，官民競争入札実施要項の場合と似たものであるが，官民競争入札特有のもの（情報交換遮断措置，国の行政機関等の職員が引続き民間事業者の従事者となる場合の措置）は含まれていない。官民競争入札に関する多くの規定が準用されている（15条）。

地方公共団体における官民競争入札及び民間競争入札の実施　地方公共団体が官民競争入札（この場合に「官」の語を用いることは適切でないが）又は民間競争入札を実施するかどうかは，それぞれの地方公共団体の判断に委ねられている。閣議決定による公共サービス改革基本方針の中に「競争の導入による公共サービスの改革に関する措置を講じようとする地方公共団体の取組を可能とする環境の整備のために政府が講ずべき措置についての計画」（7条2項4号）が含まれているにとどまる。このことを前提にして，法は，地方公共団体の長は，官民競争入札又は民間競争入札を実施する場合には，実施方針を作成するものとしている（8条1項）。国の行政機関等との違いは，官民競争入札又は民間競争入札の対象として選定されたものとして定めるのは，「特定公共サービス」に限られていることである。そして，この実施方針において官民競争入札又は民間競争入札の対象として選定された地方公共団体の特定公共サービスについては，それぞれの対象公共サービスごとに競争入札実施要項を定めるものとされている（16条，18条）。それらの内容は，ほぼ国の場合に準じたものになっている。

　法34条により，地方公共団体関連の窓口業務のうち，次の6業務が特定公共サービスとされている。

　　①戸籍謄本等の交付の請求の受付け及び引渡し，②納税証明書の交付の請求の受付け及び引渡し，③外国人登録原票の写し等の交付の請求の受付け及び引渡し，④住民票の写し等の交付の請求の受付け及び引渡し，⑤戸籍の附票の写しの交付の請求の受付け及び引渡し，⑥印鑑登録証明書の交付の請求の受付け及び引渡し。

そして，公共サービス改革基本方針における決定事項によって，市町村の主要窓口業務24事項が，公務員の常駐する場所で市町村の適切な管理下にあれば，申請の受付け，文書の引渡しに加えて，端末操作，台帳への記載，書類の作成などを民間委託することが可能なものであるとされている[28]。

官民競争入札等監理委員会・地方公共団体の合議制機関　内閣府に，「国の行政機関等の公共サービスに係る官民競争入札の実施その他の競争の導入による公共サービスの改革の実施の過程について，その透明性，中立性及び公正性を確保するため」官民競争入札等監理委員会が設置されている（37条）。非常勤の委員13人以内をもって組織される（39条）。公共サービス改革基本方針を決定する場合，官民競争入札実施要項を定める場合，官民競争入札の評価を行なう場合，民間競争入札実施要項を定める場合には，それぞれ官民競争入札等監理委員会の議を経なければならない（7条6項，9条5項，12条，14条5項）。委員会は，さらに，必要な勧告権（38条1項），国の行政機関等又は公共サービス実施民間事業者に対する報告又は資料の提出要求権（45条）も付与されている。

なお，地方公共団体においても，官民競争入札又は民間競争入札を実施す

28　戸籍謄抄本等の交付，地方税法に基づく納税証明書の交付，外国人登録原票記載事項証明書等の交付，住民票の写し等の交付，戸籍の附票の写しの交付，印鑑登録証明書の交付，住民移動届，印鑑登録申請，住居表示証明書の交付，戸籍の届出，転入（転居）者への転入学期日及び就学すべき小・中学校の通知，埋葬・火葬許可，国民健康保険関係の各種届出書・申請書の受付け及び被保険者証等の交付，老人医療関係の各種届出書・申請書の受付け及び受給者証等の交付，介護保険関係の各種届出書・申請書の受付及び被保険者証等の交付，国民年金被保険者の資格の取得及び喪失並びに種別の変更に関する事項並びに氏名及び住所の変更に関する事項の届出の受理，妊娠届の受付及び母子健康手帳の交付，飼い犬の登録，狂犬病予防注射済票の交付，児童手当の各種請求書・届出書の受付け，精神障害者保健福祉手帳の交付（市町村経由事務），身体障害者手帳の交付（市町村経由事務），療育手帳の交付業務（市町村の経由事務），自動車臨時運行許可に関する業務。以上は，官民競争入札等監理委員会『「国民本位の公共サービス」へ──公共サービス改革報告書（2006〜2009）──』6頁による。なお，公共サービス改革基本方針及び内閣府公共サービス改革推進室「市町村の出張所・連絡所等における窓口業務に関する官民競争入札又は民間競争入札等により民間事業者に委託することが可能な業務の範囲等について」（平成20・1・17）をも参照。

る場合には，当該地方公共団体の特定公共サービスに係る官民競争入札の実施その他の競争の導入による公共サービスの改革の実施の過程について，その透明性，中立性及び公正性を確保するため，当該地方公共団体の条例で定めるところにより，公共サービスに関して優れた識見を有する者により構成される審議会その他の合議制の機関を置くものとされている（47条1項）。地方公共団体において官民競争入札実施要項を定める場合，官民競争入札の評価を行なう場合，民間競争入札実施要項を定める場合においては，この合議制の機関の議を経なければならない（16条5項，18条5項）。

官民競争入札・民間競争入札推進上の問題点　公共サービス改革法は，平成18年7月に施行されて，官民競争入札等監理委員会を中心に競争の導入の推進が図られてきた。しかしながら，同委員会の旗振りにもかかわらず，国の行政機関等の反応は必ずしも積極的とはいえないというのが同委員会の受け止め方である。同委員会は，平成21年5月に『「お役所仕事」から「国民本位の公共サービス」へ——公共サービス改革報告書（2006〜2009）——』を公表した。その中で，「本来この制度は，『官自らが』公共サービスの見直しを行うことを基本理念としていたという点にある」としつつ，監理委員会としては「これまでのところこの基本理念に基づく自発的な見直しが活発になされたとは言い難く，監理委員会を始めとする外部からの要請に応える形での事業選定という事例がほとんどであった」という認識を示している[29]。しかし，平成18年からの3年間について，監理委員会は，82事業が選定され，48事業について入札が実施されたとし，入札実施事業に関しては，約5割の経費削減効果を発揮したとし，社会保険庁の国民年金保険料収納事業，法務省の登記等の公開に関する事務において800人以上の定員の純減につながる一定の成果を得たことは，公共サービス改革の重要性とその大きな可能性を示すものであるとの期待を寄せている[30]。そして，82事業の選定を通じて，施設管理，研修，公物管理，徴収，ハローワーク，試験，統計，登記，刑事施設などの広範な分野において糸口となる選定がなされつつあることを

29　官民競争入札等監理委員会『「国民本位の公共サービス」へ——公共サービス改革報告書（2006〜2009）——』（平成21年）3頁。

30　官民競争入札等監理委員会・前掲報告書7頁。

積極的に受け止めている[31]。

　このような概況のなかで，次のような問題点が指摘される。

　第一に，官民競争入札と民間競争入札とを比較した場合に，官民競争入札の件数が極めて少なく[32]，そのことは，この法律の制定に向けてキーワードとなっていた「市場化テスト」が真になされているのかを疑わざるを得ない。民間競争入札は，民間の低賃金労働に依存しているともいえるのである。

　第二に，業務の内容によって，競争入札を実施するために，従来の業務内容等を公開することが国益に反する場合があると考えられていることである。随意契約ならば可能であるが，競争入札には適しないというわけである。具体的には，国の行政機関等の一般庁舎管理業務に関して，庁舎のセキュリティ確保の必要性などを理由に包括的な競争入札に付すことができず，個別業務ごとの業務委託方式にとどまっている状況にあるという[33]。そして，前記報告書は，一般庁舎の管理・運営業務に官民競争入札等を導入することは，委託契約の包括化や複数年化により，長期的視野に立った設備の点検修繕計画やフレキシブルな警備体制など，庁舎管理・運営全般にわたるサービス水準の向上に関する提案を引き出すことが可能となるなどのメリットがあるとしている。

　この問題意識そのものが一般化できるかどうかは別にして，多段階の手続の導入も検討する必要があると思われる。すなわち，概括的な業務内容を公表して，それに対する競争参加希望事業者の提案及び資格を審査して一定数の事業者を選定し，その事業者に対して，より詳細な情報を提供した上で最終の入札を実施するなどの方法である。多段階方式による選定を一般競争入札と位置づけるか公募方式による指名競争入札と呼ぶかは，それほど問題ではない。

　第三に，政府部門の業務委託のうち，単純業務は別として，専門的ないし複雑な内容の業務であればあるほど，年度単位で委託先を変更することはコ

---

[31] 官民競争入札等監理委員会・前掲報告書8頁。
[32] 官民競争入札等監理委員会・前掲報告書19頁によれば，官民競争入札は，対象期間中に，82事業中4事業にとどまったという。
[33] 官民競争入札等監理委員会・前掲報告書28頁－29頁。

スト面及びサービスの質の確保の点からも好ましくない。複数年度にわたる業務委託が望ましいといえる。官民競争入札等監理委員会の「官民競争入札及び民間競争入札の実施要項に関する指針」(平成22・3・31) も，「民間事業者の新規参入を促進するためには，初期投資を回収する期間等への配慮が必要であること，また，国の行政機関等の入札手続のコストを削減する必要があることから，原則として複数年の期間を設定すること」を求めている。しかし，同一事業者が複数年度にわたり業務を継続するならば，他の事業者の参入が事実上制約されることになる。民間競争入札に付したとしても，従前に関連業務を受託していた当該行政機関の関連公益法人等が有利な立場にあるのも，同様の理由によっている。複数年度契約の要請と多数事業者の参入可能性をいかに確保するかが大きな課題である。

　第四に，先に下水道管路の維持管理に関して指摘されていたのと同様に，公物管理に関して，発生対応型維持管理から予防保全型維持管理への転換が必要であると指摘されている[34]。その指摘は，もっともであるが，最も困難なことは，委託者と受託者とのリスク分担である。基本的には，維持管理業務に関するリスクは受託者の負担とし，天災や人災等の外部的要因によるリスクは委託者の負担とするといわれることがあるが[35]，実際には，予防的な維持管理が不十分であることによって，災害が拡大していることを経験している。そのような場合のリスクは，本来は受託者に負わせるべきであろうが，難しい線引きを迫られることになる。

　第五に，官民競争入札等監理委員会は，「包括化」を強調している。包括化に当たっては，「横の包括化」に限らず，庁舎等の維持管理，公共サービスの企画・運営等を包括する「縦の包括化」が望ましい領域があることにも留意する必要がある。

　簡易版民間競争入札　当初の公共サービス改革基本方針の「6. 施設管理・運営業務及び研修関連業務」の項目において，施設の管理・運営業務については，原則民間競争入札を実施することとするが，民間事業者の創意工

34　官民競争入札等監理委員会・前掲報告書37頁。
35　日本下水道協会管路施設維持管理業務委託等調査検討会「下水道管路施設の包括的民間委託に関する報告書」(平成21年3月) 19頁。

夫の活用等の観点から，民間競争入札に準じた手続による一般競争入札・民間委託の実施の可能性についても検討すると述べ，内閣府は，民間競争入札に準じた手続の在り方を，監理委員会と連携しつつ，平成20年3月末までに策定することとされた[36]。これを受けて，内閣府の公共サービス改革推進室は，「民間競争入札に準じた手続による一般競争入札実施に関する考え方」（平成20・3・27）をまとめた。この文書は，民間事業者の創意工夫の活用，公共サービスの質の維持向上及び経費の削減等の観点から法の趣旨・目的の達成を阻害しないよう一定の条件を設けたうえで，民間競争入札実施要項の策定・審議手続を簡素化することなどにより監理委員会における審議の合理化・効率化等を図ることがより望ましいものも存在しているとして，一定の条件に該当する事業については，法を適用しないこととし，対象事業の選定及び民間競争入札に準じた手続による一般競争入札，すなわち「簡易版民間競争入札」の実施に関する手続を定めることとし，法に規定する手続をとらないものの，「市場化テスト」の対象事業として位置づけるというのである。こうした考え方に立って，対象事業の選定，入札の具体的内容を示している。ただし，ここにおいて，簡易版民間競争入札は，試行的な取組みと位置づけられている。

[3] 代表的行政サービス業務委託の検討

一般廃棄物の収集・運搬・処分　「廃棄物の処理及び清掃に関する法律」（以下，「廃掃法」という）は，一般廃棄物の収集，運搬及び処分を市町村の任務として規定したうえ（6条の2第1項），それらを委託できることを前提に，一般廃棄物を特別管理一般廃棄物とそれ以外の一般廃棄物とに分けて，市町村が収集，運搬又は処分を市町村以外の者に委託する場合の基準は，政令で定めることとしている（6条の2第2項，第3項）。この委託とは別に，一般廃棄物処理業に関しては，許可制が採用されているので（7条），受託者が業として収集，運搬又は処分を行なう場合には，許可を受けていなければならない。なお，一般廃棄物収集運搬業者は，一般廃棄物の収集若しくは

36　「7．独立行政法人の業務」の項目においても，同様の記述がなされた。

運搬又は処分を，一般廃棄物処分業者は，一般廃棄物の処分を，それぞれ他人に委託してはならないとされているので（7条14項），一般廃棄物収集運搬業者が市町村からの委託に係るこれら業務に関しては，市町村を起点にすると再委託が禁止されていることを意味する。

　一般廃棄物の収集，運搬又は処理に関しては，継続的契約になることが多い。その結果，市町村が従前の委託先と契約を締結しない場合に，相手方がそのことを争う訴訟が提起されることがある。

　たとえば，福井地裁平成17・3・30（判例時報1925号141頁）を見てみよう。廃掃法施行令4条2号が，受託者が廃掃法7条3項4号イないしチのいずれかに該当しない者であることを要する旨定め，同号のニにおいて，申請者が14条の3により許可を取り消され，その取消しの日から5年を経過していない者と規定していること，原告が平成14年5月に廃掃法14条の3に基づき産業廃棄物収集運搬業の許可を取り消されていることを理由に，町が一般廃棄物処理委託契約の締結手続において指名停止にしたので，原告が争った事案である。多くの争点があるが，主たるもののみついて触れたい。

　まず，原告が，廃掃法7条3項4号ニは，許可を取り消された業務の内容が一般廃棄物処理業の内容と関連性を有する場合や一般廃棄物処理業務の遂行の適法性にも疑問を生じさせる場合に限り適用されるべきであると主張したが，判決は，「産業廃棄物収集運搬業の許可」を明記して，その取消し等を規定しているのであるから，取り消された業務の内容が一般産業廃棄物処理業の内容と関連性を有するか否か，あるいは一般廃棄物処理業務の遂行に及ぼす影響の程度等を問わず，委託相手として適格性を欠く者と位置づけていると解されるとした。

　次に，許可取消処分について取消訴訟が提起されて1審判決が認容したことについて，判決は，「都道府県知事が行う産業廃棄物処理業者の許可の取消処分を受けたこと自体をもって，一般廃棄物処理の委託基準としており，市町村が当該取消処分の内容を調査し，その適法性等を審査するという構造にはなっていないことからすれば，当該取消処分に重大かつ明白な瑕疵があって無効である場合や一見明白に違法である場合でなければ，市町村としては，当該取消処分を前提に判断するほかなく，そのように判断したとしても，

何ら違法ではないと解される」とした。

　なお，この事件においては，信義則の適用の有無に関連して興味深い問題が提起されている。それは，産業廃棄物収集運搬処理業の許可を取り消された場合に町が契約を解除できるかという点である。判決は，「委託契約において，それを解除事由とする旨の条項が定められていない場合には，一般廃棄物処理の委託契約が直ちに無効になったり，解除事由を発生させるものではないと解される」とし，町が産業廃棄物収集運搬業の許可を取り消された後も，従前の委託契約に基づいて，原告に一般廃棄物処理の委託を続けていたのは，町が従前の委託契約を解除できなかったからにすぎないと見るのが相当であるとして，町が原告に委託契約締結の資格がないと主張することは何ら信義則に違反しないとした。

　なお，この判決は，町が，町の指名停止措置要領に定める「業務に関し不正又は不誠実な行為をし，工事等の契約の相手方として不適当であると認められるとき」に該当するとしてなされた指名停止措置に違法はないとした。

　この事件においても取り上げられた一般廃棄物の収集，運搬，処分等の委託の基準に関して，政令に委任していることについて，白紙委任であるとして争われた事件がある。福井地裁平成18・8・30（判例時報1951号98頁）は，委任の範囲が条文自体において明示されているとはいえないが，廃掃法の趣旨・目的，他の法文との整合性等を考慮すれば，限定できるから白紙委任とはいえないとした。すなわち，廃棄物の適正な処理を図るという法の趣旨・目的，受託者が市町村の責任の下，市町村に代わって一般廃棄物処理業という公共サービスを行なうという委託制度の趣旨等から委託基準を定めることを要請していると解されるから，その委任の範囲は，その趣旨から限定されるものであり，白紙委任とはいえない，というのである。

　法の委任を受けて施行令4条は，次の各号を列挙している。

　　1　受託者が受託義務を遂行するに足りる施設，人員及び財政的基礎を有し，かつ，受託しようとする業務の実施に関し相当の経験を有する者であること。

　　2　受託者が法第7条第5項第4号イからヌまでのいずれにも該当しない者であること。

3　受託者が自ら受託業務を実施する者であること。
4　一般廃棄物の収集，運搬，処分又は再生に関する基本的な計画の作成を委託しないこと。
5　委託料が受託業務を遂行するに足りる額であること。
6　一般廃棄物の収集とこれに係る手数料の徴収を併せて委託するときは，一般廃棄物の収集業務に直接従事する者がその収集に係る手数料を徴収しないようにすること。
7　一般廃棄物の処分又は再生を委託するときは，市町村において処分又は再生の場所及び方法を指定すること。
8　委託契約には，受託者が第1号から第3号までに定める基準に適合しなくなったときは，市町村において当該委託契約を解除することができる旨の条項が含まれていること。
9　第7号の規定に基づき指定された一般廃棄物の処分又は再生の場所（広域臨海環境整備センター法第2条第1項に規定する広域処理場を除く。）が当該処分又は再生を委託した市町村以外の市町村の区域内にあるときは，次によること。
　イ　当該処分又は再生の場所がその区域内に含まれる市町村に対し，あらかじめ，次の事項を通知すること。
　　(1)　処分又は再生の場所の所在地（埋立処分を委託する場合にあっては，埋立地の所在地，面積及び残余の埋立容量）
　　(2)　受託者の氏名又は名称及び住所並びに法人にあっては代表者の氏名
　　(3)　処分又は再生に係る一般廃棄物の種類及び数量並びにその処分又は再生の方法
　　(4)　処分又は再生を開始する年月日
　ロ　一般廃棄物の処分又は再生を1年以上にわたり継続して委託するときは，当該委託に係る処分又は再生の実施の状況を環境省令で定めるところにより確認すること。

これらを見て，国が，政令によって，これほどまでに詳細な基準を定めなければならないものなのか，素朴な疑問を感じざるを得ない。なお，特別管

理一般廃棄物の収集，運搬，処分等の基準について，施行令4条の3は，4条（8号を除く。）の規定の例によるほか，次の各号を掲げている。

  1　受託業務に直接従事する者が，その業務に係る特別管理一般廃棄物について十分な知識を有する者であること。

  2　受託者が，特別管理一般廃棄物が飛散し，流出し，又は地下に浸透した場合において，人の健康又は生活環境に係る被害を防止するために必要な環境省令で定める措置を講ずることができる者であること。

  3　委託契約には，受託者が前2号又は第4条第1号から第3号までに定める基準に適合しなくなったときは，市町村において当該委託契約を解除することができる旨の条項が含まれていること。

　これら二つの場合の基準において，契約に約定解除権の条項を置くべきことが述べられている。この点に関して，条例自体に解除できる旨の規定を置いて，一種の法定解除権を付与することができるであろうか。たしかに，施行令は約定解除権方式を想定しているといえるが，法定解除権方式を採用することに決定的問題があるとは思われない。

　ところで，このような政令による委託基準が法律の委任の範囲を超えていると主張された訴訟において，福井地裁平成18・8・30（判例時報1951号98頁）は，廃掃法7条3項4号が一般廃棄物処理業の許可の欠格事由と同じ欠格事由を定めていることについて，前述の平成17年の福井地裁判決と同趣旨を次のように述べている。

　「一般廃棄物の処理は，委託による場合であっても，一般廃棄物処理業者による場合であっても，いずれも，市町村の責任において行われる一般廃棄物処理業の一環としてなされる公共性の高い事業であるから，受託者においても，処理業者と同等の信頼性や安全性が確保されるべきである。また，受託者は，市町村の責任の下，市町村に代わって公共サービスを行う主体としてそれにふさわしい資質が要求されるから，この観点からしても，少なくとも一般廃棄物処理業者に要求される資質を備えていることが要求されると解される。そうすると，委託による場合については，委託契約を通じて個別具体的な監督を行うことが可能であるからといって，委託基準として一般廃棄物処理業の許可の欠格事由と同じ

内容を欠格事由とすることが，廃掃法6条の2第2項の委任の範囲を超えると解することはできない。」

この判決は，このように述べた後に，産業廃棄物処理業の許可の取消しを欠格事由と定めていることに関して，廃掃法違反により産業廃棄物処理業の許可の取消しを受けた者について，公共性の高い一般廃棄物処理業を担う者としての信頼性を定型的に欠くと見ることは，廃掃法の目的，趣旨等からして十分合理性を有するといえる，と述べた。この点は，説得力をもっていると思われる。

下水道の普及が進むにつれて，し尿処理等の一般廃棄物処理業務の量は減少する。従前に町のし尿処理等を受託してきた業者が，その減少に対応して，関連する浄化センターの維持管理等の業務委託契約を締結する義務の確認を求めると同時に，下水道事業に関する情報を提供するなどして契約を締結する機会を与えなかったことを理由に国家賠償請求をした事件がある。

長崎地裁平成17・3・15（判例時報1915号10頁）は，義務確認請求については棄却すべきものとしたが，「下水道の整備等に伴う一般廃棄物処理業等の合理化に関する特別措置法」等に鑑み，被告町は，下水道の整備計画につき下水道の整備される地区の範囲，整備される時期，整備の日程，原告である事業者に何らかの措置が予定される場合はその措置の内容等を周知，説明する義務を負担していたのに，説明義務を尽くさなかった違法があるとして，その損害200万円と弁護士費用の損害20万円を賠償すべきものとした。この判決は，周知義務を肯定したものとして注目されたところである。この事件の控訴審・福岡高裁平成17・12・22（判例時報1935号53頁）は，義務確認については1審と同様の結論であった。しかし，国家賠償請求に関しては，下水道事業により原告が受ける影響は，決して小さいとはいえないが，原告の業務の全体からすればあくまで部分的なものであり，原告に廃業あるいは転業を迫るような深刻なものではないから，情報提供をせず，指導・助言をしなかったからといって，国家賠償法1条1項の義務違反とまではいえないとして請求を棄却した。

国家賠償責任の有無は，具体的事実関係に即して判断すべきものであるから，控訴審判決の認定を前提とする限り，それ以上に国家賠償責任を肯定す

ることは難しい。

　市町村は，委託の内容に従って適正な処理がなされているかを確認し，委託料を支払わなければならない。委託先の業者が委託契約に従った業務を遂行していなかった場合に，その事実を認識できたのに専決処理をさせていた職員を指揮監督する義務を怠ったとして，市長の職にあった者に委託料の支出分についての損害賠償責任があるとされた事例がある（広島地裁平成20・2・29判例集未登載）。

　公金収納・徴収事務の委託　公金の収納（納付する者の立場からは，公金の納付）・徴収は，納付する者，徴収される者にとって負担を伴うのであるから，「行政サービス」と呼ぶことは適切でないかも知れない。しかし，より便利な納付・徴収の方法があるならば，歓迎することは疑いない。したがって，納付者に便利な納付・徴収体制の整備は，利便性の確保という行政サービスの一環であるといってもよい。そのことが納付・徴収率を高めることにもつながる。こうして，公金の収納・徴収事務に関する委託が促進されてきた。典型的なものが，いわゆるコンビニ納付を可能にする立法措置であった。個別法に規定を置く方法が採用されている。

　第一に，自治法施行令158条の定めがある。最も一般的な規定である。地方公共団体の歳入である使用料，手数料，賃貸料，物品売払代金，貸付金の元利償還金について，「その収入の確保及び住民の便益の増進に寄与すると認められる場合に限り，私人にその徴収又は収納の事務を委託することができる」としている（1項）[37]。この場合には，その旨を告示し，かつ，当該歳入の納入義務者に見やすい方法により公表しなければならない（2項）。この委託をした場合に，必要があると認めるときは，会計管理者は，当該委託に係る歳入の徴収又は収納の事務について検査することができる（4項）。

　地方税については，同法施行令158条の2において別個の定め方が採用されている。すなわち，「その収入の確保及び住民の便益の増進に寄与すると認められる場合に限り」という共通の要件の下に，その収納の事務を適切かつ確実に遂行するに足りる経理的及び技術的な基礎を有する者として当該地方公共団体の規則で定める基準を満たしている者にその収納の事務を委託することができる（1項）。使用料等との違いは，二点ある。

一つは，「収納の事務を適切かつ確実に遂行するに足りる経理的及び技術的基礎を有する者」としての基準を地方公共団体の規則において定めなければならない点である（1項）。横浜市市税条例施行規則7条の2は，収納事務委託者の基準として，次のものを掲げている。
　　1　公金等の徴収又は収納事務の受託に関し，十分な実績を有すること。
　　2　資金量，格付け，保険の加入状況，担保の提供の有無等資金的な蓄積及び社会的信用に係る事項を総合的に考慮し，安全かつ確実に，収納した徴収金を会計管理者又は指定金融機関若しくは収納代理金融機関へ払い込むことができる能力を有していると認められること。
　　3　徴収金の収納に関する記録を電子計算機により管理し，その電磁的記録を提供することができること。
　　4　個人情報の漏えい，滅失，き損及び改ざんの防止その他の個人情報の適正な管理のために必要な管理体制を有すること。
　神奈川県は，「神奈川県県税の収納事務の委託に関する規則」により，前記の基準として次の項目を掲げている。
　　1　経営状況及び財務状況が良好であること。
　　2　普通地方公共団体の公金又は電気料，上下水道料，ガス使用料，電話料及びテレビ聴取料その他これらに類する経費の取扱いについて実績を有していること。

37　ただし，この規定は，コンビニ納付のみを可能にするためのものではない。たとえば，公営住宅の家賃について当該公営住宅に居住する特定の者に収納を委託することも可能にする規定である。「御坊市営住宅家賃の収納の委託契約に関する規則」は，「市内に在住する成年者で，身元の確実なもの」，「市内に在住する成年者で，固定資産税年額2,800円以上納付している連帯保証人が2名あるもの」の要件を満たす者を委託適格者とし（2条1項），連帯保証人は身元保証書を市長に提出するものとしている（同条2項）。家賃収納の委託を受けた者は，家賃納入通知書の発行された日から30日以内に家賃の収納を完了しなければならないこと（4条1項），受託者の収納した現金の保管限度額は1日30万円とすること（同条3項），未納家賃が2月に及ぶ者が生じたときは，その者の納入通知書を速やかに住宅対策課長に返戻し，その理由を報告しなければならないこと（5条），委託契約の期間は2年とし更新を妨げないこと（6条），受託者が家賃を収納したとき，収納金額の100分の5，収納戸数1戸について50円の基準により手数料を支給すること（8条）などを定めている。

3　県の公金収納事務に支障を及ぼすことのない組織体制及び技術を有していること。

　もう一つは，会計管理者の検査が義務的なものとされていることである。すなわち，受託者について，定期及び随時に地方税の収納の事務の状況を検査しなければならない（施行令158条の2第3項）。そして，監査委員は，この検査について，会計管理者に対し報告を求めることができる（第5項）。

　次に述べる国民健康保険料や介護保険料の場合も共通であるが，コンビニエンスストア収納の委託においては，地方公共団体，収納代行会社及びコンビニエンスストア会社の三者が当事者として登場する。そして，納付者と直接に接触するのは，コンビニエンスストア会社の直営店又はコンビニエンスストア会社とフランチャイズ契約を締結している加盟店，さらにはコンビニエンスストア会社とエリアフランチャイズ契約を締結しているエリアフランチャイジャーの直営店及び当該エリアフランチャイジャーとの間でフランチャイズ契約を締結している加盟店の店員である。これらの店のことを収納取扱店と呼んでいるようである。したがって，収納業務の委託には，地方公共団体と収納代行会社との委託契約及び地方公共団体とコンビニエンスストア会社等との委託契約との二つの委託契約が存在する。そして，コンビニ納付を促進するには，一の地方公共団体が複数のコンビニエンスストア会社等と契約を締結するはずである。地方公共団体による収納委託が進行するなかで，新たに開始する地方公共団体が，その都度コンビニエンスストア会社等との契約について競争的方法によっているのか，それとも，客観的な事実により判断して複数のコンビニエンスストア会社等と共通の委託契約を締結することで足りるとしているのか，知りたいところである。収納代行会社との委託契約に関しては，1者を決めることで足りるので，普通の契約の問題として考えればよいであろう。

　第二に，地方公営企業法33条の2も，管理者は，地方公営企業の業務に係る公金の徴収又は収納の事務については，収入の確保及び住民の便益の増進に寄与すると認める場合に限り，政令で定めるところにより，私人に委託することができる，としている。政令の定めは，同法施行令26条の4である。これにより，水道料金や下水道使用料についても，収納事務の委託が行

なわれている。

　このような収納事務の委託に関して，管理者の定める管理規程において，委託の基準等の管理者自身に対する基準（自己規律）の定めは当然として，受託者の義務等を定める条項が置かれる場合がある。たとえば，「甲府市上下水道局コンビニエンスストア公金収納事務委託に関する規程」には，公金の取扱方法に関する規定（7条），受託者は「収納事務の実施に際して知り得た秘密又は収納事務に係る情報を他に漏らし，他の目的に使用し，又は第三者に提供してはならない」旨の規定（8条），受託者は「故意又は過失により局又は第三者に損害を与えた場合，管理者の責に帰すべき理由により生じた損害を除き，管理者が定めるところにより，その損害を賠償しなければならない」旨の規定（10条）を置いている。

　受託者が，これらの規定により規程上の義務を直接に負うことになるのか，これらの義務が契約条項に盛り込まれて初めて義務を負うことになるのかが一応問題になる。地方公営企業法10条は，業務に関する管理規程の制定権を管理者に付与している。たしかに，地方公営企業法33条3項の行政財産の目的外使用の使用料に関する規定や，条例の委任に基づく場合などにおいて，外部の者に関係する事項を定めることも許されるが[38]，規程における収納業務の受託者に義務づける規定が直接に受託者に効力をもつかどうかは疑問のあるところである。そのような解釈問題による混乱を回避するには，契約に，「この契約に定めるほか，管理規程による」というような条項を置くことになろう。

　第三に，社会保険料のうち，国民健康保険料及び介護保険料についても，同様の規定が用意されている。国民健康保険法80条の2によれば，市町村は，普通徴収の方法による保険料の徴収の事務については，収入の確保及び被保険者の便益の増進に寄与すると認める場合に限り，政令の定めるところにより，私人に委託することができる，とされている。この委託をしたときは，その旨を告示し，かつ，世帯主の見やすい方法により公表しなければならない（同法施行令29条の23第1項）。この徴収事務の委託を受けた者は，

38　関根則之『改訂　地方公営企業法逐条解説』（地方財務協会，平成7年改訂8版）104頁。

市町村の規則の定めるところにより，その徴収した保険料を，その内容を示す計算書を添えて，市町村又は指定金融機関，指定代理金融機関，収納代理金融機関若しくは収納事務取扱金融機関に払い込まなければならない（2項）。必要があると認めるときは，市町村は，当該委託に係る保険料の徴収の事務について検査することができる（3項）。介護保険の保険料に関しても，同様の定め方がなされている（介護保険法144条の2，同法施行令45条の7）。

第四に，国税に関する納付委託制度（国税通則法34条の3以下）がある。地方税に関しては「収納事務」の委託であったのに対して，こちらは，納税者のサイドからの「納付委託」の位置づけである。税額が財務省令で定める金額（同法施行規則2条により30万円）[39]以下のものが対象となる（34条の3第1項）。納付書は，国税局又は税務署の職員から交付又は送付を受けた納付書（納税告知書の送達を受けた場合には，納税告知書）で，かつ，バーコードの記載があるものとされている（通則法施行規則2条）。機械処理を可能にするためである。地方税と異なり，納付受託者は，国税の納付者からの委託を受けるのであって，国からの委託を受けているわけではない。納付受託者となり得る地位の設定は，国税庁長官の指定という行政処分によっている。すなわち，納付事務を適正かつ確実に実施することができると認められる者で政令の定める要件に該当する者を国税庁長官が指定する仕組みである（通則法34条の4第1項）。したがって，納付委託は，私人間の委託にすぎないので，理論上は，行政契約に該当しないことになる。実態として地方税と同じはずであるのに，法的仕組みは異なっているのである。おそらく，納税者は，納付を委託しているという委託契約の意識をもつことはなく，地方税と同様に国から収納の委託を受けている者に納付していると受け止めているであろう。ここには，国民の意識と法の建前との乖離が見られる。

---

[39] 30万円以下としたのは，コンビニエンスストア業界の団体である㈳日本フランチャイズチェーン協会の取決めにより，コンビニエンスストアにおける取扱い限度額が，防犯上のリスク軽減の観点から1件当たり30万円以下としていることを参考にしたものであるという（志場喜徳郎ほか編『国税通則法精解』（大蔵財務協会，平成22年改訂）423頁）。

指定の手続について触れておこう。法律自体には指定の手続が定められていない。通則法施行規則により，指定を受けようとする者の申出書の提出によることとされている（4条1項）。したがって，指定は，申請に基づく行政処分である。納付受託者の取消し（通則法34条の7）は，不利益処分である。しかしながら，通則法74条の2第1項が「国税に関する法律に基づき行われる処分その他公権力の行使に当たる行為」について，行政手続法第2章及び第3章の規定の適用を除外している。立法論としては，課税処分等とは性質を異にするので，行政手続法を適用すべく改正することが望ましいと思われる（通則法74条の2第1項は，酒税法の酒類の製造免許及び酒類の販売業免許等は適用除外から外している）。

指定の要件は，納付受託者として納付事務を行なうことが国税の徴収の確保及び納税者の便益の増進に寄与すると認められること，納付事務を適正かつ確実に遂行するに足りる経理的及び技術的な基礎を有するものとして財務省令で定める基準を満たしていることである（通則法施行令7条の2）。そして，その基準について，通則法施行規則3条は，公租公課又は公共料金の納付又は収納に関する事務処理の実績を有する者その他これらに準じて国税の納付に関する事務を適正かつ確実に遂行することができると認められる者であることとしている。国税の納付をしようとする者が，納付書を添えて，納付受託者に納付しようとする税額に相当する金銭を交付したときは，当該交付した日に当該国税の納付があったものとみなして，延納，物納及び附帯税に関する規定を適用することとされている（通則法34条の3第2項）。

社会保険料のうち，国民年金保険料に関しては，国税とほぼ同様の仕組みの納付委託制度が採用されている（国民年金法92条の3第1項2号，3項，4項，5項，92条の4第5項，92条の6）。そして，これらの場合の納付書の書式は，「領収（納付受託）済通知書」，「領収（納付受託）控」，「納付書・領収（納付受託）証書」からなっている。

なお，国民年金保険料の場合は，国民年金基金又は国民年金基金連合会（92条の3第1項1号），及び「社会保険庁長官に対し，納付事務を行なう旨の申出をした市町村」（同項3号）も，納付受託者となることができる。この場合の市町村は，委託者との間に契約関係があることになる。なお，厚生

年金保険料及び健康保険料に関しては，事業主が保険料納付義務を負っているため，国民年金保険料や国民健康保険料の場合ほどに便宜を考える必要はないという考え方から，納付委託制度は用意されていない。おそらく口座振替による納付（厚生年金保険法83条の2，健康保険法166条）を活用することで足りると判断されているのであろう。

コンビニ納付とは全く別の趣旨の納付委託として，国税通則法55条による税務署の当該職員に対する委託がある。この対象になる国税は，①納税の猶予又は滞納処分に関する猶予に係る国税，②納付の委託をしようとする有価証券の支払期日以後に納期限の到来する国税，③そのほか滞納に係る国税で，その納付につき納税者が誠実な意思を有し，かつ，その納付の委託を受けることが国税の徴収上有利と認められるもの，に限定されている。国税の納付に使用することができる証券以外の有価証券を提供して，その証券の取立てとその取り立てた金銭による国税の納付を委託する場合がある。当該職員は，その証券が最近において確実に取り立てることができるものであると認められるときに限り，その委託を受けることができる（以上，1項）。したがって，この制度は，本節において扱う行政サービス業務の民間委託とは無縁の制度である。納税者が自身で行なうべき有価証券の現金化と現金による納付を職員に委託するものであり，実際上の意義は職員が受領した有価証券の担保的機能にあるとされる[40]。

保育料の収納事務の委託　児童福祉法56条4項は，保育料の収納事務については，収入の確保及び本人又はその扶養義務者の便益の増進に寄与すると認める場合に限り，政令で定めるところにより，私人に委託することができるとしている。法律の文言は，国民健康保険料等と同じ外観を示している。もちろん，この規定を活用してコンビニ収納を行なうことも可能である。しかしながら，保育料に関しては，認可保育所を設置している社会福祉法人等に収納の事務を委託できることとされる点に大きなメリットがあるように思われる[41]。ちなみに，同法56条4項の委任に基づく同法施行令44条の2第2項及び第3項は，社会福祉法人等に限定した規定ぶりとはなっていない。

40　志場喜徳郎ほか編・前掲書564頁。同書によれば，委託者である納税者から一方的に解約することはできないと解されるという。

一般廃棄物収集手数料収納委託　これまでに述べてきた収納委託に比べて，一般廃棄物の収集有料化に伴う指定袋の扱いに関しては，異なる仕組みないし説明が必要となる。

「射水市一般廃棄物収集指定袋手数料収納委託事務執行手続要領」によれば，次のような仕組みである。収集指定袋の対価の形式で手数料の収納を行なうのであるが，その収納を指定袋取扱所に委託する。その指定袋取扱所が市民に指定袋を販売の形式で交付し，その対価の形式でその指定袋取扱所に指定袋手数料を納入する。その場合の指定袋取扱所は，「収集指定袋手数料収納委託人」と位置づけられている。そして，指定袋手数料は，指定袋取扱所から指定金融機関又は収納代理金融機関を経由して，市に納入される。その方法は，あらかじめ取扱金融機関に開設されている口座からの振替の方法による。また，その口座振替の際に，収集指定袋1枚当たり所定の額で計算した委託手数料の額が繰替払いの方法により支払われる。この仕組みにおいて，「指定袋手数料」は，実際の一般廃棄物の収集の時点を基準にするならば，前払いということになる[42]。

ところで，指定袋取扱所（収納委託人）たる地位の取得について，射水市は，収納委託人となろうとする者からの収納委託人登録申請書の提出とそれに対する市長の収納委託人登録通知書のやりとりを経て，収納事務に関する委託契約を締結する方式を採用している。これに対して，伊東市は，指定ごみ袋の取扱店についての指定制度を採用している。すなわち，指定申請書の提出（伊東市一般廃棄物可燃ごみの指定袋の取扱店の指定に関する要綱3条1項）と指定通知書の交付（3条3項）というやりとりがある。その上で，収納事務委託契約が締結される（4条1項）。射水市の登録及び伊東市の指定は，いずれも，条例や規則ではなく，要領や要綱によるものである。したがって，行政処分性の根拠となりうるか疑問が提起されるであろう。しかし，伊東市

41　たとえば，三沢市保育料徴収規則8条，行方市保育料負担金収納事務の私人委託に関する事務取扱要綱，鹿島市保育所保育料収納事務の私人委託に関する事務取扱要領。
42　「湖西市における廃棄物の減量及び適正処理に関する条例」は，一般廃棄物の処理について指定袋によることを規定し（11条の2第1項），手数料をあらかじめ納付した者に指定袋を交付するとしている（17条の2第1項）。

の要綱は，指定取消通知書の書式において，行政不服審査法による異議申立て及び行政事件訴訟法による処分取消しの訴えについての教示をすることとしている。市は，指定及び指定取消しをもって行政処分であると理解しているのである。このような場合に，市の意思を汲んで行政処分性を肯定してよいのかという点は，一つの法的論点を提起しているといえる。もし，条例自体が，市の何らかの決定行為の介在を想定していると解されるならば，その一種として行政処分方式があり得るので，行政処分性を認めることが決定的に問題ということではない[43]。

これに対して，大田市は，条例において，家庭系の可燃性一般廃棄物及び不燃性一般廃棄物並びに事業系の可燃性一般廃棄物について指定袋によることを義務づけつつ（大田市廃棄物の処理及び再生利用等の促進に関する条例14条），手数料の収納を私人に委託することができる旨を定めている（23条4項）。そして，要綱において，ごみ指定袋の交付の取扱いをできる者は，所定の要件を満たす事業者及び市長が特に認める自治会（区）（＝取扱店等）としている（大田市ごみ指定袋等取扱要綱2条）。取扱店等としてごみ指定袋の取扱いをしようとする者は，手数料徴収等業務受託申請書を提出し（3条1項），市長は，その申請について市長が適当と認める者と業務委託契約を締結することとしている（同条2項）。この場合には，行政処分が介在する余地はないといえよう。

以上述べてきたように，収納事務に関する委託契約の締結があることは共通であっても，その前に，単に申請という名称の申込みがあるにすぎない場合と，申請に基づく行政処分がある場合とがあるといえよう。

窓口業務等の委託　地方公共団体の窓口業務については，公共サービス改革法による特定公共サービスに含まれる業務があることは，すでに述べた。地方公共団体の中には，それ以上に窓口業務の委託を進めているところがある。たとえば，大阪府は，「大阪維新プログラム」に基づく「府庁改革」の一環として建設業許可申請受付等業務，税務窓口業務等について，相次いで委託を導入してきた。

43　規則において，指定袋の販売は，市長の許可を受けた販売店で行なうと定めている例もある（魚沼市廃棄物の処理及び清掃に関する条例施行規則9条）。

建設業許可申請受付等業務委託における委託業務の内容は，①業務を適切に運営するためのマニュアル作成や要員配置，要員教育等準備教育，②業務を適切に運営するための窓口審査（内部審査）等補助業務や運営管理業務である。また，税務窓口業務等委託の委託業務の内容は，①府税事務所の窓口及び郵送において提出される申告書等の受付け・確認，②納税証明書等の作成業務，③申告書の整理等業務，④申告書等データ作成，⑤運営管理業務である。「居宅サービス事業者及び障がい福祉サービス事業者等指定申請受付等業務」についても，委託の対象にした。他にも，委託を進めつつある[44]。

このような業務委託が進展するならば，多くの第一線の業務は，ほとんど民間事業者の従業員であるということも起こり得る。そのような行政運営が継続された場合には，第一線業務を身をもって体験したことのない公務員が，やがて当該地方公共団体の業務を統括管理すべき立場に置かれたときに，果たして適切な判断能力を発揮できるのであろうか。業務委託の進展は，知らないうちに，組織としての人的能力ロスの原因を強めていく危険性も内在させていると危惧される。

2　国民・住民の利益侵害を生じやすい業務の委託契約

[1]　規制的業務・債権回収業務の委託

違法駐車に関係する業務委託　　道路交通法は，道路交通関係の取締り関連で，二つの委託制度を用意している。

第一は，違法駐車車両の移動保管に関する事務の委託である[45]。委託先は，内閣府令で定める法人に限定されている（51条の3第1項）。

第二は，駐車車両の確認及び標章の取付けに関する事務の委託である。公安委員会の登録を受けた法人に委託することができる（51条の8第1項）。

---

[44]　平成22年には，宅地建物取引業免許申請受付等業務の一部を外部委託することとし，プロポーザル方式により委託先を決定した。委託期間は，同年5月から平成25年12月までである。

[45]　従来は，指定車両移動保管機関制度であったが，平成19年法律第90号による改正によって，委託制度に改められた。

この受託者を「放置車両確認機関」と呼んでいる（51条の12第1項）。

第三に，放置違反金に関する事務（確認事務，納付命令，督促及び滞納処分を除く）についても会社その他の法人に委託することができる（51条の15第1項）。

前記の駐車車両の移動保管事務に関し委託の対象とならないものとして，当該車両の移動・返還・売却及び廃棄の決定，51条16項の負担金納付命令，滞納処分その他の政令で定めるもの（その政令の定めは，施行令17条の2）が掲げられている（51条の3第1項）。そして，放置違反金に関する事務のうちの納付命令，督促及び滞納処分も含めて，これらの除外は，公権力の行使に該当する行為を私人に委託することはできないという考え方によるものとされている[46]。

債権回収業務の委託　公営住宅の家賃，貸付金などについて，支払いや返済が滞っている場合に，その回収業務を外部に委託する動きが広まっている。

しかし，まず，法が許容している徴収又は収納の事務に関し，どの程度の範囲までの委託が可能かどうかについて確認する必要がある。この点について参考になるのが，総務省自治財政局地域企業経営企画室長通知「医業未収金の徴収対策の留意事項等について」である。次のように述べている。

「1　基本的な考え方

　　公立病院の医業未収金の徴収対策の一環として，地方公営企業法第33条の2の規定等に基づく徴収又は収納の事務の委託を通じて，民間事業者が有するノウハウを積極的に活用することが有用であると考えられる。

　　ただし，金銭債権の徴収に関する事務の委託に当たっては，弁護士法第72条の規定により，弁護士又は弁護士法人でない者（民間事業者）に対する法律事件に関する法律事務の委託が禁止されていることに特に留意する必要がある。

　　このため，医業未収金の徴収に当たっては，①事件性及び紛争性のな

---

[46] 道路交通執務研究会編著『15訂版　執務資料　道路交通法解説』（東京法令，平成22年）496頁，527頁。

い案件において，法律事務に該当しない事実行為として行う事務，②法律事務に関連する補助的，機械的な事務について民間事業者に事務を委ねることが考えられる。

2　医業未収金の徴収又は収納に関する事務のうち委託できるものの事例

医業未収金の徴収又は収納に関する事務のうち民間事業者に委託できるものとしては，以下の①から③までの具体的事例が考えられるので，民間事業者に対する委託を行う際の参考にされたい。

①　文書や電話による自主的納付の勧奨等

事実行為として，文書や電話により，滞納者に対し，公立病院の診療に関する債権（以下「診療債権」という。）を滞納している事実を伝え，自主的な納付を呼びかけること（ただし，請求行為に当たらないように留意すること。），滞納者の納付に係る意思や納付予定時期を確認すること，滞納者が任意に申し出た事情を記録すること。また，滞納者の照会に応じ，委託された民間事業者が診療債権の滞納の根拠となる事実を説明すること。

②　居所不明者に係る住所等の調査

居所不明となった者に係る住所等の調査をすること。

③　収納事務の委託

診療債権の収納事務を行うこと。銀行，郵便局等の金融機関を通じた口座振替等の活用やクレジットカードによる納付等，債務者の利便性の向上を図り，効率化を図ることについても検討されたい。

このほか，法的措置に関連する事実行為として，例えば督促状の印刷，作成，封入，発送等の補助的・機械的な事務や差押え物件の保管等については，民間事業者に委託することが可能である。

また，医業未収金の徴収に関する事務の委託に当たっては，1の基本的な考え方を踏まえ，民間事業者の選定に際しての競争性導入にも配慮しつつ，地域の実情に応じて合理的かつ効率的な方策を活用するよう検討されたい。

なお，上記の自主的納付の勧奨等に係る事務については，現に複数

の都道府県において民間の債権回収事業者に対し委託が行われている事例があるほか，独立行政法人国立病院機構においても，医業未収金の支払案内等に関する業務委託に向けて，本年3月28日から別添2のとおり入札公告されたところである。

3　委託に当たって特に注意が必要な事務

　2に掲げる事務で取り扱う診療債権のうち，滞納者の自宅等を訪問して滞納者に対し医業未収金の事実の告知又は自主的な納付（ただし，請求行為に当たらないように留意すること。）の呼びかけを行うこと，滞納者の支払いに係る意思の確認や支払い予定時期の確認を行うこと，滞納者が任意に申し出た事情の記録を行うこと及び債務者の意思により支払われる未収金の収納を行うこと等の事務については，民間事業者に委託することは差し支えない。

　ただし，このように民間事業者が滞納者と直接面接する場合には，面接時において，単なる未納事実の告知にとどまらず法律事務でもある請求行為と評価される事態に発展する場面も想定されることから，実際に委託を行う際には，弁護士法に抵触しないことについて特段の注意が必要である。

　また，以下の①から⑥までの債権のような事件性及び紛争性を有する診療債権については，未納事実の告知等であっても法律事務に該当する蓋然性が高いので，収納事務等を除き，あらかじめ委託の対象外とするなど，弁護士法に抵触しないように特に留意すべきである。

　①　訴訟等の法的措置を実施している債権
　②　診療内容等により債務者又は連帯保証人等が支払いを拒む意思を明らかにしている債務
　③　破産・免責となった債務者に係る債権
　④　無所得などの経済的な理由で未払いであることが明らかな債権
　⑤　債務者が死亡し又は受刑中等であり，連帯保証人がなく，かつ相続人が判明しない債権
　⑥　分割納付中又は支払方法等について相談中の債権

4　民間委託実施後の留意事項

民間委託実施後においても，民間事業者に委された診療債権に事件性及び紛争性が生じた場合において，民間事業者への委託を停止し，地方公共団体が直接徴収する債権として取り扱うなど，弁護士法に抵触しないように十分に配慮する必要がある。

　また，債務者等から支払方法について相談があった場合には，民間事業者が自ら判断を行ってはならず，相談内容を地方公共団体へ報告することとし，また，回答に当たっても，民間事業者が行うことは回答の伝達に留めることとするなど，民間事業者が法律事務に該当する行為を行うことがないよう十分に考慮する必要がある。

　これらの留意事項については，委託先である民間事業者に対して十分に説明するとともに，事務の執行状況を定期的に確認するなどにより，事務が適正に行われるような必要な措置を講じることが重要である。

5　個人情報の保護

　医業未収金の徴収に関する事務を行う際には患者の病歴情報等重要な個人情報を取り扱うことが予想されることから，当該事務について民間事業者に委託する場合には，個人情報の保護について十分に配慮することが必要である。

　また，民間事業者との契約を締結するに当たっては，個人情報の保護に関する条例の整備はもとより，必要なマニュアルを策定するとともに，個人情報の保護に関する法令・マニュアルの遵守に関する事項を契約に盛り込むなど個人情報の保護の徹底を図ることが必要である。」

この通知は，民間事業者の有するノウハウの積極的活用を謳っている。また，同通知は，弁護士法との関係において，法律事務とならないようにすることを強く意識したものになっている。

この通知に触発されたのか，さまざまな債権回収業務の委託が進行中である。

まず，前記通知に沿って，公立病院の医業未収金回収業務の委託を実施している地方公共団体がある[47]。このほか，公営住宅の滞納家賃等の回収業務を委託する例もある。たとえば，「静岡市市営住宅退去者滞納家賃等収納等業務委託業者募集要項」は，民間事業者に委託する目的について，「市営住

宅入居者間の負担の公平性を確保し，本市住宅行政に対する市民の信頼性を高めるべく，民間事業者の創意工夫や専門的な知識及び技術を活用し，滞納家賃等の縮減を図ることを目的」とし，委託業務は，市営住宅を退去した者に係る滞納家賃等に関する納付案内業務，納付方法の相談・伝達業務，居所調査業務，滞納家賃等の収納業務，報告業務等で，弁護士法72条に抵触しない範囲のものとしている。

また，寡婦福祉貸付金債権回収等業務について委託している地方公共団体もある。「大阪市母子福祉貸付金債権管理回収等業務公募型企画コンペ募集要領」は，状況により対象債権が増減することがあるとしつつも，「平成22年4月1日現在において償還期限を1年以上経過し，かつ1年以上」返済がない債務を含む同一債務者の債権で，滞納金総額が50万円以上となる債権のうち，大阪市が指定する債権187人分，貸付件数504件，滞納金総額204,834千円を対象として募集を実施した。対象債権が限定されている点に特色がある。また，福岡県は，母子福祉資金貸付金，農業改良資金貸付金及び林業改善資金貸付金に関する回収業務委託を実施している。

さらに，奈良県は，県が有する各種貸付金や使用料等の税以外の債権のうち，債務者が行方不明状態にあるなど，回収が困難となっている債権の回収事務という広い事務を対象に委託を実施している。加西市も，住宅改修資金等貸付金，国営加古川西部土地改良事業負担金，市営住宅使用料，し尿収集手数料，市立加西病院医療費，保育所（園）保育料の未収金収納業務を委託している。

先に紹介した総務省通知にも示されているように，弁護士法72条との関係については，慎重な検討を要する。静岡市の前記募集要項は，弁護士法72条を意識して，参加資格の要件として，債権回収業に関する特別措置法3条の許可又は同法12条但し書きの承認（集金代行業務）を受けている者であることを求めている。また，「泉大津市立病院医業未収金回収業務委託企画提案型選考会募集要項」は，弁護士又は弁護士法人に限定している。

---

47 「泉大津市立病院医業未収金回収業務委託企画提案型選考会募集要項」によれば，「民間事業者が有するノウハウを積極的に活用することにより医業未収金の縮減を図ることを目的」とするとされている。

このような債権回収業務の委託事業者の選定に当たっては，企画提案を審査する方式が一般的である。評価要素としては，業務実施方針，業務実施体制，業務実施手法，受託実績，個人情報保護体制及び委託料を挙げることが多く[48]，その中の委託料は，成功報酬料率によっている。成功報酬料率は，通常の入札の場合の価格に相当するものであるが，それがいかなるウエイトで評価されるのか明らかでない募集要項が見られる。なお，大阪市の前記募集要領は，委託金額に関して，未収金回収実績金額の30％を上限としている[49]。

　注意しなければならないのは，受託実績の重視である。静岡市の前記募集要項は，参加資格の要件として，「平成22年4月1日現在で，過去において国，地方公共団体又は独立行政法人における債権回収業務の実績を有する者」としている。同様に，泉大津市の前記募集要項は，「平成21年4月1日現在，過去3ヵ年において，国，地方公共団体又は独立行政法人における債権回収事務又は公的医療機関での医業未収金回収事務の実績を有すること」を参加資格要件としている。これらは，過度な受託実績の重視であって，すべての地方公共団体が，このような資格要件を設定するならば新規参入を抑制する資格設定と思われるが，いかがであろうか。

[2]　業務の委託と情報管理

委託先事業者と個人情報の管理　業務の委託に際して，個人情報の管理が徹底されなければならない。しかし，現実には，委託先である外部事業者から個人情報が漏洩する事態が発生している。とりわけコンピューター時代において，ファイル交換ソフトを通じた情報の流出，USBメモリの紛失，不正なコンピューター操作などコンピューターに関係する情報漏洩が多いようである。

48　「大阪市母子福祉貸付金債権管理回収等業務公募型企画コンペ募集要項」は，費用対効果（コストは妥当か）及びプレゼンテーション・ヒアリング（説明に説得力があるか，論理的か，質問の受け答えが的確か）も評価要素としている。

49　長崎県母子寡婦福祉貸付金未収金回収業務委託に係る企画提案募集要項は，契約金額は，未収金回収実績金額の40％を上限としている。

そのような事態の発生に鑑み，受託業務を遂行する者に守秘義務を課す必要が指摘されている。その場合に，契約による守秘義務のみでは違反に対する処罰ができないので，条例で守秘義務を課すこと，また，データ保護の確保については条例による一般規定のみでは不十分であるので，契約等により詳細かつ厳格な定めをなすべきことが主張されている[50]。以下，実際の動きをフォローしておこう。

総務省は，平成19年6月に「外部委託に伴う個人情報漏えい防止対策に関する対応及び留意事項」なる総務省自治行政局地域情報政策室長の通知を発した。各都道府県個人情報保護対策担当部長及び各都道府県市区町村行政担当部長宛の通知である。その中で，①個人情報保護条例に，受託業者等の責務規定（外部に情報の処理を委託する際，受託業者又は受託業務に従事する者に対し，個人情報の漏えい等の個人情報の保護に必要な措置を講ずる義務を課す規定），契約等によるデータ保護の確保措置（地方公共団体が受託業者に対し，契約等により個人情報を保護するため必要な措置を講ずるよう義務づける規定），を設けていない地方公共団体は早急に規定を設けること，既に設けている場合は受託業者に条例上の義務を十分に説明し，受託業務の従事者（再委託先）に理解させるよう求める必要があること，②個人情報保護条例に受託業者等を対象とする罰則規定（受託業者又は受託業務に従事する者が守秘義務等の規定に違反した場合等に受託業者又は行為者若しくは代表者等に罰則を科する規定）を設けていない地方公共団体は早急に関係機関と協議のうえ条例に罰則を設けることを検討すること，また，設けている地方公共団体は受託業者に対し罰則について十分に説明し受託業者の従事者（再委託先を含む）に理解させるよう求める必要があること，などを指摘している。これらのうち，①の前半部分に挙げられている規定は，行政機関個人情報保護法6条2項及び7条に対応するものである。また，②は，同法53条に対応するものである。

さらに総務省は，平成21年3月には，「地方公共団体における業務の外部委託事業者に対する個人情報の管理に関する検討」報告書をまとめている。

50　宇賀克也『個人情報保護の理論と実務』（有斐閣，平成21年）277頁。

現に存在する条例の内容は，微妙に異なっている。若干の例を挙げよう。東京港区の個人情報保護条例は，次のような条項を置いている。

15条 「実施機関は，業務を委託しようとするとき，又は指定管理者（…）に公の施設の管理（業務を含む場合に限る。）を行わせようとするときは，あらかじめ委託又は管理の内容及び条件について運営審議会の意見を聴くとともに，その委託契約又は協定において，当該業務に係る個人情報の保護に関し必要な措置を講じなければならない。」

16条 「実施機関から業務の委託を受けたもの（以下「受託者」という。）及び区の公の施設の指定管理者は，個人情報の漏えい，滅失及びき損の防止その他の個人情報の適正な管理のために必要な措置を講じなければならない。

2 受託者及び区の公の施設の指定管理者（受託した業務又は区に公の施設の管理（以下「受託業務等」という。）に従事している者及び従事していた者を含む。以下「受託者等」という。）は，受託業務等の範囲を超えて個人情報の加工，再生等をしてはならない。

3 受託者等は，受託業務等に関して知り得た個人情報をみだりに他人に知らせ，又は不当な目的に使用してはならない。」

この条例は，受託業務等に従事している者若しくは従事していた者について，実施機関の職員若しくは職員であった者と同じく，「正当な理由がないのに」，個人の秘密に属する事項が記録された「一定の事務の目的を達成するために特定の個人情報を電子計算機を用いて検索することができるように体系的に構成した」個人情報ファイルを提供したときは，2年以下の懲役又は100万円以下の罰金に処する旨規定している（39条1項）。

港区の条例のように，指定管理者を指定して公の施設を管理させる場合にも，共通の扱いをしている地方公共団体が多い。これは，指定管理者の指定が行政処分であるとしても，地方公共団体の業務を遂行する点において実質的共通性があることによるものである。

地方公共団体は，個人情報保護条例施行規則等において，業務委託の際に所定の条件を付することを定める場合がある。

たとえば，鹿児島市個人情報保護条例施行規則2条は，条例所定の受託業

務又は公の施設の管理の業務を行なわせようとする場合には，次に掲げる事項を委託契約書等又は公の施設の管理に関する協定書等に明記し，これを遵守させるものとしている（ただし，契約等の性質又は目的により該当のない事項については，この限りでない）。

 (1) 個人情報の取扱責任者に関する事項
 (2) 秘密保持及び事故防止に関する事項
 (3) 目的外使用の禁止に関する事項
 (4) 第三者への閲覧又は提供の禁止に関する事項
 (5) 複写及び複製の禁止又は制限に関する事項
 (6) 外部持出しの禁止に関する事項
 (7) 返還又は廃棄等の義務に関する事項
 (8) 再委託等の禁止又は制限に関する事項
 (9) 立入調査に応じる義務に関する事項
 (10) 報告義務に関する事項
 (11) 契約の解除又は指定の取消しに関する事項
 (12) 損害賠償に関する事項
 (13) 前各号に掲げるもののほか，個人情報の保護について必要な事項

　また，総務省が前記の平成21年3月の報告書において示した雛形などを参考に，個人情報取扱事務委託基準及び個人情報取扱特記事項を定めている地方公共団体も相当数に及んでいるようである。

「香川県個人情報取扱事務委託基準」及びそれに連動する特記事項は，次のとおりである。

香川県個人情報取扱事務委託基準

（趣旨）
 第1 この基準は，香川県個人情報保護条例（平成16年香川県条例第57号。以下「条例」という。）第11条の規定に基づき実施機関が個人情報を取り扱う事務の全部又は一部を実施機関以外の者に委託しようとする場合において，実施機関が講ずべき措置について必要な事項を定めるものとする。

（委託）

第2　この基準において「委託」とは，実施機関が個人情報を取り扱う事務を実施機関以外のものに依頼するすべての契約をいう。

　したがって，一般に委託と称されるもののほか，印刷，筆耕，翻訳等の契約を含み，また，公の施設の管理の委託及び収納の委託などの公法上の契約も含むものとする。ただし，地方自治法第252条の14から第252条の16までに規定する事務の委託については，含まれない。

（委託先の選定に当たっての留意事項）
第3　実施機関は，委託先の選定に当たっては次の事項に留意するものとする。
(1) 委託先の選定に当たっては，次に掲げる観点から安全確保の措置として別記「個人情報取扱事務特記事項」（以下「特記事項」という。）に掲げる内容を遵守できる者を選ぶこと。
　イ　個人情報の保護に関する内部規程が整備されていること
　ロ　従業員に対する教育研修が行われていること
　ハ　情報セキュリティ対策が講じられていること
　ニ　プライバシーマークその他の個人情報の保護に関する認証を取得していること
　ホ　その他個人情報保護のための対策を講じていること
(2) 入札に当たっては入札前に，随意契約に当たっては見積書を徴するときに，次に掲げる事項について，相手方に説明すること。
　イ　この契約による事務の処理に当たって個人情報取扱特記事項を遵守しなければならないこと。
　ロ　受託者は，条例第11条第2項に基づき，委託契約に盛り込まれた安全確保の措置を講ずる義務を負うこと。
　ハ　受託事務従事者等は，条例第11条第3項に基づき，知り得た個人情報の内容をみだりに他人に知らせ，又は不当な目的に利用してはならない義務を負うこと。
　ニ　受託事務従事者等は，条例第63条又は第64条の罰則の対象となること。

ホ　受託者は，実施機関から提供を受けた個人情報に対して開示，訂正又は利用停止を求められた場合において，それらに応じる権限を有しないこと。
（契約の締結に当たっての留意事項）
第4　実施機関は，契約の締結に当たり，次の事項に留意するものとする。
(1)　契約書中に受託者が別記特記事項を遵守する旨を記載することとし，特記事項を契約書の一部として添付すること。なお，このことは，契約書中に別記特記事項に掲げる内容を記載することを妨げるものではない。
(2)　特記事項に記載されている項目は標準項目であり，委託しようとする事務の内容によっては，その性格上適用の余地がない項目やより詳細な取り決めを行うべき項目等があり得る。したがって，実施機関は，委託事務の実態に即し，かつ，的確な安全確保の措置を講じる観点から，適宜必要な事項を追加し，又は不要な項目を削除する等の検討をすること。
(3)　契約書によらないで契約するときは，適宜必要な事項を追加し，又は不要な項目を削除した特記事項を契約事項として受託者に書面で交付すること。
（委託の実施に当たっての留意事項）
第5　実施機関は，委託の実施に当たっては次の事項に留意するものとする。
(1)　受託者に提供する個人情報は，委託に係る事務の目的を達成するために必要な範囲内のものに限ること。
(2)　原則として，再委託は認めないが，再委託をすることが合理的であると認められる場合には，あらかじめ実施機関の書面による承諾を得ることを条件に再委託を認めるものとする。ただし，委託に係るすべての事務又は重要な部分について再委託をすることは認められないものであること。また，再々委託等については，実施機関による指揮・監督権限行使等の面で実効性に問題があることから認めないこと。

なお，再委託先については，委託先を選定する場合と同一の観点から特記事項の内容を遵守できる者であることを確認した上で承諾することとし，委託契約の特記事項と同一水準の安全確保の措置を求めること。
(3)　委託を行う場合にあっても個人情報の適正な取扱いを確保するため，実施機関は，委託先に対する監督を十分に行わなければならない。このため実施機関は，受託者による安全確保の措置の実施状況を確認するために，必要に応じて実地に調査し，又は受託者に対して必要な書類の提出を求めること。

（別記）個人情報取扱特記事項
（基本的事項）
第1　乙は，この契約による事務の処理に当たっては，個人の権利利益を侵害することのないよう個人情報を適正に取り扱わなければならない。

（秘密の保持）
第2　乙は，この契約による事務に関して知り得た個人情報を他人に知らせ，又は不当な目的に使用してはならない。この契約が終了し，又は解除された後においても同様とする。

（適正管理）
第3　乙は，この契約による事務の処理のために取り扱う個人情報について，漏えい，滅失及びき損の防止その他個人情報の適正な管理のために必要な措置を講じなければならない。

（再委託の禁止）
第4　乙は，この契約による事務の全部又は一部について第三者に再委託をしてはならない。ただし，乙は，委託先及び委託の範囲を甲に対して報告し，あらかじめ甲の書面による承諾を得た場合に限り，再委託をすることができる。
　　この場合において，乙は，この契約により乙が負う義務を再委託先に対しても遵守させなければならない。このため，乙は，乙と再委託先との間で締結する契約書においてその旨を明記すること。

（収集の制限）
第5　乙は，この契約による事務の処理のために個人情報を収集するときは，当該事務の目的を達成するために必要な範囲内で，適法かつ公正な手段により行わなければならない。

（従事者の監督）
第6　乙は，この契約による事務に従事する者（資料等の運搬に従事する者を含む。以下「従事者」と総称する。）に対し，在職中及び退職後においても当該契約による事務に関して知り得た個人情報を他人に知らせ，又は不当な目的に使用してはならないこと，個人情報の違法な利用及び提供に対して罰則が適用される可能性があることその他個人情報の保護に関して必要な事項を周知しなければならない。

　また，乙は，この契約による事務を処理するために取り扱う個人情報の適切な管理が図られるよう，従事者に対して必要かつ適切な監督を行わなければならない。

（複写又は複製の禁止）
第7　乙は，甲が承諾した場合を除き，この契約による事務を処理するために甲から提供を受けた個人情報が記録された資料等を甲の承諾なしに複写し，又は複製してはならない。

　また，事務の処理を行う場所に，資料等の複写が可能な媒体を持ち込んではならない。

（作業場所の指定等）
第8　乙は，この契約による事務の処理について，甲の庁舎内において甲の開庁時間内に行うものとする。この場合において，乙は，その従事者に対して常にその身分を証明する書類を携帯させなければならない。

　なお，乙は，甲の庁舎外で事務を処理することにつき，当該作業場所における適正管理の実施その他の安全確保の措置についてあらかじめ甲に届け出て，甲の承諾を得た場合は，当該作業場所において事務を処理することができる。

（資料等の運搬）

第9　乙は，その従事者に対し，資料等の運搬中に資料等から離れないこと，電磁的記録の資料等は暗号化等個人情報の漏えい防止対策を十分に講じた上で運搬することその他の安全確保のために必要な指示を行わなければならない。

（目的外利用及び提供の禁止）

第10　乙は，甲の指示がある場合を除き，この契約による事務の処理のために取り扱う個人情報を当該契約の目的以外の目的に利用し，又は第三者に提供してはならない。

（実地調査等）

第11　甲は，この契約による安全確保の措置の実施状況を調査するため必要があると認めるときは，実地に調査し，乙に対して必要な資料の提出を求め，又は必要な指示をすることができる。

（資料等の返還）

第12　乙は，この契約による事務の処理のために，甲から提供を受け，又は乙自らが収集し，若しくは作成した個人情報を記録した資料等は，この契約による事務処理の完了後直ちに甲に返還し，又は引き渡すものとし，甲の承諾を得て行った複写又は複製物については，廃棄又は消去しなければならない。

（事故発生時における報告）

第13　乙は，個人情報の漏えい，滅失又はき損その他の事故が発生し，又は発生するおそれのあることを知ったときは，速やかに甲に報告し，甲の指示に従わなければならない。

（損害賠償）

第14　乙は，その責めに帰すべき事由により，この契約による事務の処理に関し，甲又は第三者に損害を与えたときは，その損害を賠償しなければならない。再委託先の責めに帰する事由により甲又は第三者に損害を与えたときも同様とする。

注１．「甲」は実施機関を，「乙」は受託者を指す。

注２．受託事務の実態に即して，適宜必要な項目を追加し，不要な項目は省略するものとする。

鹿児島市の条例施行規則や香川県の特記事項において，再委託を規制しているが，これらは，受託業者を通じた契約上の義務づけにとどまっている。これに対して，条例自体において，再委託等により個人情報取扱事務の処理を取り扱う者を含めて「受託者」と定義して，罰則も適用する条例も存在する[51]。最近は，そのような動きが強まっている。

　名古屋市も，個人情報保護条例17条において，①実施機関は，個人情報の取扱いを委託するときは，個人情報の保護のために必要な措置を講じなければならないこと，②受託業者等は当該個人情報の保護のために必要な措置を講じなければならないこと，③受託業者等又は受託業務従事者若しくは従事者であった者は，当該業務に関して知り得た個人情報をみだりに他人に知らせ又は不当な目的に使用してはならないこと，④実施機関は，受託業者等に対して，当該個人情報の適正な取扱いを確保するため，報告を求め，調査することができること，⑤適正に取り扱われていないと認めるときは，当該個人情報の取扱いの是正を求めるものとすること，を定めている。そして，受託業務従事者若しくは従事者であった者が，正当な理由がないのに，個人の秘密に属する事項が記録された個人情報データファイルを提供したときは，2年以下の懲役又は100万円以下の罰金に処するとしている（72条1項）。

　次に，民間業者による情報の漏洩による損害について，委託元の市が民法715条に基づく損害賠償責任を負うものとされた事案がある。京都地裁平成13・2・23（判例地方自治265号17頁）は，住民基本台帳のデータを使用して乳幼児検診システムの開発業務を民間事業者に委託したところ，さらに再々委託されて再々委託先のアルバイト従業員がデータを不正にコピーして名簿業者に販売したため，それが同業者にも出回ったという事実関係を前提に，住民票のデータは，原告らのプライバシーに属するものとして保護されるべきであるという理由によって，市の損害賠償責任を肯定した。発注に当たって，「選任及びその事業の監督について相当の注意」を怠ってはならない例といえる。控訴審・大阪高裁平成13・12・25（判例地方自治265号11

51　和泉市個人情報保護条例18条1項，48条2号。

頁）も，この判断を維持した。

統計調査業務の場合　統計調査は，その目的を達成するために正確を期すことはもちろんであるが，同時に調査に当たって，あるいはその後の情報管理において被調査者の権利・利益を侵害しないようにしなければならない。

平成16年11月に，総務省に「統計法制度に関する研究会」が設置されて，その報告書が平成18年6月にまとめられた。同報告書のうち，本書の課題に関係する部分は，調査対象者の情報の保護のため，調査実施者に課している義務や罰則を統計調査の受託者に対しても適用すべきこと（具体的には，受託者の調査票等の適正管理義務，秘密漏えいや公表期日前漏えいに対する罰則規定とその明確化），民間委託の一層の推進を図るための仕組みの検討（具体的には，調査実施者が，指定統計調査事務について地方公共団体が独自に包括的民間委託をすることを可能と判断した場合には，調査実施者において，地方公共団体が委託を行なう場合に講ずべき措置等を定めた調査の計画案を作成し，当該計画案について，統計審議会の審議を経て総務大臣の承認を受けることを必要とする）という点にある。また，内閣府に設置された「統計制度改革検討委員会」も，平成18年6月に報告をまとめた。同報告も，統計調査を受託した民間事業者に対して，秘密の保護，調査票等の適正管理などに関する規律が適切に適用されるよう関係規定を整備する必要があるとした。

他の事項と併せて，平成19年に全文改正による新統計法が成立した。その中において，業務受託者に対する調査票情報等の適正管理のために必要な措置を講じなければならない義務（39条2項），行政機関，地方公共団体又は届出独立行政法人等から調査票情報等の情報の取扱いに関する業務の委託を受けた者その他の当該委託に係る業務に従事する者又は従事していた者に，当該委託に係る業務に関して知り得た個人又は法人その他の団体の秘密を漏らしてはならないとする守秘義務を課している（41条4号）。従来は，委託契約の条項を通じて受託者に義務づけようとしていたことについて，法律による義務づけに強めたことを意味する。そして，同法は，守秘義務違反に対しては，2年以下の懲役又は100万円以下の罰金に処することとした（57条1項2号）。

政府は，「統計調査における民間事業者の活用に係るガイドライン」（各府

省統計主管課長等会議申合せ）（平成17・3・31）によって，統一的な扱いをしようとしてきた。その後，公共サービス改革法に基づく公共サービス改革基本方針，前記の統計法改正，統計法に基づく「公的統計整備に関する基本的な計画」等を踏まえて改定を重ねてきた。統計調査業務における民間事業者の活用に向けた取組みを推進するため，統計の品質の維持・向上，報告者の秘密保護，信頼性の確保等を前提に，民間事業者のより適正かつ効果的な活用を一層推進し，統計調査の適正かつ確実な実施の確保等を図ることを目的としたガイドラインである。平成22年3月改定後のガイドラインは，①相互に関連性のある業務や調査横断的な共通業務における一括委託の活用，②民間事業者が統計調査業務に関する経験やノウハウを蓄積することで，より効率的に業務を実施できるようにする観点から，委託業務の内容や調査実施時期などを考慮し，国庫債務負担行為の活用による複数年にわたる契約の導入に努めることなど注目すべき視点も提供している。「報告者の信頼の確保等の観点から講ずべき措置」に関して，次のように述べている。

　まず，報告者から得られる調査事項等について秘密の保護の徹底を図る観点から，各府省が講ずべき措置として，①自ら業務に従事する職員等に対し秘密の保護に関する意識を啓発するための研修又は指導をさらに徹底する，②契約前に委託候補業者（入札参加者）から秘密の保護に関する規程等を提出させ，情報保護・管理の内容を確認する，③委託先が第三者へ業務の全部又は大部分を一括して再委託することを禁止することとし，委託先が業務の一部について再委託を行なう場合には，再委託先や再委託契約の内容等についてあらかじめ各府省の承認を得なければならないものとする，④派遣労働者についても，職員等の場合と同様，秘密保持について厳重な管理・監督を行なうとともに，派遣労働者に遵守させるべき事項についてあらかじめ定めておく，などを挙げている。また，委託先に講じさせる措置として，①職員及び調査員に対し，研修又は指導を通じて秘密保持義務があることについて周知徹底を行なわせる，②職員及び調査員に対し，秘密保持についての厳重な管理・監督を行なわせる，③調査員が業務上知り得た事項について，いかなる理由があっても，また，受託期間であるか否かを問わず，決して第三者に漏らさないこと及び自己又は第三者の不正な利益を図る目的で利用しない

ことを内容とする秘密保持に関する誓約書を調査員から徴させる，④再委託の場合も同様の措置を再委託先に行なわせることを委託先に求める，ことを挙げている。

さらに，調査票情報等の管理を必要とする業務の委託に当たって講ずべき措置等を掲げた後に，それらを踏まえて委託先との契約書又は覚書等において，明記すべき事項（別紙）として，①善良なる管理者の注意義務に関する事項，②業務上知り得た事項に係る秘密保持義務に関する事項，③関係書類の適正管理義務に関する事項，④調査票情報等の複写，貸与及び提供の禁止に関する事項，⑤調査票情報等の集計のための作業の過程で作成し，不要となったデータの消去及び入出力媒体の廃棄に関する事項，⑥再委託に関する事項，⑦業務の実施状況についての監査に関する事項，⑧事故又は災害発生時における報告に関する事項，⑨違反した場合における契約解除の措置その他必要な事項，⑩かし担保責任に関する事項，を掲げている。

新統計法の全面施行に伴う行政の対応として，「調査票情報等の管理に関するガイドライン」（平成21・2・6総務省政策統括官（統計基準担当）決定）及び「統計調査における民間事業者の活用に係るガイドライン」の改定（平成21・4・1各府省統計主管課長等会議申合せ）が発せられた（その後，平成22・3・25にさらに改定）。

なお，新統計法は，逆に，行政機関の長又は届出独立行政法人等は，その業務の遂行に支障のない範囲内において，一般からの委託に応じ，その行なった統計調査に係る調査情報を利用して，統計の作成等を行なうことを許容している（34条）。これは，外部委託の問題ではないので，これ以上立ち入ることはしない[52]。

応募事業者の情報の扱い　事業者が企画提案方式による公募に応じて企画提案書を提出した場合に，その企画提案書について情報公開請求がなされることがあり得る。一般論としては，情報公開条例の法人情報に該当するか

52　平成21年には，新統計法の全面施行に合わせて「委託による統計の作成等に係るガイドライン」（総務省政策統括官（統計基準担当）決定）が公表されている。その中では，法令，本文に述べた二つのガイドラインを踏まえた契約条項を設け，受託業者が確実にこれを履行するよう措置するとしている。

など，個別の条例との関係において判断されることになる。しかし，奈良県の未収金回収業務委託の募集に際しては，募集公告に「企画提案書及びその審査・選定に関する文書は，奈良県情報公開条例（平成13年奈良県条例38号）の規定によって公開の請求があった場合には，公開するものとします」との記載がある。これが，奈良県情報公開条例の法人等情報で非開示事由に該当するものであっても，県が開示できることになるのかどうかは検討を要する。この文章は，単に念のために注意を喚起しているにすぎないのかも知れない[53]。なお，公私協働の場面における企画提案書については，積極的に情報公開がなされなければならない（本書第3章6［1］を参照）。

3　行政内部業務の委託契約

［1］　行政内部業務の外部委託

本書において取り上げる理由　　行政内部業務を部分的に外部委託することは広く行なわれてきた。それは庁舎の清掃業務などを考えただけでも明らかである。しかし，従来は，どちらかといえば，単純な作業を外部委託することが中心であったように思われる。公務員の給与体系を適用して公務員給与を支給するのに比べて，民間事業者が従業員を雇用する場合の人件費負担は少なく，そのことが委託費の支払額にも還元されていたといえよう。このような委託は，現在も進行中である。外部と接触する場面の庁舎の受付業務なども外部委託されることがある。

ここで行政内部事務を取り上げるのは，そのような場面の業務ではない。むしろ職員の専門知識の不足などにより外部に委託せざるを得ない場合のことを想定している。このような業務の委託に関しては，委託者である行政自身が内容の良し悪しを判断できなくなってしまうおそれがあるという問題意識によっている。

特定プロジェクトの効果予測業務　　国や地方公共団体が大きなプロジェク

53　長崎県の母子福祉貸付金未収金回収業務委託に係る企画提案募集要項は，提出された全ての書類は情報公開の対象文書になることから，「法人に関する情報（いわゆる企業秘密等）に該当する場合は，その旨明記すること」を求めている。

トを立ち上げようとするときは，それが投下費用に見合う効果をもたらすといえるかを予測する作業が重要である。その効果には，経済効果が含まれることも多い。そのような予測を行なう専門家を庁内に擁していないときに，専門家を抱える民間の研究機関（シンクタンク）等にその作業を委託することが広く行なわれてきた。そのこと自体は，やむを得ないことといわなければならない。

しかしながら，このような業務の場合に，受託事業者は，委託元の行政機関が委託に対する成果としていかなることを期待しているかを忖度して受託業務を進めることがないとはいえない。たとえば，地方公共団体の長が自己の存在を強力にアピールしようとしていることを感知した事業者は，そのような結論に達するように作業を進めるおそれがある。地方公共団体による大規模プロジェクトで失敗に帰したもののうちには，このような経緯によるものも少なくないと推測される。

固定資産評価業務の委託　固定資産評価の業務は，固定資産税に係る市町村の業務のうちで極めて高いウエイトを占めている。とりわけ3年に一回の基準年度に向けた業務のウエイトが高いといえる。そこで，従来から，例えば航空写真の撮影の業務などが委託の対象にされてきた。さらに，今日においては，土地評価に係る路線価付設業務について委託の対象にする市町村が極めて多い。たとえば，平成21基準年度の評価に向けた委託のための「守山市固定資産（土地）評価調査委託業務仕様書」によると，業務の概要は，①路線価格形成要因調査（路線）・データ構築，②標準宅地メモ価格バランス調整，③土地価格比準表修正，④路線価格算定及びバランス調整，⑤時点修正路線価算定，⑥公開資料作成，⑦評価センター用データ作成，⑧報告書の作成が掲げられている（12条）。数値情報を利用した課税資料の整備（15条）という最も基礎的な部分の業務を対象とする委託である。基礎的ではあるが，このような業務は，固定資産評価の補助的な業務として委託可能であるとされる一方，総務省自治税務局固定資産税課長通知「固定資産評価における民間委託及び民間有識者等の活用について」（平成19・3・30）は，固定資産の実地調査等は民間委託になじまないという見解をとっている。すなわち，「固定資産の実地調査及びそれに基づく評価（地方税法第408条，第

409条）は公権力の行使である固定資産税の賦課処分と一体をなす事務である。これらは審査申出の対象となるなど課税庁として説明責任が生ずるものであるほか，実地調査については，罰則により担保された質問検査権（家屋内部への強制的な立ち入り調査など地方税法第353条，第354条）に裏打ちされて実施するものであることから民間委託になじまないものと考えられる」というのである。かくて，家屋の評価には実地調査の権限行使を伴うことから活用されていないという。そして，公権力の行使部分との調整が課題であるとされている[54]。

施設管理委託　自治法が公の施設に関して，従前の管理委託に代えて指定管理者の指定制度を採用したために，「公の施設の管理委託」は，名目的には存在しなくなった。しかし，「運営業務委託」の名目による契約方式が存在することは，すでに述べたとおりである。

さらに，個別法による管理委託が散見される。

たとえば，土地改良法によれば，農林水産大臣は，土地改良財産を都道府県又は土地改良区等に管理させることができる（94条の6第1項）。これは，「管理の委託」の意味であるとされている。国営土地改良事業によって生じた土地改良財産たる土地改良施設についての管理の委託は，その国営土地改良事業に係る予定管理方法等に従い，その管理者として定められた者に対し，その管理方法に関する基本的事項として定められたところに準拠して管理が行なわれることとなるようにするものとされている（94条の6第2項）。新潟地裁昭和61・5・23（判例タイムズ623号153頁）は，県が実施した土地改良施設たる農業用水排水路が土地改良区に管理委託されていた場合において同排水路に小学生が転落し溺死した事故について，県も，土地改良区と並んで損害賠償責任を負うものとした。その理由について，次のように述べている。

　「土地改良法上，管理の受託者は善良な管理者の注意をもって管理を行うべきものとされ（同法施行令58条1項），受託に係る土地改良財産に

---

[54] 資産評価システム研究センター『固定資産評価事務の民間委託に関する研究』（平成20年）及び前田高志「固定資産税における評価事務の民間委託について」経済学論究62巻4号1頁（平成21年）を参照。

ついて管理上支障のある事故が発生したときは直ちに当該土地改良財産の保全のため必要な措置を講じなければならず（同法施行令58条2項），その管理費用は管理受託者が負担する（同法施行令63条）ものとされていることからすると，一見管理の委託者の管理責任が免除されていると解せられなくもない。しかし，右の管理の委託は，土地改良事業によって生じた土地改良財産たる土地改良施設について，その施設の利益を受ける地元の土地改良区に管理を委託することが便宜であり，且つ，適切な管理を行う所以であるということから認められたものであること，管理の委託は一種の公法上の契約であると解せられるが，管理の委託をするについて，管理委託者と管理受託者間の協議により管理の方法，委託の条件，その他必要な事項を定め（同法施行令56条），その定められたところに準拠して管理が行われることになる（同法94条の10，94条の6第1項）ことに照らすと，管理委託者の管理責務が全て管理受託者に引き受けられるものと解することはできない。また，地方自治法2条2項，3項1号及び6項によれば，地方公共団体はその固有事務として用排水路につき行政的管理責務を負うものであるが，亀田排水路は右の用排水路に該当する法定外公共物であることからすると，被告県は，地方公共団体としての存立目的に内在する固有の機能に基づく住民福祉行政の一環として公共排水路としての亀田排水路の管理責務が認められるものである。そうすると，被告県は，新亀田排水路を被告改良区に管理を委託したことにより事実的管理行為については被告改良区の専権に任すことはできても，一切の管理責務を免れるものではなく，被告改良区と並んで新亀田排水路の管理者であるというべきである。」

　公共サービス改革法に基づき設置されている官民競争入札等監理委員会は，施設の管理・運営業務を重点分野と位置づけて，公共サービス改革基本方針においても，いくつかの施設に係る管理・運営業務を官民競争入札等の対象事業に選定している。しかし，平成21年に公表した報告書において，庁舎の民間委託は進んでいるものの，各府省の現状は，個別業務（警備，清掃，設備管理等）ごとに，委託しているものがほとんどであるため，このような個別業務ごとの委託方式では，業者側が長期的視野に立った庁舎管理・運営

業務全般に関する提案を行なうのが難しいのではないか，各府省も入札実施や事業者の管理等に関する事務負担が大きくなっているのではないか，と問題点を指摘している。そして，委託契約の包括化や複数年化を提案している[55]。

包括化と複数年化によるメリットが強調されているのである。

国有財産の管理委託　国有財産に関して，かつては，その管理は，国自らが行なうことが当然の原則であるので，私人に管理を委託するには法律の根拠を要するとする考え方に立って，旧軍用財産のほかは，個別法により授権することとしていた。そして，昭和48年改正後の国有財産法10条1項が普通財産に限り，「各省各庁の長が当該財産の有効な利用を図るため特に必要があると認める場合には，その適当と認める者に管理を委託すること」を認めることとした。そして，管理の委託を受けた管理受託者は，管理の目的を妨げない限度において，承認を受けて，当該財産を使用し又は収益をすることができるとされていた（2項）。管理の委託を受けた普通財産の管理の費用は，管理受託者が負担しなければならないとしつつ（3項），その反面において，その収益は管理委託者の収入とされていた（4項本文）。ただし，収益が管理費用を著しく超える場合には，管理受託者は，その超える金額の範囲内で各省各庁の長が定める金額を国に納付しなければならない（4項ただし書）として，過大収益を国が吸い上げる方式であった。

このような管理委託を国有財産特別措置法に定めることは，例外的措置の趣旨によるといえたが，平成18年改正により，同趣旨の管理委託に関する規定が国有財産法に定められた（改正後の26条の2）。国有財産法制に対する国民の関心も強い中で，一般法に定めたことの意義は大きいといわなければならない。

財務省理財局は，平成18年4月28日付の理財局長通知（財理第1789号）により，国有財産法26条の2の規定による普通財産の管理委託の場合の取扱いについて，次のような通知を発している。

　1　管理委託の目的及び範囲

---

[55] 官民競争入札等監理委員会『「国民本位の公共サービス」へ——公共サービス改革報告書（2006〜2009）——』（平成21年5月）27頁以下。

普通財産の管理委託は，未利用となっている普通財産の有効な利用を図るため特に必要があると認められる場合であって，普通財産の管理の適正化を図り，もって地域福祉向上の観点から，当該財産を暫定的に，一般公衆の利用に供するため，次に掲げる場合に行うことができるものとする。

　なお，管理委託は，いたずらに私人の営利目的に適用を拡大することの無いよう，十分に留意すること。

　また，当該財産の使用収益について有償貸付によるべき場合，又は管理委託の期間が極めて短期間（6か月未満）となる場合は，これを行わないものとする。

(1)　無償貸付けを前提とする管理委託

　未利用地について，公園，緑地，ごみ処理施設等，無償貸付けできる用途に充てることの処理方針を決定した場合，又は処理方針を決定していないが，利用計画上当該財産の規模，立地条件等からみて，これら無償貸付けのできる用途に充てざるを得ないと認められる場合において，これを処理するまでの間，一般公衆の利用に供するため又は当該財産の維持保全を図るため当該用途に供する地方公共団体に管理委託することが適当であると認められるとき。

(2)　オープンスペース保全のための管理委託

　イ　小規模の未利用地を児童の遊び場又は緊急時の避難場所等オープンスペースとして一般公衆の利用に供するため，地方公共団体等に管理を委託することが適当であると認められる場合

　ロ　未利用地について，その所在する地域の発展動向等から勘案して将来における都市計画上の都市施設等の公的需要に充てるため，オープンスペースとして留保しておくことが適当と認められるものを，当該財産の処理方針を決定しその処理を行なうまでの間，一般公衆の用に供するため，地方公共団体等に管理を委託することが適当であると認められる場合

(3)　財産の位置，環境，立地条件等からの管理委託

　地域住民の生活環境の維持のため管理保全をする必要がある財産，文

化的価値を保存していく必要がある財産，又は山間へき地等遠隔地に所在する財産で，地域福祉向上の観点からその管理を地方公共団体に委託することが，当該財産の適正な管理に資すると認められるとき。

(4) その他

都市計画によって公園，緑地等として計画決定された特定の地域内にある財産について，当該公園，緑地等の管理者となるべき地方公共団体が，公園，緑地等とするため，その地域の良好な管理を図り，地域を整備する場合において，これを処理するまでの間，地方公共団体に管理を委託することが適当と認められるとき。

(5) 地域福祉向上のための管理委託

上記(1)〜(4)の他，未利用地の管理の適正化を図り，もって地域福祉向上の観点から未利用地を暫定的に一般公衆の利用に供することが適当であると認められるとき。

2 管理委託の相手方

普通財産の管理を委託する場合の相手方は，次に掲げる者とする。

(1) 地方公共団体（地方公共団体の管理責任のもとに町内会，地域自治会等が利用する場合を含む。）

(2) 地域福祉向上の観点から，管理義務を遂行する資力信用に厚く財務局長が適当と認める者

（注）地域福祉向上の観点から，不特定多数の利用に供することを目的として管理を受託しようとする者であって，国有地の維持管理に係る費用等の負担能力を勘案して相手方を選定するものとする。

なお，本項により相手方を選定する場合は，当分の間，本省と協議を行うこととする。

3 管理委託の日及び管理期間

契約締結の日をもって管理委託の日とし，管理委託を受ける者（以下「管理受託者」という。）は，管理委託の日以降その管理の責に任ずるものとする。

管理委託の期間は，原則として管理委託の日から2年間とする。ただし，相手方の事業計画の実施上の事情等特別の事情がある場合には1年

以上3年以内の期間内で財務局長が適当と認める期間を定めることができる。

　なお，引き続き，管理を委託することが適当であると認められるときは，更新を認めることができる。
4　管理委託契約等
　(1)　普通財産の管理を委託する場合の契約書式については，平成13年3月30日付財理第1298号「普通財産の管理及び処分に係る標準契約書式及び同取扱要領について」通達の別紙の第2の第29号書式によるものとする。
　(2)　管理を委託した財産を管理受託者において使用し，又は収益しようとする場合には，あらかじめ，次に掲げる事項を記載した申請書を提出させるものとする。
　　イ　使用し，又は収益しようとする受託財産の範囲
　　ロ　使用又は収益の目的及び方法
　　ハ　使用又は収益の期間
　　ニ　使用又は収益による予定収益及び費用の額
　(3)　管理の委託に当たっては，管理委託の趣旨の徹底を図り，又，管理受託者が当該財産の管理を受託し，暫定的に利用に供していることを対外的に明らかにするため，同様の趣旨を記した現地看板等の設置を義務付けるものとする。
5　国庫納付
　法第26条の2第4項の規定に基づき国に納付させる額は，国有財産法施行令（昭和23年政令第246号）第15条の4，平成18年財務省告示第193号及び同第194号により算定する。
6　使用又は収益の変更
　管理受託者が受託財産の使用又は収益の内容を変更する必要が生じた場合には，あらかじめ文書により国の承認を受けさせなければならない。この場合において，管理受託者が地域住民の教養の向上及び福祉の増進を図るため，受託財産を短期間，展示会，見本市，植木市等の行事に供する場合又は，受託財産の利用に資するため，その地上又は地下に構造

が簡易な構築物で撤去が容易なものを設置する場合等に限り，これを承認することができる。
7　契約解除等
 (1)　次の各号の一に該当する場合には，管理委託契約を解除するものとする。
　イ　管理受託者が，契約に定める義務に違反した場合又は，当該受託財産の管理が良好でないと認められる場合
　ロ　国又は地方公共団体等において，公用，公共用又は国の企業の用に供し若しくは公益事業の用に供するため受託財産を必要とする場合
 (2)　上記(1)のイの場合であって，真にやむを得ない事情があると認められるときは，すみやかに是正措置を講じさせるとともに，次の8に定める違約金を徴すべき場合は，違約金を徴したうえで，管理委託契約を継続してもさしつかえないものとする。
8　違約金の徴求
　管理受託者が，次の各号の一に該当する行為をした場合には，契約締結時の見積評価格の1割に相当する額を違約金として徴するものとする。
 (1)　国の承認を得ないで，受託財産の地上又は地下に建物その他の構築物を設置した場合
 (2)　国の承認を得ないで，受託財産を第三者に使用又は収益させた場合
 (3)　国の承認を得ないで，受託財産の原状を変更した場合
 (4)　管理委託契約に定める受託財産の実地調査若しくは実地監査を拒み，妨げ，又は管理状況及び使用収益の状況についての報告を怠った場合
 (5)　受託財産の使用又は収益にあたって営利を目的としていると認められる場合
 (6)　国の承認を得ないで，受託財産を使用目的以外の用途に供した場合
9　特別措置

特別の事情があるため，この通達により処理することが適当でないと認められる場合には，その特別な事情及び詳細な理由を付した処理案につき理財局長の承認を得て処理することができる。
10　経過措置
　平成18年4月28日付財理第1789号による本通達の改正前に既に国有財産特別措置法第10条第1項の規定により管理委託をしているものについては，なお，従前の例によることができるものとし，期間満了等により当該財産につき，あらためて管理委託を認める場合には，この通達に定めるところによるものとする。当該財産につき，改めて管理委託を認める場合には，この通達に定めるところによるものとする。

　この通知において注目されるのは，管理委託の相手方について，二つに分けて掲げられていることである。その一つが，「地方公共団体（地方公共団体の管理責任のもとに町内会，地域自治会等が利用する場合を含む。）」（2(1)）とされている。地方公共団体に限られない国有財産法26条の2の管理委託ではあるが，地方公共団体については，格別の制限を設けることなく委託の相手方となり得ることを示している。もう一つ，「地域福祉向上の観点から，管理業務を遂行する資力信用に厚く財務局長が適当と認める者」も相手方となり得るが，その注において「地域福祉向上の観点から，不特定多数の利用に供することを目的として管理を受託しようとする者であって，国有地の維持管理に係る費用等の負担能力を勘案して相手方を選定する」ものとしている。しかも，当分の間は，本省と協議を行なうこととしている。実質的なハードルは高いことを推測させる。両者を比較した場合に，明らかに地方公共団体優先といえよう。

　国有財産の管理委託による業務を主たる事業として掲げる財団法人も設立されている[56]。このような財団法人は，維持管理業務の多くを再委託することも多いと推測される。国の財産管理のトータルコストが真に節減されてい

56　財団法人国有財産管理調査センター。同財団法人のホームページによれば，平成22年4月現在で，国有地173か所，75万8,000㎡について維持管理を行なっているという。

るかどうかについては，慎重に検証する必要があろう。

　公有財産の管理委託　　公有財産の管理委託に関しては，自治法及び自治法施行令に特別な規定は見あたらない。しかし，地方公共団体の公有財産管理規則等に規定が置かれている場合がある。

　それには，普通財産に関してのみ管理委託の規定を置く例が多い。たとえば，鳴門市公有財産管理規則は，普通財産は，次のいずれかに該当する場合は，その管理を公共団体又は公共的団体に委託することができるとして，①市が管理することが困難であると認めるとき，②当該財産の効率的な運用を図るため，他に管理させる必要があるとき，を掲げている（8条の2第1項）。そして，管理受託者は，管理を妨げない限度において，市長の承認を受けて当該財産を使用し又は収益をすることができること（同条2項），管理受託者は，受託財産の管理の費用を負担しなければならないこと（同条3項），受託財産から生ずる収益は管理受託者の収入とすること（ただし，その収益が管理費用を著しく超える場合は，管理受託者は，その超える金額の範囲内で市長の定める金額を市に納入しなければならない）（同条4項），管理受託者は受託財産を善良な管理者の注意をもって管理しなければならないこと（同条5項）を定めている。管理受託の手続についても定めている（8条の3）[57]。この規則は，受託者を公共団体又は公共的団体に限定している点に注目しておきたい。

　これに対して，横浜市公有財産規則は，行政財産の管理委託の規定を先に置いている。まず，行政財産は，当該財産の性格，市の管理能力その他の事情を考慮し，必要がある場合においては，これを一定の目的に従って管理することを市以外の者に委託することができる，と定めている（38条1項）。委託先は，条文に即していえば「本市以外の者」であるから，鳴門市のように公共団体又は公共的団体に限られるものではない。そして，管理委託するときは，市長は，管理受託者と契約を締結し，受託者が受託財産を善良な管理者の注意をもって管理する義務を負うことを約定するものとしている（同

---

[57] 徳島県公有財産取扱規則も，同様に詳しい規定を置いている（30条，31条）。これに対して，新潟市公有財産規則は，単に「普通財産である土地は，これを管理委託することができる」（43条3項）と定めるのみである。

条2項)。次いで，受託者から受託財産を使用する申出があったときは，使用許可をすることができるとしている（同条3項）。行政財産であるがゆえに，使用には許可が必要であるというのである。そして，受託財産の管理に要する費用の負担に関しては，受託者の負担とする原則であるが，国，他の地方公共団体その他の公共団体若しくは公共的団体が受託者である場合又は行政財産の目的外使用に係る使用料を減免できる事由（同規則28条各号）に該当する場合は市が負担することができるとしている（38条4項）。最後に，市長は，必要があると認めるときは，いつでも管理委託の契約を解除できるとしている。このような仕組みから見て，この管理委託は，受託者が管理によって何らかのメリットがある場合を想定しているといえよう。

横浜市の前記規則は，行政財産に関する規定を前提にして，その規定を，普通財産の管理を委託する場合に準用するとしている（「使用許可」の部分は，「契約において定めるところにより使用させる」と読み替える）（63条1項）。

このような規則の定め方の違いは，地方公共団体の公有財産政策の違いによるものであり，公の施設に該当しない行政財産も存在するので，行政財産の管理委託を認める横浜市の規則が違法なものということはできない。

国有財産の仲立契約　財源確保等の観点から，近年は，未利用国有地の売却が推進されている。政府は，そのための仲介業務の利用を拡大させてきた。国有財産中央審議会報告書「今後の国有地の管理処分のあり方について」（平成11・6・18）は，「売却手法についての検討」の項目を掲げて，その中で，売買仲介の拡大について検討し，「現在，価格の公示売却及び一般競争入札で売買契約に至らなかった物件について，レインズ登録を実施し，仲介業者を活用しているが」，今後，「一般競争入札等の実施に際しても，仲介業者を積極的に活用する方法を検討すべきである」と述べた。しかし，競争入札の場合においてどのような活用が考えられると見ているのかは，明らかでないし，その後，実際に進展しているという情報もない。逆に，一般競争入札の場合が除外されているというわけでもない。現在行なわれている方法は，国有財産管理処分の権限を有する機関が，仲立委託財産目録に対象国有財産を記載した物件について業務を委託し，受託事業者は，買受希望者との折衝をすること，必要に応じて買受希望者の探索を行なうこと，売払いに

関する書類のうち委託者が必要と認めるものの調製を行なうことなどの業務を行なうこととされているようである。

総務事務の外部委託　地方公共団体においては，総務事務の外部委託が進行している。大きな流れとしては，「今後の行政改革の方針」（平成16・12・24閣議決定）や後述の総務事務次官通知に添うものであるが，先行実施の事例が大きな影響を与えている。

静岡県は，総務事務の集中化と外部委託を推進してきたという。「集中化」とは，職員給与，旅費，非常勤職員の報酬費などの支払事務（＝総務事務）について，①まず，本庁の総務事務に関して，各部局の主管室に集中化（平成10年度から），次いで「総務事務センター」を設置して集中処理（平成14年度から），②出先機関についても，まず，総合庁舎単位で集中処理（平成13年度から），次いで，総合庁舎内の旅費事務を本庁の総務事務センターで集中処理（平成18年度から），すべての出先機関の総務事務を本庁の総務事務センターに集中化（平成19年度から20年度），という手順で集中化を図ってきた。これと併行して，平成14年度以降，総務事務センターにおける総務事務の一部の民間委託を推進してきた。「一部」にとどまっているのは，法令により県の職員でなければ扱えない業務があることによっているようである。

静岡県の総務事務外部委託の特色の一つは，委託契約における委託期間である。通常は，年度単位にするものであるが，総務事務にあっては，年度当初が繁忙期であるころから，債務負担行為を活用して，7月から翌年度の6月末日までとしている。

静岡県と並んで，大阪府も総務事務の集中化と民間委託を推進してきた。府が直接に担当しなければならない給与の決定，物品調達入札参加資格の審査などの事業企画・調整・運営に関する「バックオフィス」業務以外の「フロントオフィス」業務を包括的に民間委託の対象とするものである[58]。

総務省も，総務事務次官通知「地方公共団体における行政改革の推進のための新たな指針」（平成17・3・29）において，「民間委託等の推進」の一環

---

[58]　大阪府総務サービスセンター編『大阪府庁の総務事務改革』（東京リーガルマインド，平成16年）による。なお，碓井・公共契約法精義285頁を参照。

として，「給与・旅費の計算，財務会計，人事管理事務等の総務事務や定型的業務を含めた事務・事業全般にわたり，民間委託等の推進の観点から，総点検を実施すること」を地方公共団体に求めた。

こうして，総務事務の外部委託は，急速に広まっている[59]。大阪市も，平成19年に「大阪市総務事務センター運営事業に関する包括的業務委託」を実施した。総務事務センターは，市直営の管理業務部門と民間委託される委託業務部門に分けられ，前者は，センター全体の総括や業務企画，委託部門の管理，制度運用指導，審査認定業務等を実施し，必要に応じて，関係制度所管担当と調整を行なう。後者は，職員からの各種相談への対応，申請書類等の受付・点検，関係システムのヘルプデスク対応，職員情報システムをはじめとする各業務システムへの入力作業等の直接サービス業務を担当する。そして，平成19年に総合評価一般競争入札の対象にした包括的業務委託の内容は，センターの開設準備段階の業務（センター運営の詳細設計などの開設準備業務，職員への周知・研修業務，庶務ガイドの整備）から運用段階の業務（センター運営直接サービス業務[60]）までの包括的業務であった。契約期間は，平成23年度末までの複数年契約である。

以上のような地方公共団体の動きに比べて，国の動きは，必ずしも進んでいないようである。官民競争入札等監理委員会は，平成21年5月の報告書において，旅費，物品調達，謝金，諸手当等の管理業務について十分な効率化が図られていないとしたうえ，それら業務のうち旅費業務を取り上げて，包括的なアウトソーシングを行なうべきであるとし，民間事業者の創意工夫を最大限発揮させるために，制度上の課題を解決するべきである，としている[61]。明示的に述べられていないが，旅費法や会計法令の改正も要するので

---

59 その状況について，野村総合研究所『パブリックサポートサービス市場ナビゲーター――公共サービス5兆円市場の民間開放がはじまる』（東洋経済新報社，平成20年），伊藤利江子「地方自治体の総務事務アウトソーシングの課題とその対応策」NRIパブリックマネジメントレビュー69号（平成21年）を参照。

60 具体的には，扶養手当・住居手当等の申請受付・システム入力，健康保険申請の受付，庶務ガイドの運用・保守，勤務情報システムの運用，業務改善提案などである。

61 官民競争入札等監理委員会『「国民本位の公共サービス」へ――公共サービス改革報告書（2006〜2009）――』（平成21年5月）39頁以下。

あろう。

[2] 住民団体への管理業務等の委託

住民参加型の管理を実施するための委託　法定の制度にも，住民参加型の管理協定制度があることはすでに述べた（本書第2章1［5］）。また，住民参加による公共施設の管理についても述べた（本書第3章3［2］）。法定制度以外においても，管理業務の委託が確実に進展しつつある。その代表例は，道路や河川の草刈り業務の委託である。これらの背景には，維持管理費予算が減少していくなかで，行政の効率化を図る必要に迫られてきたことも影響しているとされる[62]。三重県においては，道路・河川の草刈りについて，あらかじめ各建設事務所が毎年度の除草箇所を決定し区域図面を作成しておいて，草刈りを希望する団体からの照会・相談を受けて，申出書の提出に基づいて委託先を決定して契約を締結する方式が採用されている。最低草刈り面積は1,000 ㎡，1契約100万円を限度とする契約である[63]。

愛知県も，県管理河川の草刈り作業について，地域住民団体等への委託を実施している[64]。建設事務所長が，原則として年度当初に，県が通常草刈りを実施している区間のほか所長が認めた区間のうち，地域住民団体等から草刈り作業の要望があり，原則として掘込み河道で溝や障害物のない作業上安全な法面などで，地域住民団体等への委託が望ましい区間を定めて公表したうえ，公募をして，地域住民団体等の代表者と委託契約を締結する途を開いている。しかし，委託契約の締結に至るまでに，地元市町村が深く関与する。すなわち，草刈り作業委託区間の公表については，あらかじめ刈草等の受入れ条件について地元市町村と協議を行なうこと，公募に応じて申し出ようとする団体は，地元市町村の窓口に申出書を提出し，それが市町村から建設事務所長に送付されて，所長が地域住民団体等を選定する。そして，建設事務所長は，地元市町村と協議して，選定した地域住民団体等への委託が適当と

62　三重県県土整備部維持管理室道路管理グループ「三重県の住民参加型の維持管理について」道路行政セミナー2009年1月号5頁。
63　三重県県土整備部維持管理室道路管理グループ・前掲5頁。
64　「愛知県管理河川における草刈り作業の地域住民団体等への委託実施要領」による。

判断した場合は，市町村長及び地域住民団体等との三者協定を締結する。

　随意契約方式の許容性　これらの委託契約は，自治法，同法施行令との関係において，競争入札ではなく，随意契約といわなければならない。草刈り契約の場合は，少額契約に当たり，随意契約が許容されるとしても，仮に少額契約の金額基準をオーバーする場合に随意契約が許容されるのかについて一応検討しておきたい。

　まず，このような委託契約は，単に経済性を重視した契約ではない。むしろ，委託契約と言いながら，市価の半額程度の対価のこともあるとされる。一種の協働の場面として，協働そのものに価値を認めるものであって，住民団体等も，対価以外に得る価値の大きさを評価しているものと思われる。もちろん，このような説明をして，安易に住民団体に業務を押し付けることがあってはならない。

　以上のような事情に鑑みると，自治法施行令167条の2第1項2号の「その性質又は目的が競争入札に適しないものをするとき」に該当すると見るのが自然であろう。

4　業務委託と損害賠償

[1]　業務受託者の従業員の被った損害についての賠償

　委託者の損害賠償責任　行政サービスについて委託を受けた会社の従業員が，その業務に従事中に事故に遭遇するなどした場合に，委託者である行政主体が損害賠償責任を負う場合がある。

　旭川地裁平成19・12・26（判例時報2003号98頁）は，河川管理業務の受託会社の従業員が流雪溝付近で除雪作業中に急激な水流に流され後遺障害を生じた事故について，河川管理者である地方公共団体は，河川内で除雪作業を行なうことを少なくとも認識していて，敢えて作業の実施を禁ずることなく，これを認容していたものであって，このような対応は，実質的に受託会社ないしその従業員に対し，そのような除雪作業を指示していたのと同視できると認定した。そして，次のように述べて損害賠償責任を負うべきであるとした。

「前記認定の除雪作業の内容のほか，本件流雪溝の構造，冬期間に大量の積雪があった場合の河川の水流の状況等にかんがみれば，同作業は作業中に水流に飲み込まれるおそれがあるなど，他の業務に比して重大な危険を伴うものであることは容易に推測できるものというべきであり，被告としては，……原告らが同作業を行うのであれば，作業従事者の生命，身体の安全を図るための措置を自ら講じ又は〔受託会社〕をして講じさせるべき不法行為法上の注意義務を負っていたものというべきであるところ，上記諸点にかんがみれば，被告においてこれらの措置を十全に尽くしたとは認められず，被告は，上記注意義務に違反して，漫然と原告らに対して本件除雪作業を行わせたものと認めるのが相当である。」

この事例にも示されているように，公物管理権者が業務委託先に対して，どのような指示等をしなければならないかについては，民事法の流れの中において考察が深められなければならない。

公の営造物の設置管理の瑕疵による賠償責任　　青森地裁平成元・11・21（判例時報1337号103頁）は，水産団地において水産加工業者の工場から排出される排水を排除するために設置された汚水管内で清掃工事をしていた作業員が汚水から発生した硫化水素ガスにより窒息した事故についての損害賠償請求事案である。判決は，この汚水管は，市が設置管理している「公の営造物」（国家賠償法2条1項）であるとしたうえ，「営造物の設置又は管理の瑕疵とは，営造物が通常有すべき安全性を欠いていることをいい，右安全性とは，当該営造物の利用者以外の第三者に対する安全性をも含むものと解される」と述べて，汚水管の管理者であり，かつ清掃工事の注文者でもある市の担当職員は受託会社に対し，作業員の生命身体に危険が及ばないような措置をとることを命じ，また，もしそのような措置をとらないときは直ちに工事を中止させるか加工業者に排出を停止させるべきであったのに，そのような措置をとらなかったのであるから，汚水管の設置管理に瑕疵があったとした。この事件において，市は，民法716条本文により，注文者である市は，請負人が第三者に与えた損害について責任を負わないと主張したが，判決は，注文者である市は，請負人に対する指図に過失があったもので，同条のただし書により責任を負うものとした。なお，この事件においては，会社も損害

賠償責任を負うものとした。

この判決で問題になったように，民法716条の適用が問題になる事例が多いと思われる。民法716条は，「注文者は，請負人がその仕事について第三者に加えた損害を賠償する責任を負わない」としつつ，「注文又は指図についてその注文者に過失があったときは，この限りでない」とするただし書を置いている。

[2] 第三者に与えた損害の賠償

保育ママによる虐待事件　社会福祉法人の設置している児童養護施設における事故について県の国家賠償責任を肯定した最高裁平成19・1・25（民集61巻1号1頁）は，いわゆる「措置」に係る事案であるので，契約による業務委託に関する先例性を有するとはいえない。しかし，業務委託の場合であっても，国家賠償法の適用により，第三者の被った損害に対して委託者である行政主体が賠償責任を負うとされることがある。その典型例として，東京地裁平成19・11・27（判例時報1996号16頁）は，保育ママが保育児童に対して虐待した場合に，保育ママ制度を運営している地方公共団体（東京世田谷区）が国家賠償責任を負うとした。直接には，要綱ないし取扱要領による権限の不行使を問題にし，具体的事情の下において，その権限の趣旨・目的に照らして著しく不合理と認められる場合には，国家賠償法1条1項の適用上違法の評価を受けるとし，乳幼児に身体・生命に対する危険回避の努力を期待することは困難であるから，制度を運用する区は，保育ママとしての不適格者を排除して危険を回避すべき義務があることを理由とするものである。

児童福祉と家庭的保育事業が位置づけられたので（34条の14），今後はこの種の事件が増える可能性もある（本書第2章1［2］を参照）[65]。認可保育所等における事故についての賠償責任については別著において相当程度詳しく述べたので[66]繰り返さないことにする。

データの提供によるシステム開発・業務処理の民間委託と損害賠償責任　今日において，さまざまな業務処理にあたり電子的処理のシステム開発を民間事業者に委託することが行なわれている。その際に基本的なデータが民間事

業者に提供されることがある。また，行政の保有するデータを民間事業者に提供して一定の業務処理を委託することも多い。平成20年に実施された定額給付金や子育て応援手当の支給に当たっても，民間事業者に住民基本台帳のデータを提供して発送事務等を実施した市町村も多かったであろう。このような場合に，当該データに個人情報が含まれていて，それが民間事業者を通じて流出し第三者に損害を与えることがある。すでに述べたように，市が住民基本台帳データを利用した乳幼児検診システムの開発業務の委託をした際に，データが流出したことによる損害について，京都地裁平成13・2・23（判例地方自治265号17頁）及びその控訴審の大阪高裁平成13・12・25（判例地方自治265号11頁）は，市の賠償責任を肯定した。今日のネット社会においては，思わぬ損害を招く場合があるが，それも予見可能性の範囲内とされることが多いと思われる。

自動車損害賠償保障法による運行供用者責任との関係　業務の受託者の車両が交通事故を起こした場合に，業務を委託していた地方公共団体に自動車損害賠償法3条の運行供用者責任を認める裁判例がある。同条に定める「自己のために自動車を運行の用に供する者」に当たるというのである。

大阪地裁昭和60・4・30（判例時報1168号91頁）は，次のように述べた。

「一般に市町村の一般廃棄物処理業者に対する一般廃棄物処理業務の委託は，廃棄物の処理及び清掃に関する法律（以下廃棄物処理法と略称する。）6条3項，同法施行令4条に基づきなされるものである（なお，旧清掃法（昭和29年法律第72号）及び同法施行令（昭和29年政令第183号）はそれぞれ廃棄物処理法及び同法施行令により全文改正されたが右と同趣旨の規定を置いていた。以下同じ。）ところ，本来，一般廃棄物処理業務は地方公共団体である市町村の固有事務に属し（地方自治法2条2項ないし

65　認可外保育施設における事故に関して，県の規制権限不行使につき国家賠償法上の違法性が認められないとした裁判例として，横浜地裁平成18・10・25判例タイムズ1232号191頁がある。同様に認可外保育施設における虐待について県の規制権限の不行使につき，県の国家賠償責任を肯定した裁判例として，高松地裁平成17・4・20判例時報1897号55頁及びその控訴審・高松高裁平成18・1・27判例集未登載がある。

66　碓井・社会保障財政法精義520頁以下。

4項，6項，別表第二・二㈦），原則として市町村はみずからその区域内の一般廃棄物の処理について一定の処理計画を定め，かつ，これに従って実施する責務を有し（廃棄物処理法6条1項，2項），例外的に当該市町村自身による処理が困難であること等の事情があるときに限り市町村長が処理業者に処理の許可を与えることができるとされている（同法7条）こと，市町村が処理業者に一般廃棄物処理業務を委託する場合は，その委託基準として受託者の資格につき一定の厳格な要件を規定するとともに基本的な処理計画の作成を委託しないこと，一般廃棄物の処分を委託するときは市町村において処分の場所及び方法を指定すること等が規定されている（同法施行令4条）一方，廃棄物処理法7条所定の市町村長による許可手続及び許可要件を必要としていないこと等の法令の趣旨に鑑みると，右委託による一般廃棄物処理は，処理業者に対する許可の場合と異なり，市町村がその実施主体となり，みずから定めた処理計画の範囲内において行うものである点において市町村の直営の場合と実質的には何ら相違はなく，委託処理業者は市町村のなすべき業務を代行するにすぎないものと解するのが相当である。」

この判決のポイントは，一般廃棄物処理業務の委託をもって「業務の代行」と把握していることである。

これに先立って，市の糞尿の汲取業務の委託を受けていた業者の車両が交通事故を起こした場合についても，浦和地裁川越支部昭和55・11・12（交通事故民事判例集13巻6号1529頁）は，次のように判示した。

「たしかに被告A商会が私企業として自己の計算と危険において右事業を執行していることはいえるのではあるが，しかしながら，『廃棄物の処理及び清掃に関する法律』によりふん尿の汲取，搬出の事業は市町村即ち本件においては被告入間市の責任においてなすことが義務づけられているのであって，実際，被告入間市が被告A商会にこの業務を委託するに当っても，右法律の趣旨に従い，期間を1年と区切って，そのつど委託を継続するか否かを決する機会をもち，またその折に委託業務計画書を提出させる等して業務の執行を把握していることは間違いないのであるから，やはり本件においては被告入間市においても本件事故車両の

運行によって利益をあげ，また運行を支配していたものとみるのが相当で，被告入間市には自賠法3条により，本件交通事故によって生じた前記原告の損害を賠償する責任がある。」

これらの裁判例により，少なくとも廃棄物処理法による業務委託の場合には，委託市町村が運行供用者責任を負うとされる場合が多いと予測される。

公の営造物の管理の委託の場合　自治法の公の施設について，現行法は指定管理者制度を採用しているので，委託の問題として論ずることはできない[67]。しかし，適正を欠く指定管理者の管理行為によって，公の営造物が通常有すべき安全性を備えていないために私人が損害を被った場合において，国家賠償法2条の適用される場合があろう。また，管理委託方式の許容されている公の営造物について国家賠償責任の有無が問題となることがある。

県が土地改良法による土地改良施設たる排水路の管理を土地改良区に委ねていた場合に，同排水路に子どもが転落した事故による損害について，新潟地裁昭和61・5・23（判例タイムズ623号153頁）は，「管理委託者の管理責務が全て管理受託者に引き受けられるものと解することはできない」とし，県の国家賠償責任を認めた。同判決は，自治法によれば，地方公共団体はその固有事務として用排水路につき行政的管理責務を負い，県は，地方公共団体としての存立目的に内在する固有の機能に基づく住民福祉行政の一環として公共排水路としての管理責務が認められると述べ，事実的管理行為につい

67　日比谷公会堂における在日朝鮮人の集会の使用申請に対して，指定管理者が使用承認をした後，開催直前に使用承認を取り消したため，取消訴訟を提起し，執行停止決定を得て開催にこぎつけた原告が慰謝料，行政訴訟提起の費用，弁護士費用等を損害であるとして提起した国家賠償請求事件がある。東京地裁平成21・3・24判例時報2046号90頁は，公の施設である日比谷公園の使用について不当な差別的取扱いをしてはならないこと，右翼団体の者による抗議行動により生ずる混乱を心配するあまり，慎重かつ十分な検討をすることなく指定管理者に取消処分をするよう指示したもので，憲法，地方自治法，公園条例の趣旨に反し，妨害を排除して少数者の権利を保障することができるよう可能な限り努力をすべき職務上の義務に違反する違法なものであるとして，東京都の国家賠償責任を肯定した。この事件においては，処分の取消しを指示したという知事以下の積極的行為に着目した判断がなされており，知事以下の指示がないときに，東京都の賠償責任がどのようになるかについてまで述べられているわけではない。

て改良区の専権に任すことはできても，一切の管理責務を免れるものではない，とした。ここにおいては，「行政的管理責務」という興味ある概念が用いられている[68]。

公共サービス改革法と損害賠償責任　公共サービス改革法は，官民競争入札実施要綱及び民間競争入札実施要綱のなかに，損害賠償責任に関する事項を含めることを求めている。すなわち，官民競争入札実施要綱には，公共サービス実施民間事業者が官民競争入札対象サービスを実施するに当たり第三者に損害を加えた場合において，その損害の賠償に関し委託契約により当該公共サービス実施民間事業者が負うべき責任（国家賠償法の規定により国の行政機関等が当該損害の賠償の責めに任ずる場合における求償に応ずる責任を含む）に関する事項を定めるものとされている（9条2項12号）。民間競争入札実施要綱にも，同様の事項を定めるものとされている（14条2項10号）。この規定が，損害賠償責任の実体規定を定めるものではないとするならば，入札実施要綱に定める際には，この規定にかかわらず，実体規範に従った定めをすることが求められるというべきであるが，求償に応ずる責任は付随的に規定されていることに鑑みると，民間事業者が直接に損害賠償責任を負うべき場合があることを広く認める趣旨を含むと解する余地がないわけではない。この点は，今後，訴訟において問題になることであろう[69]。

5　事業移管契約

[1]　事業移管契約

事業移管契約とは　国や地方公共団体が行なってきた事業を民間に移管

68　小幡純子「『公の営造物』概念に関する試論」原田尚彦先生古稀記念『法治国家と行政訴訟』（有斐閣，平成16年）487頁，506頁は，公共用物については設置・管理主体が国・公共団体であるかにかかわらず，「公の営造物」として国賠法2条を適用する余地を認め，公用物については設置・管理主体によって「公の営造物」該当性を画そうとしている。

69　小幡純子「公共サービスの民間委託等の流れと訴訟にみる自治体の責任」Governance 2010年2月号23頁は，公共サービス改革法の規定を挙げて，民間事業者が一定の責任を負うことが想定されている，としている。

することがある。国の場合には，国の事業を直ちに民間に移管するのではなく，公社形態にした後に，株式会社組織にして，その株式を売却することによって民間移管する方式が活用されてきた。国鉄，電電公社，日本郵政公社などがその過渡期の公社であった。これらの場合には，事業移管契約なるものを認識することはできない。これに対して，地方公共団体が直営の保育所を社会福祉法人に経営移管する場合の契約，公立病院を医療法人に経営移管するなどの場合には，事業移管契約が存在する。もちろん，行政主体間移管契約による場合も存在する。国立病院は，目下は独立行政法人国立病院機構の経営によっているが，同機構に移管される前においては，公・民を問うことなく，国立病院の移管を進めようとしていた（本書第5章2［8］を参照）[70]。同じく，都道府県立病院が市町村に移管された例もある[71]。

公立病院に関しては，「公立病院改革ガイドライン」（平成19・12・24総務省自治財政局長通知）により，公立病院の果たすべき役割の明確化[72]のうえに，特に民間医療機関が多く存在する都市部における公立病院については，現実に果たしている機能を厳しく精査したうえで，「必要性が乏しくなっているものについては廃止・統合を検討していくべきである」としている。そして，公立病院改革の視点として，経営効率化，再編・ネットワーク化，経営形態の見直しを掲げて，この「経営形態の見直し」について，「民間的経営手法の導入を図る観点から，例えば地方独立行政法人化や指定管理者制度の導入などにより，経営形態を改めるほか，民間への事業譲渡や診療所化を含め，事業の在り方を抜本的に見直すことが求められる」としている。このように，

---

70 その推進のための法律が，「国立病院の再編成に伴う特別措置に関する法律」（昭和62年法律第106号）であった。同法は，独立行政法人国立病院機構法（平成14年法律第191号）附則14条により廃止された。

71 たとえば，北海道立寿都病院の寿都町への移管，神奈川県立厚木病院の厚木市への移管など。

72 公立病院に期待される主な機能として，①山間へき地・離島など民間医療機関の立地が困難な過疎地等における一般医療の提供，②救急・小児・周産期・災害・精神などの不採算・特殊部門に関わる医療の提供，③県立がんセンター，県立循環器病センター等地域の民間医療機関では限界のある高度・先進医療の提供，④研修の実施等を含む広域的な医師派遣の拠点としての機能などが挙げられるとしている。

公立病院改革は，民間移譲が唯一の方法ではない。現在は，地方独立行政法人形態への移行も進められている。この場合には，事業移管契約を伴うものではない。

　かくて，事業移管契約という切口の際に，民間移管のみを取り上げるのは適切ではないかも知れない。しかし，いずれにせよ，事業移管契約を締結する行政主体は，相手方に対して，従来行政として行なってきたサービス水準を維持することを強く期待する。その事業において，期間の長短を別にして継続的な利用関係があるときは，なおさらである。このような事情もあって，事業移管契約においては，特別な契約条項が盛り込まれることがある。相手方に義務を課す場合，自らが一定の助成を約す場合などがある。

　移管先の選定　民間に事業を移管する際に，公募方式を採用し，選定委員会の審査を経ることとする場合もある。札幌高裁平成21・11・27（判例集未登載）は，市が老人福祉施設を施設譲渡方式により民間移管するに際して，選定委員会が選定した候補者に市長がなした「決定に至らない」旨の通知の処分性を肯定し，違法として取り消した。指定管理者の指定手続に関する条例及び同条例施行規則が候補者を公募する原則を採用し，本件の公募方式は，それを参考にして適切な受託業者を選定するためであると推認されるとした。そして，本件募集は，指定管理者よりも長い期間事業を継続し，利権が大きく，かつ，重い責任を負う事業者を選定するので，指定管理者方式においてすら公募原則であることに鑑みれば，より慎重に事業者を選定する必要のある施設譲渡方式においては，公募によることが自治法の解釈上要求されていると解することができ，本件募集は，法令の定めに基づいてされたもので，前記通知も行政処分であるといえるというのである。

　公営バス事業の移管　事業移管は，さまざまな分野において行なわれている。一例として，公営のバス事業の移管について見てみよう。函館市は，平成12年に市交通局が運行するバス路線を函館バス株式会社に移管するために「乗合バス事業の経営の一元化に当たっての基本協定書」を締結した。協定書本文においては，移管時期（2年間で段階的に移管すること）のほかは，合意事項のうち，市議会並びに会社の取締役会及び株主総会の承認が必要な事項は，議決並びに承認を得た後に効力を生ずるものとすると定める程度で，

経営一元化に当たっての基本条件は，別紙に掲げる方式が採用された。別紙においては，経営一元化後の系統及び運行回数，経営一元化に当たっての支援措置，交通局嘱託職員の雇用，協議会の設置を掲げた。別紙のなかで注目される項目を拾い上げてみたい。

第一に，会社は，系統の移管を受けてから1年間は，一部の系統を除き，移管時の系統及び運行回数を基本として運行するとしている点である（ただし，重複する系統等を調整する必要がある場合は別途協議するとしている）。これは，移管前の住民に対するサービスが移管によって損なわれないようにという趣旨であるが，いつまでも維持することは会社に無理を強いることにもなりかねないので，1年間としたのであろう[73]。

第二に，これと関連して，経営一元化に当たっての支援措置が掲げられている。会社の経営基盤の強化のために市が2,000万円を出資すること，市交通局の2営業所の土地・建物等を移管時期に合わせて無償で貸し付けること（貸付期間は10年間とし，その後の取扱いは別途協議），新規乗合バス車両購入経費の補助，カードシステム設置経費補助，市交通局資産購入経費補助（購入に要する経費の5分の4を補助），移管準備等所要経費の補助（5分の4を補助），バスロケーションシステム設置経費補助である。これらは，市内交通の確保に一定の責任を負うべき立場にある市が，市のバス事業の肩代わりをすることに鑑みて講じた措置である。

第三に，市交通局嘱託職員等の雇用である。市交通局の嘱託職員等のうちで，会社に就職を希望する者について会社の雇用条件で雇用するものとしている。その場合に，雇用条件については，市交通局における経歴を考慮するものとしている。事業移管時における職員の扱いは重要な問題であることに鑑みた項目である。

[2] 公立病院の民間移管の場合の具体例

福岡県立病院の移管　　公立病院に関しては，地域医療における役割の位

---

[73] なお，「系統の移管を受けてから1年を経過した後において，系統及び運行回数を変更する場合には，バス利用者の利便の確保等公共交通の責務に十分に配慮するものとする」との条項も置かれている。

置づけ，経営の健全化等の観点から，さまざまな検討がなされて，その一形態として，民間への移譲がなされてきた[74]。たとえば，福岡県は，「県立病院改革（移譲及び公設民営化）に関する計画」において，4病院について，診療機能の維持・向上や健全な経営が期待できる医療機関等に移譲することとし，さらに，「福岡県立病院の移譲先の募集に関する要領」を定めた。同要領は，前記4病院のうちの2病院（朝倉病院，遠賀病院）の移譲先の募集に関するものである。応募資格のほかに注目すべきは，次のような移譲の条件が提示されたことである。

「(1) 県立病院が主として行ってきた医療を現在地で引き継ぐとともに，地域で要望の多い医療機能の充実に取り組み，長期にわたる地域医療の確保に努めること。

　特に，朝倉病院については，現在行っている肝疾患を中心とした消化器系疾患に対する医療，救急医療に引き続き取り組むこと。また，地域で要望の多い小児科を設置すること。

　遠賀病院については，現在行っている痴呆疾患等に対する老人医療に引き続き取り組むこと。また，地域で要望の多い救急医療を実施するとともに，小児科を設置すること。

(2) 引き続き在院を希望する入院患者を引き継ぐこと。

(3) 本県を退職して再就職を希望する職員を優先的に採用するとともに，県からの派遣出向職員の受け入れ（最長5年間）について協力すること。」

そして，移譲に係る資産譲渡の概要，選定方法等に関して記述した後に，協定等の締結に関して，「移譲先団体として決定後，基本的事項に関する協定を締結する。なお，資産の譲渡等を含め移譲に関する具体的な協議を実施した上で，移譲の期日までに譲渡契約等を締結するものとする」と記述されていた。

福岡県においては，資産の譲渡に関しては，「福岡県立病院の移譲に伴う

---

[74] 東京都は，都立病院を徐々に財団法人東京都保健医療公社に移管した。しかし，同公社の基本財産は，東京都，東京都医師会，東京都歯科医師会の出えんによっており，純粋な民間移管とはいえない。

特別措置に関する条例」（平成16年福岡県条例第36号）が制定された。これは，県立病院の移譲を円滑に行なうとともに，移譲される県立病院の所在する地域の医療を確保するため，県立病院事業の用に供されている資産（不動産及び動産）の譲渡等に関する特別措置を講ずるものである。「国立病院の再編成に伴う特別措置に関する法律」が参考とされたと推測される。同条例は，「県立病院事業の用に供されている資産の譲渡又は貸付けで，県職員が当該資産の譲渡又は貸付けを受けて引き続き経営される病院の職員となることを伴うもの」に限って，所定の法人の中から「県立病院の円滑な移譲，長期にわたる地域医療の確保及び職員の引継ぎの観点から適当であると知事が認めた者」に対して行なうこととしている（2条）。そして，同条例の実質的意味は，移譲先が一定の要件を満たす場合には，資産を時価よりも低い価額で譲渡することができること（3条1項），移譲病院の円滑な運営を図るうえで知事が特に必要と認める場合は，移譲先団体に対し，県立病院の用に供されている資産のうち規則で定めるものを無償で貸し付けることができること（3条2項）である。これらは，自治法237条2項に定める財産の適正な対価によらない譲渡若しくは貸付けに必要とされる条例として位置づけられる。

　同条例は，さらに二つのことを規定している。一つは，県の補助である。すなわち，県は，予算の範囲内で，移譲先団体に対し，当該病院の円滑な運営及び当該病院の所在する地域の医療の確保が行なわれるよう，当該病院の整備及び運営に要する費用の一部を補助することができる（4条）。もう一つは，県職員の派遣である。すなわち，県は，移譲先団体に対し，当該移譲を円滑に行なうため，当分の間，「公益法人等への福岡県職員の派遣等に関する条例」2条1項の規定により県職員を派遣することができるとしている（5条）。

浦安市川市民病院の移管　公立病院の民間移管に際して，老朽化している病院施設を建て替えることを条件とする場合もある。そのような場合には，新病院の建設費について相当額の補助をあらかじめ示して移譲先を公募せざるを得ないこともある。浦安市と市川市の設置してきた「浦安市川市民病院」に関しては，民設民営方式により現在地で全面建替えをすることとして，

公募型プロポーザル方式により移譲先を公募した。移譲日から建設着工までは市民病院機能を原則として継続すること（患者については診療を引き継ぐこと），建替え期間中は市民病院が担っている小児医療及び二次救急医療を必須とした病院機能を維持すること，新病院は4医療機能（高齢化に対応した医療，救急医療，小児医療，周産期医療）を重点とし，その充実に努めること，後継法人は，市民病院に勤務する職員を原則として雇用するものとすることを条件とした。条件の中には，新病院を開院後，速やかに「財団法人日本医療機能評価機構の病院機能評価」の認定を受け，認定後はこれを維持活用することも含まれている。

　他方，病院の用地は無償貸与，病院の施設は無償譲渡とし，さらに新病院の建設費の補助限度額は97億円で，建設費がそれを下回る場合は，その建設費を補助額とする旨を公募要項に示した。市民病院の施設の取壊し，地盤及び支持層確認ボーリング調査並びに土壌分析調査に係る費用は，その実費額を補助することとした。これらの補助金の支払いについては10年以内の分割とし，その支出額については協定書で定めることとした。

　公募に対して第1次審査（書類審査）及び第2次審査（書類審査，プレゼンテーション及びヒアリング）を実施，後継法人候補者を選定して，協定締結に向けた協議を行ない，移譲までの間病院運営に協力する等の覚書を取り交わすとともに，覚書締結後に，後継法人候補者と基本協定項目について協議を行ない協定書を締結することとした。基本協定協議項目は，公募要項に添付されている。現市民病院の移譲時期，患者の診療の引継ぎに関する事項，「移譲後から新病院建設開始，新病院建設中及び新病院開業後の医療機能及び規模，診療科目等に関する事項」，新病院開業の予定時期，新病院の名称，現市民病院に勤務する職員の処遇に関する事項，地域の医療機関との連携に関する事項などの多岐にわたる項目が列挙されている。問題は，前記の医療機能，診療科目等に関して，協定書によって新病院開業後のいつの時点までを拘束できるかという点である。地域における医療の低下を怖れる市と病院経営の効率化を図りたい移譲先法人との利害が対立することが予想され，協定書の条項があるからといって，何らの制限なしに拘束を続けることは不合理というほかはない。

民間病院への統合　公立病院の民間移譲の一形態として，公立病院を民間病院と統合する方式がある[75]。病院の統合に関して，医療法の下において消極的な政策がとられていたが，平成17年に合計病床数が統合前よりも減少することを要件として公的病院同士の統合を認めた。

たとえば，福島県は，県立大野病院を福島県厚生農業協同組合連合会に移譲することにより，同連合会の双葉厚生病院と統合する方式が採用された。県及び連合会は，「県立大野病院と双葉厚生病院の統合に係る基本計画」を策定し，基本協定書において，同基本計画に基づき，救急医療，感染症医療，初期被ばく医療等の政策医療を始め大野病院が担ってきた医療を継承するとともに，引き続き地域医療の確保を図るものとしている（3条1項）。また，大野病院で受療している患者のうち，引き続き受療を希望する患者を引き継ぐものとしている（3条2項）。県は，大野病院の施設，設備等の資産を無償貸付けすることも定めている（4条1項）。

もっとも，基本協定の条項に中には，規範的効力の弱い事項も少なくない。すなわち，政策医療をはじめ地域医療の充実に向けた県の人的支援に関しては，「人的支援を行うこととする」という抽象的な定めに終わっており（5条1項），支援の対象及び範囲については，両者協議のうえ決定するものとしている（同条2項）。県を退職する職員に関しても，連合会は，「再就職を希望する職員の受入れについて配慮するものとする」とし，その採用について連合会の定める基準によるとしている（6条）。医療機能の維持向上等に係る経費の範囲内の財政的支援を行なうとしつつも，支援の範囲及び額については，やはり，両者の間で毎年協議のうえ決定するものとしているにすぎない（7条）。

75　民間病院が公立病院に統合される例もある。たとえば，桑名市において，医療法人和心会平田循環器病院が桑名市民病院に統合され，同病院の分院とされた。ただし，桑名市民病院は地方独立行政法人化されている。同じく，神戸製鋼所が運営する神鋼加古川病院を加古川市民病院に統合して市の地方独立行政法人が経営する合意が成立し，平成23年4月の開設を目指しているという。

第5章　行政主体間契約・協定

1　法定の行政主体間契約・協定

[1]　事務の委託

法律の根拠に基づく事務委託　　法律が行政主体間の事務委託の根拠を定めている場合がある。法律が，ある行政主体の事務を定めているときに，それを法律の根拠なしに委託することができるかどうかについては，それがどのような事務であるかにより判断する必要がある。私人の権利義務に関わる事務に関しては，実際に事務を遂行する行政主体の所在は，重要な事項であり，そのあり方を法律で決めるべきものであるとするならば，その移転をもたらす委託についても法律の根拠を要することになる。この点は，行政処分権限の委任の場合と似た議論が可能であろう。それに対して，行政主体の純粋に内部事務に関しては，必ずしも法律の根拠を必要とするものではないと解される。

なお，以上に述べたのは，委託のための協定を締結するような場合のことであって，法律自体が「委託する」と定めている場合（法定委託）は，委託行為を要しない委託であるから，行政契約の対象にはしない。たとえば，国民年金法109条の10は，厚生労働大臣は，所定の事務を日本年金機構に「行わせるものとする」（1項）として，「機構への事務の委託」という条文見出しが付されているが，これは，委託行為を要する趣旨ではないと思われる[1]。国民年金法3条3項は，国民年金事業の事務の一部は，政令の定めるところにより，市町村長（特別区の区長を含む）が行なうこととすることができるとしている。これは，法律自体による事務の委託ではなく，政令によるものであるが，政令という一般的規範によることを予定しているものであ

---

[1]　健康保険法205条の2にも同趣旨の定めがある。

って，個別の委託行為を要しない点において，法定委託と通ずるものである。実際には，同法施行令1条の2が，市町村長が行なうこととする事務を列挙している[2]。

行政主体の範囲　前述の日本年金機構のような法人を行政主体と呼ぶことができるかどうかについては，行政組織法上の検討が必要かも知れない。しかし，行政の一端を担っている法人であることは疑いない。そのような法人まで広げた場合には，次のような行政主体間契約の存在も見られる。

第一に，社会保険診療報酬支払基金は，保険者等から委託を受けて診療報酬の審査，支払い等の各種事務を行なうこととされている（社会保険診療報酬支払基金法15条1項～3項）[3]。基金が，それらの業務を行なう場合には，定款の定めるところにより，保険者，国，都道府県，市町村若しくは独立行政法人又は厚生労働大臣若しくは都道府県知事とそれぞれ契約を締結するものとしている（同法15条4項）。

第二に，健康保険法は，一定の場合に，健康保険協会に滞納者に係る保険料の徴収を行なわせることを許容している。すなわち，厚生労働大臣は，協会と協議を行ない，効果的な保険料の徴収を行なうために必要があると認めるときは，協会に保険料の滞納者に関する情報その他必要な情報を提供するとともに，当該滞納者に係る保険料の徴収を行なわせることができる（181条の3第1項）。

---

[2]　国民年金法109条の11第1項も，厚生労働大臣は，「政令で定める場合における保険料その他この法律の規定による徴収金，年金給付の過誤払による返還金その他の厚生労働省令で定めるもの」の収納を日本年金機構に行なわせることができると定めている（これを受けた政令は，同法施行令11条の3である）。この場合も，政令の定める場合に委託する方式であるので，法定委託とは異なるが，法定委託と似た性質の委託である。健康保険法204条の6第1項も，保険料等の収納について，政令で定めるところにより，機構に行なわせることができるとしている。

[3]　生活保護法53条4項，戦傷病者特別援護法15条4項，原子爆弾被爆者に対する援護に関する法律15条4項・20条2項，児童福祉法21条の3第4項，「感染症の予防及び感染症の患者に対する医療に関する法律」40条6項，「心神喪失等の状態で重大な他害行為を行った者の医療及び観察等に関する法律」84条4項，石綿による健康被害の救済に関する法律14条2項，障害者自立支援法73条4項，精神保健及び精神障害者福祉に関する法律29条の7，麻薬及び向精神薬取締法58条の15等を参照。

地方自治法による事務の委託　　行政主体間の契約として，まず，自治法による地方公共団体の事務の委託がある。委託は，協議により規約を定めて，実施される（自治法252条の14第1項）。事務委託に関する規約には，委託事務の範囲並びに委託事務の管理及び執行の方法，委託事務に要する経費の支弁の方法などについての規定が置かれる（252条の15）。

　最もよく利用されているのは，消防業務の事務の委託である。三木町と高松市との間の消防業務の委託に関する規約には，事務委託の範囲の規定のほか，次のような条項が置かれている。

（経費の負担方法）
　第2条　委託事務の管理および執行に要する経費は，三木町の負担とし，三木町は，あらかじめ，これを高松市に納入するものとする。
　2　前項の規定による三木町の負担すべき経費の額については，毎年度高松市長と三木町長が協議して定める。

（収入の帰属）
　第3条　委託事務の管理および執行に伴い徴収する使用料，手数料その他の収入は，すべて高松市の収入とする。

（経理）
　第4条　高松市長は，委託事務の管理および執行に係る収入および支出については，その経理を明確にしておくものとする。

（決算の措置）
　第5条　高松市長は，地方自治法第233条第6項の規定により，決算の要領を公表したときは，速やかに，当該決算の委託事務に関する部分を三木町長に通知するものとする。

（条例等を制定し，または改廃した場合の措置）
　第6条　高松市長は，委託事務の管理および執行について適用される条例，規則等を制定し，または改廃した場合においては，直ちに三木町長に通知するものとする。

（水利施設の設置，維持および管理）
　第7条　三木町は，消火活動に当たって水利施設を常に有効に使用することができるよう，水利施設を設置し，維持し，および管理するもの

とする。

（財産上の措置）

第8条　高松市は，三木町の管理する財産で，高松市が委託事務の管理および執行の用に供するため必要とするものを無償で使用するものとする。

（協議会）

第9条　高松市長と三木町長は，委託事務の管理および執行について連絡調整を図るため，必要に応じて協議会を開くものとする。

（委任）

第10条　この規約に定めるもののほか，委託事務に関し必要な事項は，高松市長と三木町長が協議して定める。

　委託に関する手続として重要なものは，双方の地方公共団体の議会の議決を経なければならないことであり，委託事務の変更，委託の廃止の場合も，協議のみならず，双方の地方公共団体の議決を要する（252条の14第3項による252条の2第3項本文の準用）。

　公平委員会の事務については，後述のように，地方公務員法7条4項が独立に「他の地方公共団体の人事委員会に委託して」処理させることを認めている。また，学校教育法も，後述のように，特に教育事務の委託についての規定を置いている。これらの事務委託も含めて，平成20年7月現在で，事務の委託件数は5,019あり，そのうち，公平委員会の事務が1,169に達しているという。それ以外は，住民票写しの交付等が936，公営競技（競輪・競馬・競艇）[4]が838，公務災害補償等審査会364の順で，従来からあった消防業務[5]は152，救急は140であるという。また，小中学校の教育事務が139，ごみ処理が107であったという[6]。証明書交付等について事務委託が活用されていることがわかる。相互に委託することにより（相互委託）[7]，住民の利

---

[4]　公営競技の事務委託は，公営競技の施行者である地方公共団体が，投票券，車券等の発売を他の競走場の設置者に委託する「場間場外発売」である。受託した地方公共団体にとっては貴重な収益源となっている。競輪の場合について，碓井光明「地方公共団体の競輪事業撤退をめぐる紛争」明治大学法科大学院論集7号507頁，514頁（平成22年）を参照。

便性を図る動きが広まっている。
　件数は少ないながらも，水道事務の委託もなされている。水道法24条の3による第三者委託が活用されている（本書第4章1［1］）。
　事務委託の場合に，規約を定めることが法定の要件であるが，実際には，それを実施するための協定書が締結されることがあるようである[8]。細部は，それらの協定書によっているのである。委託した事務を変更し，又はその事務の委託を廃止しようとするときは，当初委託のときの例により協議して行なわなければならない（自治法252条の14第2項）。
　自治法による事務の委託制度の存在は，地方公共団体間において請負等の民事上の契約を締結することを禁止するものではないと解されている。民間事業者と請負契約等を締結することと同じであるというわけである。そこで，一定の業務を他の地方公共団体に委託することも考えられるが[9]，その業務は事実行為に限られること，受託地方公共団体にとって「地域における事務」（自治法2条2項）といえるかという問題があるとされている[10]。

5　消防業務については，この事務委託方式のほか，一部組合により広域化を図っている場合も多い。たとえば，千葉県内において，平成21年4月1日現在で，次の8組合が存在する。安房郡市広域市町村圏事務組合（館山市，鴨川市，南房総市，鋸南町），長生郡市広域市町村圏組合（茂原市，一宮町，睦沢町，長生村，白子町，長柄町，長南町），匝瑳市横芝光町消防組合，山武郡市広域行政組合（東金市，山武市，大網白里町，九十九里町，芝山町），香取広域市町村圏事務組合（香取市，多古町，東庄町），佐倉市八街市酒々井町消防組合，印西地区消防組合（印西市，白井市，印旛村，本埜村），夷隅郡市広域市町村圏事務組合（勝浦市，いすみ市，大多喜町，御宿町）。
6　以上，総務省『地方公共団体の事務の共同処理の改革に関する研究会報告書』（平成22年）10頁。
7　たとえば，珠洲市と輪島市，穴水町及び能登町との相互委託，瑞穂町と福生市との相互委託など。岐阜市は，関ヶ原町，笠松町，本巣市とそれぞれ相互委託をしている。浜松市も，新居町，湖西市，磐田市とそれぞれ相互委託をしている。
8　たとえば，相模原市と町田市は，平成22年4月1日から相互に証明書の発行を可能にする「広域証明発行サービス」を開始することとしたが，平成22年2月10日に事務委託に関する協定書を締結している。
9　具体例として，和歌山県北山村が上・下北山衛生組合との間でごみ焼却について民事上の委託契約を締結していることが挙げられている。総務省・前掲注6，12頁。

なお，実態としては委託に限りなく近いにもかかわらず，法律上の建前としては，一方の地方公共団体からの一方的行為で足りるとされるものがある。地方税法20条の4に基づく徴収の嘱託である。徴収の相手方の住所，居所，家屋敷，事務所若しくは事業所又は財産が他の地方公共団体にある場合に可能とされている[11]。

　公平委員会の事務の委託　地方公務員法7条4項は，「公平委員会を置く地方公共団体は，議会の議決を経て定める規約により，公平委員会を置く他の地方公共団体と共同して公平委員会を置き，又は他の地方公共団体の人事委員会に委託して第8条第2項に規定する公平委員会の事務を処理させることができる」と規定している。この条項の「公平委員会を置く地方公共団体」という文言は，やや不正確であろう。すなわち，かならず，すでに公平委員会を置いている地方公共団体という場合は，たとえば，すでに人事委員会に委託している小さな町村が合併して人口15万人未満の市を設置した場合に，いったん公平委員会を設けてからでないと委託できないというのでは不都合である[12]。したがって，「公平委員会を置くべき地方公共団体」と読まなければなるまい。

　地方公務員法8条2項に定める公平委員会の事務は，①職員の給与，勤務時間その他の勤務条件に関する措置の要求を審査し，判定し，及び必要な措置を執ること，②職員に対する不利益な処分についての不服申立てに対する裁決又は決定をすること，③前記のものを除くほか，職員の苦情を処理すること，④その他法律に基づきその権限に属せしめられた事務，である。したがって，委託対象事務は，措置要求や不服申立て等の件数，内容に応じて変動する。このような特質を経費負担のうえで，いかに反映させるかが問題となる。「経常費」と「勤務条件に関する措置の要求及び不利益な処分に関す

10　総務省・前掲注6，12頁。
11　法律上は一方的に行なうことができるにせよ，徴収の嘱託が効果的に行なわれるためには，団体間において事前に協議し，合意の上で進めることが必要とされる（地方税務研究会編『地方税法総則逐条解説』（地方財務協会，平成18年）559頁）。
12　吸収合併により存続する地方公共団体の場合は，事務委託関係が存続するとされている（橋本勇『新版　逐条地方公務員法　第2次改訂版』（学陽書房，平成21年）111頁）。

る不服申立てに基づく審査等の経費」に分ける方法[13]が一般的なようである。

前者は，定額負担ないし経常費負担である[14]。定額負担の均等割額のほかに，職員数割の負担を合せて経常費としている受託団体も見られる。宮城県がその例である。「大和町と宮城県との間の公平委員会の事務の委託に関する協議書」によれば，同県の場合，均等割額は，市は27,000円，町村は21,000円，一部事務組合及び広域連合は5,000円である。職員数割額は，「基準額」から宮城県に公平委員会の事務を委託している全団体（＝全委託団体）が負担する均等割額の合計を減じた額を全委託団体の「職員数」で除した額（＝職員1人当たり委託単価）に「職員数」を乗じて得た額である。「基準額」とは，経常費の徴収を行なう年度の前年度における地方交付税職種別給与費単価（都道府県分）のうち，職員Bにかかる合計額に5分の2を乗じて得た額である。「職員数」とは，経常費徴収年度の前年10月1日現在における一般職の職員についての定数条例上の定数をいう。

後者は，特別事務処理費負担である。とりわけ難しいのは，特別事務処理費をどのように算定するかである。受託地方公共団体の請求に基づき委託地方公共団体が負担する（神奈川県），あるいは受託地方公共団体の請求に基づき支払う（岩手県）旨の規約の規定を有する場合がある。しかし，その運用実態を知ることは必ずしも容易ではない。規約に基づく協議書において具体的な算定基準を定めているようである。

熊本県は，経常的経費と臨時的経費とに分けて，臨時的経費は，次に掲げる経費であって，委任事務の処理に直接必要な経費としている。

① 委任事務の処理に関し，県人事委員会の委員，事務局職員又は県人事委員会の依頼を受けた者が旅行する場合の旅費

---

13 岩手県の「公平委員会の事務委託に関する規約」2条1項による。
14 青森県の場合，規約においては，県が委託を受けた事務を処理する場合において要する経費は，委託地方公共団体が負担する旨を定めるにとどまるが，定額負担も求めているようである。定額負担は，平成3年度から，市13,000円，町村10,000円，一部事務組合6,000円であるという。岩手県は，規約においては，知事と委託市町村の長が協議して定めることとしているが（「公平委員会の事務委託に関する規約」2条2項），おそらく個別協議ではなく，一定の基準による金額により協議を求めているものと思われる。

② 委任事務の処理に必要な印刷製本費

③ 委任事務の処理に必要な消耗品費，通信運搬費

④ 喚問した証人等の旅費，宿泊料，日当

⑤ 委任事務の処理に関し記録を保存するための経費

⑥ 委任事務の処理に必要な会場を設営するための経費

⑦ その他の委任事務の処理に関する経費

教育事務の委託　　学校教育法は，市町村に小学校及び中学校の設置義務を課したうえ（38条），市町村が自ら，又は組合により（39条），その教育事務を行なうことを不可能又は不適当と認めるときは，小学校・中学校の設置に代え，その教育事務を他の市町村又は組合に委託することを許容している（40条1項，49条）。これが「教育事務の委託」と呼ばれている。この場合も，若干の規定の読替えをしたうえで（40条2項），自治法上の事務委託の手続によることになる。自治法の手続によりながら，「不可能又は不適当と認めるとき」という要件を付したものであるから，そのように認められないときに，自治法の規定のみによって事務委託をなすことは許されない[15]。「不可能又は不適当」とは，学齢児童の数が一の学校を構成するに足りないとき又は適度の通学路程内において一の学校を構成するに足りる数を得ることができない場合であると解されている[16]。

　事務委託に関する規約の定めは，極めて簡潔なことが多い。「北斗市と函館市の教育事務の委託に関する規約」は，単に委託事務に要する経費につき，委託者である函館市の負担とし（2条），かつ，「委託事務の管理及び執行の方法その他委託事務に関し必要な事項は，北斗市と函館市が協議して別に定める」と規定するにとどまっている（3条）。

　これに対して，やや詳細な規約の例として，「大分県中津市と福岡県上毛町との学齢児童・生徒の教育事務の委託に関する規約」は，委託事務の範囲を定めたうえ（2条），委託事務の管理及び執行に要する経費は上毛町の負担とし，上毛町は，これを中津市に納入するものとするとしている（4条1項）。その経費は，中津市の決算に基づく経常経費に係る税等から普通交付

---

[15] 鈴木勲編『逐条学校教育法　第7次改訂版』（学陽書房，平成21年）390頁。

[16] 鈴木勲編・前掲書390頁。

税の算定に用いる経費の需要額を控除した額とし，中津町長が上毛町長と協議して定めるとしている（同条2項）。この趣旨は，実支出額を基礎として，交付税算定上の需要額との差額を上毛町が負担する趣旨である。さらに，負担金交付時期に関しては，毎年度中津市長の請求により，所定の期限までに納入しなければならないとしている（5条）。4条において，「中津市の決算に基づく経常経費に係る税等」を出発点とするのであるから，この規約に基づく限り，暫定的な納入はともかく，最終的な納入は，精算払い的なものになって，翌年度に持ち越されることになろう。いわば，「受託市町村の実支出額を基礎とする方式」であるといえる。この規約は，さらに，連絡調整を図るための連絡会議を開催することができる旨の規定（6条）も置いている。

　また，「筑紫野市と太宰府市との間の学齢児童及び学齢生徒の教育事務の委託に関する規約」は，教育事務を委託する筑紫野市の支払うべき経費について，筑紫野市の当該年度の地方交付税の算定に用いる単位費用により算定した額に人員を乗じて得た額とし，当該年度の終了時に精算を行なうものとしている（3条）。これは，「委託市町村の交付税を基準とする方式」である。なお，この規約は，教育事務の委託に係る学齢児童及び学齢生徒の名簿を太宰府市に送付するものとしている（4条）。これは，教育事務の委託の場合に当然に必要となる手続である。

　災害時における事務の委託等　　災害対策基本法69条，75条及び国民保護法（「武力攻撃事態等における国民の保護のための措置に関する法律」）13条，19条も，事務委託の制度を用意している。しかし，自治法の想定する事務委託が恒常的であるのに対して，これらは，非常時対応である。国民保護法は，武力攻撃事態等において武力攻撃から国民の生命，身体及び財産を保護するために，住民の避難措置，避難住民等の救護措置，武力攻撃災害への対処措置等を念頭において諸事務を緊急に委託する必要のある事態に備えて，都道府県の事務（又は都道府県知事等の権限に属する事務）の一部及び市町村の事務（又は市町村長等の権限に属する事務）の一部について，自治法の事務委託に関する規定にかかわらず，政令の定めるところにより，他の都道府県，他の地方公共団体に委託して，当該他の都道府県の知事等，当該他の地方公共団体の長等に管理し，及び執行させることができることとしている（13条，

19条)。自治法上の事務委託と同様に協議を要するが，規約に定めることを要せず，代わりに，事務の委託等について速やかに議会に報告することが義務づけられている（災害対策基本法施行令31条・28条，国民保護法施行令1条・4条）。

消防相互応援協定・市町村消防応援協定（防災ヘリコプター応援協定）　消防組織法39条2項による相互応援協定もある。市町村消防の原則に基づいて，市町村相互の応援に関して定めるものである。費用負担は，応援を受ける市町村とすることが多いと思われるが，相互協力の観点により折半とすること，さらに応援する市町村の負担とすることもできる[17]。

東京消防庁（それは，消防組織法27条に基づき23区の消防について責任を負う消防機関であるが，自治法252条の14の規定により多摩地域市町村から消防事務についても東京都が委託を受けている）について見ると，32に及ぶ消防相互応援協定が締結されている[18]。そのほか航空機消防相互応援協定・航空消防相互応援協定が5協定ある。

さらに，特殊なものとして，中央高速道路富士吉田線消防相互応援協定が締結されている。このように，消防相互応援協定には，高速道路の火災や救急事故等の処理に関する，隣接の消防機関（協定書上は消防管理者）との協定も見られる[19]。

また，特殊災害に限定した相互応援協定も締結されることがある。危険物施設災害，中高層建物火災等や多数の死傷者等の災害に備えた協定である。

消防組織法は，さらに，都道府県知事及び市町村長は，市町村の長の要請に応じ，都道府県が航空機を用いて市町村の消防を支援する協定を締結することができる旨を規定している（30条1項，2項）。そのために，都道府県に航空消防隊が設けられている（同条3項）。人命救助，緊急輸送等の災害

17　消防基本法制研究会編『逐条解説消防組織法　第3版』（東京法令，平成21年）411頁。

18　このなかには，横浜市，川崎市，千葉市，市川市との東京湾消防相互応援協定も含まれている。

19　たとえば，栃木県内の佐野地区広域消防組合が締結しているものとして，「東北自動車道消防相互応援協定」，「東北自動車道内の館林，佐野藤岡インターチェンジ間における消防相互応援に関する協定」。

応急活動，林野火災の初期消火，重度傷病者の救急輸送[20]等に従事している。そこで，航空消防隊は，消防防災航空隊とか，防災航空隊とも呼ばれる。消防組織法30条に基づく協定は，防災ヘリコプター応援協定として，広く活用されている。災害を想定すれば，協定において，応援要請を行なうことのできる事態の要件，要請の方法，防災航空隊の派遣，防災航空隊の隊員の指揮（隊員の指揮は，発災市町村を管轄する市町村が行なう），経費負担（運航経費は，県が負担すると定める例が多い）などについて定める方式が一般化している。もっぱら県の応援を求める仕組みであるので，「相互応援」と呼ぶことはできないのである。航空消防隊の隊員は，県内の消防本部から派遣された消防吏員により構成されているようである。

なお，防災ヘリコプターに関連する法定外の相互応援協定として，複数の県が消防防災ヘリコプターの出動に関する相互応援協定を締結している例がある[21]。さらに，いわゆるドクターヘリに関しても，連携運用が始まっている[22]。

また，超高層建築物火災や石油コンビナート火災などの都市型災害に対応するために市が独自に航空消防隊を設ける動きが強まっており，その場合には，県と当該市との間において，相互応援協定が締結されることが一般化している[23]。その結果，県を媒介として，当該市の属する県内の他の市町村において発生した災害等にも当該市の保有する防災ヘリコプターが出動することになる（県を媒介とするブリッジ方式）。

20　東京消防庁航空消防隊は，伊豆諸島の町村からの救急要請に対しては，24時間体制で救急搬送を行なっている。

21　たとえば，群馬県は，福島県，茨城県，栃木県，埼玉県との「広域消防防災相互応援協定」，新潟県，山梨県，長野県との「消防防災ヘリコプターの運航不能期間等における相互応援協定」の両相互応援協定に加わっている。静岡県も，岐阜県，愛知県，三重県，名古屋市との「航空消防防災相互応援協定」，長野，山梨各県との間の「消防防災ヘリコプターの運航不能期間等における相互応援協定」を締結している。

22　「救急医療用ヘリコプターを用いた救急業務の確保に関する特別措置法3条2項3号は，都道府県の区域を超えた連携及び協力の体制の整備を求めている。

23　たとえば，静岡県は，静岡市，浜松市との間において，それぞれ「静岡県内航空消防相互応援協定」を締結している。

保育所に係る広域入所　児童福祉法56条の6第1項に基づいて実施される広域保育にあっては，管外の保育所に入所させる市町村と受け入れる市町村との間において協定等が締結されるのが普通である。

「芦別市保育所の広域入所に関する実施要綱」は，まず，広域入所を実施する場合は，関係市町村との間において，あらかじめ協定書の締結を行なうこととしている（2条）。この協定書は，いわば個別の入所希望に先だってなされる受け皿の整備という性質をもっている。管外入所，管外受入れとも，市町村間の協議と入所承諾の手続が踏まれる（4条）。そして，管外入所の承諾を受けたときは，所在地市町村と委託契約書により契約を締結するものとしている（6条1項）。管外受入れの場合について，特別の規定がないが，同様の契約が締結されるのであろう。

「安来市保育所広域入所実施要綱」は，「管外委託」に関する入所の協議（4条），承諾通知を受けた場合の委託契約の締結（5条）と，「管外受託」に関する入所の協議（9条）及び入所の承諾（10条）とは，ほぼ同様の仕組みである。受託契約について，まず，承諾したときは，市長は，委託権者（管外受託の申込みを受けた他の市町村長）と受託契約を締結するとしつつ（11条），公立以外の保育施設について入所を承諾したときは，当該保育施設を運営する団体の長は，委託権者と受託契約を締結するものとしている（12条）。したがって，公立以外の保育施設の場合は，二つの受託契約が存在することになる。

函館市は，「函館市保育所広域入所実施要綱」を制定して，あらかじめ広域入所が見込まれる他の市町村との間において，事前協議をしたうえ（3条），次のように扱うこととしている。

まず，管外受入れの場合は，次のような手続である。第一に，他の市町村から管外受入れに係る協議があった場合には，市は，市内の保育に欠ける児童の保育所への入所と同様な取扱いとし，希望保育所の定員が充足されている場合は，函館市保育の実施基準により当該児童を入所予定者として選考する（6条）。第二に，市は，この協議において入所を承諾したとき，入所を承諾しなかったときは，それぞれ当該市町村に通知する（7条）。この承諾通知があった場合は，一種の行政主体間契約が成立したものといってよい。

次に，管外入所の場合は，次のような手続となっている。第一に，管外入所を希望する保護者は，「函館市保育の実施に関する規則」に定める申込書に入所を希望する保育所その他の事項を記入のうえ，市に提出する（4条）。第二に，市は，希望保育所所在地の市町村に対し入所協議書に申込書の写しを添付のうえ，入所の協議を行なう（5条）。第三に，入所の協議により当該市町村から入所承諾の通知を受けたときは，入所の決定を行ない，管外入所希望者に通知するとともに，入所する保育所に対し，当該市町村からの入所承諾通知書の写しを送付する（8条）。ここにおける入所承諾により一種の行政主体間契約が成立するといえる。第四に，管外入所の承諾に係る保育所が，公立保育所であるときは当該市町村と覚書をかわし，私立保育所であるときは当該保育所の設置者と委託契約を締結する（9条）。前者の場合も，名称は「覚書」であっても一種の行政主体間契約といってよいであろう。

　管外受入れ及び管外入所の，いずれの場合も費用負担等が重要な問題である。市町村が個別に国基準よりも上乗せをしている場合もあるので，国基準によるとする割切りをしている場合が多いと思われる。

国有財産の事務の委託・管理の委託　　国有財産法9条3項は，国有財産に関する事務の一部は，政令で定めるところにより，都道府県又は市町村が行なうこととすることができる旨を規定している。そして，この事務は，自治法上の第1号法定受託事務とされている（9条4項）。これは，地方分権一括法により改正された規定であって，それまでは，「国は，国有財産に関する事務を，政令の定めるところにより，地方公共団体又はその吏員に取り扱わせることができる」とされていた（平成11年法律第87号による改正前の9条3項）。「地方公共団体」に行なわせる場合は団体委任事務であり，「吏員」に行なわせる場合は機関委任事務であるとされ，国道や河川に関する事務の委任が後者の典型とされていた[24]。前記改正により，法定受託事務として位置づけられることになった。

　そして，国有財産法施行令6条2項が都道府県が行なう事務を，また，それらのうちで，4項は，農林水産大臣に協議し同意を得ることとされる事項

24　建部和仁編『平成6年改訂　国有財産法精解』（大蔵財務協会，平成6年）124頁。

を，5項は，国土交通大臣に協議し同意を得ることとされる事項を，6項は，厚生労働大臣に協議し同意を得ることとされる事項を，それぞれ定めている。これらの詳細を述べることは控えることにしたい。また，7項は，文化財保護法27条1項の規定により指定された重要文化財，同法78条1項の規定により指定された重要有形民俗文化財又は同法109条1項の規定により指定された史跡名勝天然記念物である国有財産で，同法172条1項の規定により文化庁長官が指定した都道府県又は市町村が当該規定に基づく事務を行なうもののうち，文部科学大臣の所管に属するものの維持及び保存は，都道府県又は市町村が行なうこととしている。

以上の仕組みにおいて，法定受託事務である以上，個別的な委託契約が締結されるわけではない。したがって，そのようなものは，本書の対象たる契約ではないということになる。むしろ，国有財産法26条の2に基づく「普通財産の管理の委託」（本書第4章3［1］を参照）は，地方公共団体を相手方とするものに限定していないにもかかわらず，取扱い上は，地方公共団体を相手方とすることが多く，委託契約であることに注意したい。

土地改良法による土地改良財産の管理委託に関しては，第4章3［1］を参照されたい。

個別的委任の例として，「国有の会議場施設の管理の委託等に関する特別措置法」1項は，政府は，国有財産法2条に規定する「国有財産である国際会議場施設（その施設を含む。）で京都市左京区松ヶ崎に存するものの管理を，当該施設の所在地をその区域とする地方公共団体その他関係地方公共団体に委託することができる」と定めている。管理の委託を受けた地方公共団体は，受託施設を使用し又は収益することができる（2項）。そして，受託施設の管理に関し通常必要とする費用は管理受託者の負担とし，受託施設の収益行為から生ずる収入は管理受託者の収入とするとされている（3項）。なお，同法施行令3条は，管理受託者が再委託する場合の扱いについて定めている。

公営住宅の管理代行　　事務委託とは異なる法形式のものであるが似ているものに公営住宅の代行管理ないし管理代行がある。平成17年の公営住宅法改正により，地方公共団体の管理する公営住宅又は共同施設について他の地方公共団体又は地方住宅供給公社が，その事業主体の同意を得て，事業主

体に代わって公営住宅法第3章の規定による管理（家賃の決定並びに家賃，敷金その他の金銭の請求，徴収及び減免に関することを除く）を行なうことが認められている。「一団の住宅施設として適切かつ効率的な管理を図るため当該地方公共団体又は地方住宅供給公社が管理する住宅その他の施設と一体として管理する場合その他当該公営住宅又は共同施設を管理することが適当と認められる場合」であることが要件とされている（以上，47条1項）。法律の条文が事業主体を主語とせずに代行する他の地方公共団体又は地方住宅供給公社を主語として，事業主体の同意を得るとしている点には，いささか違和感を覚える。代行者が事業主体に代わって行なう権限は，公営住宅法22条1項の規定により特定の者を入居させ又は入居者を公募すること，25条の規定により実情を調査し若しくは入居者を決定し又は同条第2項の規定により入居者に通知すること，27条3項から6項までの規定による入居者又は同居者に対する承認をすること，などである（47条3項）。指定管理者の権限よりも広いとされている（本書第2章1［2］を参照）。代行管理に要する費用の負担については，事業主体と代行者たる地方公共団体又は地方住宅供給公社とが協議して定めることとされている（47条5項）。

　管理代行を行なおうとする地方公共団体又は地方住宅供給公社は，あらかじめ，省令の定めるところにより，その旨を公告しなければならない（47条2項）。公告は，公報その他所定の手段により行なうものとされている（施行規則17条）。この公告についての疑問は，なぜ事業主体の公告義務としていないのかという点である。なお，管理代行を導入する事業主体は，その公営住宅条例の中に規定を置いている。その定め方は，管理代行者を明示するものが大半であるが[25]，中には，単に管理代行者に行なわせることができる旨を定めるにとどまる条例もある[26]。

　管理代行の性質は，管理委託に関する契約に基づく代理行為であるとされている[27]。

25　たとえば，岐阜市営住宅管理条例47条（岐阜県住宅供給公社），さいたま市営住宅条例60条（埼玉県住宅供給公社），山梨県営住宅設置及び管理条例69条（市町村又は山梨県住宅供給公社）。

26　越谷市営住宅設置及び管理条例61条。

[2] 公の施設の共同設置・相互利用協定

共同設置　公の施設は，地方公共団体ごとに設置するのが原則である。しかし，複数の地方公共団体の協力により，病院，廃棄物処理施設，火葬場などが設置される場合がある。その方法には，一部事務組合方式とそれによらない建設費用負担方式とがある[28]。前者の場合の費用負担は，「経費の支弁方法」（自治法 287 条 1 項 7 号）として，組合の規約自体に定めるか，規約に基づいて組合議会の議決に基づいて定められている。規約を定めることは合同行為であり，その定めは契約ではない。しかしながら，規約自体に費用負担割合が定められている場合に[29]，利害調整の結果が規約の条項となっているのであるから，契約的要素があることは否定できない。後者の場合には，関係地方公共団体の間において協定が締結される（具体例については，本章 2 [2] を参照）。

相互利用協定　共同の形態として，一定の範囲の地方公共団体で公の施設の相互利用を可能にする協定も締結されている。自治法 244 条の 3 第 2 項は，他の地方公共団体との協議により他の地方公共団体の公の施設を自己の住民の利用に供させることができる旨を定めている。それ自体は相互利用ではなく一方通行の利用にすぎないが，これを組み合わせるならば相互利用が可能になるというわけである。協議については，議会の議決を要するものとされている（同条 3 項）。この議決と別に条例の定めを要するのかどうかは明らかではない。しかし，特例条例を制定する例が一般化しているようであ

27　住本靖ほか『逐条解説公営住宅法』（ぎょうせい，平成 20 年）215 頁。
28　一部組合方式として，たとえば，甲府・峡東地域ごみ処理施設事務組合（甲府市，笛吹市，山梨市，甲州市），佐倉市・四街道市・酒々井町葬祭組合，秋川流域斎場組合（あきるの市・日の出町・檜原村）。委託方式として，北名古屋市にある焼却場を取り壊して，跡地を名古屋市に提供し，名古屋市が焼却場を建設することとし，それについて，名古屋市，ごみ処理を委託する予定の北名古屋市・豊山町及び県は，平成 21 年 12 月に協定を締結した。
29　たとえば，甲府・峡東地域ごみ処理施設事務組合規約 14 条 2 項による別表には，関係市の負担割合を，施設建設費及び施設建設に附帯する経費（それらの地方債元利償還金を含む）につき，均等割 10％，人口割 90％とし，運営管理経費につき，均等割 10％，人口割 30％，処理量割 60％と定めている。

る[30]。その際に，他の協定地方公共団体内に住所を有する者が条例制定地方公共団体の相互利用対象施設を利用する場合には，それぞれの公の施設の条例の適用については，当該他の協定地方公共団体内に住所を有する者をもって当該条例制定地方公共団体に住所を有する者とみなす旨の規定を置いて，同一条件の利用を認める方式が採用されているようである。

相互利用協定の対象として，公立図書館が念頭に浮かぶが，福祉施設，市民会館等の文化施設，体育館，運動場，公園などの多岐にわたる公の施設について相互利用する例もある[31]。今後，次第に相互利用協定が増加することも予想される[32]。一例として，「南魚沼地域広域市町村圏構成市町の公の施設の相互利用に関する協定書」を掲げておこう。

　　南魚沼地域広域市町村圏を構成する南魚沼市及び南魚沼郡湯沢町（以下「構成市町」という。）は，地方自治法（昭和22年法律第67号。以下「法」という。）第244条の3第2項の規定により，構成するそれぞれの市町が設置した公の施設を構成市町の住民等が相互に利用することに関し次のとおり協定する。

（目的）

　第1条　この協定は，公の施設を相互に利用することにより，施設の高利用を促進し，南魚沼地域広域市町村圏域の一体化と住民等の生涯学習，文化及びスポーツ・レクリエーションの振興を図り，もって福祉の増進に寄与することを目的とする。

（相互利用できる公の施設）

30　水戸市・ひたちなか市・那珂市・笠間市・茨城町・大洗町・城里町・東海村の相互利用，白河市・西郷村・泉崎村・中島村・矢吹町の相互利用について，それぞれ公の施設の利用の特例に関する条例が制定されていることを確認できた。

31　所沢市，飯能市，狭山市，入間市の4市が構成する埼玉県西部まちづくり協議会は，平成8年に「公の施設の相互利用に関する協定」を締結し，市民会館，健康福祉センター，老人福祉センター，老人憩の家，男女共同参画センターなどの相互利用を行なっている。4市は，これと別に，「市立図書館の相互利用に関する協定」も締結している。

32　熱海市と湯河原町，南魚沼市と湯沢町，本庄市・深谷市・美里町・神川町・上里町，西白河地方5市町村，川越都市圏域内市町（川越市，坂戸市，鶴ヶ島市，日高市，川島町，茂呂山町，越生町），竜ヶ崎市と牛久市などの相互利用協定が締結されている。

第2条　構成するそれぞれの市町が設置した公の施設を，構成市町の住民等が相互に利用することができる公の施設（以下「対象施設」という。）は別表に掲げる施設とする。

（利用者の範囲）

第3条　構成市町の住民等（以下「利用者」という。）とは，次の各号に掲げる者とする。

　(1)　構成市町に住所を有する者

　(2)　構成市町に所在する事務所又は事業所に勤務する者

　(3)　構成市町に所在する学校に通学する者

（利用手続き）

第4条　対象施設の利用手続きは，当該対象施設を設置する市町の住民が利用する場合と同様とする。

（有料対象施設の使用料）

第5条　利用者が有料の対象施設を利用するときの使用料は，当該対象施設を設置する市町の住民が利用する場合の料金と同額とする。

（施設利用の調整）

第6条　各市町の登録団体及び旅館等が，自己の市町の施設を利用する場合においては，各市町にあらかじめ利用調整を行うなど，従前の例による。

（協定外事項）

第7条　この協定に定めるもののほか，必要な事項は，構成市町が協議して定めるものとする。

　市町村の区域を越えた利用が可能なのは，道路整備と自動車交通の発達に支えられている面も大きいと思われる。今後は，それぞれが特色のある公の施設を設置したうえで相互利用を進めるならば，住民の満足度が高まるであろう。

［3］　水道用水供給事業に係る契約

水道用水供給事業とは　　水道法は，水の最終消費者に直接水を供給する水道事業や簡易水道事業と別に，水道事業者に対して用水を供給する事業に

ついても定め，その事業を「水道用水供給事業」と称している（3条4項）。水道事業者が「水の小売業者」であるのに対して，水道用水供給事業者は，「水の卸売業者」と呼ばれる。水道用水事業の経営主体について，水道法が明示的に定めているわけではない。したがって，法律上は地方公共団体に限定されているわけではないし，まして，都道府県に限定されているわけでもない。しかし，実際には，府県が，その府県内の水道事業者（通常は市町村であるが，一部事務組合等の場合もある）に対する用水の供給のために事業を行なっている。ダムなどによる水源の確保と浄水場の建設に多額の資金を必要とし，水道事業者である市町村等が単独で行なうことの困難さを克服するために，広域的用水の供給を行なう法技術として機能している。府県が水道用水供給事業を実施する場合に，その府県の河川の状況等に応じて，いくつかの区域ないし事業に分けて実施されている例も多い[33]。

　水道用水供給事業の場合に，水道用水供給事業者と水道事業者との間に契約関係を認識することができる。しかし，水道法自体は，水道用水供給事業についての認可制につき，申請や認可基準などを詳しく規定するのみであって（26条以下），詳しい仕組みは，条例等により確認するほかはない。条例の定めが，公営企業設置条例のみである場合（後述の愛知県）と，それと別個に，水道用水供給事業単独の条例も制定されている場合とがある。

　後者の一例として，広島県は，「広島県公営企業の設置等に関する条例」において，水道用水供給事業を設置し（1条2号），水道用水供給事業において設ける3施設とその内容（水源，給水対象，1日当たりの最大給水量）を定めている。その中に，「広島県水道用水供給水道の料金その他の供給条件に関する条例」には，給水の申込みと承認に関する規定をおいており（2条），水道事業者との関係が契約関係であることを明確に示している。そし

---

[33] たとえば，茨城県は，県南，鹿行，県西，県中央の4区域に分け（区域区分），広島県は，広島水道用水供給事業，広島西部地域水道用水供給事業，沼田川水道用水供給事業に分けている（事業区分）。
　　水道法29条1項は，地方公共団体以外の者に認可を与える場合には，必要な条件を附することができるとしているので，その反対解釈として，地方公共団体に対する認可の場合は附款を附することはできないことになる。この点は，水道事業の認可の場合（9条）と共通の区別である。

て，三つの水道用水供給事業ごとに，基本料金，使用料金及び超過料金を定めている。これは，水道用水の原価が異なるという理由によるものと推測される。

条例の下において，水道用水供給規程が定められている。

愛知県の場合　愛知県の場合，「愛知県公営企業の設置等に関する条例」は，なぜか「水道事業」という文言により，給水対象及び1日最大給水量を別表方式で定めている。

給水区域を見ると，豊橋市を含む30市，蟹江町を含む7町のほか，愛知中部水道企業団，北名古屋水道企業団，丹波広域事務組合，海部南部水道企業団及び西尾幡豆広域連合と，多彩な水道事業者が並んでいる。1日の給水能力は，179万立方メートルである。

水道料金は，基本料金，調整基本料金，使用料金及び消費税・地方消費税加算料金とされている（8条1項）。

基本料金は，給水の承認を受けた各年度における1日当たりの給水量（＝承認給水量）について，水量の区分に応じ，1立方メートル当たりの所定の年額の金額を乗じて得た金額とされる。この水量区分は，承認基本給水量のうち基礎水量の部分と基礎水量を超える水量の部分とに区分し，後者について負担を重くするものである。基礎水量は，給水の承認を受けた者の給水人口数に0.2立方メートルを乗じて得た水量に，その者の配水量に占める県水道事業の給水量の割合に応じて管理者が定める率を乗じて得た水量である。この県水依存率は，愛知県水道給水規程によれば，前年度の配水量に占める前年度の給水量の割合とされ，前年度基準算定主義を採用している。県水道事業からの給水によりすべての配水を行なっている場合は，県水依存率は，1である。

調整基本料金は，承認基本給水量を超えて給水した1日当たりの給水量のうち最大のものにつき，その超えた水量（＝超過水量）について，加算される年額の料金であって，超過水量が承認基本水量の10分の1以下の部分と，10分の1を超える部分とに分けて，後者の部分の料金加算を重くしている。ただし，承認基本水量を超えて給水した日が年度間において10日以内であり，かつ，超過水量が承認基本水量の10分の1以下の場合は，適用しない。

使用料金は，現に給水した水量について，1立方メートル当たり定額の料金が設定されている。

「愛知県水道給水規程」には，詳細な手続の定めがある。行政契約論に必要な限度において，主要な手続を見ておきたい。

第一に，給水の申込み及び承認である。給水を受けようとする水道事業者は，毎年10月31日までに，翌年度における受水を開始する日及び1日当たりの受水量を定め，給水申込書を企業庁長に提出する（2条1項）。この提出を受けて，企業庁長は，翌年度における給水を開始する日及び1日当たりの給水量（＝基本給水量）を決定し，給水承認書により給水を承認する（2項）。この承認には，給水能力を勘案し，条件を付することができる（3項）。この承認をもって申込みに対する承諾と見ることができそうである。しかし，承認は，行政処分であるとする見方の可能性についても検討する必要がある。この点は後述する。

第二に，水道事業者は，毎年10月31日までに，当該年度の給水人口及び配水量並びに県水道事業からの受水量（＝給水人口等）について企業庁長と協議しなければならない（6条）。この協議は，給水人口等協議書によりしなければならない（7条）。そして，水道事業者は，給水人口及び配水量が確定したときは，それらを確定届により企業庁長に届け出なければならない（8条）。この仕組みにおいて，協議は，給水人口及び配水量を確定するための事前手続と見られる。

第三に，企業庁長は，前年度の給水量が確定したときは，給水量確定通知書により，水道事業者に通知する（9条）。

第四に，水道事業者は，毎年10月31日までに，年間受水計画書に給水区域を示す図面を添えて，翌年度の年間受水量について，企業庁長に協議しなければならない（10条）。前述の第二点に掲げた当該年度の受水量の協議と，ここにいう翌年度の年間受水量協議とが併行してなされることになる。水道用水供給事業の特色が示されているといえよう。

奈良県の場合　　奈良県は，「奈良県水道用水供給事業の設置等に関する条例」により，奈良県水道用水供給事業（＝県営水道）を設置し，さらに，具体的内容については，「奈良県水道用水供給条例」を制定して定めている。

その内容は，次のとおりである。

第一に，給水を受けようとする市町村は，毎年，年間の受水量を定めて管理者に申し込み（2条1項），管理者は，この申込みを受けたときは，年間の受水量を決定し，給水を承認する（同条2項）。申込みと承認により，毎年，契約が締結されていると見ることができそうなことは，愛知県の場合と同様である。ただし，愛知県の場合に登場している「協議」は，奈良県条例に登場していない。しかし，協議が必要となる場面があることは共通と思われる。条例に規定がなくとも，実質的な協議は行なわれているのであろう。

第二に，給水料金は，月間受水量に1立法メートル当たりの定額を乗じて計算した額に消費税・地方消費税を加算した額を当該月分として徴収し（4条1項），前年の4月からその年の3月分までの月間受水量の合計水量（＝年間受水量）が年間承認受水量に満たないときは，年間承認受水量から年間受水量を差し引いた水量について，前記の1立方メートル当たりの定額を乗じて算定した額を3月分の給水料金に加算して徴収することとしている（同条2項）。水道用水供給事業において，単に単価を給水量に乗ずる方式にあっては，給水量の実績が計画水量を下回る場合には，赤字を生じてしまうことがある。この規定は，そのような事態を招かないための料金システムである。なお，7月分から9月分までの月間受水量のうち最大のものが年間承認受水量の120分の14に相当する水量を超える場合には，その最大月間受水量の14分の120に相当する水量を年間承認受水量とみなすとしている（同条3項）。

大山崎町と京都府との訴訟　水道用水供給事業をめぐり，京都府に対して大山崎町が原告となって提起した訴訟がある。実需を離れた需要予測を基礎とした府営水道計画に基づく水道用水供給事業が推進され，その負担を町が押しつけられているとして，実質的には，府営水道の料金引下げを求めた訴訟である。二つの請求事件である。一つは，原告（町）が，被告（府）の知事が条例に定める協議を経ることなく，二度にわたり原告の申込水量を超える基本水量決定を行なったことを理由に，違法な行政処分であるとして基本水量決定処分の取消しを求めるものである。もう一つは，基本水量の決定手続は契約であり，意思の合致は原告の申込みの範囲に限られるのであって，

これを超える部分の支払いに関しては法律上の原因がないとして，不当利得の返還等を求めるものである。これらの二つの請求は，選択的併合の関係にある。1審の京都地裁平成22・3・18（判例集未登載）は，前者の訴えは不適法であるとして却下し，後者については請求を棄却した。

　京都府の条例は，受水者が府営水道を利用するには，知事に対して1日当たり最大の受水量を定めて申込みをし（2条1項），これを受けて，知事は，受水者と協議のうえ，1日当たりの最大給水量である「基本水量」を決定して受水者に通知する（同条2項）。供給料金は，基本水量に応じた基本料金，実際の受水量に応じた従量料金，1日当たりの給水量が「配分水量」を超える場合には超過分についての超過料金を，それぞれ支払うこととされている（3条）。「配分水量」は，知事が受水者と協議のうえ，給水能力の水量を受水者に配分した1日当たりの水量をいうものであり，知事が各受水者に対して給水できる能力を配分した利用枠ともいうべきものである。水道料金の引下げを公約して当選した町長は，平成10年3月の「京都府営水道乙訓浄水場（仮称）に係る施設整備等に関する協定書」（＝本件協定書）で定められた配分水量の引下げ等による健全化について府企業局との間で交渉を行なった。また，平成19年2月，町長が1日当たり最大受水量を3,407立方メートルと定めて申込みをしたところ，平成19年12月，知事は町の基本水量を7,300立法メートルとする決定をした。同じく，平成20年2月，町長が1日当たり最大の受水量を3,407立法メートルと定めて申込みをしたところ，平成20年4月，知事は，7,300立方メートルとする決定をした。

　判決が処分取消請求を却下した理由は，「年間における1日当たりの最大の給水量」の決定は，知事が一方的に行なうのではなく，市町からの申込みを受けて協議のうえで行なうものであること，基本料金の徴収について滞納処分の例によることができるとの規定はないこと，基本水量の決定は「（給水の申込み等）」との見出しの下に規定されているにすぎず，条例自体も基本水量の決定が行政処分であることを前提としているとは言い難いことなどに鑑みると，各決定は，「行政行為とは異なる公法上の法律関係に基づく法律行為と解するのが相当である」というものである。ここにおいては，「公法上の法律関係に基づく法律行為」と述べるのみで，契約の申込みに対する承

諾と述べているわけではない。問題は，申込みを上回る決定を行なう行為が，なぜ行政処分でないのかという点にある。もしも，契約の申込みに対する承諾であるというのであれば，そのような申込みを上回る承諾は，合意を基礎とする契約の本質に反するといわなければならない。水道供給を市町と府とが協力して行なう仕組みにおいて，府と町との関係は行政内部関係であるという議論も予想されるが，独立の行政主体である以上，そのような行政一体論には賛成できない。

　次に，不当利得返還請求等についての判断を見てみよう。原告を含む関係市町の要請に基づいて南部地域広域的水道整備計画が策定され，同計画において原告の府営水道からの受水量は1日当たり12,000立方メートルとされ，原告もこの計画に同意していること，その後乙訓2市1町の受水量が減量され，最終的には2市1町が自ら調整してその分配を決めて，本件協定書において，原告に配分する1日当たり水量は，7,300立法メートルとしたうえで，原告は，これを「引き受けるものとする」としていること，平成12年以降18年度まで，原告は，毎年，本件協定書に基づいた基本水量の給水申込みをし，知事は，その申込水量で給水する決定をしていると認定し，「本件協定書の締結に至る経緯は，被告の原告に対する一方的な押し付けといったものではなく，むしろ，原告の要望等をふまえ，原告の意向を十分に尊重しながらなされたものであるということができる」とした。そして，次のように述べている。

　「こうした経緯を経て作成された本件協定書は，給水についての原告の申込及び被告の決定の基本となるべきものであり，本件協定書の締結は原告と被告との間の基本水量に関する公法上の給水契約の予約であると認められる。そして，このような予約の下で，本件協定書と異なる申込及び決定をするには，原告と被告の協議の上，これを変更するとの合意に至ることが必要であるというべきであり，協議に基づく変更がなされない以上，本件協定書に基づく予約の効果が存続するものと解するのが相当である。」

　条例の規定との関係についても触れて，条例自体は，基本水量に関する給水契約の予約をすること自体を明示的に禁止しているわけではないから，本

件協定書の締結が条例に反するものとまでいうことはできないと述べている。
　さらに，注目すべきは，水道用水供給事業の特殊性に触れた次の部分である。

> 「本件協定書に基づく基本水量は，現時点において，原告の必要とする水量を上回っているものであることがうかがわれるが，水道用水供給事業においては，投資した水源開発や施設整備にかかった経費（固定費）を捻出する必要があるところ，同事業の公共性・公益性にかんがみれば，このような経費は，被告や国に加え，受益者である原告ら乙訓2市1町の負担によってまかなうべきものである。したがって，原告が基本水量の減額を求めることは，他の地方公共団体の負担が増加することに直結するものであり，これらの地方公共団体が基本水量の減額分を受け入れることを同意するなどの事情のない限り，原告が一方的にこのような要求をすることは許されないものというべきである。
> 　そして，このような水道用水供給事業における特殊性にかんがみれば，上記のような原則が地方財政法や地方公営企業法，京都府公営企業の設置等に関する条例等に違反するものであるともいえない。」

　この判決のポイントは，投資した経費の回収のための負担を受益者である原告において拒絶することは許されないということである。毎年の1日当たり最大受水量の申込みをする制度であるにもかかわらず，それに先行する協定書の存在を根拠に，決定された基本水量を基礎とした料金は，法律上の原因のあるものと見ているのである。日々の水道用水供給事業に先立つ，京都府全体の事業計画とそれを基礎に配分した水量の引受けを内容とする協定書の効力を重視した判決である。おそらく原告を含めて関係市町村及び府とが慎重な計画を策定したのかという行政上の問題はともかく，協定書を重視した結論そのものを破る論理を見つけることは難しい。

[4]　境界周辺地における権限の行使等，兼用工作物の管理についての協定

　行政権限は，行政区画等により区切られていることが多い。しかし，境界周辺地における権限行使については，単純に線を引いているのみでは適切な

処理がなされないおそれがある。それは,「横の調整」ともいうべき協議を要する。他方,ある施設が異なる公物の工作物として位置づけられる場合には,「縦の調整」ともいうべき兼用工作物の管理に関する協議を要する。

警察権限の行使　　警察法60条の2は,法律が協定の文言を用いていないにもかかわらず,警察の管轄区域境界周辺における事案に関する権限の行使について「相互に協議して定める」という文言により,ほぼ協定の締結を想定していると解される。協議で定める事項,すなわち協定事項は,事案発生区域の限定,権限を及ぼし又は及ぼし合う区域の限定,処理すべき事案の種別,事案処理の方法等であるという[34]。この協定により,管轄区域が隣接し,又は近接する警察は,社会的経済的一体性の程度,地理的状況等から判断して相互に権限を及ぼす必要があると認められる境界の周辺の区域における事案を処理するため,当該関係都道府県警察の管轄区域に権限を及ぼすことができる。協定に基づいて,さらに細目的事項の協定を締結することがある[35]。2以上の都道府県警察の区域にわたる交通機関における移動警察についても,協議に基づき協定が締結される(66条1項)。

道路管理権限の行使　　同じく,道路法19条も,地方公共団体の区域の境界に係る道路について,関係道路管理者が協議して別にその管理の方法を定めることができるものとしている(1項)。道路管理者がそれぞれ別個に管理するよりも,協議して統一的に管理する方が適当な場合があることに鑑みた制度である。具体的には,一定年限ごとの交替管理や管理行為の内容を区別するとか,一方が管理して他方が費用を負担するなどの方法が考えられるとされている[36]。対象の区間,管理費用の負担などが定められることになる。この協議が成立しない場合における裁定申請も可能とされている(2項)。裁定がなされた場合は,関係道路管理者の協議が成立したものとみなされる(4項)。協議が成立した場合には,成立した協議の内容を公示しなければならない(5項)。境界地の道路の管理に関する費用については,54条に定め

---

[34] 警察制度研究会編『全訂版　警察法解説』(東京法令,平成16年) 360頁。

[35] たとえば,「人間博物館リトルワールド」における事案に係る愛知県警察の権限行使に関する協定。

[36] 道路法令研究会編『改訂4版　道路法解説』(大成出版社,19年) 110頁。

がある。

　第5項に基づき公示されたものを見ると，「協定」ないし「協定書」の表題が付されるのが普通である。たとえば，岐阜県と三重県の境界に所在する岐阜県道北方多度線油島大橋の管理及び費用負担について定める「道路の管理協定」には，①橋の管理は道路管理者岐阜県知事が行ない，三重県に属する区域については，岐阜県知事が道路法27条2項の規定に基づき道路管理者三重県知事の権限を代行すること（2条），②橋の改築，修繕，災害復旧及び維持管理に要する費用は折半とすること（3条1項）などの条項がある。

　これとは別に，共用管理施設についても，協議して管理の方法を定めることができる（道路法19条の2）。

兼用工作物の管理に関する協定　　兼用工作物の管理に関する協議の定めは多くの法律に見られる（河川法17条，海岸法15条，港湾法43条の2，下水道法15条など）。道路法20条1項に即して述べるならば，道路と堤防，護岸，ダム，鉄道又は軌道用の橋，踏切道，駅前広場その他公共の用に供する工作物又は施設（＝他の工作物）とが相互に効用を兼ねる場合においては，当該道路の道路管理者及び他の工作物の管理者は，当該道路及び他の工作物の管理について，協議してその管理方法を定めることができる。ただし，他の工作物の管理者が私人である場合においては，道路については，道路に関する工事及び維持以外の管理を行なわせることができない。ここにおいて，行政主体間の場合と行政と私人との場合との差異がある。協議が成立しない場合における主務大臣同士の協議（2項），裁定（3項以下），裁定がなされた場合に協議の成立とみなすこと（5項），協議が成立した場合における公示（6項）などは，道路法19条に似た仕組みである。費用負担については，55条に定めがある。なお，兼用工作物の管理に関する協定は，同一の行政主体の内部においても，管理者同士の間において締結される[37]。

　この仕組みは，公物同士が管理面において重なりあう場合の調整であるから他の工作物についての公物管理法が一定の制限を加えている場合には，そ

---

[37]　たとえば，札幌市の市道大通北線と大通公園とが相互に効用を兼ねる施設についての「兼用工作物管理協定書」（昭和55年告示第416号）を参照。そこでは，協定書の「甲」は「道路管理者　札幌市」，「乙」は「公園管理者　札幌市」とされている。

の制限にも服することになる[38]。

[5] 港湾施設をめぐる行政主体間契約

重要港湾の工事に関する国と港湾管理者との協議　港湾法は，港湾管理者として港務局と同法33条の規定による地方公共団体とを予定し（2条1項）ている。港務局は，地方公共団体により設立され（4条），「営利を目的としない公法上の法人」とされている（5条）。したがって，港務局は一種の行政主体である。重要港湾[39]において一般交通の利便の増進，公害の発生の防止又は環境の整備を図り，避難港において一般交通の利便の増進を図るため必要がある場合において国と港湾管理者との協議が調ったときは，国土交通大臣は，予算の範囲内で所定の港湾工事をすることができる（港湾法52条1項）。この港湾工事に関する費用負担については，港湾法52条2項が規定しているので，この協議が調うことは，実質的に契約の成立であるといってよい。

この港湾工事によって生じた土地又は工作物は，国土交通大臣において，港湾管理者に譲渡することができる。この場合に，港湾管理者が負担した費用の額に相当する価額の範囲内で無償とされる（53条）。

港湾施設の貸付け・管理委託等　港湾法53条による無償譲渡のほか，重要港湾工事によって生じた港湾施設（港湾の管理運営に必要な土地を含む）は，国土交通大臣（普通財産については財務大臣）において，港湾管理者に貸し付け，又は管理を委託しなければならない（54条1項）。管理委託の場合には，管理費用は港湾管理者が負担し，当該施設の使用料及び賃貸料は港湾管理者の収入とする（同条2項）。また，港湾管理者が設立されたときは，その時において国の所有又は管理に属する港湾施設で一般公衆の利用に供するために必要なもの（航行補助施設を除く）は，港湾管理者に譲渡し，貸し付け，又は管理を委託しなければならない（54条の2第1項）。

これらの港湾施設の貸付け・管理委託等は，行政主体間の契約ということ

38　道路法研究会編・前掲注36，119頁。
39　「重要港湾」とは，国際海上輸送網又は国内海上輸送網の拠点となる港湾その他の国の利害に重大な関係を有する港湾で政令で定めるものをいう（港湾法2条2項）。

ができる[40]。港湾管理の一体性を確保するために，管理を港湾管理者に集中させるために，港湾管理者への貸付け，管理委託等が義務的とされていることに注目したい。

[6] 事業についての費用負担
水源地域対策特別措置法による負担調整　水源地域対策特別措置法（水特法）は，水源地域整備計画に基づく事業（整備事業）がその区域内において実施される地方公共団体で当該事業に係る経費の全部又は一部を負担するものは，所定の者と協議して，その協議によりその負担する経費の一部をこれに負担させることができるとしている（12条1項）。その所定の者のなかには，指定ダム等を利用して河川の流水を水道，工業用水道又は発電の用に供することが予定されている者が含まれているので（1号），地方公共団体が水道又は工業用水道の用に供する者として登場することが多い。さらに，所定の区域の全部又は一部をその区域に含む地方公共団体も含まれている（2号）。こちらは，自らが事業者でなくとも，その区域に含んでいること自体に着目して負担を求めるものである。そのなかには，かんがいの用に供する土地の区域，ダムの建設により洪水等による災害が防止・軽減される地域が含まれている。かくて，下流負担を求める趣旨をもった負担調整である[41]。この負担調整の合意が成立することは，一種の契約であるといえる。同法施行令9条は，この負担調整に関して，指定ダム等の建設の目的，指定ダム等

40　この管理委託に関し，フランスの公役務の特許理論を踏まえて詳細な検討を加える文献として，木村琢麿『港湾の法理論と実際』（成山堂書店，平成20年）176頁以下。同書210頁以下においては，法改正により港湾法が特定国際コンテナ埠頭を構成する行政財産について民間事業者に直接貸し付けることも認めていることなどを理由に，港湾管理者たる地方公共団体等は私人に近い立場にあるとみなすことができるとしている。

41　水特法12条による負担調整及びそれを補完する水源地域対策基金等について，碓井光明「都市用水の確保と水源地域の財政」都市問題研究35巻7号2頁（昭和58年）を参照。なお，下流の地方公共団体が純粋に任意に水源地域の地方公共団体に寄付する例もある。愛知県半田市の長野県大滝村に対する寄付について，信濃毎日新聞平成22・9・19を参照。横浜市と山梨県道志村との協力については，本章2［5］を参照。

の建設により関係当事者が受ける利益その他の諸般の事情を勘案して，関係当事者の負担の衡平を図ることを旨として行なうものとしている。水特法12条1項による協議が調った場合には，協定が締結される。八ッ場ダムに関して，東京都，茨城県，埼玉県及び千葉県が群馬県との間において平成8年2月に合意に達した経費負担協定の内容は，次のようなものであったという。①下流受益者は八ッ場ダムに係る水源地域整備事業に係る経費の一部を負担すること，②この経費のうち，下流受益者が負担する割合を全体で0.8201とし，都は0.3242を負担すること，③群馬県は，毎年度8月10日までに翌年度の整備事業の事業計画を取りまとめ，下流受益者との間で協議すること，④群馬県は，毎年度6月30日までに当該年度の整備事業の事業実施計画を取りまとめ，下流受益者との間で協議すること，⑤下流受益者は，毎年度当該年度に実施する全ての整備事業に要する経費のうち群馬県費，長野原町費及び吾妻町費の合計額に，下流受益者が負担する経費の割合及び下流受益者の都県別負担割合を乗じて算出した額を群馬県に支払うこと，⑥群馬県は，毎年度の整備事業の事業実施計画に変更が生じた場合，当該年度の12月5日までに下流受益者と協議の上，変更することができること。

　民主党政権による建設中止宣言を受けて，平成22年に1都5県が支払いを一時留保した負担金は，特定多目的ダム法7条による建設費負担金であった。東京都に関して，この建設負担金と水特法12条の負担金の支払いの差止めを求める住民訴訟が提起され，東京地裁平成21・5・11（判例地方自治322号51頁）は，負担金の支払命令を行なう権限が知事から課長らに委任されているのに，知事が課長らへの指揮監督権限を行使することにより支出命令をさせないことを求める請求は不適法であるとした（平成16年には，各県の負担金について，同種の住民訴訟が提起された）。

水道原水水質保全事業の費用負担　　水道原水水質保全事業の費用負担については，同事業の実施の促進に関する都道府県計画に定められる（水道原水水質保全事業の実施の促進に関する法律5条4項）。そのうち対象事業者及びその区域内で水道原水水質保全事業が実施されることとなる地方公共団体で費用の全部又は一部を負担することとなる者は，協議に基づく同意（5条7項）という形式で，実質的な契約を締結しているといえる。

2 法定外の行政主体間契約・協定

　法定されていない行政主体間契約ないし協定にいかなるものがあるのか，その全体像を知ることは困難である。行政契約の実態を描き出すことを目的とする本書ではあるが，どうしても限界があることを率直に認めなければならない。とりわけ，国による推奨等のないものについては，断片的に新聞報道等により知ることがあるものの，一般には，その存在を知ることさえ困難である。

　法定外の行政主体間協定の種類としては，いかなる行政主体間であるかにより，①国と地方公共団体との間の二者間協定，②地方公共団体相互間の二者間協定が考えられるが，①の地方公共団体が複数となるもの（すなわち，国と複数の地方公共団体とが締結する協定），②の地方公共団体が三以上になる協定も考えられる。

　さらに，法定外の行政主体間協定は，どのような背景で締結されるかにより，観念的に次の三種類を区別することができるように推測される。第一は，国の制度（法律以外のもの）を利用する際に協定の締結を求められるものである。第二は，国が行政主体間協定の締結を推奨していることを受けて締結されるものである。そして，第三に，もっぱら地方公共団体の自主的判断により締結されるものである。もちろん，当初は地方公共団体のまったく自主的判断で用いられた方式が，次第に国が推奨するようになり，さらには，国の制度を利用する際の前提要件とされるというように，時間軸により段階を踏む場合もあろう。

　なお，地方公共団体の出資法人は，行政主体ということはできないが，地方公共団体における情報公開体制の拡充の一環として，出資法人等における開示を確保するために，開示の具体的な内容，方法，手続等について，地方公共団体が出資法人等と協定を締結することがある。たとえば，福岡市情報公開条例は，実施機関は，出資法人等に関する文書について公開請求があった場合において，当該公開請求に係る文書を保有していないときは，出資法人等に対し，当該文書を提出するよう求めることができるとし（39条3項），

この規定による文書の提出及び当該文書の公開決定等を円滑かつ適切に行なうため，その提出を求める文書の範囲その他必要な事項について定める協定を締結するという努力義務を実施機関及び出資法人等に対して課している（39条4項）[42]。このような方式が次第に広まっている。

以下，若干の法定外の行政主体間協定を取り上げることにする。

[1] 包括的行政体制構築のための協定

実質的法定協定としての合併協定　　法律に「協定」の文言が登場していないにもかかわらず，実質的に法定の制度と一体の協定が存在する。合併に際して合併協議会の協議を経て締結される合併協定が，その一例である。市町村の合併の特例に関する法律（＝合併特例法）は，合併しようとする市町村は，自治法252条の2第1項の規定により，合併市町村の円滑な運営の確保及び均衡のある発展を図るための基本的な計画（＝合併市町村基本計画）の作成その他市町村の合併に関する協議を行なう協議会を置くものとしている（3条1項）。そして，合併市町村基本計画は，おおむね，①合併市町村の円滑な運営の確保及び均衡ある発展を図るための基本方針，②合併市町村又は合併市町村を包括する都道府県が実施する合併市町村の円滑な運営の確保及び均衡ある発展に特に資する事業に関する事項，③公共的施設の統合整備に関する事項，④合併市町村の財政計画，について作成するものとされ（6条1項），その作成又は変更には，あらかじめ合併関係市町村を包括する都道府県の知事に協議しなければならない（同条3項）。この合併市町村基本計画の内容を中心として協議の調った事項について，協定が締結されている。合併市町村基本計画との重なり合いに照らして，市町村合併協定は，実質的な法定協定であるといって差し支えないと思われる。

平成13年に新潟県黒埼町が新潟市に合併した際の合併協定書の主要な内

42　福岡方式について，大橋洋一「自治体外郭団体の情報公開――福岡方式における情報公開協定の発展可能性」川上宏二郎先生古稀記念論文集『情報社会の公法学』（信山社，平成14年）179頁（同『都市空間制御の法理論』（有斐閣，平成20年）164頁所収）を参照。そして，平成22年3月31日現在で，市監理法人，市関与法人及び事業支援団体である対象法人は100％の割合で情報公開協定が締結されていたという。

容を見てみよう。当時の合併特例法は，昭和40年法律第6号の旧法であった。

① 黒埼町の財産（権利及び義務を含む）及び公の施設は，すべて新潟市に引き継ぐものとする。

② 黒埼町の議会の議員は，合併特例法7条1項2号の規定を適用し，新潟市の議会の議員の残任期間，引き続き新潟市の議員として在任する。

③ 合併後，新潟市に置かれる農業委員会は，合併の期日における黒埼町の農業委員会の任期の間は，現在両市町に設置されている農業委員会の区域ごとに現行のまま設置する。その後の取扱いについては，一体性の確保の観点から，合併後の新潟市の全域を区域とする農業委員会に統合する。

④ 地方税は，新潟市の制度に統一する。個人均等割住民税，都市計画税及び事業所税については，合併特例法10条の規定により合併の日の属する年度及びこれに続く3か年度は不均一課税を実施する。入湯税に関しては，福祉向上を図るため設置された黒埼町での入湯については課税免除とする。

⑤ 黒埼町の定数内の職員は，すべて新潟市の職員として引き継ぐものとする。職員の任免，給与その他の身分の取扱いについては，新潟市の職員と不均衡が生じないよう公正に扱うものとし，その細目は，両市町の長が別に協議して定める。

⑥ 黒埼町の特別職（三役及び教育長）の身分の取扱いについては，両市町の長が別に協議して定める。

⑦ 手数料については，新潟市の制度に統一する。使用料については，新潟市の制度に統一する（ただし，黒埼町の老人福祉センターの使用料は，60歳以上の利用者は無料，そのほかの利用者は現行のとおりとする。黒埼町の屋外体育施設については無料施設とし，黒埼町総合体育会館の使用料については現行のとおりとする。大野定例露店市場出店料は，当分の間，現行のとおりとする。黒埼町の保健センター使用料及び施設利用については，現行のとおりとする）。

⑧　各種団体に交付している補助金等については，従来の実績を下回らないよう配慮することとし，合併後の市域内において均衡を失しないよう調整を図る。

　さらに，各種事務事業の取扱いに関しても，詳細に定めている。

　合併協定に当たり，従前に締結していた協定等（姉妹都市協定等）をいかに扱うかということが問題になる。合併後に合併後の地方公共団体の協定として存続させるのか廃止するのかという点である。この場合には，先方との合意を得る必要があることはいうまでもない。

　以上のように，合併協定は，合併直後の条例制定等により完結する内容が多いといえる。

　都道府県議会が議決する前に合併市町村を構成する関係市町村の間に見解の相違が生じて，合併に消極姿勢をとる関係市町村が出た場合に，他の関係市町村は，協議の調った協定の有効性を主張して，従前の姿勢を変える必要がないのかどうかが問題になる。関係市町村の意思は，協定締結ないし協議の成立時点において合致していることで足り，その変更について合意が成立しない限り，合併に向けた手続が続行すると考えるべきかどうかである。市町村合併は，比喩的に言えば，婚姻にも匹敵するものであるから，都道府県議会の議決までの間は，関係市町村の合併意思表示の撤回が認められてよい。それまでの努力が無に帰することについて，他の市町村からの批判が強いことはいうまでもないが，そのことを理由に合併を強行することは，かえってしこりを残すであろう。なお，合併の意思表示を撤回した市町村は，場合によって損害賠償責任を負うと解される。

政令指定都市移行のための市と府県との協定　市が政令指定都市に移行する際には，従前に府県が処理してきた事務を当該市に移す必要があるなどの理由により，当該市と府県との協議により協定が締結されるのが一般的である。

　平成22年4月の相模原市の政令指定都市移行に備えて，平成21年11月に神奈川県と相模原市が締結した事務移譲等に関する基本協定書は，法令等に基づく**移譲事務**（法令必須事務820項目，法令任意事務25項目及び国の要綱・通知等に基づく事務128項目），県の事務処理の特例に関する条例により

政令指定都市移行時に市に移行する事務 80 項目，県単独事業のうち移行時に市単独事業として実施する事業 31 事業を掲げたうえ，法令等に基づく事務の移譲に伴う確認事項として，いくつかの事項を掲げている。その中には，国県道に関する県債元利償還金の取扱い[43]，当せん金付証票（宝くじ）の販売収益金の配分（市への配分は販売実績の割合を基本とする）などが含まれている。

県単独事業に係る移譲の項目を見ると，「乳幼児精密健康診査に関する神奈川県医師会との委託契約」のように，それ自体が行政契約ともいえるものが含まれている。同様に，「神奈川県（県域），横浜市，川崎市の 3 県市の協調による精神科救急医療体制の実施」が含まれているので，これが移行により「神奈川県（県域），横浜市，川崎市，相模原市の 4 県市の協調による精神科救急医療体制の実施」とされる意味であろう。

協定において，県から市への円滑な事務移譲等を進めるために，移行前の県による市職員の受入れや移行後の県による県職員の市への派遣は，「人的支援」として位置づけられている。

政令指定都市移行の際には，一定の経過措置を講ずる旨を基本協定書で定めることがある。たとえば，岡山市の政令指定都市移行にあたり，平成 19 年 12 月に岡山県と岡山市とが締結した基本協定書においては，県単独事業のうちの 4 事業[44]については，3 年間の経過措置として，現行の県補助率から，移行後，毎年度その 4 分の 1 ずつ均等に引き下げること，河川管理に関する事務の移譲について河川改修事業に係る市の負担増を踏まえ，3 年間の経過措置として，県から市に補助を行なうこととされた[45]。また，児童自立支援施設に関する事務については，移行後も当分の間，自治法 252 条の 14

---

[43] 県が平成 15 年度以降 21 年度までに発行した市域相当分の道路事業に係る県債の元利償還金について，県への普通交付税措置相当額を除いた額を市の負担額とする。ただし，県と政令指定都市の役割分担の観点から市が担うこととした所定事務に係る県の歳出削減額を控除する。

[44] 老人医療費特別対策費，乳幼児医療対策費，重度心身障害者医療費特別措置費，ひとり親家庭等医療費公費負担事業費。

[45] 補助率は，現行事業における県補助率から移譲に伴う国庫補助率の増を差し引いた率を，移行後，毎年度その 4 分の 1 ずつ均等に引き下げた率とする。

第 1 項の規定により，市が県に委託することとされた。同じく，新潟市の政令指定都市移行のために，平成 17 年 11 月に新潟県と新潟市とが締結した基本協定書においても，県単独実施事務事業のうち，5 事務事業[46]については，3 年間の経過措置を講ずることとして，県の補助率を現行の 2 分の 1 から，各 3 分の 1，6 分の 1，12 分の 1 に段階的に引き下げるとした。また，浜松市の政令指定都市移行のために，平成 17 年 10 月に締結された静岡県と浜松市の基本協定書においても，県単独助成事業 65 事業のうち，4 事業については所要の経過措置を講ずることとし[47]，7 事業については，過疎 4 地域に限り所要の経過措置を講ずることとされた[48]。

前述の岡山市の例のように，政令指定都市移行後に，一定の事務については，自治法 252 条の 14 第 1 項の規定により，市が県に委託することを協定することもしばしば見られる。たとえば，浜松市も，児童福祉法による一時保護に関する事務について移行後 1 年，児童自立支援施設に関する事務について当分の間，県に委託するとした。児童自立支援施設は，政令指定都市のなかった県の場合は，その県内に 1 箇所とか 2 箇所ということも少なくない状況で，政令指定都市となる市のみを分離することが当面は難しいという理由で，当分の間は県への委託の方式が採用されているものと思われる。

定住自立圏形成協定　　国は，平成 20 年 12 月に「定住自立圏構想推進要綱」を定めて，総務事務次官通知として，各都道府県知事及び各指定都市市長宛に通知した。同要綱によれば，定住自立圏は，中心市と周辺市町村が，自らの意思で一対一の協定[49]を締結することを積み重ねることの結果として

46　乳児医療費助成事業補助金，幼児医療費助成事業補助金，重度心身障害者医療費助成事業補助金，ひとり親家庭等医療費助成事業補助金，老人医療費助成事業補助金。

47　母子家庭等医療費助成，重度障害者（児）医療費助成，乳幼児医療費助成については，移行後 3 年間，県の補助率を現行の 2 分の 1 から 3 分の 1（一部は 3 分の 1 から 4 分の 1）に引き下げて継続する。また，大規模地震対策等総合支援事業費に関しては，通常の制度により継続する。

48　静岡県バス路線維持費助成，中山間地域林業整備事業費助成，県単独治山事業費，県単独林道事業費，県単独農業農村整備事業費助成，中山間地域農業振興整備事業費助成，中山間地域農業基盤整備事業費助成について，移行後 3 年間，通常の制度により継続する。

形成される圏域であって，中心市において圏域全体の暮らしに必要な都市機能を集約的に整備するとともに，周辺市町村において必要な生活機能を確保し，農林水産業の振興や豊かな自然環境等の保全等を図るなど，互いに連携・協力することにより，圏域全体の活性化を図ることを目的としている。そして，施策を実施するに当たり，「定住自立圏形成協定」が重要な位置を占める。この協定は，中心市宣言を行なった中心市（宣言中心市）とその周辺の一の市町村が人口定住のために必要な生活機能を確保するために締結する協定であって，その締結又は変更に当たって，自治法96条2項に基づく議会の議決を経ることとされている。議会の議決を求めているのは，団体意思に基づくものであることを求めたとされている[50]。

同協定には，少なくとも，①市町村の名称，②目的，③基本方針，④連携する具体的事項，⑤その執行等に係る基本的事項を定める。このうち，④に関しては，生活機能の強化，結びつきやネットワークの強化，圏域マネジメント能力の強化，の三つの視点ごとに，次に掲げる政策分野のうち少なくとも一以上について連携する具体的事項を規定するものとしている。

「生活機能の強化」に係る政策分野にあっては，医療，福祉，教育，土地利用，産業振興のうち少なくとも一以上について，連携する具体的事項を規定するとしている。

「結びつきやネットワークの強化」に係る政策分野にあっては，地域公共交通，デジタル・ディバイドの解消に向けたICTインフラ整備，道路等の交通インフラの整備，地域の生産者と消費者等との連携による地産地消，地域内外の住民との交流・移住促進，そのほか結びつきやネットワークの強化に係る連携のうち少なくとも一以上について，連携する具体的事項を規定す

49　したがって，一つの定住自立圏形成協定を三つ以上の市町村が締結することはない。ただし，隣接する二つの市の人口の合計が4万人を超えるときに，二つの市を合わせて一つの中心市とみなす場合の，いわゆる複眼型中心市は，二つの市が共同して連盟して，あたかも一つの市であるかのように協定を締結する。以上，定住自立圏構想実務研究会編『Q&A　定住自立圏構想ハンドブック』（ぎょうせい，平成22年）39頁，61頁。

50　山崎重孝「『定住圏自立圏構想』について㈢」自治研究85巻9号64頁，75頁（平成21年）。

るとしている。

　「圏域マネジメント能力の強化」に係る政策分野にあっては，宣言中心市等における人材の育成，宣言中心市等における外部からの行政及び民間人材の確保，圏域内市町村の職員の交流，そのほか圏域マネジメント能力の強化に係る連携のうち少なくとも一以上について，連携する具体的事項を規定するものとしている。

　この要綱に依拠して，次第に「定住自立圏の形成に関する協定」が締結されつつある[51]。定住自立圏のような協定は，この要綱によらなくとも任意に締結できるはずである。しかし，この要綱に従った協定が注目されるのは，要綱に従った協定の場合には，一定のメリットがあるからにほかならない。

　では，定住自立圏形成協定の締結には，いかなるメリットがあるのか。「定住自立圏構想推進のための地方財政措置について」なる総務省地域力創造グループ地域自立応援課長通知（平成21・4・1）により，同協定又は前記要綱に定める定住自立圏共生ビジョンに基づき進める取組み等を想定して特別交付税による包括的財政措置，外部人材の活用に対する特別交付税措置，さらには個別施策分野についての特別交付税措置などが用意されている。バラ色の協定，バラ色のビジョンであって，しかも特別交付税措置等があったとしても，真の実効性については未知数である。

　ところで，定住自立圏構想の推進のために前記のような特別交付税等の財政措置が用意されていることは，一種のアメであることは疑いない。このような措置を総務事務次官通知の要綱に基づいて実施することについては，少なからず疑問の向きもあろう。この点について，この制度の策定に当たった人たちは，法制化により現場感覚から離れた「看板取り」に終わることを避けて，実態を先行させることの方が望ましいと考えて，自治法に基づく「技術的助言」としての次官通知によったものであるという。しかも，財政措置の内容について直接要綱に示すことなく「地域力創造審議官内かん」の形式を用いたのも「細心の注意」によるものであるという[52]。はたして，次官通知と審議官内かんとの間にそのような違いがあるといえるのであろうか。

51　たとえば，備前市と上郡町とによる東備西播定住自立圏，高松市と小豆島町とによる瀬戸・高松広域定住自立圏などの協定が締結されている。

[2] 事業の協力のための協定

ごみ処理の協力体制に関する協定　ある市町村のごみ（一般廃棄物）処理施設において，何らかの理由により，ごみ処理をすることができなくなった場合に，他の市町村に処理してもらわなければならないような緊急事態となることがあり得る。そのような事態に予め備えるべく協定を締結している例がある。たとえば，所沢市，飯能市，狭山市，入間市は，「ごみ処理の協力体制に関する実施協定」により，不慮の事故等により突発的に施設が停止し，又は処理能力が著しく低下した場合，又は，施設の定期点検整備又は改修工事等であらかじめ計画された事態が生じて，協力が必要となった場合には，ごみ処理の相互応援をすることにしている。

一般廃棄物の処理に関する市町村間協定　市町村は，一般廃棄物の収集，運搬及び処分の義務を負っている（廃掃法6条の2第1項）。しかし，その一般廃棄物が，すべて当該市町村内で処分されるとは限らない。なかには，他の地方公共団体内の施設に搬入されることがある。そのような場合に，搬入を受ける地方公共団体が要綱を定めて環境保全協力金を徴収することがある。そして，要綱や条例に基づいて，一般廃棄物の搬入について協議を行ない，協定書を作成する場合がある（県外産業廃棄物の搬入に関する事業者との協定については，本書第2章2［5］を参照）。

たとえば，「米沢市環境保全協力金に関する要綱」は，米沢市に所在する一般廃棄物処理施設に同市以外の市町村等（＝排出自治体）から搬入される一般廃棄物について，環境保全協力金の負担を求め，徴収した協力金を環境施策の財源に充てることにより，廃棄物の適正な処理の推進をはじめ，市民生活環境の保全に寄与することを目的としている（1条）。手続を見ると，事前協議を経て（3条），協議の結果，生活環境の保全上適当と認めた場合に事前協議承認通知をし（4条），承認通知があった日から30日以内に，「一般廃棄物最終処分場の環境保全に係る協定」を締結する（5条）。排出自治体は，この協定の締結後に一般廃棄物搬入通知を行なう（7条）。一般廃棄物を搬入しようとする排出自治体は，協定の締結後に協力金に関する同意

52　以上，山崎重孝「『定住圏自立構想』について(二)」自治研究85巻7号69頁, 87頁（平成21年）以下。

書を提出する（10条）。同意書の文言は，「米沢市に所在する一般廃棄物処理施設に，○○の一般廃棄物を搬入する場合は，米沢市環境保全協力金に関する要綱を遵守し，環境保全協力金を負担することに同意します」というものである。協力金の額は，搬入量1トン当たり1,000円である（12条1項）。さらに，市長は，必要があると認めるときは，協力金の額を変更することができる（12条2項）。協力金は，第1条の目的を達成するため，市の環境施策の財源に充てるものとしている[53]。

この要綱において注目されるのは，排出自治体に対して，協議，同意の手続により負担を求める点である。あくまでも寄附の位置づけということになろう。しかし，多治見市が，平成14年4月から施行した多治見市一般廃棄物埋立税条例による法定外目的税の一般廃棄物埋立税[54]と実質的に近い内容であって，いわば「準法定外目的税」といってよい。法定外目的税であれば，当然のことながら条例によらなければならないし（地方税法3条1項），総務大臣との事前協議とそれに基づく同意を得なければならないところ（同法669条1項，731条2項），「環境保全協力金」とすることにより，それらの手続を回避できていることになる。

条例方式のものとして，伊賀市環境保全負担金条例及び綾川町環境保全協力金条例がある。

綾川町環境保全協力金条例は，一般廃棄物を町内の民間最終処分場に搬入しようとする地方公共団体の長に対して，町長と事前に協議する義務を負わせている（6条）。この事前協議を経て，一般廃棄物搬入に関する協定を締結しなければならないとしている（7条）。この協定の締結後，廃棄物処理法施行令4条9号イの通知（一般廃棄物通知）を審査し，受理したときは，速やかに一般廃棄物搬入を承認する旨を通知する（8条）。協定の締結がなされていない場合は，受理しない旨を含意しているのであろう[55]。政令の定

53　同様の協力金方式は，菊池市，上天草市，鹿沼市にも見られる。
54　実質的には，名古屋市に課税するものであった。この税は，5年を限った税であり，更新されなかったので，現在は課税されていない。ただし，平成19年3月の終了に伴い，名古屋市から埋立事業協力金5,000万円を受けることにしたという（平成20年2月25日の市長記者会見）。

める通知について,「受理する」,「受理しない」の裁量権を行使してよいのかという素朴な問題点があることは否定できない。

　一般廃棄物最終処分場への搬入承認は,「他の地方公共団体が一般廃棄物を自らの区域内で処理できない相当の理由が認められる場合には,受入れ期間を限定し,かつ,処理の安全性が確認できる場合に限り」行なうことができる(3条)。そして,町長は,この承認をするときは,当該他の地方公共団体に対し協力金の支払いを求めるものとし(4条1項),その金額は,1トン当たり1,000円としている(同条2項)。

　一般廃棄物搬入承認は,次のいずれかの「特別な事情」が認められなければならない(条例施行規則2条)。

　① 一般廃棄物を搬入しようとする他の地方公共団体(＝排出事業者)の区域内に既存の一般廃棄物処理場(中間処理場及び最終処分場)がなく,当該区域を管轄する都道府県等の施策において当面する一定の期間内に当該都道府県等内での一般廃棄物の処理見通しがつかないことに起因する緊急避難的措置の場合。

　② 排出事業者において他に区域外の一般廃棄物の受入れ若しくは処理を委託できる一般廃棄物処理業者がないことに起因して,排出事業者を管轄する都道府県等の要請又は今後の自区域内処理施策方針を確認できるものがあり,町長がこれを社会的要請であると認めた場合。

　この条例にいう「承認」は,廃棄物処理法施行令4条9号[56]自体に定められている手続ではない。したがって,条例が創設した行為ということになる。そして,事前協議に基づく「承認」,さらに一定の場合になされうる「承認

　55　伊賀市の条例9条1項は,市長は,協定の締結後でなければ通知を「受理」することができない,としている。

　56　施行令4条9号は,4条7号により一般廃棄物の処分又は再生の場所が当該処分又は再生を委託した市町村以外の市町村の区域内にあるときは,当該処分又は再生の場所がその区域内に含まれる市町村に対し,あらかじめ,次の事項を通知するとする規定である。①処分又は再生の場所の所在地(埋立処分を委託する場合にあっては,埋立地の所在地,面積及び残余の埋立容量),②受託者の氏名又は名称及び住所並びに法人にあっては代表者の氏名,③処分又は再生に係る一般廃棄物の種類及び数量並びにその処分又は再生の方法,④処分又は再生を開始する年月日。

の取消し」が，どのような性質を有するといえるかが問題になる。町と他の地方公共団体との関係においてなされる行為ではあるが，事前協議は申請に相当し，搬入の承認及びその取消しは行政処分であるとする考え方もあり得ないわけではない。しかし，承認は，行政契約の申込みに対する承諾であり，承認の取消しは契約の解除[57]であると位置づけることも可能なように思われる。

さて，綾川町の前記条例施行規則5条による様式第3号には，「一般廃棄物の搬入に関する協定書」が掲げられている。搬入期間（1条），業務報告（4条），立入調査（5条）のほか，次のような条項が置かれている。

第一に，搬入量及び環境保全協力金に関する第2条である。搬入量につき，「年間　　トン以内」とし，その内訳が掲げられている（1項）。そして，搬入総量に応じ，一般廃棄物1トン当たり1,000円の割合により算出した環境保全協力金を町に支払うものとする条項がある（2項）。協力金については，金額も含めて条例4条が定めているので，協力金納付の根拠が，条例自体であるのか，この協定であるのかを解釈する必要がある。条例4条1項は「町長は，…協力金の支払いを求めるものとする」としているので，おそらく町長に対する義務づけであって，当該他の地方公共団体に対する義務づけではないと解される。したがって，協力金納付義務は，協定の締結によって初めて生ずると見ることができる。

第二に，搬入物質の制限等に関する第3条に注目したい。その中には，搬入車両は，処分場等周辺地域の集落内生活道路を通行しないように措置するものとする旨（2項），及び，「搬入時間帯は，毎日午前　時　分から午後　時　分まで」とし，「緊急避難行為と認められる場合を除いて，搬入車両は，一般廃棄物の処分場周辺道路での時間待ち又は退避行為などにより他の通行

---

[57] 条例自体とは別に，条例施行規則5条による様式第3号「一般廃棄物の搬入に関する協定書」6条1項は，次の場合には，直ちに一般廃棄物の搬入受入れを停止し又はこの協定を解除するものとし，搬入地方公共団体（乙）は，これに従わなければならないとしている。①乙が，この協定に記載のないものを搬入したとき，②乙の廃棄物搬入行為により，町及び処分場周辺住民の不利益となる事象等が生じたとき，③前各条及び町の定める条例又は規則に違反したとき。

に支障となる行為を行わないこと」（3項）が定められている。住民の生活に支障を生じないようにするための具体的条項である。

　第三に，違反時の措置等を定める第6条のうち，損害賠償責任について定める同条第2項がある。搬入する地方公共団体（乙）は，その搬入した廃棄物によって町又は第三者に損害が生じたときは，過失の有無を問わず，町又は第三者に対して全損害を弁償しなければならないとしている。乙は，この協定に基づく賠償責任を問われることがあるというわけである。

　前記条例施行規則9条は，次の範囲内で協力金の額を減額又は免除できるとしている。

　　①　町長との緊急相互協力協定を適用する場合は，協定の範囲において減額。
　　②　過去に町長の要請に応じ綾川町の一般廃棄物について緊急避難的な受入れ承認実績が認められる場合は，過去に受入れ承認があった範囲において減額。
　　③　災害等による緊急避難事由が認められる場合は，2分の1の範囲内において減額（ただし高松市は免除）。

　伊賀市の前記条例等の仕組みも，ほとんど綾川町と共通のものが多いが（「環境保全負担金」の名称であるが，金額は同じく1トン当たり1,000円である），伊賀市は，区域外の一般廃棄物の受入れを承認するに当たり，承認に必要な審査を行なうため，自治法138条の4第3項の規定に基づき，「区域外の一般廃棄物の受入れに関する審査会」を設置することとしている（14条）。審査会の所掌事項は，次の事項に関することとされている。①受入期間，②処理の安全性の確認，③搬入を必要とする事情・実地調査，④協定，⑤公開，⑥実績報告，⑦承認の取消し，⑧その他前各号に関連する事項。審査会は，10人以内の委員をもって構成され（16条1項），関係地域代表者，各種団体代表者，学識経験者のうちから市長が委嘱する（16条2項）。

　これらのような仕組みがどこまで広がっているのか明らかではない。今後，次第に広まっていく可能性もある。

ごみ処理施設共同設置のための費用負担等の契約　　ごみ処理施設を共同設置するために費用負担等に関する契約を締結することがあり得る。たとえば，

成田市と富里市とは，新たに一般廃棄物焼却処理施設（新清掃工場）の整備及び運営を行なうことに合意して，基本協定及び細目協定を締結している。費用負担について，基本協定書においては，当分の間は成田市74％，富里市26％の負担比率とし，必要に応じて見直しができる旨を定めている。細目協定において，事業項目（経費内訳）ごとに，予定金額と各年度ごとの支出予定金額を定める方式が採用されている。

　このような費用負担をめぐり糸満市と豊見城市（平成14年4月1日前は豊見城村）との間の訴訟が起こされた。平成7年に糸満市長と豊見城村長が，「ごみ処理施設建設に係る条件等に関する覚書」なる書面を作成し，共同で組合を設立し管理運営する清掃施設が糸満市の行政区域内に新設されることに鑑み，豊見城村が糸満市に対し，平成8年から12年にかけて毎年4,000万円，総額2億円を支払うという合意をした。この合意時点において予算措置はとられていなかった。その後，豊見城村長が，同合意に基づいて糸満市に合計2億円を支払うことを内容とする予算案を提出したが，議会がそれを否決し，平成9年5月に村長が再び2億円を支払うことを内容とする補正予算案を議会に提出したところ，議会は，総額1億6,000万円に減額修正したうえで可決した。豊見城村は，これに基づき平成9年から平成12年にかけて糸満市に対して，各年度の歳出予算の議決を経た上で毎年4,000万円，合計1億6,000万円を支払った。糸満市は，2億円の合意が有効であることを前提に，豊見城市に対して4,000万円の支払いを求めた。訴訟においては，議会の議決を欠く合意の効力が問題とされた。

　1審の那覇地裁平成15・1・21（判例集未登載）は，本件覚書と同一内容の契約を締結することは，自治法232条の3により「普通地方公共団体の支出の原因となるべき契約」たる支出負担行為として，「予算の定めるところに従い」なすことを要する（自治法214条により，歳出予算の金額，継続費の総額又は繰越明許費の金額の範囲内におけるものを除くほか，債務を負担する行為をするには予算で債務負担行為として定めておかなければならない）のであるから，前記の契約を締結するには双方の議会の議決を経る必要があったのであり，そのことは，市長及び村長のみならず関与した者の間において当然に知悉していた事柄であると認められるとした。よって，覚書の締結は，契約

締結に向けての準備段階にすぎなかったとし,請求には理由がないとした。なお,村の議会が1億6,000万円に減額修正して議決した点について,判決は,次のように述べた。

> 「被告の村長は,本来,かかる議決を受けて,原告と再交渉をするなどして原告と調整を図る必要があったものである。したがって,それをしないままに可決された予算の範囲内で支出し続けたからといって,被告の議会が被告の村長に本件覚書と同一内容の契約を原告と締結する権限を与えたとみることができないことは明らかであるから,被告の議会が本件覚書にかかる支払いを追認したということもできない。」

控訴審の福岡高裁那覇支部平成15・9・18(判例集未登載)も,ほぼ同趣旨で,「控訴人と被控訴人とは,被控訴人の議会が本件合意に基づく支出の裏付けとなる予算案を可としてそのとおりに議決するか否かは不確定であることを当然の前提として本件合意をしたものと認めるのが相当である」と述べて,自治法232条の3及び214条の趣旨を併せ考慮すれば,予算上の裏付けがないまま成立した本件合意は,その後の予算の議決等により予算上の措置が講じられない限り無効であって,法的効力は発生しないと解するのが相当であると述べた。

なお,控訴審判決は,支出負担行為の一部を議会が追認できるという興味深い判断を示している。すなわち,減額修正のうえ補正予算案を可とする議決がなされたので,本件合意は,被控訴人の議会がその支出負担行為の数量的な一部を事後的に承認する趣旨で減額修正のうえ成立させた補正予算の限度で予算の裏付けを得たこととなり,その限度で有効になったというべきである,というのである。

この事件は,「覚書」のような書面を作成して共同の事業を進めようとするときに,議決された「予算」の裏付けを要する点を改めて確認させるものである。ただし,仔細に見ると検討を要する点がないわけではない。控訴審判決が判決理由中で述べるように被控訴人のみに債務を負担させることを内容とする合意であるとするならば,自治法232条の3にいう「支出の原因となる契約その他の行為」のうちの「契約」に含めるべきではなく,「その他の行為」と見るのが自然である。また,判決は,債務負担行為に関する「予

算」による議決と歳出に関する予算の裏付けとを混同しているように思われる。債務負担行為に関する「予算」議決に基づいて合意がなされた場合であっても，各年度の歳出予算に支出額を計上して議決を経なければならないのである。そして，その場合に，債務負担行為に係るものは義務費と解されるので，各年度の歳出予算に計上することにつき議会が拒絶することは許されないというべきである[58]。

行政情報システムの共同利用　今日の地方行政において行政情報システムの重要性は，誰もが認めるところであり，また，その財政的負担を無視することができない。地方公共団体の中には，共同してシステムを開発してきた実績をもつところがある[59]。総務省は，「公共ITにおけるアウトソーシングに関するガイドライン」（平成15年3月）及び「電子自治体推進方針」（平成15年8月）を策定して，電子自治体の推進に当たり，複数の地方公共団体が連携して共同利用型のアウトソーシングによる方策を示してきた。同時に，「地方公共団体における申請・届出等手続に関する汎用受付システムの基本仕様（第2版）」（平成15・3・28）も示して，共同利用形態のシステムの導入をバックアップしてきた。地方公共団体は，これに呼応して，県と市町村とが行政情報システムを共同利用する動きが強まった[60]。県と県内市町村とが協議会を設立して推進する場合も多い[61]。このような方式を実現するため

58　碓井光明「自治体予算の規範的性質と法政策」日本財政法学会編『地方財政の変貌と法（財政法講座3）』（勁草書房，平成17年）149頁，165頁。

59　京都府町村会による総合行政情報システム「TRY—X」について，地方シンクタンク協議会「NPMに基づく先進的アウトソーシング事例」http://www.think-tgr.jp/NPM/による。

60　国の府省においても，本文におけるコンテクストと異なるが，総務省に設置された「政府情報システムの整備の在り方に関する研究会最終報告書〜政府共通プラットフォームの構築に向けて〜」（平成22年4月）が公表されている。それによれば，政府情報システムの統合・集約化の基盤として，政府共通プラットフォームを構築し，システムの開発・管理運用の効率化，安全性・信頼性の向上等を推進するとともに，データ連携の基盤として，業務見直しの促進，国民等利用者の利便性の向上を図ることを目的とした検討を行なっている。

61　たとえば，岡山県電子自治体推進協議会，岡山県電子入札共同利用推進協議会，茨城県電子申請・届出システム整備運営協議会。

に，公益法人を活用している場合もある[62]。共同利用の法律関係が，形式的に個別地方公共団体と協議会又は公益法人との関係であるとしても，実質的には，地方公共団体相互間の共同利用である。

共同利用の方式には，特定分野の行政情報からスタートすることが多い。たとえば，スポーツ施設の予約システムを複数の地方公共団体が共同運営する場合などが典型である。熊本県と同県内市町村共同により「行政情報インターネット地図公開システム」を運営している。

実際の共同利用が「契約」によるとみるべきか，共同で設立した協議会等の規約等によるものであるかは，明らかではない。後者であるならば，行政契約として説明するのは適切ではない。しかし，実質的には，「加入契約」に近い認識があろう。

地域整備のための協定　すでに第3章3［1］において，鉄道の駅の整備に関連して，複数の地方公共団体と鉄道会社が協定を締結する場面があることを紹介した。そのような協定と別に，地方公共団体相互間においてのみ締結される協定書も存在する。

たとえば，熊本県と熊本市とは，平成17年6月に，「JR鹿児島本線等鉄道高架化及び熊本駅周辺地域等の整備に関する協定書」を締結した。同県と市は，平成9年にすでに協定を締結していたが，九州新幹線鹿児島ルートの開業時期が前倒しになること，鉄道高架化区間の延長，熊本合同庁舎の熊本駅周辺への移転決定などの状況変化に対応して，再度締結されたものである。まず，第1項において，「九州新幹線鹿児島ルート完成（平成22年度）までに完了を目指す事業」と「JR鹿児島本線等鉄道高架化事業完成及び東口駅前広場完成までに完了を目指す事業」の二本立てにより，県及び市が，それぞれ行なうべき事項を掲げている。前者として，県は，東口駅前広場の暫定

---

[62] たとえば，財団法人岐阜県市町村行政情報センターは，エルタックス共同利用型審査システムの構築と機能拡充のほか，共同利用型FAQサービスの提供，共同利用型BPOサービスの普及などの活動を行なっている。また，社団法人岡山中央総合情報公社は，地域情報化の推進，共同運営による低コストで効率的な行政情報化，情報処理機能の共有管理による低コストで効率的な情報処理システムの高度化などを目指して，サービスサポート事業，セキュリティサービス事業，アプリケーションサービス事業，ネットワークサービス事業，サーバー管理業務の受託事業などを行なっている。

整備並びにこれに関連する熊本駅新外線及び熊本駅城山線（田崎交差点から北側）並びに春日池上線（暫定）の整備を，市は，熊本駅西土地区画整理事業の推進による西口駅前広場の整備並びにこれに関連する熊本駅西口線，田崎春日線及び春日池上線（暫定）の整備並びに東Ａ地区市街地再開発事業及び熊本駅南線（鉄道高架下等を除く）の整備を定めている。第2項から第7項においては，どちらかといえば，努力事項ともいうべき内容が掲げられている。こうした協定により，まちづくりが，迅速かつ整合的に進められるわけである。なお，同時に交わされた「覚書」において，事業項目ごとに，概算事業費と費用負担の内訳（その中には国の負担も含む）が示されている。

展覧会の共同開催のための協定　地方公共団体は，短期の事業を他の地方公共団体（民間団体が含まれることもある）と共同で実施するために協定を締結することがある。展覧会等を複数の地方公共団体が共同開催するのも，その一つである。もっとも，そのような場合に，便宜上，「実行委員会」等の名称の団体を設立して実施することも少なくない。たとえば，平成22年に新潟で開催された「奈良の古寺と仏像〜会津八一のうたにのせて〜」については，展覧会を開催するために，新潟市，財団法人会津八一記念館，新潟日報社，新潟放送及び新潟県立近代美術館が「新潟展実行委員会」を結成する方法が採用された。その費用負担に関しては，「協約書」のなかに負担割合を定めて実施された。負担額につき，新潟市は，51.3％を負担することとされた。民間では，新潟日報社が最も多く，25.6％を負担することとされた。さらに，恒常的に協力関係を維持するための協定が締結されることもある。たとえば，兵庫県立美術館と滋賀県立近代美術館とは，双方のもつ人的および物的資源の有効活用を図るなどの観点から相互協力に関する基本協定書を締結し，展覧会の共同開催及び共同研究，所蔵品の相互活用，学芸員の交流などの相互協力を行なうとした。ただし，平成20年12月から23年3月までの期間に係る協定である。

国と地方公共団体との法定外の委託契約　国と地方公共団体との間における委託契約に関する包括的な根拠規定は存在しない。国から地方公共団体への委託に関しては，法定受託事務制度が存在する。しかし，法定受託事務によらない委託が行なわれることもある。その一つに，在外被爆者支援事業が

ある。同事業は，平成14年から，広島市，長崎市などの行なう在外被爆者の被爆者健康手帳の取得や治療のための渡日に必要な旅費を助成するなどの支援事業に対して国が10割の補助金を交付する方式でスタートし，平成16年には，在外被爆者が現地の医療機関において支払った医療費の一部を助成する在外被爆者保健医療助成事業が加えられた。しかし，このような事業は，本来は国の事業であるという声が強まり，平成18年からは，国自体の事業と位置づけたうえで，それを広島市，長崎市，関係都道府県に委託する方式に改められた。したがって，国と関係地方公共団体とが委託契約を締結し，国から関係地方公共団体に対して，委託費が支払われることとされている。ちなみに，これらの事業は，国の要綱に基づくものである。

　法定受託事務制度があるなかで，このような個別委託が許されるのかどうかが問題になるが，もしも民間団体等の私人に対しても認められるような性質を有する業務の委託であるならば，その相手方が地方公共団体であるからといって，特に問題にすることはないともいえる。しかしながら，地方公共団体にとって委託を断るわけにいかないような性質の業務（事務）であるとするならば，問題状況は異なってくるであろう。この問題は，形式上地方公共団体の行なう事業に対して全額を国が補助する方式において，その事業実施が国の方針によるもので，すべて国の意思決定によるものであり，しかも地方公共団体が断ることのできない性質の事業に共通の問題であるともいえる[63]。委託契約における「契約の自由」，補助金交付における「交付申請の自由」の実質的基盤をもたない事業と評価されるからである。

　なお，従来，委託契約の形式が採用されてきた国の事業が，途中から補助事業に転換されることもあるようである。国においては，当初は，いわば施策の実験的試みであるために，モデル事業として委託形式を採用し，それが有用な方式であることが認識された段階では，当該方式の事業を希望する地方公共団体が補助金の交付申請をして，国が申請を審査して採択した場合に補助金を交付すればよい，という説明であるのかも知れない。他方，地方公共団体の側から見れば，事業費の全額を国が負担する委託契約方式における

63　平成20年度補正予算により実施された定額給付金事業，子育て応援特別手当支給事業は，そのような事業であったと思われる。

国の負担を軽減するために，国が一定割合の負担で済むように補助金方式に転換したものであると受け止められて，批判の対象となる[64]。

事業の中身は同じであり，国から資金が提供される点も同じであるが，委託方式にあっては委託契約が締結されるのに対して，補助金方式の場合は，補助金適正化法による補助金交付申請に基づく補助金交付決定がなされ，補助金適正化法による種々の規制を受けることになる。もっとも，補助金適正化法の適用を別として，委託契約の場合にあっても，委託を受けようとする地方公共団体が事業計画書等を国に提出して，それを国が審査して委託し，受託地方公共団体が事業の終了後に実績報告書及び収支計算書を国に提出し（事業成果報告），それに基づいて検査した後に委託費の額を確定させる方法が採用されるなど[65]，手続面においても近似していることが多い。

公営競技の実施等に関する協定　公営競技の実施等に関しては，さまざまな局面で行政主体間の協定が締結される。公営競技の競走場の設置，投票券の発売場の設置，さらに，実施団体が撤退する際などにおいて協定が締結されることがある。ただし，それらの内容を直接に知ることは，意外に難しい[66]。

そうしたなかで，モーターボート競走の場外発売場の設置に関する協定の締結については，ホームページにおいて公表されていることがある。その例として，「（仮称）ボートピア習志野」の設置に際しては，競艇の実施団体である東京都六市競艇事業組合及び東京都三市収益事業組合と設置予定の場外発売場所在地の習志野市との間に協定が締結された。その内容は，①実施団体は，交通安全対策，環境保全対策，防犯対策，青少年対策について万全の

64　国庫委託事業であった「スクールソーシャルワーカー活用事業」，「学校支援地域本部事業」，「家庭教育支援基盤形成事業」，「地域ぐるみの学校安全体制整備推進事業」を補助事業とする旨の平成21年度予算原案をめぐり，全国都道府県教育長会議が文部科学大臣及び財務大臣に提出した要望書を参照。

65　たとえば，文部科学省の「学校支援地域本部事業」実施委託要綱（平成20・5・12生涯学習局長決定）を参照。この事業の委託先は，原則として「都道府県・指定都市及び都道府県・指定都市教育委員会」とされている（前記要綱2項）。

66　東京都が公営ギャンブルを廃止した際の協定については，本書第3章7［2］を参照。

措置を講ずるものとする，②年間開催日数は年間350日以内とする，③実施団体は，従業員の雇用に際しては，習志野市の住民が優先して雇用されるよう努める，④実施団体は，周辺地域との調和・共存を図るため，社団法人東京都モーターボート競走会，施設会社，習志野市等を構成員とする委員会を設置し諸問題の解決に努めなければならない，⑤実施団体は，当該場外発売場の勝舟投票券売上額の100分の1.5に相当する金額を環境整備協力費として習志野市に支払うものとする，などである。これらのうち，⑤が，最も明確な義務であって，一種の迷惑料の支払いを約するものといえよう。

[3] 災害時応援協定等

包括的災害時応援協定 ひろく見られる行政主体間協定の一つの類型は，災害時応援協定ないし災害時相互援助協定である。災害時応援協定は，災害対策基本法が国及び地方公共団体が災害の発生を予防し又は災害の拡大を防止するために実施の努力を求めている「地方公共団体の相互応援に関する協定の締結に関する事項」（8条2項12号）に当たるものであるが，同法には，法定の協定といえるほどの実質的定めが存在しないので，便宜，法定外協定として扱っておくことにする。災害時応援協定は，一の地方公共団体が多数の地方公共団体と締結していることが多い。

まず，一定のまとまりをもつ地域において，包括的な応援協定を締結する場合がある。たとえば，東京特別区は，「特別区災害時相互協力及び相互支援に関する協定」を締結している。他方，本書において法定の協定として紹介している防災ヘリコプター応援協定（本章1 [1]）は，個別的な災害時応援協定の性質を有している。

県とその区域内市町村相互間の包括的な災害時応援協定が広まりつつある。以下，参考までに，兵庫県及び同県下の災害時応援協定を掲げる。

【兵庫県及び市町相互間の災害時応援協定】

（趣旨）

　第1条　この協定は，災害対策基本法（昭和36年法律第223号）第67条第1項及び第68条第1項の規定に基づき，県内で災害が発生し，被災した市町のみでは十分な対策を講じることができない場合に，兵

庫県（以下「県」という。）及び県内市町による応援活動を迅速かつ円滑に実施するため，必要な事項を定めるものとする。

（応援の内容）

第2条　応援の内容は次のとおりとする。
  (1) 応急対策及び応急復旧に必要な資機材，物資及び施設のあっせん又は提供
  (2) 応急対策及び応急復旧に必要な職員の派遣
  (3) 被災者の受入れ
  (4) 前各号に掲げるもののほか，特に要請のあった事項

（応援の要請）

第3条　応援を受けようとする被災市町（以下「被応援市町」という。）は，次の事項を可能な限り明らかにして，県に対し文書により要請するものとする。ただし，文書により要請するいとまのない場合は，電話，ファクシミリ又は兵庫県災害対応総合情報ネットワークシステム等により応援の要請を行い，後に文書を速やかに提出するものとする。
  (1) 被害の状況
  (2) 前条第1号に掲げる事項の応援を要請する場合にあっては，物資等の品名，数量等
  (3) 前条第2号に掲げる事項の応援を要請する場合にあっては，職員の職種及び人員
  (4) 応援の場所及びその場所への経路
  (5) 応援を必要とする期間
  (6) 前各号に掲げるもののほか必要な事項

2　県は，前項の要請を受けたときは，速やかに，応援可能な市町と調整を行ったうえ，県の応援も含めた応援計画を作成し，被応援市町に，応援計画を通知するものとする。

3　県及び応援を行う市町（以下「応援市町」という。）は，最大限その責務を果たすよう努めるものとする。

4　第1項による要請をもって，被応援市町から各応援市町に対しての応援の要請があったものとみなす。

(市町を指定した応援要請)
第4条　被応援市町は，あらかじめ指定した県内の市町（以下「応援指定市町」という。）に，応援を要請することができる。
2　前項に規定する応援については，前2条の規定を準用する。
3　県は，応援指定市町に対し，応援要請内容を伝えるとともに，協力を要請するものとする。
4　被応援市町は，特に緊急を要する場合，応援指定市町に直接要請することができる，なお，この場合において，被応援市町は事後必ず県にその旨連絡するものとする。

(自主応援)
第5条　県及び市町は，激甚な災害が発生し，通信の途絶等により被災市町と連絡が取れない場合に，自主的な情報収集活動等に基づき，応援の必要があると判断したときは，第3条又は第4条による被災市町からの応援要請を待たずに，この協定に定めるところにより応援を行うことができる。
2　前項の場合，第3条第1項の応援の要請があったものとみなす。

(経費の負担)
第6条　県又は市町が前3条の規定に基づく応援に要した経費は，原則として被応援市町の負担とする。
2　被応援市町において費用を支弁するいとまがない場合等やむを得ない事情があるときには，応援を行った県又は応援市町は，当該費用を一時繰替支弁するものとする。
3　前2項に定めるもののほか経費負担等に関し必要な事項は，別に定める。

(他の協定との関係)
第7条　この協定は，県又は市町が締結する災害時の応援に係る他の協定を妨げるものではない。

(平時の活動)
第8条　県及び市町は，この協定に基づく応援が円滑に行われるよう，平時から次の事項を実施するよう努めるものとする。

(1)　地域防災計画その他必要な資料の提供
　(2)　県と市町との連絡会等の開催
　(3)　その他必要な事項
（補則）
　第9条　この協定に関し必要な事項については，県及び県内市町が協議の上，別に定めるものとする。
　2　この協定に定めのない事項及び疑義が生じた事項については，その都度協議して定めるものとする。

　この協定の第1条に示されているように，この協定は，災害対策基本法67条及び68条の定める応援の要求に対して迅速に対応できるように，予め協定を締結しておくものである。兵庫県にあっては，応援要請に関して，県に対する応援要請（3条）と市町を指定した応援要請（4条）の二本立てとされている。そして，3条要請の場合は，県が応援可能な市町と調整を行なう点に特色がある。ほぼ同様の協定である「大分県及び市町村相互間の災害時応援協定書」の場合は，被災市町村の長は，知事及び他の市町村の長に対し，所定の事項を明らかにして応援を要請するとし（3条1項），個別に要請するいとまがないときは，知事に対して一括して応援の要請を依頼することができるものとし，知事が，速やかに応援要請先の市町村の長に対し要請内容を伝達することにしている（同条2項）。この場合の，知事の役割は，要請内容の伝達であって，必ずしも調整が予定されているものではない。しかし，応援要請先を特定するいとまがないこともあり得るので，その旨の調整を含む要請を知事にすることが否定されるというわけではあるまい。

　次に，一の地方公共団体が，多数の地方公共団体と締結していることを示すために，米沢市の例を掲げておこう（平成20年8月21日現在）。
　1　姉妹都市災害時相互応援協定　　　上越市
　2　大規模災害時の山形県市町村広域相互応援に関する協定　　　山形県内市町村
　3　姉妹都市災害時相互応援協定　　　沖縄市
　4　姉妹都市災害時相互応援協定　　　高鍋町
　5　義士親善友好都市間の災害応急対策活動相互応援協定　　　北海道砂

川市，岩手県一関市，山形県米沢市，茨城県笠間市，茨城県真壁町，栃木県大田原市，群馬県藤岡市，東京都千代田区，東京都港区，東京都新宿区，東京都墨田区，新潟県新発田市，長野県諏訪市，愛知県吉良町，愛知県幡豆町，滋賀県大津市，滋賀県中主町，兵庫県相生市，兵庫県富岡市，兵庫県赤穂市，兵庫県加西市，兵庫県社町，兵庫県丹南町，広島県三次市，熊本県山鹿市（旧兵庫県竹野町は，兵庫県富岡市と合併）

6　歴史親善友好都市災害時相互応援協定　　南魚沼市（旧六日町）
7　米沢市・会津若松市災害時相互応援協定　　会津若松市
8　福島・宮城・山形広域圏災害時相互応援協定　　《福島地方広域行政圏（福島地方拠点都市地域）》福島市，二本松市，伊達市，桑折町，国見町，川俣町，飯野町，大玉村，本宮市，《仙南地域広域行政圏》白石市，角田市，蔵王町，七ヶ宿町，大河原町，村田町，柴田町，川崎町，丸森町，《相馬地方広域市町村圏》相馬市，南相馬市，新地町，飯舘村，《亘理・名取広域行政圏》名取市，岩沼市，亘理町，山元町，《置賜広域行政圏》米沢市，長井市，南陽市，高畠町，川西町，白鷹町，飯豊町，小国町（二本松市，安達町，岩代町，東和町が合併し二本松市に，伊達町，梁川町，保原町，霊山町，月舘町が合併し伊達市に，本宮町，白沢村が合併し本宮市に，原町市，小高町，鹿島町が合併し南相馬市になる）
9　山形県消防防災ヘリコプター応援協定　　山形県内の市町村，消防の一部事務組合及び消防を含む一部事務組合
10　姉妹都市災害時相互応援協定　　東海市
11　山形県広域消防相互応援協定　　山形県下市町村及び消防の一部事務組合

それぞれの地方公共団体が予め標準的協定書（雛型）を用意している場合には，当然のことながら締結に際しては相互の調整が必要となる。

遠隔地方公共団体間における災害時応援協定　　災害時応援協定には，相互に近接している地方公共団体間のものと，相当程度遠隔に位置する地方公共団体間のものとがある。

前者は，応急的な活動に適していることはいうまでもない[67]。それらの中には，特別の事項に限定した相互支援の協定も見られる。たとえば，今日の電子計算機に依存した行政において，大規模な地震等の災害が発生した場合において大型汎用電子計算機の相互支援に関する協定を締結している例がある[68]。

後者は，姉妹都市関係などの場合に見られるが，地震等が一定の広域にわたる災害をもたらした場合には，近接する地方公共団体は応援するゆとりを持てないことも多く，むしろ遠隔の地の地方公共団体の方が頼りになることがある。

後者の例を掲げてみよう。

【稲城市／女満別町／災害時相互応援協定】

稲城市（以下「甲」という。）と女満別町（以下「乙」という。）とは，姉妹都市提携の精神に基づき，災害時において被災者に対する救護等を実施するため，甲乙相互の応援体制に関し，下記のとおり協定する。

記

（趣旨）

第1条　この協定は，甲又は乙の区域内において地震，暴風，豪雨，洪水その他の災害（以下「災害」という。）が発生し，被災者救護等の応急措置の実施に不足が生じた場合における甲乙相互の救援資機材の援助及び被災者救出，医療活動等の応援（以下「応援」という。）について，必要な事項を定めるものとする。

（応援の種類）

第2条　この協定に基づき実施する応援の種類は，次のとおりとする。

67　たとえば，前記の「我孫子市及び取手市災害時相互応援に関する協定」は，応援の種類として，①応援，救助及び応急復旧に必要な職員の派遣，②食糧，飲料水及び生活必需物資並びにその供給に必要な資機材の提供，③被災者の受入れ，④被災者の救出，医療，防疫，施設の応急復旧等に必要な資機材及び物資の提供，⑤ボランティアの斡旋，⑥そのほか特に要請のあった事項，を掲げている（2条）。

68　東京都下の千代田区，文京区，江東区，大田区，杉並区，北区，板橋区及び足立区の協定。電子計算機データのバックアップテープの相互保管に関する協定を締結している地方公共団体も増加している（たとえば，新潟市と長岡市）。

(1) 被災者の救出，医療，防疫，施設の応急復旧等に必要な物資，機材及び車両の提供
  (2) 食料，飲料水その他生活必需品等の物資並びにそれらを供給するために必要な機材及び車両の提供
  (3) 被災者を一時収容するために必要な施設の提供
  (4) この協定に基づき実施する応援の実施に必要な職員の派遣
  (5) 災害援助ボランティアの斡旋
  (6) 前各号に定めるもののほか，特に要請のあつた事項
（応援の要請手続）
第3条 応援の要請をする場合は，次の各号に掲げる事項を明らかにして，電話等により連絡をするとともに，速やかに文書により通知するものとする。
  (1) 被害の状況
  (2) 前条第1号から第3号までに掲げる応援に要する品目，規格，数量等
  (3) 前条第4号に掲げる応援に要する職員の職種，人数等
  (4) 応援を受ける場所及び集結場所
  (5) 応援を受ける期間
  (6) 前各号に掲げるもののほか，必要な事項
（応援活動の実施）
第4条 応援要請を受けた甲又は乙は，直ちに必要な応援活動を実施するものとする。
2 甲又は乙は，応援要請がない場合であつても，収集した情報等に基づき必要があると判断したときは，応援活動を実施するものとする。
3 応援要請を受けた甲又は乙が応援活動を実施できない場合は，当該要請をした甲又は乙に速やかにその旨を連絡しなければならない。
（指揮権）
第5条 応援活動に従事する応援側団体の職員は，被応援側団体の災害対策本部長の指揮に従うものとする。
（応援経費の負担）

第6条　応援に要する経費の負担は，法令その他特別に定めがあるものを除くほか，次の各号に掲げるとおりとする。
　(1)　第2条第4号の規定により派遣した職員（以下「派遣職員」という。）に要する経費は，応援側団体が負担する。
　(2)　第2条第1号から第3号までに規定する物資，機材，車両及び施設の調達に要する経費は，被応援側団体が負担する。
　(3)　前2号に掲げるもののほか，応援活動において必要な経費は，原則として被応援側団体が負担する。
2　前項の規定にかかわらず，第4条第2項の規定に基づいて行われた応援活動に係る経費の負担については，法令その他特別に定めがあるものを除くほか，その都度甲・乙協議して決定するものとする。
（災害補償等）
第7条　派遣職員が，応援活動により負傷し，疾病にかかり，若しくは死亡した場合又は応援活動による負傷若しくは疾病の治癒後においても障害を有するに至つた場合における本人又はその遺族に対する賠償の責務は，応援側団体が負うものとする。
2　派遣職員が，応援活動を遂行中に第三者に損害を与えた場合は，その損害が被応援側団体への往復途中において生じたものを除き，被応援側団体がその賠償の責務を負うものとする。
（連絡体制）
第8条　甲及び乙は，あらかじめ応援に関する情報連絡を所掌する担当部署を定め，災害発生時における相互連絡体制を整備するものとする。
（情報の交換）
第9条　甲及び乙は，この協定に基づく応援が円滑に行われるよう，必要に応じて情報交換を行うものとする。
（協議）
第10条　この協定に定めのない事項及びこの協定の実施に関し必要な事項は，その都度甲・乙協議して定めるものとする。

同レベル市の相互応援協定　　さらに，大都市や中核市といった同レベルの規模の市が，一体となって災害時応援協定を締結している。中核市のもの

を掲げよう。

【中核市災害時相互応援協定】

　中核市各市（以下「協定市」という。）は，いずれかの市域において災害が発生し，被害を受けた都市（以下「被災市」という。）が独自では十分な応急措置が実施できない場合に，被災市の要請にこたえ，当該災害により被害を受けていない市が友愛的精神に基づき，相互に応援協力し，被災市の応急対策及び復旧対策を円滑に遂行するため，次のとおり協定を締結する。

（応援の種類）

第1条　応援の種類は，次のとおりとする。
　(1)　食糧，飲料水及び生活必需物質並びにその供給に必要な資器材の提供
　(2)　被災者の救出，医療，防疫，施設の応急復旧等に必要な資器材及び物質の提供
　(3)　救援及び救助活動に必要な車両等の提供
　(4)　救助及び応急復旧に必要な職員の派遣
　(5)　前各号に掲げるもののほか，特に要請があった事項

（応援要請の手続き）

第2条　応援を要請しようとする被災市は，次の事項を明らかにし，第5条に定める連絡担当部局を通じて，電話又は電信により応援を要請するものとする。この場合において，被災市は必要事項を記載した文書を後日，速やかに協定市に送付しなければならない。
　(1)　被害の状況
　(2)　前条第1号から第3号までに掲げる応援を要請する場合にあっては，物資等の品名，数量等
　(3)　前条第4号に掲げる応援を要請する場合にあっては，職員の職種及び人員並びに業務内容
　(4)　応援場所及び応援場所への経路
　(5)　応援の期間
　(6)　前各号に掲げるもののほか，必要な事項

（応援の実施）

第3条　応援を要請された協定市は，法令その他特別に定めがある場合を除くほか，極力これに応じ応援活動に努めるものとする。

2　激甚な災害が発生し，通信の途絶等により被災市との連絡がとれない場合には，被災市以外の協定市相互が連絡調整し，自主応援活動を行うことができる。

（応援経費の負担）

第4条　応援に要した経費は，協定市が協議して別に定める。

（連絡担当部局）

第5条　協定市は，あらかじめ相互応援のための連絡担当部局を定め，災害が発生したときは，速やかに情報を相互に交換するものとする。

（資料の交換）

第6条　協定市は，この協定に基づく応援が円滑に行われるよう，毎年1回地域防災計画その他参考資料を相互に交換するものとする。

（会議）

第7条　この協定の運用体制を整備し，併せて協定市の防災体制の整備に資するため，中核市連絡会事務担当者会議の補助機関として中核市連絡会防災担当者会議を置く。

（事務局）

第8条　この協定の実施に必要な連絡調整を行うため，中核市連絡会防災担当者会議の会長の属する市に事務局を設置する。

（雑則）

第9条　この協定の締結後，新たに中核市への移行によりこの協定への参加希望がある場合は，特段の事情のない限り，協定市はこれを受け入れるものとする。

（その他）

第10条　この協定は，協定市及び協定市の各機関が消防組織法（昭和22年法律第226号）第21条第2項の規定により別に締結した相互応援に関する協定及び水防に係る応援に関し締結した協定等に基づく応援を排除するものではない。

第11条　この協定の締結に関し必要な事項及びこの協定に定めのない事項については，協定市が協議して定めるものとする。
（協定の発効）
第12条　この協定は，平成12年4月28日から効力を発生するものとする。

大都市[69]も，大都市において災害が発生し，災害を受けた都市独自では十分な応急措置が実施できない場合に，被災都市の要請に応え，災害を受けていない都市が友愛的精神に基づき，相互に救援協力し，被災都市の応急対策及び復旧対策を円滑に遂行するための「大都市災害時相互応援に関する協定」を締結しており，その内容は，ほぼ中核市のものと同じである。なお，この協定に基づいて，飲料水の供給，施設の応急復旧等に必要な資器材の提供等に関して，「17大都市水道局災害相互応援に関する覚書」及び「17大都市水道災害相互応援に関する覚書実施細目」が作成されている。

個別的災害時応援協定　以上のような一般的な災害時相互応援協定のほか，より個別的業務に関する応援協定も存在する。たとえば，三重県，三重県内の市町村・一部事務組合及び広域連合は，災害等の発生時における，ごみ，し尿等一般廃棄物の処理についての応援協定を締結している（三重県災害等廃棄物処理応援協定書）。

また，災害時における水道に関する相互応援協定が広まっている。たとえば，栃木県内の両毛6市[70]は，水道災害時における相互応援協定を締結している。災害に備えて配水管の接続を行なっているほか，水道用資材の応援などが含まれている。九州9都市[71]水道局も，災害時相互応援に関する覚書を締結している。県が主導した水道災害相互応援協定も締結されつつある[72]。兵庫県，同県内市町，各水道企業団，日本水道協会兵庫県支部及び兵庫県簡

69　政令指定都市のほか東京都が加わっている。
70　桐生市，太田市，館林市，足利市，佐野市，みどり市。
71　北九州市，福岡市，佐賀市，長崎市，熊本市，大分市，宮崎市，鹿児島市，那覇市。
72　千葉県，大阪府，和歌山県，三重県など。また，水道協議会を介して，会員である市町村等の相互応援協定を締結していることもある（長野県水道協議会水道施設災害相互応援要綱）。

易水道協会が協力して行なう「兵庫県水道災害相互応援に関する協定」においては，県内を7ブロックに分け，各ブロックに代表市町を，神戸ブロックを除く各ブロックに副代表市町を置くこと，情報交換や連絡等の必要な事項の協議・調整のために，兵庫県，日水協県支部長市，県簡水協会市町，阪神水道企業団並びに各ブロック代表市町で構成する水道災害対策連絡会議を設置し，構成団体の申出により，兵庫県が招集することとしている。

水道の場合は，常識的意味の災害のほか，異常渇水時における水道事業者間の援助も重要である。

水道に関しては，社団法人日本水道協会[73]の県支部が中心となっているように見える。その内容は，同社団法人の震災対応等特別調査委員会が公表した『地震等緊急時対応の手引き』（平成20年12月16日）を参考に体制が整備されていくものと思われる。

経費負担　応援活動に要した経費に関して，前掲の協定にもあるように，人件費を除いては受益者負担（被応援地方公共団体負担）の原則を示すことが多いが[74]，阪神淡路大震災を契機に，無償援助の考え方による協定も登場しているようである[75]。

前述した，「兵庫県水道災害相互応援に関する協定」は，応援に要した費用は，原則として応援要請をした団体が負担するとし（11条1号），応援資機材・車両等の調達その他これに関する経費も，応援要請をした団体の負担としている（同条2号）。職員の災害補償や第三者に与えた損害の賠償の扱いが問題になるが，次のように扱うことにしている。まず，応援職員の応援活動による負傷，疾病又は死亡の場合の災害補償は応援団体の負担とし，被災地において応援要請をした団体が応急治療をする場合の治療費は，応援要

73　社団法人日本水道協会は，水道を経営する者を正会員とし，7地方支部に分けられ，それぞれ地区協議会が設けられている。

74　たとえば，平成20年5月に締結された「我孫子市及び取手市災害時相互応援に関する協定」は，応援に要した経費は，原則として応援要請自治体が負担することとし，災害復旧後，両自治体協議のうえ速やかに清算するものとしている（5条）。

75　板橋区の「災害時における相互援助に関する協定書」（雛型）8条は，供給援助等に要する経費（輸送費を含む。）は，原則として支援自治体が負担することとし，これによりがたいときは，関係自治体と協議し，本部が調整し決定するとしている。

請団体の負担としている（同条 3 号）。また，応援職員が業務上第三者に損害を与えた場合に，その損害が応援業務の従事中に生じたものについては応援要請した団体が，応援要請をした団体への往復途中に生じたものについては応援団体が，それぞれ，その賠償の責に任ずるとしている（同条 4 号）。この賠償責任についての定めは，被害者が応援要請団体又は応援団体のいずれに賠償請求をすることができるかということを左右するものではなく，内部関係における負担方法を予め定めている趣旨であろう。

「大分県及び市町村相互間の災害時応援協定実施要領」は，協定書本体の被災市町村負担原則（6 条 1 項）の費用の基準について，次のように定めている（6 条）。①派遣職員の応援に係る旅費及び諸手当（額の算定については，派遣した県及び市町村が定める規程による），②食料，飲料水及びその他の生活必需品の購入費及び運搬費，③施設の使用料（被災者が負担すべきものは除く），④資機材及び物資の購入費，燃料費，運搬費及び修繕費，⑤車両，舟艇，ヘリコプターの燃料費，運搬費及び修繕費，⑥その他応援を実施した市町村が当該応援に要した費用。

以上のような被災市町村負担原則によっても，なお，被災市町村が負担すべきかどうかが問題になることがないとはいえない。たとえば，特殊勤務手当に関しては，その額以前に，市町村相互間に要件の定め方に違いがないとはいえない[76]。そして，その要件の解釈に関する紛争が生じないという保証はない。

口蹄疫対策相互応援協定　平成 22 年に九州地方に発生した牛，豚の口蹄疫に対処するために，都城市と三股町とは，職員派遣を柱とする協定を締結した。いずれかで口蹄疫の疑い例が発生した場合に，発生した市（町）の要請に基づいて，他方が職員の派遣や物資を提供することを内容とする協定である。

[4]　防犯等に関する協定

防犯に関する協定　市町村と警察機関とが，防犯等に関して協力する趣

76　碓井・政府経費法精義 188 頁以下。

旨の協定を締結することが多く見られる。警察行政が都道府県警察として実施されているにしても，市町村は，その住民の安全の確保について重大な関心をもっているからにほかならない。

たとえば，三沢市と青森県警三沢警察署は，「住民の安全に関する協定書」を締結している。同協定は，両者が行なう防犯活動等における連携を相互に確認することにより，市民の安全に係る協力体制を確立し，もって市民が安全に，かつ安心して暮らせる地域社会づくりに資することを目的としている（1条）。平素から密接な情報交換を行なうこと等により相互に連携を保つように努めるものとすること（2条）という包括的連携条項のほか，市は，通常業務に併せて防犯巡回や危険箇所の確認などの防犯活動等を積極的に実施するとともに地域住民の防犯意識の高揚を図ること，犯罪が予見される状況を確認したとき又は犯罪若しくは事故の発生の情報を得たときは速やかに警察署に通報することなどに努めること（3条），警察署は，市の防犯活動等の支援のため，防犯情報の提供その他必要な対応を行なうこと（4条1項）などを定めている。

このような包括的な防犯等に関する協定と別に，公営住宅への暴力団員の入居等を排除するために地方公共団体が警察署と協定を締結する例も増えている[77]。平成19年に町田市にある都営住宅への暴力団員立てこもり事件を受けて国土交通省が公営住宅を調査したうえ全国の地方公共団体に公営住宅からの暴力団排除を通知し，警察庁も各県警本部に同様の通達を発したことにより，平成20年から急速に広まっている。この種の協定のメリットは，地方公共団体が警察機関から暴力団員情報を入手できるようにする点にある。公営住宅管理条例などの条例により暴力団員とその家族を入居資格なしとする改正を行ない，その施策を実効的に行なうための協定である。

暴力団排除等に関する協定　同様に，公共工事の発注工事における暴力団員等による不当介入の排除に関する協定も締結されつつある。公共工事の請負業者が暴力団員などから不当要求，工事妨害を受けた場合に，発注者で

77　秋田市と秋田中央警察署・秋田東警察署・秋田臨港警察署との間の「暴力団員の市営住宅等の使用制限に関する協定」，三股町と都城警察署との「暴力団員による三股町営住宅の使用制限に関する協定書」。

ある地方公共団体と警察とが連携して排除すること，入札参加資格者と暴力団関係者との関係が密接なことが確認できた場合に指名停止（指名除外）することなどを内容とすることが多い。最近は，公共工事に限ることなく物品購入契約，委託業務契約，公有財産の売払契約，PFI による特定事業契約，指定管理者との協定などを広く対象とする暴力団排除措置要綱を定めたうえ，要綱の運用協定書を警察署長と締結する例が増加している。警察機関からの働きかけに地方公共団体が呼応して要綱を制定していると見られる。そして，契約書に「暴力団等の排除措置に関する特記仕様書」を添付することもある。契約の相手方は，暴力団の不当介入を受けた場合に通報義務を負うこと，暴力団の関係する資材会社等からの資材等の購入等を禁止することなどが内容とされているようである。

また，三重県は，「三重県における補助金等の基本的な在り方等に関する条例」に，「県は，補助金等を暴力団等に交付することのないよう，各補助金等の交付の目的，趣旨等を勘案しつつ，必要な措置を講ずるものとする」との規定（9条の2）を追加したのを受けて，「三重県の交付する補助金等からの暴力団等排除措置要綱」を制定し，県警本部と同要綱の運用協定を締結している。これは，要綱において，県警本部への確認，県警本部からの通報に伴う対応，さらには補助事業者等が暴力団等の不当介入を受けた場合の知事への報告・警察への通報・捜査上必要な協力の義務づけなど，県警との間における具体的な事務手続を定める必要により締結されたものである。

[5] 森林整備協定・地域の適正利用協定等

森林法の森林整備協定との関係　川の上流の水源地の地方公共団体と下流の水の需要地の地方公共団体との間の協定は，長い歴史を有している。森林法は，森林整備協定に関する規定を置いている。すなわち，その区域内に相当規模の森林が存する地方公共団体（＝森林所在地方公共団体）の長は当該森林の属する流域に係る河川の下流地域をその区域に含む地方公共団体（＝下流地方公共団体）の長に対し，また，下流地方公共団体の長は森林所在地方公共団体の長に対し，それぞれ，森林所在地方公共団体の区域内の森林について森林整備協定の締結に関し，協議を行なうべき旨の申入れをすることが

できる（10条の13第1項）。そして，この「森林整備協定」とは，森林所在地方公共団体及び下流地方公共団体（＝関係地方公共団体）が共同して分収林特別措置法9条2号に掲げる森林整備法人を設立し，森林整備を促進する事業に係る基金に対して拠出し，又は分収林特別措置法2条2項に規定する分収育林契約を締結すること等により，関係地方公共団体が協力して森林の整備を推進することを約する協定である（同条2項）。森林整備の促進方法として法定されているものは例示にすぎないのであるから，それは，限定する趣旨ではなく，多様な内容の森林整備協定があり得る。森林整備協定の締結に関する「あっせん」の規定も置かれている（10条の14）。

このような仕組みにより，森林法の規定は，協議の申入れ，「あっせん」に重点があるので，誘導的条項で，かつ，協定の内容的規制を伴わないものである。その結果，現に存在する関係地方公共団体間の協定が森林法に基づく森林整備協定であるのか明確でない場合もある。たとえば，長野県木曽広域連合と愛知中部水道企業団との間の「木曽川『水源の森』森林整備協定」は，森林法10条の13の趣旨により，「上流と下流の自治体が共同して木曽川の水源地域における森林整備を促進し，森林の持つ水源涵養及び国土保全機能を高め，水資源の確保に務めることにより，健全な水循環型社会の構築を図ることを目的」としている（2条）。森林法10条の13の「趣旨により」と述べられているのは，必ずしも同条に基づくものであると断定しないようなニュアンスをもっている。そして，事業内容等，協定当事者の役割に関する規定が置かれているものの，それらは，きわめて抽象的のものであって，「契約」と呼ぶことには躊躇を覚える内容である。森林法による森林整備協定について，協定の内容は画一的に規定することが適当でないとしても，長期にわたり円滑な協力関係が維持されるものであることが予定されるとして，①森林の区域，②森林整備の内容，③協定に基づき負担された資金又は収益の使途，④有効期間などを定めることが必要であるとする見解がある[78]。しかし，そのような内容をもたない協定の締結が禁止されることはないというべきである。

---

78 森林・林業基本政策研究会編『森林法解説』（大成出版社，平成14年）143頁。

森林法によらない森林整備協定　横浜市は，水道の水源地である山梨県道志村の道志川から明治30年に取水を始めて以来，大正5年には，山梨県から道志村所在の恩賜県有林2,780 ha を買収し，水源涵養林として経営するようになった。以降，道志村との間には様々な友好・協力関係が築かれてきた[79]。そして，平成16年には，「横浜市と道志村の友好・交流に関する協定書」が締結された。その内容は，次のようなものである。

1　両市村は，市民と村民が相互に活発な交流を進め，持続的な友好交流が行われるよう努める。

2　両市村は，環境・経済・観光・文化・スポーツその他様々な分野において相互協力を行い，地域の活性化に努める。

3　両市村は，相互の理解により，お互いの繁栄と幸福がもたらされるよう努める。

この協定自体は，きわめて包括的，宣言的な内容であるので，契約の拘束力を主張できるようなものではない。

純粋に森を守るために地方公共団体が相互に協力する協定も増加しつつある。武蔵野市は，奥多摩町，財団法人東京都農林水産振興財団と「森林整備協定」を締結して，「武蔵野の森事業」を推進している[80]。

都市の温暖化ガスを地方の森林整備で吸収する「自治体間カーボンオフセット」のために締結される森林整備協定もある。たとえば，新宿区は，平成20年2月に長野県伊那市と，平成22年3月には群馬県沼田市と，地球環境保全のための協定を締結した。いずれも，植林や下草刈り等の整備事業を支

79　その歴史については，泉桂子『近代水源林の誕生とその軌跡』（東京大学出版会，平成16年）77頁以下が詳しい。森林整備ではないが，京都市は，滋賀県との契約（昭和の後半からは10年単位）により，琵琶湖疏水の利用に係る寄付金又は感謝金の支払いを反復している（平成17年契約の感謝金は2億2,000万円）。

80　同市は，これとは別に，山林所有者，東京都農林水産振興財団との三者による「二俣尾・武蔵野市民の森に関する協定」を締結して，山林の所有者が森林活用場を提供し，市が森林保全経費の負担及び森林の活用を行ない，東京都農林水産振興財団が「市と山林所有者間の調整および市からの保全管理の受託」を行なって，森林を守り育てることとしている。「フォレスト・ガーディアン制度」と呼んでいるという。以上，武蔵野市のホームページによる。

援し森林保全によるCO$_2$の吸収量の増加と，自然体験学習の実施や住民相互の交流の拡大を目指しているという。

林道に関する都道府県と市町村との関係　林道は，都道府県営林道の形式で整備されることが多かった。その際に，市町村の申請に基づいて都道府県が事業の実施を決定し，整備事業の完了後は，申請市町村に引き渡す方式が主流であった（もちろん，都道府県の直接管理する林道が存在したし，なかには，森林組合に管理させる方式もあった）。この申請に基づく決定自体が，一種の契約であったといえよう。同時に，林道管理に関して都道府県と市町村とが協定を締結することも多く見られたようである。ただし，市町村の費用負担を求めるには，地方財政法27条2項により都道府県議会の議決が必要とされる。平成13年に林業基本法が森林・林業基本法に改められたのを契機にして，林道政策も大きく転換が図られている。国は，都道府県に対し，地域森林計画に定める林道の開設又は拡張について，都道府県が自ら行なうに場合にあってはその要する費用の一部を，市町村その他政令で定める者が行う場合にあってはその者に対し都道府県が補助する費用の一部を補助することとされている（森林法193条）。この地域森林計画は，森林・林業基本法11条1項の森林・林業基本計画に即して策定される全国森林計画（森林法4条1項）に即して策定される（同法5条1項）[81]。しかし，旧制度に基づく林道をめぐる県と市町村との関係は，現在も存続しているほか，現行制度下においても林道管理に関して協定が締結される場面は存在している。

地域の適正利用協定　一般化できるかはともかく，「東京都の島しょ地域における自然の保護と適正な利用に関する要綱」（平成14・7・1知事決定）は，知事は，所定の要件を満たす地域のうち，将来にわたり継承すべき貴重な自然が存するため，保護と利用の両立を図らなければならない地域（海域を含む）を自然環境保全促進地域として指定することができるとし（2条1

81　林道整備は，造林とともに広義の森林整備事業の中に組み込まれ，森林へのアクセスにも資する林道の整備は，森林環境保全事業のうちの共生環境整備事業としての森林空間総合整備事業として実施される。その他，森林居住環境整備事業としてのフォレスト・コミュニティ総合整備事業や「山のみち地域づくり交付金」対象事業もある。外部の者が仕組みを理解するのは，ほとんど不可能である。

項），知事は，自然環境保全促進地域を指定したときは，次に掲げる事項について関係町村の長と自然環境保全促進地域の適正な利用に関する協定を締結することができるとしている（3条）。①東京都と関係町村との役割分担に関すること。②自然環境保全促進地域の適正な利用に関する事項（利用区域又は利用経路，利用時期及び利用時間，1日あたりの利用者の人数の上限，東京都自然ガイドが担当する利用者の人数の上限，その他適正な利用のため必要な事項）のうち必要なもの（適正な利用のルール）。③その他自然環境保全促進地域の自然の保護及び適正な利用に関し必要な事項。

平成14年7月に締結された小笠原村との協定書は，区域の定め（2条）以外は，適正な利用のルールは両者が協議のうえ定めるなど，きわめて簡潔な内容である。しかし，同年9月に締結された「適正な利用のルール等に関する協定書」は，別表方式で適正な利用のルールを細かに定め，かつ，両者の役割分担も具体的に定めている。このような多段階協定方式も望ましいのかも知れない。

[6] 工事委託契約

工事委託契約とは　ある行政主体の必要とする工事について，その施工を他の行政主体等に委託する場合がある[82]。この方式は，他の行政主体が当該工事についての専門的判断が可能である場合などに用いられる。「行政主体等」と述べたが，国又は地方公共団体である場合は少なく，特別の法人等である場合が多い。その意味において，「行政主体間契約」の範疇に入るものと入らないものとがある。典型的な工事委託は，公共下水道の工事について，日本下水道事業団に工事委託する場合である。この工事委託については，後に共同設置法人との契約として述べる（本章3［4］）。

鉄道事業者への工事委託　道路，河川等と鉄道とが交錯する場合の工事

82　本文の工事委託と別に，私人が行政主体に工事委託をする場合がある。たとえば，私道の照明灯設置工事を地方公共団体に委託することがある。この場合に，併せて補助金交付申請をして，費用の補助を受ける場合がある（東京荒川区）。同様に私有地において細街路拡幅整備工事を行なうときに，工事を地方公共団体に委託して，補助金の交付を受ける方式もある。

に関して，鉄道の設備・構造等を損なうことがないようにするため，鉄道事業者に工事が委託されることがある。行政主体間契約ではないが触れておこう。横浜市においては，JR東日本の鉄道を供用し続けながら，橋の架け替えと護岸改修工事を行なうために，当該工事をJR東日本に委託したが，工事の遅延に伴い工事が進展していないにもかかわらず，係員が，当初は工事の進行状況を十分に確認しないままに工事が進展しているものとして，後には虚偽の工事出来高であることを認識しつつ書類を作成して，国及び県から補助金の交付を受け，かつ，JR東日本に委託費を支払っていたことが発覚した。その結果，市は，補助金の返還と加算金の支払いを余儀なくされた。ここには，工事委託方式に内在する危険性が示されているといえる[83]。

[7] 防衛施設の設置又は使用のための協定

防衛施設設置者と地方公共団体　防衛施設としての基地や演習場に関しては，当該施設の存する区域の住民の強い反対を伴うことが少なくない。現在は，「防衛施設周辺の生活環境の整備等に関する法律」（昭和49年法律第101号）が，防衛施設周辺の生活環境等の整備について，項目を掲げて国が助成等を行なうこととしている。

第一に，地方公共団体その他の者が自衛隊等の機甲車両その他重車両のひん繁な使用，射撃，爆撃その他火薬類の使用のひん繁な実施その他政令で定める行為により生ずる障害を防止し，又は軽減するため，所定の施設について必要な工事を行なうときは，その者に対し，政令の定めるところにより，予算の範囲内において，その費用の全部又は一部を補助するものとされている（3条1項）。

第二に，地方公共団体その他の者が自衛隊等の航空機の離陸，着陸等のひん繁な実施その他の政令で定める行為により生ずる音響で著しいものを防止し，又は軽減するため，所定の施設について必要な工事を行なうときは，その者に対し，政令で定めるところにより，予算の範囲内において，その費用の全部又は一部を補助するものとされている（同条2項）。

83　その後，横浜市は，道路局委託工事等事故再発防止委員会「委託工事の透明性の確保に向けて」（平成21・12・7）を策定して，再発防止に努めようとしている。

国は，防衛施設の設置又は運用によりその周辺地域の住民の生活又は事業活動が阻害されると認められる場合において，地方公共団体が，その障害の緩和に資するため，生活環境施設又は事業経営の安定に寄与する施設の整備について必要な措置を採るときは，当該地方公共団体に対し，政令で定めるところにより，予算の範囲内において，その費用の一部を補助することができるとされている（8条）。

このような条文において，地方公共団体は，生活環境整備事業の実施主体として位置づけられているのであるが，実質的には，むしろ周辺住民の利益の代弁者たる性質を有していると見られる。この法律が制定される以前から，防衛施設の設置者と地方公共団体との間において，いくつかの協定が締結されてきたのは，まさに地方公共団体が周辺住民の利益を保護するために強力に国に働きかけてきたからにほかならない。

東富士演習場使用に伴う関係市町との行政に関する協定等　東富士演習場は，米軍が管理していた時代には第1次使用協定及び暫定使用協定が締結されていたが，昭和41年3月に，陸上自衛隊が管理する施設として使用転換するための「東富士演習場の使用転換について」が防衛庁長官と静岡県知事との間において調印された。そして，昭和43年7月に使用転換が実現した。しかし，地元との協定交渉は難航し，ようやく昭和45年4月に，第2次東富士演習場使用協定「東富士演習場使用に伴う関係市町との行政に関する協定」が締結された[84]。協定書上の当事者は，防衛事務次官（甲），御殿場市長，裾野町長及び小山町長（以上，3者が乙）であった。防衛事務次官が当事者であるということの意味が問われよう。協定の目的は，同演習場を自衛隊が演習及び実弾射撃訓練に使用するに伴い，自衛隊の演習場使用と地元民生の安定及び地域開発とが両立するよう，甲，乙が協力して行政上の調整を図ることにあった（1条）。

重要な点は，「権利に関する協定」は，この「行政に関する協定」から分離して締結することとした点にある（3条）。そのため，土地等に権利を有する者は，「行政に関する協定」の当事者となっていない。なお，権利に関

84　防衛施設庁史編さん委員会編『防衛施設庁史』（防衛施設庁，平成19年）71頁以下。協定文は，同書503頁以下。

する協定は，土地使用，国有地入会地使用，民公有地入会地使用の各協定に分け，用水関係についても，別途に協定又は契約を締結することとされた。行政に関する協定においては，演習場の区域，武器及び演習行為の規制，演習種別による使用区域，演習通報，危険防止の方法などに加えて，関係者が生業のために立入りできる日時及び条件についても定めている（9条）。これは，地方公共団体との協定でありながら，「関係者」たる権利者等の地位を保障する意味がある。さらに，地元産業振興等に対する協力，民生安定施策について甲の努力義務が定められている。

北富士演習場使用協定　北富士演習場については，使用転換か全面返還かをめぐり，地元の意見も対立していたが，暫定使用を経て，昭和48年4月，演習場使用の細目を定める「北富士演習場使用協定」が締結された[85]。この協定書の当事者は，山梨県知事，富士吉田市長，山中湖村長，忍野村長，富士吉田市外二ヶ村恩賜県有財産保護組合長，北富士演習場対策協議会長（以上，6者が甲）と防衛庁長官（乙）である。この当事者甲の中に北富士演習場対策協議会長が含まれているが，同協議会は，地元の意見を集約するために結成され，折衝の窓口となってきた団体である。東富士演習場の使用協定と異なり，防衛庁長官が当事者になっている。

内容について見ると，自衛隊が使用する場合の使用条件を「別紙」として詳しく掲げるとともに，米軍が使用する場合の使用条件も，自衛隊が使用する場合の使用条件と同様としている（4条）。演習場内土地の使用について，当該土地の所有権者又は借地権者と使用契約を締結する（ただし，山梨県有行政財産の使用については，知事の使用許可によるものとする）としている（5条）。乙は，「北富士演習場の使用に関する措置について」（昭和48・3・30閣議了解）により定められた方針に基づき周辺整備事業を実施するとしている（6条）。

小松基地周辺の騒音対策に関する基本協定　航空自衛隊は，小松基地にF-4EJ戦闘機を昭和50年以降に配備する計画を昭和48年に明らかにしたため，これに対する反対運動が起った。そこで，防衛施設庁は，地元の理解を得る

---

[85] 防衛施設庁史編さん委員会編・前掲書116頁以下。協定文は，同書512頁‐513頁。

ために努力を重ね，県，地元市町村との折衝を経て，昭和50年10月4日，「小松基地周辺の騒音対策に関する基本協定書」が締結された[86]。この日付をとらえて，しばしば「10.4協定」と呼ばれている。当事者は，防衛施設庁長官，石川県知事，小松市長を含む8市町村長である。後述の環境基準の達成を期する旨（第1項）のほか，「防衛施設周辺の生活環境の整備等に関する法律」4条に規定する住宅防音工事及び同法5条に規定する移転の補償については，現行法令に定める第1種区域及び第2種区域内についてそれぞれ昭和53年度を完了予定とする旨（第2項）を定めていた。「完了予定」とはいえ，具体的予定年度が明示されていたことが，後述のように騒音訴訟においても，違法性ないし受忍限度の判断に影響を与えることになる。

その後の小松基地の騒音訴訟の判決においては，10.4協定との関係についても触れられている。

たとえば，金沢地裁平成3・3・13（判例時報1379号3頁）は，基本協定書第1項が「公害対策基本法第9条に基づく昭和48年12月27日環境庁告示第154号『航空機騒音に係る環境基準について』に従って，公共用飛行場の区分第2種Bについて定められている期間内に速やかに環境基準の達成を期する」としている点について，同協定の意義は，自衛隊等が使用する飛行場についての昭和48年環境基準の適用が曖昧であった点を正し，公共用飛行場の区分第2種Bに準じて，10年内に環境基準を達成することを行政上の指針とすることを明確にした点にあると認められ，前記環境基準に定められていたこと以上に，被告に法的義務を課したものとは理解しがたいとした。しかし，受忍限度の判断に当たっては，10.4協定上の達成期限から既に6年以上経過している現時点において中間改善目標値すら達成できていないことも斟酌されるとした。

控訴審の名古屋高裁金沢支部平成6・12・26（判例時報1521号3頁）も，

---

[86] 防衛施設庁史編さん委員会編・前掲書136頁以下。協定文は，同書513頁。この協定を含めて，石川県環境安全部「小松基地周辺の騒音対策」（平成19年3月）をも参照。なお，通常の協定書の立会人は，関係地方公共団体や関係団体の一定の職にある者とされるのが普通であるところ，この協定書においては，石川県議会議長と並んで，「衆議院議員　森喜朗」が名を連ねている。

10.4協定について，その前提とする昭和48年環境基準は，政府が公害防止行政を推進していくうえで達成されることが望ましいとされる政策上の達成目標ないし指針に過ぎず，それ自体では国民に法的効果を及ぼすものではないから，法的効力を有するとは認められないとした。そして，10.4協定は，小松飛行場について昭和48年環境基準の適用が曖昧であったのを正し，公共用飛行場区分第2種Bに準じて環境基準告示後10年内に基準値を達成することを行政上の指針とすることを明確にし，もって小松飛行場周辺の航空機騒音防止に関する総合的施策の実施等の環境行政運営に当たっての努力義務，責務を文書によって明確化したものにすぎないから，これに法的拘束力を認めることはできず，これによって周辺市町村や周辺住民に具体的な法律効果を生じさせたものではない，とした。ただし，10.4協定の定める住宅防音工事等の完了予定期限が繰り下げられたことについて，環境基準達成の困難さを示すとともに，回避可能性の面からの違法性の判断要素とされなければならないと述べた。

さらに，第3次訴訟，第4次訴訟に関する金沢地裁平成14・3・6（判例時報1798号21頁）は，10.4協定の定めは，25年以上経過した今日に至っても十分には履践されず，達成されていないことが指摘されている。その控訴審・名古屋高裁金沢支部平成19・4・16（判例集未登載）は，「10・4協定が行政上の目的を示したものであったとしても，そこには，前記のとおり，「航空機騒音に係る環境基準」に従って，公共用飛行場の区分第2種Bについて定められている期間内（昭和58年12月27日まで）に速やかに環境基準（WECPNL 75以下）の達成を期すること等が定められているのであるから，この行政上の目的を示した定めが，10・4協定の締結から30年以上が経過した今日に至っても，十分には履践されず達成されていないことに何ら変わりはない」と述べた。

「行政上の指針」ないし「政策上の指針」であっても，違法性判断の要素ないし事情として意味をもっていると解されていることに注目したい。

[8] 国立病院・公立病院の移管等

国立病院の移管を進めるための立法措置　現在において，国立病院は，独

立行政法人国立病院機構の経営によっているが，独立行政法人化の前に，国立病院・診療所の再編成を図るための立法措置がとられた。「国立病院等の再編成に伴う特別措置に関する法律」（昭和62年法律第106号）である。同法は，その後再編成対策を拡充するために，平成8年に大幅な改正をみた。最終段階の法律状態を見ると，公的医療機関の開設者等が国立病院・診療所の移譲で職員の2分の1以上の引受けを伴うものの場合に，地方公共団体に対しては無償で，地方公共団体外の者に対しては時価から9割を減額して譲渡することができるとした（2条1項）。地方公共団体以外の者であっても，離島振興対策実施地域，特別豪雪地帯，振興山村等の特定地域においては，無償で譲渡できるとした（同項）。また，国立病院等の職員の3分の1以上2分の1未満を採用するときは，地方公共団体に対しては，8割（特定地域にあっては9割）を減額して，地方公共団体以外の者に対しては7割5分（特定地域にあっては8割）を減額して譲渡できるとされた（2条の2）。さらに，地方公共団体が他の者に管理を行なわせる場合の扱いについても定められた（2条の3）[87]。同特別措置法は，独立行政法人国立病院機構法（平成14年法律第191号）により廃止された。

実際に国立病院から地方公共団体に移譲されたものとして，稚内こまどり病院（稚内市），渋川総合病院（渋川地区医療事務組合），レイクヒルズ美方病院（公立小浜病院組合），新小浜病院（小浜地区保健環境組合），奈良病院（奈良市）などがある。そして，移譲と同時に，当該地方公共団体において管理委託の対象とされたものが多かったことにも注目しておきたい。地方公共団体は，国立病院の移管を受け入れることがある一方，民間移管を進める動きも見せている（本書第4章5［2］を参照）。国公立病院の経営の不安定さを物語るものである。

都道府県立病院の区市町村への移管　都道府県立病院を地元の区市町村に移管する動きも見られる。たとえば，神奈川県は，県立厚木病院を厚木市に移管，北海道は，道立寿都病院を寿都町に移管した。

管理委託・指定管理者指定の併行例　地方公共団体が国や他の地方公共団

87　以上の動きについて，碓井光明「国立病院等の再編成と地方財政——国家財政と地方財政との接点——」地方財政36巻8号4頁（平成9年）を参照。

体から病院の移管を受ける際に，移譲を受けると同時に，自治法によるかつての管理委託制度の活用，現行の指定管理者の指定制度を活用した例が多い。要するに移譲を受ける地方公共団体が公設民営を選択するというわけである。管理委託制度の下において，地域医療振興協会[88]は，地方公共団体が国立病院の移譲を受けたもののうち，横須賀市のうわまち病院，恵那市の恵那病院，伊東市の伊東市民病院，山中町の山中温泉医療センター，丹南病院組合の丹南病院，奈良市の奈良病院等について管理委託を受けた。移譲を受けたときに空白期間を生じてはならないので，移譲との同時併行手続がとられてきたのである。

公立病院の統合　　公立病院改革の手法の一つとして，公立病院同士の統合が選択されることもある。その場合に，組合を設立する場合[89]もあれば，一方の病院に統合される方式もある。たとえば，岩手県立釜石病院と釜石市立釜石市民病院を統合して岩手県立釜石病院とされた。

3　出資法人との契約

[1]　共同設置法人

共同設置法人　　地方公共団体は，一定の政策目的を達成するために，共同して法人を設置することがある。財団法人形態のものが多い。たとえば，財団法人都道府県会館は，都道府県有財産の損害に対する相互救済及び自然災害による被災者の生活再建の支援などを行なっている[90]。建物としての都道府県会館は，昭和23年に，全国地方自治協議会連合会が各都道府県からの臨時分担金により建てたのが始まりとされている。このような法人は，いくつかのレベルで存在している。

88　公益社団法人で，その定款には，同法人の行なう事業として，「へき地等に勤務する医師の確保等へき地等の医療を支援する病院等の開設及び運営管理の受託」（6条9号）が含まれている。

89　たとえば，高知県立中央病院と高知市立病院との移転統合により，高知県・高知市病院企業団による高知医療センターが開院された。

90　被災者生活再建支援法との関係について，碓井・公的資金助成法精義58頁，73頁を参照。

なお，ここに取り上げる共同設置法人とは異なるが，共同処理のための動きは，各分野に見られる。たとえば，地方税の滞納処分等を効率的に進めるために，都道府県又は一定の区域を単位とした共同組織が広まっている。その中には，自治法による一部組合方式のもの[91]，広域連合方式のものがある[92]。このほかに，公益法人形態を活用する方法，さらには，純粋な任意団体方式による場合もある[93]。純粋な任意方式にあっては，県に特別のチームを設けて，市町村から滞納整理の引継ぎを受けて滞納処分を行なう方法がとられるようである[94]。

共同設置法人を取り上げる理由　地方公共団体は，共同設置法人に対して，特定の業務を委託し，あるいは当該法人の共済制度に加入する契約を締結している。共同設置法人をもって行政主体と見ることができないとするならば，そのような契約は，形式的には，「行政主体間契約」ということはできない。しかしながら，共同設置法人は，財団法人形態でありながら，特定の行政任務を遂行するための「地方公共団体の連合体」のような性質を有しているので，それらの法人を純粋な私人と見ることは，不自然である。たとえば，地方公共団体の共同出資になる㈶地方自治情報センターは，都道府県の委託を受けて，税務情報処理業務のほか，住民基本台帳法30条の10による指定情報処理機関として，同法による本人確認情報処理を行なっている。共同設置

91　茨城租税債権管理機構，三重地方税管理回収機構，愛媛地方税滞納整理機構，和歌山地方税回収機構，釧路・根室広域地方税滞納整理機構，日高管内地方税滞納整理機構。

92　静岡地方税滞納整理機構，京都地方税機構。

93　宮城県地方税滞納整理機構は，県と機構に参加する市町村の合意により時限で設置される任意組織である。事務局は，県庁の地方税徴収対策室内に置かれ，事務局員は，参加市町村から併任発令を受けた県職員と市町村からの派遣職員で構成される。鳥取県地方税滞納整理機構も，任意の組織で，各県税局と管内各市町村の税務職員が相互に身分を併任して，それらの税務職員が共同で，月5日程度機構業務を行なうこととしている。相互併任方式には，他に，山梨県地方税滞納整理推進機構，佐賀県滞納整理推進機構などがある。

94　香川滞納整理推進機構の場合は，県の税務職員が，県内のすべての市町及び滞納整理組合の併任職員となり，市町の担当者等と協力して滞納整理を進める方式を採用した。滞納整理組合も加わっている点が特色である。

法人は，その法的形態にかかわらず，私人よりは行政主体に近いものと受け止めるべきであろう。

[2] 共済事業法人等との契約

地方自治法263条の2による規律　自治法263条の2は，次のように定めている。

まず，普通地方公共団体は，議会の議決を経て，その利益を代表する全国的な公益的法人に委託することにより，他の普通地方公共団体と共同して，火災，水災，震災その他の災害に因る財産の損害に対する相互救済事業を行なうことができる（1項）。この全国的な公益的法人として実際には共同設置法人が採用されていることになる。この相互救済事業は，災害による損害に限定されている。

次に，この公益的法人は，毎年1回以上定期に，その事業の経営状況を関係普通地方公共団体の長に通知するとともに，これを適当と認める新聞紙に2回以上掲載しなければならない（2項）。この通知があったときは，関係普通地方公共団体の長は，直ちにこれを公表しなければならない（3項）。

さらに，この相互救済事業で保険業に該当するものについては，保険業法は，適用されない（4項）。

共済事業法人との保険契約　地方公共団体に関係する共済事業法人がいくつか存在する。その中で最も重要なものとして，平成15年10月より地方共同法人とされた地方公務員災害補償基金がある。同基金は，地方公務員災害補償法の定める補償の事由が生じた場合に，同法の定めるところにより，補償を受けるべき職員若しくは遺族又は葬祭を行なう者に対し補償を行なうこと（24条1項）を主たる業務としている。このような法の仕組みにおいて，地方公共団体と基金との間には，補償「契約」が存在するわけではない。すなわち，法律により当然に災害補償をめぐる法律関係が形成されているのである。負担金の払込義務も，定款の定めるところによるのであって（5条1項），契約によるわけではない[95]。

95　負担金は，地方共同法人に組織替えされる前は，政令規定事項であった。したがって，この改正により，地方公共団体の自主決定の体裁が整ったことになる。

都道府県会館は，自治法263条の2の規定による都道府県有財産の損害に対する相互救済事業及びこれに付帯する事業を，その事業の一つの柱としている（同財団法人寄附行為3条1号）。相互救済事業は，実際には，建物共済及び水力発電用機械損害共済の2種類である。

　同じく，財団法人全国自治協会は，町村から委託を受けて建物災害共済事業と自動車損害共済事業を行なっている。建物共済事業は，その名称にもかかわらず，委託団体の所有・使用・管理している建物，工作物，動産を広く含むものである。

多様な賠償責任保険　　国家賠償法は，公権力の行使に当たる公務員の行為による賠償責任と公の営造物の設置管理の瑕疵による国家賠償責任の2種類の賠償責任を定めている。これとは別に，公務員個人が損害賠償責任を追及される場面として住民訴訟等によるものがある。後者は，ここで取り上げるものではないが，賠償責任保険ができつつあるようである[96]。

　地方公共団体の賠償責任について，共同設置法人が保険契約者となっているものがある。たとえば，社団法人全国市有物件災害共済会は，道路賠償責任保険の保険契約者となって，市を被保険者（補償の対象者）とする保険契約を損害保険会社と締結している。

[3]　地方公共団体金融機構

公営金融公庫から地方公共団体金融機構へ　　公営企業金融公庫法（昭和32年法律第83号）により，地方公営企業に対する金融を主たる業務とする公営企業金融公庫が存続してきたが，平成13年12月の特殊法人等改革推進本部決定「特殊法人等整理合理化計画」による政策金融改革の一環として，地方公営企業等金融公庫法（平成19年法律第64号）によって，平成20年10月より，地方公営企業等金融機構が業務を開始した。同機構は，それまでの国の設立した特殊法人たる地位を脱して，地方公共団体が共同で設立した法人として，自立的・主体的に運営することとされた。出資は，全地方公共団体

96　自治労は，公務員賠償責任保険を設けて，住民訴訟賠償責任保険を運営している。また，大阪府職員生活協同組合も，同様に，公務員賠償責任保険を設けている。また，全国消防協会は，消防職員の損害賠償責任保険を運営している。

の出資によった。同時に，従来の財政投融資依存の資金調達から債券発行による市場からの資金調達中心へと転換された。

さらに，平成21年法律第10号による法改正により，地方公共団体金融機構へと名称を変更するとともに，公営企業のみならず，一般会計への貸付けもその業務に加えた（改正後の28条1項1号）。公営企業に係る地方債については，水道事業，交通事業，病院事業，下水道事業，公営住宅事業，そのほか政令で定める事業が対象とされる（同項2号）[97]。

地方公共団体の借入れ　地方公共団体は，地方共同法人たる地方公共団体金融機構から資金の借入れをすることができる。機構の貸付けには，機構サイドから見た場合に，一般貸付と受託貸付とがある。受託貸付は，株式会社日本政策金融公庫[98]から委託を受けて，地方公共団体の行なう公有林整備事業及び草地開発事業に対し貸し付けるものである。一般貸付には，長期貸付（起債について総務大臣又は知事の同意又は許可を得た事業に対する長期の資金貸付），同意・許可前貸付（総務大臣又は知事の同意又は許可が確実に見込まれる事業について長期貸付までのつなぎ資金の貸付け）及び短期貸付（一時借入金の融資）がある。

[4]　日本下水道事業団に対する工事委託

日本下水道事業団　日本下水道事業団は，平成13年12月の閣議決定「特殊法人等整理合理化計画」により，従前の政府出資を廃止し，地方公共団体のみの出資による地方共同法人とされた。日本下水道事業団法1条によれば，それは，「地方公共団体の要請に基づき，下水道の根幹的施設の建設及び維持管理を行い，下水道に関する技術的援助を行うとともに，下水道技術者の養成並びに下水道に関する技術の開発及び実用化を図ること等により，下水道の整備を促進し，もって生活環境の改善と公共用水域の水質の保全に

97　地方公共団体金融機構法施行令1条により，次の事業とされている。工業用水道事業，電気事業，ガス事業，港湾整備事業，介護サービス事業，市場事業，と畜場事業，観光施設事業，駐車場事業，産業廃棄物処理事業。

98　政策金融機関の再編により設立された株式会社であるが，株式会社日本政策金融公庫法に基づく会社で，現在は，100％政府出資となっている。

寄与すること」を目的としている。そして，地方公共団体の委託に基づき，終末処理場等の建設を行なうこと，地方公共団体の委託に基づき，下水道の設置等の設計，下水道の工事の監督管理，終末処理場等の維持管理等の委託地方公共団体の「代行」を行なうことを主たる業務としている（26条1項）。

工事委託契約 地方公共団体から日本下水道事業団に対して工事委託がなされた場合に，実際の工事は，日本下水道事業団が業者に発注して行なわれる。すなわち，発注主体は，地方公共団体ではなく，日本下水道事業団である。この場合に，自治法の契約に関する規定が直接に日本下水道事業団の発注工事に関する契約に適用されるわけではない。実際にも，日本下水道事業団が独自に契約に関するルールを設けている。しかし，委託元の地方公共団体が，契約についてまったく無関心ではいられない。発注工事契約の方法について工事委託契約の中において定めることが可能であることはいうまでもない。また，委託契約において，一定の事項について委託元地方公共団体と協議することを定める場合もある（たとえば，談合等に関する特約条項の設定）。

住民訴訟との関係 以上のような工事委託の場合には，ワンクッションが挟まることにより，住民からは，やや遠い存在になることは避けがたい。しかし，住民監査請求及び住民訴訟によって，日本下水道事業団の発注工事契約において談合がなされた場合における損害について，委託元地方公共団体が談合企業に対して損害賠償を請求すべき旨を求めることが可能である[99]。そして，最高裁平成14・7・18（判例時報1798号74頁）が損害や因果関係の存在を肯定した。すなわち，談合により工事の請負金額が不当につり上げられたものであり，談合という不法行為がなければ，事業団が支出する請負金額の合計額は，その差額分について減少し，差額分は，事業団から大阪府に還付されたはずのものであるから，本件談合という不法行為によって府に

---

[99] 不真正怠る事実とする下級高裁判例が相次いで出されていたが，平成14年の一連の最高裁判決が不真正怠る事実には該当しないとして怠る事実の住民監査請求を適法とした（最高裁平成14・7・18判例時報1798号71頁，最高裁平成14・7・19判例集未登載，最高裁平成14・10・15判例集未登載）。これらにより，本案についての判断が可能になっているといえる。なお，碓井・公共契約法精義481頁を参照。

差額相当額の損害が発生するというべきであるとした。ちなみに，この事件は，平成14年改正前旧4号住民訴訟であって，被告は，日本下水道事業団と企業であった。

[5] 地方公共団体の職員派遣に関する協定

地方自治法による職員派遣　自治法は，普通地方公共団体の長又は委員会若しくは委員は，当該普通地方公共団体の事務の処理のため特別の必要があると認めるときは，他の普通地方公共団体の長又は委員会又は委員に対し，職員の派遣を求めることができる旨を規定している（252条の17第1項）。この求めに応じて派遣される職員は，派遣を受けた普通地方公共団体の職員の身分をあわせ有する（同条2項）。一方的な「求め」により派遣が実施される外観を有しているが，実際には，派遣を求める地方公共団体と派遣する地方公共団体との間の協定ないし取決めが必要であろう。なお，地方独立行政法人法91条にも，ほぼ同様に授権規定が置かれている。

公益法人等への職員の派遣　「公益的法人等への一般職の地方公務員の派遣等に関する法律」が職員の派遣を認める「公益法人等」は，①一般社団法人又は一般財団法人（2条1項1号），②一般地方独立行政法人（2号），③特別の法律により設立された法人で政令で定めるもの（3号）④自治法263条の3第1項に規定する連合組織で届出されたもの（4号）で，「その業務の全部又は一部が当該地方公共団体の事務又は事業と密接な関連を有するものであり，かつ，当該地方公共団体がその施策の推進を図るため人的援助を行うことが必要であるものとして条例で定めるもの」であるから，行政主体に限りなく準ずるものが含まれている。地方公共団体が設立している一般社団法人又は一般財団法人の中にも，実質的に当該地方公共団体の手足の位置づけの外郭団体もある。そして，前記の要件を満たす公益法人等に専ら従事させるために職員を派遣するには，当該公益法人等との「取決め」に基づくとともに，条例に定めるところによらなければならない（2条1項）。この場合の「取決め」は，実質的な行政契約である。

第6章　行政契約と連続線上にある方式

1　私人間協定を認可（認定）する方式

　私人間の協定を行政庁が認可又は認定することによって一定の効力を付与する方式がある。その代表例は，法律に基づく建築協定や緑地協定である。後述のように，近年は条例に基づくものが多数登場している。

［1］　法律に基づき所有者等の相互間において締結される協定の認可
　私人間協定は行政契約か　　行政契約というには，少なくとも，その一方当事者は行政主体（書面上は行政機関が表示されている場合を含む）でなければならないという前提で本書のこれまでの執筆を進めてきた。しかし，行政法学の歴史を見ると，私人間相互の契約であっても，公法上の契約ないし行政契約であるとする見解が存在する。

　たとえば，土地収用法による起業者と土地所有者との協議がその例として挙げられた[1]。現行法においても，土地収用法は，起業地の全部又は一部について起業者と土地所有者及び関係人の全員との間に協議が成立したときは，起業者は，当該土地所有者及び関係人の同意を得て，当該土地の所在する都道府県の収用委員会に協議の確認を申請することができるとし（116条1項），確認申請の旨の公告，書類の縦覧を経て（118条1項・2項），協議の内容を審査したうえで，協議の内容が同法7章の規定に適合するなどの要件を満た

1　和田英夫・田中舘照橘『全訂　行政法講義　上巻』（三和書房，昭和47年）151頁。渡辺宗太郎『全訂　日本国行政法要論』（有斐閣，昭和31年）382頁。戦前においても，たとえば，佐々木惣一『改版　日本行政法総論』（有斐閣，大正13年）は，統治の客体相互間の契約として，当時の土地収用法上の協議をもって公法上の契約の例に挙げていた。これに対して，美濃部達吉『日本行政法　上巻』（有斐閣，平成15年）245頁は，「協議も収用の一の場合であって，公法上の契約の一種と認むべきものである」と述べて，ニュアンスの異なる叙述ぶりであった。

すときは，確認をしなければならない（同条5項）。この確認があったときは，土地収用法の適用については，同時に権利取得裁決と明渡裁決があったものとみなされ，起業者，土地所有者及び関係人は，協議の成立及び内容を争うことができない（121条）。土地収用法上，収用対象事業に該当する場合には，私人であっても起業者となり得るのである。もっとも，この場合の起業者は収用特権を付与されているのであるから，その限りにおいて行政権限を有する主体であると説明することもできよう。

また，森林法の認める森林業者と土地所有者及び関係人との間における土地使用の協議も挙げられていた[2]。現行森林法は，森林から木材，竹材若しくは薪炭を搬出し，又は林道，木材集積場その他森林施業に必要な設備をする者は，その搬出又は設備のため他人の土地を使用することが必要且つ適当であって他の土地をもって代えることが著しく困難であるときは，その土地を管轄する都道府県知事の認可を受けて，その土地の所有者に対し，これを使用する権利（使用権）の設定に関する協議を求めることができるとしている（50条1項）。また，使用権が設定された場合において，その土地の使用が3年以上にわたるとき，又はその使用権の行使によって土地の形質が変更されるときは，土地の所有者は，その土地につき使用権を有する者に対し，その土地の収用に関する協議を求めることができる（55条1項）。これらの協議が調った場合において，その当事者が，その協議において定められた事項を都道府県知事に届け出たときは，その届け出たところに従い，使用権を設定すべき旨の裁定又は収用すべき旨の裁定があったものとみなすこととしている（57条）。

以上のような協議について公法上の契約として説明してきたのは，それが公法上の権利義務を形成するものであるという理解に立っていると思われる。収用委員会による「協議の確認」や使用権設定の協議に関する知事の「認可」などの行為は，それほど公法上の契約とする根拠になっているようには見えない。とするならば，公法上の権利義務なるものを特別に認識できないときに，私人間の協議を直ちに「行政契約」と位置づけることには疑問があ

---

[2] 渡辺宗太郎・前掲書382頁。

ろう。土地収用法116条の協議に関しては，むしろ，純然たる私法上の契約であるとする見解が有力である[3]。

　以下においては，行政契約自体としてではなく，行政機関の関与に着目して，行政契約の延長上の仕組みとして扱うことにしたい。今日においては，私人間の協定に対して行政機関が認可等によって所定の効力を付与する方式が広まっており，私人間の契約ないし協定に行政機関が関与する方式が，重要な社会管理の方式となっていることを確認しておく必要がある。

　建築協定・緑地協定・景観協定　法律に基づく私人間協定のうち，まず，建築協定や緑地協定のように所有者等相互間において締結されるものについて取り上げたい。これらについて，私法上の契約説が有力であるが[4]，契約というよりは合同行為と見るべきであろう（第1章3［2］をも参照）[5]。

　第一に，建築協定は，市町村の区域の一部について，住宅地としての環境又は商店街としての利便を高度に維持増進する等建築物の利用を増進し，かつ，土地の環境を改善するために必要と認める場合において，土地の所有者及び借地権を有する者が，当該土地について一定の区域を定め，その区域内における建築物の敷地，位置，構造，用途，形態，意匠又は建築設備に関する基準について締結する協定であるが，それを可能とする旨の条例の制定を要する（建築基準法69条）。土地所有者等が建築協定書を作成して，代表者が申請して特定行政庁の認可を受けなければならない（70条1項）。建築協定書については，土地所有者等の全員の合意がなければならない（70条3

3　小澤道一『逐条解説　土地収用法　第二次改訂版(下)』（ぎょうせい，平成20年）590頁。

4　建築協定につき，財団法人日本建築センター編『詳解建築基準法　改訂版』（ぎょうせい，平成3年）894頁，島田信次＝関哲夫『建築基準法体系［第五次全訂新版］』（酒井書店，平成3年）546頁など。

5　建築協定につき，荒秀『建築基準法論Ⅰ』（ぎょうせい，昭和51年）164頁，荒秀ほか編『改訂建築基準法（特別法コンメンタール）』（第一法規，平成2年）558頁以下（執筆＝荒秀）。荒教授及び亀田健二「建築協定の法的問題──私人間合意と行政との関係についての一考察──」産大法学17巻1・2号1頁（昭和58年）は，準条例的性格を有するとしているが，筆者は，この点については，なお検討を要すると考える。

項)。

　第二に，緑地協定は，都市計画区域又は準都市計画区域内における相当規模の一団の土地又は道路，河川等に隣接する相当の区間にわたる土地の所有者等が，地域の環境を確保するため，その全員の合意により，当該土地の区域における緑地の保全又は緑化に関して締結する協定である（都市緑地法45条1項）。緑地協定には，その区域，有効期間，協定に違反した場合の措置のほか，緑地の保全又は緑化に関する次の事項のうち必要なものを定めなければならない（選択的事項）。(イ)保全又は植栽する樹木等の種類，(ロ)樹木等を保全又は植栽する場所，(ハ)保全又は設置する垣又はさくの構造，(ニ)保全又は植栽する樹木等の管理に関する事項，(ホ)その他緑地の保全又は緑化に関する事項。緑地協定は，市町村長の認可を受けなければならない（同条4項）。

　第三に，景観協定は，景観計画区域内の一団の土地の所有者及び借地権を有する者が，その全員の合意により締結する，当該土地の区域における良好な景観の形成に関する協定である（景観法81条1項）。景観協定に定める事項は，目的となる土地の区域（景観協定区域），良好な景観の形成のための所定事項のうち必要なもの（選択的事項），有効期間，協定に違反した場合の措置である。選択的事項として，建築物の形態意匠に関する基準，建築物の敷地・位置・規模・構造・用途又は建築設備に関する基準，樹林地・草地等の保全又は緑化に関する事項，屋外広告物の表示又は屋外広告物を掲出する物件の設置に関する基準，農用地の保全又は利用に関する事項，その他良好な景観の形成に関する事項とされている（以上，同条2項）。景観協定は，景観行政団体の認可を受けなければならない（同条3項）。

　これらは，いずれも，私人間協定の認可制度を特色としている。立法の際に，それなりに紹介を兼ねた検討がなされている。そこで，本書において付け加えるべきことはほとんどない。若干の点のみを指摘しておきたい。

　第一に，協定の有効期間は，協定自体において定めるものとされているところ（建築協定につき建築基準法70条1項，緑地協定につき都市緑地法45条2項3号，景観協定につき景観法81条2項3号），それをどの程度の長さにするかが問題である。有効期間があまりに短期の場合は，本来協定に期待されている意味が発揮されないであろう。逆に，あまりに長期の場合には，協定参

加者が不安を抱くであろうし，協定違反に対する対処に追われる結果ともなる。建築協定の場合は，10年間とし，違反者の措置に関しては期間終了後もなお効力を有するとする例が一般的であるという[6]。

　第二に，法律の上では，形式上例外的に見える一人協定が，実際上は中心となっていることを指摘しておきたい[7]。建築基準法による建築協定についてみると，一般の建築協定の手続（69条以下）と別に，建築協定対象地区として条例で定める区域内における土地で一の所有者以外に土地の所有者等が存しないものの所有者は，当該土地の区域を建築協定区域とする建築協定を定めることができ（76条の3第1項），その場合には，特定行政庁の認可を受けなければならないこととされている（第2項）。この認可を受けた建築協定は，認可の日から起算して3年以内において当該建築協定区域内に二以上の土地の所有者等が存することとなった時から，一般の建築協定に関し認可のあったものと同一の効力を有する建築協定となる（第5項）。同法施行規則30条により，この効力を有することとなった旨の届出をしなければならないが，届出が効力発生要件とされているわけではない。要するに，一人協定である間に限っては，建築協定の卵の状態であるといえようか。一人協定の発効直後は，多くの場合は，当初の土地所有者が協定の運営責任を担うものと思われるが，次第に他の土地所有者等に権利が移転していくにつれて，当初の土地所有者の手を離れた運営主体が必要となる。適切な運営主体を設立できるか，言葉を換えるならば，土地所有権等を得た者が積極的に運営に参加する意欲を持てるかどうかが一人協定の運命を左右するといっても過言ではないと思われる。都市緑地法も，一般の緑地協定（45条以下）と別に一人協定の特則を用意している（54条）。

　第三に，認可要件の定め方に注目したい。建築協定にあっては，①協定の目的となっている土地又は建築物の利用を不当に制限するものでないこと，②建築基準法69条の定める協定の目的に合致するものであること，③協定において建築協定区域隣接地を定める場合には，その区域の境界が明確に定められていることその他の建築協定区域隣接地について国土交通省で定める

　6　財団法人日本建築センター編・前掲注4，897頁。
　7　建築協定につき，大橋洋一『都市空間制御の法理論』（有斐閣，平成20年）120頁。

基準に適合するものであること，の要件に該当する場合には，建築協定を認可しなければならないとされている（建築基準法 73 条 1 項）。したがって，効果裁量は認めないが，①及び②に関しては要件裁量が認められるといえよう。緑地協定及び景観協定に関しても，似た認可要件の仕組みが採用されている（都市緑地法 47 条 1 項，景観法 83 条 1 項）。これらの場合に，「申請手続が法令に違反しないこと」が掲げられている。同趣旨の要件を定めない建築基準法は，実体要件に絞って定めていると解されるので，手続要件の充足を要することは同様と思われる。

　第四に，私人間協定の認可に至る手続と認可をめぐる紛争である。建築協定の認可申請の対象たる協定書については，土地の所有者等の全員の合意を要する（建築基準法 70 条 3 項）[8]。しかし，合意がなされているからといって，建築協定が自動的に認可されるわけではない。建築基準法は，建築協定書の提出があった場合に，関係人の縦覧に供したうえ（71 条），関係人の出頭を求めて公開による意見の聴取を行うものとしている（72 条）。そして，認可の要件を定めている（73 条 1 項）。このような法の仕組みにおいて，特定行政庁による建築協定の認可に対して，手続違反又は認可要件の欠如を理由に取消しを求める訴訟が考えられる。訴訟において，たとえば，協定書に合意した土地所有者等が認可を捉えて，協定の内容が「建築協定の目的となっている土地又は建築物の利用を不当に制限するものでないこと」（73 条 1 項 1 号）の要件を充たしていないとして争うことができるであろうか。そのような主張は，実質的には合意の撤回であり，禁反言の法理にも反するといわなければならない。合意に至る過程において合意を無効にしなければならないような特段の事情があった場合に，そのことを理由に認可を争うことになると思われる。

　第五に，認可の公告のあった協定は，その公告のあった日以後において当該協定区域内の土地の所有者等となった者に対しても，その効力があるものとされている（建築基準法 75 条，都市緑地法 50 条，景観法 86 条）。協定の効

---

[8] 合意については民法の意思表示の規定の適用があり得る。建築協定との関係において錯誤無効の主張が排斥された事例として，宇都宮地裁平成 15・7・17 判例集未登載がある。

力の承継である（承継効）。このことは，宅地建物取引における重要事項として扱われることになる（宅地建物取引業法 35 条 1 項 2 号，同法施行令 3 条 1 項）。このことに関連して，大阪高裁昭和 56・5・20（判例タイムズ 449 号 75 頁）は，「協定の解釈にあたっては通常の契約の解釈以上にその文言を重視する必要があるのであり，たとえ協定締結の際原始協定者の真意が一致していたとしても，その内容が協定の文言より規制を加重する方向であれ軽減する方向であれ協定の文言とかけはなれている場合には，それが原始協定者の真意であることの故をもって協定の正当な内容であると解するのは相当でない」と述べた。原始協定者の意思が何らかの形式で明示されていない限り，文言重視によるべきであろう。

第六に，私人間協定の廃止の手続の問題である。建築協定に関して，協定の区域内の土地の所有者等は，建築協定を廃止しようとする場合は，その過半数の合意をもってその旨を定め，特定行政庁に申請して，その認可を受けなければならないとされている（建築基準法 76 条 1 項）。後述のように，廃止認可処分をめぐり訴訟に発展した紛争事例がある。

農業振興地域内の土地所有者等の協定・施業実施協定　「農業振興地域の整備に関する法律」（農振法）は，農用地利用計画において，耕作又は養畜の業務のために必要な農業用施設で省令で定めるもの（4 号施設）の用に供される土地として，その用途が指定された土地において，4 号施設を適切に配置し，農業生産を円滑かつ効率的に進めるため，4 号施設のうち適切に配置されることが営農環境の確保上特に必要と認められる省令で定める施設の用に供することを予定する土地を含む農業振興地域内にある相当規模の一団の土地について所有権，地上権又は賃借権を有する者は，市町村長の認可を受けて，「当該施設の用に供することを予定する土地の区域の設定及びこれと併せて行う当該施設の用に供しないことを予定する土地の区域の設定に関する協定」を締結することができるとしている（18 条の 2 第 1 項）。協定区域内の土地に係る土地所有者等の全員の合意がなければならないこと（5 項），協定の有効期間は 10 年を超えてはならないこと（6 項）が要件とされている。その他の点において，建築協定等と同様の仕組みが多く採用されている。なお，集落地域整備法 8 条以下も，同様の仕組みを用いて，「集落地域にお

ける農用地の保全等に関する協定」について定めている。

　森林法も，市町村の区域内に存する一団の民有林で所定の要件に該当するもの（対象森林）の森林所有者等又は対象森林の土地の所有者は，市町村長の認可を受けて，森林施業の実施に関する協定であって，当該対象森林について行なう間伐又は保育その他の森林施業の共同化及びそのために必要な施設の整備に関する措置を内容とするものを締結することができるとしている（10条の11の8第1項）。さらに，緑化活動その他の森林の整備及び保全を図ることを目的とする特定非営利活動法人，一般社団法人，一般財団法人その他省令で定める営利を目的としない者は，市町村の区域内に存する公益的機能別施業森林（対象森林）の森林所有者等又は当該対象森林の土地の所有者と，当該市町村の長の認可を受けて，施業実施協定であって，当該対象森林について当該特定非営利活動法人等が行なう間伐又は保育その他の森林施業の実施及びそのために必要な施設の整備に関する措置を内容とするものを締結できるとしている（10条の11の8第2項）。これらの施業実施協定については，全員の合意を要すること（4項），有効期間は10年を超えてはならないこと（5項）などの要件がある。

　以上の二つの法律に基づく協定の内容に関しては，関係法令（条例を含む）並びにこれらに基づく処分に違反するものであってはならないこと（農振法18条の3第1項，森林法10条の11の9第1項），及び法令に基づき策定された国又は地方公共団体の計画に適合するものでなければならないこと（農振法18条の3第2項，森林法10条の11の9第2項）が，特に求められている。

　条例に基づく既存協定との併存　　法律よりも条例が先行して協定制度を設けている場合がある。たとえば，兵庫県は，景観法に先駆けて「景観の形成等に関する条例」による景観形成等住民協定制度を有している。すなわち，土地又は建築物等の所有者等は，当該土地又は建築物等の存する地域内において一定の区域を定め，互いに当該区域の景観の形成等に関する協定を締結し，規則で定めるところにより知事に認定申請をして，知事は，規則で定める要件に該当すると認めるときは，当該協定を景観形成等住民協定として認定する（28条）。そして，県は，この認定を受けた景観形成等住民協定に基づく景観形成等に関する活動について，技術的な支援等を行なうものとして

いる（29条）。かくて，景観法に基づく景観協定との併存状態にあるといえる。長野県も，国の制度に先行して長野県景観条例に基づく景観形成住民協定制度があって，多数の住民協定が存続している。景観法の施行に伴い，名称が景観育成住民協定と改められた（32条）。しかし，長野県のホームページによれば，依然として県の独自制度として引き継がれたものであるという。

環境保全型自然体験活動に係る保全利用協定　沖縄振興特別措置法21条によれば，沖縄において環境保全自然体験活動に係る案内及び助言を業として行なう者は，「環境保全型自然体験活動の実施に関する協定」（＝保全利用協定）を締結し，当該保全利用協定が適当である旨の沖縄県知事の認定を受けることができる（1項）。その者以外に当該環境保全型自然体験活動に係る案内及び助言を業として行なう者がいないと認められる区域において当該環境保全型自然体験活動に係る案内及び助言を業として行なう者（単独事業者）は，単独で保全利用協定を定め，適当である旨の知事の認定を受けることができる（3項）。一人協定ということになる。保全利用協定において定める事項は，①保全利用協定の対象となる土地の区域（協定区域），②環境保全型自然体験活動の内容，③自然環境の保全その他環境保全型自然体験活動の実施に際し配慮すべき事項，④保全利用協定の有効期間，⑤保全利用協定に違反した場合の措置，⑥その他必要な事項，である（4項）。

知事は，申請が，次のいずれにも該当するときは，認定するものとされている（5項）。①観光振興計画に照らして適切なものであること。②協定区域内において環境保全型自然体験活動に係る案内及び助言を業として行なう者の相当数が保全利用協定に参加していること。③協定区域における自然環境の保全上支障がないことその他環境保全型自然体験活動の適正な推進に資するものとして主務省令で定める基準に適合するものであること。④保全利用協定の内容が不当に差別的でないこと。⑤保全利用協定の内容がこの法律及びこの法律に基づく命令その他関係法令に違反するものでないこと。

この協定が，建築協定等と異なるのは，勧告及び認定の取消しが制度化されていることである。

まず，知事は，環境保全型自然体験活動が認定協定に従って実施されていないと認めるとき，又は当該認定協定に係る協定区域内における環境保全型

自然体験活動の適正な実施のため必要があると認めるときは，当該認定協定に係る協定代表者又は単独事業者に対して，環境保全型自然体験活動の実施の方法の改善，当該認定協定の変更その他の必要な措置をとるべきことを勧告することができる（23条）。次いで，この勧告を受けた協定代表者又は単独事業者が当該勧告に従い必要な措置をとらなかったときは，知事は，認定を取り消すことができる（24条1項）。保全利用協定は，自主性を重んじる制度であるにもかかわらず，勧告及び認定の取消しが用意されている点に特色がある。

資源管理協定等　　資源が枯渇することを防止するために私人間協定の締結制度を設けている法律も存在する。

「海洋生物資源の保存及び管理に関する法律」は，大臣管理量又は大臣管理努力量に係る採捕を行なう者は，当該大臣管理量又は大臣管理努力量に係る「特定海洋生物資源の保存及び管理に関する協定」を締結し，当該協定が適当である旨の農林水産大臣の認定を受けることができるとしている（13条1項）。知事管理量又は知事管理努力量に係る採捕を行なう者も，同様の協定を締結し，適当である旨の知事の認定を受けることができる（2項)[9]。また，農林水産大臣又は知事は，認定された協定に参加している者からの申請に基づいて，参加していない者に対して，認定協定への参加をあっせんすることができる（15条）。

海洋水産資源開発促進法も，事業者団体等は，一定の海域において海洋水産資源の利用の合理化を図るため，当該海域における海洋水産資源の自主的な管理に関する協定を締結し，当該協定が適当である旨の行政庁の認定を受けることができるとしている（13条1項）。

避難経路協定・移動円滑化経路協定等　　「密集市街地における防災街区の整備の促進に関する法律」は，避難経路協定制度を用意している。すなわち，防災再開発促進地区の区域内の一団の土地の所有者及び借地権を有する者は，その全員の合意により，火事又は地震が発生した場合の当該土地の区域における避難上必要な経路の整備又は管理に関する協定を締結することができる

---

[9]　水産業協同組合法11条の2は，組合の規程で，行政庁の認可を受けて，同様の資源管理規程を定めることができるとしている。

としている（289条1項）。この避難経路協定は、市町村長の認可を受けなければならない（4項）。一人協定も認められる（298条）。

「高齢者、障害者等の移動等の円滑化の促進に関する法律」41条による移動等円滑化経路協定、都市再生特別措置法45条の2による都市再生歩行者経路協定も、同様の仕組みによっている。

協定の不遵守に対する行政庁の権限　前記の保全利用協定に関する法の仕組みにヒントを得るならば、協定の効力の及んでいる私人に協定の不遵守が認められる場合に、認可なり認定をした行政庁が、明文の規定がなくても、協定を遵守するように勧告し、あるいは、認定の取消しをすることができるかという問題があることがわかる。

まず、協定を遵守すべき旨の勧告ないし指導は、認可ないし認定をした行政庁として当然にできるものと思われる。協定を遵守しない者がいる場合に、その是正を望む私人は、むしろ行政庁が指導に乗り出してくれることを期待するであろう。もっとも、行政指導を義務づける訴訟は、行政事件訴訟法には用意されていない。

次に、認可ないし認定の取消し（講学上の撤回）については、一般論としては行政行為の撤回の問題といえるが、建築協定、緑地協定、景観協定などは、認可の取消しにより、協定の拘束力がなくなって、むしろ状況が悪化することが予想される。遵守しない者がいるとしても、協定を存続させる方が公益に合致するであろう。とするならば認可状態を排除するために認可の取消しを行なう公益を見出すことが困難である。

協定の不遵守をめぐる訴訟　協定の不遵守があった場合にどのような訴訟が考えられるのであろうか。契約説による場合は多数当事者間における訴訟ということになる。合同行為説によるときは、合同行為により合意した内容の不履行を他の者が争うことになる。いずれも民事訴訟として可能というべきである。実際は、協定書において、委員長が違反者に対する裁判所への請求をなすことができる旨を定めていることが多いといわれる[10]。

協定の廃止をめぐる訴訟　最近、この廃止認可を争う訴訟が提起されている。

まず、緑地協定の廃止をめぐる訴訟事案に関して、大阪地裁平成20・

1・30（判例タイムズ1274号94頁）は，認可申請直前に，緊密な関係にある会社に対して土地の売買がなされたとして所有権移転の登記がなされたものの，認可処分がなされるやいなや合意解除がなされ，かつ，市長の照会後再び所有権移転登記がなされるなどの不自然な事実に鑑み，売買が実質を伴わない虚偽のものであったと推認されるとして，認可処分時に「過半数の合意」が得られていなかったものとして取り消した[11]。合意した土地所有者等を過半数にさせるための仮装行為であったというのである。この点は，仮装でなくとも，細かな分筆と所有権移転により容易に廃止認可を得られるという，人数基準のみを採用している制度の欠陥を露呈しているといえよう。

次に，大阪地裁平成21・8・20（判例集未登載）も，同じ寝屋川市長による緑地協定廃止認可処分取消訴訟の事案である。廃止認可要件としての「土地所有者等の過半数」の解釈が争われた。一人協定の緑地協定認可処分を受けた後に，所有権が分散して移転された状態において，8人中5名の合意に基づくとしてなされた廃止の申請が認可されたことに対して，原告らが，過半数の合意は，緑地協定の効力発生時の所有状態によるべきであって，その後に土地の分割譲渡等により所有者の員数に異動があったとしても，当該緑地協定の廃止に係る合意においては，緑地協定の効力発生時に1名の所有に属していた土地の所有者は合わせて1票と数えるべきであると主張したのに対して，判決は，都市緑地法48条が土地所有者等全員の合意により緑地協定の変更を認めているところ，その場合の土地所有者等とは，緑地協定を変更しようとする時点における土地所有者等を指し，緑地協定の締結やその認可がされた時点における土地所有者とその構成や員数に相違があることも当

---

10 建築協定の場合につき，島田信次＝関哲夫・前掲注4，898頁。仮処分申請事案として大阪高裁昭和56・5・20判例タイムズ449号75頁（ただし，申立て却下），協定の委員長で売主である者から提起された3階部分の撤去請求を認容した例として神戸地裁姫路支部平成6・1・31判例時報1523号134頁がある。

11 この判決は確定した。しかし，判決後の平成20年3月31日，再び緑地協定の廃止認可をした。この廃止認可をめぐる訴訟の判決が本文に挙げている大阪地裁平成21・8・20判例集未登載である。そして，この間に，この緑地協定と関係する開発許可の取消し及び建築確認の差止めを求める訴訟が提起された。この点については，本文を参照。

然に予定されているものと解されるとし，このことは，緑地協定を廃止する場合にもそのまま当てはまるとした。すなわち，都市緑地法52条1項にいう「土地の所有者等」とは，緑地協定の廃止の合意をしようとする時点における土地所有者等を指すものと解するのが相当であるというのである。

この事件における原告らの主張には無理があるといわざるを得ない。当初協定の締結ないし認可の時点における所有関係が，その後変動した場合には，そもそも当初の所有者が存在しないことがあり，それらの者の合意に関する意思を確認することはできないし，仮に票の数え方の問題に過ぎないとしても，各票の示す意思を確定する方法が明らかではない。判決も述べるように，廃止の合意時点における土地所有者等の数に着目した過半数と解するほかはないであろう。

[2] 法律に基づき土地所有者等と団体との間において締結される協定の認可

風景地保護協定　　[1]において述べた協定と異なり，土地所有者等と一定の団体との間において締結される協定制度も登場している。自然公園法による公園管理団体が土地の所有者等と風景地保護協定を締結する場合がその代表例である。公園管理団体とは，国立公園又は国定公園内の自然の風景地の保護とその適正な利用を図ることを目的とする一般社団法人又は一般財団法人，特定非営利活動法人その他環境省令で定める法人であって風景地保護協定に基づく自然の風景地の管理その他の自然の風景地の保護に資する活動などの業務（50条）を適正かつ確実に行なうことができると認められるものを，その申請により，国立公園については環境大臣，国定公園については都道府県知事が，それぞれ指定したものである（49条1項）。公園管理団体は，土地の所有者等と所定事項を定めた風景地管理協定を締結することができる（43条1項）。その場合に，あらかじめ，国立公園にあっては環境大臣の，国定公園にあっては都道府県知事の，それぞれ認可を受けなければならない（同条5項）。風景地管理協定は，公園管理団体のみならず，環境大臣又は地方公共団体も締結できるとされており（同条1項），その場合は，行政と私人との間の協定として位置づけられるのであるが，立法者が活用を最も期待

したのは，公園管理団体が一方当事者となるものであったと思われる。

[3] 条例等に基づく私人間協定の認定等

私人間協定の認定等の方式　最近の動向として，私人間協定を根拠づける条例が多数登場していることを指摘しておきたい。しかも，行政庁の「認定」等による関与を定めている点において，行政庁の「認定」に建築協定における「認可」と同様の役割を求めているのである。ただし，認定自体がいかなる効果をもたらすのかについて，条例自体には定めがないようである。条例の例を挙げてみよう。

①　金沢市は，多数の条例において私人間協定方式を採用している。

「金沢市屋外広告物等に関する条例」は，「相当規模の一団の土地又は道路，河川等に隣接する相当の区間にわたる土地（これらの土地のうち，公共施設の用に供する土地その他規則で定める土地を除く。）の所有者及び地上権又は賃借権を有する者」は，「一定の地域を定め，当該地域の景観を整備するため，相互に当該地域における屋外広告物等に関する協定」（＝広告物協定）を締結し，それが適当である旨の市長の「認定」を受けることができるとしている（11条1項）。広告物協定には，広告物協定地区，屋外広告物等の位置，形状，面積，色彩，意匠その他表示の方法に関する事項，有効期間，違反した場合の措置，その他広告物協定の実施に関する事項が定められる（同条2項）[12]。同市は，さらに，「金沢市こまちなみ保存条例」による「こまちなみ保存協定」，金沢市斜面緑地保全条例による斜面緑地保全協定，金沢市用水保全条例による用水愛護協定，「金沢の歴史的文化遺産である寺社等の風景の保全に関する条例」による寺社風景保全協定，「金沢市における美しい沿道景観の形成に関する条例」による沿道景観形成協定について，それぞれ同様の定め方を採用している。

②　石川県の「いしかわ景観総合条例」も，相当規模の一団の土地又は道路，河川等に隣接する相当の区間にわたる土地（これらのうち，公共施設の用に供する土地その他規則で定める土地を除く）の所有者及び地上権又は賃借権

12　広告物協定は，広く見られる。たとえば，和歌山県屋外広告物条例5条の4，仙台市広告物条例37条。

を有する者は，一定の区域を定め，当該区域の景観形成のため，当該区域における広告物及び掲出物件に関する協定（＝広告物協定）を締結し，当該広告物協定が適当である旨の知事の認定を受けることができるとしている（52条1項）。

③ 「千葉県里山の保全，整備及び活用の促進に関する条例」は，「里山活動協定」について定めている。里山活動団体は，積極的かつ主体的な里山の保全，整備及び活用に係る活動を行おうとする場合は，当該活動を行おうとする土地の区域における土地所有者等と，里山の保全，整備及び活用に係る活動に関する協定（＝里山活動協定）を締結し，当該協定が適当である旨の知事の認定をうけることができるとしている（16条1項）。協定には，目的となる土地の区域，活動に関する事項，有効期間，違反した場合の措置，その他必要な事項が定められる（同条2項）。この協定については，当該里山活動団体及び土地所有者等の全員の合意がなければならない（同条3項）。認定については，あらかじめ協定の目的となる区域の全部又は一部が存する市町村の長の意見を聴かなければならない（当該市町村が協定に係る里山活動団体又は土地所有者等である場合は，この限りでない）（17条2項）。認定をしたときは，公告する（同条3項）。この協定の条例上の効果はそれほど大きいものではない。すなわち，知事は，認定協定に係る里山活動団体及び土地所有者等に対し，助言，講習会の開催その他協定に係る積極的かつ主体的な活動を支援するために必要な措置を重点的に講ずる（22条）としているのみである[13]。しかしながら，南眞二教授の実証研究によれば，この手法は有効に働いているという[14]。

④ 「秦野市景観まちづくり条例」は，「庭先協定」という名称の協定について定めている。一定のまとまり及び連続性をもつ土地又は建物の所有者又

---

[13] 石川県は「ふるさと石川の環境を守り育てる条例」により，神奈川県は「神奈川県里地里山の保全，再生及び活用の促進に関する条例」により，それぞれ，ほぼ同様の協定についての認定制度を設けている。

[14] 南眞二「里山保全の方向性と法の仕組み」新潟大学法政理論40巻3・4号24頁，41頁（平成20年）。そこにおいて，教授は，民間活用という点からも優れた手法であると評価している。

は占有者が，身近な生活空間において，花き，樹木等の植栽又は外構等の協調により生活美観を創出するために締結する協定である（34条1項）。同協定には，名称，区域，生活美観を創出するための方法，有効期間が定められる（同条2項）。市長は，申請を受けて，それが景観まちづくりに寄与するものであり，規則で定める要件を満たしているときは，庭先協定として認定する（36条）。そして，条例自体には，庭先協定に特化した助成規定はなく，単に，「景観まちづくりを推進するため，必要があると認めるときは，技術的な支援又は予算の範囲内において財政的な支援を行うことができる」旨の規定（46条）が置かれているにすぎない。しかし，庭先協定補助金交付要綱を制定して，助成措置を行なっている。

秦野市の庭先協定と景観法による景観協定とは，いかなる関係にあるのであろうか。景観協定にあっては，景観計画区域内の一団の土地でなければならないのに対して，庭先協定にはそのような制限がない。また，景観協定にあっては，良好な景観形成のための多様な事項の選択肢が用意されているが，庭先協定は限定されている。さらに，景観協定の効力は，後に土地所有者等となったものに承継されるが，庭先協定にはそのような効力がない。しかし，庭先協定は，法律の定める協定を補完する役割を果たすものとして注目される。

横浜市地域まちづくりルールの認定制度及び街づくり協定　「横浜市地域まちづくり推進条例」は，まず，地域まちづくりプラン及び地域まちづくりルールの策定等により地域まちづくりを推進することを目的とする市民等の団体について，所定の要件に該当する場合に市長が「地域まちづくり組織」と認定する仕組みを採用している。要件は，「団体の活動の対象となる地域の地域住民等で構成されていること又は当該地域住民等及び地域まちづくりに関する活動を行う者で構成されていること」，「その取組が，団体の対象となる地域の地域住民等の多数の支持を得ていること」，「その他市長が定める要件を満たしていること」とされている（以上，9条1項）。市長が，この認定をしようとするときは，あらかじめ「横浜市地域まちづくり推進委員会」の意見を聴くこととされている（同条2項）。この認定を受けた地域まちづくり組織は，地域まちづくりに関して，当該地域において遵守されるべき事項

を定めたルールが，「ルールの対象となる地域の地域住民等の多数の支持を得ていること」及び「その他市長が定める要件を満たしていること」のいずれにも該当する場合は，規則で定めるところにより，「地域まちづくりルール」として認定を受けることができる（12条1項）。市長は，この認定をしようとするときは，あらかじめ，推進委員会の意見を聴くものとされている（同条2項）。地域住民等は，地域まちづくりルールを遵守しなければならない（同条5項）。また，地域まちづくり組織は，地域まちづくりルールの遵守が図られるよう適切な措置を講じなければならない（同条6項）。

さらに，「建築等の誘導」と題する条項（13条）が存在する点に注目しなければならない。地域まちづくりルールの対象となっている地域において，当該地域まちづくりルールにかかる建築等を行なおうとする者（＝建築等行為者）は，規則で定めるところにより，その旨を市長に届け出る義務を負い（1項），その届出をしようとするときは，あらかじめ，地域まちづくり組織と協議を行なわなければならない（2項）。この協議制度は注目すべき仕組みである。協議に関して，市長がまったく関与しないわけではなく[15]，協議に関して必要があると認めるときは，建築等行為者に対し，指導，助言等を行なうことができる（3項）。また，協議の結果，当該建築等が地域まちづくりルールに適合していない場合で必要があると認めるときは，建築等行為者に対し，当該建築等を地域まちづくりルールに適合させるための措置をとるよう要請を行なうこともできる（4項）。さらに，建築等行為者がその要請を受け入れない場合において必要があると認めるときは，当該要請を受け入れるよう勧告を行なうことができる。ここには，市長による指導・助言，要請，勧告という，まちづくりルールに適合した建築等に向けた誘導をするための段階的行為が用意されている。地域まちづくり組織の認定，地域まちづくりルールの認定をした場合は，速やかにその旨を公表するものとされている（17条1項）。

以上述べてきた「まちづくりルール」が，実際には「まちづくり協定」と呼ばれているようである。なお，協議に関して，市は，別に「街づくり協議

---

[15] 条例自体には定められていないが，それぞれの地区に対応する「街づくり協議指針」を定めている。

地区制度」により，「街づくり協議地区」[16]を指定して行なう協議があるために，この条例における地域まちづくり組織との協議は，「事前協議」と位置づけられてきたようである。しかし，平成22年度から，街づくり協定の結ばれている地区の地域団体があるときは，横浜市に代わって当該団体と協議を行なうことにより，市との協議を省略できるものとした。市との協議に関しては，地区別に協議指針が定められている。

　なお，横浜市には，この条例に基づかない街づくり協定が存在する。多数存在するが，たとえば，「港北ニュータウン仲町台駅前センター街づくり協定」は，次のような定めを有している。

　　建築用途　　建物1階部分の用途は，極力，物販・飲食・サービス店とし，住宅・一般事務所の使用を避ける。

　　壁面後退　　区域図に示される部分においては，建築物の外壁もしくはこれに代わる柱の面は境界線より1.5メートル以上後退して建築しなければならない。ただし，3階以上の外壁部分についてはこの限りでない。

　　駐車場・駐輪場・荷捌き場　　駐車場は，住戸数の50％以上，かつ業務形態に応じた必要駐車台数を敷地内の車道側に設置する。

　　　　駐車場出入口は極力集約して設置する。

　　　　駐車場，荷捌き場，ゴミ置き場は敷地内の車道側に設置し，植栽帯等を設け美観に配慮する。

　　建築意匠　　建物のデザインは直線を主体とする。

　　　　建物の用途区分，階高を表す水平線を表現する。

　　　　窓の形はできるだけ縦長とする。

　　　　屋根，出入口等の付加的な要素のデザインはアクセントとして生かす。

　　材質・色彩　　建物の外壁の色彩は淡色（茶色系。緑色系）等の落ち着いた色調を選び，けばけばしい色彩は用いない。

　　　　強い色彩を用いる場合には，建物の外壁との調和を考慮し

---

[16] 駅周辺の商業・業務地区や計画的開発地区など都市政策上重要な地区を指定している。

た上，アクセントとして少ない面積に用いる。

建物の低層部等には石，レンガ，木等の自然の素材を極力使用する。

タイル等の人工的な素材を使用する場合にも，極力自然の素材感に近いものを選ぶこととする。

花壇等　商店の足元周りには花を飾る。

窓辺，バルコニー等には極力花を飾る。

空き地は極力ワイルドフラワー（自然の花）で飾る。

看板・広告　極力小さいものとし，その意匠に配慮する。

個店名，業種内容を表現する看板を主体とし，メーカーの看板・広告は極力避ける。

（袖看板）個店，入居テナント名表示に限る。

1建物に1個を原則とし，住宅部分には設置しない。

（壁面看板）個店，入居テナント名表示を基本とする。

横長のものとし，壁面の意匠，水平線との調和を考慮して設置する。

（屋上看板等）設置しない。

（立体看板）店舗の業種，業態，商品が視覚的に表現された楽しいものとする。

（置看板）敷地内に設置し，歩行の妨げとならないようにする。

その他

（壁面後退部3階以上の外壁意匠）壁面後退が指定される部分の3階以上の外壁で，壁面後退を行わない場合は，通りから見上げた壁面の意匠に十分配慮する。

（屋上設備等の修景）屋上設備は壁面の立ち上げ，ルーバーにより四周を覆う等通りから容易に望見されないように配慮する。

給排水管等は極力建物内部に取り込むようにする。

（取り込めない場合は，通りから見えない位置に設ける，壁面と同じ色彩にする，壁面デザイン構成要素として工夫する

　　　　　　等の配慮をする。)。
　　　（ゴミ置き場）車道側に設ける。
　　　　　　　　極力一時保管用のゴミ置き場を設ける。また植栽帯を設ける等目立たないように配慮する。
　　　　　　　　生ゴミが発生する店舗においては，各自，敷地内にゴミ置き場を設ける。
　　　（シャッター）極力，透明シャッター等のウインドーショッピングができる構造とする。
　　　（日除けテント）街並み景観に配慮したものとする。
　　　　　　　　日除けテントは敷地内におさめ，歩行者通行の妨げにならないよう，地盤面から十分に離して設置する。
　既存の街づくり協定について，平成17年10月の条例施行後に，同条例による「まちづくりルール」として認定を受けている例もある[17]。

　神戸市里づくり協定　　神戸市は，「人と自然との共生ゾーン」の指定，里づくり協議会，里づくり計画，里づくり協定という段階を踏んだ協定の仕組みを用意している。同市の「人と自然との共生ゾーンの指定等に関する条例」によるものである。

　第一に，基本計画の策定である。市長は，人と自然との共生ゾーンの整備基本方針において，人と自然との共生ゾーンの基本理念，指定の目的，整備，保全及び活用の目標等（＝基本計画）などを定める（6条1項，2項）。

　第二に，「人と自然との共生ゾーン」の指定である。市長は，基本計画に基づき，人と自然との共生ゾーンを指定することができる（7条1項）。人と自然との共生ゾーンは，次の要件をすべて備える区域でなければならない（2条1項）。

　　ア　農村環境の整備等を図るべき区域であること。
　　イ　市街化調整区域であること。
　　ウ　緑地の保全，育成及び市民利用に関する条例4条1項の緑地保存区域等でないこと。

17　荏田北二丁目まちづくり協定は，平成14年4月に制定され，後に平成18年1月に市長の認定を受けている。

第三に，里づくり協議会の認定である。市長は，人と自然との共生ゾーン内の住民及び土地所有者等（＝住民等）の団体であって，次の要件のすべてに該当するものを里づくり協議会として認定することができる（17条1項）。

　　ア　農村環境の整備等を図ることをその活動の目的とするものであること。
　　イ　町又は字の区域その他の一定の区域を活動の区域とすること。
　　ウ　その活動の区域内の自治会その他の一定の地域に住所を有する者の地縁に基づいて形成された団体の支持及び協力が得られるものであること。
　　エ　その活動が，特定の個人又は団体の利益を誘導するものでないこと。
　　オ　その活動が財産権を不当に制限するものでないこと。

　第四に，里づくり計画の策定と認定である。里づくり協議会は，農村環境の整備等を図るため，里づくり計画を定め，当該計画が適当である旨の市長の認定を受けることができる（18条1項）。里づくり計画には，その名称，計画地区の位置及び区域，計画地区の整備の目標及び方針，計画地区の農業の振興に関する計画，計画地区の環境の整備に関する計画，並びにその他の必要があると認めるもの（計画地区の土地の利用に関する計画，里づくり景観保全形成計画，計画地区と市街地との交流に関する計画，その他）を定めなければならない（同条2項）。認定は，申請に基づいて行なわれ，当該里づくり計画の内容が法令（条例並びに市の執行機関の規則及び規程を含む）に違反するものでないこと，計画の内容が基本方針の内容に沿ったものであること，計画地区内の住民等の過半数が当該里づくり計画に賛成していること，のすべてに該当するときになされる（同条4項）。

　第五に，里づくり協定の締結と認定である。認定を受けた里づくり協議会は，当該里づくり計画に係る里づくり協定を住民等の4分の3以上の者の同意を得て締結し，市長の認定を受けることができる（19条1項）。市長は，協議会の申請に基づき，当該里づくり協定の内容が農村環境整備等に寄与するものであると認めるときは，認定する（同条4項）。

　里づくり協定に至る手続が多段階からなっている点に，特色があるといえよう。しかも，基本計画，里づくり計画という計画との密接な連動の仕組み

が採用されている。

以上のような仕組みにより認定を受けた里づくり協定は，次のような意味をもつ。

第一に，市長は，住民等の里づくり協定の内容の実現に向けた活動（＝里づくり事業）に協力し，及び里づくり事業を支援する（20条1項）。

第二に，市長は，農村用途区域内において一定の行為[18]をするために条例10条1項の規定により届出をした者に対し，当該里づくり協定の内容に配慮し，及び里づくり事業に協力するよう要請することができる（20条2項）。住民等も，前記一定の行為を行なおうとするときは，当該里づくり協定の内容に配慮するよう努めなければならない（同条3項）。

条例の規定自体を見る限りでは，協定違反の行為を抑止し，あるいは違反に対する措置が不十分であるといわざるを得ないが，多数者の同意による協定であることによる相当な重みがあることは否定できない。

建築協定等との関係　以上のような街づくり条例に基づく協定制度において，すでにスタートしている建築協定，緑化協定，景観協定との関係をどのように見るかが問題となる。街づくり協定が建築協定よりも包括的な内容となりうることを考えると，たとえば，建築協定があるからといって街づくり協定を必要としないということにはならない。個別の条例の内容次第であるが，重複させて協定を締結することも妨げられないであろう。すなわち，ある土地が，建築協定の区域であると同時に街づくり協定の区域であるということも起こり得るであろう。しかし，相互に矛盾することはできないので，その調整が必要であるし，たとえば，街づくり協定において，建築協定の締結されている区域における建築協定該当事項に関しては，建築協定による旨を定めることも考えられる。

18　条例の掲げる行為は，次の事項の行為である。①建築物その他の工作物の新築，増築，改築又は用途の変更，②宅地の造成，土地の開墾その他の土地の形質の変更，③駐車場又は資材その他の物件を保管し，仮に置き，若しくは堆積する場所としての土地の使用，④木材の伐採，⑤土石の採取又は鉱物の掘採，⑥水面の埋立て又は干拓。

[4] 認可・認定の法的性質と訴訟，協定の遵守を求める訴訟

認可・認定の法的性質　すでに若干の裁判例を紹介したことにも現れているように，この種の認可又は認定が行政処分であることは認めてよい。

したがって，行政手続法や行政手続条例との関係においては申請に基づく処分といえる。前述した横浜市地域まちづくり推進条例は，地域まちづくりルールの認定要件として，①ルールの対象となる地域の地域住民等の多数の支持を得ていること，②その他市長が定める要件を満たしていること，を掲げているにすぎない。しかし，施行規則14条3項において，条例のいう「市長が定める要件」として，次の要件を掲げている。

① 特定の者の利益を図り，又はこれに損害を加える内容とするものでないこと。
② 対象となる地域及びその内容が当該地域まちづくり組織の活動地域及び活動計画に適合していること。
③ 建築等に関する制限が合理的に必要と認められる限度において定められていること。
④ 当該地域まちづくり組織において，その遵守を図るための措置を主体的に講ずることができる内容であること。
⑤ その他都市整備局長が定める事由に該当すること。

さらに，都市整備局長決裁により「横浜市地域まちづくり推進条例運用基準」が定められている。同基準において，規則14条3項5号の都市整備局長が定める事由とは，次に掲げるものであるとされている（Ⅳ2）。

① 特定の事業等に反対を掲げるものではないこと。
② 一部の者の利益を図ることを目的とするものではないこと。
③ 一部の権利者に属する土地利用等を制限することを目的とするものではないこと。
④ 公益を害する，又は害する恐れのあるものではないこと。
⑤ ルールに基づく運用計画が，ルールの内容に沿って適切であり，地域まちづくり組織がルールを運用するにあたって支障等が認められないルールであること。
⑥ 賛成しない者などについては，その意見表明の機会が確保されてお

り，その内容が活動実績やアンケートなどの提出書類により明確に確認できること。
⑦　ルールの区域内に一の地権者の大規模な土地がある場合，ルールの内容について，当該土地の地権者の理解及び支持が認められること。
⑧　その他地域まちづくりの推進において不適切と認められるものでないこと。

この程度の定め方であれば，審査基準に関する横浜市行政手続条例の「当該許認可等の性質に照らしてできる限り具体的なものとしなければならない」（5条2項）という要件を満たしていると考えられる。

認可・認定をめぐる訴訟　認可又は認定をめぐって，不服申立てや訴訟の可能性もある。認可申請をして相当の期間が経過したにもかかわらず応答のない場合には，不作為に対する不服申立てや不作為の違法確認の訴えを起こすことができる。また，認可又は認定の申請が拒否された場合には，取消訴訟を提起することができる。さらに，本案勝訴要件が充足されるかどうかはともかくとして，これらの訴えと申請型義務づけの訴えを併合提起することも考えられる。

協定の遵守を求める訴訟　協定の遵守を求めるのにいかなる訴訟が考えられるであろうか。

第一に考えられるのは，協定に係る土地所有者等の相互間における民事訴訟である。協定書において，訴訟の提起について定める方式が一般化している。たとえば，協定の違反を認めた場合に，違反者に対して文書をもって相当の猶予期間を付して違反行為の是正のために必要な措置をとることを請求するとしたうえ，その請求に違反者が従わないときは，協議会の決定に基づき是正措置の強制執行又は違反者の費用をもって第三者にこれをなさしめることを請求することができる，と定める例がある[19]。一人協定の協定書においても同様のようである[20]。このような協定を根拠に訴訟を提起する場合に，誰が原告となるのかが問題である。協定を運営するための委員会を設置して，その役員たる委員長が委員会の決定に基づいて，違反の是正を求めたうえで

19　新潟市の「鳥屋野潟湖南地区屋外広告物協定書」11条。
20　たとえば，東大和市の「エクセルアベニュー武蔵野東大和建築協定書」15条。

出訴できるとする例が多いようである[21]。このような定めのある場合と，委員会の設置についてのみ定めて出訴についての定めを欠いている場合[22]とにおいて，違いがあるのであろうか。

　建築協定を根拠にした工事差止請求や撤去請求を認容した裁判例[23]は少ないようであるが[24]，建築協定を根拠に差止めを求め得ることは，多くの裁判例が示唆している[25]。

　第二に，協定内容を侵すような開発許可や建築確認などの行政処分の取消し等を求める訴訟である。そのような訴訟の一例が，寝屋川市の事件である。住宅建築等を事業内容とする共同事業を計画し，平成 7 年に開発許可を受けて，開発に係る土地造成工事を終えて，予定建築物である共同住宅等を現実的に可能とする状態に至っていたとして，その構成員の一部が，他の構成員の申請に対する平成 18 年の開発許可の取消しを求めることについての原告適格が問題とされた。

21　たとえば，東大和市の「エクセルアベニュー武蔵野東大和建築協定書」15 条，日の出町「日の出団地建築協定書」9 条。なお，違反者が請求に応じないときは，委員長は委員会の決定に基づき，自ら又は第三者をして，違反者の代わりに当該違反がなかったと同じ状態を実現し，その要した費用を違反者から徴収することができると定める例（金沢市の「瑞樹団地緑地協定書」14 条 2 項）は，自力救済の観を呈している。

22　たとえば，目白台緑地協定書。

23　認容例として，神戸地裁姫路支部平成 6・1・31 判例時報 1523 号 134 頁がある。他方，建築協定違反の建築のように見えるとしつつ，建築許可に至る過程の事情から建築工事の禁止等を求めることは信義誠実の原則に違反するとされた事例がある（大阪高裁昭和 56・5・20 判例タイムズ 449 号 75 頁）。

24　最高裁昭和 50・4・10 判例時報 779 号 62 頁がバルコニーを温室とする改築につき協定違反を理由に撤去を命じた原判決を正当としたが，「建築協定」という文言が用いられていても，この建築協定は日本住宅公団の分譲住宅の買受人全員を組合員とする住宅管理組合の建築協定であった。また，建築基準法の手続をとっていない協定について，事情変更により失効したものと認定した裁判例がある（浦和地裁川越支部平成元・3・16 判例タイムズ 702 号 185 頁）。

25　代表的には，国立マンション事件に関する東京高裁平成 16・10・27 判例時報 1877 号 40 頁が，「建築基準法は，一定地域内の地権者らに対し，建築物の高さ，形態，デザイン等に関する一定の基準を遵守させる契約上の義務を相互に負わせる手法」として建築協定の締結及び認可について定めていると述べている。

1審の大阪地裁平成19・12・6（判例時報2059号36頁）は，都市緑地法が，良好な都市環境の形成を図ることなどを目的としていること（1条）や，地域の良好な環境を確保するために一定の土地所有者等がその全員の合意により緑地協定を締結することができる旨定めていること（45条1項）を併せ考慮したとしても，開発区域周辺に土地を有する者の財産的，経済的利益を個別に保護する趣旨を含むと解することはできないとした。判決は，このようにして，周辺の土地所有者等は，開発許可の取消しを求める原告適格及び建築確認の取消しを求める原告適格を有しないとした。その判決のなかで，緑地協定に基づく利益は，緑地協定廃止認可の取消訴訟で勝訴することにより確保できるのであり，それに加えて平成18年2月の開発許可の取消しが必要になるわけではなく，同開発許可は，本件緑地協定の効力に影響を与えるものではなく，同協定に基づく原告らの地位ないし利益を侵害し，又は必然的に侵害するおそれがあるともいえないから，この地位ないし利益をもって開発許可の取消訴訟の原告適格を基礎づけることはできない，と述べた。

これに対して，控訴審の大阪高裁平成20・7・31（判例時報2059号26頁）は，原告適格を肯定すべきであるとした。「平成18年12月開発許可は，平成7年開発区域内の一部であって，かつその主要部分である平成18年12月開発区域内において，平成7年開発許可に係る開発行為とは別個の開発行為を許可するものであるから，これにより，上記開発区域内で開発行為が行われるときは，本件共同事業の全体としての遂行に著しい影響を及ぼし，これを困難にするものである。……本件緑地協定の関係では，通路や緑地の配置も異なっていることから，これらの関係でも，控訴人らの事業遂行上，水道の布設や緑地の配置等について支障が生じるものである」として，控訴人らの法律上保護された利益が必然的に侵害されるおそれがあるものと認められるというのである。建築確認の差止めを求める訴えの原告適格についても，同様の判断が示された。

1審判決が明示的に述べているわけではないが，一般に建築確認にもとづく建築行為により健康上の不利益ないし財産上の不利益を受ける場合は，法律上保護された利益を侵害されるおそれのある者として原告適格が肯定されていることに鑑みると，土地所有者等には，土地所有者等としての固有の法

律上保護された利益が認められないということであろう。しかし，それでは，すべて私人間の紛争処理に委ねられることになるが，協定の内容を妨げる内容の開発許可や建築確認については，土地所有者等が協定上の法的地位を根拠として争う原告適格を有すると見るべきである。建築協定については直接に，また，緑地協定については関係法令たる都市緑地法の趣旨・目的から，原告適格を肯定すべきであろう。

ただし，原告適格に密接に関係することで，かつ，本案に影響する問題がある。それは，建築協定が，建築確認を行なう際に基準になるのかどうかである。この点については，否定説が有力である。建築協定は，当事者間の自主的規制であって基準法令ではないというのである[26]。

2 私人の計画等を認可（認定）又は指定する方式，私人・行政庁の協議会

[1] 法律に基づく計画の認可（認定）

法律に基づく認可（認定）　私人の計画を行政庁が認可（認定）して，その内容を遵守させる方式がある。この場合には，認可（認定）申請と認可という手続であるので，行政行為（行政処分）形式が介在しているのであるから，私人間協定の認可と同様に狭義の「行政契約」に含めることはできない。にもかかわらず，行政計画に関する「意思の合致」という点においては，前記協定と連続線上にあるといってもよい。不正確を覚悟して，これらを「準行政契約」と呼ぶことも不可能ではない。立法政策として，協定認可（認定）方式と計画認可（認定）方式との間の選択を検討することになる。多くの法律等において「認定」の文言が用いられているが，早い段階においては，「承認」の文言が用いられたものがある[27]。

26　神戸地裁姫路支部平成6・1・31判例時報1523号134頁は，建築協定の存在を知らなかったこと及び建築主事が本件建物の確認申請の際に本件協定の存在を指摘しなかったことをもって建物3階部分の建築を正当化することはできないと述べている。しかし，同判決は，協定の効力が及ぶことを理由に，建築協定違反の建築に係る3階部分の撤去請求を認容したものである。

多数の計画の認定方式が法律に見られる。比較的長い歴史をもつのは，農業経営基盤強化促進法12条1項による農業経営改善計画の認定制度である。同法は，「効率的かつ安定的な農業経営を育成し，これらの農業経営が農業生産の相当部分を担うような農業構造を確立することが重要であることにかんがみ，育成すべき効率的かつ安定的な農業経営の目標を明らかにするとともに，その目標に向けて農業経営の改善を計画的に進めようとする農業者に対する農用地の利用の集積，これらの農業者の経営管理の合理化その他の農業経営基盤の強化を促進するための措置を総合的に講ずる」ものである（1条参照）。農業経営基盤の強化の促進に関する基本的な構想（基本構想）[28]について都道府県知事に協議し，その同意を得た市町村（＝同意市町村）の区域内において農業経営を営み，又は営もうとする者は，農業経営改善計画を作成し，これを同意市町村に提出して，当該計画が「適当である旨」の認定を受けることができる（12条1項）。この認定を受けた者（＝認定農業者）に対しては，利用権の設定等がなされるような配慮がなされる（13条）。さらに，認定農業者が認定計画に従って行なう農業経営の改善に必要な資金の貸付けについても配慮される（15条）。しかし，同意市町村は，農業経営改善計画が所定の要件に該当しなくなったとき又は当該認定農業者等が認定計画に従って農業経営を改善するためにとる措置を講じていないと認めるときは，その認定を取り消すことができる（12条の2第2項）。以上の仕組みから，農業経営改善計画の認定は，認定農業者が認定計画に従って農業経営を改善することを約するとともに，行政が一定の措置を講ずることとする意味をもっていると解される。「契約」の形式が用いられていないにもかかわらず，申込みに対する承諾の実質をもつといってよい。

---

27 たとえば，「中小企業の新たな事業活動の促進に関する法律」は，中小企業者及び組合等が単独で又は共同で経営革新計画を作成し適当である旨の「承認」を受けることができるとしている（9条）。もっとも，複数の中小企業者（その行う事業の分野を異にする2以上の中小企業者を含む場合に限る）の作成する異分野連携新事業分野開拓計画に関しては，適当である旨の「認定」である（11条）。

28 この基本構想は，都道府県知事が定める「農業経営の基盤強化の促進に関する基本方針」に即するとともに，農業振興地域整備計画その他の法律の規定による地域の農業の振興に関する計画との調和が保たれたものでなければならない（6条3項）。

大潟村の認定農業者が認定を争った事件に関して，秋田地裁平成20・8・29（判例集未登載）は，村の策定した基本構想が，農業経営改善計画の認定について生産調整を考慮することとしているとして，生産調整の考慮を前提に，水稲単作から田畑複合経営に移行するとともに，収益性の高い作物の栽培や大規模かつ効率的な経営を行なうことを定めているにもかかわらず，当該認定農業者が大豆等の栽培による畑作を行なわず米の作付けを行なったことは，法12条の2第2項の定める取消事由としての「認定計画に従ってその農業経営を改善するためにとるべき措置を講じていないと認めるとき」に該当するとした。2年間にわたり目標を達成するためにとるべき措置が講じられていない状況が継続し，かつ，それ以降も相当の期間にわたり，その状況が継続することが予測される以上，米の作付けが一時的なものとは認めがたいなどとして，認定取消しは適法であるとした。

このようにして，契約であるならば契約条項違反の有無として現われる問題が，認定取消しの要件を満たしているかどうかという行政処分の要件の充足の有無として争われるのである。かくて，法律や条例に基づく認定（後述の認可，認証，指定等を含む）は，それらの根拠とされている法律や条例の仕組みを観察する必要があるにせよ，原則として行政処分である。

次にいくつかの代表的なものを見ておこう。

緑化施設整備計画　第一に，都市緑地法による緑化施設整備計画がある。緑化地域又は同法4条2項3号ホの地区内の建築物の敷地内において緑化施設を整備しようとする者が「緑化施設整備計画」を作成し市町村長の認定を申請することができるものとされている（60条1項）。緑化施設整備計画に記載する事項は，①緑化施設を整備する建築物の敷地の位置及び面積，②整備する緑化施設の概要，規模及び配置，③緑化施設の整備の実施期間，④緑化施設の整備の資金計画，⑤その他国土交通省令で定める事項，である（同条2項）。

これらの記載事項にほぼ対応して，計画の認定基準が法定されている（61条）。すなわち，①緑化施設を整備する建築物の敷地面積が，国土交通省令で定める規模以上であること，②緑化施設（植栽，花壇その他の国土交通省令で定める部分に限る。）の面積の建築物の敷地面積に対する割合が，国土交通

省令で定める割合以上であること，③緑化施設整備計画の内容が，基本計画と調和が保たれ，かつ，良好な都市環境の形成に寄与するものであること，④緑化施設の整備の実施期間が，緑化施設整備計画を確実に遂行するため適切なものであること，⑤緑化施設整備計画を遂行するために必要な経済的基礎及びこれを的確に遂行するために必要なその他の能力が十分であること，である。

　緑化施設整備計画について認定を受けた事業者（＝認定事業者）に対して，市町村長は，緑化施設の整備の状況について報告を求めることができる（63条）のみならず，認定計画に従って整備を行なっていないと認めるときは，相当の期間を定めて，その改善に必要な措置を命ずることができる（64条）。この処分に違反したときは，認定を取り消すことができる（65条）。

　以上の仕組みを見た場合に，自発的な緑化施設整備計画であるにもかかわらず，ひとたび認定されると，市町村長に強い権限が付与されていることがわかる。事業者にとって見返りのない計画の認定をわざわざ求める意味があるのか，法律のみからは知ることができない。資金助成や税制上の措置に連動しない限りメリットがあるとは思われない。

　この緑化施設整備計画に近似しつつも，外観上の手続の異なる制度も見られる。横浜市の「緑の環境をつくり育てる条例」は，規則で定める建築物を建築しようとする者に，あらかじめ，当該建築物の敷地内における緑化及び既存の樹木の保存の推進に関する計画を作成し，市長と協議する義務を負わせている（9条1項）。この条例の規定においては，協議義務のみであるが，同条例施行規則は，協議が成立したときは，申出をした者及び市長の両者が記名押印した緑化協議書を作成し，両者が保有するものとし（4条1項），さらに，協議申出者は，成立した緑化協議に基づく敷地内における緑化及び既存の樹木の保存に係る工事が完了したときは，速やかに緑化完了届出書を提出しなければならないとしている（6条）。このような施行規則によれば，協議が成立した場合には，協議申出者と市長との間に一種の行政契約が成立したものと見てよいと思われる。

　民間拠点施設整備事業計画　　第二に，「広域的地域活性化のための基盤整備に関する法律」に基づく「民間拠点施設整備事業計画」の認定について見

ておこう。

　この計画の前提になるのが広域的地域活性化基盤整備計画である。同計画は，国土交通大臣の定める「広域的地域活性化のための基盤整備に関する基本的な方針」（4条）に基づき，都道府県が作成することができる（5条1項）。都道府県がこの計画を作成しようとするときは，あらかじめ関係市町村の意見を聴くこと（5条5項），市町村等が実施する事業等に係る事項を記載しようとするときは当該事項について当該市町村の同意を得なければならないこと（8条8項），この計画を作成した都道府県を構成員に含む広域地方計画審議会は，国土形成計画法10条1項に規定する事項のほか，当該計画の実施に関し必要な事項について協議することができること（6条1項）などが定められている。

　この広域的地域活性化基盤整備計画に記載された重点地区の区域における拠点施設の整備に関する事業（建築物及びその敷地の整備に関する事業で公共施設の整備を伴うものに限る）であって，当該事業を施行する土地の区域の面積が政令で定める規模以上のもの（＝拠点施設整備事業）を施行しようとする民間事業者が，当該拠点施設整備事業に関する計画を作成して，国土交通大臣の認定を申請することができる（7条）。法律に認定基準があること（8条1項）は，前記の緑化施設整備計画の認定の場合と同様である。あらかじめ，関係地方公共団体及び当該拠点施設整備事業の施行により整備される公共施設の管理者又は管理者となるべき者の意見を聴かなければならない（同条2項）。報告の徴収（11条），改善命令（13条）等は，前記の緑化施設整備計画の場合と同様である。

　この計画にあっては，認定を受けた事業者（＝認定事業者）について，さまざまな地位を認められている点において，緑化施設整備計画と大きく異なる。

　第一に，認定事業者は，認定事業の施行の効果を一層高めるために，素案を添えて，必要な一定事項に係る都市計画[29]の決定又は変更を提案すること

29　その事項は，地区計画に関する都市計画，土地区画整理事業に関する都市計画，市街地再開発事業に関する計画，都市計画法4条5項に規定する都市施設で政令で定めるものに関する都市計画，その他政令で定める都市計画である。

ができる（16条1項）。そして，都市計画決定権者は，この計画提案が行なわれたときは，遅滞なく，当該計画提案を踏まえた都市計画の決定又は変更をする必要があるかどうかを判断，当該計画提案を踏まえた都市計画の決定又は変更をする必要があると認めるときは，その案を作成しなければならない（17条1項）。その必要がないと判断したときは，遅滞なく，その旨及びその理由を，当該計画提案をした認定事業者に通知しなければならない（同条3項）。

　第二に，認定事業者は，広域地方計画協議会（広域的地域活性化基盤整備計画を作成した都道府県を構成員に含む広域地方計画協議会）に対して認定事業の円滑かつ確実な施行のために必要な協議を行なうことを求めることができる（18条1項）。この協議を求められた場合に，広域地方計画協議会は，協議が調ったとき又は当該協議が調わないこととなったときは，その結果を，当該協議の結果を得るに至っていないと認めるときは当該協議を行なうことを求められた日から6月を経過するごとにその間の経過を，速やかに，当該認定事業者に通知するものとされている（同条3項）。

　第三に，民間都市機構の行なう拠点施設整備支援業務のなかには，認定事業者に関わる業務が多数含まれている。すなわち，認定事業者の認定事業の施行に要する費用の一部（公共施設並びにこれに準ずる避難施設，駐車場その他の建築物の利用者，都市の居住者及び滞在者その他の関係者の利便の増進に寄与する施設の整備に要する費用の額の範囲内に限る）について支援すること[30]，認定事業者に必要な助言，あっせんその他の援助を行なうことが掲げられている（15条1項）。

　その他の計画　　以上の仕組みは，いわゆる私人と行政との協働にほかならない。

---

[30] 支援の方法は，認定事業者に対する出資，認定事業者から認定事業の施行により整備される建築物等を取得し，その管理及び処分を行なうことを目的とする特定目的会社に対する出資，不動産特定共同事業契約に基づく出資，信託（受託した土地において認定建築物等を整備し，当該認定建築物等の管理及び処分を行なうことを内容とするものに限る）の受益権の取得，及びこれらの方法に準ずるものとして国土交通省令で定める方法，とされている。

このほかのものを列挙するならば，①「長期優良住宅の普及の促進に関する法律」に基づく所轄行政庁による長期優良住宅建築等の計画（住宅を建築してその構造及び設備を長期使用構造等とし，自らその建築後の住宅の維持保全を行なおうとする者の当該住宅の建築及び維持保全に関する計画）の認定（5条1項)[31]，②「中小企業による地域産業資源を活用した事業活動の促進に関する法律」に基づく主務大臣による地域産業資源活用事業計画が適当である旨の認定（6条），③「中小企業のものづくり基盤技術の高度化に関する法律」に基づく特定研究開発等の計画の認定（4条)[32]，④「流通業務の総合化及び効率化の促進に関する法律」に基づく「流通業務総合効率化についての計画」についての主務大臣の認定（4条）（共同申請の場合については後述)，⑤「家畜排せつ物の管理の適正化及び利用の促進に関する法律」に基づく処理高度化施設整備計画の認定（9条）などがある。

また，「商店街の活性化のための地域住民の需要に応じた事業活動の促進に関する法律」に基づく経済産業大臣による「商店街活性化事業計画が適当である旨の認定」（4条）は，形式的には，商店街活性化事業を行なおうとする商店街振興組合等が作成する計画であるので，この類型に属するが，実質的には組合員等の合意形成を計画にして認定を受けるので，次に述べる一連のものと同様の性質を有している。

複数主体により策定された計画　計画が複数の主体により策定されるときは，行政庁が認定によって，私人間の合意に対して適当である旨を確認するものであるから，私人間協定に対して行政庁が認可ないし認定をする場合と実質的には似た性質を有するといえる。その例を挙げるならば，次のようなものがある。

①「中小企業者と農林漁業者との連携による事業活動の促進に関する法

---

[31] 住宅の建築をしてその構造及び設備を長期使用構造とし，建築後の住宅を譲り受けてその維持保全を行なおうとする者に譲渡しようとする者も，譲受人と共同して認定申請することができる（5条2項）。分譲事業者は，譲受人を決定するまでに相当の期間を要すると見込まれる場合において，その譲受人の決定に先立って工事に着手する必要があるときは，単独で認定申請をすることができる（同条3項）。

[32] この計画の認定は，資金の確保（6条）と連動している。

律」に基づく主務大臣による農商工等連携事業計画が適当である旨の認定（4条），同じく主務大臣による農商工等連携支援事業計画が適当である旨の認定（同法6条），②「米穀の新用途への利用の促進に関する法律」4条に基づく生産製造連携事業計画の認定，③「農林漁業有機物資源のバイオ燃料の原材料としての利用の促進に関する法律」に基づく主務大臣による農林漁業者等又は農業協同組合等がバイオ燃料製造業者又は事業協同組合等と共同して作成する計画（＝生産製造連携事業計画）が適当である旨の認定（4条），同じく研究開発事業計画が適当である旨の認定（6条）。

なお，「中小企業による地域産業資源を活用した事業活動の促進に関する法律」に基づく主務大臣による地域産業資源活用事業計画が適当である旨の認定（6条）は，単独申請の場合と共同申請の場合とがあるので，共同申請の場合は私人間協定と連続性のある計画である。「中小企業のものづくり基盤技術の高度化に関する法律」に基づく特定研究開発等の計画の認定（4条），「流通業務の総合化及び効率化の促進に関する法律」に基づく「流通業務総合効率化についての計画」についての主務大臣の認定（4条），「食品循環資源の再生利用等の促進に関する法律」に基づく再生利用事業計画が適当である旨の認定（19条），都市鉄道等利便増進法に基づき認定整備構想事業者及び営業構想事業者が速達性向上事業を共同で実施するための計画（速達性向上計画）に対する国土交通大臣の認定（5条1項）の場合も同様である。

[2] 条例・要綱に基づく認可（認定），登録等

条例による認可・認定制度　企業誘致等のために，地方公共団体が独自の認可・認定制度等を設けている場合がある。「横浜市企業立地等促進特定地域における支援措置に関する条例」は，企業立地等（企業立地等促進特定地域における固定資産取得，特定地域における貸借による本社等の設置）の促進に当たり，企業立地等事業計画の認定を柱にしている（3条1項）。同計画には，①企業立地等に係る事業所及び設備の概要に関する事項，②企業立地等に係る事業に関する事項，③企業立地等を行なう者に関する事項，④企業立地等を行なう場所に関する事項，⑤企業立地等を行なう時期に関する事項，⑥投下資本額及びその調達方法に関する事項，⑦企業立地等に係る事業に伴

う雇用に関する事項，⑧その他市長が必要と認める事項，を記載しなければならない（同条2項）。認定申請があった場合において，①企業立地等が横浜市経済の発展に資すると認められること，②企業立地等に係る資金計画が当該中小企業者又は当該大企業者の経営の状況に照らして適切であること，のいずれにも適合するものであると認めるときは，認定をするものとされている（同条3項）。この認定事業計画に基づく資本投下に対して，固定資産税等の税率の特例（7条）や助成金交付措置（8条）が講じられている。

松山市の松山市文化観光施設誘致条例は，三段階で観光施設の誘致を図ろうとしている。第一段階は，誘致しようとする株式会社等との立地合意書等（立地に係る合意書，覚書，協定等）の締結である（2条1号）。この立地合意書等を締結した法人を誘致法人と呼ぶ。第二段階は，誘致法人が立地計画を作成し市長が同条例の目的の達成に資するものとして認定をすることである（3条）。第三段階は，認定計画を実施する誘致法人（認定法人）が施設の供用を開始したときに，認定法人の申請により，用地及び建物取得助成金を交付することができる（6条）。これらのうち，形式的には，立地合意書等の締結が出発点であるが，実質的には，立地計画の認定が基本である。助成金の交付も，実質的に認定計画が前提となっている。

要綱による認定・指定（保育ママ・家庭保育室）　家庭福祉員（保育ママ）の認定制度も存在する。たとえば，東京港区は，「港区家庭福祉員制度運営要綱」により，家庭福祉員の資格（2条），施設等の基準（3条）を定めたうえ，家庭福祉員となろうとする者は，区長に申し込み，区長の認定を受けるものとしている（5条）。なお，区長は，認定を受けた家庭福祉員と児童の委託に関する「家庭福祉員委託契約」を締結する（8条）。ただし，家庭福祉員は，個別の児童の保護者と受託契約を締結する（11条1項）。家庭福祉員は，委託者から所定の受託料を徴するとともに（7条4項），区長からは児童数に応じた児童委託費の支払いを受ける（10条）。このような要綱による「認定」と条例による認定との違いは，後者については容易に行政処分性を認めることができるのに対して，前者に関しては，認定をとりまく法システム全体の考察により行政処分性の有無を判断しなければならないことである。要綱による認定（後述の認証等を含む）の場合は，たとえ要綱中におい

て「申請」や「取消し」の文言が用いられていても，直ちに行政処分性を認めることはできない。

新座市家庭保育室委託事業実施要綱に基づく家庭保育室指定の取消しについて争われた事件がある。同実施要綱においても，申請に基づく家庭保育室の指定制度が採用され（10条1項・2項），指定をしたときは，設置者と委託契約を締結することとされていた（10条4項）。原告は，市長より家庭保育室の指定を受けて，市と家庭保育室事業委託契約を締結していたが，帳簿書類の保存義務違反，委託料の不正受領を理由に指定取消しの通知を受け，かつ，委託契約を解除された者である。この取消しが処分性を有するかどうかが争われた。1審のさいたま地裁平成21・6・24（判例集未登載）は，二つの理由で処分性を否定した。

第一に，保育業務の委託契約によって発生した権利等は，家庭保育室の指定取消しではなく，委託契約の解除によって消滅すること，指定を受けた者は，保育業務の委託を受け得る地位を取得するとしても，契約当事者のいわば適格を与えられたにすぎず，これをもって権利義務を形成したとまではいえないことから，家庭保育室の指定及びその取消しは，直接国民の権利義務を形成し，又はその範囲を確定するものではないことを理由としている。

第二に，要綱のうち，家庭保育室の指定及びその取消しに関する部分は法規と同視できるものではないから，それらは法律に基づくものではない点においても処分性を認めることができない，ということである。

控訴審の東京高裁平成22・1・21（判例集未登載）も，要綱に基づく委託関係について，具体的権利義務の発生は契約によるものであり，契約の終了も契約法の規律に従うというべきであって，申請に基づく指定やその取消しは，契約の締結又は解除の準備行為として位置づけられるものであるから，公権力による権利義務の設定・剥奪とは性格が異なるとして，処分性を否定した。

この事件の原告の争い方としては，当事者訴訟により地位確認を求める方法が最もオーソドックスであろうか。しかし，認定・認証等について裁量性が認められるときは，地位確認請求が認容されるのは，きわめて例外的であろう。この点は，行政処分に関する裁量権の逸脱濫用を認める場合と同様の

判断方法が可能なのかどうか，検討を要するところである。また，指定の処分性を認めないときは，申請をしたにもかかわらず，指定を受けられない者が争う方法を見出すことは，極めて困難であろう。

家庭的保育事業　家庭保育室に相当する事業は，児童福祉法の平成20年法律第85号による改正（平成22年4月施行）により，「家庭的保育事業」として位置づけられることになった（6条の2第9項）。これにより，家庭的保育事業は，児童福祉法24条の保育の実施義務として市町村が実施するもので，保育所における保育を補完する仕組みとして位置づけられている。そして，児童福祉法等に規定がないにもかかわらず，ガイドラインにより，次のような手続が求められている。①家庭的保育事業を行なおうとする者は，市町村長に申請する。②市町村長は，申請書を受理したときは，当該家庭的保育者等が適当であるかどうかを調査して，認定をし，又はしないことの決定を行なわなければならない。③市町村長は，家庭的保育者等がその要件に該当しなくなったときは，認定を取り消すことができる。このような仕組みは，法律に位置づけられる前と実質的に同じものと思われる（詳細については，本書第2章1［2］を参照）。

認証制度　前述の計画の認可（認定）と実質的にはほぼ同じ性質のものとして，認証制度も用いられている。

たとえば，神奈川県は，「神奈川県子ども・子育て支援推進条例」を制定し，「子育て支援に取り組む事業者」の認証制度を設けている。知事は，育児休業等に関する法律2条1号に規定する育児休業に関する事項について就業規則その他これに準ずるものに規定していること，次世代育成支援対策推進法12条1項の規定により一般事業主行動計画の届出を行ない，かつ，インターネットの利用その他の方法により公表していること，等の基準に適合しているものであることの認証を行なう制度である（15条1項）。そして，従業員のための子ども・子育て支援を行なっていると認められる事業者に対して，県の事業の実施に当たって優先的な取扱い等の措置を講ずるよう努めるものとしている（18条）。この認証は，事業者の申請に基づくものであり，認証基準があらかじめ決められているので，契約ないし協定ということはできないが，実質的には，県との関係において子育て支援を約する意味もある。

習志野市も,「習志野市子育て支援先端企業認証制度実施要綱」により,神奈川県と同様の施策を実施している。また,福島県も「福島県次世代育成支援企業認証制度要綱」により,「子育て応援」中小企業の認証及び「仕事と生活の調和」推進企業の認証を行なっている。認証を受けた事業者には,中小企業にあっては県の制度融資を受けられること,県が行なう物品調達に係る指名競争入札において優先的に指名されること,県の建設工事等入札参加資格の審査において加算されること,などのメリットに加えて,県の発注する工事・測量等委託業務についての総合評価方式において認証の取得が評価項目とされている。制度融資以外のメリットは,いずれも公共契約における付帯的政策の推進[33]の手法である。

世田谷区は,「世田谷区子育て支援マンション認証」制度を設けている。これは,子育てに配慮した住宅仕様の採用などのハード面と,地域交流実施計画などのソフト面に関して,一定の基準を満たす民間マンションを区が認証する制度である。認証を受けたマンションは,キッズルーム整備事業に対する助成,3年の認証期間中の子育てに関する事業実施についての支援を受けられるという。

以上,「認証」にも,条例に基づくものと要綱に基づくものとがある。その効果の違いは,条例と要綱との形式の違いのみによることはできず,実質的な内容に立ち入らなければならないであろう。

登録制度　健康保険法は,保険医又は保険薬剤師の登録制度を採用している(64条)。その登録は,医師若しくは歯科医師又は薬剤師の申請により行なわれる(71条1項)。条例に基づく登録制度も存在する。

神奈川県は,地球温暖化対策推進条例により,事業の登録制度を採用している。すなわち,事業者は,他の者の温室効果ガスの排出の量の削減に貢献する事業であって規則で定めるものに関し,事業の名称,登録に係る事業の概要等について知事の登録を受けることができるとし(49条1項),その登録は申請に基づくこととしている(2項)。そして,申請があったときは,登録事項を登録簿に登録するものとし(3項),インターネットの利用その

33　碓井・公共契約法精義332頁以下。

他の方法により，登録簿その他規則で定めるものを公表するとしている（4項）。同条例施行規則は，登録事業を7号にわたり定めている。要約的に掲げるならば，①省エネルギー診断事業で省エネルギー診断を適正かつ確実に行なうに足りるものとして知事が別に定める基準に適合するもの，②いわゆるESCO事業で適正かつ確実に行なうに足りるものとして知事が別に定める基準に適合するもの，③電気エネルギーへの変換により得られる電気の有する地球温暖化防止に貢献する価値を有する証書を作成・発行する事業であって適正かつ確実に行なうに足りるものとして知事が定める基準に適合するもの，④削減困難な温室効果ガスの排出量について他の場所で実現した排出削減量又は吸収量のクレジットを購入すること等により全部又は一部を埋め合わせることに対しクレジットの提供・支援等を行なう事業であって適正かつ確実に行なうに足りるものとして知事が別に定める基準に適合するもの，⑤エコドライブの実施に必要な知識及び技能を習得するために行なう講習会を実施する事業であって適正かつ確実に行なうに足りるものとして知事が別に定める基準に適合するもの，⑥地球温暖化対策に関する教育及び学習を行なう事業であって適正かつ確実に行なうに足りるものとして知事が別に定める基準に適合するもの，⑦その他知事が他の者の温室効果ガスの排出の量の削減に貢献すると認める事業，である。

この登録制度は，登録事業者が県の地球温暖化対策の施策に協力する一方，県は登録簿の公表により登録事業者の事業の宣伝効果をもたらすという，相互のメリットをもたらす仕組みであって，実質的には，申請と登録とにより契約が成立していると見ることができる。なお，一定の場合には，登録の抹消をすることができる（52条）。これは，実質的には契約の解除であるといってもよい。

[3] 申請（同意）に基づく指定等

申請等に基づく指定　私人の申請等に基づく指定制度も，前記の認可（認定），認証等の延長にあるといってよい。

この類型で，長い歴史を有するのが，「都市の美観風致を維持するための樹木の保存に関する法律」による保存樹や保存樹林の指定制度（2条）であ

る。この法律の仕組みは、申請に基づく指定と職権指定の双方を可能にしていると解される。指定をした場合は、所定の奨励金を交付するのが一般的である。その具体的な運用については、条例による方式、規則による方式[34]及び要綱に定める方式[35]がある。

高崎市は、「高崎市緑化条例」により、保存樹木又は保存樹林の指定制度について定めている。職権指定（8条1項）についても、所有者と協議し、その承諾を得なければならないとし（2項）、所有者は指定申請することもできるとしている（3項）。したがって、職権指定の場合も申請指定の場合も、実質的には契約であるといってよい。そして、保存樹木等の所有者は保存樹木等について枯損の防止その他保存に努めなければならないこと（11条1項）、また、何人も保存樹木等が大切に保存されるように努めなければならないこと（同条2項）、を定めると同時に、市長は、所有者に対し、保存樹木等の保存に必要な援助措置を行なうことができるとしている（12条）。援助措置の内容については、同条例施行規則8条の2において規定し、また、補助金に関する手続については、同じく同規則において、交付申請（10条）、交付の可否の決定の通知（11条）、補助金返還命令（12条）等について規定している。一般に地方公共団体の規則による補助金交付決定は行政処分ではないと解されているが[36]、高崎市のこの規則の場合は、条例の委任（24条）に基づくものであるから、行政処分性を認めてよい[37]。これに対して、同じく緑化条例において助成措置を規定している相模原市の場合は、条例にも規則にも交付決定や返還命令が登場していないので、「相模原市補助金等に係る予算の執行に関する規則」によらざるを得ないので、通説に従う限り、行政処分性を認めることができないこととなろう。

なお、保存樹木の指定をした場合に、保存樹木協定を締結することとして

34　たとえば、深谷市保存樹木等の指定に関する規則。

35　たとえば、長岡京市の緑化要綱、緑化推進事務取扱要領、保存樹木を保存するための助成要綱。

36　碓井・公的資金助成法精義181頁以下。

37　藤沢市緑の保全奨励金交付規則に基づく交付決定も、同規則が、「藤沢市緑の保全及び緑化の推進に関する条例」の委任によるものであるので、同様である。

いる地方公共団体もある。たとえば，清瀬市は，保存樹木の指定制度について，条例で定めたうえ（清瀬市みどりの環境をつくる条例10条），指定した保存樹木に関する協定を所有者等と締結するよう努めなければならない旨を定めている（同条例11条1項）[38]。保存樹木協定書の様式によれば，助成金の額及び支払方法，協定期間，権利移転の届出，保存樹木の要件変更，報告，保存樹木の指定の解除，助成金の返還等の定めを置いている。保存樹木協定書は，実質的に条例の定めを補完する役割を期待されているといってよい。三鷹市も，条例において保存樹木等の指定について定めたうえ（「三鷹市緑と水の保全及び創出に関する条例」15条1項），そのうち保存樹林の指定をしたときは，その所有者及び占有者との間に保存樹林に関する協定を締結するものとしている（同条2項）。保存樹林協定書の様式は，同条例施行規則17条の別記様式として定められている。また，土地の造成を行なう者及び工場等設置者との間に限って，保存樹木等及び緑地の保全に関する協定を締結することができるとする条例を制定する例もある（袖ヶ浦市緑の保全及び推進に関する条例10条）。

保存樹木や保存樹林の指定という行政処分方式と，保存樹木や保存樹林に関する協定という契約方式との併存状態が注目される。指定管理者の指定と指定管理者との協定の締結という指定管理者制度の運用を思い起こさせる仕組みである。

あるいは，行政処分方式と協定ないし契約方式とが連続線上にあると見るべきかも知れない。たとえば，逗子市みどり条例は，所有者の承諾による保存樹林等の指定制度を設けて（5条），指定しようとするときは，所有者と保存樹林等の保全等について必要な事項に関する書面を取り交わすものとしている（6条）。そして，保存樹林等及びその隣接する緑地等を含め，おおむね3,000㎡以上のもので，市民のふれあいの場として公開するに適していると認めるものを市民の森として使用する契約を当該所有者と締結することができるとしている（16条）。

保険医療機関の指定等　　申請に基づく指定方式は，社会保障関係の法律

---

[38] 条例に努力義務規定を置く例として，他に仙台市の「杜の都の環境をつくる条例」25条がある。

において多用されている。

　第一に，健康保険法は，保険医療機関（病院又は診療所）又は保険薬局について厚生労働大臣[39]による指定制度を採用している（63条3項1号）。その指定は，申請に基づいてなされる（65条1項）。後述のように，この指定については，公法上の契約説・準委任契約説と行政処分説との対立がある[40]。

　第二に，介護保険法は，居宅サービス費の支給対象となる指定居宅サービス事業者の指定制度（41条1項，70条），地域密着型介護サービス費の支給対象となる指定地域密着型サービス事業者の指定制度（42条の2第1項，78条の2），居宅介護サービス費の支給対象となる指定居宅介護支援事業者の指定制度（46条1項，79条），施設介護サービス費の支給の対象となる指定介護老人福祉施設の指定制度（48条1項1号，86条），介護予防サービス費の支給対象となる指定介護予防サービス業者の指定制度（53条1項，115条の2），地域密着型介護予防サービス費の支給対象となる指定地域密着型介護予防サービス事業者の指定制度（54条の2第1項，115条の12），介護予防サービス費の支給対象となる指定介護予防支援事業者の指定制度（58条1項，115条の22）を，それぞれ設けている。障害者自立支援法も，同様の指定制度を多数用意している（障害福祉サービス事業者の指定，障害者支援施設の指定，相談支援事業者の指定，自立支援医療機関の指定）。

　このような申請に基づく指定，特に保険医療機関の指定（保険薬局の指定を含む）について，行政当局は公法上の契約説をとり[41]，それに同調する裁判例も存在してきた。知事が機関委任事務として指定していた時点の裁判例として，大阪地裁昭和56・3・23（判例時報998号11頁）がある。事案自体は，いわゆる減点措置を受けた保険医療機関が診療報酬を請求した民事訴訟である。判決は，まず，「申請及び指定の法的性質は，国の機関としての知事が第三者である被保険者のために保険者に代わって療養の給付，診療方針，診療報酬など健保法に規定されている各条項（いわゆる法的約款）を契約内容として医療機関との間で締結する公法上の双務的付従的契約であり，右契

---

[39] 平成14年の法改正前は，知事が国の機関委任事務として指定権を有していた。
[40] この点については，碓井・社会保障財政法精義209頁以下において検討した。
[41] 『健康保険法の解釈と運用』（法研，平成15年11版）482頁‐483頁。

約により，保険医療機関は被保険者に対して前記療養の給付の担当方針に従って療養の給付を行なう債務を負い，保険者は保険医療機関が行なった療養の給付について診療報酬を支払う債務を負うものと解される」と述べた。そして，この契約は，準委任の性質を有し，保険医療機関の診療報酬請求権は，委任事務報酬請求権の性質を有するので，受任者が委任の本旨に従って事務を処理したときに発生するところ，療養担当規則に従わないでされた療養の給付については診療報酬請求権が発生しないと結論づけている。

訴訟の方法として，減点措置が行政処分であるならば，その取消訴訟を提起しなければならないところであるが，最高裁昭和53・4・4（判例時報887号58頁）が行政処分性を否定しているので，その判例を基礎にするならば，このように診療報酬支払請求訴訟となろう。公法上の準委任契約説は，その後の裁判例においても採用されてきた[42]。

ところで，最高裁昭和41・11・15（民集20巻9号1792頁）も，傍論ではあるが，保険医療機関の指定を拒否された場合には当該拒否処分の効力を争う訴訟が可能であることを述べている。そして，最高裁平成17・9・8（判例時報1920号29頁）は，保険医療機関の指定拒否については，それが行政処分であること，すなわち指定拒否処分取消請求訴訟が適法であることを前提に，医療法30条の7の規定に基づき病院開設を中止すべき勧告を受けたにもかかわらず開設された病院について健康保険法の定める拒否事由に該当するとしてなされた指定拒否に関し，指定拒否は，公共の福祉に適合する目的のために行なわれる必要かつ合理的な措置ということができるのであって，職業の自由に対する不当な制約であるということはできない，とした。また，行政解釈及び多くの裁判例は，指定の取消しについて，行政処分と見ている[43]。

こうした状況にあって，指定拒否や指定取消しと指定との違いを見出すことに疑問を提起し，指定も行政処分であるとしつつ，それにより契約関係が形成されるとする有力な見解がある[44]。契約は，法律関係の形成をするものであるが，同時に，成立後の法律関係をも指すのに用いることも可能である。

---

42 大阪高裁昭和58・5・27判例時報1084号25頁，東京地裁昭和58・12・16判例時報1126号56頁，浦和地裁昭和62・3・25判例時報1250号96頁。

指定という第一段階が法律に明示されているけれども，それにより形成された第二段階として契約関係を認識するものであって，一種の二段階説ということができる。阿部泰隆教授は，「契約への逃避」を防ぐべき一場面として強調している[45]。

私人の計画書の提出と公表　申請と認可（認定）という固い手続ではなく，私人に計画書の提出を求めて，それを公表することにより，あたかも私人が約したのと同様の効果を狙う方式も活用されている。大規模な小売店舗の設置者に対して，条例や「地域貢献活動ガイドライン」などの名称のガイドラインに基づいて，貢献活動の計画書の提出を求める地方公共団体が多い。このような動きは，平成18年改正の「中心市街地の活性化に関する法律」3条の事業者の責務規定の存在，「大規模小売店舗を設置する者が配慮すべき事項に関する指針」（平成19・2・1経済産業省告示第16号）が大きく影響していると思われる（包括的協定に至るものにつき，本書第3章5［4］を参照）。

条例において，店舗面積が一定規模を超える小売施設の設置者に地域貢献計画の作成及び実施状況の報告を求め，その内容を公表することとしている例がある（「福島県商業まちづくりの推進に関する条例」18条，「新潟県にぎわいのあるまちづくりの推進に関する条例」19条，「宮城県特定大規模集客施設の立地の誘導等によるコンパクトで活力のあるまちづくりの推進に関する条例」18条，半田市商業振興条例9条・10条）。

条例によることなく，ガイドラインのみによって同様の仕組みを採用する地方公共団体もある。たとえば，名古屋市の「大規模小売店舗地域貢献ガイドライン」は，大規模小売店舗の設置者に地域貢献計画書の提出を求め，そ

43　東京高裁平成3・9・25判例時報96号44頁。執行停止申立て事件に関し，大阪高裁決定昭和57・2・23判例タイムズ470号187頁，静岡地裁決定昭和59・6・25判例タイムズ543号157頁。その他の裁判例について，碓井・社会保障財政法精義211頁注23を参照。

44　阿部泰隆・判例評論502号5頁（同『行政法の解釈(2)　行政訴訟の最前線』（信山社，平成17年）110頁），田村和之『社会保障判例百選［第4版］』50頁，51頁（平成20年）。このような考え方を示した裁判例として，鹿児島地裁平成11・6・14判例時報1717号78頁がある。

45　阿部泰隆『行政法解釈学Ⅰ』（有斐閣，平成20年）318頁。

の提出があったときは、速やかに名古屋市のホームページによりその内容を公表することとしている。さらに、この計画書に記載された地域貢献活動の実施状況について地域貢献実施状況報告書を毎営業年度終期後1か月以内に名古屋市に提出することを求めている。その報告書の内容も速やかに市のホームページにより公表するとしている。協定のような意思の合致があるわけではないが、事業者が地域貢献計画書に記載した事項を実施すべきことが、公表制度により担保されているといえよう。同様の計画書の提出と公表という手法は、確実に広まりつつある[46]。

[4] 行政庁と私人の参加による協議会

協議会方式の例 法律には、計画を策定する協議会に行政庁と私人とが参加する方式を定めるものがある。その例を挙げてみよう。

第一に、代表例として、地域再生法による地域再生協議会を挙げることができる。地方公共団体は、地域再生計画並びに認定地域再生計画及びその実施に関し必要な事項その他地域再生の総合的かつ効果的な推進に関し必要な事項について協議するため、地域再生協議会を組織することができる（12条1項）。その構成員は、地方公共団体、地域再生事業を実施し又は実施すると見込まれる者であり（同条2項）、さらに、作成しようとする地域再生計画又は認定地域再生計画及びその実施に関し密接な関係を有する者、その他当該地方公共団体が必要と認める者を加えることができる（同条3項）。地方公共団体は、地域再生計画を作成しようとする場合に、この地域再生協議会が組織されているときは、当該地域再生計画に記載する事項について当該協議会における協議をしなければならない（5条6項）。

第二に、「特定地域における一般乗用旅客自動車運送事業の適正化及び活性化に関する特別措置法」を挙げることができる。この法律において「特定地域」とは、国土交通大臣が、①供給過剰（供給輸送力が輸送需要量に対して過剰であること）の状況、②事業用自動車1台当たりの収入の状況、③法令の違反その他の不適正な運営の状況、④事業用自動車の運行による事故の発

---

46 滋賀県、群馬県、下関市、宇部市など。

生の状況，に照らして，「当該地域の輸送需要に的確に対応することにより，輸送の安全及び利用者の利便を確保し，その地域交通としての機能を十分に発揮できるようにするため，当該地域の関係者の自主的な取組を中心として一般乗用旅客自動車運送事業の適正化及び活性化を特に必要であると認めるとき」に期間を定めて指定する地域である（3条）。同法は，特定地域において，地方運輸局長，関係地方公共団体の長，一般乗用旅客自動車運送事業者等，一般乗用旅客自動車運送事業の事業用自動車の運転者の組織する団体及び地域住民は，地域計画の作成，計画の実施に係る連絡調整その他当該特定地域における一般乗用旅客自動車運送事業の適正化及び活性化の推進に必要な協議を行なうための協議会を組織できるとしたうえ（8条1項），協議会は，特定地域における一般乗用旅客自動車運送事業の適正化及び活性化を推進するための計画（＝地域計画）を作成することができるとしている（9条1項）。地域計画には，適正化・活性化の推進に関する基本的な方針，地域計画の目標，目標を達成するために行なう特定事業その他の事業及びその実施主体に関する事項を定める（同条2項）。協議会は，地域計画を作成したときは，遅滞なく公表するとともに，国土交通大臣に送付しなければならない（同条5項）。この場合には，行政機関が，協議会のメンバーとして加わって計画を策定する特色をもっている。そして，必ずしも反対方向の意思の合致ではないので，「契約」の類型に入れることはできないが，私人との協力による秩序形成である点において，協定方式との連続性が認められる。

第三に，「観光圏の整備による観光旅客の来訪及び滞在の促進に関する法律」は，観光圏整備計画を作成しようとする市町村又は都道府県は，同計画の作成に関する協議及び同計画の実施に係る連絡調整を行なうための協議会を設けることができるとし（5条1項），その構成員として，①同計画を作成しようとする市町村又は都道府県，②一般社団法人，一般財団法人，特定非営利活動法人その他の観光圏整備事業の推進を図るのにふさわしい者として主務省令で定めるもの，③それらのほか観光圏整備事業の実施を見込まれる者，④関係する住民，学識経験者その他の当該市町村又は都道府県が必要と認める者を掲げている（同条2項）。そして，この協議会が組織されている場合には，観光圏整備計画を作成しようとする市町村又は都道府県は，協

議会における協議を行なうこととされている（4条5項）。なお，協議会において協議の調った事項については，協議会の構成員はその協議の結果を尊重しなければならない（5条5項）。

　第四に，「企業立地の促進等による地域における産業集積の形成及び活性化に関する法律」は，自然的経済的社会的条件からみて一体である地域を区域とする一又は二以上の市町村（特別区を含む）及び当該市町村の区域をその区域に含む都道府県は，共同して，地域産業活性化協議会における協議を経て，「産業集積の形成又は産業集積の活性化に関する基本的な計画」（＝基本計画）を作成し，主務大臣に同意を求めることができるとしている（5条1項）。協議会は，市町村及び都道府県が事業環境の整備の事業を実施し，又は実施すると見込まれる者と共同して組織できるとされ（7条1項），かつ，協議会には，構成員として①集積区域として設定する区域をその地区に含む商工会又は商工会議所，②集積区域として設定する区域又はその近傍に存在する大学その他の研究機関，③同意基本計画の円滑かつ効果的な実施に関し密接な関係を有すると見込まれる者，④企業立地又は事業高度化の促進に関し専門的知識及び経験を有する者を加えることができる（同条2項）。

　協議会方式の問題点　さて，協議会方式における問題点を検討したい。

　第一に，法律が一定の者に協議会への参加申出を認めていることがある。たとえば，地域再生法は，協議会の構成員でない者で所定の要件を満たす者は，協議会を組織する地方公共団体に対して，自分を協議会の構成員として加えるよう申し出ることができるとし（12条8項），その申出を受けた地方公共団体は，正当な理由がある場合を除き，当該申出に応じなければならないと定めている（同条9項）[47]。このような申出により，より多くの参加者を得ることは，計画の合理性や実効性を高めることに資するであろう。しかしながら，迅速な協議の実施が妨げられるおそれがないとはいえない。参加申出権の濫用というべき場合には，前記の「正当な理由」として，参加を拒否することになろうか。

　47　申出条項を置く法律として，「企業立地の促進等による地域における産業集積の形成及び活性化に関する法律」（7条4項），都市鉄道等利便増進法（13条7項）などがある。

その場合に，参加拒否に対して申出者が訴訟をもって争うことができるであろうか。
　第二に，協議会において，どこまで協議を調える努力をしなければならないのであろうか。行政サイドの方針を予め設定しておいて，既に参加している私人に同調を求めるのでは，協議会方式の意味がほとんどない。逆に，協議会に参加する私人は，自己の利益をも実現しようと思うのは自然であるから，そのような欲求に応えなければならないというのでは，公益に反する結果を招かないとも限らない。協議会方式は，ある意味において矛盾を抱えているともいえる。

結章　行政契約法研究への途
　　　——あとがきに代えて——

[１]　行政契約の研究の成果

行政契約は重要な行政の活動スタイル　本書において取り上げた行政契約は，多種多様であるが，とにかく行政の各分野にわたり広く活用されていることを実感することができる。それは，行政活動のスタイルないし方式として，他の行政活動の方式と並ぶ確固とした位置を占めるに至っている。そして，この活動スタイルは，行政行為，行政立法，行政計画，行政指導等との比較において，その特色を把握する必要がある。私法上の契約と区別するかどうかの問題は別にして，典型的行政契約は，ひとまず「申込みと承諾」による合意により成立することを基礎に認識する点に特色があるということができる。前記の各行政の活動方式は，行政権の側の行為の外観を有しているのであるから，行政契約は，それらと異なるように見える。もっとも，行政行為にも私人の同意を前提にする行政行為があり，その場合には行政契約の延長上にあるといえる。また，合意を前提にして策定される行政計画がある。さらに，行政指導の仕上げとして行政契約が締結されることもある。そのような側面においては，行政契約は，他の活動方式と連続性をもつ側面があることを否定できない。行政契約の特色を探求し，その有用性ないし長所と短所とを確認する作業を継続する必要があろう。

申請に基づく行政行為との連動性　申請に基づく行政行為と行政契約との関係は，必ず論じられる問題である。しかしながら，本書の執筆を通じて，次第に行政行為か契約かを一刀両断で論ずることは避けなければならないと思うようになった。その契機となったのは，指定確認検査機関による確認検査業務についての債務不履行を肯定する裁判例の登場である。公法上の関係と業務委託契約との併存を認めて，指定確認検査機関の契約上の責任を肯定する東京地裁平成21・5・27（判例タイムズ1304号206頁）である。建築確認に基づき建物を完成させたが，特定行政庁から除却命令を受けた建築主

が，指定確認検査機関が建築確認の前に問題の指摘を受けていたにもかかわらず，その指摘を原告に連絡しないままに確認済証を交付し損害を与えたとして，指定確認検査機関に損害賠償請求をした事案である。被告（指定確認検査機関）が最高裁平成17・6・24（判例タイムズ1187号150頁）を挙げて，指定確認検査機関は被告適格を有しないとする主張をしたが，判決は，本訴請求は，確認検査業務委託契約の善管注意義務違反による債務不履行に基づき損害賠償を請求するものであるから，被告適格があることは明らかであるとした。原告と被告との間には，公法上の関係と併存して，本件建物の建築確認につき，約款に定められた内容の確認検査業務委託契約が締結されたと認めることができるとして，指定確認検査機関制度の趣旨に関して，次のように述べた。

「指定確認検査機関が設けられた趣旨は，建築確認業務を民間に開放することにより，建築主が，従前の建築主事による建築確認に加え，民間の指定確認検査機関による建築確認を申請することを選択することができるようにし，さらに，指定確認検査機関の中でも，より建築主の希望に添う指定確認検査機関を自由に選択することができるようにしたものであるというべきである。」

次いで，賠償責任に関して，次のように判示した。

「地方公共団体が国家賠償責任を負う場合に，当該違法行為をした公務員個人が直接損害賠償責任を負わないという法理は，行政処分の実行が民間に一部開放された結果，本件のような指定確認検査機関と申請者との間に公法上の関係のみならず私法上の契約関係が生じ，同契約関係に基づく請求がされている場合には，その適用対象が異なるので，そのままには及ばないと解すべきである。また，上記国家賠償法上の法理を行政処分の効力の帰属する地方公共団体と当該処分をした指定確認検査機関の関係にもそのまま当てはめて考え，契約上の責任を否定することは，指定確認検査機関と申請者との間に有償の双務契約が成立していることと矛盾する上，指定確認検査機関の業務の誠実性確保の要請にも反するものであり，実質的に見ても，正当な理由がないというべきである。被告が援用する平成19年最高裁判決は，国家賠償法上の公務員とされる

被用者の違法行為を理由とする使用者の民法715条に基づく損害賠償責任を否定したものであって，使用者である民間機関が，被害者に対して，直接に契約責任を負うかについては何ら述べておらず，本件とは事案を異にする。」

　この判決自体は，申請に対して国又は公共団体に属する行政庁が行なう行政処分について特別なことを述べているわけではない。しかし，ひるがえって，そのような行政庁に対して私人が申請するのは，一面において規制法令の下において許可等を得ることであるが，同時に，行政庁は申請により許認可等を付与できるかどうかについての業務を引き受けているのであるから，その限度における債務を負っているのである。それは，「申請」により業務を引き受けたからにほかならない。その場合に，申請は契約における申込みに相当するものであり，手数料を確認して受理していることにより承諾したものと見ることができる。行政手続法7条は，従来の申請受理の観念を否定したものと理解され，行政手続としては，それで足りると思われる。行政手続法7条による「補正の求め」も行政処分ではないと解されている。したがって，行政処分に着目する場合は，許可等の拒否処分がなされたものとみて，拒否処分の取消訴訟を併合提起する形での申請型義務づけ訴訟，又は応答をしていないと擬制して，不作為の違法確認を併合する形での申請型義務づけ訴訟となろうが，行政庁が実体審査をしていない状態で本案勝訴要件を満たすことができるのは，ごく限られた場合であろう。

　これを契約的側面からの見方をするならば，受理しないという行為は，「承諾の拒絶」を意味する。そこで，受理しない場合に，前述のように不受理を行政処分として争うことはできないが，審査を受ける地位の確認（それは行政庁の受理義務の確認である）の訴え等により審査を受ける状態を実現できると解することができよう。

　これは，一つの場面にすぎないが，外観上契約が登場していない場合であっても，一定の紛争場面においては，実体上の契約的側面に着目した処理が可能とされることを予測させるものである。

　認可・認定型私人間協定　　建築協定，緑化協定，景観協定等は，それ自体としては私人間において締結されるものである。行政契約をもって，行政

主体と私人との間の契約と定義するならば，これらの協定は行政契約ではない。しかし，これらの協定は，行政庁が認可，認定等により関与することに加えて，広い意味の行政目的を達成するための手法である。このような私人間協定の手法の位置づけ如何は，今後の行政手法の行方に大きな影響を与えずにはおかないであろう。建築協定に関する荒秀教授の次のような指摘が注目される。長い文章になるが重要な指摘であるので引用したい。

「およそ現代行政は量的に立法および行政の現実的メカニズムのテンポに合わない速度で増加し，また質的にもその生じうる問題をくまなく受け付け消化しうる能力が立法・行政そして司法の分野においてさえも備わっていないようなものが多く生じている。このような現況の下では国民の権利・自由の保護のため行政権力の抑制原理として機能を果たしてきた法律による行政の原理が，積極的な実情に応じた個別的権利保護にとっての足枷となりかねない。積極的権利保護のために法律の規定のみによらねばならぬと解することは権利保護のための法令が完全に整備されているという幻想の下においてのみ成立する。また権力分立制度自体も18世紀時代に考えられた基本的機能も現代行政を担う現状にはそのままあてはまらないのであって，分立ではなくむしろ分立から生ずる不合理を克服するために三権が相互に補完しあって国民の権利保護を図らねばならなくなっている。右のような考え方にたって立法の不備，行政の不完全さが際だって現れる現代行政をみると，住民，利害関係者自らがそれぞれの必要に応じた規制を行うことは，まさに現代行政の原理である民主主義の根源に立ち帰るものであり，かかる規制をたんに明文上の根拠がないからとの理由でその法的価値を全く無視することは，国民主権の大原則からみれば本末顚倒するものといえよう。このように法的に制度化された立法・行政の枠の外で，住民自らがこの制度上の不備・欠陥として放置されている行政の補完作用を担っていること，すなわち国民・住民が国や地方公共団体とともに行政の共同形成者となっていることが現代行政の一特色である。現在多くの批判を受けながらも現代行政活動形式の一つとして行政指導や協定行政が重要な機能を果たしていることは，このようなことを如実に示すものである。現行建築基準法上

の建築協定はまさにかかる現代建築行政における利害関係人自らの手による公行政活動への積極的参与の先駆的役割を担っているという特色を有するのである。」[1]

　ここに展開されている住民自らが「行政の共同形成者」であるという位置づけは，「行政」の定義にも関わる重要な問題提起であるといえよう。行政は，行政権のみが担当しているわけではないということである。それは，遠藤博也教授の唱えられた「行政」とは「社会管理機能」であるとする考え方[2]に通ずるものである。この点は，行政法学における行政の定義づけの問題として，今後も検討されるであろう。

[2]　行政契約法の研究へ

二つの研究手法　本書の執筆を終えるに当たり，行政契約を法的に研究するには，二つの手法があると感じている。

　その一つは，行政契約の締結権限，締結手続等を横断的に考察する手法である。その中には，契約手続の法的統制の研究も含まれる。現行の行政手続法には，行政契約の締結手続に関する規定は置かれていない。この点は，等しく現代的行政手法である行政指導に関する規定が置かれているのと対照的である。今後は，行政手続法制の一環として，行政契約の締結の在り方も研究される必要があろう。

　もう一つは，個別の行政分野における契約をその特性に応じて研究する手法である。本書においても，横断的考察のみでは不満があるところから，行政分野ごとにいかなる行政契約が存在するかを描こうとした。しかしながら，個別行政分野の特性を正確に理解することは容易なことではない。

　個別行政分野の特性に応じた研究の必要性を早くから提唱された代表的研究者として，兼子仁教授を挙げることができる。それは，私法契約から区別された「行政契約」なる領域の存在を認めることに対する懐疑的な姿勢を基礎にして，各個別行政ごとにちがう現代の新しい法分野である「特殊法」の

1　荒秀ほか編『改訂建築基準法（特別法コンメンタール）』（第一法規，平成2年）559頁-560頁。

2　遠藤博也『行政法Ⅱ（各論）』（青林書院，昭和52年）8頁以下。

世界における「特殊契約」を認識し研究する姿勢である。たとえば，公害防止協定は，環境法上の契約であるというわけである[3]。昭和49年に発表した論文[4]において，行政上の契約の多くは，「特殊契約」であって，当該契約の具体的内容に即した条理解釈の必要性を強調した。そして，具体例として二点を挙げている。第一に，民法総則など私法の規定が適用排除になる場合の説明は公法契約論によるのではなく，各特殊契約について特殊条理法の働きとして行なわれるところであるとする。第二に，従来もっぱら権力行政又は特別権力関係と見られてきた領域において，たとえ行政処分などの公権力的手続が介在し得るとしても，全体的性質が実体法的な契約関係であるとする理解と矛盾するものではないとする。

考えてみると，行政契約の総論的研究よりも，個別の行政契約ないし協定の方が，深い研究の対象とされてきたといってもよい。戦前からのガス事業者との報償契約については戦後も研究された[5]。また，公害防止協定も研究の対象とされた。それらは，行政契約論の入口の議論に終始することなく，内容に立ち入った研究である。

筆者も，個別行政分野を支配する条理を探求する必要性を痛感する点において兼子教授に同調するものであるが，そのことは，横断的な検討を無意味にするとはいえないであろう。両方の研究を併行して進めることが有益とも思われる。たとえば，本書においても扱った協働契約は，協働の面に着目して検討する際には横断的研究である。しかし，個別の分野における協働の特性に着目して検討する際には，個別行政分野の研究ということになる。ドイツ法の紹介もなされているように，今後の日本の行政契約論においても，ま

3　兼子仁『行政法総論』（筑摩書房，昭和58年）36頁。

4　兼子仁「特殊法の概念と行政法」杉村章三郎先生古稀記念『公法学研究　上』（有斐閣，昭和49年）233頁（同『行政法と特殊法の理論』（有斐閣，平成元年）266頁所収）。

5　文献も含めて，上野雅和「報償契約──ガス事業を中心として──」契約法大系刊行実行委員会編『契約法大系　Ⅵ　特殊の契約(2)』（有斐閣，昭和38年）349頁，南博方「報償契約」別冊ジュリスト『続学説展望』36頁（昭和40年）。実態に関しては，南博方「ガス報償契約の実態と理論(1)」大阪市立大学法学雑誌7巻4号79頁（昭和36年）を参照。

さに，協働の性質に着目した研究――それは横断的な研究――を進めなければならないであろう。同時に，個別分野において協働契約の在り方も一様ではなく，個別分野の価値，実態を踏まえた解釈も必要である。そのような相互の作業による研究の進化が重要であると思われる。

　戦後の一時期までに論じられた，「公法上の契約」の議論は，もはや，一部の研究者を除いて下火になっているかのような感がする。しかし，今の時点において，もしも調達契約等をも行政契約に入れるのであれば，それとやや異なる類型の契約を認識することが，あながち無意味であるとも思われない。それは，今から半世紀近く前に南博方教授が「公法契約の現代的意義」として指摘された点である[6]。

　南教授は，公法契約の概念上の独自性を認識するには，一方において行政行為（とくに相手方の同意ないし私人の協力を要する行政行為）に対して，他方において私法契約に対して，公法契約の原理上の特殊性が考察されるべきであるが，固有の法原理が確立されているとはいいがたいとしつつも，公法契約の現代的意義について述べた。やや長くなるが，重要な指摘であるので，引用しておきたい。

　　「現代の給付国家においては，国民は，行政と統治の共同担当者であり，共同形成者である。もとより，今日においても，国家の最高のポテンツとエネルギーの発動形式である行政行為による行政は全く否定することができないにせよ，国家権力の表明は，つねにかならずしも命令・強制権という最強度においてなされることを要しない。国は，その意図する目的にしたがい，それより弱い程度において行為することももとより可能である。すなわち，国が展開しようと欲するエネルギーの強弱におうじて，その行為の法形式が決定されるのである。公法契約の行為形式においては，国のエネルギーは，行政行為におけるよりは緩和された形であらわれるが，私法契約におけるよりは強い程度において表明される。いわば，公法契約の法形式は，国家権力のもっとも強い発動形式としての行政行為と，もっとも弱い程度のあらわれである私法契約との間の中

---

[6] 以下，南博方「公法契約理論の反省と現代的意義」大阪市立大学法学雑誌 9 巻 3・4 号 131 頁，141 頁以下。

間に位置せしめることができるであろう。公法契約による行政形式は，公共的な性格を有し，私法契約によるよりは，はるかに公共の福祉の保護に仕えることができる。他方において，相手方たる私人の主体的地位をみとめ，長期にわたる契約関係の安定性を確保しうることにおいて，行政行為による画一的・非個性的規律よりも，はるかに具体的妥当性をうることができる。この意味において，現代の給付国家における適当な行政形式として，公法契約のそれが十分かえりみられてよいように思われるのである。」[7]

このような認識を基礎に，「弛緩しつつある行政行為概念」のうち，固有の行政行為法理が適用される範囲を限定するとともに，それ以外の部分は，公法契約として構成し制定法による規律を加えること，従来私法契約と解されている契約現象を具体的に検討し，「このうち公共福祉と密接に関連するものについてはむしろ公法契約として構成し」，一群の定型的契約現象について，「制定法をもって，その範囲，締結手続，形式，適用原理等を規制する必要が痛感される」とした。かくて，南教授は，公法契約の機能の重要性を承認しつつ，その規制の必要性を強調したのである[8]。それから長年が経過して，「公法契約」の範疇であるかはともかく，「協定」と呼ばれる合意方式が行政のすみずみに張り巡らされるようになっている。ある意味において，協定の機能が実際に発揮されているともいえる。しかし，それらの規制の仕方については，必ずしも意識的になされてきたとは言い切れない。協定を中心に，その規律のあり方を検討することが重要な課題となっている。

以上のような「公法契約」は，訴訟手続上の特色を意識したものではない。したがって，行政契約といっても差し支えないものであるが，その特色を示す名称として，どのような用語が相応しいかという問題にすぎないのである。

会計法令により規制されている契約の新たな展開　　筆者は，これまでに会計法令により規制されている私法上の契約を「公共契約」と呼んで研究をしてきた。それは，狭い意味の行政契約とは画されて経済性，公正性等を追求する規範の下に置かれてきた。そこにおいては，国又は公共団体と相手方私

---

[7] 南博方・前掲論文 148 頁。
[8] 南博方・前掲論文 149 頁。

人とは対立する存在として位置づけられてきた。日本の会計法令における競争入札方式も，そのような考え方の下に運用されてきた。競争において最も有利な価格を提示した相手方と契約を締結する方式が通用してきた。

しかしながら，近年は，価格のほかその他の条件も加えて最も有利な条件を提示した相手方と契約を締結する総合評価落札方式が次第に活用されるようになった。価格以外の条件の中には，経済性以外の行政上の価値，政策的価値が盛り込まれるようになっている。筆者が「付帯的政策」と呼ぶ手法が活用されている[9]。ここにおいて筆者のいう「公共契約」と狭義の「行政契約」の接近現象が見られることになる。これは，公共契約の理念の変容ともいえる現象であって，より立ち入った検討を要する領域のように思われる。

地方公共団体の土地開発公社に対する土地の先行取得の委託契約や，それに基づく公社からの購入契約も，純粋な私法契約でありながら，地方公共団体であるが故の考慮が必要とされる（最高裁平成20・1・18民集62巻1号1頁，その差戻し上告審・最高裁平成21・12・17判例タイムズ1316号96頁を参照）。

私法の側面からの研究との協力　　前述のように私法上の契約とも区別された行政契約の機能を強調する場合にも，それらの規制が，私法上いかなる意味をもつか，特に，その規制違反がある場合の私法上の効力の問題を避けて通ることはできない。会計法令違反の行為の私法上の効力の問題もその一例であった。随意契約の制限違反の契約の効力，損失補償契約の効力など，この種の問題は多い。古典的表現を使えば，「公法規定違反の私法行為の効力」などと呼ばれてきた問題である。あるいは，逆の面から，契約に関する行政法令による規制が，私法上いかなる効果をもたらすかという問題でもある。また，純粋な私法契約の外観を有する契約でありながら，契約条項に国又は地方公共団体の色濃い政策的条項が含まれているときに，当該条項違反を理由とする契約解除が認められるかという問題も登場する[10]。

公害防止協定等の分野においても，私法の分野からの業績も集積しつつある[11]。今後は，こうした研究成果を集積しつつ，協力して，行政契約の研究

9　碓井・公共契約法精義332頁以下。

の深化を図る必要がある。

---

10 亘理格「八郎潟干拓地訴訟第一審判決の検討——行政契約の一方的変更の許容性に関する予備的考察をかねて——」金沢法学36巻1・2号165頁（平成6年）。そこで検討された秋田地裁平成4・3・27判例時報1416号47頁は，入植者の過剰作付を理由とする再売買予約完結権の行使について制約を課したが，控訴審の仙台高裁秋田支部平成7・7・11判例タイムズ884号270頁は，原判決を取り消した。

11 中山充「公害防止協定と契約責任」北川善太郎先生還暦記念『契約責任の現代的諸相〔上〕』（東京布井出版，平成8年）319頁，野沢正充「公害防止協定の私法的効力」淡路剛久教授・阿部泰隆教授還暦記念『環境法学の挑戦』（日本評論社，平成14年）129頁など。

事 項 索 引

あ 行

明渡請求　79
医事業務の委託　302
委嘱契約方式　266
委　託　64
委託契約　429
委託契約の包括化　356
委託契約方式　33
一時保育　66
一人協定　467
一般廃棄物の収集・運搬・処分　318
一般廃棄物の収集有料化　331
一般廃棄物の処理　419
移動警察　406
違反行為の通報　258
違反広告物除却協力員　269
違反事実の公表　60
違法駐車車両の移動保管　333
違約金　211
違約金条項　189
上乗せ協定　194
運営業務委託契約　295
運行供用者責任　370
エコ協定　246
エコ通勤促進協定　247
エコトライ協定　255
エコパートナー協定　253
NPOと行政の協働　261
延長保育　66
沿道景観形成協定　476
応能応益家賃制度　79
応募事業者の情報　351

か 行

公の営造物の管理の委託　372
公の営造物の設置管理の瑕疵　368
公の施設の共同設置　396
公の施設の使用料　109
公の施設の相互利用　396
海岸漂着物対策活動推進員　273
介護保険料　327
開発協議　50
開発協定　193
開発許可　46
開発事業の調整　50
開発審査願　191
開発負担金協定　34
開発負担金契約　120
外部委託　81, 352
解約制限　7
確　約　188
河川監視協力員　265
河川管理業務　367
硬い合意　45
過大損失補償の禁止　61
合併協議会　412
合併協定　412
家庭教育協力企業協定　244
家庭教育サポート協定　244
家庭的保育事業　67, 369, 499
家庭的保育者　68
家庭福祉員　497
家庭福祉員委託契約　497
家庭保育室事業委託契約　498
家庭保育室指定　498

加入者負担金　119
火薬類災害防止協定　215
下流負担　409
簡易版民間競争入札　318
管外委託　392
管外受入れ　392
管外入所　393
環境衛生推進員　266
環境共生協定　258
環境保護地区　147
環境保全型自然体験活動に係る保全利用協定　471
環境保全協定　146, 193, 196, 207
環境保全協力金　174, 217, 419
環境保全負担金　423
観光圏整備計画　508
勧　告　177, 199
監査の対象　39
官民競争入札　310
官民競争入札実施要綱　373
官民競争入札等監理委員会　314
管理委託　354
管理運営業務委託　302
管理代行　81, 394
企画提案書　351
企画提案方式　351
起業者と土地所有者との協議　463
企業の社会貢献活動　247
企業の社会的責任　242, 250
企業の地域貢献　242
企業の森づくり　247
企業誘致　185, 236, 496
企業誘致情報提供報奨金　238
企業誘致成功報酬　238
企業立地関係情報提供報奨金　236
企業立地推進員　237
企業立地促進指定企業　186
企業立地等事業計画　496

希少野生動植物種保存推進員　271
規制行政　19
規制権限不行使　153
規制代替型協定　20, 31, 52, 60
規制代替型の行政契約・協定　59
規制的行政指導　33
北富士演習場　452
基本協定　178, 183
基本的保育義務　65
基本料金　110
給水義務　104
給水拒否　104
給水契約　101
給水契約締結の拒否　105
給水停止　107
給付行政　19, 100
給付行政における契約　18
教育事務の委託　388
業界団体　225
協　議　33, 45
協議会方式　509
協議重視型　55
協議先行型行政計画　34
協議手続　32
協議に基づく同意　45
協議の確認　61, 463
供給規程　102, 109
供給契約　100
行政機関協定　22, 252
行政区画　405
行政計画　34, 511
行政契約　203
行政契約説　150
行政行為の附款　180
行政サービス業務　283
行政財産の貸付け　85
行政財産の管理委託　362
行政財産の使用許可　84

事項索引

行政指導　33, 60, 188, 199	組合管掌健康保険　93
行政指導完結型協定　52	計画型協定　173
強制収用　61	計画推進型協定　36
行政主体が原告となる訴訟　58	景観育成住民協定　471
行政主体間協定　53	景観協定　466, 484
行政主体間契約　20, 81	景観形成等住民協定制度　470
行政主体契約　22, 252	景観法による管理協定　126
行政情報システムの共同利用　426	警察権限の行使　406
行政処分　24, 32	契約強制　7, 19
行政処分性　206	契約・協定締結行為　26
行政処分と行政契約の併存　28	契約締結権限　22
行政的管理責務　372	契約による行政　89
行政内部業務　352	契約の解除　180
行政の共同形成者　515	契約への逃避　36
行政の首尾一貫性　142	下水道管路施設　287
競争の導入　285	下水道施設管理業務　286
協定活用の理由　51	建運協定　218
協定重視型　55	県外産業廃棄物の搬入　174, 216
協定締結基準　144, 150	健康保険協会　382
協定締結義務　157	健康保険協会管掌健康保険　96
協定手続経由の行政計画　35	健康保険組合　96
協定の遵守　486	原子力安全協定　20
協定の廃止　473	原子力損害賠償補償契約　134
協定の不遵守　473	原子力発電所周辺地域の安全確保協定　212
協働型協定　52, 60	
協働協定書　263	原子炉の運転停止　214
協働契約　262	建築協定　53, 465, 484, 487
協働事業団体　263	建築物緑化保全契約　209
協働事業の提案　263	減点査定　94
共同施設　83, 85	減点措置　504
共同設置法人　456	県と市町村との連携　199
業務委託契約　73, 283, 511	減免規定　56
業務委託と損害賠償　367	兼用工作物の管理　407
金銭的制裁　60	県立病院の移譲　377
空港設置に伴う騒音対策事業　280	権利濫用　206
偶発債務　39	広域入所　67, 392
国と地方公共団体との間における委託契約　428	広域保育　392
	合意による行政　24

iii

公営競技の実施　430
公営競技の場外発売場設置　215
公営競技廃止　280
公営住宅　9, 73
公営住宅建替事業　79
公営住宅の管理代行　394
公営住宅の滞納家賃等の回収業務　337
公営住宅の駐車場　83
公営のバス事業の移管　375
公益上の理由による課税免除　56
公園一体建物　124
公園管理団体　128, 165, 475
公害防止協定　20, 31, 136, 200, 279
公害防止協定基準　142
公害防止対策協議会　279
公学連携協定　240
公企業の特許　29
合議制の機関　315
公共下水道の維持管理業務　285
公共サービス　305
公共サービス改革基本方針　305
公共サービス改革法　13, 285, 304, 373
公共サービス基本法　284
公共施設管理者の同意　46, 172, 194
公共施設等里親制度　223
公共施設の管理　221
公共施設の管理者　46
公金収納・徴収事務の委託　324
公金の収納　324
公金の納付　324
航空消防隊　391
口径別料金制度　110
貢献活動の計画書　506
広告物協定　476
公私一体利用施設　122
公私協働　55, 127, 221, 242, 248, 261, 352

工事委託　449
工事委託契約　461
工事負担金　104, 119
公設民営　456
口蹄疫対策相互応援協定　443
合同行為　45
公表　177, 198
公平委員会の事務の委託　386
公法契約説　150
公法契約論からの脱皮　10
公法上の営造物の利用関係　29
公法上の協定　5
公法上の金銭債権　118
公法上の契約　1, 31, 64, 94, 96, 155, 206, 464, 504, 517
公法上の合同行為　5
公法上の準委任契約　505
公法上の双方行為　2
公法上の当事者訴訟　99
公法上の特別権力関係　29
公務員の勤務関係　9
公有財産の管理委託　362
公立病院　302
公立病院改革　456
公立病院の移管　454
公立病院の医業未収金回収業務　337
公立病院の民間移管　376
高齢者虐待対応協力者　277
港湾管理　409
港湾管理者　408
港湾施設　408
国際会議場施設　394
国民健康保険団体連合会　92
国民健康保険料　327
国民年金保険料　329
国民保護措置事務の委託　389
国有財産　393
国有財産の管理委託　356

事項索引　v

国有財産の仲立契約　363
国立病院の移管　454
個人情報の管理　181, 339
個人情報漏えい防止対策　340
子育て応援協定　243
子育て支援　499
固定資産評価業務の委託　353
個別的委託契約　67
小松基地周辺の騒音対策　452
ごみ処理施設共同設置　423
ごみ処理の相互応援　419
ごみの減量化　254
ゴルフ場開発協定　194
コンビニ納付　324

さ 行

再委託　348
災害時応援協定　431
災害時応援要請　434
災害時協定　224
災害時協力に関する協定　235
在外被爆者支援事業　428
債権回収業　338
債権回収業務　334
債務の免除　118
債務負担行為　184, 364, 426
債務保証　39
里づくり協定　482
里山活動協定　477
里山保全協定　160
作用法上の契約　18
産業廃棄物の減量化　255
三者協定　141, 158, 199, 212, 249
三段階方式　183
事業移管契約　373
事業計画協議書　32
事業の廃止　280
資源管理協定　472

事実上の協議　23
事実上の協議に基づく行政処分　23
寺社風景保全協定　476
市場化テスト　304
私人間協定　52
私人間協定の認可　466
私人間協定の認定　476
私人間協定の廃止　469
私人間契約　463
システム開発　369
施設管理委託　354
施設入所委託　62
施設の予約システム　427
自然環境保全協定　146
自然環境保全協力員　274
自然公園指導員　276
自然保護協定　197
自然保護指導員　266
自然保護推進員　274
事前協議　23, 120, 174, 195, 216
事前協議書　173, 193
事前協議の成立　176
自治体間カーボンオフセット　447
市町村合併協定　412
実体法上の紳士協定説　59
指定医療機関　98
指定医療機関の指定　48
指定確認検査機関　284, 511
指定管理者　283, 295, 296, 299
指定管理者制度　13, 29
指定管理者の指定　31, 177, 299
指定給水工事事業者　108
指定の取消し　180
指定袋手数料　331
指定法人制度　283
児童自立支援施設　416
児童福祉施設　63
指導要綱　191

私法契約説　150
市民管理協定　131, 158
市民農園開設者との協定　131
市民緑地契約　129
事務委託　381
社会管理機能　55, 141, 515
社会貢献企業　57
社会福祉施設　230
社会保険給付に係る損害賠償請求権　95
社会保険償還払い　87
社会保険診療報酬支払基金　91, 382
社会保険診療報酬支払基金等の審査行為　94
斜面緑地保全協定　476
集金代行業務　338
集団的契約締結方式　93
周知義務　323
自由通路管理　217
柔道整復師　88
収納事務の委託　324
収納代行会社　326
収納取扱店　326
住民参加　221
住民参加型の管理　366
住民団体　166, 366
重要港湾の工事　408
集落地域　469
従量料金　110
授権規定　140
受託義務　62
受託水道業務技術管理者　292
出資法人　411
首都圏近郊緑地保全法による管理協定　127
受領委任　87
準行政契約　489
準備行政　20
準法定外目的税　420

障害者自立支援施設　63
承継効　469
商店街活性化事業計画　495
情報公開　411
消防業務の事務　383
消防相互応援協定　390
消防防災航空隊　391
職員の派遣　378, 462
植物回復工事保証金　197
助成金方式　118
新駅設置　220
紳士協定説　20, 59, 150, 202
申請に基づく行政行為　511
申請に基づく行政処分　30
申請に基づく登録制度　88
信頼関係の法理　77
診療報酬請求権　505
診療報酬の審査　90
森林環境教育　251
森林整備　247
森林整備活動　247
森林整備協定　445, 447
森林整備地域活動支援交付金　56
森林施業の実施に関する協定　470
森林保全推進協定　248
随意契約　367
水源涵養　446
水源涵養林　247, 447
水源地域整備計画　34
水源地域対策　409
水源保護協定　161
水質保全協定　162
水道管理業務受託者　292
水道供給契約　102
水道原水水質保全事業　34, 410
水道工事の受託　109
水道事業　289
水道事業者　399

事項索引　vii

水道事業者管理規程　116
水道に関する相互応援協定　441
水道用水供給事業　398
水道用水供給事業者　399
水道料金　109
水道料金の減免　116
水道料金の消滅時効　118
水道利用の法律関係　100
請願駅　220
成功報酬　237
政策的減免　210
生産製造連携事業計画　496
性能発注　287
政令指定都市移行　414
説明義務　323
全国自治協会　459
騒音対策事業に関する協定　280
相互救済事業　458
相互利用協定　397
捜索依頼書　37
遭難発生時の協力　236
双方行為　5
総務事務の外部委託　364
贈与契約　34
組織法上の契約　18
訴訟の方法　26
租税の軽減　56
措　置　63, 64
損害賠償責任　367
損害賠償の負担　182
損害補償契約　134
損失補償契約　38
損失補償請求権　10

た　行

大学間連携協定　242
大学と地方公共団体との協定　240
大学の誘致　240

代行管理　394
第三者委託　21, 290, 385
第三セクター　39
大都市災害時相互応援に関する協定　441
代理受領　88
宅地開発協定　191
宅地開発指導要綱　49
多段階協定（方式）　183, 449
多段階方式　316
立入調査　213
縦型協定　52
地域安全まちづくり活動　268
地域貢献計画書　506
地域再生協議会　507
地域再生計画　507
地域産業資源活用事業計画　495, 496
地域森林計画　448
地域整備のための協定　427
地域団体　221
地域の適正利用協定　448
地域まちづくり推進員　268
地域見守り協力員　276
地球温暖化対策　207
地球温暖化防止活動推進員　273
地球温暖化防止のための協定　207
地球環境の保全　196, 447
地方公共団体金融機構　459
地方公務員災害補償基金　458
中核市災害時相互応援協定　439
駐車車両の確認及び標章の取付け　333
駐車場の使用料　86
超過料金　110
長期優良住宅建築等の計画　495
庁舎管理業務　316
鳥獣保護員　303
徴収猶予　9
調達契約　8, 20

強い公権力の行使　183
手足の業務委託　292
定住自立圏形成協定　416
適格事業の指定　186
手続法上の紳士協定説　59
鉄道事業者への工事委託　449
電子政府推進員　277
電波適正利用推進員　277
展覧会の共同開催　428
同　意　31, 46
同意に基づく行政処分　29
統計調査業務　349
動物愛護推進員　271
道路一体建物　122
道路管理・活用協定　224
道路管理権限の行使　406
道路特定事業計画　35
道路利便施設協定　124
特殊契約　12, 516
特定公共サービス　305, 313
特定事業者開発負担金　120
特定市民農園　133
特定農地貸付けの用に供される農地　131
特別負担金　195
特例承認新型インフルエンザワクチン　135
都市景観協議　166
都市景観形成行為　166
都市緑地法による管理協定　127
土地開発公社　519
土地改良財産　354
土地使用の協議　464
土地の先行取得の委託契約　519
土地利用基準　167
土地利用協定　167
土地利用調整　164
都道府県会館　456, 459

徒歩帰宅者支援　233
取締行政における契約　18

な　行

二段階説　77, 97, 506
日本下水道事業団　460
日本下水道事業団の発注工事契約　461
日本版バイ・ドール　14
入居者の決定　75
入居者の地位承継　78
入居の許可　75
庭先協定　477
任意買収　61
認可・認定型私人間協定　513
認可保育所　67
認可保育所の利用関係　29
ネーミングライト　→命名権
年度協定　178, 183
農園利用契約　133
農園利用方式　133
農業経営改善計画の認定　490
農業振興地域　469
農商工等連携事業計画　496
納付委託　328
納付受託者　329

は　行

パートナーシップ協定　261
廃棄物減量等推進員　272
廃棄物処理施設　278
廃棄物の不法投棄　258
賠償責任保険　459
廃川敷地管理協定　223
発生対応型維持管理　317
バリアフリー基準　219
PFI（方式）　13, 303
被応援地方公共団体負担　442
東富士演習場　451

非常勤職員　265, 266, 302	包括業務委託　294
避難経路協定　472	包括的協定　258
病院の移譲契約　36	包括的災害時応援協定　431
病院の統合　379	包括的民間委託　287
標準確認書　145	防災航空隊　391
標準協定書　144, 152	防災ヘリコプター応援協定　391
平等原則　16, 151	防災まちづくり協定　170
風景地保護協定　128, 165, 475	報奨金　236
複合的性質説　181	報償契約　9
福祉のまちづくり　219	法人に対する政府の財政援助の制限に関する法律　38
福祉避難所　230	
複数年度契約　317	放置違反金に関する事務　334
附合契約　64, 102	放置車両確認機関　334
付従契約　102	法定委託　67, 381
付帯的政策　14, 519	法定解除権　322
負担調整　409	法定外の行政主体間協定　411
普通契約約款　103	法定協議　23
普通財産　85	法定受託事務　393, 428
普通財産の管理委託　356	法的効力説　202
不当な差別的取扱い　110	防犯協定　242
不法投棄監視員　268	防犯協力員　267
不法投棄の防止　268	防犯に関する協定　443
不法投棄防止協力員　268	防犯パトロール協力員　266, 267
プロジェクトの効果予測業務　353	法律上の争訟　58, 59, 153
ペット救援協定　227	法律による行政の原理　16
片務契約　146	暴力団排除　444
保育実施契約　73	暴力団排除等に関する協定　444
保育所運営業務　294	保険医又は保険薬剤師の登録　500
保育所選択権　296	保険医療機関等の指定　96, 504
保育所に係る広域入所　392	保護者　70
保育所利用関係　29, 65	保証契約　38
保育の開始決定（入所決定）　65	補助金　56
保育の実施　64	補助金交付関係　32
保育の実施等の委託　63	補助金交付契約　32
保育ママ制度　369, 497	補助金交付決定　9
保育料　66	補助金方式　33
保育料の収納事務　330	保全調整池管理協定　126
防衛施設周辺の生活環境等の整備　450	保存樹　501

保存樹木協定　502
保存樹林　501
ボランティア活動　248
ボランティアの協力員　264, 303

ま 行

マイルール　257
まちづくり関係協定　164
まちづくり協議会　172
街づくり協定　478
まちづくり計画　170
まちづくり条例　164
まちづくりルールの認定　478
窓口業務　313, 332
緑のまちづくり協定　171
民間移管　280
民間委託契約　283
民間競争入札　313
民間拠点施設整備事業計画　492
民間事業者の協力　224
民国連携　250
命名権　249
迷惑施設の設置管理　215

や 行

夜間保育　66
約定解除権　322
柔らかい合意　45
柔らかな契約　51
優先指名　235

誘致協定　240
緩やかな契約　51
容器包装の削減　252
容器包装廃棄物排出抑制推進員　273
要綱等に基づく行為　26
養護受託者　63
用水愛護協定　476
横の調整　406
予算執行に関する長の調査権　39
予防保全型維持管理　317
弱い公権力の行使　183

ら 行

履行確保策　59
立地企業　236
立地協定　185
流通業務総合効率化についての計画　495, 496
料　金　100
緑化協定　148, 155, 466, 484
緑化施設整備計画　491
緑化保全契約　209
緑地保全契約　209
林道管理　448
レジ袋削減　252
レンジャー　266
連続立体交差事業の費用負担協定　218
労働者派遣事業適正運営協力員　271
ロゴマークの使用　257

判例索引

福岡地裁昭和 30・4・25（行集 6 巻 4 号 1027 頁）　　100
京都地裁昭和 32・3・7（行集 8 巻 3 号 432 頁）　　100
大阪地裁昭和 34・9・8 下民集 10 巻 9 号 1916 頁　　76
金沢地裁昭和 40・11・12（行集 16 巻 11 号 1874 頁）　　76
釧路地裁昭和 40・12・28（行集 16 巻 12 号 2076 頁）　　76
名古屋地裁昭和 41・6・18（判例時報 471 号 23 頁）　　76
最高裁昭和 41・11・15（民集 20 巻 9 号 1792 頁）　　505
大阪地裁昭和 42・2・28（判例時報 475 号 28 頁）　　104
名古屋地裁昭和 42・3・15（判例時報 479 号 19 頁）　　76
大阪地裁昭和 42・11・30（判例時報 514 号 70 頁）　　101
東京高裁昭和 43・4・30（判例時報 540 号 42 頁）　　94
大阪地裁昭和 43・12・25（行集 19 巻 12 号 1979 頁）　　76
岡山地裁昭和 44・5・29（行集 20 巻 5・6 号 704 頁）　　101, 103, 107
大阪高裁昭和 44・9・29（判例時報 599 号 35 頁）　　101
大阪高裁昭和 45・1・29（行集 21 巻 1 号 102 頁）　　76
松江地裁昭和 45・2・9（下民集 21 巻 1・2 号 275 頁）　　76
大阪地裁昭和 45・3・30（判例時報 609 号 29 頁）　　110
最高裁昭和 48・12・20（民集 27 巻 11 号 1594 頁）　　93
大阪地裁決定昭和 49・12・10（判例時報 770 号 76 頁）　　77
最高裁昭和 50・4・10（判例時報 779 号 62 頁）　　487
東京地裁八王子支部昭和 50・12・8（判例時報 803 号 18 頁）　　101, 104
名古屋高裁昭和 52・3・28（行集 28 巻 3 号 265 頁）　　94
名古屋地裁昭和 53・1・18（行集 29 巻 1 号 1 頁）　　31, 155, 206
最高裁昭和 53・4・4（判例時報 887 号 58 頁）　　94, 505
大阪高裁昭和 53・9・26（判例時報 915 号 33 頁）　　104
横浜地裁昭和 54・4・23（判例時報 941 号 27 頁）　　101, 108
東京地裁昭和 54・5・30（判例時報 929 号 19 頁）　　77
大阪地裁昭和 54・12・20（行集 30 巻 12 号 2056 頁）　　108
東京地裁昭和 55・6・10（行集 31 巻 6 号 1291 頁）　　220
札幌地裁昭和 55・10・14（判例時報 988 号 37 頁）　　155
浦和地裁川越支部昭和 55・11・12（交通事故民事判例集 13 巻 6 号 1529 頁）　　371
大阪地裁昭和 56・3・23（判例時報 998 号 11 頁）　　97, 504
大阪高裁昭和 56・4・21（行集 32 巻 4 号 587 頁）　　108

大阪高裁昭和56・5・20（判例タイムズ449号75頁）　469, 474, 487
最高裁昭和56・7・16（民集35巻5号930頁）　104
東京高裁昭和56・10・27（判例時報1027号31頁）　102, 108
高知地裁昭和56・12・23（判例時報1056号233頁）　53, 141, 202
甲府地裁昭和57・2・8（行集33巻1・2号21頁）　94
大阪高裁決定昭和57・2・23（判例タイムズ470号187頁）　506
東京高裁昭和57・6・28（判例時報1046号7頁）　77
東京高裁昭和57・9・16（行集33巻9号1791頁）　94
大阪高裁昭和58・5・27（判例時報1084号25頁）　97, 505
東京地裁昭和58・12・16（判例時報1126号56頁）　505
東京地裁八王子支部昭和59・2・24（判例時報1114号10頁）　104
静岡地裁決定昭和59・6・25（判例タイムズ543号157頁）　506
最高裁昭和59・12・13（民集38巻12号1411頁）　73
大阪地裁昭和60・4・30（判例時報1168号91頁）　370
東京高裁昭和60・8・30（高裁刑集38巻2号136頁）　104, 105
新潟地裁昭和61・5・23（判例タイムズ623号153頁）　354, 372
大阪地裁昭和61・9・26（判例タイムズ639号176頁）　34
最高裁昭和62・2・13（判例時報1238号76頁）　79
東京高裁昭和62・3・9（判例タイムズ645号187頁）　80
浦和地裁昭和62・3・25（判例時報1250号96頁）　97, 505
最高裁昭和62・5・19（民集41巻4号687頁）　42
東京地裁昭和62・10・26（判例時報1302号108頁）　80
浦和地裁川越支部平成元・3・16（判例タイムズ702号185頁）　487
大阪高裁平成元・5・23（判例タイムズ712号154頁）　34
最高裁平成元・11・8（判例時報1328号16頁）　104
青森地裁平成元・11・21（判例時報1337号103頁）　368
名古屋地裁決定平成2・5・10（判例時報1374号39頁）　285
最高裁平成2・10・18（民集44巻7号1021頁）　79
金沢地裁平成3・3・13（判例時報1379号3頁）　453
東京高裁平成3・9・25（判例時報96号44頁）　506
秋田地裁平成4・3・27（判例時報1416号47頁）　520
東京地裁八王子支部平成4・12・9（判例時報1465号106頁）　105
最高裁平成5・2・18（民集47巻2号574頁）　52
仙台高裁平成5・9・13（行集44巻8・9号771頁）　46
神戸地裁姫路支部平成6・1・31（判例時報1523号134頁）　474, 487, 489
最高裁平成6・12・20（民集48巻8号1676頁）　133
神戸地裁平成6・12・21（判例タイムズ881号128頁）　120
名古屋高裁金沢支部平成6・12・26（判例時報1521号3頁）　454

判例索引

徳島地裁平成 7・1・27（判例時報 1548 号 57 頁）　77
京都地裁平成 7・2・3（判例タイムズ 884 号 145 頁）　94
最高裁平成 7・3・23（民集 49 巻 3 号 1006 頁）　47
仙台高裁秋田支部平成 7・7・11（判例タイムズ 884 号 270 頁）　520
福岡高裁平成 7・7・19（高裁民集 48 巻 2 号 183 頁）　105
大阪高裁平成 7・12・20（判例タイムズ 914 号 151 頁）　120
甲府地裁平成 9・2・25（判例タイムズ 946 号 127 頁）　119
秋田地裁平成 9・3・21（判例時報 1667 号 23 頁）　190
大阪高裁平成 9・5・9（判例タイムズ 969 号 181 頁）　95
東京高裁平成 9・10・23（高裁民集 50 巻 3 号 371 頁）　119
奈良地裁五條支部平成 10・10・20（判例時報 1701 号 128 頁）　53, 141, 202
新潟地裁平成 10・11・27（判例集未登載）　153, 201
最高裁平成 11・1・21（民集 53 巻 1 号 13 頁）　105
神戸地裁平成 11・1・28（判例タイムズ 1061 号 76 頁）　104, 119
東京高裁平成 11・4・21（判例集未登載）　153, 202
鹿児島地裁平成 11・6・14（判例時報 1717 号 78 頁）　506
大阪地裁平成 11・9・7（判例タイムズ 1032 号 147 頁）　78
大阪高裁平成 12・2・29（判例集未登載）　78
京都地裁平成 13・2・23（判例地方自治 265 号 17 頁）　348, 370
山口地裁平成 13・3・8（判例タイムズ 1123 号 182 頁）　153
東京高裁平成 13・5・22（判例集未登載）　118
甲府地裁平成 13・11・27（判例時報 1768 号 38 頁）　103, 112
大阪高裁平成 13・12・25（判例地方自治 265 号 11 頁）　349, 370
金沢地裁平成 14・3・6（判例時報 1798 号 21 頁）　454
福岡地裁平成 14・3・25（判例地方自治 233 号 12 頁）　40
最高裁平成 14・7・9（民集 56 巻 6 号 1134 頁）　58, 152, 185, 203
最高裁平成 14・7・18（判例時報 1798 号 71 頁）　461
最高裁平成 14・7・18（判例時報 1798 号 74 頁）　461
最高裁平成 14・7・19（判例集未登載）　461
最高裁平成 14・10・15（判例集未登載）　461
東京高裁平成 14・10・22（判例時報 1806 号 3 頁）　103, 110, 112
那覇地裁平成 15・1・21（判例集未登載）　424
宇都宮地裁平成 15・7・17（判例集未登載）　468
最高裁平成 15・9・4（判例時報 1841 号 89 頁）　69
福岡高裁那覇支部平成 15・9・18（判例集未登載）　425
札幌地裁平成 15・11・21（判例集未登載）　292
東京高裁平成 15・12・18（訟務月報 50 巻 8 号 2332 頁）　218
千葉地裁平成 16・1・16（判例集未登載）　89

神戸地裁平成16・3・31（判例時報1876号120頁）　79
東京地裁平成16・5・26（判例時報1884号63頁）　189
大阪高裁平成16・5・27（判例地方自治271号53頁）　102, 117
熊本地裁平成16・10・8（金融法務事情1830号51頁）　40
東京高裁平成16・10・27（判例時報1877号40頁）　487
最高裁平成16・12・24（民集58巻9号2536頁）　161
長崎地裁平成17・3・15（判例時報1915号10頁）　323
福井地裁平成17・3・30（判例時報1925号141頁）　319
高松地裁平成17・4・20（判例時報1897号55頁）　370
最高裁平成17・6・24（判例タイムズ1187号150頁）　512
最高裁平成17・7・15（民集59巻6号1661頁）　48, 100
鹿児島地裁平成17・7・19（判例時報1927号113頁）　101, 121
最高裁平成17・9・8（判例時報1920号29頁）　96, 505
福岡高裁平成17・12・22（判例時報1935号53頁）　323
東京地裁決定平成18・1・25（判例時報1931号10頁）　66
高松高裁平成18・1・27（判例集未登載）　370
高松高裁平成18・1・30（判例時報1937号74頁）　161
名古屋高裁平成18・2・24（判例タイムズ1242号131頁）　161
東京高裁平成18・4・27（判例集未登載）　89
福岡地裁平成18・5・31（判例地方自治304号45頁）　203
最高裁平成18・7・14（民集60巻6号2369頁）　104, 113
千葉地裁平成18・8・4（判例タイムズ1249号79頁）　240
福井地裁平成18・8・30（判例時報1951号98頁）　320, 322
大阪地裁平成18・9・14（判例タイムズ1236号201頁）　181
大津地裁平成18・9・25（判例タイムズ1228号164頁）　220
東京地裁平成18・10・25（判例時報1956号62頁）　66
横浜地裁平成18・10・25（判例タイムズ1232号191頁）　370
横浜地裁平成18・11・15（判例タイムズ1239号177頁）　41
最高裁平成19・1・25（民集61巻1号1頁）　182, 369
福岡高裁平成19・2・19（判例タイムズ1255号232頁）　40
大阪高裁平成19・3・1（判例タイムズ1236号190頁）　220
横浜地裁決定平成19・3・9（判例地方自治297号58頁）　301
福岡高裁平成19・3・22（判例地方自治304号35頁）　203
千葉地裁平成19・3・26（判例集未登載）　111
東京高裁決定平成19・3・29（判例集未登載）　301
名古屋高裁金沢支部平成19・4・16（判例集未登載）　454
大阪高裁平成19・9・28（判例集未登載）　181
東京地裁平成19・11・19（判例タイムズ1279号132頁）　66

東京地裁平成 19・11・27（判例時報 1996 号 16 頁）　369
大阪地裁平成 19・12・6（判例時報 2059 号 36 頁）　488
旭川地裁平成 19・12・26（判例時報 2003 号 98 頁）　367
大分地裁平成 19・12・27（判例地方自治 307 号 50 頁）　40
大阪地裁平成 20・1・30（判例タイムズ 1274 号 94 頁）　474
広島地裁平成 20・2・29（判例集未登載）　324
大阪高裁平成 20・7・31（判例時報 2059 号 26 頁）　488
秋田地裁平成 20・8・29（判例集未登載）　491
札幌地裁平成 21・1・19（判例集未登載）　89
東京地裁平成 21・3・24（判例時報 2046 号 90 頁）　372
東京地裁平成 21・5・11（判例地方自治 322 号 51 頁）　410
東京地裁平成 21・5・27（判例タイムズ 1304 号 206 頁）　284, 511
さいたま地裁平成 21・6・24（判例集未登載）　73, 498
最高裁平成 21・7・10（判例タイムズ 1308 号 106 頁）　59, 138, 153, 204, 216
横浜地裁平成 21・7・15（判例地方自治 327 号 47 頁）　299
長野地裁平成 21・8・7（金融法務事情 1907 号 32 頁）　41
大阪地裁平成 21・8・20（判例集未登載）　474
東京地裁平成 21・9・10（判例時報 2061 号 55 頁）　40
東京地裁平成 21・9・10（判例時報 2061 号 60 頁）　40
最高裁平成 21・11・26（民集 63 巻 9 号 2124 頁）　297
札幌高裁平成 21・11・27（判例集未登載）　375
東京高裁平成 22・1・21（判例集未登載）　73, 498
京都地裁平成 22・3・18（判例集未登載）　403
大阪地裁平成 22・4・15（判例集未登載）　296
東京高裁平成 22・8・30（判例時報 2089 号 28 頁）　41, 44

〈著者紹介〉

碓井光明（うすい・みつあき）

- 1946年　長野県に生れる
- 1969年　横浜国立大学経済学部卒業
- 1974年　東京大学大学院法学政治学研究科博士課程修了（法学博士）
- 現　在　明治大学大学院法務研究科（法科大学院）教授，東京大学名誉教授

〈主要著書〉

『地方税条例』（学陽書房，1979年）
『地方税の法理論と実際』（弘文堂，1986年）
『自治体財政・財務法』（学陽書房，初版1988年・改訂版1995年）
『公共契約の法理論と実際』（弘文堂，1995年）
『要説 自治体財政・財務法』（学陽書房，初版1997年・改訂版1999年）
『要説 住民訴訟と自治体財務』（学陽書房，初版2000年・改訂版2002年）
『要説 地方税のしくみと法』（学陽書房，2001年）
『公共契約法精義』（信山社，2005年）
『公的資金助成法精義』（信山社，2007年）
『政府経費法精義』（信山社，2008年）
『社会保障財政法精義』（信山社，2009年）

行政契約精義

2011年（平成23年）3月22日　初版第1刷発行

著　者	碓　井　光　明	
発行者	今　井　　　貴	
	渡　辺　左　近	
発行所	信山社出版株式会社	
〔〒113-0033〕	東京都文京区本郷6-2-9-102	
	電　話　03（3818）1019	
	FAX　03（3818）0344	

Printed in Japan

©碓井光明, 2011.　　印刷・製本／暁印刷・渋谷文泉閣

ISBN978-4-7972-2585-3 C3332

	（本体価格）
碓井光明著 公共契約法精義	3800 円
碓井光明著 公的資金助成法精義	4000 円
碓井光明著 政府経費法精義	4000 円
碓井光明著 社会保障財政法精義	5800 円

———————— 信 山 社 ————————